PROGRAMA DE DIREITO DO CONSUMIDOR

O GEN | Grupo Editorial Nacional – maior plataforma editorial brasileira no segmento científico, técnico e profissional – publica conteúdos nas áreas de concursos, ciências jurídicas, humanas, exatas, da saúde e sociais aplicadas, além de prover serviços direcionados à educação continuada.

As editoras que integram o GEN, das mais respeitadas no mercado editorial, construíram catálogos inigualáveis, com obras decisivas para a formação acadêmica e o aperfeiçoamento de várias gerações de profissionais e estudantes, tendo se tornado sinônimo de qualidade e seriedade.

A missão do GEN e dos núcleos de conteúdo que o compõem é prover a melhor informação científica e distribuí-la de maneira flexível e conveniente, a preços justos, gerando benefícios e servindo a autores, docentes, livreiros, funcionários, colaboradores e acionistas.

Nosso comportamento ético incondicional e nossa responsabilidade social e ambiental são reforçados pela natureza educacional de nossa atividade e dão sustentabilidade ao crescimento contínuo e à rentabilidade do grupo.

SERGIO CAVALIERI FILHO

PROGRAMA DE DIREITO DO CONSUMIDOR

6ª edição revista, atualizada e ampliada

- O autor deste livro e a editora empenharam seus melhores esforços para assegurar que as informações e os procedimentos apresentados no texto estejam em acordo com os padrões aceitos à época da publicação, e todos os dados foram atualizados pelo autor até a data de fechamento do livro. Entretanto, tendo em conta a evolução das ciências, as atualizações legislativas, as mudanças regulamentares governamentais e o constante fluxo de novas informações sobre os temas que constam do livro, recomendamos enfaticamente que os leitores consultem sempre outras fontes fidedignas, de modo a se certificarem de que as informações contidas no texto estão corretas e de que não houve alterações nas recomendações ou na legislação regulamentadora.

- Fechamento desta edição: *25.02.2022*

- O Autor e a editora se empenharam para citar adequadamente e dar o devido crédito a todos os detentores de direitos autorais de qualquer material utilizado neste livro, dispondo-se a possíveis acertos posteriores caso, inadvertida e involuntariamente, a identificação de algum deles tenha sido omitida.

- **Atendimento ao cliente:** (11) 5080-0751 | faleconosco@grupogen.com.br

- Direitos exclusivos para a língua portuguesa
  Copyright © 2022 by
  Editora Atlas Ltda.
  Uma editora integrante do GEN | Grupo Editorial Nacional
  Al. Arapoema, 659, sala 05, Tamboré
  Barueri – SP – 06460-080
  www.grupogen.com.br

- Reservados todos os direitos. É proibida a duplicação ou reprodução deste volume, no todo ou em parte, em quaisquer formas ou por quaisquer meios (eletrônico, mecânico, gravação, fotocópia, distribuição pela Internet ou outros), sem permissão, por escrito, da Editora Atlas Ltda.

- Capa: Fabricio Vale

- **CIP – BRASIL. CATALOGAÇÃO NA FONTE.
  SINDICATO NACIONAL DOS EDITORES DE LIVROS, RJ.**

  Cavalieri Filho, Sergio

  Programa de direito do consumidor / Sergio Cavalieri Filho. – 6. ed. – Barueri [SP]: Atlas, 2022.

  Inclui bibliografia
  ISBN 978-65-5977-245-2

  1. Defesa do consumidor – Legislação – Brasil. I. Título..

  22-75952   CDU: 34:366.542(81)

  Meri Gleice Rodrigues de Souza – Bibliotecária – CRB-7/6439

*Esta obra homenageia os primeiros
doutrinadores do Código do Consumidor
e os Ministros do Superior Tribunal de Justiça,
que foram os pioneiros na sua interpretação e aplicação.*

APRESENTAÇÃO

Após mais de 15 anos de estudo e aplicação do Código do Consumidor, entendi que já era tempo de dar a minha modesta contribuição para os estudiosos desse novo direito. Essa é a primeira finalidade desta obra.

As relações de consumo, sabemos todos, são o campo de aplicação do Código do Consumidor. Um campo abrangente, difuso, que permeia todas as áreas do Direito. Mas isso só se tornou possível porque o legislador, na elaboração do CDC, adotou uma avançada técnica legislativa, baseada em princípios e cláusulas gerais, o que permite considerá-lo uma *lei principiológica*. E, dada a importância e a abrangência dos seus princípios, o Código do Consumidor criou uma *sobre-estrutura jurídica multidisciplinar*, normas de *sobredireito* aplicáveis em todos os ramos do Direito em que ocorrem relações de consumo.

Essa peculiaridade do CDC, com a qual não estávamos acostumados, gerou inicial dificuldade na sua interpretação e aplicação. Mais do que qualquer outra lei, uma *lei principiológica* não pode ser interpretada em tiras, nem aplicada aos pedaços. Exige interpretação harmoniosa com todo o sistema, funciona como fio condutor para o intérprete e aponta os rumos a serem seguidos por toda a sociedade.

Aos poucos, a doutrina e a jurisprudência venceram as dificuldades e resistências, fazendo do CDC uma espécie de lente pela qual passamos a ler todo o direito das obrigações, dos contratos e dos institutos que geram relações de consumo.

Mas o CDC, embora destinado à defesa da parte mais fraca (vulnerável) das relações de consumo, não tem caráter paternalista, tampouco de ilimitado favoritismo do consumidor. E essa foi outra dificuldade a ser vencida pela doutrina e jurisprudência.

A política normativa traçada pelo CDC, afinada com os ditames da ordem econômica definida na Constituição, desenvolve um projeto de ação destinado a alcançar o **equilíbrio** e a **harmonia** nas relações de consumo.

E assim é porque consumidores e fornecedores são protagonistas imprescindíveis das relações de consumo, de sorte que o objetivo principal do CDC não é desequilibrar a balança em favor do consumidor, mas, sim, harmonizar os interesses de ambos. Nisso consiste o *princípio da equivalência contratual*, núcleo dos contratos de consumo; esse é o ponto de partida para a correta aplicação do Código de Defesa do Consumidor.

Esta obra, de maneira sucinta e objetiva, se propõe a retratar a evolução doutrinária e jurisprudencial ocorrida desde a vigência do CDC até os dias atuais, de modo que sirva para os estudantes e profissionais do direito em geral como útil instrumento de trabalho.

A segunda finalidade deste livro é prestar merecida homenagem aos primeiros doutrinadores do Código do Consumidor – Ada Pellegrini Grinover, Antonio Herman de Vasconcellos e Benjamin, Daniel Roberto Fink, José Geraldo Brito Filomeno, Kazuo Watanabe, Nelson Nery Junior, Zelmo Dalari, Claudia Lima Marques e outros que, com suas obras clássicas, nos ensinaram as primeiras lições sobre o assunto e nos indicaram o caminho a seguir.

Homenageamos também os Ministros do Superior Tribunal de Justiça que foram os pioneiros na interpretação e aplicação do CDC: Ruy Rosado de Aguiar, Carlos Alberto Menezes Direito, Costa Leite, Eduardo Ribeiro, Waldemar Zveiter, Sálvio de Figueiredo Teixeira, Barros Monteiro, Cesar Asfor Rocha, Ari Pargendler, Fátima Nancy Andrighi, Eliana Calmon, Aldir Passarinho Júnior, Jorge Scartezzini, João Otávio de Noronha e outros, verdadeiros arquitetos de uma sólida jurisprudência, harmoniosa com todo o sistema jurídico, o que fez do CDC a lei mais revolucionária do século XX.

O Autor

SUMÁRIO

Capítulo I – O DIREITO DO CONSUMIDOR: ORIGENS E FINALIDADE............... 1
  1   O século dos novos direitos... 1
  2   Origem do Direito do Consumidor 2
        2.1   A Revolução Industrial 2
        2.2   Desenvolvimento tecnológico e científico............................ 3
  3   Primeiros movimentos pró-consumidor.. 4
        3.1   A mensagem do Presidente Kennedy 5
        3.2   A atuação da Comissão de Direitos Humanos das Nações Unidas 6
  4   Primeiras leis consumeristas... 6
  5   Movimentos consumeristas no Brasil.. 6
  6   A finalidade do Direito do Consumidor 7
  7   Direito do Consumidor ou direito do consumo?............................ 8

Capítulo II – O CÓDIGO BRASILEIRO DE DEFESA DO CONSUMIDOR............... 9
  8   A defesa do consumidor – Imperativo constitucional do Estado e direito fundamental do consumidor 9
  9   Campo de aplicação do Código de Defesa do Consumidor........... 12
        9.1   Código do Consumidor ou microssistema?......................... 14
            9.1.1   Lei principiológica – normas de sobredireito........ 15
            9.1.2   A natureza de lei especial do Código do Consumidor......... 18
        9.2   As Convenções de Varsóvia, de Montreal e o Código do Consumidor......... 19
        9.3   O atual posicionamento do Supremo Tribunal Federal 24
        9.4   Considerações sobre o atual entendimento do STF 27
  10   Objetivo do Código do Consumidor – art. 4º................................. 36
  11   O Código do Consumidor e o Código Civil.................................... 38

Capítulo III – PRINCÍPIOS DO CÓDIGO DE DEFESA DO CONSUMIDOR 43
  12   Lei principiológica... 43
  13   Princípios e regras 43

14	Papel dos princípios	46
15	Cláusulas gerais e conceitos indeterminados	48
16	O princípio da boa-fé	51
	16.1 Funções da boa-fé	53
17	O princípio da transparência	57
18	O princípio da confiança	58
19	O princípio da vulnerabilidade	60
	19.1 Espécies de vulnerabilidade	62
20	O princípio da equidade	67
	20.1 Conceito multissignificativo	68
	20.2 Funções da equidade	68
	20.2.1 Equidade valor	68
	20.2.2 Equidade integrativa	70
	20.2.3 Equidade corretiva	71
	20.3 Limites ao emprego da equidade	72
21	O princípio da segurança	73
22	Conclusão	75

Capítulo IV – A RELAÇÃO JURÍDICA DE CONSUMO E SEUS ELEMENTOS 77

23	Relação jurídica	77
24	Elementos da relação de consumo: classificação	80
25	Consumidor: destinatário da proteção jurídica. Correntes maximalista (objetiva) e finalista (subjetiva)	80
	25.1 Corrente finalista (subjetiva) mitigada ou aprofundada	83
26	A posição do Superior Tribunal de Justiça	84
27	Características marcantes do consumidor	90
28	A pessoa jurídica como consumidora. Teoria finalista mitigada ou aprofundada	91
	28.1 Consumidor por equiparação	93
29	Fornecedor	97
30	Entes despersonalizados	98
31	Objeto da relação de consumo: produtos e serviços	98
	31.1 Produtos. Classificação. Produtos materiais e imateriais. Produtos móveis e imóveis. Produtos duráveis e não duráveis	99
	31.2 Serviços. Serviços remunerados, aparentemente gratuitos e puramente gratuitos	100
32	Serviços públicos	102
	32.1 Serviços públicos essenciais – princípios da adequação e da continuidade	105

	32.2	Interrupção do fornecimento do serviço público	105
	32.3	A posição do STJ	107
33		Serviços bancários, financeiros, de crédito e securitários	109

Capítulo V – DIREITOS BÁSICOS DO CONSUMIDOR ... 113

34		A personalização do consumidor	113
35		Direitos básicos	114
36		O art. 6º do CDC	115
37		Proteção da incolumidade física do consumidor: direito à segurança – art. 6º, I	116
38		Direito à educação para o consumo – art. 6º, II	117
39		Direito à informação – art. 6º, III	119
	39.1	Direito à informação e o dever de informar	120
	39.2	Limites do dever de informar	122
40		O controle da publicidade – art. 6º, IV, primeira parte	123
41		Proteção contra as práticas e cláusulas abusivas – art. 6º, IV, parte final	125
42		O equilíbrio na relação jurídica de consumo: a proteção contratual	126
	42.1	Modificação e revisão de cláusulas contratuais: a lesão enorme e a quebra da base do negócio jurídico – art. 6º, V	126
43		Efetivas prevenção e reparação de danos – art. 6º, VI	127
44		Facilitação do acesso à justiça e à administração – art. 6º, VII	129
45		Facilitação da defesa dos interesses dos consumidores – art. 6º, VIII	129
46		A inversão do ônus da prova	130
47		Direito à prestação adequada e eficaz dos serviços públicos em geral – art. 6º, X	132
	47.1	Direitos à garantia de práticas de crédito responsável e à preservação do mínimo existencial	133
48		Outros direitos – art. 7º do CDC	133

Capítulo VI – O CONTRATO NO CÓDIGO DE DEFESA DO CONSUMIDOR ... 135

49		A nova concepção de contrato	135
	49.1	Contrato de Consumo	139
	49.2	Neutralidade de conteúdo × orientação de conteúdo	141
	49.3	Abordagem estática × abordagem dinâmica	141
	49.4	Antagonismo × cooperação	142
	49.5	Atomismo (individualismo) × coletivismo	142
	49.6	Abordagem abstrata × abordagem voltada para a pessoa	143
50		Intervencionismo do Estado. Dirigismo legislativo e administrativo	144
51		Dirigismo judicial	146
52		Modificação e revisão de cláusulas contratuais. Institutos afins no Código Civil	147

Capítulo VII – A PROTEÇÃO CONTRATUAL DO CONSUMIDOR – FASE PRÉ--CONTRATUAL 157

53 O duplo regime contratual: cível e consumerista 157
54 Fase pré-contratual 159
55 A publicidade 159
   55.1 Liberdade de expressão publicitária? 161
56 Publicidade e propaganda 162
57 Publicidade e informação 162
58 Princípio da identificação da publicidade 163
59 Princípio da vinculação contratual da publicidade 163
60 Princípio da inversão do ônus da prova 164
61 Princípio da transparência da fundamentação da publicidade 165
62 Publicidade enganosa e princípio da veracidade 165
63 Tipos de publicidade enganosa 167
64 Enganosidade potencial 168
65 Consumidor típico 169
66 Publicidade abusiva 170
   66.1 Publicidade de produtos, serviços e práticas nocivas à saúde e ao meio ambiente – tabaco e bebidas alcoólicas 171
   66.2 Responsabilidade pela publicidade enganosa ou abusiva 173
   66.3 Erro ou engano na publicidade 175
67 A oferta 177
   67.1 A oferta integra o contrato – princípio da vinculação 179
68 Práticas abusivas 180

Capítulo VIII – A PROTEÇÃO CONTRATUAL DO CONSUMIDOR NA FASE DA FORMAÇÃO DO CONTRATO 183

69 A contratação padronizada 183
70 Disciplina dos contratos de adesão 183
71 Conceito de contrato de adesão 184
72 O art. 46 do CDC 185
73 Interpretação dos contratos de adesão – art. 47 do CDC 187
74 Direito de arrependimento do consumidor (art. 49). Prazo de reflexão 190
75 A garantia legal e a convencional 194
76 Práticas abusivas 202

Capítulo IX – A PROTEÇÃO CONTRATUAL DO CONSUMIDOR NA EXECUÇÃO DO CONTRATO E NA FASE PÓS-CONTRATUAL 207

77 Os dois momentos do CDC 207

78	Cláusulas abusivas e causas de revisão do contrato – distinção	207
79	Fundamento da abusividade	208
80	O abuso do direito e as cláusulas abusivas	209
81	A lista de cláusulas abusivas do art. 51	214
82	Sistematização das cláusulas abusivas	214
83	A cláusula de não indenizar	214
84	Campo de aplicação da cláusula de não indenizar	215
85	Limitações legais	216
86	Cláusula limitativa da indenização	218
87	Limitação de indenização para pessoa jurídica	218
88	Cláusula de não indenizar e cláusula limitativa de direito. Distinção	219
89	A cláusula geral do inciso IV do art. 51. Núcleo do conceito de abusividade	221
90	Cláusula abusiva por vantagem exagerada e a lesão	222
91	Vantagem exagerada	224
92	Cláusulas que restringem direitos ou obrigações fundamentais	225
93	Onerosidade excessiva	226
94	Cláusula abusiva e prática abusiva	227
95	A boa-fé como instrumento de controle de cláusulas contratuais abusivas	227
96	A equidade como instrumento de controle de abusividade de cláusulas contratuais	229
97	A proteção do consumidor contra as cláusulas abusivas	230
98	Preclusão e prescrição	231
99	O princípio da manutenção do contrato	231
100	A modificação do contrato	232
101	A proteção pós-contratual do consumidor	232
	101.1 Práticas abusivas	234
	101.2 Uso abusivo dos bancos de dados	234
	101.2.1 Banco de dados positivo	243
	101.3 Cobrança vexatória	244
	101.4 Cobrança indevida – repetição do indébito	245

Capítulo X – CONTRATOS SUBMETIDOS À DISCIPLINA DO CÓDIGO DO CONSUMIDOR 251

102	Conceito de contrato de consumo	251
103	O novo regime do CDC	252
104	Contratos bancários	253
105	A posição do Superior Tribunal de Justiça sobre várias questões	259
106	Cartão de crédito	265
107	Arrendamento mercantil (*leasing*)	275

108	Questões controvertidas	276
109	Contrato de seguro	280
	109.1 Conceito e finalidade do seguro	280
110	O risco é o elemento material do seguro	282
	110.1 Risco objetivo e risco subjetivo	282
111	Mutualismo – o elemento econômico do seguro	283
112	Boa-fé – alma do seguro	283
113	Espécies de seguro	284
	113.1 Seguro de coisas	285
	113.2 Seguro de pessoas	285
	113.3 Seguro de saúde	286
	113.4 Seguro de responsabilidade civil	292
114	Incidência do CDC nos contratos de seguro	294
115	Princípios do CDC aplicáveis ao seguro – boa-fé	294
	115.1 O princípio da transparência	297
	115.2 Cláusulas abusivas e cláusulas limitativas de direito do consumidor no seguro	298
	115.3 Mora e inadimplemento do segurado	302
116	Transporte coletivo	304
	116.1 Relevância social e econômica do contrato de transporte	304
117	Características do contrato de transporte	304
118	Incidência do Código do Consumidor no transporte coletivo	305
119	Princípio da segurança	306
120	Princípio da indenização integral	307
121	Contratos de prestação de serviços públicos	309
122	Serviços públicos essenciais – princípios da adequação e da continuidade	311
123	Interrupção do fornecimento do serviço público	312
124	A posição do STJ	313
125	Contratos imobiliários	315
126	Contrato de incorporação imobiliária	315
	126.1 Obrigação do incorporador	316
127	Incidência do Código do Consumidor	317
128	Incidência do Código do Consumidor na fase pré-contratual da incorporação	318
129	Incidência do Código do Consumidor na fase contratual da incorporação	319
130	Incidência do Código do Consumidor quanto à segurança da obra	320
	130.1 Solidariedade entre incorporador e construtor	322
131	Incidência do Código do Consumidor quanto à qualidade da obra	323
132	As conclusões do 4º Congresso Brasileiro do Consumidor/BRASILCON	326

133	Hipoteca constituída sobre imóvel já prometido à venda e quitado – invalidade	327
134	A cláusula de decaimento	328
	134.1 Cobrança de juros durante a construção do imóvel	329
135	Contrato de locação	332
136	Relação entre condomínio e condôminos	332
137	Contratos eletrônicos	332
138	Legislação aplicável	335
139	Prazo de arrependimento	336

Capítulo XI – A RESPONSABILIDADE CIVIL NAS RELAÇÕES DE CONSUMO... 337

140	A problemática dos acidentes de consumo	337
141	Fundamento da responsabilidade do fornecedor – o risco do empreendimento ou da atividade empresarial	339
142	A sistemática do Código	339
	142.1 Defeito e vício – distinção	340
143	Fato do produto – acidente de consumo	340
144	O que é defeito?	342
	144.1 Tipos de defeitos	342
145	O dever de segurança	343
	145.1 A noção de segurança	343
146	O nexo causal entre o defeito e o dano	345
147	Risco inerente e risco adquirido – distinção	347
	147.1 Produto perigoso e produto defeituoso	348
	147.2 Risco permitido e defeito	349
	147.3 Defeito de informação e o dever de informar	349
	147.4 Limites do dever de informar	351
148	Os responsáveis	352
149	A solidariedade passiva no Código de Defesa do Consumidor	353
	149.1 A solidariedade passiva na responsabilidade pelo fato do produto ou do serviço	354
	149.2 A solidariedade passiva nos serviços complexos, produzidos por cadeia de fornecedores	355
150	Responsabilidade subsidiária do comerciante	361
151	Fato do serviço	361
152	Excludentes de responsabilidade do fornecedor	366
153	O risco do desenvolvimento	373
154	Inversão do ônus da prova *ope legis*	375
155	Responsabilidade dos profissionais liberais	376

  155.1 Sociedades empresárias prestadoras de serviços não se enquadram na regra prescricional destinada aos profissionais liberais 378
156 Consumidor por equiparação 383
157 O direito de regresso 385

Capítulo XII – RESPONSABILIDADE PELO VÍCIO DO PRODUTO E DO SERVIÇO ... 387
158 Vício e defeito – distinção 387
159 Responsabilidade objetiva 387
160 Vício do produto e vício redibitório – distinção 388
161 Os responsáveis 388
162 Vício de qualidade 389
163 Mecanismos reparatórios 390
164 Dano *circa rem* e *extra rem* 392
165 Vício de quantidade 394
  165.1 Vício conhecido 394
166 Vícios do serviço 394

Capítulo XIII – PRESCRIÇÃO E DECADÊNCIA NO CÓDIGO DO CONSUMIDOR ... 397
167 Prescrição e decadência – distinção 397
168 A sistemática do CDC 400
169 Prescrição 401
170 Causas que suspendem ou interrompem a prescrição 402
171 A prescrição no seguro 402
172 Decadência 403
  172.1 Suspensão da decadência 407

Capítulo XIV – A DEFESA DO CONSUMIDOR EM JUÍZO – TUTELA INDIVIDUAL ... 411
173 Importância das garantias processuais 411
174 Competência pelo domicílio do consumidor 413
175 Tutela específica nas obrigações de fazer e não fazer 415
176 Vedação de denunciação da lide e um novo tipo de chamamento ao processo 416
177 Inversão do ônus da prova 421
  177.1 Ônus e obrigação – distinção 421
178 Repartição do ônus da prova 422
179 Ônus da prova no CDC 422
180 Inversão *ope judicis*. Pressupostos 423
181 Momento da inversão 426
182 Efeitos da inversão 428
183 Custeio de produção da prova 429
184 Inversão *ope legis* 431

185	Desconsideração da pessoa jurídica..	433
	185.1 O art. 28 do CDC...	434
186	Desconsideração pela má administração...	435
	186.1 O § 5º do art. 28 do CDC. Divergências...	435
187	As teorias maior e menor	436
188	Desconsideração inversa	438
189	Efeitos da desconsideração..	439

Capítulo XV – A DEFESA DO CONSUMIDOR EM JUÍZO – TUTELA COLETIVA..... 441

190	Interesses e direitos coletivos	441
191	Interesses e direitos difusos..	444
192	Interesses ou direitos coletivos...	445
193	Interesses ou direitos individuais homogêneos	446
194	O pedido como fator determinante dos interesses em demanda................	447
195	Legitimação para as ações coletivas	448
	195.1 Legitimação do Ministério Público...	449
	195.2 Legitimação dos entes políticos e dos órgãos da administração	453
	195.3 Legitimação da Defensoria Pública...	454
	195.4 Legitimação das associações	456
196	Competência para as ações coletivas..	457
197	A coisa julgada nas ações coletivas..	460
	197.1 Efeitos..	460
	197.2 Efeitos *erga omnes* nos direitos difusos..	460
	197.3 Efeitos *ultra partes* nos direitos coletivos	461
	197.4 Efeitos *erga omnes* nos direitos individuais homogêneos	462
198	Aproveitamento da coisa julgada favorável da ação coletiva nas ações individuais...	462
199	Liquidação e execução da sentença..	463
	199.1 O art. 100 do CDC..	465
200	Inocorrência de litispendência	466
201	Limitação territorial dos efeitos das ações coletivas.....................................	467
202	Descabimento da assistência em causas coletivas...	470
203	Custas processuais e honorários...	471
204	A inversão do ônus da prova em ação coletiva..	472

BIBLIOGRAFIA.. 475

ÍNDICE ALFABÉTICO-REMISSIVO 481

Capítulo I
O DIREITO DO CONSUMIDOR: ORIGENS E FINALIDADE

1   O SÉCULO DOS NOVOS DIREITOS

O século XX foi o século dos novos direitos. Do velho tronco do Direito Civil brotaram novos ramos – direito ambiental, biodireito, direito espacial, direito da comunicação, direitos humanos, direito do consumidor e outros mais – todos destinados a satisfazer as necessidades de uma sociedade em mudança. Esses novos direitos, portanto, não surgiram por acaso; decorreram do fantástico desenvolvimento tecnológico e científico do século passado, abrangendo áreas do conhecimento humano sequer imaginadas.

Com efeito, o homem conseguiu penetrar no mundo invisível do átomo e libertar a sua energia para fins pacíficos e militares; construiu naves espaciais que realizam viagens com incrível velocidade; conecta-se através da Internet e consulta livros de bibliotecas do mundo inteiro, observa obras de arte de museus famosos, adquire produtos de outros países, movimenta milhões de contas bancárias e transfere bilhões de dólares com o simples apertar de uma tecla do computador; adquiriu o dom da onipresença, graças a moderno sistema de telecomunicação – vê e fala com pessoas que se encontram a milhares de quilômetros, presencia acontecimentos que estão ocorrendo no outro lado do mundo. Não menos fantásticos foram os avanços no campo da Biologia. Deciframo-se genomas; a engenharia genética torna possível a modificação do código genético de plantas, animais e micro-organismos, do que resultam produtos geneticamente manipulados (conhecidos pelo vocábulo *transgênicos*), supostamente mais resistentes e adaptados às necessidades humanas, como vem acontecendo com a soja, o milho, o algodão e, mais recentemente, com o trigo. Cientistas anunciaram, em 17/7/2014, o primeiro rascunho do genoma do trigo, que é a fonte de alimento de 30% da população global. Com o rápido crescimento da população mundial, é preciso encontrar novos meios para produzir comida suficiente em face de um clima em mudança, com menos água e terras cultiváveis.[1] Essa é uma notícia alvissareira,

---
[1]   *O Globo*, 18/7/2014.

porque obter o genoma completo do trigo é trabalho maior e mais complexo do que os do arroz e do milho. O genoma do trigo é mais de cinco vezes maior que o dos seres humanos. Fala-se também em experimentação científica de células-tronco, assim chamadas por serem capazes de divisão e multiplicação de forma ilimitada, dando origem a outras células-tronco idênticas, de vital importância para tratamento de doenças até então incuráveis.

Esses e outros tantos feitos, repita-se, exsurgem de verdadeiras revoluções tecnológicas e científicas verificadas ao longo do século XX, operando, em consequência, transformações sociais, econômicas e políticas profundas no mundo contemporâneo. A humanidade vive, inegavelmente, um momento especial e completamente diferente, a tal ponto que, retornasse hoje alguém que da Terra tivesse partido no início do século passado, não acreditaria ter regressado ao mesmo mundo.

Entretanto, o arcabouço jurídico até então existente não acompanhou tais transformações. Ultrapassado, não tardou resultar um enorme descompasso entre o fato social e o jurídico. E o direito que não é consentâneo e conexo com a sociedade que lhe incumbe regular é mera abstração, sem interesse concreto e, portanto, de nada servirá. Ihering positivava em afirmar que ao direito *"não lhe basta uma 'pretensão normativa', é preciso que se lhe dê 'efetividade social'"*. Este o papel que vieram cumprir os chamados novos direitos.

2 ORIGEM DO DIREITO DO CONSUMIDOR

Na constelação dos novos direitos, o Direito do Consumidor é estrela de primeira grandeza, quer pela sua finalidade, quer pela amplitude do seu campo de incidência, mas para entendermos a sua origem, especial atenção merece a Revolução Industrial.

2.1 A Revolução Industrial

Sabemos todos que a Revolução Industrial aumentou quase ao infinito a capacidade produtiva do ser humano. Se antes a produção era manual, artesanal, mecânica, circunscrita ao núcleo familiar ou a um pequeno número de pessoas, a partir dessa revolução a produção passou a ser em massa, em grande quantidade, até para fazer frente ao aumento da demanda decorrente da explosão demográfica. Houve também modificação no processo de distribuição, causando cisão entre a produção e a comercialização. Se antes era o próprio fabricante quem se encarregava da distribuição dos seus produtos, pelo que tinha total domínio do processo produtivo – sabia o que fabricava, o que vendia e a quem vendia –, a partir de determinado momento essa distribuição passou também a ser feita em massa, em cadeia, em grande quantidade pelos mega-atacadistas, de sorte que o comerciante e o consumidor passaram a receber os produtos fechados, lacrados e embalados, sem nenhuma condição de conhecer o seu real conteúdo.

O novo mecanismo de produção e distribuição impôs adequações também ao processo de contratação, fazendo surgir novos instrumentos jurídicos – os contratos coletivos, contratos de massa, contratos de adesão, cujas cláusulas gerais seriam estabelecidas prévia e unilateralmente pelo fornecedor, sem a participação do consumidor.

Por outro lado, os remédios contratuais clássicos não evoluíram e se revelaram ineficazes na proteção e defesa efetivas do consumidor. Rapidamente envelhecia o direito material tradicional, até restar completamente ultrapassado. O direito privado de então, marcadamente influenciado por princípios e dogmas romanistas – autonomia da vontade, *pacta sunt servanda* e responsabilidade fundada na culpa –, não tardaria a sucumbir.

Destarte, à falta de uma disciplina jurídica eficiente, reestruturada, moderna, proliferaram, em ambiente propício, práticas abusivas de toda ordem, como as cláusulas de não indenizar ou limitativas da responsabilidade, o controle do mercado, a eliminação da concorrência e assim por diante, resultando em insuportáveis desigualdades econômicas e jurídicas entre o fornecedor e o consumidor.

João Calvão da Silva, notável autor português, afirma que o *"ideário liberal individualista era hostil ao consumidor; erguia-se como verdadeiro dique à proteção dos seus interesses"*.[2] A culpa, assinala Vicent Pizzaro, atuava como uma espécie de couraça instransponível, que protegia o fornecedor, tornando-o praticamente irresponsável pelos danos causados ao consumidor.

2.2 Desenvolvimento tecnológico e científico

De igual modo, o desenvolvimento tecnológico e científico, a par dos incontáveis benefícios que trouxe a todos nós e à sociedade em geral, aumentou ao infinito os riscos do consumidor, por mais paradoxal que isso possa parecer. E assim é porque, na produção em série, um único defeito de concepção ou de fabricação pode gerar riscos e danos efetivos para um número indeterminado de consumidores. São os riscos do consumo, riscos em série, riscos coletivos.

Lembramos, a título de exemplo, o caso da *Talidomida Contergam*, um sedativo grandemente utilizado entre 1958 e 1962, principalmente por gestantes. Esse medicamento foi retirado do mercado porque provocou deformidade em milhares de nascituros, principalmente na Alemanha e na Inglaterra. Nos Estados Unidos, entre 1960 e 1962, outro medicamento anticolesterol, chamado *MER-29*, provocou graves defeitos visuais em milhares de pessoas – mais de cinco mil –, inclusive cegueira, pelo que foi também retirado do mercado. Todos nos lembramos da vacina *Salk*, contra a poliomielite. Por um defeito de concepção, essa vacina acabou provocando a doença em centenas de crianças na Califórnia. Na França, em 1972, o talco *Morhange* causou intoxicação em centenas de crianças, levando algumas delas à morte, também em decorrência de um defeito de concepção. São os riscos do desenvolvimento, riscos em massa, riscos coletivos. Posteriormente, o caso dos vinhos italianos (1981) que, por excesso de metanol, causaram intoxicação em milhares de consumidores; do azeite espanhol, que causou pneumonia atípica em centenas de pessoas; da *vaca-louca* na

---

[2] *Responsabilidade civil do produtor*, Almedina, p. 31-32.

Inglaterra, com mais de 180 mil casos registrados; do silicone nos Estados Unidos, causador de câncer em milhares de usuárias; dos pneus com defeitos da *Firestone*, que ensejaram centenas de acidentes fatais, e assim por diante.

Esses e outros tantos casos são apenas a ponta desse grande *iceberg* social que são os acidentes de consumo, atingindo milhares de vítimas.

Examinado o problema em profundidade, constatou-se que a reestruturação da ordem jurídica nas relações de consumo passava por algo muito mais abrangente do que uma mera atualização pontual da lei. Na realidade, exigia uma nova postura jurídica capaz de permitir o delineamento de um novo direito, fundado em princípios modernos e eficazes. E foi assim que, nos principais países do mundo, após uma longa e criativa atuação jurisprudencial, foram editadas leis específicas para disciplinar as relações de consumo, entre os quais o Brasil.

3 PRIMEIROS MOVIMENTOS PRÓ-CONSUMIDOR

No final do século XIX e início do século XX, surgiram os primeiros movimentos pró-consumidor nos países que estavam em franco desenvolvimento industrial, como a França, a Alemanha, a Inglaterra e, principalmente, os Estados Unidos.

Em Nova York, por exemplo, Josephine Lowell criou a **New York Consumers League**, uma associação de consumidores que tinha por objetivo a luta pela melhoria das condições de trabalho locais e contra a exploração do trabalho feminino em fábricas e comércio.

Essa associação elaborava "Listas Brancas", contendo o nome dos produtos que os consumidores deveriam escolher preferencialmente, pois as empresas que os produziam e comercializavam respeitavam os direitos dos trabalhadores, como salário-mínimo, horários de trabalho razoáveis e condições de higiene condignas. Era uma forma de influenciar a conduta das empresas pelo poder de compra dos consumidores.

Florence Kelley (1899) deu prosseguimento a este trabalho ao reunir as associações de Nova York, Boston, Chicago, Filadélfia e criar a Liga Nacional dos Consumidores (*National Consumers League*), com ênfase inicial nas condições de mulheres e crianças nas fábricas de algodão. A NCL, entretanto, usava a força dos consumidores direcionada para uma causa social, mais do que para a defesa de bons produtos ou de qualidade industrial.

Já no século XX (1906) Upton Sinclair publica o romance socialista *The jungle* (*A selva*), no qual descreve, de maneira bastante realista, as condições de fabricação dos embutidos de carne e o trabalho dos operários dos matadouros de Chicago, bem assim os perigos e as precárias condições de higiene que afetavam tanto os trabalhadores como o produto final.

A obra de Sinclair teve tamanha repercussão que décadas de resistência foram vencidas, culminando com a sanção, pelo Presidente Roosevelt, da primeira lei de alimentação e medicamentos (a *Pure Food and Drug Act* – PFDA), em 1906, e da lei de inspeção da carne (a *Meat Inspection Act*), em 1907.

3.1 A mensagem do Presidente Kennedy

Mas somente na década de 1960 é que o consumidor, realmente, começou a ser reconhecido como sujeito de direitos específicos tutelados pelo Estado. Tem sido apontado como marco inicial desse novo direito a mensagem do Presidente Kennedy.

Tudo começou com a revolta de americanos com as mortes provocadas por um problema no Ford Pinto.

Nos anos 1960, os americanos passaram a enfrentar forte concorrência dos carros japoneses. Diante do desafio, a Ford lançou o Ford Pinto, que bateu recorde de menor tempo para a concepção de um novo veículo. Mas os engenheiros da Ford descobriram que o carro tinha um sério problema no tanque de combustível. Conseguiram uma forma de resolvê-lo e levaram a solução à diretoria, que decidiu não fazer nada. Como consequência, ocorreram vários acidentes, incêndios com dezenas de vítimas fatais, ensejando muita indignação dos consumidores, que pela primeira vez se reuniram para protestar.

A transição de mera indignação para um movimento de protesto levou John Fitzgerald Kennedy, presidindo a maior potência do mundo capitalista no pós-guerra, aos 15 de março de 1962, a encaminhar Mensagem Especial ao Congresso dos Estados Unidos sobre Proteção dos Interesses dos Consumidores (*Special Message to the Congress on Protecting Consumer Interest*), na qual afirma:

"*Consumidores, por definição, somos todos nós. Os consumidores são o maior grupo econômico na economia, afetando e sendo afetado por quase todas as decisões econômicas, públicas e privadas [...]. Mas são o único grupo importante da economia não eficazmente organizado e cujos posicionamentos quase nunca são ouvidos*".

Partindo, como se vê, do princípio de que os consumidores constituíam o mais importante grupo econômico e o único não efetivamente organizado, defendeu o Presidente Kennedy que eles deveriam ser considerados nas decisões econômicas e, de maneira sintética, enumerou os direitos básicos dos consumidores: *à saúde, à segurança, à informação, à escolha e a* **serem ouvidos**.

Na visão do Presidente Kennedy, o direito à saúde traduzir-se-ia, basicamente, na proteção dos consumidores contra a venda de produtos que comportassem um risco para a saúde ou para a vida.

O direito de ser informado consistiria na proteção contra a informação, a publicidade, a etiquetagem ou qualquer outra prática fraudulenta, enganosa, ou capaz de induzir gravemente em erro, e na garantia de recebimento de todos os elementos de informação indispensáveis a uma escolha esclarecida.

O direito de escolher traduzir-se-ia em assegurar ao consumidor, sempre que possível, o acesso a uma variedade de produtos e de serviços a preços competitivos e, onde não houvesse competição, fossem assegurados aos consumidores produtos e serviços de qualidade e a preços justos.

O direito de ser ouvido consubstanciava-se na garantia de os interesses dos consumidores serem tomados em total e especial consideração na formulação das políticas governamentais e de que eles seriam tratados de maneira justa, equitativa e rápida nos tribunais administrativos.

Estavam lançadas, desta forma, as bases do movimento consumerista internacional, tendo entrado para a história o dia 15 de março como "**Dia Mundial dos Direitos dos Consumidores**", data que passou a ser comemorada, todos os anos, em todo o mundo.

3.2 A atuação da Comissão de Direitos Humanos das Nações Unidas

Merece destaque, a seguir, a atuação da Comissão de Direitos Humanos das Nações Unidas que, em sua 29ª sessão (Genebra, 1973), reconheceu direitos básicos ao consumidor, tais como à segurança, à integridade física, à intimidade, à honra, à informação e o respeito à dignidade humana dos consumidores. Nesse mesmo ano (17/5/1973), a Assembleia Consultiva do Conselho da Europa, pela Resolução nº 543, elaborou a **Carta de Proteção do Consumidor**, na qual foram traçadas as diretrizes básicas para a prevenção e a reparação dos danos aos consumidores. Essa Carta, por sua vez, serviu de base para a **Resolução do Conselho da Comunidade Europeia**, de 14/4/1975, que dividiu os direitos dos consumidores em cinco categorias: (a) direito à proteção da saúde e da segurança; (b) direito à proteção dos interesses econômicos; (c) direito à reparação dos prejuízos; (d) direito à informação e à educação; (e) direito à representação (direito de ser ouvido).

Em abril de 1985, a Assembleia Geral da Organização das Nações Unidas, após dois anos de negociações com o Conselho Social e Econômico, adotou por consenso, através da **Resolução 39/248**, uma série de normas internacionais para proteção do consumidor. Essas normas tinham por finalidade oferecer diretrizes para países, especialmente aqueles em desenvolvimento, a fim de que as utilizassem na elaboração ou aperfeiçoamento das normas e legislações de proteção ao consumidor, bem assim encorajar a cooperação internacional na matéria, ressaltando a importância da participação dos governos na implantação de políticas de defesa dos consumidores.

4 PRIMEIRAS LEIS CONSUMERISTAS

Entre as primeiras leis de proteção do consumidor, merecem lembrança as seguintes leis francesas: (a) Lei de 22/12/1972 que permitia aos consumidores um período de sete dias para refletir sobre a compra; (b) Lei de 27/12/1973 – *Loi Royer*, que em seu art. 44 dispunha sobre a proteção do consumidor contra a publicidade enganosa; (c) Leis nos 78, 22 e 23 (*Loi Scrivener*), de 10/1/1978, que protegiam os consumidores contra os perigos do crédito e cláusulas abusivas.

Destaque especial merece o *Code de la Consommation*, regularizado por um decreto em 1995 após extenso processo legislativo.

5 MOVIMENTOS CONSUMERISTAS NO BRASIL

Enquanto nos EUA a defesa do consumidor nasceu de movimentos dos próprios consumidores, no Brasil iniciou nos primórdios dos anos 1970, com a criação das primeiras associações civis e entidades governamentais voltadas para esse fim. Assim, em 1974 foi criado, no Rio de Janeiro, o Conselho de Defesa do Consumidor (CONDECON); em 1976 foi criada, em Curitiba, a Associação de Defesa e Orientação do Consumidor (ADOC); em 1976, em Porto Alegre, a Associação de Proteção ao Consumidor (APC); em maio de 1976, pelo Decreto nº 7.890, o Governo de São Paulo criou o Sistema Estadual de Proteção ao Consumidor, que previa em sua estrutura, como órgãos centrais, o Conselho Estadual de Proteção ao Consumidor e o Grupo Executivo de Proteção ao Consumidor, depois denominado de **PROCON**.

Mas o consumidor brasileiro, na verdade, só despertou para seus direitos na segunda metade da década de 1980, após a implantação do Plano Cruzado e a problemática econômica por ele gerada. A Constituição de 1988, finalmente, estabeleceu como dever do Estado promover a defesa do consumidor e até um prazo para a elaboração de um Código para esse fim.

6 A FINALIDADE DO DIREITO DO CONSUMIDOR

A massificação da produção, do consumo e da contratação deixou o consumidor em desvantagem, pois, à medida que o fornecedor se fortaleceu técnica e economicamente, o consumidor teve o seu poder de escolha enfraquecido, praticamente eliminado. Não mais tendo acesso direto ao fabricante, o consumidor ficou submisso aos contratos de adesão, cujas cláusulas e condições, conforme já destacado, eram preestabelecidas ao gosto do fornecedor, de sorte a não lhe deixar alternativa que não aquela de aceitar as condições preestabelecidas, sob pena de não ter acesso aos produtos e serviços de que necessitava.

Instalou-se então um acentuado desequilíbrio ou desigualdade de forças entre produtores e distribuidores, por um lado, e consumidores, por outro. O consumidor tornou-se vulnerável em face do fornecedor, vulnerabilidade tríplice: técnica, fática e jurídica.

A proteção do consumidor passou assim a ser um desafio da nossa era e o Direito não podia ficar alheio a tal tarefa. A finalidade do Direito do Consumidor é justamente eliminar essa injusta desigualdade entre o fornecedor e o consumidor, restabelecendo o equilíbrio entre as partes nas relações de consumo.

Atribui-se a Henry Ford esta frase: "*O consumidor é o elo mais fraco da economia; e nenhuma corrente pode ser mais forte do que seu elo mais fraco*". Na realidade, sem o necessário equilíbrio nas relações de consumo, todo o sistema produtivo acabaria comprometido. Por isso, repita-se, tornou-se imperativa a proteção do consumidor, não só contra opressões e abusos econômicos, mas também contra as contínuas agressões de que era alvo. O Estado, movido por considerações sociais e políticas, passou a intervir no mercado de consumo ora controlando preços e vedando cláusulas abusivas, ora impondo o conteúdo de outras e, em certos casos, até obrigando a contratar, tudo para corrigir os excessos e proteger o consumidor.

E assim é porque *"Quem garante todos os empregos não são os empresários, os sindicalistas ou os governantes, mas sim os consumidores".*[3]

A **vulnerabilidade**, portanto, é o requisito essencial para a formulação de um conceito de consumidor; está na origem da elaboração de um Direito do Consumidor; é a espinha dorsal que sustenta toda a sua filosofia. Reconhecendo a desigualdade existente, busca estabelecer uma igualdade real entre as partes nas relações de consumo. As normas desse novo direito estão sistematizadas a partir dessa ideia básica de proteção de determinado sujeito: o consumidor, por ser ele vulnerável. Só se justifica a aplicação de uma lei protetiva em face de uma relação de desiguais. Entre partes iguais não se pode tratar privilegiadamente uma delas sob pena de violação do princípio da igualdade.

No capítulo seguinte, quando trataremos o objetivo do Código do Consumidor, voltaremos a falar desta questão.

7 DIREITO DO CONSUMIDOR OU DIREITO DO CONSUMO?

Encerrando este capítulo introdutório, parece-nos adequado abrir uma nota para justificar, ainda que em termos breves, a opção pela terminologia *direito do consumidor*, em vez de *direito do consumo*, como adotado na França e outros países.

Concebido o direito em exame como sendo o **conjunto de princípios e regras destinados à proteção do consumidor**, verifica-se, desde logo, não ser o consumo, enquanto tal, o objeto da tutela das regras que constituem este novo ramo do direito, mas, sim, o próprio consumidor.

Trata-se, na realidade, de disciplinar a produção e a distribuição de bens, assim como a prestação de serviços, tendo em vista a defesa do **consumidor**. Em outras palavras, é sobre o fornecedor de produtos e serviços que recaem obrigações de várias espécies em ordem à defesa do consumidor. A preocupação desse direito não está focada no objeto de alguma relação jurídica (enfoque objetivo), mas em um sujeito (enfoque subjetivo).

Compartilhamos, pois, com Antonio Herman V. Benjamin a preferência pela expressão "**Direito do Consumidor**", porque entendemos que a mesma confere a exata perspectiva funcional das normas que integram este novo ramo do Direito: resguardar os interesses dos consumidores. Significa dizer que, apenas por via indireta, regra o mercado de consumo (e, mesmo assim, não na sua totalidade), porque protege e defende o consumidor. E o faz porque o consumidor é vulnerável.[4]

Esta é também a designação mais adequada do ponto de vista constitucional e legal, uma vez que a *defesa do consumidor* é a preocupação expressa na lei fundamental (CF, art. 5º, XXXII).

---

[3] John Richard Hicks, Prêmio Nobel de Economia de 1972, *apud* José Geraldo Filomeno, *Código Brasileiro do Consumidor*, 7. ed., Forense Universitária, p. 66.

[4] O direito do consumidor, *Revista dos Tribunais*, nº 670, p. 50.

Capítulo II
O CÓDIGO BRASILEIRO DE DEFESA DO CONSUMIDOR

8 A DEFESA DO CONSUMIDOR – IMPERATIVO CONSTITUCIONAL DO ESTADO E DIREITO FUNDAMENTAL DO CONSUMIDOR

O Código de Defesa do Consumidor (CDC) não surgiu por acaso, tampouco decorreu de um simples projeto como qualquer lei ordinária. Ele é a concretização daquela longa evolução relatada no capítulo anterior, o resultado de todos os movimentos consumeristas anteriormente ocorridos no Brasil e no exterior.

Mario Ferreira Monte, jurista português, ao fazer uma retrospectiva histórica do consumerismo, sentencia: "*Na verdade, o Código Brasileiro de Defesa do Consumidor foi o culminar de um movimento, já que, como confessadamente dizem os autores de seu anteprojeto, ele se inspirou em outras leis advindas de outros países [...]. Por outro lado, significa o primeiro passo para a codificação, no resto do mundo, porque, na verdade, foi o primeiro Código a surgir, principalmente se atendermos à sua ambiciosa estrutura, bem como à quantidade de normas que regulamentam todas as matérias atinentes ao consumidor e onde tem lugar mesmo um conjunto de normas sancionatórias, administrativas e penais*".[1]

Com efeito, na década de 1980 já havia se formado no Brasil forte conscientização jurídica quanto à necessidade de uma lei específica de defesa do consumidor, uma vez que o Código Civil de 1916, bem como as demais normas do regime privatista, não mais conseguiam lidar com situações tipicamente de massa. Essa conscientização foi levada para a Assembleia Nacional Constituinte, que acabou por determinar uma codificação das normas de consumo. Ao cuidar dos Direitos e Garantias Fundamentais, a Constituição de 1988, no seu art. 5º, XXXII, determinou: "*O Estado **promoverá**, na forma da lei, a defesa do consumidor*".

---
[1] *Da proteção penal do consumidor*: o problema da [des]criminalização no incitamento ao consumo, Almedina, 1996, p. 82.

Qual é o sentido desse dispositivo constitucional e que conclusão dele podemos tirar? Não há nele uma simples recomendação ou advertência para o Estado, mas sim uma ordem. "**O Estado promoverá a defesa do consumidor.**" Promover a defesa do consumidor não é uma mera faculdade, mas sim um dever do Estado. Mais do que uma obrigação, **a defesa do consumidor é um imperativo constitucional**. E, se é um dever do Estado, por outro lado, é **um direito fundamental do consumidor**.

Nesse sentido a lição do eminente Prof. José Afonso da Silva. Com a inserção dessa cláusula de tutela entre os direitos fundamentais, os consumidores foram erigidos à categoria de titulares de direitos constitucionais fundamentais.[2]

O constituinte originário, portanto, instituiu **a defesa do consumidor como um imperativo constitucional do Estado e um direito fundamental do consumidor**. E que transformação! O consumidor que até então não tinha vez, não tinha direitos, era apenas um número nas relações de consumo, passou a ser titular de **direito fundamental**.

Ainda mais, a defesa do consumidor deveria ser feita **na forma da lei**. Em outras palavras, o constituinte originário determinou a elaboração de uma lei para a defesa do consumidor, o que evidencia que o Código do Consumidor, diferentemente das leis ordinárias em geral, **tem origem em imperativo constitucional**. Bem por isso, sempre repetimos, o Código do Consumidor é a lei mais extraordinária do século passado. Se temos uma **Constituição cidadã**, como bem a qualificou o grande deputado Ulysses Guimarães, temos também **uma lei cidadã – o Código do Consumidor**.

Quando uma lei ordinária – o Código do Consumidor – densifica um princípio constitucional (a defesa do consumidor), ela ganha uma qualidade nova. A lei é ordinária, mas é excepcionalmente qualificada pelo fato de versar um direito fundamental, uma matéria que a Constituição encomendou a uma lei especialíssima. Com base nisso foi concebida a tese da proibição ao recesso. Embora lei ordinária, é excepcionalmente qualificada pelo fato de versar, no caso, tanto um direito fundamental quanto um princípio da ordem econômica. Ela não pode sequer ser revogada.[3]

O que o Código do Consumidor representa, qual é o seu papel na defesa dos direitos fundamentais do consumidor? Sendo a lei constitucionalmente destinada à defesa do consumidor, o CDC é o **instrumento legal** de realização dos valores constitucionais de proteção e defesa dos consumidores, tais como a saúde, a segurança, a vulnerabilidade e outros mais.

Muito apropriada é essa imagem utilizada pela doutrina e pela jurisprudência para caracterizar a finalidade do CDC: o Código do Consumidor é **um instrumento**. Ninguém consegue fazer uma obra de arte, mesmo que seja o maior pintor ou escultor do mundo, um Miguel Ângelo, por exemplo, sem os instrumentos necessários – o pincel ou o cinzel. Por melhor que seja o médico, um Pitanguy da cirurgia estética, ele

---

[2] *Curso de Direito Constitucional Positivo*, 20. ed., Malheiros, 2002, p. 261-262, item nº 27.
[3] Trecho do voto do Min. Carlos Brito no RE nº 351.750.

não consegue fazer uma intervenção cirúrgica delicada ou de alto risco sem o bisturi. Assim, o CDC é o **instrumento legal** para a efetivação da defesa do consumidor; sem o CDC, o **imperativo constitucional de defesa do consumidor** não passaria de uma folha de papel. Em suma, o Código de Defesa do Consumidor destina-se a **efetivar**, no plano infraconstitucional, princípios constitucionais, especialmente os princípios da isonomia substancial e da defesa do consumidor, como haveremos de ver.

O Ministro Cezar Peluso, quando Presidente do Supremo Tribunal Federal, concluiu o seu voto no Recurso Extraordinário nº 351.750, com magistral lição: "*A defesa do consumidor, além de objeto de norma constitucional, é direito fundamental (art. 5º, XXXII), de modo que não pode ser restringida por regra subalterna, nem sequer por Emenda Constitucional, enquanto inserta em cláusula pétrea (art. 60, § 4º, inc. IV)*".

Mas não é só. **A defesa do consumidor, além de direito fundamental do consumidor, é também princípio geral de toda a atividade econômica.** Incluída no art. 170, V, da Constituição, entre os princípios da ordem econômica, aplica-se a todo o capítulo da atividade econômica; é um princípio que se irradia para a relação de serviço público, mormente quando prestado de forma empresarial.

Em voto lapidar, prolatado no julgamento da ADIn nº 2.591/2001, o Ministro Celso Mello, decano do Supremo Tribunal Federal, bem sintetizou essa questão: "*Cumpre reiterar, bem por isso, a afirmação de que a **função tutelar resultante da cláusula constitucional de proteção aos direitos do consumidor** projeta-se, também, na esfera relativa à ordem econômica e financeira, na medida em que essa diretriz básica apresenta-se como um insuprimível princípio conformador da atividade econômica (CF, art. 170, V). Dentro dessa perspectiva, a edição do Código de Defesa do Consumidor – considerados os valores básicos concernentes à proteção da vida, da saúde e da segurança, e relativos à liberdade de escolha, à igualdade nas contratações, ao direito à informação e à proteção contra publicidade enganosa, dentre outros – **representou a materialização e a efetivação dos compromissos assumidos, em tema de relações de consumo, pelo Estado brasileiro**".*

Mas não parou aí a determinação do constituinte. No art. 48 do Ato das Disposições Constitucionais Transitórias determinou: "*O Congresso Nacional, dentro de cento e vinte dias da promulgação da Constituição, **elaborará código de defesa do consumidor**".* Como se vê, o dispositivo, além de estabelecer prazo para a elaboração da lei de defesa do consumidor, ainda lhe deu a denominação de **Código de Defesa do Consumidor**.

Concebido formalmente como código, o Código de Defesa do Consumidor é um sistema de regras de direito logicamente unidas, compreendendo todos os princípios cardiais do nosso direito do consumidor, todos os seus conceitos fundamentais e todas as normas e cláusulas gerais para a sua interpretação e aplicação.

Ada Pellegrini Grinover e Antonio Herman de Vasconcelos e Benjamin relatam que "*na tramitação do Código (no Congresso), o lobby dos empresários, notadamente o da construção civil, dos consórcios e dos supermercados, prevendo sua derrota nos plenários das duas Casas, buscou, por meio de uma manobra procedimental, impedir a votação do texto ainda naquela legislatura, sob o argumento de que, por se tratar de Código, necessário era respeitar um iter legislativo extremamente formal, o que, naquele caso, não tinha sido observado. A artimanha foi superada rapidamente com o contra-argumento de que aquilo que a Constituição chamava de Código assim não era. E, dessa forma, o Código foi votado com outra qualidade, transformando-se na Lei nº 8.078, de 11 de setembro de 1990. Mas, repita-se, não obstante a nova denominação, estamos, verdadeiramente, diante de um Código, seja pelo mandamento constitucional, seja pelo seu caráter sistemático. Tanto isso é certo que o Congresso Nacional sequer se deu o trabalho de extirpar do corpo legal as menções ao vocábulo Código – arts. 1º, 7º, 28, 37, 44, 51 etc."*[4]

A defesa do consumidor encontra ainda embasamento em outros dispositivos constitucionais. No art. 170, V, como já destacado, foi ela incluída entre os **princípios gerais da Ordem Econômica,** no mesmo *status* dos princípios da **soberania nacional, da propriedade privada, da livre concorrência** e outros; o art. 24, VIII, atribui à União, aos Estados e ao Distrito Federal competência para legislar concorrentemente sobre responsabilidade por dano ao consumidor. Ao tempo em que dispõe sobre a competência legislativa concorrente da União e dos estados-membros, prevê o art. 24 da Carta de 1988, em seus parágrafos, duas situações em que compete ao estado-membro legislar: (a) quando a União não o faz e, assim, o ente federado, ao regulamentar uma das matérias do art. 24, não encontra limites na norma federal geral; e (b) quando a União edita norma geral sobre o tema, a ser observada em todo território nacional, cabendo ao estado a respectiva suplementação, a fim de adequar as prescrições às suas particularidades locais. Não havendo norma geral da União regulando a matéria, os estados-membros estão autorizados a legislar supletivamente no caso até que sobrevenha disposição geral por parte da União (ADI nº 2.818/RJ).

Em conclusão. A defesa do consumidor, na linha da expansão do fenômeno mundial do **consumerismo**, no Brasil ganhou *status* de princípio constitucional (CF, arts. 5º, XXXII; 170, V). O Código de Defesa do Consumidor, Lei nº 8.078, de 11 de setembro de 1990, encontra fundamento na Constituição, pois regula um princípio constitucional – a defesa do consumidor – e foi editado por expressa determinação constitucional (ADCT, art. 48).

9 CAMPO DE APLICAÇÃO DO CÓDIGO DE DEFESA DO CONSUMIDOR

Houve controvérsia durante algum tempo quanto ao campo de incidência do Código de Defesa do Consumidor. Alguns sustentavam não ser ele aplicável em várias áreas do Direito já disciplinadas por leis especiais, como seguros, bancos, transportes aéreos; outros entendiam ser o CDC um *microssistema* jurídico – com campo definido e delimitado – tal como as leis de locação urbana, registros públicos e falência;

---

[4] *Código Brasileiro de Defesa do Consumidor comentado pelos autores do anteprojeto,* 8. ed., Forense Universitária, p. 9.

outros, ainda, perfilhavam a ideia de ter o Código criado um novo Direito – o Direito do Consumidor – com autonomia e princípios próprios.

Temos como certo que a solução para esta questão deve ser buscada à luz do primeiro artigo do Código do Consumidor, que dispõe: *"O presente código estabelece normas de proteção e defesa do consumidor, de* **ordem pública e interesse social***, nos termos dos arts. 5º, XXXII, 170, inciso V, da Constituição Federal e art. 48 de suas Disposições Transitórias".* Estas características das normas de proteção e defesa do consumidor – **ordem pública e interesse social** – têm por fundamento a determinação constitucional feita ao Estado no sentido de promover a defesa do consumidor na forma da lei, imperativo estabelecido entre os direitos e garantias fundamentais.

Por outras palavras, embora a matriz constitucional não torne as normas do Código do Consumidor hierarquicamente superiores às demais, outorga-lhes, todavia, **caráter preferencial** – ordem pública e interesse social. Na medida em que realizam o conteúdo de um direito fundamental, de matriz constitucional, retiram da esfera da autonomia privada das partes a possibilidade de derrogá-las ou limitam a área de atuação dos próprios titulares do direito.

Normas de ordem pública são normas *cogentes, imperativas*, pelo que indispensáveis e de observância necessária. As partes não podem alterar o conteúdo do dever nelas estabelecido e o juiz deve aplicá-las *ex officio*, isto é, independentemente da provocação do consumidor.

Vale dizer, as normas de ordem pública são inderrogáveis por vontade dos interessados em determinada relação de consumo. Na precisa lição de Arruda Alvim, *"tais normas de ordem pública, em função de sua inerente cogência, incidirão até mesmo e apesar da vontade contrária dos interessados".*[5] São normas dotadas de imperatividade absoluta. *"Nesses casos, à vontade individual se sobrepõe inderrogavelmente a vontade geral manifestada pelas normas de direito objetivo, que, dessarte, se qualificam como normas de ordem pública".*[6]

No mesmo sentido a lição de Goffredo Telles Junior: *"As leis de ordem pública, também chamadas* impositivas, propriamente imperativas *ou* cogentes, *são aquelas que ordenam ou proíbem de um modo absoluto, sem admitir alternativas. A impositividade absoluta é motivada pela convicção de que certas relações e certos estados da vida social não podem ser abandonados ao arbítrio individual, sob pena de possível prejuízo para a ordem social".*[7]

Em suma, sendo cogentes as normas do Código de Defesa do Consumidor, não são susceptíveis de derrogação pelas partes, sequer pelo juiz. **Ou uma relação jurídica é de consumo e se rege inexoravelmente pelo Código do Consumidor, ou não é, e recebe outra regência, normalmente do Código Civil.**

---

[5] *Código do Consumidor comentado*, 2. ed., São Paulo, Revista dos Tribunais, 1995, p. 16.
[6] Vicente Ráo, *O direito e a vida dos direitos*, cit., p. 236, nº 147.
[7] *Iniciação na ciência do direito*, Saraiva, p. 226-227.

Normas de interesse social, por sua vez, são aquelas que disciplinam um campo de relações sociais marcado pela desigualdade, razão pela qual têm por finalidade interesse que transcende o interesse meramente particular; são normas que interessam mais diretamente à sociedade que aos particulares.

9.1 Código do Consumidor ou microssistema?

Prosseguindo, o Código estabelece com clareza **os elementos da relação de consumo**, definindo consumidor (art. 2º), fornecedor (art. 3º), produto (§ 1º) e serviço (2º). No art. 4º, que a seguir examinaremos, o Código fala de uma **Política Nacional de Consumo, vale dizer, de uma disciplina jurídica única e uniforme destinada a tutelar os interesses patrimoniais e morais de todos os consumidores**.

Isto nos permite concluir que o Código do Consumidor não veio a lume apenas para atualizar a legislação até então existente, mas sim para criar **um novo direito**. Essa é a premissa da qual devemos partir. Temos um novo direito para as **relações de consumo** e, como tal, com campo de aplicação próprio, objeto próprio e princípios próprios.

As relações de consumo são o campo de aplicação do Código do Consumidor, qualquer que seja a área do Direito onde ocorrem. E, hoje, tudo ou quase tudo tem a ver com consumo: saúde, habitação, segurança, transportes, alimentação, medicamentos, e assim por diante. Somos mais de 200 milhões de consumidores no Brasil, sem contar as pessoas jurídicas, gerando diariamente outros tantos milhões de relações de consumo. "Consumidores somos todos nós", já alertava o Presidente Kennedy.

O campo de incidência do Código de Defesa do Consumidor, portanto, é abrangente, difuso, permeia todas as áreas do Direito, pelo que não guarda semelhança com as leis de locações, falência etc.

Em face dessa peculiaridade, o Mestre Gustavo Tepedino, Titular de Direito Civil da UERJ, formula a seguinte indagação: *"Será mesmo o Código do Consumidor um microssistema?"* Ele próprio a responde com as seguintes considerações.

Microssistema é uma expressão cunhada pelo Prof. Natalino Irti, da Universidade de Roma, nos anos 1970, para indicar a transformação ocorrida no âmbito do direito privado. Do *monossistema*, centralizado no Código Civil, passou-se para o *polissistema*, próprio da sociedade pluralista contemporânea, na qual se desfaz a unidade política, ideológica e legislativa, representada pela codificação, dando lugar ao conjunto de leis setoriais. No campo do direito civil, a imagem revelaria a perda do papel unificante do Código Civil e a constituição dos *microssistemas* legislativos, caracterizados por valores e técnica legislativa peculiares, a anunciarem a era dos estatutos.

Tais estatutos, dos quais o nosso Código de Defesa do Consumidor seria o exemplo mais típico na experiência brasileira, regulariam inteiramente os diversos setores da economia. Não se limitam à especialização de certas matérias, porém, muito mais profundamente, cuidam de toda uma área de atuação do direito, criando novos ramos jurídicos com regras não só de direito civil, mas também de direito administrativo, direito penal, processual civil e penal.

Sem embargo da significativa contribuição que trouxe, seja pela reconstituição histórica que propiciou, seja pelo aporte didático de que é imbuída, tal elaboração doutrinária, adverte o ilustre Mestre fundador da Escola do Rio, acarreta perigosas consequências práticas no campo da interpretação das leis e dos negócios jurídicos. **Pretende Irti, em verdade, que cada microssistema se feche em si mesmo, sendo suficiente do ponto de vista hermenêutico**, já que cada estatuto traz normalmente os próprios princípios interpretativos. Tanto o processo de analogia *legis* como o de analogia *iuris* far-se-iam no âmbito do próprio *microssistema*. A Constituição teria papel de fixar princípios gerais a serem obedecidos pelo legislador de cada um dos estatutos, determinando os objetivos a serem alcançados em cada setor da economia e os limites que deverão ser respeitados no âmbito da reserva legal.

A tese geraria consequências inquietantes, conclui o Mestre Tepedino. Se admitirmos que cada setor da nossa economia, através de pressões no Parlamento, produza leis com tais características, e que a atividade interpretativa vincule-se exclusivamente à tábua de valores setoriais – imaginemos os conflitos de interesses entre fornecedores e consumidores, entre locadores e locatários, entre latifundiários e camponeses, e assim por diante –, leis que mais e mais se tornam leis – contratos, leis negociadas, compromissos setoriais –, **estaremos a admitir uma sociedade inteiramente fragmentada, sem a espinha dorsal de princípios suprassetoriais**.

Após tão percucientes considerações, admite o Professor Tepedino que até podemos designar o Código de Defesa do Consumidor como um **microssistema por concessão didática**, desde que não deixemos de considerá-lo como peça de uma inteira engrenagem, na qual os valores são definidos no ápice da hierarquia normativa. Estão incrustados na Constituição da República, cujos princípios fundamentais hão de ter precedência na atividade interpretativa. Os valores que presidem o ordenamento necessariamente são os mesmos. É preciso que tenhamos em mente que tais princípios (os que foram introduzidos pelo Código de Defesa do Consumidor) **traduzem a tábua axiológica de um sistema constitucional, não de um microssistema fragmentado**, que mais faria lembrar uma espécie de gueto legislativo. A força do Código não se reduz às suas próprias normas, localizando-se, sobretudo, na ordem constitucional que o fundamenta e o assegura.[8]

9.1.1 Lei principiológica – normas de sobredireito

Por essas e outras razões, sempre entendemos que o Código de Defesa do Consumidor é uma **lei principiológica**, que se destina a efetivar, no plano infraconstitucional, os princípios constitucionais de proteção e defesa dos consumidores, como já ficou ressaltado. Para tanto, ele criou uma *sobre-estrutura jurídica multidisciplinar*, **normas de sobredireito aplicáveis em todos os ramos do Direito onde ocorrem relações de consumo**. Usando de uma figura, costumamos dizer que o Código fez

---

[8] *Temas de direito civil*, Renovar, 1999, p. 209-211 e 215.

um corte horizontal em toda a extensão da ordem jurídica, levantou o seu tampão e espargiu a sua disciplina por todas as áreas do Direito – público e privado, contratual e extracontratual, material e processual – onde ocorrem relações de consumo.

Seria uma temeridade, e até uma impossibilidade, se o legislador pretendesse retirar dos múltiplos diplomas legais tudo aquilo que se relaciona com os direitos ou interesses do consumidor para concentrar tudo isso em um *microssistema* jurídico. Isso seria impraticável. Por isso, sem retirar as relações de consumo do campo do Direito onde por natureza se situam, sem afastá-las do seu natural *habitat*, o Código do Consumidor irradia sobre elas a sua disciplina, colorindo-as com as suas tintas. Vale dizer, o CDC não criou um sistema jurídico obrigacional e contratual próprio; todo o ordenamento jurídico continua aplicável às relações de consumo, submetido, entretanto, aos princípios nele (CDC) consagrados.

Assim, por exemplo, os serviços públicos continuam regidos pelas leis e princípios do Direito Público, mas, no que for pertinente às relações de consumo, ficam também sujeitos à disciplina do Código de Defesa do Consumidor. O mesmo se diga dos contratos em geral, seguros, transportes etc. Enfim, os institutos e contratos conservam as suas características básicas, próprias da sua natureza jurídica; ficam, entretanto, sujeitos aos princípios do Código de Defesa do Consumidor no que for pertinente às relações de consumo, como, por exemplo, aos princípios da boa-fé objetiva e da transparência, ao que veda as cláusulas abusivas, àquele outro que impõe responsabilidade objetiva e indenização integral, ou, ainda, que permite ao juiz inverter o ônus da prova, e assim por diante.

Importa compreender que as **leis especiais**, como o Código do Consumidor, integram o sistema desenhado no contexto das leis gerais, sendo em si mesmas insuficientes para a total regência dos institutos que lhe constituem. Não podem, por isso, prescindir do que preceitua o Código Civil, em termos gerais, acerca dos contratos, requisitos de sua validade etc. Dialogam, necessariamente, a lei especial e a geral mediante complementações disciplinadoras de cada instituto, colhidas pela primeira na segunda.

Em suma, o Código de Defesa do Consumidor, embora tenha uma lógica própria e objetivo específico, conecta-se ao sistema jurídico brasileiro na medida em que compartilha com ele a submissão aos mandamentos constitucionais, principalmente quando estão em causa os direitos do consumidor. A eficácia irradiante do princípio constitucional da proteção do consumidor serve de valioso padrão hermenêutico, conferindo amplitude e validade aos princípios do CDC.

Vários dos nossos melhores autores admitem, na prática, ser o Código do Consumidor uma *sobre-estrutura jurídica*, embora não adotem essa terminologia. Em palestra proferida no I Congresso do Direito do Consumidor do Estado de Rondônia (9 de agosto de 2001), o saudoso Professor Antônio Junqueira de Azevedo sustentou que "*os princípios do Código de Defesa do Consumidor são agrupados pela função – defesa do consumidor – e não pelo objeto, o que dá a esse direito um* **alcance horizontal e não vertical**, *como ocorre com o direito estabelecido pelo objeto*". Disse, ainda, que "*o direito* *do consumidor não é um conjunto de regras de disciplina social como o Direito tradicional, mas sim um **instrumento** do Estado destinado à realização de políticas públicas".*

Ora, o Código do Consumidor não teria tal extensão, não manteria essa relação transversal e não vertical com as demais normas se não fosse uma sobre-estrutura jurídica. As normas do Código do Consumidor tendem a se incrustar nas demais normas jurídicas, obrigando a que se leve em conta a proteção do consumidor em cada um dos ramos do Direito, porque o seu fundamento de validade é emanado de um princípio constitucional.

Claudia Lima Marques, a festejada autora gaúcha, observa que "*o Código do Consumidor, embora não discipline nenhum contrato especificamente, aplica-se a todos os tipos de contratos que geram relação de consumo*". E, na verdade, assim é. Se examinarmos o Código do Consumidor do começo ao fim, não vamos nele encontrar a disciplina típica de qualquer contrato de consumo, nem mesmo da compra e venda. Como, então, aplicá-lo a todos os contratos de consumo? Isto só é possível porque o Código do Consumidor é uma *lei principiológica*, vale dizer, estruturada em princípios e cláusulas gerais, como haveremos de ver, e não em normas tipificadoras de condutas. Para implantar essa sobre-estrutura jurídica, o legislador se valeu de uma avançada técnica legislativa. Criou um sistema jurídico aberto, baseado em cláusulas gerais e conceitos indeterminados – enfim, normas de sobredireito. Aproveitando a estrutura jurídica já existente em todas as áreas do Direito, a ela sobrepôs os princípios e cláusulas gerais do Código do Consumidor.

Acreditamos que esse é também o entendimento do saudoso Min. Ruy Rosado de Aguiar ao proclamar: "*O contrato de incorporação, no que tem de específico, é regido pela lei que lhe é própria (Lei nº 4.591/64), **mas sobre ele também incide o Código de Defesa do Consumidor, que introduziu no sistema civil princípios gerais que realçam a justiça contratual, a equivalência das prestações e o princípio da boa-fé objetiva***".[9]

Por último, merece destaque trecho do voto do Ministro Cezar Peluso, então Presidente do Supremo Tribunal Federal, no julgamento do Recurso Extraordinário 351.750: "*Fosse, aliás, aplicável à espécie o critério da* lex specialis, *suponho deverá prevalecer o Código de Defesa do Consumidor sobre a Convenção de Varsóvia [...], tendo em vista que o Código hospeda conjunto de **normas denominadas horizontais, ou de sobredireito** 'como dizem alguns, e cujo campo de aplicação justapõe-se, por assim dizer, ao de atuação de outras normas'*".

Acentua José Geraldo Brito Filomeno que "*o novo Código vale muito mais pela perspectiva e diretrizes que fixa para a efetiva defesa ou proteção do consumidor [...] do que pela exaustão das normas que tendem a esses objetivos*", visto que, por mais detalhado que fosse, o conjunto das normas protetivas seria, sempre, insuscetível de cobrir todo o vasto campo de incidência pretendido pelo legislador.

---

[9] REsp nº 80.036, 4ª Turma.

Tão amplo é o campo de aplicação do Código do Consumidor que hoje todo operador do direito, principalmente o magistrado, antes de decidir qualquer questão terá que verificar se está ou não em face de uma relação de consumo. Caracterizada a relação de consumo, teremos que aplicar o Código do Consumidor, porque essa é uma lei especial cujas normas são de *ordem pública* e interesse social, isto é, de observância necessária. Daí resulta que o Código do Consumidor deve ser interpretado e aplicado a partir dele mesmo e da Constituição, e não com base em princípios do direito tradicional. Não se pode dar ao Código do Consumidor uma interpretação retrospectiva, que consiste, na perfeita lição de Barbosa Moreira, em interpretar o direito novo à luz do direito velho, de modo a tornar o novo tão parecido com o velho que nada ou quase nada venha a mudar.

9.1.2 A natureza de lei especial do Código do Consumidor

Não obstante a amplitude do seu campo de aplicação, o Código do Consumidor é uma lei especial e não geral. Tem o caráter de lei geral no que se refere ao objeto – produtos e serviços (*ratione materiae*) – mas é lei especial no que se refere aos sujeitos (*ratione personae*), aplicável somente aos consumidores e fornecedores e suas relações. Nesse sentido a lição dos mais autorizados consumeristas. "*Subjetivamente, o campo de aplicação do CDC é especial, regulando a relação entre fornecedor e consumidor (arts. 1º, 2º, 3º, 17 e 29) ou relação de consumo (arts. 4º e 5º). Já o campo de aplicação do CC/2002 é geral: regula toda relação privada não privilegiada por uma lei especial*".[10]

Reportamo-nos, uma vez mais, ao voto do Ministro Cezar Peluso no Recurso Extraordinário nº 351.750: "*O Código do Consumidor tem por escopo, não regrar determinada **matéria**, mas proteger certa categoria de **sujeito**, ainda que também protegido por outros regimes jurídicos (art. 7º). Daí seu caráter especialíssimo. Enquanto as normas que compõem o chamado Direito Aeronáutico são especiais por força da modalidade de prestação de serviço, o Código é especial em razão do sujeito tutelado. E, como advém logo do princípio fundamental da dignidade da pessoa humana, há de, em caso de conflito aparente de normas, preponderar o sistema direto protetivo da pessoa em dano do regime jurídico do serviço ou do produto*".

E, sendo o Código do Consumidor lei especial em relação às leis anteriores que pontualmente disciplinavam determinadas matérias, há de prevalecer naquilo que inovou. O texto normativo especial, vale dizer, voltado à disciplina de determinada e individualizada situação, deve prevalecer sobre a regra geral, cuja hipótese normativa abrange situações concretas não marcadas pela peculiaridade tomada como relevante pela norma especial. Uma norma especial em relação a outra pode ser tida como geral em face de uma terceira. Assim, leis consideradas especiais com relação a certas matérias (transportes, seguros etc.) são gerais em relação ao Código do Consumidor.

---

[10] Claudia Lima Marques, *Comentários ao Código de Defesa do Consumidor*, Revista dos Tribunais, p. 31.

Aqui não cabe invocar o princípio *lex posterior generalis non derogat priori speciali*, porque em matéria de consumo o Código de Defesa do Consumidor é lei especial, específica e exclusiva, a lei que recebeu da Constituição a incumbência de estabelecer uma disciplina única e uniforme para todas as relações de consumo, que deve prevalecer naquilo que inovou. As leis incompatíveis com o Código do Consumidor, gerais ou especiais, não prevalecem, apenas coexistem naquilo que com ele estão em harmonia.

Com proficiência ensina o Prof. José Augusto Delgado, Ministro do Superior Tribunal de Justiça: *"a expressão defesa do consumidor posta no texto constitucional, em três oportunidades, tem uma abrangência maior do que a da sua significação etimológica e não possui significado autônomo. Ela está vinculada a um momento histórico vivido pela Nação que, ao ser analisado pelo jurista, revelou a necessidade de se proteger as relações de consumo, como já vinham fazendo, desde muito tempo, outras Nações. Os referidos vocábulos, compreendidos de forma vinculada e sistêmica, expressam uma realidade presente na universalidade formada pelos fatos e que necessita ser regulamentada. Os efeitos a serem produzidos pela irradiação de suas forças não podem sofrer limitações, sob pena de se restringir, sem autorização constitucional, a sua real eficácia e efetividade.* **O sentido dessa normatividade constitucional é, portanto, de defender, em toda a sua extensão, o consumidor, protegendo-o, em qualquer tipo de relação legal de consumo, de ações que desnaturam a natureza jurisdicional desse tipo de negócio jurídico".**[11]

9.2 As Convenções de Varsóvia, de Montreal e o Código do Consumidor

Bom exemplo de aplicação do Código do Consumidor em relação a outras leis podemos encontrar na questão da *indenização limitada* prevista para o transporte aéreo internacional no art. 22, nº 1, da Convenção de Varsóvia. Tão logo entrou em vigor o CDC, essa questão tornou-se polêmica. De um lado, alguns sustentavam que, sendo integral o dever de indenizar estatuído pelo Código (art. 6º, VI), as hipóteses de responsabilidade civil tarifada, em sede de acidente de consumo, restaram afastadas. De outro lado, os cultores do Direito Aeronáutico defendiam o princípio de que, no conflito entre a lei interna e o tratado, prevalece o tratado, pelo que o Código do Consumidor em nada poderia alterar a Convenção de Varsóvia.

Sem nos aprofundarmos no debate – o que fugiria aos objetivos deste trabalho –, manifestamos desde logo a nossa adesão ao primeiro grupo. No embate entre as duas correntes que situam os tratados internacionais em face do Direito Positivo dos países que os firmarem – *monista*, que dá primazia ao Direito Internacional, e *dualista*, que atribui a prevalência ao Direito Interno –, a nossa Suprema Corte, desde o julgamento do RE 80.004, que se desenrolou de fins de setembro de 1975 a meados de 1977, firmou entendimento no sentido de que a Convenção, embora tenha aplicabilidade no Direito

---

[11] Interpretação dos contratos regulados pelo Código de Proteção ao Consumidor, *Informativo Jurídico da Biblioteca Oscar Saraiva*, v. 8, nº 2, p. 91-92, 1996.

Interno Brasileiro, não se sobrepõe às leis do país. Logo, em face do conflito entre tratado e lei posterior, prevalece esta última, por representar a última vontade do legislador, embora o descumprimento no plano internacional possa acarretar consequências.[12]

O § 3º do art. 5º da Constituição de 1988, introduzido pela Emenda Constitucional nº 45/2004, dispõe que *os tratados e convenções internacionais sobre direitos humanos, depois de aprovados em cada Casa do Congresso Nacional, em dois turnos e por três quintos dos votos dos respectivos membros, serão equivalentes às emendas constitucionais*. Mas o dispositivo, frise-se, só se aplica aos **tratados e convenções sobre direitos humanos**. Desde então, temos um regime aplicável aos tratados internacionais de proteção aos direitos humanos e outro aplicável aos tratados tradicionais, que não disponham sobre direitos humanos. Somente os primeiros têm natureza de norma constitucional. Os demais a Constituição colocou no mesmo plano da lei ordinária ao dispor, no seu art. 105, III, *a*, que cabe *recurso especial* contra decisão que *contrariar tratado ou lei federal*, ou negar-lhes vigência. Ora, se os tratados tivessem *status* de lei constitucional, o recurso cabível em tais hipóteses seria o *extraordinário* para o Supremo Tribunal Federal, e não o especial.

A jurisprudência do egrégio **Superior Tribunal de Justiça** inicialmente inclinou-se no sentido da prevalência da Convenção de Varsóvia, por entender que a lei superveniente, de caráter geral (o Código de Defesa do Consumidor), não afasta as disposições especiais contidas no tratado (REsp nº 58.736/MG, 3ª Turma, Rel. Min. Eduardo Ribeiro, julgado em dezembro de 1995). Posteriormente, entretanto, o entendimento da nossa Corte Superior de Justiça firmou-se em sentido contrário, a partir das posições assumidas principalmente pelos eminentes Ministros Paulo Costa Leite, Carlos Alberto Direito e Ruy Rosado de Aguiar, conforme se verá a seguir.

1. STJ, REsp nº 169.000/RJ (3ª Turma, Rel. Min. Paulo Costa Leite, julgado em 4 de abril de 2000):

> "Responsabilidade civil – Transportador – Limitação de indenização – Código de Defesa do Consumidor – Convenção de Varsóvia.
>
> Editada lei específica, em atenção à Constituição (art. 5º, XXXII), destinada a tutelar os direitos do consumidor, e mostrando-se irrecusável o reconhecimento da existência de relação de consumo, suas disposições devem prevalecer. Havendo antinomia, o previsto em tratado perde eficácia, prevalecendo a lei interna posterior que se revela com ele incompatível.
>
> Recurso conhecido e não provido.
>
> Voto – Detendo-me no exame da questão, convenci-me de que a solução do acórdão recorrido merece ser prestigiada. Havendo antinomia, o previsto em tratado perde eficácia, prevalecendo a lei interna posterior que se revela com ele incompatível.

---

[12] Para maior aprofundamento, v. *RTJ* 83/809-848.

[...]

Em verdade, uma vez editada lei específica, em atenção à Constituição (art. 5º, XXXII), destinada a tutelar os direitos do consumidor, e mostrando-se irrecusável o reconhecimento da existência de relação de consumo na espécie, suas disposições devem prevalecer.

[...]

No particular, tenho como irrepreensível o raciocínio desenvolvido pelo ilustre **Des. Sergio Cavalieri**, nesta passagem de sua excelente obra Programa de responsabilidade civil:

'Não vale argumentar que o Código do Consumidor, por ser lei geral posterior, não derrogou o Código Brasileiro de Aeronáutica, de natureza especial e anterior – *lex posterior generalis non derogat priori speciali* –, porque essa regra, além de não ser absoluta, não tem aplicação no caso em exame. E assim é porque o Código do Consumidor, em observância a preceito constitucional (Constituição Federal, art. 5º, XXXII), veio para implantar uma Política Nacional de Relações de Consumo, vale dizer, estabeleceu uma ordem jurídica uniforme e geral destinada a tutelar os interesses patrimoniais e morais de todos os consumidores, bem como o respeito à sua dignidade, saúde e segurança (Código de Defesa do Consumidor, art. 4º). Ao assim fazer, disciplinou não só aquilo que ainda não estava disciplinado como, ainda, alterou a disciplina que já existia em leis especiais, vale dizer, concentrou em um único diploma a disciplina legal de todas as relações contratuais e extracontratuais do mercado de consumo brasileiro. E se nessa nova ordem jurídica, nessa consolidação de princípios a respeito do consumidor, não foram excepcionados privilégios previstos em leis anteriores, não mais condizentes com a atual realidade social, é forçoso concluir que o objetivo da nova lei foi, justamente, eliminá-los.

Em conclusão: é impertinente a regra *lex posterior generalis non derogat priori speciali*, porque, tratando-se de relações de consumo, o Código do Consumidor é a lei própria, específica e exclusiva; a lei que estabeleceu a Política Nacional de Relações de Consumo, consolidando em um só diploma legal todos os princípios pertinentes à matéria, em razão de competência que lhe foi atribuída pela própria Constituição Federal, e, na matéria de sua competência específica, nenhuma outra lei pode a ele (Código) se sobrepor ou subsistir. Pode apenas coexistir naquilo que com ele não for incompatível' (p. 216-217).

Do quanto exposto, Srs. Ministros, conheço do recurso, pelo dissídio, mas lhe nego provimento. É o meu voto".

2. No mesmo sentido REsp nº 154.943/DF (3ª Turma, Rel. Min. Nilson Naves):

"Transporte aéreo. Extravio de bagagem (danos à bagagem/danos à carga). Indenização (Responsabilidade. Código Brasileiro de Aeronáutica e Convenção de Varsóvia. Código de Defesa do Consumidor).

Segundo a orientação formada e adotada pela 3ª Turma do Superior Tribunal de Justiça, quando ali se ultimou o julgamento dos REsps 158.535 e 169.000, a **responsabilidade do transportador não é limitada** em casos que tais (Código de Defesa do Consumidor, arts. 6º, VI, 14, 17, 25 e 51, § 1º, II). Retificação de voto".

3. Posteriormente, no REsp nº 552.553/RJ (Rel. Min. Fernando Gonçalves), o Superior Tribunal de Justiça reafirmou o seu entendimento:

> "Transporte aéreo. Carga. Mercadoria. Extravio. Transportador. Indenização Integral. Aplicação. Convenção de Varsóvia. Afastamento.
>
> A jurisprudência pacífica da Segunda Seção é no sentido de que o transportador aéreo, seja em viagem nacional ou internacional, responde (indenização integral) pelo extravio de bagagens e cargas, ainda que ausente acidente aéreo, mediante aplicação do Código de Defesa do Consumidor, desde que o evento tenha ocorrido na sua vigência, conforme sucede na espécie. Fica, portanto, afastada a incidência da Convenção de Varsóvia e, por via de consequência, a indenização tarifada.
>
> Recurso especial conhecido e provido para restabelecer a sentença".

No **Supremo Tribunal Federal**, inicialmente prevaleceu o mesmo entendimento no julgamento do Recurso Extraordinário nº 351.750, conforme segue:

> "Recurso extraordinário. Danos morais decorrentes de atraso ocorrido em voo internacional. Aplicação do Código de Defesa do Consumidor. Matéria infraconstitucional. Não conhecimento. 1. O princípio da defesa do consumidor se aplica a todo o capítulo constitucional da atividade econômica. 2. Afastam-se as normas especiais do Código Brasileiro da Aeronáutica e da Convenção de Varsóvia quando implicarem retrocesso social ou vilipêndio aos direitos assegurados pelo Código de Defesa do Consumidor".

Nesse julgamento, merece destaque o voto do eminente Ministro Cezar Peluso:

> "Fosse, aliás, aplicável à espécie o critério da *lex speciais*, suponho deverá prevalecer o Código de Defesa do Consumidor sobre a Convenção de Varsóvia e os Protocolos de Haia e de Montreal (Convenção para a Unificação de Certas Regras Relativas ao Transporte Aéreo Internacional, com as modificações dos Protocolos de Haia e de Montreal, promulgada pelo Decreto nº 5.910, de 27 de setembro de 2006), tendo em vista que o Código hospeda conjunto de normas denominadas 'horizontais', ou de 'sobredireito' como dizem alguns, e cujo campo de aplicação justapõe-se, por assim dizer, ao de atuação de outras normas.
>
> Com efeito, o Código de Defesa do Consumidor tem por escopo, não regrar determinada **matéria**, mas proteger certa categoria de **sujeito**, ainda que também protegido por outros regimes jurídicos (art. 7º). Daí seu caráter

especialíssimo. Enquanto as normas que compõem o chamado Direito Aeronáutico são especiais por força da modalidade de prestação de serviço, o Código é especial em razão do sujeito tutelado. E, como advém logo do princípio fundamental da dignidade da pessoa humana, há de, em caso de conflito aparente de normas, preponderar o sistema direto protetivo da pessoa em dano do regime jurídico do serviço ou do produto".

A Convenção de Varsóvia foi substituída pela Convenção de Montreal, celebrada em 28 de maio de 1999, mas só aprovada no Brasil pelo Decreto Legislativo nº 59, de 18 de julho de 2006, e promulgada pelo Decreto nº 5.910, de 27 de setembro de 2006. Essa nova convenção também tem cláusulas limitativas da indenização no transporte aéreo internacional. No caso de morte ou lesões do passageiro, o seu art. 21 limita a indenização a 100.000 Direitos Especiais de Saque; no caso de atraso no transporte, o art. 22, item 1, limita a indenização a 4.150 Direitos Especiais de Saque; no caso de perda, avaria ou destruição da bagagem, a indenização é limitada a 1.000 Direitos Especiais de Saque (item 2).

Entendemos que nada mudou quanto à vedação da limitação da indenização, mesmo em relação às cláusulas que estão agora previstas na Convenção de Montreal. Subsiste a proibição do Código de Defesa do Consumidor por ser a lei especial que disciplina todos os contratos que geram relações de consumo, entre os quais o de transporte de passageiros.

Ocorre o mesmo no que respeita às cláusulas limitativas da indenização (ou tarifada, como preferem outros), previstas nos arts. 246 e 257 do Código Brasileiro de Aeronáutica. Como prestador de serviço público concedido pela União (Constituição Federal, art. 21, XII, c), não pode o transportador aéreo (transporte interno) ficar fora do regime de *indenização integral*. Aqui a questão é bem mais singela do que no caso de conflito entre o CDC e a Convenção de Varsóvia ou de Montreal. O Código Brasileiro de Aeronáutica é lei nacional, tal como o Código do Consumidor, e, sendo este lei posterior e especial, há de prevalecer naquilo que dispôs de forma diferente.

Invoca-se, uma vez mais, o erudito voto do Ministro Cezar Peluso proferido no já citado Recurso Extraordinário nº 351.750:

"Como é de lugar-comum, o *'ponto de partida do intérprete há que ser sempre os princípios constitucionais',* e os incs. V e X do art. 5º da CF consagram o *'princípio da indenizabilidade irrestrita',* segundo o qual as indenizações por dano material e moral devem ser a estes proporcionais.

Por outro lado, os arts. 246, 257, 260, 262, 269 e 277 do Código Brasileiro de Aeronáutica (Lei nº 7.565/86) e os arts. 21 e 22 da Convenção para a Unificação de Certas Regras Relativas ao Transporte Aéreo Internacional ('Convenção de Varsóvia'), com as modificações dos Protocolos de Haia e de Montreal (Decreto nº 5.910, de 27 de setembro de 2006), estabelecem limites prefixados à verba indenizatória por danos materiais. Assim, a questão que se põe é saber se tais dispositivos subsistiriam, ou não, perante o art. 5º, incs. V e X, da vigente Constituição da República.

Já não vigeriam deveras, ou, segundo reza outra doutrina de igual consequência prática, perderam seus fundamentos de validez, as normas insertas nos arts. 246, 257, 260, 262, 269 e 277 do Código Brasileiro de Aeronáutica (Lei nº 7.565/86) e nos arts. 21 e 22 da Convenção para a Unificação de Certas Regras Relativas ao Transporte Aéreo Internacional ('Convenção de Varsóvia'), com as modificações dos Protocolos de Haia e de Montreal (Decreto nº 5.910, de 27 de setembro de 2006), porque incompatíveis com o alcance das regras estatuídas no art. 5º, V e X, da atual Constituição da República, que consagram o *princípio da indenizabilidade irrestrita*".

9.3 O atual posicionamento do Supremo Tribunal Federal

Estávamos nesse patamar tanto na doutrina como na jurisprudência quando a Suprema Corte, ao julgar os Recursos Extraordinários 636331 e 766618, ambos em sede de **repercussão geral**, surpreendeu com uma guinada de 180 graus na sua jurisprudência, como se vê da ementa que segue:

"Recurso extraordinário com repercussão geral. 2. Extravio de bagagem. Dano material. Limitação. **Antinomia. Convenção de Varsóvia. Código de Defesa do Consumidor.** 3. Julgamento de mérito. **É aplicável o limite indenizatório estabelecido na Convenção de Varsóvia e demais acordos internacionais subscritos pelo Brasil, em relação às condenações por dano material decorrente de extravio de bagagem, em voos internacionais.** 5. **Repercussão geral.** Tema 210. Fixação da tese: '**Nos termos do art. 178 da Constituição da República, as normas e os tratados internacionais limitadores da responsabilidade das transportadoras aéreas de passageiros, especialmente as Convenções de Varsóvia e Montreal, têm prevalência em relação ao Código de Defesa do Consumidor**'. 6. Caso concreto. Acórdão que aplicou o Código de Defesa do Consumidor. Indenização superior ao limite previsto no art. 22 da Convenção de Varsóvia, com as modificações efetuadas pelos acordos internacionais posteriores. Decisão recorrida reformada, para reduzir o valor da condenação por danos materiais, limitando-o ao patamar estabelecido na legislação internacional. 7. Recurso a que se dá provimento" (STF, RE 636331/RJ, Tribunal Pleno, Rel. Min. Gilmar Mendes, julgado em 25/5/2017).

Surpreendentes, primeiramente, as premissas estabelecidas pelos Ministros julgadores para a admissão do RE e o reconhecimento da prevalência da Convenção de Varsóvia. O Ministro Relator realçou, no tocante à aparente antinomia entre o disposto no CDC e na Convenção de Varsóvia – e demais normas internacionais sobre transporte aéreo –, **não haver hierarquia entre os diplomas normativos. Ambos têm**

estatura de lei ordinária e, por isso, a solução do conflito envolveria a análise dos **critérios cronológico e da especialidade:**

> "Em segundo lugar, quanto à aparente antinomia entre o disposto no Código de Defesa do Consumidor e a Convenção de Varsóvia e demais normas internacionais sobre transporte aéreo, deve-se considerar que, nesse caso, **não há diferença de hierarquia entre os diplomas normativos em conflito. Os diplomas normativos internacionais em questão não gozam de estatura normativa supralegal de acordo com a orientação firmada no RE 466.343, uma vez que seu conteúdo não versa sobre a disciplina dos direitos humanos.**
>
> Sendo assim, a antinomia deve ser solucionada pela aplicação ao caso em exame dos critérios ordinários, que determinam **a prevalência da lei especial em relação à lei geral e da lei posterior em relação à lei anterior.**
>
> [...]
>
> De qualquer sorte, não creio que o conflito deva ser solucionado essencialmente com fundamento no **critério cronológico**. Prevalecem, no caso, as Convenções internacionais não apenas porque são mais recentes, **mas porque são especiais** em relação ao Código de Defesa do Consumidor.
>
> Em relação ao **critério da especialidade**, observa-se que a Convenção de Varsóvia e os regramentos internacionais que a modificam são normas especiais em relação ao Código de Defesa do Consumidor, que é norma geral para as relações de consumo. A Lei 8.078, de 1990, disciplina a generalidade das relações de consumo, ao passo que as referidas Convenções disciplinam uma modalidade especial de contrato, a saber, o contrato de transporte aéreo internacional de passageiros.
>
> [...]
>
> Assim, devem prevalecer, mesmo nas relações de consumo, as disposições previstas nos acordos internacionais a que se refere o art. 178 da Constituição Federal, **haja vista tratar-se de *lex specialis***".

Ora, se não há diferença de hierarquia entre a Convenção de Varsóvia e o Código do Consumidor, sendo ambas leis ordinárias, cuja antinomia deve ser solucionada pela aplicação dos critérios ordinários que determinam **a prevalência da lei especial em relação à lei geral** e da **lei posterior em relação à lei anterior,** então não é cabível o Recurso Extraordinário e a matéria não é da competência do Supremo Tribunal Federal, e, sim, do Superior Tribunal de Justiça, por força do art. 105, III, da Constituição Federal, que confere ao Superior Tribunal de Justiça a competência para "*julgar, em recurso especial, as causas decididas, em única ou última instância [...], quando a decisão recorrida:* a) *contrariar tratado ou lei federal, ou negar-lhes vigência*". Aliás, não por outro motivo, dois Ministros que participaram do julgamento não admitiram o Recurso Extraordinário.

O Ministro Barroso chamou a atenção dos seus pares para a inconsistência da motivação e apresentou outro fundamento para solucionar o conflito:

> "Havendo uma antinomia, como já assentou o eminente Relator, a hipótese é de se verificar os três critérios tradicionais de solução de antinomias do Direito brasileiro: o da hierarquia, o cronológico e o da especialização. Para ver se se aplica o **hierárquico**, é preciso ver a natureza desse tratado. Esse é um tratado que não versa sobre direitos humanos e, por isso, de acordo com a pacífica jurisprudência do Supremo Tribunal Federal, **tem status de lei ordinária**. Se fosse um tratado de direitos humanos, ele teria um status supralegal e a matéria se colocaria em termos de hierarquia. **Não se colocando a matéria em termos de hierarquia, trata-se de aplicar os critérios remanescentes.**
>
> E aqui penso ser fora de dúvida, tal como apontou o Relator e como observou agora o Ministro Marco Aurélio, que a **Convenção de Varsóvia, por tratar especificamente das relações de consumo relativas ao transporte aéreo, é norma especial,** em contraste com o Código do Consumidor. Isso me parece muito claro. **Porém, se esse fosse o caminho a seguir, esta matéria nem poderia ter chegado aqui em recurso extraordinário, porque essa seria uma discussão puramente infraconstitucional.**
>
> O que legitima a admissão dos recursos extraordinários sobre esta questão é a existência de um dispositivo constitucional que a influencia: **o art. 178 da Constituição**, que prevê, expressamente que, na ordenação do transporte internacional, serão observados os acordos firmados pela União, atendido o princípio da reciprocidade. Assim, a Constituição brasileira, no seu art. 178, previu um critério para a solução dessa antinomia. Neste caso, a Constituição fez um pouco o papel que a antiga Lei de Introdução ao Código Civil – hoje, Lei de Introdução às Normas do Direito Brasileiro – faz em termos de regras de sobredireito. Por conseguinte, **aqui há uma regra de sobredireito constitucional** que indica como é que se deve solucionar esta controvérsia.
>
> Penso que a teleologia da norma constitucional é perfeitamente legítima: ela se volta ao interesse de se uniformizarem as regras no transporte aéreo internacional – o que, em última análise, traz não só isonomia entre todos os consumidores desse serviço, como também impõe ao Brasil o respeito aos compromissos internacionais que tenha assumido. **Dessa forma, são essas as premissas que aplico ao caso concreto".**

No empenho de reforçar o seu entendimento, o douto Ministro fez considerações sobre **o princípio constitucional da defesa do consumidor** que divergem da unanimidade da doutrina e da jurisprudência e que, lamentavelmente, o apequenam:

> "Eu ouvi com muita atenção, como sempre faço, as observações judiciosas do eminente Procurador-Geral da República sobre **a questão da proteção**

constitucional do consumidor e gostaria de fazer uma brevíssima reflexão sobre esse ponto também.

O artigo 5º, inciso XXXII, da Constituição de fato prevê: 'XXXII – o Estado promoverá, na forma da lei, a defesa do consumidor;' **Esse dispositivo está no capítulo dos direitos fundamentais. Há, portanto, um núcleo mínimo de direito fundamental na proteção ao consumidor.** Esta, porém, é tipicamente uma norma que o Professor José Afonso da Silva chamaria de princípio institutivo; uma norma que convoca a atuação do legislador. E a Constituição, no artigo 178, prevê expressamente a prevalência das convenções internacionais nessa matéria. Portanto, eu acho – e isso foi apontado da tribuna pelo Professor Wambier – que a hipótese claramente não é de ponderação, porque não se pondera uma norma de princípio institutivo, convocatória da atuação do legislador, a meu ver, com uma regra que até prevaleceria sobre um eventual direito fundamental, porque seria uma determinação específica da Constituição nesse sentido. Dentro do que me parece ser a melhor forma de se interpretar o Direito, deve-se ler as disposições normativas à luz dos princípios constitucionais. Mas quando uma regra constitucional estatuir em sentido diverso ao indicado por um princípio constitucional, deve-se aplicar a regra, a opção claramente manifestada pelo constituinte – o que me parece que também esse seria o caso aqui, se nós considerássemos que existiria, no art. 5º, XXXII, uma proteção mais ampla do consumidor".

9.4 Considerações sobre o atual entendimento do STF

Longe de nós qualquer pretensão de contrapor argumentos pessoais àqueles expendidos nos judiciosos votos dos Ministros; parece-nos necessário, todavia, trazer à colação o entendimento do eminente Professor José Afonso da Silva, já que citado, e os argumentos expostos pelos Ministros que divergiram, bem sintetizados no voto do Ministro Celso de Mello, decano da Suprema Corte.

O entendimento do Professor José Afonso da Silva a respeito do **princípio constitucional da defesa do consumidor** é conhecido, citado e respeitado unanimemente pela doutrina e jurisprudência desde a 5ª edição da sua clássica obra – *Curso de Direito Constitucional Positivo* –, reescrita e ampliada tão logo editada a Constituição de 1988. Eis a lição do Mestre:

> "Sente-se que a Constituição foi tímida no dispor sobre a proteção dos consumidores. Estabeleceu que **o Estado promoverá, na forma da lei, a defesa do consumidor** (art. 5º, XXXII).
>
> **Realça de importância, contudo, sua inserção entre os direitos fundamentais, com o que se erigem os consumidores à categoria de titulares de direitos constitucionais fundamentais.** Conjugue-se isso com **a consideração do art. 170, V, que eleva a defesa do consumidor à condição de**

princípio da ordem econômica. Tudo somado, tem-se o **relevante efeito de legitimar todas as medidas de intervenção estatal necessárias a assegurar a proteção prevista**" (*Curso de Direito Constitucional Positivo*, 5. ed., Revista dos Tribunais, 1989, p. 232; e, 20. ed., Malheiros, 2002, p. 261-262, item 27).

Esta é a lição do consagrado Mestre José Afonso da Silva, que pela sua clareza e objetividade dispensa comentários e que, pela autoridade do seu autor, formou a doutrina e a jurisprudência ao longo de quase três décadas. Os principais argumentos expendidos no substancioso voto do Ministro Celso de Mello são transcritos a seguir para minuciosa reflexão:

"Prossigo, Senhora Presidente, em meu voto. E, ao fazê-lo, quero destacar que a vocação protetiva das normas que dispõem sobre a defesa do consumidor autoriza, presente o contexto em julgamento, que, em situação de antinomia aparente, o **critério hierárquico prevaleça**, eis que a cláusula de proteção ao consumidor encontra fundamento na própria declaração constitucional de direitos (CF, art. 5º, inciso XXXII), a que não se podem opor estatutos revestidos de inferior positividade jurídica [...].

[...]

Entendo, notadamente em face do que estabelece o art. 5º, inciso XXXII, da Constituição da República, que a utilização do **critério da especialidade**, que representaria, na visão do Relator, a solução ortodoxa destinada a resolver a antinomia de primeiro grau registrada no contexto em julgamento, **não pode ser invocada para fazer prevalecer exegese que, ao prestigiar a precedência de convenções internacionais em matéria de responsabilidade civil das empresas de transporte aéreo internacional, culmine por nulificar direito fundamental assegurado em favor do consumidor, qualquer que seja a natureza da relação de consumo envolvida.**

[...]

Tenho para mim, Senhora Presidente, com a devida vênia, que a Resolução da antinomia em causa, que se revela meramente aparente (e, portanto, superável), há de prestigiar a norma mais favorável ao consumidor, pois **a aplicação da regra consubstanciada no art. 178 da Constituição, caso interpretada na linha proposta pelo eminente Relator, importará, em face de seu caráter detrimentoso, em grave prejuízo ao consumidor, considerada a relevantíssima circunstância de que, em nosso ordenamento positivo, a defesa do consumidor, tal como determinado no catálogo de direitos fundamentais (CF, art. 5º, XXXII), qualifica-se como prerrogativa essencial que lhe é atribuída por um estatuto – a Lei Fundamental da República – impregnado do mais elevado sentido hierárquico.**

[...]

Nem se diga que a precedência das convenções internacionais sobre os direitos básicos do consumidor, na matéria ora em julgamento, encontraria fundamento legitimador na regra consubstanciada no art. 178 da Carta Política. **É que a proteção assegurada ao consumidor tem suporte em norma que, além de possuir idêntico perfil constitucional, também é resguardada por cláusula pétrea, o que lhe confere eficácia jurídica preponderante, para Solução de Antinomias do Ordenamento Jurídico, precisamente porque enunciadora de direito fundamental, como resulta claro do que proclama o art. 5º, inciso XXXII, da Constituição da República, cujo texto – ao contrário do que ocorre com o art. 178 acima mencionado – traduz limitação material explícita ao poder reformador do Congresso Nacional (CF, art. 60, § 4º, IV).**

[...]

Presente esse contexto, em que se registra um claro estado de tensão dialética entre as normas fundadas no art. 178 e no art. 5º, inciso XXXII, ambos da Constituição da República, torna-se essencial reconhecer que a superação desse antagonismo, que opõe valores impregnados de estatura constitucional, **dependerá da ponderação concreta entre os direitos e interesses postos em situação de conflito, em ordem a harmonizá-los.**

Isso significa, portanto, Senhora Presidente, que a superação dos antagonismos existentes entre princípios e valores constitucionais há de resultar da utilização de critérios que permitam ao Poder Público (e aos magistrados e Tribunais) ponderar e avaliar, 'hic et nunc', em função de determinado contexto e sob uma perspectiva axiológica concreta, qual deva ser o direito a preponderar no caso, considerada a situação de conflito ocorrente [...].

[...]

Na realidade, a proteção estatal ao consumidor – quer seja esta qualificada como um direito fundamental positivado no próprio texto da Constituição da República, quer seja compreendida como diretriz conformadora da formulação e execução de políticas públicas, bem assim do exercício das atividades econômicas em geral – assume, em última análise, na perspectiva do sistema jurídico consagrado em nossa Carta Política, a condição de meio instrumental revelador de um 'princípio constitucional impositivo' (EROS ROBERTO GRAU, 'A Ordem Econômica na Constituição de 1988', p. 272, item n. 115, 6. ed., 2001, Malheiros), destinado a neutralizar o abuso do poder econômico praticado em detrimento das pessoas e de seu direito ao desenvolvimento e a uma existência digna e justa. Com o claro objetivo de dar concreção e significado a tais proclamações constitucionais, a Carta Política fez instaurar um estado de comunhão solidária entre as diversas esferas políticas que compõem a estrutura institucional da Federação brasileira, congregando-as em torno de finalidade comum, impregnada do mais elevado sentido social.

Vale referir, bem por isso, **a primazia que a Carta Política conferiu tanto à defesa do consumidor quanto à preservação da integridade das prerroga-**

tivas jurídicas, que, em seu favor, foram reconhecidas pelo ordenamento positivo, podendo-se afirmar, a partir de tal asserção, que **os direitos do consumidor, embora desvestidos de caráter absoluto, qualificam-se, no entanto, como valores essenciais e condicionantes de qualquer processo decisório que vise a compor situações de antagonismo resultantes das relações de consumo**, que se processam, no âmbito da vida social, de modo tão estruturalmente desigual, marcadas, muitas vezes, pela nota de indisfarçável conflituosidade, a opor prestadores de serviços e fornecedores e produtores, de um lado, a consumidores, de outro.

Com esse propósito, Senhora Presidente, **e para não degradar o compromisso de defesa do consumidor à condição inaceitável de uma promessa irresponsavelmente vã, ou de uma proclamação constitucional meramente retórica, ou, ainda, de um discurso politicamente inconsequente, a Lei Fundamental, visando a promover o bem de todos, veio a instituir verdadeiro condomínio legislativo**, partilhando entre a União, os Estados-membros e o Distrito Federal (CF, art. 24, VIII), sem falar nos Municípios, a competência para legislar, em caráter concorrente, sobre medidas e políticas públicas destinadas a **viabilizar a proteção – que se quer efetiva, plena e real –, a ser conferida ao consumidor.**

Daí justificar-se, plenamente, o reconhecimento de que **a proteção ao consumidor – que traduz prerrogativa fundamental do cidadão – qualifica-se como valor constitucional inerente à própria conceptualização do Estado Democrático e Social de Direito, razão pela qual incumbe a toda a coletividade – e ao Poder Judiciário, em particular – extrair dos direitos assegurados ao consumidor a sua máxima eficácia".**

Igualmente irrepreensíveis as considerações do Ministro Celso de Mello a respeito da inserção da **defesa do consumidor** entre os princípios da ordem econômica (art. 170, V da Constituição Federal), o que permite concluir que, mais do que uma norma, a **defesa do consumidor é princípio conformador da atividade econômica, cujo efeito mais relevante é legitimar todas as medidas de intervenção estatal necessárias a assegurar a proteção prevista:**

> "Cumpre reiterar, bem por isso, a afirmação de que a função tutelar resultante da cláusula constitucional de proteção aos direitos do consumidor projeta-se, também, na esfera relativa à ordem econômica e financeira, na medida em que essa diretriz básica apresenta-se como insuprimível princípio conformador da atividade econômica (CF, art. 170, V). O ordenamento constitucional outorgou ao Estado o poder de intervir no domínio econômico, assistindo-lhe, nesse especial contexto das funções estatais, competência para proceder como agente normativo e regulador da atividade negocial (art. 174).
> [...]

Dentro dessa perspectiva, a edição do Código de Defesa do Consumidor (Lei nº 8.078/90) – considerados os valores básicos concernentes à proteção da vida, da saúde e da segurança, e relativos à liberdade de escolha, à igualdade nas contratações, ao direito à informação e à proteção contra publicidade enganosa, entre outros – representou a materialização e a efetivação dos compromissos assumidos, em tema de relações de consumo, pelo Estado brasileiro.

[...]

Os agentes econômicos não têm nos princípios da liberdade de iniciativa e da livre concorrência instrumentos de proteção incondicional. Esses postulados constitucionais – que não ostentam valor absoluto – não criam, em torno dos organismos empresariais, inclusive das empresas de transporte aéreo internacional, qualquer círculo de imunidade que os exonere dos gravíssimos encargos cuja imposição, fundada na supremacia do bem comum e do interesse social, deriva do texto da própria Carta da República".

Em suma, a **defesa do consumidor,** além de catalogada pela Constituição, no art. 5º, XXXII, como **direito fundamental,** foi também inserida no art. 170, V, como **princípio conformador da atividade econômica,** no mesmo capítulo em que se encontra o art. 178. **É dizer, a defesa do consumidor se aplica a todo o capítulo da atividade econômica.** Assim, se é possível antever no caso **uma norma de sobredireito**, esse atributo caberia **à defesa do consumidor.**

Outro aspecto surpreendente a ser destacado é que **não foi considerado no julgamento o princípio constitucional da reparação integral,** cuja incompatibilidade com a reparação tarifária prevista na Convenção de Varsóvia havia motivado o eminente Ministro Cezar Peluso, dos mais brilhantes dos que passaram pela Suprema Corte, a levar o tema a debate no Plenário Virtual, como se depreende do seu voto-vista no RE 351.750, quando defendeu, na Primeira Turma do STF, **a incompatibilidade do modelo de responsabilidade tarifária da Convenção de Varsóvia com o princípio da indenização integral previsto na Constituição da República,** louvando-se nos seguintes fundamentos:

"Como é de lugar-comum, o 'ponto de partida do intérprete há que ser sempre os princípios constitucionais', e os incs V e X do art. 5º da CF consagram o **'princípio da indenizabilidade irrestrita',** segundo o qual as indenizações por dano material e moral devem ser a estes proporcionais.

Por outro lado, os arts. 246, 257, 260, 262, 269 e 277 do Código Brasileiro de Aeronáutica (Lei nº 7.565/86) e **os arts. 21 e 22 da Convenção para a Unificação de Certas Regras Relativas ao Transporte Aéreo Internacional ('Convenção de Varsóvia'),** com as modificações dos Protocolos de Haia e de Montreal (Decreto nº 5.910, de 27 de setembro de 2006), **estabelecem limites pré-fixados à verba indenizatória por danos materiais. Assim, a** questão que se põe é saber se tais dispositivos subsistiriam, ou não, perante o art. 5º, incs. V e X, da vigente Constituição da República.

Já não vigeriam deveras, ou, segundo reza outra doutrina de igual consequência prática, perderam seus fundamentos de validade, as normas insertas nos arts. 246, 257, 260, 262, 269 e 277 do Código Brasileiro de Aeronáutica (Lei nº 7.565/86) e nos arts. 21 e 22 da Convenção para a Unificação de Certas Regras Relativas ao Transporte Aéreo Internacional ('Convenção de Varsóvia'), com as modificações dos Protocolos de Haia e de Montreal (Decreto nº 5.910, de 27 de setembro de 2006), porque incompatíveis com o alcance das regras estatuídas no art. 5º, V e X, da atual Constituição da República, que consagram o '**princípio da indenizabilidade irrestrita**'.

De fato, o primeiro passo do procedimento metodológico em que se desdobraria a investigação analítica do tema central deste recurso está em saber se tal princípio encontra, já a título de definição de sua esfera de eficácia, dentre as limitações próprias da estrutura da norma que o condensa, alguma restrição apriorística ao valor reparatório dos danos materiais e morais, em qualquer de suas modalidades, ou seja, se o âmbito de proteção da norma garantidora do direito à indenização proporcional ao dano, que constitui o objeto último da tutela, é encurtado por algum limite prévio e abstrato ao valor da reparação pecuniária do mesmo dano.

Aqui, a resposta é evidentemente negativa. No art. 5º da CF consagra o 'princípio da indenizabilidade irrestrita', segundo o qual as indenizações por dano material e moral devem ser a estes proporcionais.

Por outro lado, os arts. 246, 257, 260, 262, 269 e 277 do Código Brasileiro de Aeronáutica (Lei nº 7.565/86) e os arts. 21 e 22 da Convenção para a Unificação de Certas Regras Relativas ao Transporte Aéreo Internacional ('Convenção de Varsóvia'), com as modificações dos Protocolos de Haia e de Montreal (Decreto nº 5.910, de 27 de setembro de 2006) estabelecem limites prefixados à verba indenizatória por danos materiais. **Assim, a questão que se põe é saber se tais dispositivos subsistiriam, ou não, perante o art. 5.º, incs. V e X, da vigente Constituição da República.**

Já não vigeriam deveras, ou, segundo reza outra doutrina de igual consequência prática, **perderam seus fundamentos de validez**, as normas insertas nos arts. 246, 257, 260, 262, 269 e 277 do Código Brasileiro de Aeronáutica (Lei nº 7.565/86) e nos arts. 21 e 22 da Convenção para a Unificação de Certas Regras Relativas ao Transporte Aéreo Internacional ('Convenção de Varsóvia'), com as modificações dos Protocolos de Haia e de Montreal (Decreto nº 5.910, de 27 de setembro de 2006), **porque incompatíveis com o alcance das regras estatuídas no art. 5º, V e X, da atual Constituição da República, que consagram o 'princípio da indenizabilidade irrestrita'.** [...] a vigente Constituição da República não contém de modo expresso, como o exigiria a natureza da matéria, nem implícito, como se concede para argumentar, nenhuma *disposi-*

ção restritiva que, limitando o valor da indenização e o grau consequente da responsabilidade civil do ofensor, caracterizasse redução do alcance teórico da tutela. A norma garantidora, que nasce da conjugação dos textos constitucionais (art. 5º, V e X), é, antes, nesse aspecto, de cunho irrestrito.

A pergunta subsequente, de certo modo implicada na primeira, é se a Constituição, posto não restringindo o valor indenizatório, autorizaria, com o mesmo resultado prático, de maneira expressa ou não, o preestabelecimento de limites por mediação de lei subalterna, que, para acomodar sua força restritiva a outros postulados sistemáticos, deveria atender aos requisitos constitucionais da restringibilidade legítima, sobretudo aos postulados da proibição de excessos e do resguardo ao conteúdo essencial do direito fundamental tutelado.

Noutras palavras, abrigaria a Constituição, ainda quando por modo indireto, cláusula da chamada reserva de lei restritiva, à qual autorizasse, por esse artifício, reduzir o âmbito teórico da tutela?

E, aqui, também é não menos negativa a resposta, porque o princípio por observar é que, se lho não autoriza a Constituição *expressis verbis*, não pode lei alguma restringir direitos, liberdades e garantias constitucionais. Tal como no Direito português e pelas mesmíssimas e irrespondíveis razões, a Constituição brasileira 'individualizou expressamente os direitos sujeitos a reserva de lei restritiva'.

E, supondo-se por epítrope que o autorizasse a Constituição, ter-se-ia ainda de indagar se os arts. 246, 257, 260, 262, 269 e 277 do Código Brasileiro de Aeronáutica (Lei nº 7.565/86) e os arts. 21 e 22 da Convenção para a Unificação de Certas Regras Relativas ao Transporte Aéreo Internacional ('Convenção de Varsóvia'), com as modificações dos Protocolos de Haia e de Montreal (Decreto nº 5.910, de 27 de setembro de 2006), não sucumbiriam ao contraste com o postulado da proporcionalidade, o qual impõe à lei restritiva que seja necessária, adequada e proporcional.

Ora, parece evidente que, pelo menos, não seria nem necessária (a indenização por danos materiais fixa-se conforme os danos comprovados e a compensação por danos morais por juízo prudencial), nem de justa medida, porque firma uma ficção reparatória, ao estatuir limites prévios e abstratos à indenização, a qual, no extremo, estaria sempre a independer dos critérios concretos.

Não é só. Outra pergunta, envolvida no inquérito teórico, é se, à luz daqueloutro postulado, tal limitação absoluta não sacrificaria o núcleo essencial do direito fundamental restringido.

E vê-se logo que o sacrificaria, porque, na sua vigência hipotética como instância legal redutora da responsabilidade civil, aniquilaria toda a função satisfativa que constitui o cerne mesmo justificador da indenização garantida pela norma de escalão supremo, a qual perderia a razão de ser, em não se prestando a tutelar o direito subjetivo à incolumidade material e moral, pelo só fato de que o valor econômico do ressarcimento deixaria, em regra, de exprimir algum significado útil ao titular do mesmo direito.

Ora, limitações prévias, que, despojadas de qualquer justificação lógica, desqualificam a importância estimativa da natureza, da gravidade e da repercussão dos danos, bem como dos outros ingredientes pessoais do arbitramento da compensação por danos morais (que é sempre obra de juízo de equidade), tornam nula, ou vã, a proteção constitucional do direito à inviolabilidade material e moral e sacrificam-no em concreto. São imposições excessivas e arbitrárias, que mal se afeiçoam à vertente substantiva do princípio do justo processo da lei (*substantive due process of law*), que, na visão desta Corte, 'atua como decisivo obstáculo à edição de atos legislativos de conteúdo arbitrário ou irrazoável'.

Dessarte, ainda que a mero título de argumentação por hipótese, tenho por incompatíveis com os incs. V e X do art. 5º da CF, os arts. 246, 257, 260, 262, 269 e 277 do Código Brasileiro de Aeronáutica (Lei nº 7.565/86) e os artigos 21 e 22 da Convenção para a Unificação de Certas Regras Relativas ao Transporte Aéreo Internacional ('Convenção de Varsóvia'), com as modificações dos Protocolos de Haia e de Montreal (Decreto nº 5.910, de 27 de setembro de 2006)".

Como se vê, passou-se ao largo da **verdadeira questão constitucional** que havia motivado o Ministro Peluso a levar o tema a debate no Plenário Virtual – **a incompatibilidade do modelo de responsabilidade da Convenção de Varsóvia com o princípio da reparação integral previsto na Constituição da República** –, e, ainda mais de se lamentar, no julgamento dos REs não mereceram nenhuma consideração os robustos e irrepreocháveis argumentos expendidos no voto que motivou a repercussão geral. Não foi lembrado e nada se falou do princípio da **reparação integral consagrado na Constituição da República em cotejo com a reparação tarifada prevista na Convenção de Varsóvia.**

Surpreendente, ainda, não ter a Suprema Corte atentado para o § 6º do art. 37 da Constituição. Com efeito, ainda que fosse possível dar prevalência à Convenção de Varsóvia ou de Montreal, **as empresas aéreas nacionais** ficariam em situação de desigualdade porque, como prestadoras de serviços públicos, estão enquadradas no art. 37, § 6º, da Constituição Federal e, como tais, têm responsabilidade objetiva e integral, tal como o Estado. A *ratio* desse dispositivo constitucional foi submeter os prestadores de serviços públicos ao mesmo regime da Administração Pública no que respeita à responsabilidade civil. Em outras palavras, a finalidade da norma foi estender aos prestadores de serviços públicos a mesma responsabilidade que tem a Administração Pública quando presta serviços diretamente. Quem tem os bônus deve suportar os ônus. Aquele que participa da Administração Pública, que presta serviços públicos, deve suportar os riscos, deve responder em igualdade de condição com o Estado, em nome de quem atua. Jamais será possível admitir que uma convenção possa superar regra expressa da própria Constituição. Assim, como a responsabilidade do Estado é ilimitada, vale dizer, integral, não há como também excluir dessa responsabilidade as prestadoras de serviços públicos aéreos.

Surpreendente, por fim, a motivação de que se valeu a eminente Ministra Rosa Weber para contornar o obstáculo intransponível do art. 37, § 6º da Constituição – simplesmente não considerou os serviços aéreos como públicos e os afastou da incidência desse dispositivo constitucional. Seguem trechos do voto:

> "Com a devida vênia, **não extraio do preceito constitucional acima transcrito (art. 37, § 6º) a ilação de que o transporte aéreo constitui serviço público, muito menos o transporte aéreo internacional**. Destaco, a propósito, que a alínea 'c' do inciso XII do art. 21 da Magna Carta alude a 'navegação aérea', não a 'transporte aéreo'.
>
> A distinção não parece irrelevante, pois o vocábulo 'transporte' foi expressamente indicado pelo constituinte, quando tratou, nas alíneas 'd' e 'e' do mesmo inciso XII do art. 21 da Constituição da República, dos 'serviços de transporte ferroviário e aquaviário entre portos brasileiros e fronteiras nacionais, ou que transponham os limites de Estado ou Território' e dos 'serviços de transporte rodoviário interestadual e internacional de passageiro'.
>
> De todo modo, ainda que se compreenda 'navegação aérea' como sinônimo de 'transporte aéreo', observo que a cabeça do art. 21 admite a exploração de tal atividade diretamente ou mediante autorização, concessão ou permissão.
>
> Ao possibilitar que a atividade de navegação aérea seja explorada por meio de 'autorização', o constituinte acolheu o seu desenvolvimento sob regime de direito privado, vale dizer, sob a forma de atividade econômica fiscalizada pela administração pública, hipótese em que não consistirá em 'serviço público'.
>
> Atualmente, no Brasil, a exploração do transporte aéreo regular de passageiros é feita por meio de autorização – embora seja esta equivocadamente rotulada como 'concessão' –, não se revestindo de características de serviço público, mas, sim, de atividade econômica fiscalizada".

Esse entendimento, por maior que seja o respeito que possa merecer, dispensa considerações por ter se colocado em rota de colisão com toda a doutrina e a jurisprudência, unânimes e uniformes, desde a vigência da Constituição de 1988, e não mereceu considerações dos demais Ministros que participaram do julgamento.

Podemos então sintetizar o que até aqui afirmamos, dizendo que *aplica-se o Código de Defesa do Consumidor sempre que estivermos em face de uma relação de consumo*, qualquer que seja a área do Direito onde ela vier a ocorrer. E *relação de consumo* é a relação jurídica, contratual ou extracontratual, que tem numa ponta o fornecedor de produtos e serviços e na outra o consumidor; é aquela realizada entre o fornecedor e o consumidor, tendo por objeto a circulação de produtos e serviços. Havendo circulação de produtos e serviços entre o consumidor e o fornecedor, teremos relação de consumo regulada pelo Código de Defesa do Consumidor.

10 OBJETIVO DO CÓDIGO DO CONSUMIDOR – ART. 4º

O objetivo do Código do Consumidor, claramente expresso no seu art. 4º, foi implantar uma Política Nacional de Consumo, uma disciplina jurídica única e uniforme, por meio de normas de **ordem pública** e **interesse social** (art. 1º), vale dizer, de aplicação necessária, destinada a tutelar os interesses patrimoniais e morais de todos os consumidores, conforme segue: "*A Política Nacional de Relações de Consumo tem por* **objetivo** *o atendimento das necessidades dos consumidores, o respeito à sua dignidade, saúde e segurança, a proteção de seus interesses econômicos, a melhoria da sua qualidade de vida, bem como a transparência e* **harmonia das relações de consumo**".

Eros Grau, Ministro do Supremo Tribunal Federal, vê no art. 4º, do CDC, uma **"norma-objeto" de eficácia plena, absoluta, inquestionável, indiscutível**. Pondera o prefalado jurista que o citado dispositivo legal não se encaixa no modelo tradicional de norma de conduta, nem no de norma de organização, já que não dispõe sobre os meios a serem ativados para que os resultados dessa "política nacional" sejam alcançados (obrigação de meio), indicando, porém, quais são esses resultados, isto é, define os fins (obrigação de resultado). Eis a lição do Mestre:

> "[...] eu diria que o art. 4º do Código de Defesa do Consumidor é uma norma-objeto, porque define os fins da política nacional das relações de consumo, quer dizer, ela define resultados a serem alcançados. Todas as normas de conduta e todas as normas de organização, que são as demais normas que compõem o Código do Consumidor, instrumentam a realização desses objetivos, com base nos princípios enunciados no próprio art. 4º. Para que existem, por que existem essas normas? Para instrumentar a realização dos fins definidos no art. 4º. Assim, todas as normas de organização e conduta contidas no Código do Consumidor, devem ser interpretadas teleologicamente, finalisticamente, não por opção do intérprete, mas porque essa é uma imposição do próprio Código. O que significa isso? Sabemos que a interpretação não é uma ciência, é uma prudência. Nela chegamos a mais de uma solução correta, tendo de fazer uma opção por uma delas. A circunstância de existirem normas-objeto que determinam a interpretação de normas de organização e de conduta estreita terrivelmente a possibilidade dessa opção, porque a única interpretação correta é aquela que seja adequada à instrumentação da realização dos fins, no caso, os fins estipulados no art. 4º do CDC".[13]

Não menos eloquente é a posição de Fábio Konder Comparato:

> "A defesa do consumidor é, indubitavelmente, um tipo de princípio-programa, tendo por objeto uma ampla política pública (*public policy*). A expressão

---

[13] Eros Roberto Grau, Direito do consumidor: fundamentos do direito do consumidor, in Claudia Lima Marques e Bruno Miragem (Org.), *Direito do consumidor*, Revista dos Tribunais, 2011, v. I, p. 165-166 (Coleção Doutrinas Essenciais).

política nacional designa um programa de ação de interesse público. Como todo programa de ação, a política pública desenvolve uma atividade, isto é, uma série organizada de ações, para a consecução de uma finalidade, imposta na lei ou na Constituição. A imposição constitucional ou legal de políticas é feita, portanto, por meio das chamadas '***normas-objetivo***'".

Mas essa Política Nacional de Consumo, convém ressaltar, embora inspirada na reconhecida necessidade de tutelar a parte mais fraca (vulnerabilidade) das relações de consumo, não tem **caráter paternalista**, tampouco de ilimitado favoritismo do consumidor. Essa é uma visão equivocada e que tem levado muitos a fazerem críticas infundadas ao Código, do tipo *elemento desestabilizador do mercado, ditadura do consumidor* etc. Não é bem assim. A política normativa traçada pelo CDC, afinada com os ditames da ordem econômica definida na Constituição, na realidade desenvolve um projeto de ação destinado a alcançar a **harmonia das relações de consumo**, conforme se depreende da parte final do citado art. 4º (*caput*) – "*bem como a transparência e* **harmonia** *das relações de consumo*".

No inciso III desse mesmo art. 4º, o Código volta a enfatizar o seu objetivo ao dispor: "***harmonização*** *dos interesses dos participantes das relações de consumo e* ***compatibilização*** *da proteção do consumidor com a necessidade de desenvolvimento econômico e tecnológico, de modo a* ***viabilizar*** *os princípios nos quais se funda a ordem econômica (art. 170 da Constituição Federal), sempre com base na boa-fé e* ***equilíbrio*** *nas relações entre consumidores e fornecedores*". Como se vê, **harmonizar, compatibilizar, viabilizar, equilibrar** são palavras-chave empregadas pelo CDC para definir o seu objetivo.

E assim é porque consumidores e fornecedores são protagonistas imprescindíveis das relações de consumo, de sorte que o objetivo primordial do CDC não é desequilibrar a balança em favor do consumidor, mas sim harmonizar os interesses de ambos. Nisso consiste o *princípio da equivalência contratual*, núcleo dos contratos de consumo; esse é o ponto de partida para a correta aplicação do CDC. A proteção do consumidor deve ser na exata medida do necessário para compatibilizar o desenvolvimento econômico e tecnológico do qual necessita toda a sociedade e equilibrar as relações entre consumidores e fornecedores. Quando a proteção é exagerada acaba desprotegendo; a proteção se volta contra o protegido. Para promover esse equilíbrio o Código estabelece uma série de princípios como haveremos de ver, cuja boa aplicação dependerá do talento do intérprete.

Os princípios do CDC realizam os valores constitucionais de proteção e defesa dos consumidores, tais como a saúde, a segurança, a vulnerabilidade e outros mais. Por isso deve-se interpretar o Código de Defesa do Consumidor como reflexo das normas constitucionais protetoras da integridade física e moral da pessoa humana, dos interesses superiores do Estado, que almeja garantir uma sociedade justa.

A lição do insigne Humberto Theodoro Júnior neste ponto cai como luva: "*O jurista, portanto, ao interpretar o Código de Defesa do Consumidor não pode deixar de enfocá-lo em todas as suas dimensões: não pode tê-lo como se fosse somente uma declaração paternalista em prol de contratantes incapazes de autogerirem seus próprios negócios. Da boa e correta aplicação das leis de consumo depende o desenvolvimento econômico e social que está por trás das relações de mercado e de cujo êxito pressupõe o progresso da sociedade brasileira como um todo".*[14]

Muitos são os que aplicam o Código de Defesa do Consumidor de maneira equivocada, em desarmonia com o sistema protetivo correspondente, ora em prejuízo do consumidor, ora privilegiando-o. Num caso ou noutro, olvidando-se de que o espírito da lei é o estabelecimento do equilíbrio da relação de consumo. Vale dizer: conferir ao consumidor direitos que não possui é tão ou mais grave do que negar-lhe direito autêntico.

Inquestionavelmente, o Código do Consumidor é um instrumento jurídico forte e poderoso, o que aumenta consideravelmente a responsabilidade de quem deve aplicá-lo, uma vez que, mais importante que o potencial do instrumento, é o uso que se faz dele. Da boa e correta aplicação desse Código depende a sua eficácia na função de equilibrar as relações de consumo.

Em conclusão, o inciso VI do art. 6º trata, justamente, da questão da efetividade do Código de Defesa do Consumidor como instrumento de prevenção e de reparação de danos ao consumidor. Note-se que, ao lado da ideia de efetividade se encontra, em primeiro lugar, **o propósito de prevenir a ocorrência de danos ao consumidor**. E como fazê-lo? Educando, orientando e informando consumidores e fornecedores, criando deveres para os fornecedores, restringindo a autonomia das vontades nos contratos, intervindo sempre que se fizer necessário ao estabelecimento do equilíbrio da relação jurídica, responsabilizando civil, administrativa e penalmente os fornecedores pelo descumprimento dos deveres estabelecidos pela lei, são alguns exemplos. A própria busca da tutela jurisdicional, através de medidas cautelares ou de provimentos antecipatórios, é uma forma de prevenção. Entretanto, tudo isso não é garantia de que abusos e, consequentemente, danos ocorrerão. Daí a necessidade da **efetividade na reparação deles**.

11 O CÓDIGO DO CONSUMIDOR E O CÓDIGO CIVIL

Após a vigência do Código Civil de 2002, tornou-se imperioso tratar, ainda que sucintamente, das relações entre esse diploma legal e o Código do Consumidor. E a primeira questão que se apresenta diz respeito ao eventual conflito entre esses dois diplomas. As relações de consumo continuam reguladas inteiramente pelo Código de Defesa do Consumidor ou algumas de suas disposições foram afetadas pelo Código Civil? Em caso de antinomia, qual a norma que deverá prevalecer?

Em nosso entender, a solução para essa e outras questões passa, inquestionavelmente, pela correta compreensão das finalidades do Código Civil e do Código de Defesa do Consumidor. O Código Civil é a lei central do direito privado, a lei que estabelece a ordem jurídica infraconstitucional, a base conceitual para as demais leis, pelo que terá que tratar dos sujeitos de direitos em geral, da pessoa jurídica, dos bens, dos negócios jurídicos, do abuso do direito, das nulidades, e assim por diante. Terá um livro sobre obrigações, outro sobre coisas, família, sucessão.

---

[14] *O contrato imobiliário e a legislação tutelar do consumo*, Forense, 2002, p. 2.

Enfim, o Código Civil continua sendo a espinha dorsal da ciência jurídica; estabelece ou modifica a ordem jurídica privada infraconstitucional, dispondo sobre a disciplina de cada instituto. Todos os institutos não definidos em leis especiais tiveram a sua definição atualizada pelo Código Civil de 2002.

Devemos ainda ter em conta que o Código Civil é um código para relações entre **iguais**: dois ou mais particulares, empresários ou consumidores. A disciplina jurídica nele estabelecida tem por base o equilíbrio entre as partes, pressupõe a **igualdade** de todos, ainda que se trate de mera igualdade formal.

Já o Código de Defesa do Consumidor, conforme destacamos, além de ter campo especial de aplicação – **as relações de consumo** –, regula relações entre **desiguais**: o fornecedor e o consumidor, este reconhecidamente mais fraco (vulnerabilidade). O CDC busca a igualdade **material** (real), reconstruída por uma disciplina jurídica voltada para o **diferente**, porque é preciso tratar desigualmente os desiguais para que eles se igualem. Só se justifica a aplicação de uma lei protetiva se estivermos diante de uma relação de desiguais; entre iguais não se pode tratar privilegiadamente um deles sob pena de se atentar contra o princípio da igualdade.

Se as pessoas são iguais e se encontram em situações equivalentes, nada justifica que recebam um tratamento diferenciado por parte do Poder Público. Atribui-se a Aristóteles a seguinte máxima: "*A pior forma de desigualdade é tentar tornar iguais pessoas desiguais*".

Por outro lado, não haveria sentido em tornar o especial em comum, o excepcional em genérico, ampliando-se sobremaneira a gama de situações a merecer a proteção da legislação consumerista. Efetivamente, se a todos considerarmos **consumidores**, a nenhum trataremos diferentemente, e o direito especial de proteção imposto pelo CDC passaria a ser um direito comum, que já não mais serviria para reequilibrar o desequilibrado, proteger o não igual. E mais, passaria a ser um direito comum, nem civil, mas sim comercial.

Portanto, enquanto o Código Civil parte do pressuposto de que há igualdade entre as partes – o princípio da isonomia –, o Código do Consumidor parte exatamente de outro pressuposto: o de que há desigualdade entre fornecedor e consumidor. Parte do pressuposto de que o consumidor está em situação de vulnerabilidade, de fragilidade e que por isso precisa ser defendido. Em busca da realização dessa função, o Código de Defesa do Consumidor estabeleceu uma sobre-estrutura jurídica, uma disciplina jurídica única e uniforme aplicável em todos os casos onde ocorrerem relações de consumo, em qualquer área do direito. **Promover a defesa do consumidor importa restabelecer o equilíbrio e a igualdade nas relações de consumo.**

Em que importa isso? Em nosso entender, qualquer que seja a ordem jurídica existente, a sobre-estrutura será sempre aplicável. Pode-se mudar a ordem jurídica, mas não se mudar a sobre-estrutura; podem-se criar novos institutos, de acordo com aquilo que o legislador entender de colocar no Código, sem alterar ou atingir, entretanto, os princípios que estão previstos no Código do Consumidor e destinados especificamente à proteção do consumidor.

Só por isso, já podemos concluir que, **em princípio, não há colisão, nem antinomias, entre o Código Civil de 2002 e o Código do Consumidor**. Cada um tem a sua razão de ser, o seu campo de atuação e a sua finalidade, e ainda porque, lembremos disto, a missão do Código do Consumidor é constitucional. Ele existe porque o constituinte entendeu que era preciso defender o consumidor e por isso deu uma ordem ao Estado: "Promova a defesa do consumidor" e estabeleceu até um prazo para a elaboração da lei.

Mas há outro aspecto relevante a considerar. O Código Civil de 2002 consagrou os mesmos princípios editados pelo Código do Consumidor. Onde, pois, a colidência? Como falar em conflito ou em revogação? Pelo contrário, agora temos uma ordem jurídica mais em harmonia com o Código do Consumidor do que antes; agora o Código do Consumidor encontra menos resistência à sua aplicação porque temos uma ordem jurídica mais consentânea com os princípios por ele consagrados. Lembramos, a título de exemplo, que o Código do Consumidor tem como princípio cardeal a **boa-fé**, como oportunamente haveremos de ver. Pois o Código Civil, em vários dispositivos, consagrou também a boa-fé até com mais veemência que o Código do Consumidor (arts. 113, 422, 187). Na área da responsabilidade civil também não há colisão, porque o Código Civil seguiu a mesma sistemática do CDC – prevalência da responsabilidade objetiva fulcrada no risco criado pela atividade e pelo produto (arts. 927, parágrafo único, e 931).

Haverá sempre, entretanto, um diálogo necessário entre o Código Civil e o Código do Consumidor porque este, como vimos, encontra naquele as complementações disciplinadoras de cada instituto.

Ao discorrer sobre "O novo Código Civil e o Código de Defesa do Consumidor – Pontos de Convergência" (Escola da Magistratura do Estado do Rio de Janeiro, 11/4/2003), o mestre Ruy Rosado de Aguiar Junior assim colocou essa questão:

> "A primeira ideia que tenho é de que, no microssistema do Direito do Consumidor, inserido dentro do sistema maior do direito privado, devem ser aplicados os princípios do sistema. Se fizermos uma distinção entre princípios e regras, entenderemos que *princípio* é o preceito que apreende um certo valor e o revela em um enunciado, que há de servir para a interpretação de outros dispositivos, e as *regras* são aquelas normas de conduta reguladoras do comportamento e de suas consequências dentro do ordenamento jurídico.
>
> Pois bem, hoje, os princípios que temos no Código Civil podem ser, penso eu, usados e aplicados no microssistema do direito do consumidor. *Se, por acaso, surgir conflito entre um princípio do Código Civil e outro do Código de Defesa do Consumidor, a prevalência há de ser em favor do princípio do Código de Defesa do Consumidor*, para interpretar e aplicar à relação de consumo, porque essa relação é específica e há de atender, principalmente, aos princípios do microssistema. Assim, por exemplo, o princípio de que a prova é ônus de quem alega, reproduzido, de um certo modo, no artigo 877 do Código Civil, onde está dito que Àquele que voluntariamente pagou o

indevido incumbe a prova de tê-lo feito por erro, não prevalece no âmbito do Código de Defesa do Consumidor porque neste, admite-se, em tese, a presunção da veracidade da alegação do consumidor. E com isso chego a uma primeira conclusão, no sentido de que, no conflito entre princípios, aplica-se à relação de consumo o do Código de Defesa do Consumidor.

No que tange às regras que enunciam condutas e suas consequências, a toda relação de consumo aplica-se o Código de Defesa do Consumidor. Porém, se o Código Civil, em vigor a partir de 2003, tem alguma norma que especificamente regula uma situação de consumo, nesse caso, há de se aplicar a norma do Código Civil, isso porque se trata de lei mais recente. Como exemplo, lembro as disposições que temos hoje sobre o contrato de transporte de pessoas e coisas que integram o novo Código Civil, e que compõem um capítulo próprio, não constantes do Código Civil de 1916. Ora, todos sabemos que o transporte é uma relação de consumo estabelecida entre um fornecedor de serviço e um consumidor desse serviço. Embora o legislador tenha posto isso no Código Civil, na verdade ele está regulando uma relação de consumo, à qual se aplica o Código Civil, não o Código de Defesa do Consumidor".[15]

Em conclusão, em algumas questões tópicas, e apenas em relação a normas e não a princípios, poderemos encontrar antinomia entre o Código Civil e o Código do Consumidor, a ser resolvida pelas regras do art. 2º e parágrafos da Lei de Introdução (agora Lei de Introdução às Normas do Direito Brasileiro – LINDB). Mas, no geral, o Código Civil de 2002 veio na mesma linha e, em certos pontos, até mais avançado do que o Código do Consumidor.

Que futuro vemos para o Código do Consumidor? Nos seus primeiros dez anos de vigência, o Código do Consumidor encontrou uma ordem jurídica hostil, baseada na antiética, na "Lei de Gerson", pelo que teve que enfrentar muita resistência. Em suma, foi muito difícil e conflituosa a aplicação do Código do Consumidor. A partir do momento em que o Código Civil de 2002 criou uma ordem jurídica mais justa e mais ética, a convivência entre o CDC e o Código Civil passou a ser harmoniosa. Muitos juristas que eram contra o Código do Consumidor passaram a aceitá-lo, pois os princípios são os mesmos e, consequentemente, a relação entre consumidor e fornecedor passou a ser menos conflituosa. Sobrará, mesmo assim, um campo enorme para o Código do Consumidor uma vez que devemos ter em mente que este visa à relação entre **desiguais**. Por isso, sempre que houver relação de consumo, os princípios do Código do Consumidor hão de prevalecer, pois estão consagrados em normas de ordem pública e de interesse social, **normas de sobredireito** e, consequentemente, de aplicação necessária.

---

[15] *Revista da EMERJ*, v. 6, nº 24, p. 16-17, 2003.

Capítulo III
PRINCÍPIOS DO CÓDIGO DE DEFESA DO CONSUMIDOR

12 LEI PRINCIPIOLÓGICA

O Código do Consumidor, temos repetido inúmeras vezes, foi a lei mais revolucionária do século XX. Revolucionária pelas profundas inovações que introduziu em nosso ordenamento jurídico. Embora destinadas às relações de consumo, essas inovações acabaram por influenciar todo o sistema jurídico brasileiro; a doutrina e a jurisprudência mudaram profundamente após a sua vigência. O Código do Consumidor tornou-se uma espécie de lente pela qual passamos a ler todo o direito obrigacional, contratos e institutos que geram relações de consumo.

Revolucionária, ainda, pelos efeitos positivos que produziu no curso de sua existência. Nenhuma outra lei desempenhou com tanta eficiência as funções educativa e transformadora como o CDC. Os consumidores tomaram consciência dos seus direitos e passaram a exercê-los aos milhões, readquirindo também a confiança no Judiciário, principalmente nos juizados especiais. Os fornecedores, por sua vez, cientes de suas obrigações, investiram em treinamento e tecnologia para melhorar o atendimento dos consumidores e aprimorar a qualidade dos seus produtos e serviços.

Veremos agora que tudo isso tornou-se possível porque o Código do Consumidor adotou uma avançada técnica legislativa, baseada em **princípios e cláusulas gerais**, o que permite considerá-lo uma *lei principiológica*.

Para melhor compreensão do tema, vamos relembrar, ainda que em passando, o que são princípios, regras, cláusulas gerais, conceitos indeterminados e precisar a função de cada um.

13 PRINCÍPIOS E REGRAS

As normas jurídicas, ensina a moderna dogmática, podem ser divididas em duas grandes categorias: **regras** e **princípios**. Segundo Luís Roberto Barroso,[1] a sistematização

---

[1] *A nova interpretação constitucional*, Renovar, 2003, p. 30-31.

que Ronald Dworkin fez do tema ganhou curso universal e passou a constituir o conhecimento universal na matéria, da qual nos valemos a seguir.

Regras são proposições normativas que contêm relatos objetivos, descritivos de determinadas condutas, aplicáveis a hipóteses bem definidas, perfeitamente caracterizadas, sob a forma de *tudo* ou *nada*. Partem de uma hipótese de incidência predeterminada que, uma vez preenchida, demanda a sua consequência normativa, independentemente de quaisquer outras considerações. Vale dizer, ocorrendo a hipótese prevista no seu relato, a regra deve incidir de modo direto e automático, pelo mecanismo da *subsunção*. O comando é objetivo e não dá margem a elaborações mais sofisticadas acerca da sua incidência. A aposentadoria compulsória aos 75 anos é um bom exemplo de regra que incide automaticamente quando o servidor atinge essa idade.

O tema foi retomado por Robert Alexy, substancialmente sobre as mesmas premissas, ao dizer que as **regras veiculam mandados de definição**. Por essa expressão se quer dizer que as regras só admitem duas espécies de situações, dado seu substrato fático típico: ou são válidas e se aplicam ou não se aplicam por inválidas. Em outras palavras, uma regra vale ou não vale juridicamente; não se admite graduações. Uma regra somente deixará de incidir sobre a hipótese de fato que contempla se for inválida, se houver outra mais específica ou se não estiver em vigor.

Princípio etimologicamente quer dizer início, começo, ponto de partida de alguma coisa. Do ponto de vista jurídico não foge desse sentido. Pelos **princípios** se inicia a análise do ordenamento jurídico e se afere para onde ele se norteia. E na base da ordem jurídica, bem no seu início, estão os valores éticos e morais abrigados no ordenamento jurídico, compartilhados por toda a comunidade em dado momento e em dado lugar, como a liberdade, a igualdade, a solidariedade, a dignidade da pessoa humana, a boa-fé e outros tantos. Na lição do já citado Luís Roberto Barroso, princípios espelham a ideologia da sociedade, seus postulados básicos e seus fins, indicando uma determinada direção a seguir. Embora venham de longa data, somente na dogmática jurídica moderna conquistaram o *status* de norma jurídica, superando a crença de que teriam uma dimensão puramente axiológica, ética, sem eficácia jurídica.[2]

Valor, por sua vez, é o elemento moral do Direito, sua essência ética. Toda sociedade tem uma escala de valores ligada à ideia de poder, importância, necessidade material ou moral, acerca de condutas, posições, entendimentos e coisas. Essa escala de valores vai se formando e se modificando de acordo com correntes ideológicas (pensamentos, teorias, opiniões, ideias) existentes em determinado momento e em determinada sociedade – liberdade, escravidão, dignidade, igualdade etc.

Diferentemente das regras, princípios são pois enunciações normativas de valor genérico, contêm relatos com maior teor de abstração, não especificam a conduta a ser seguida, e incidem sobre uma pluralidade de situações. Enquanto as regras, como já enfatizado, veiculam mandados de **definição**, os princípios são mandados

---

[2] Ob. cit., p. 129.

de **otimização**, vale dizer, devem ser realizados da forma mais ampla possível. Por isso a sua incidência não pode ser posta em termos de **tudo ou nada**, de **validade ou invalidade**. Deve-se reconhecer aos princípios uma dimensão de peso ou importância.

Isso não quer dizer que a regra não tenha caráter genérico. A *generalidade* é comum tanto aos princípios como às regras. A generalidade das regras, entretanto, é mais específica do que a dos princípios. Embora as regras sejam estabelecidas para um número indeterminado de atos ou fatos, tais atos e fatos serão aqueles nelas tipificados – situações jurídicas determinadas. Os princípios se caracterizam por maior generalidade porque comportam uma série indefinida de aplicações – tipicidade aberta.

Em síntese, enquanto a regra é norma de conteúdo específico e determinado, que define com alto grau de precisão seus pressupostos fáticos de incidência, o princípio é norma de conteúdo genérico e enunciado aberto, cujos pressupostos de incidência não são definidos com precisão; espraiam-se por um número indeterminado de situações concretas.

As regras descrevem a conduta a ser seguida e a consequência jurídica; estabelecem o dever de adotar o comportamento descritivamente prescrito para se obter o resultado desejado. Os princípios referem-se a valores, um estado ideal de coisas a ser atingido, estabelecendo diretrizes ou fundamentos a serem utilizados pelo julgador, pois **o juiz não cria valores, apenas aplica os valores sociais consagrados pelo legislador em normas-princípios**. "*Como as regras possuem caráter descritivo imediato, o conteúdo do seu comando é muito mais inteligível do que o comando dos princípios, cujo caráter imediato é apenas a realização de determinado estado de coisas*".[3]

Por isso, pondera Barroso, "*as regras desempenham o papel referente à* **segurança jurídica** – *previsibilidade e objetividade das condutas –, os princípios, com sua flexibilidade, dão margem à* **realização da justiça do caso concreto**".[4]

Por outro lado, a dimensão dos princípios não é a da validade ou invalidade como as regras, mas sim a do *peso* ou *importância*. Quando as regras estão em conflito, não é possível afirmar que uma é mais importante do que a outra. A solução do conflito (antinomia jurídica) terá que ser encontrada com base na **hierarquia** – *lex superior derogat inferiori* –, **na especialidade** – *lex specialis derogat generali* –, ou na **temporariedade** – *lex posterior derogat priori*. Já os princípios, quando se entrecruzam, a solução deve ser encontrada com base na importância de cada um deles. Essa valoração, por não ser exata, gera divergências quanto à maior importância de um princípio em relação a outro, mas é o caminho para a solução do problema – a *ponderação de valores*. Em face do caso concreto, caberá ao intérprete ponderar os valores em jogo, preservando o máximo de cada um, na medida do possível.

Ponderação é um processo de argumentação que confronta as razões em jogo no caso concreto, os argumentos que pleiteiam sua concretização.

---

[3] Humberto Ávila, *Teoria dos princípios*, 13. ed., Malheiros, p. 111.
[4] *Temas de direito constitucional*, Renovar, 2005, t. III, p. 16.

14 PAPEL DOS PRINCÍPIOS

Regras e princípios desempenham funções distintas dentro do ordenamento jurídico. Enquanto as regras, por sua própria definição, têm por finalidade estabelecer a conduta adequada para hipóteses específicas, perfeitamente caracterizadas, sob a forma de tudo ou nada, os princípios desempenham múltiplas funções, dentre as quais se destaca, em primeiro lugar, **a função estruturante**, isto é, de dar unidade e harmonia ao sistema jurídico, integrando suas diferentes partes. Princípios funcionam como estrutura jurídica de todo o sistema, colunas de sustentação e vigas mestras, razão pela qual o mestre Miguel Reale a eles se refere como **verdades estruturantes** de um sistema jurídico, assim admitidas não só por serem evidentes ou por terem sido comprovadas, mas também por motivos de ordem prática.[5]

Veremos, na medida em que examinarmos os demais temas deste Programa, que os princípios da vulnerabilidade, da boa-fé, da transparência, da informação, da segurança e outros permeiam todas as disposições do Código do Consumidor porque são **verdades estruturantes** de todo o seu sistema, que lhes dão unidade, harmonia, estabilidade e credibilidade.

É dessa função estruturante dos princípios que nos fala Celso Antônio Bandeira de Mello na sua conhecida lição: *"Princípio é, por definição, mandamento nuclear de um sistema, verdadeiro alicerce dele, disposição fundamental que se irradia sobre diferentes normas compondo-lhe o espírito e servindo de critério para a sua exata compreensão e inteligência por definir a lógica e a racionalidade do sistema normativo, no que lhe confere a tônica e lhe dá sentido harmônico. É o conhecimento dos princípios que preside a intelecção das diferentes partes componentes do todo unitário que há por nome sistema jurídico positivo".*[6]

Outra relevante função dos princípios é a de **condicionar a atividade do intérprete**. Funcionam como grandes nortes, diretrizes magnas do sistema jurídico, **fio condutor do intérprete, lente de exame de toda e qualquer questão submetida ao julgador**. *"Apontam os rumos a serem seguidos por toda a sociedade e obrigatoriamente perseguidos pelos órgãos de governo (poderes constituídos). Eles expressam a substância última do querer popular, seus objetivos e desígnios, as linhas mestras da legislação, da administração e da jurisdição. Por estas não podem ser contrariados; têm que ser prestigiados até as últimas consequências".*[7]

O Direito, ensina o Ministro Eros Grau, não pode ser interpretado em tiras, nem aplicado aos pedaços. Exige interpretação harmoniosa com todo o sistema e isso só se consegue por meio dos princípios que iluminam e indicam o caminho a ser seguido na atuação hermenêutica de descoberta do valor que está sendo resguardado pela regra.

---

[5] *Lições preliminares de direito*, 22. ed., Saraiva, 1995, p. 299.
[6] *Curso de direito administrativo*, 11. ed., Malheiros, 1998, p. 629-630.
[7] Geraldo Ataliba, *República e Constituição*, Revista dos Tribunais, 1985, p. 617.

Traduzem o núcleo básico do sistema jurídico, indicando as finalidades e objetivos a serem alcançados.

Um sistema jurídico composto apenas de regras não permite o cumprimento de sua finalidade junto ao tecido social. O liame se obtém pela *principiologia* que coordena as regras, tanto a partir de sua edição e formação, quanto na fase de opção da restrição de liberdades que naturalmente as mesmas possuem. Dessa forma, os princípios servem para impor uma leitura normativa sistêmica, tanto na constituição quanto na interpretação das regras.

Por tal razão, a atuação do intérprete, na feliz lição de Roberto Barroso, deve pautar-se pela identificação do princípio maior que rege o tema apreciado, descendo do mais genérico ao mais específico, até chegar à formulação da regra concreta que vai reger a espécie.[8] Assim, por exemplo, toda e qualquer relação de consumo terá que ser examinada à luz do princípio da transparência; todo e qualquer contrato de consumo terá que respeitar os princípios da confiança e da informação; toda e qualquer cláusula contratual terá que ser interpretada à luz do princípio da boa-fé; todo e qualquer fornecimento de produtos e serviços está subordinado ao princípio da segurança, e assim por diante.

O papel condicionador dos princípios sobre atividade do intérprete deve sempre nos remeter à segunda parte da já citada lição de Celso Antônio Bandeira de Mello. "*Violar um princípio é muito mais grave que transgredir uma norma qualquer. A desatenção ao princípio implica ofensa não apenas a um específico mandamento obrigatório, mas a todo o sistema de comandos. É a mais grave forma de ilegalidade ou inconstitucionalidade, conforme o escalão do princípio atingido, porque representa insurgência contra todo o sistema, subversão aos seus valores fundamentais, contumélia irremissível a seu arcabouço lógico e corrosão de sua estrutura mestra. Isto porque, com ofendê-lo, abatem-se as vigas que o sustêm e alui-se toda a estrutura neles esforçada*".[9]

A terceira função dos princípios, destacada por Humberto Ávila, é a de **estabelecer a obrigatoriedade da adoção dos comportamentos necessários à sua realização**. Com efeito, "*sendo os princípios normas imediatamente finalistas, que estabelecem um fim a ser atingido, a instituição do fim é o ponto de partida para a procura por meios. O fim representa uma função diretiva para a determinação da conduta. Estabelece um estado ideal de coisas a ser promovido ou atingido, como forma geral para enquadrar os vários conteúdos de um fim*".[10]

O princípio da boa-fé, como veremos, exige a realização de um estado de coisas exteriorizadas pela lealdade, veracidade, seriedade, sinceridade, honestidade, transparência e colaboração. Sem tais comportamentos não se contribui para a existência do estado de coisas posto como ideal pela norma, e, por conseguinte, não se concretiza o princípio.

---

[8] Ob. cit., p. 29-30.
[9] Ob. cit., p. 630.
[10] Ob. cit., p. 86.

Em conclusão, a positivação de princípios institui o dever de adotar comportamentos necessários à realização de um estado de coisas ou, inversamente, institui o dever de efetivação de um estado de coisas pela adoção de comportamentos a ele necessários.[11]

15 CLÁUSULAS GERAIS E CONCEITOS INDETERMINADOS

Conceitos jurídicos indeterminados são proposições cujos termos são propositalmente indeterminados, imprecisos, de sentido vago, a serem precisados pelo intérprete no momento da aplicação da norma, com base nas **regras de experiência**, subministradas pela observação do que ordinariamente acontece e, ainda, nas regras de experiência técnica, ressalvado, quanto a estas, o exame pericial (CPC, art. 375). Abre-se nesses casos ao aplicador da norma certa margem de liberdade para, com prudência, estabelecer a coincidência entre o acontecimento real e o modelo normativo. Preenchido o conceito legal indeterminado, a solução estará estabelecida na própria norma legal, competindo ao juiz apenas aplicar a norma, sem exercer nenhuma função criadora. Vale dizer, a lei enuncia o conceito indeterminado e dá as consequências dele advindas.

Nada há de novo nesta questão, posto que conceitos indeterminados sempre existiram em nossa legislação. No Código Civil de 1916 – *lugar de acesso perigoso ou difícil* (art. 973, III); *reparações urgentes* (art. 1.205); *divisão cômoda* (art. 1.777) etc., o que se repete no Código Civil de 2002.

No Código do Consumidor vamos também encontrar inúmeras expressões de termos indeterminados, como *verossimilhança, hipossuficiência* (art. 6º, VIII), *nocividade, periculosidade* (art. 9º), *abusividade* (art. 39), *desvantagem exagerada* (art. 51, IV) etc. De se ressaltar que conceito jurídico indeterminado não se confunde com **juízo discricionário**. Na lição do mestre José Carlos Barbosa Moreira, o nosso maior processualista, *"na fixação dos **conceitos juridicamente indeterminados** abre-se ao aplicador da norma, como é intuitivo, certa margem de liberdade. Algo de subjetivo quase sempre haverá nessa operação concretizadora, sobretudo quando ela envolva, conforme ocorre com frequência, a formulação de juízos de valor".*[12]

Aproximando e extremando a **discricionariedade** dos conceitos juridicamente indeterminados, o mestre assevera que *"o que um e outro fenômeno têm em comum é o fato de que, em ambos, é particularmente importante o papel confiado à prudência do aplicador da norma, a quem não se impõem padrões rígidos de atuação. Há, no entanto, uma diferença fundamental, bastante fácil de perceber se se tiver presente a distinção entre os dois elementos essenciais da estrutura da norma, a saber, o fato (Tatbestand, fattispecie) e o efeito jurídico atribuído à sua concreta ocorrência. Os conceitos indeterminados integram a descrição do fato, ao passo que a discricionariedade se situa toda no campo dos efeitos. Daí resulta que, no tratamento daqueles, a liberdade do aplicador*

---

[11] Ávila, ob. cit., p. 87.
[12] *Temas de direito processual*, 1980, p. 65 (Segunda Série).

se exaure na fixação da premissa: uma vez estabelecida, in concreto, a coincidência ou a não coincidência entre o acontecimento real e o modelo normativo, a solução estará, por assim dizer, predeterminada. Sucede o inverso, bem se compreende, quando a própria escolha da consequência é que fica entregue à decisão do aplicador".[13]

Cláusulas gerais, na lição da consagrada Profª. Judith Martins-Costa, são *"normas cujo enunciado, ao invés de traçar punctualmente a hipótese e as suas consequências, é intencionalmente desenhado como uma vaga moldura, permitindo, pela abrangência de sua formulação, a incorporação de valores, princípios, diretrizes e máximas de conduta originariamente estrangeiros ao corpus codificado, bem como a constante formulação de novas normas".*[14]

Como nova técnica legislativa utilizada a partir da segunda metade do século XX, as cláusulas gerais passaram a integrar os mais modernos Códigos contemporâneos. A melhor doutrina aponta o § 242 do Código Civil alemão como origem das cláusulas gerais. Sustenta que a boa-fé ali mencionada refere-se à boa-fé objetiva, princípio cardeal do direito moderno. Diz o referido dispositivo: "*O devedor deve cumprir a prestação tal como o exija a* **boa-fé**, *com considerações pelos costumes do tráfego jurídico*". Com esta cláusula, limitou-se extraordinariamente a autonomia da vontade, permitindo à jurisprudência alemã fazer o controle das condições gerais postas nos contratos de adesão, numa sociedade totalmente massificada. Ainda de acordo com a melhor doutrina, as cláusulas gerais aproximaram o rígido sistema da *civil law* ao da *common law*.

São também uma nova ética jurídica-social. Introduziram na linguagem legislativa indicações de valores, de princípios, de programas e de resultados desejáveis para o bem da sociedade. Miguel Reale denomina as cláusulas gerais de **modelos jurídicos abertos**; valem-se de princípios e conceitos que deixam margem ao juiz e à doutrina para sua complementação, como boa-fé, equidade, probidade, função social da propriedade, equivalência das prestações, e assim por diante.

Isso se fez necessário porque o legislador, em face da moderna mobilidade social, não se encontra em condições de estabelecer, em abstrato, a regra mais adequada para inúmeras situações, nem de acompanhar as novas realidades que surgem a cada dia. Há escolhas ou soluções que somente poderão ser adotadas no caso concreto, tendo em vista as circunstâncias específicas, variáveis em face das peculiaridades. Por isso, insista-se, a lei remete a elaboração da regra para o caso concreto ao juiz (aplicador da lei), respeitados os limites estabelecidos na **moldura da cláusula geral**.

A imagem é bem adequada, **a cláusula geral é uma moldura jurídica dentro da qual caberá ao Juiz pintar o quadro**. Contém implícita uma regra de direito judicial, dirigida ao julgador, que lhe impõe, ao examinar o caso, primeiramente fixar a norma de dever de acordo com a realidade do fato e o princípio a que a cláusula adere, para

---

[13] Ob. cit., p. 66.
[14] *A boa-fé no direito privado*, Revista dos Tribunais, 1999, p. 286.

depois, num segundo momento, confrontar a conduta efetivamente realizada com aquela que as circunstâncias recomendam.

Em síntese, cláusula geral não é princípio, tampouco regra de interpretação; é norma jurídica, ou seja, fonte criadora de direitos e obrigações. Há na cláusula geral uma delegação, atribuindo ao juiz a tarefa de elaborar a regra para o caso concreto, respeitados os contornos da moldura jurídica. O juiz é que vai dar conteúdo concreto às enunciações abstratas da cláusula. Assim, o intérprete torna-se partícipe do processo de criação do direito, complementando o trabalho do legislador ao fazer valorações de sentido para as cláusulas abertas e ao realizar escolhas entre soluções possíveis. A cláusula geral permite a aplicação de uma mesma regra a um indeterminado número de situações diferentes. A norma não contém uma solução restrita e única para as várias situações surgidas na sociedade. Ela possibilita uma aplicação segundo as peculiaridades e necessidades de cada caso concreto. Reiteradamente tem sido dito, e com absoluto acerto, que **as cláusulas gerais permitem atualizar o direito sem mudar a lei**. Elas são uma realidade jurídica diversa das normas-regras, e seu conteúdo somente pode ser determinado na concretude do caso.

Exemplo de cláusula geral podemos encontrar no art. 186 do Código Civil, que corresponde ao art. 159 do Código de 1916. O *ilícito absoluto* está ali definido como sendo o ato praticado com negligência ou imprudência, causador de dano. Mas como esse dispositivo não diz em que consiste a culpa, em que consiste o descuido que caracteriza a existência da infração, caberá sempre ao juiz dizer qual a conduta devida em cada situação que examina e, a partir daí, concluir se houve ou não a infração, se houve ou não a falta de cuidado.

Como se vê, a cláusula geral foge aos parâmetros das normas tipificadoras de condutas, transferindo para o juiz a tarefa de elaborar a norma de comportamento adequada para o caso, dentro da moldura jurídica por ela estabelecida, nos limites da realidade do contrato, sua tipicidade, estrutura e funcionalidade, com aplicação dos princípios admitidos pelo sistema. De onde se conclui que a cláusula geral não abre para o juiz ensejo a uma atividade arbitrária. Sua atividade criativa será maior, mas não totalmente livre. Não pode o juiz, por exemplo, a pretexto de exercer essa atividade criativa, ir ao ponto de transformar um contrato de compra e venda em doação, ou de desconfigurar o contrato de seguro ou de transporte para contratos gratuitos, sob pena de criar *direito alternativo*.

Na ótica do saudoso Min. Ruy Rosado de Aguiar Junior, "*a cláusula geral é uma norma que impõe ao juiz o dever de, no momento de fazer sua aplicação, determinar previamente qual a norma de conduta que deveria ter sido observada naquele caso. Em função da regra que ele criar para aquela situação, fará então a avaliação da conduta em exame. Se essa conduta estiver de acordo com a norma de dever, assim criada para aquele caso concreto, ela será considerada lícita; se em desacordo, será então ilícita*".[15]

---

[15] *Revista da EMERJ*, v. 6, nº 24, p. 18, 2003.

No Código do Consumidor, as cláusulas gerais são abundantes (arts. 6º, V, VIII; 8º, 10, 12, 14, 18, 20, 28, 51, II, IV etc.), tudo a indicar o claro propósito do legislador de permitir a abertura e a mobilidade do seu sistema, como oportunamente se verá.

Doutrina majoritária entende que cláusula geral e princípio não configuram o mesmo instituto, embora tenham traços de semelhança, como se viu, especialmente a polissemia. De forma concisa, as cláusulas gerais constituem o meio legislativamente hábil para permitir o ingresso, no ordenamento jurídico, de princípios valorativos expressos ou ainda inexpressos legislativamente. O princípio geral de direito ganha foro de cláusula geral quando passa a integrá-la, isto é, deixa de ser princípio geral e se caracteriza, a partir de então, como cláusula geral. Em outras palavras, *"as cláusulas gerais não são princípios, embora na maior parte dos casos os contenham, em seu enunciado, ou permitam a sua formulação".*[16]

Distinguem-se também conceito jurídico indeterminado e cláusula geral. No primeiro, o juiz apenas estabelece o significado do enunciado normativo, por exemplo, o que é hipossuficiência, vulnerabilidade etc. A liberdade do aplicador se exaure aí, na fixação da premissa. Uma vez estabelecida, *in concreto*, a coincidência entre o acontecimento real e o modelo normativo, a consequência será aquela que já está estabelecida na norma. Na cláusula geral, compete ao juiz um poder mais amplo pois cabe-lhe completar a *fattispecie* e determinar as suas consequências. O juiz considera certos fatos ou comportamentos para confrontá-los com determinado parâmetro e buscar, neste confronte, as consequências jurídicas.

Muito elucidativo o exemplo de Nelson Nery Junior. A boa-fé pode ser princípio geral do direito, cláusula geral (art. 422 do Código Civil) e conceito juridicamente indeterminado (art. 1.260 do Código Civil). No art. 422 do Código Civil, exige-se a boa-fé dos contratantes na conclusão e na execução do contrato. No entanto, inexiste qualquer consequência predeterminada pela lei. Os efeitos serão concretizados pelo aplicador. É cláusula geral. Já no art. 1.260, do mesmo diploma, a boa-fé configura conceito legal indeterminado, à medida que os efeitos estão preestabelecidos. Trata-se da boa-fé, a que alude a lei, quando disciplina o usucapião extraordinário como um dos seus requisitos. Nesta hipótese já se sabe de antemão, ao contrário das cláusulas gerais, o que ocorrerá na operação concretizadora. Se não houver boa-fé, quem pretender usucapir não logrará êxito na demanda.[17]

16 O PRINCÍPIO DA BOA-FÉ

Uma vez relembrados os conceitos de regras, princípios, cláusulas gerais, conceitos indeterminados e suas respectivas funções, passemos agora ao exame dos princípios estruturantes do sistema jurídico estabelecido no Código do Consumidor. Vamos começar pelo mais importante de todos, que é o princípio da boa-fé.

---

[16] Judith Martins-Costa, ob. cit., p. 316.
[17] *Código Civil anotado*, 2. ed., Revista dos Tribunais, p. 143.

Se no plano constitucional o princípio da *dignidade da pessoa humana* é o mais importante, tanto assim que consagrado como um dos fundamentos do nosso Estado democrático de direito (CF, art. 1º, III), no plano infraconstitucional esse papel cabe ao princípio da boa-fé. "*É o princípio máximo das relações contratuais, a base do tráfico jurídico*" (Couto e Silva), o "novo mandamento" (*Gebot*).

O Código do Consumidor refere-se à boa-fé em duas passagens; no art. 4º, III, *in fine*, ao dizer: "*sempre com base na **boa-fé** e equilíbrio nas relações entre consumidores e fornecedores*", e no art. 51, IV, ao elencar as cláusulas abusivas: "*estabeleçam obrigações consideradas iníquas, abusivas, que coloquem o consumidor em desvantagem exagerada, ou sejam incompatíveis com a **boa-fé** ou a equidade*".

O termo **boa-fé** não é novo em nossa ordem jurídica, pois já figurava no art. 131 do Código Comercial de 1850 e em inúmeros dispositivos do Código Civil de 1916 – art. 1.443: "*o segurado e o segurador são obrigados a guardar no contrato a mais estrita **boa-fé** e veracidade*"; art. 490: "*É de **boa-fé** a posse, se o possuidor ignora o vício*"; art. 510: "*O possuidor de **boa-fé** tem direito, enquanto ela durar, aos frutos percebidos*". O termo, todavia, era empregado pela lei, doutrina e pela jurisprudência apenas em sua acepção **subjetiva**, isto é, para indicar a ausência de malícia, a suposição de estar agindo corretamente.

Com o advento do Código de Defesa do Consumidor, o termo **boa-fé** passou a ser utilizado com uma nova e moderna significação, para indicar valores éticos que estão à base da sociedade organizada e desempenham função de sistematização da ordem jurídica. É a chamada **boa-fé objetiva** que, desvinculada das intenções íntimas do sujeito, indica o comportamento objetivamente adequado aos padrões de ética, lealdade, honestidade e colaboração exigíveis nas relações de consumo.

Boa-fé objetiva, na conhecida lição de Claudia Lima Marques, "*significa atuação refletida, uma atuação refletindo, pensando no outro, no parceiro contratual, respeitando-o, respeitando seus interesses legítimos, suas expectativas razoáveis, seus direitos, agindo com lealdade, sem abuso, sem obstrução, sem causar lesão ou desvantagem excessiva, cooperando para atingir o bom fim das obrigações: o cumprimento do objetivo contratual e a realização dos interesses das partes*".[18]

Tem-se proclamado que pela boa-fé o Direito deixa de ser só técnica para ser também ética, pois foi pela porta da boa-fé que se deu a etização do Direito. Por isso se diz também que **a boa-fé é a ética negocial**. É o padrão de conduta necessário à convivência social para que se possa acreditar, ter fé e confiança na conduta de outrem. É comportamento ético, padrão de conduta, tomado como paradigma o homem honrado, leal e honesto. Os princípios da transparência, da confiança e da segurança são corolários do princípio da boa-fé.

Como se vê, a boa-fé objetiva constitui um modelo jurídico, na medida em que se reveste de variadas formas. Não é possível catalogar ou elencar, *a priori*, as hipóteses em que ela pode configurar-se, porque se trata de uma norma cujo conteúdo não

---

[18] *Contratos no Código de Defesa do Consumidor*, 5. ed., Revista dos Tribunais, p. 216.

pode ser rigidamente fixado, dependendo sempre das concretas circunstâncias do caso. Na belíssima lição do saudoso Caio Mário, *a boa-fé objetiva* "*não se qualifica por um estado de consciência do agente de estar se comportando de acordo com o Direito, como ocorre com a boa-fé subjetiva. A boa-fé objetiva não diz respeito ao estado mental subjetivo do agente,* **mas sim ao seu comportamento em determinada relação jurídica de cooperação**. *O seu conteúdo é um padrão de conduta, variando as suas exigências de acordo com o tipo de relação existente entre as partes*".

Prossegue o Mestre: "*A boa-fé objetiva não cria apenas deveres negativos, como faz a boa-fé subjetiva. Ela cria também deveres positivos, já que exige que as partes tudo façam para que o contrato seja cumprido conforme previsto e para que ambas tenham o proveito objetivado. Assim, o dever de simples abstenção de prejudicar, característico da boa-fé subjetiva, se transforma na boa-fé objetiva em dever de cooperar. O agente deve fazer o que estiver ao seu alcance para colaborar para que a outra parte obtenha o resultado previsto no contrato, ainda que as partes assim não tenham convencionado, desde que evidentemente para isso não tenha que sacrificar interesses legítimos próprios*".

Conclui o Mestre em sua preciosa lição: "*A boa-fé objetiva serve como elemento interpretativo do contrato, como elemento de criação de deveres jurídicos/dever de correção, de cuidado e segurança, de informação, de cooperação, de sigilo, de prestar contas e até como elemento de limitação e ruptura de direitos (proibição do* venire contra factum proprium, *que veda que a conduta da parte entre em contradição com conduta anterior, do* inciviliter agere, *que proíbe comportamentos que violem o princípio da dignidade humana, e da* tu quoque, *que é a invocação de uma cláusula ou regra que a própria parte já tenha violado)*".[19]

O aspecto prático da boa-fé objetiva está muito bem retratado na doutrina de Karl Larenz: "*O devedor deve cumprir a sua obrigação atendendo-se não apenas à letra, mas também, ao espírito da relação obrigatória correspondente, em especial, de acordo com o sentido e a ideia fundamental do contrato. O credor deve exercitar o direito que lhe corresponde atuando segundo a confiança depositada pela outra parte e a consideração altruística que esta possa pretender, segundo a classe de vinculação especial existente. Todos os participantes da relação jurídica devem se conduzir em correspondência ao sentido geral e à finalidade da vinculação especial e a uma consciência honrada*".[20]

16.1 Funções da boa-fé

O Código de Defesa do Consumidor positivou, expressamente, a cláusula geral da boa-fé objetiva no seu art. 4º, III, o que importa dizer que deve ser ela considerada

---

[19] Ob. cit., p. 20-21.
[20] *Derecho de obligaciones*, Editorial Revista de Derecho Privado, 1958, t. I, p. 148.

inserida em todas as relações jurídicas de consumo. Que funções desempenha essa cláusula? Como deve ser utilizada?

Em primeiro lugar, é fonte de novos deveres anexos ou acessórios (**função criadora ou integrativa**), tais como o dever de informar, de cuidado, de cooperação, de lealdade. Importa dizer que em toda e qualquer relação jurídica obrigacional de consumo esses deveres estarão presentes, ainda que não inscritos expressamente no instrumento contratual. Quem contrata não contrata apenas a prestação principal; contrata também cooperação, respeito, lealdade etc.

Lembra Anderson Schreiber que um dos aspectos dos deveres anexos – também chamados de instrumentais ou tutelares – "*está na sua origem não voluntária. Tendo como fonte a própria boa-fé objetiva, tais deveres independem da vontade das partes, e podem surgir mesmo contra esta vontade*".[21]

Em outras palavras, os contratantes não são apenas obrigados a realizar a prestação principal, mas também a usar os seus esforços para garantir o perfeito adimplemento do contrato. Quem quer os fins quer também os meios necessários à respectiva consecução. Destarte, o credor tem a obrigação de se abster de todo e qualquer ato, mesmo lícito, que seja capaz de tornar a execução da obrigação do devedor mais onerosa. **O direito do outro**, a ser preservado no contrato, é agora preocupação da contraparte. A vantagem excessiva, antes indício de um bom negócio, já não é mais assim vista. O que conta é a probidade, a preocupação com o direito do outro, o sentimento de colaboração que deve presidir os negócios jurídicos.

A *função integrativa* da cláusula geral da boa-fé objetiva foi também expressamente consagrada no art. 422 do Código Civil de 2002: "*Os contratantes são obrigados a guardar, assim na conclusão do contrato, como em sua execução, os princípios de probidade e boa-fé*". Vale dizer, o contrato não envolve apenas a obrigação de prestar, envolve também obrigação de conduta ética antes, durante e após a sua celebração. Impõe um comportamento jurídico de cooperação e lealdade legitimamente esperada nas relações obrigacionais.

A segunda função da boa-fé objetiva é a ***função interpretativa***; critério hermenêutico ou paradigma interpretativo destinado ao juiz para ser utilizado na interpretação de todo negócio jurídico que gera relação de consumo. Tal critério, na medida em que privilegia o sentido mais conforme à lealdade e honestidade entre as partes, proíbe a interpretação que dê a uma disposição contratual um sentido malicioso ou de qualquer forma dirigido a iludir, prejudicar ou tirar vantagem sem justa causa. Para aplicação da cláusula da boa-fé, o juiz parte do princípio de que em todas as relações de consumo as partes devem pautar-se por um padrão ético de confiança e lealdade, indispensável para o próprio desenvolvimento normal da convivência social.

O Código Civil consagrou também o papel hermenêutico da boa-fé objetiva no seu art. 113: "*Os negócios jurídicos devem ser interpretados conforme a boa-fé e os*

---

[21] *A proibição de comportamento contraditório*, Renovar, 2005, p. 82.

usos do lugar de sua celebração". Noutras palavras, não só nas relações de consumo, mas também em todo e qualquer negócio jurídico, a boa-fé é critério hermenêutico para o juiz brasileiro. Essa função interpretativa da boa-fé foi reforçada no § 1º desse dispositivo, introduzido pela Lei nº 13.874/2019.[22]

A terceira função da boa-fé é a *função de controle* – limite ao exercício dos direitos subjetivos, *"seja reduzindo a liberdade dos parceiros contratuais ao definir algumas condutas como abusivas, seja controlando a transferência dos riscos profissionais e liberando o devedor em face da não razoabilidade de outra conduta".*[23]

O Código de Defesa do Consumidor refere-se a essa função de controle da boa-fé em seu art. 51, IV, ao decretar a nulidade, por **abusividade,** das cláusulas contratuais que *"estabeleçam obrigações consideradas iníquas, abusivas, que coloquem o consumidor em desvantagem exagerada, ou sejam incompatíveis com a **boa-fé** ou a equidade".* No mesmo sentido o Código Civil de 2002 em seu art. 187, onde define o abuso do direito: *"Também comete ato ilícito o titular de um direito [qualquer direito subjetivo] que, ao exercê-lo, excede manifestamente os limites impostos pelo seu fim econômico ou social, pela **boa-fé** ou pelos bons costumes".*

Em sua *função de controle*, a boa-fé representa, pois, o padrão ético de *confiança e lealdade*, indispensável para a convivência social; um limite a ser respeitado no exercício de todo e qualquer direito subjetivo; uma espécie de cinto de segurança de toda a ordem jurídica; a bitola geral de comportamento no tráfego jurídico. A conduta adotada, correspondente, ou não, ao modo de se comportar das pessoas de bem, segundo o juízo crítico da sociedade. As partes devem agir com lealdade e confiança recíprocas. Essa expectativa de um comportamento adequado por parte do outro é componente indispensável na vida de relação. Considera-se violado o princípio da boa-fé sempre que o titular de um direito, ao exercê-lo, não atua com a lealdade e a confiança esperáveis. Em suma, boa-fé objetiva outra coisa não é senão o velho princípio da lealdade contratual com a nova roupagem.

A 2ª Câmara Cível do Tribunal de Justiça do Rio de Janeiro, na Apelação Cível nº 13.839/2002, considerou abusiva, por violação do princípio da boa-fé, a denúncia unilateral de um contrato de seguro de saúde, após cinco anos de vigência, feita em momento em que um dos seus beneficiários se encontrava em tratamento de doença grave. Enquanto o contrato foi economicamente interessante, a empresa prestadora

---

[22] § 1º A interpretação do negócio jurídico deve lhe atribuir o sentido que:
 I – for confirmado pelo comportamento das partes posterior à celebração do negócio;
 II – corresponder aos usos, costumes e práticas do mercado relativas ao tipo de negócio;
 III – corresponder à boa-fé;
 IV – for mais benéfico à parte que não redigiu o dispositivo, se identificável;
 V – corresponder a qual seria a razoável negociação das partes sobre a questão discutida, inferida das demais disposições do negócio e da racionalidade econômica das partes, consideradas as informações disponíveis no momento de sua celebração.
[23] Claudia Lima Marques, ob. cit., p. 215.

dos serviços médico-hospitalares não se valeu da cláusula contratual que permitia a denúncia unilateral. Bastou surgirem as despesas para que dela lançasse mão, justamente no momento em que o beneficiário dos serviços mais deles necessitava. Não é isso que se espera de uma conduta leal e de confiança.

Outra exemplar aplicação do princípio da boa-fé vamos encontrar no REsp nº 369.971/MG, Rel. Min. Castro Filho. O consumidor adquiriu um veículo como se fosse novo, zero-quilômetro, e depois descobriu que o veículo já havia sofrido colisão. A Terceira Turma do STJ decidiu:

> "Aquisição de veículo dentro de concessionária do mesmo grupo da companhia de arrendamento mercantil. Carro avariado vendido como novo. Teoria da aparência. Aplicabilidade. Relação de consumo. Caracterização. Responsabilidade do fornecedor. Rescisão do contrato e indenização por danos morais. Cabimento. Quantum indenizatório. Padrão de razoabilidade. Redução. Descabimento.
>
> I. A concessionária integrante do mesmo grupo da companhia de arrendamento mercantil é parte legítima passiva para responder à ação de indenização por danos materiais e morais proposta por adquirente de automóvel dito zero-quilômetro, que vem a descobrir, em ulterior perícia, que o veículo já havia sofrido colisão. A responsabilidade existe, ainda que o negócio tenha se efetivado por meio de contrato de leasing, porquanto celebrada a avença no interior da empresa revendedora, diretamente com seus empregados, circunstância que autoriza a aplicação da teoria da aparência, cujo escopo é a preservação da **boa-fé** nas relações negociais, afastando a interpretação de que o contrato foi firmado com terceiro. Está evidenciado que a ação reparatória teve origem em conduta ardilosa da própria concessionária, não havendo como ser afastada, portanto, sua responsabilidade pelos prejuízos que foram causados ao consumidor, o qual não teria celebrado o negócio se lhe fossem dados conhecer os defeitos do veículo".

Resulta do exposto que a boa-fé, como limite do exercício de todo e qualquer direito subjetivo, passou a ser um cinto de segurança da ordem jurídica, além do qual não se pode ir sem incorrer em ilicitude.

Milhares de obras em todo o mundo já foram escritas sobre a boa-fé, teses de doutorado e mestrado, monografias e compêndios doutrinários, verdadeiras bibliotecas, mas nada supera esta preciosa lição de André Comte Sponville: *"Como a fidelidade ou a coragem, a boa-fé tampouco é uma virtude suficiente ou completa. Ela não substitui a justiça, nem a generosidade, nem o amor. Mas que seria uma justiça de má-fé? Que seriam um amor ou uma generosidade de má-fé? Já não seriam justiça, nem amor, nem generosidade, a não ser corrompidos à força de hipocrisia, de cegueira, de mentira.*

Nenhuma virtude é verdadeira, ou não é verdadeiramente virtuosa sem essa virtude de verdade. Virtude sem boa-fé é má-fé, não é virtude".[24]

Na verdade, a boa-fé é o substrato ou a própria essência de todos os princípios. Daí o acerto da assertiva: "Não há princípio digno desse nome quando ele é contrário à boa-fé".

17 O PRINCÍPIO DA TRANSPARÊNCIA

Estabelecido no art. 4º, *caput*, do CDC – "*bem como a **transparência** e harmonia das relações de consumo*" –, **o princípio da transparência** filia-se ao princípio da boa-fé, de que constitui uma derivação concretizadora, uma espécie de subprincípio. Transparência é hoje uma palavra de ordem que se faz ouvir nos mais diversificados domínios jurídico-políticos. Significa clareza, nitidez, precisão, sinceridade. Brandies, famoso juiz da Suprema Corte Americana, cunhou uma frase que se tornou mote dos movimentos de reivindicação por transparência. Ele dizia algo como "*a luz do sol é o melhor desinfetante*". Com isso queria dizer que a transparência é uma conquista democrática, pré-requisito para o exercício legítimo do poder. A lição é plenamente aplicável às relações de consumo, nas quais transparência importa em informações claras, corretas e precisas sobre o produto a ser fornecido, o serviço a ser prestado, o contrato a ser firmado – direitos, obrigações, restrições.

A principal consequência do princípio da transparência é, por um lado, **o dever de informar** do fornecedor e, por outro, o **direito à informação** do consumidor, do qual trataremos oportunamente. Tal implica, em primeiro lugar, a proibição da criação artificial de barreiras de informação, em busca de ocultação de desvantagens para a outra parte ou de enganosa valorização das vantagens que o contrato lhe proporcionará. Esse dever negativo do fornecedor se faz presente desde a fase pré-contratual, através da proibição da **publicidade enganosa**, até a fase negocial, em face da proibição de qualquer forma de informação enganadora quantos aos elementos do contrato, como haveremos de ver.

Depois do advento do Código do Consumidor não mais cabe qualquer subterfúgio nas relações de consumo, não há mais lugar para o antigo *dolus bonus*, então tolerado ou desconsiderado pelo direito por se entender que a sua função era apenas a de estimular e atrair o consumo. Agora exige-se transparência total, o sim deve ser sim e o não, não.

Transparência não importa apenas em dever negativo do fornecedor. Importa também um conjunto diversificado de deveres procedimentais que recaem sobre aqueles que fornecem produtos e serviços no mercado de consumo. Nesta dimensão, a transparência tem a ver com a qualidade e a quantidade da informação que o fornecedor tem que prestar ao consumidor, consoante arts. 8º, §§ 1º e 2º, 9º, 10, 30, 31, 36, 46, 52, 54, § 4º, todos do CDC.

---

[24] *Pequeno tratado das grandes virtudes*, p. 45.

Correta e precisa aplicação do princípio da transparência fez a 2ª Câmara Cível do Tribunal de Justiça do Estado do Rio de Janeiro no julgamento da Apelação Cível nº 5.280/2003, da relatoria do Desembargador Gustavo Adolpho Kuhl Leite. O consumidor comprou em 2000 um veículo modelo 2001. Posteriormente descobriu que o modelo adquirido saiu de linha e que a fábrica, naquele mesmo ano de 2001, lançou outro modelo totalmente diferente do anterior. Sentindo-se enganado e prejudicado, moveu ação de indenização, que assim foi julgada:

"Compra e venda de veículos. Insuficiência de informações. Lançamento de novo modelo no mesmo ano. Dever de indenizar. O autor, em nov. 2000, supôs estar adquirindo um veículo ano 2001, mas verificou, mercê de publicação jornalística, que aquele modelo havia saído de linha. Assim, houve a concomitância de dois modelos do mesmo ano com características diferentes. O ponto fundamental é, de fato, *a falta de transparência das informações prestadas* pela concessionária quanto às modificações que viriam a ser realizadas nos veículos daquela linha. Dúvidas não há de que houve informações insuficientes e inadequadas sobre o veículo que o autor estava adquirindo, causando-lhe precoce desvalorização do produto, devendo, assim, o comerciante responder pela reparação dos danos causados ao autor. Fixa-se a indenização correspondente à desvalorização estipulada em 20% sobre o preço de compra. O dano moral deve ser mantido porque o cliente se sentiu ludibriado pela absoluta ausência de informação".

Em suma, o princípio da transparência inverteu os papéis tradicionais. Antes era o consumidor que tinha que correr em busca da informação. Quando ia comprar um carro usado em uma agência, tinha que virá-lo do avesso para não ser enganado; antes de fazer um contrato de seguro, tinha que procurar saber tudo a seu respeito para não ser surpreendido; tinha que procurar conhecer as cláusulas gerais arquivadas em um cartório qualquer lá no fim do mundo. Hoje, como assinalado, os papéis se inverteram e é o fornecedor que tem o dever de informar, dever esse que persiste não só na fase pré-contratual, quando as informações são fundamentais para a decisão do consumidor, mas até na fase pós-contratual, como se vê do art. 10, § 1º, do CDC: "*O fornecedor de produtos e serviços que, posteriormente à sua introdução no mercado de consumo, tiver conhecimento da periculosidade que apresentem,* **deverá comunicar** *o fato imediatamente às autoridades competentes e aos consumidores, mediante anúncios publicitários*".

18 O PRINCÍPIO DA CONFIANÇA

Embora não previsto expressamente no CDC, o **princípio da confiança** é uma irradiação normativa da boa-fé e está intimamente ligado ao princípio da transparência. É a face subjetiva do princípio da boa-fé, pois só se confia quando há boa-fé. É a legítima expectativa que resulta de uma relação jurídica fundada na boa-fé. Quem diz que só confia desconfiando, na realidade não confia. Confiança é a credibilidade que o consumidor deposita no produto ou no vínculo contratual como instrumento adequado para alcançar os fins que razoavelmente deles se espera. Prestigia as legítimas expectativas do consumidor no contrato. Quem, por exemplo, compra um carro financiado tem a legítima expectativa de que as bases do negócio não serão alteradas no curso do contrato e, assim, continuará tendo condições de pagar as prestações até o final do financiamento e a plena aquisição do veículo; quem faz um seguro de saúde tem a legítima expectativa de que, se ficar doente, terá os recursos econômicos necessários para tratar a sua saúde, confia que terá médico, hospitalização, medicamentos e tudo mais que for necessário. O mesmo ocorre com quem faz um seguro de acidentes; confia que receberá a indenização se e quando o sinistro ocorrer e assim terá os meios necessários para recompor o seu patrimônio. Viola o princípio da confiança toda a conduta que frustre as legítimas expectativas do consumidor. Por exemplo, uma vez internado, o segurado tem que ser retirado do CTI porque venceu o tempo de internação; ocorrido o acidente, a indenização não é paga no prazo previsto sem justa causa. Por isso tem-se dito que frustração é o sentimento que ocupa o lugar de uma expectativa não satisfeita.

No art. 30 do CDC temos um dos principais efeitos do princípio da confiança. A oferta vincula, cria obrigação pré-contratual, para que não se frustre a legítima expectativa criada no consumidor. Destarte, se o segurador faz publicidade prometendo tratamento médico no exterior, socorro em UTI móvel – ambulância, helicóptero ou avião –, depois vai ter que cumprir. No Direito do Consumidor, a promessa é dívida. Confiança é lealdade e respeito nas relações de consumo entre fornecedor e consumidor. Vale o que está escrito.

A título de exemplo, lembramos que no início de 1999 todos os brasileiros sofreram as trágicas consequências da forte desvalorização do real – alta imediata dos combustíveis, remédios e dos produtos e serviços em geral. A mais imediata consequência, entretanto, abateu-se sobre milhares de consumidores que haviam celebrado contrato de financiamento de veículos (*leasing*) com cláusula de reajuste atrelado ao dólar. No dia seguinte à brusca elevação do dólar e consequente queda do real, o valor das prestações praticamente duplicou, não restando outro caminho aos prejudicados senão aquele de vir à justiça em busca de uma revisão contratual. Bancos e financeiras resistiram à pretensão com base nos tradicionais princípios romanísticos – *pacta sunt servanda*, autonomia da vontade, a liberdade de contratar etc. A 2ª Câmara Cível do Tribunal de Justiça do Rio de Janeiro, no julgamento da Apelação Cível nº 16.654/99, da qual fui relator, teve a oportunidade de aplicar os princípios do CDC até aqui examinados, para a justa solução do caso, conforme segue:

"Contrato de Financiamento. Cláusula de Reajuste pela Variação Cambial do Dólar. Incidência do Código de Defesa do Consumidor. Violação dos Princípios da Transparência, da Confiança e da Boa-fé Objetiva. Aplicação da Teoria do Rompimento da Base do Negócio Jurídico. Bancos e financeiras, à luz do CDC, são fornecedores não apenas de serviços – cobrança de contas, tributos etc. – como também de produtos. Crédito e dinheiro são os produtos da atividade negocial das financeiras, crédito este que, quando concedido ao devedor para que o utilize como destinatário final, sujeita-se à disciplina do Código de Defesa do Consumidor por força do disposto em seus arts. 3º, § 2º, 52 e incisos.

Viola o princípio da *transparência* a cláusula contratual que estabelece o reajuste das prestações pela variação do dólar sem que tenham sido dados ao consumidor todos os esclarecimentos necessários sobre os riscos e consequências da mesma, pelo que deve ser considerada ineficaz.

Viola também dita cláusula o princípio da *confiança* na medida em que a súbita elevação do dólar frustrou a legítima expectativa do consumidor de que teria condições de continuar pagando as prestações até o final do financiamento e, assim, adquirir definitivamente o seu veículo. A cláusula de reajuste pela variação do dólar viola, ainda, o princípio da **boa-fé** objetiva porque o financiador, através dela (cláusula), procurou transferir para o consumidor os riscos do seu negócio, riscos esses que não lhe eram desconhecidos, tanto assim que deles procurou se livrar.

O CDC, em seu art. 6º, V, permite expressamente a revisão das cláusulas contratuais sempre que fatos supervenientes os tornem excessivamente onerosos. Ali não mais se exige que esses fatos supervenientes sejam imprevisíveis, como na clássica teoria da imprevisão, bastando que sejam inesperados. A questão da desvalorização do real frente ao dólar é, sem dúvida, típico caso de rompimento da base do negócio jurídico, pois, embora previsível, foi um fato não esperado pelo consumidor em face das constantes promessas do Governo no sentido de não alterar a política cambial. Esse fato previsível, mas não esperado, situa-se na área do risco inerente a qualquer atividade negocial, não podendo ser transferido para o consumidor.

Por último, o reajuste com base em moeda estrangeira em contratos firmados e executados no Brasil, somente é cabível mediante prova de que a quantia financiada é resultado de empréstimos efetivamente obtidos pela financeira no exterior, não bastando mera alegação.

Desprovimento do recurso".

19   O PRINCÍPIO DA VULNERABILIDADE

O Direito do Consumidor, conforme já enfatizamos, funda-se na vulnerabilidade do consumidor. Nas palavras de João Batista de Almeida, essa é a espinha dorsal da proteção do consumidor, sobre o que se assenta toda a filosofia do movimento. Reconhecendo-se a desigualdade existente, busca-se estabelecer uma igualdade real entre as partes nas relações de consumo. Logo, o **princípio da vulnerabilidade**, expresso no art. 4º, I, do CDC, é também um princípio estruturante do seu sistema, na verdade o elemento informador da Política Nacional de Relações de Consumo. As normas do CDC estão sistematizadas a partir dessa ideia básica de proteção de um determinado sujeito: o consumidor, por ser ele vulnerável. A vulnerabilidade, diz

Antonio Herman Benjamin, é a peça fundamental do direito do consumidor, o ponto de partida de toda a sua aplicação.

Vulnerabilidade, para os léxicos, é a qualidade ou estado de vulnerável que, por sua vez, significa o que pode ser vulnerado, magoado, prejudicado, ofendido; o que é frágil, que pode ser atacado ou ferido.[25]

Nas relações de consumo, o sujeito que ostenta as supramencionadas qualidades é, inequivocamente, o consumidor, já que, não detendo os mecanismos de controle do processo produtivo (produção, distribuição, comercialização), e dele participando apenas em sua última etapa (consumo), pode ser ofendido, ferido, lesado, em sua integridade física, econômica, psicológica ou moral.

Em face do princípio em exame, *"a vulnerabilidade é qualidade intrínseca, ingênita, peculiar, imanente e indissolúvel de todos que se colocam na posição de consumidor, pouco importando sua condição social, cultural ou econômica [...] É incindível do contexto das relações de consumo, não admitindo prova em contrário por não se tratar de mera presunção legal".*[26] Em suma, vulnerabilidade é um estado da pessoa, uma situação permanente ou provisória que fragiliza o consumidor. Há uma presunção absoluta de vulnerabilidade, *iuris et iure* em favor de todos os consumidores. Só não é presumida a vulnerabilidade da pessoa jurídica e do profissional quando se tratar de consumo intermediário, necessita de prova *in concreto* conforme veremos nos itens 27 e 28.

Vulnerabilidade e **hipossuficiência** não se confundem, embora digam respeito ao consumidor. Antonio Herman Benjamin traça com precisão a distinção entre elas na lição que segue: *"A vulnerabilidade é um traço universal de todos os consumidores, ricos ou pobres, educados ou ignorantes, crédulos ou espertos. Já a hipossuficiência é marca pessoal, limitada a alguns – até mesmo a uma coletividade – mas nunca a todos os consumidores [...] A vulnerabilidade do consumidor justifica a existência do Código. A hipossuficiência, por seu turno, legitima alguns tratamentos diferenciados no interior do próprio Código, como, por exemplo, a previsão de inversão do ônus da prova – art. 6º, VIII".*[27]

Hipossuficiência é um agravamento da situação de vulnerabilidade, um *plus*, uma vulnerabilidade qualificada. Além de vulnerável, o consumidor vê-se agravado nessa situação por sua individual condição de carência cultural, material ou ambos.

O conceito de hipossuficiência está mais ligado a aspectos processuais. O CDC empregou a expressão *hipossuficiência* só para as hipóteses de inversão do ônus da prova (art. 6º, VIII) a ser determinada pelo juiz em face do caso concreto. Uma pessoa de posses é consumidor, mas não será hipossuficiente se tiver que custear uma prova pericial.

---

[25] *Dicionário Aurélio Eletrônico – Século XXI*, versão 3.0, nov. 1999.
[26] Thereza Arruda, James Marins, Eduardo Alvim, *Código do Consumidor comentado*, 2. ed., Revista dos Tribunais, 1995, p. 45.
[27] *Código Brasileiro de Defesa do Consumidor comentado pelos autores do anteprojeto*, 8. ed., Forense Universitária, p. 371.

Só por ser correntista de um banco ou titular de uma caderneta de poupança não se faz jus, automaticamente, à inversão do ônus da prova, como veremos oportunamente.

Casos há, entretanto, em que a produção da prova se afigura muito difícil para o consumidor, sendo mais fácil para o fornecedor, como nos exemplos que seguem: consumidor reclamando de ligações telefônicas que lhe são cobradas e alega não as ter realizado; consumo exagerado de luz e água; extratos bancários e contratos em poder da instituição financeira.

Ressalte-se, por derradeiro, que o CDC trata de maneira desigual o consumidor não para conferir-lhe privilégios ou vantagens indevidas, mas, sim, prerrogativas legais – materiais e instrumentais – para que se atinja o desiderato constitucional da igualdade real. A igualdade, na aristotélica lição de Rui Barbosa, importa em tratar desigualmente aos desiguais, na medida de suas desigualdades. O que a isonomia veda são desequiparações que não tenham um fundamento racional e razoável; vedam-se o arbítrio, o preconceito, o capricho.

Dito de outra maneira, não fere o princípio constitucional da isonomia o tratamento diferenciado – **protetivo** e **defensivo** – dispensado pelo legislador infraconstitucional ao consumidor, o que se legitima pela discrepante e insustentável relação de forças existentes entre este e aqueles que detêm os mecanismos de controle da produção no mercado de consumo (fornecedores), bem assim pelo propósito de se estabelecer o equilíbrio e a harmonia nas relações estabelecidas entre consumidor-fornecedor. A igualdade entre sujeitos desiguais é uma falsa igualdade; igualdade de uns e escravidão de outros.

Cai como luva a lição de Jorge de Miranda, renomado constitucionalista português: "*Os direitos são os mesmos para todos; mas, como nem todos se acham em igualdade de condições para os exercer, é preciso que estas condições sejam criadas ou recriadas através da transformação da vida e das estruturas dentro das quais as pessoas se movem [...] mesmo quando a igualdade social se traduz na concessão de certos direitos ou até certas vantagens especificamente a determinadas pessoas – as que se encontram em situações de inferioridade, de carência, de menor proteção – a diferenciação ou a discriminação (positiva) tem em vista alcançar a igualdade e tais direitos ou vantagens configuram-se como instrumentais no rumo para esses fins*".[28]

19.1 Espécies de vulnerabilidade

Os autores identificam três espécies de vulnerabilidade: fática, técnica e jurídica.

A **vulnerabilidade fática** é a mais facilmente perceptível, decorrendo da discrepância entre a maior capacidade econômica e social dos agentes econômicos – detentores dos mecanismos de controle da produção, em todas as suas fases, e, portanto,

---

[28] *Manual de direito constitucional*, 3. ed., Coimbra Editora, tomo IV, p. 225.

do capital e, como consequência, de *status*, prestígio social – e a condição de hipossuficiente dos consumidores.

O preconceito social existe e não pode nem deve ser negado. E, paradoxalmente, é uma das causas mais eficientes da vulnerabilidade econômica e social do consumidor.

O reconhecimento social, a imagem do sucesso, está relacionado à aptidão para ter, para consumir. Como na cadeia alimentar, na lei da selva, os que estão na base servem de alimento para os que lhe estão acima. Na base da cadeia de consumo estão os consumidores.

A ânsia pela ascensão social traz consigo, entre outras coisas, o desejo de respeito, do reconhecimento de direitos fundamentais que, para os que estão na base da pirâmide social, é mera retórica. O acesso à saúde, à educação, à alimentação, ao saneamento básico, a algum conforto ou lazer, o respeito à sua dignidade, são aspirações naturais de todo ser humano, mas que, infelizmente, não são asseguradas a todos. São essas as principais causas da vulnerabilidade fática/econômica.

A **vulnerabilidade técnica** decorre do fato de não possuir o consumidor conhecimentos específicos sobre o processo produtivo, bem assim dos atributos específicos de determinados produtos ou serviços pela falta ou inexatidão das informações que lhe são prestadas. É o fornecedor quem detém o monopólio do conhecimento e do controle sobre os mecanismos utilizados na cadeia produtiva. Ao consumidor resta, somente, a confiança, a boa-fé, no proceder honesto, leal do fornecedor, fato que lhe deixa sensivelmente exposto.

Adalberto Pasqualotto apresenta um interessante exemplo de vulnerabilidade técnica, oriunda da publicidade voltada para a venda de leite em pó. Empresas multinacionais sugeriram a troca da amamentação materna pela mamadeira, valendo-se, como artifício de *marketing*, da vaidade feminina e do conforto para a mãe. O leite em pó, assim, viria a substituir o aleitamento materno, nada obstante fosse mais caro e nutricionalmente menos valioso, o que resultou em dramático problema de saúde pública e em desnutrição, lesando toda uma geração.[29] José Reinaldo de Lima Lopes, sobre a vulnerabilidade técnica, pela falta de conhecimento do consumidor, sustenta: "*O consumidor médio não tem como avaliar o que está comprando. Em casos de defeitos do produto deverá recorrer a quem tenha conhecimento especial relativo àquele produto, em nível semelhante ao do fabricante. Daí surge a necessidade de laboratórios e institutos de pesquisas independentes e confiáveis, capazes de atuar ao lado do consumidor*".[30]

A vulnerabilidade técnica do consumidor evidencia, ainda, problemas recentes envolvendo medicamentos com graves vícios de qualidade, dos quais decorreram não

---

[29] *Os efeitos obrigacionais da publicidade no Código de Defesa do Consumidor*, Revista dos Tribunais, *apud* Moraes, Paulo Valério Dal Pai, *Código de Defesa do Consumidor*: o princípio da vulnerabilidade no contrato, na publicidade nas demais práticas comerciais. Interpretação sistemática do Direito, 2. ed., Editora Síntese, 2001, p. 117-118.

[30] *Responsabilidade civil do fabricante e a defesa do consumidor*, Revista dos Tribunais, 1992, *apud* Paulo Valério Dal Pai Moraes, ob. cit., p. 119.

menos graves danos materiais e morais aos consumidores que deles se utilizaram, podendo ser citados o contraste Celobar (cujo consumo resultou, inclusive, na morte de inúmeras pessoas) e a solução oftálmica Methyl Lens (cuja utilização resultou na cegueira de diversas pessoas).

A **vulnerabilidade jurídica** ou **científica** resulta da falta de informação do consumidor a respeito dos seus direitos, inclusive no que respeita a quem recorrer ou reclamar; a falta de assistência jurídica, em juízo ou fora dele; a dificuldade de acesso à Justiça; a impossibilidade de aguardar a demorada e longa tramitação de um processo judicial que, por deturpação de princípios processuais legítimos, culmina por conferir privilegiada situação aos réus, mormente os chamados litigantes habituais.

Claudia Lima Marques informa que a vulnerabilidade jurídica ou científica foi identificada e protegida pela corte suprema alemã, nos contratos de empréstimo bancário e financiamento, afirmando que o consumidor não teria suficiente "*experiência ou conhecimento econômico, nem a possibilidade de recorrer a um especialista*".[31]

Da mesma forma, o Tribunal de Justiça do Rio de Janeiro, por sua 2ª Câmara Cível, no já citado julgamento da Apelação Cível nº 16.654/99, que tratou da cláusula de reajuste pela variação cambial do dólar. Também identificou e protegeu a vulnerabilidade jurídica do consumidor ao decidir, na motivação do acórdão:

> "Ora, lendo-se o contrato de fls. 211v., constata-se que nem mesmo o profissional do direito tem condições de assimilar, num primeiro exame, a complexidade dos negócios jurídicos contidos naquele instrumento – compra e venda de faturamento, assunção de dívida em moeda estrangeira e outras avenças. Como então poderia saber o que estava fazendo um simples consumidor? Como poderia compreender que, comprando um carro numa agência no Rio de Janeiro, estaria contraindo a mesma obrigação de alguém que o comprasse em Nova Iorque por ter assumido uma dívida em dólar? O que entende esse consumidor de contrato de faturamento? Não provou a apelante ter dado ao apelado todos os esclarecimentos necessários sobre os riscos de concordar com uma prestação cuja correção seria feita pela variação cambial do dólar, mormente em se tratando de contrato de adesão redigido sem os cuidados estabelecidos no § 3º, do art. 54 do CDC. É quanto basta para evidenciar que o contrato, nos termos em que foi celebrado, violou o princípio da transparência razão pela qual deve ser considerada como não escrita a cláusula que previa o reajuste em dólar, consoante o já citado artigo 46 do CDC que diz: Os contratos (ou cláusulas) que regulam as relações de consumo **não obrigarão** os consumidores, se não lhes for dada a oportunidade de tomar conhecimento prévio de seu conteúdo, **ou se os respectivos instrumentos forem redigidos de modo a dificultar a compreensão de seu sentido e alcance**".

---

[31] *Comentários ao Código de Defesa do Consumidor*, Revista dos Tribunais, 2003, p. 121.

Por derradeiro, a lição de Mauro Cappelletti, que bem sintetiza a vulnerabilidade jurídica: *"Enquanto o produtor é de regra organizado, juridicamente bem informado, e tipicamente um litigante habitual (no sentido de que o confronto judiciário não representará para ele episódio solitário, que o encontre desprovido de informação e experiência), o consumidor, ao contrário, está isolado; é um litigante ocasional e naturalmente relutante em defrontar-se com o poderoso adversário. E as maiores vítimas desse desequilíbrio são os cidadãos das classes sociais menos abastadas e culturalmente desaparelhados, por ficarem mais expostos às políticas agressivas da empresa moderna"* (palestra sobre o *Acesso dos consumidores à Justiça*). O Código de Defesa do Consumidor veio para corrigir esses "efeitos perversos" do mercado de consumo, atribuindo ao consumidor uma igualdade jurídica destinada a compensar a sua desigualdade econômica frente ao fornecedor.

Hipervulnerabilidade é espécie qualificada de vulnerabilidade, expressão utilizada pela doutrina e jurisprudência para indicar consumidores portadores de deficiência física, doenças específicas, precária situação econômica e que, por isso, merecedores de atendimento e informações especiais. Nos REsps n°s 93.153 e 586.316, ambos da relatoria do Ministro Herman Benjamin, a questão foi examinada com a necessária profundidade: *"A categoria ético-política, e também jurídica, dos sujeitos vulneráveis inclui um subgrupo de sujeitos **hipervulneráveis**, entre os quais se destacam, por razões óbvias, as pessoas com deficiência física, sensorial ou mental. É dever de todos salvaguardar, da forma mais completa e eficaz possível, os interesses e direitos das pessoas com deficiência, não sendo à toa que o legislador refere-se a uma obrigação nacional a cargo do Poder Público e da sociedade (Lei nº 7.853/89, art. 1º, § 2º). Na exegese da Lei nº 7.853/89, o juiz precisa ficar atento ao comando do legislador quanto à finalidade maior da lei-quadro, ou seja, assegurar o pleno exercício dos direitos individuais e sociais das pessoas portadoras de deficiência, e sua efetiva integração social (art. 1º, caput). No campo da proteção das pessoas com deficiência, ao Judiciário imputam-se duas ordens de responsabilidade: uma administrativa, outra judicial. A primeira, na estruturação de seus cargos e serviços, consiste na exigência de colaborar, diretamente, com o esforço nacional de inclusão social desses sujeitos. A segunda, na esfera hermenêutica, traduz-se no mandamento de atribuir à norma que requer interpretação ou integração no sentido que melhor e mais largamente ampare os direitos e interesses das pessoas com deficiência.*

Ao Estado Social importam não apenas os vulneráveis, mas sobretudo os hipervulneráveis, pois são esses que, exatamente por serem minoritários e amiúde discriminados ou ignorados, mais sofrem com a massificação do consumo e a pasteurização das diferenças que caracterizam e enriquecem a sociedade moderna. Ser diferente ou minoria, por doença ou qualquer outra razão, não é ser menos consumidor, nem menos cidadão, tampouco merecer direitos de segunda classe ou proteção apenas retórica do legislador. O fornecedor tem o dever de informar que o produto ou serviço pode causar malefícios a um grupo de pessoas, embora não seja prejudicial à generalidade da população, pois o que o ordenamento pretende resguardar não é somente a vida de muitos, mas também a vida de poucos".

Superendividamento é uma decorrência da hipervulnerabilidade por precária situação econômica do consumidor. O mercado de consumo vende ilusões, necessidades irreais, estilos de vida. Ao mesmo tempo, nos convence da nossa insignificância diante da impossibilidade de consumir, muitas vezes originadas em *força maior social* – desemprego, recessão etc.

Obscurecido em seu poder crítico, quer por razões de ordem biológica, quer por razões de ordem psicológica, o "ambicioso" consumidor "dá um passo maior que a perna". Fim da história: **superendividamento**, restrição de crédito, piora da situação socioeconômica do consumidor, maior distanciamento do estilo de vida que pretendia adquirir, agravamento do preconceito social. Aquele que então seria apenas pobre e, quiçá, um "fracassado" (em oposição ao bem-sucedido na vida), agora é "caloteiro", "inadimplente", "mau pagador", "safado", para ficarmos apenas nisso. Ciclo vicioso, aparentemente interminável, se não forem encontradas soluções em políticas de consumo e no Direito do Consumidor.

Bem por isso, mereceu justa e oportuna tutela na chamada **Lei do Superendividamento**.[32]

O esforço direcionado à prevenção e ao tratamento do superendividamento será realizado por todos os atores da área do crédito. Primeiramente, pelo Poder Público, a quem caberá direcionar seus atos normativos, suas políticas públicas e suas atividades de fiscalização no sentido de reprimir práticas que contrariem o crédito responsável.

A Lei nº 14.181/2021 introduziu no art. 4º do CDC os incisos IX e X, incluindo na Política Nacional de Consumo:

> X – *fomento de ações direcionadas à educação financeira e ambiental dos consumidores*;
>
> XI – *prevenção e tratamento do superendividamento como forma de evitar a exclusão social do consumidor*;

Para efetivar essas novas políticas, a Lei nº 14.181/2021 incluiu no art. 5º do CDC dois novos incisos:

> VI – *instituição de mecanismos de prevenção e tratamento extrajudicial e judicial do superendividado e de proteção do consumidor pessoa natural*;
>
> VII – *instituição de núcleos de conciliação e mediação de conflitos oriundos de superendividamento*;

Caberá também ao fornecedor de crédito o esforço direcionado à prevenção e ao tratamento do superendividado. O fornecedor tem o dever jurídico de não fornecer crédito irresponsável, assim entendido aquele que não é normalmente pagável pelo devedor.

---

[32] Lei nº 14.181, de 01 de julho de 2021.

O fornecimento de crédito está na base do desenvolvimento das economias contemporâneas. Nesse cenário, as instituições financeiras e equiparadas assumem papel de relevo para o atendimento das necessidades dos consumidores, fato que sobressai em uma sociedade desigual como a brasileira, onde o fornecimento de crédito revela-se indispensável até mesmo para a satisfação de necessidades primárias para a larga maioria da população, representando o meio de acesso à aquisição de bens ou à contratação de serviços.

Por último, caberá igualmente ao superendividado empenhar-se no combate ao superendividamento. O devedor tem o dever jurídico de adotar um comportamento responsável, de prudência ao contrair dívidas, abstendo-se de assumir compromissos além de sua capacidade de pagamento.

Com efeito, superendividamento não é sinônimo de endividamento desregrado, tampouco o motivado por um consumismo irresponsável. A Lei 14.181 o define no novo art. 54-A, § 1º, do CDC: "*Entende-se por superendividamento a impossibilidade manifesta de o consumidor pessoa natural, de boa-fé, pagar a totalidade de suas dívidas de consumo, exigíveis e vincendas, sem comprometer seu mínimo existencial, nos termos da regulamentação*". O § 3º, do mesmo dispositivo, exclui expressamente do conceito de superendividamento as dívidas contraídas mediante fraude ou má-fé, ou que decorram da aquisição ou contratação de produtos e serviços de luxo de alto valor.

Depreende-se do exposto que o objetivo da lei do superendividamento é tutelar o consumidor comprometido com o dever jurídico de adotar um comportamento de prudência ao contrair dívidas, buscando abster-se de compromissos além da sua capacidade de pagamento.

A lei prestigia o chamado **crédito responsável**, exigindo do consumidor/devedor um comportamento prudente, em consonância com a boa-fé objetiva, ao assumir dívidas, para evitar futura inadimplência. Esse conceito está atrelado ao conceito de *essencialidade*, que, por sua vez, tem como pedra fundamental a preocupação com o mínimo existencial, pelo que não alcança situações em que esse **mínimo existencial** está a salvo.

20 O PRINCÍPIO DA EQUIDADE

O Código do Consumidor refere-se à equidade em dois momentos. Primeiramente, no art. 7º ao dispor que "*Os direitos previstos neste Código não excluem outros decorrentes de tratados ou convenções internacionais de que o Brasil seja signatário, da legislação interna ordinária, [...] bem como dos que derivem dos princípios gerais do direito, analogia, costumes e equidade*". No art. 51, ao tratar das cláusulas abusivas, dispõe o CDC serem nulas de pleno direito "*as cláusulas contratuais relativas ao fornecimento de produtos e serviços que [...] estabeleçam obrigações* consideradas **iníquas**, abusivas, que coloquem o consumidor em desvantagem exagerada, ou *sejam incompatíveis com a boa-fé ou a* **equidade**".

Teixeira de Freitas já observava que o vocábulo **equidade** é uma das palavras mais utilizadas pelos operadores do direito, sem que consigam, contudo, satisfazer o seu verdadeiro sentido.[33] Em face da pluralidade de significados atribuídos à equidade e dos vários contextos em que a palavra é utilizada, cumpre inicialmente identificar o sentido da equidade no Código do Consumidor.

20.1 Conceito multissignificativo

Desde os seus primórdios a equidade relaciona-se com justiça, liberdade, igualdade, adequação, proporção, retidão, simetria, razão pela qual é impossível lhe dar uma definição rigorosa. O termo grego *epiekeia* significa o que é reto, equilibrado, justo. Por sua vez, o termo latino *aequitas* vai no mesmo sentido. De modo abrangente, é correto dizer que equidade é o valor inspirador do Direito, o seu substrato ou a própria essência, correspondente ao modelo ideal de justiça.

Com sentido de **direito justo** a equidade foi utilizada por Celso: "*Direito é a arte do bom e do equitativo*". Celso, ao definir assim o *ius*, quis chamar a atenção para a circunstância de que o Direito era intimamente penetrado pela *aequitas*: trata-se de um Direito justo. Cícero também considerava a *aequitas* como a regra moral do direito, afirmando que "*o direito é a equidade estabelecida*".[34]

Modernamente a equidade repousa sobre a **ideia fundamental da igualdade real, de justa proporção**; indica o sentimento de justiça fundado no equilíbrio, na equanimidade, na serenidade, na imparcialidade, na retidão. Sintetiza princípios superiores de justiça que possibilitam ao legislador e ao juiz criar e aplicar o Direito com igualdade e razoabilidade, estabelecer igualmente o direito de cada um. Em suma, a equidade é a justiça, não da lei, mas a justiça como ideia, noção ou princípio. Daí o acerto da assertiva: "*Não há princípio digno desse nome quando ele é contrário à equidade*".

20.2 Funções da equidade

Doutrina e jurisprudência falam em equidade da lei, equidade da justiça, equidade valor, equidade integrativa, equidade corretiva, equidade interpretativa, equidade quantitativa. Esses e outros sentidos atribuídos à equidade indicam, na realidade, as funções que ela pode exercer. Dentre tantas, três merecem destaque: **valorativa, integrativa** e **corretiva**.

20.2.1 *Equidade valor*

Como já destacado, a equidade é valor imanente do modelo ideal de justiça, umbilicalmente ligado ao conceito de Direito. Na sua função valorativa, a equidade permeia todos os princípios do Direito, é fundamento da sua coesão e harmonia social.

---

[33] *Vocabulário jurídico*: com apêndices, B. L. Garnier, 1883, verbete "equidade", p. 66.
[34] José Carlos Moreira Alves, *Direito romano*, 7. ed., Forense, v. 1, p. 96.

É o instrumento do legislador na elaboração da lei, exigindo que este, ao estabelecer a norma jurídica, escolha meios adequados, necessários e proporcionais (**razoabilidade**).

No Direito Romano, a **equidade valor** foi o fundamento da elaboração do *direito honorário*, que permitiu se desenvolvesse e se humanizasse o velho *ius quiritium*, insulado no hermetismo de prejuízos de origem. O mesmo aconteceu na Inglaterra, por volta do século XVI, com a criação das Cortes de Chancelaria, que sob a invocação da equidade contribuíram para a formação de um complexo de princípios (*rules of equity*) transformados em corpo de normas jurídicas.[35]

Há muito que se coloca ser a equidade um instrumento do juiz para integrar o Direito ou para ajustá-lo à realidade. Mas **a equidade é antes de tudo parâmetro para a atividade legislativa, ideal condutor de todo o ordenamento jurídico.** As leis devem ser justas e para serem justas não podem se afastar do ideal de justiça (equidade). Para haver congruência entre a norma e suas condições externas de aplicação – causa, suficiência, vinculação à realidade – é preciso se harmonizar com o ideal de justiça.

Essa a oportuna lição de Sílvio Venosa: *"Tratamos aqui da equidade na aplicação do Direito e em sua interpretação, se bem que o legislador não pode olvidar os seus princípios, em que a equidade necessariamente deve ser utilizada para que a lei surja no sentido da justiça".*[36] Agostinho Alvim refere-se também à equidade valor, embora a denominando de equidade legal, *verbis*: *"No segundo caso – equidade legal – a justiça seria aproximada, pois ocorre quando o próprio legislador minudencia a regra geral, especificando diversas hipóteses de incidência da norma. Haveria uma aproximação ao caso concreto, mas não uma justiça perfeita [...] a equidade está no direito e não fora dele".*[37] Washington de Barros Monteiro lembra que *"A equidade, como ideal ético de justiça, deve entrar na formação mesma da lei".*[38] Nas palavras de Ferreira Borges *"a lei sem equidade é nada; os que não veem o que é justo ou injusto senão através da lei, nunca se entendem tão bem, como os que o veem pelos olhos da equidade".*[39]

Em suma, justiça e **equidade valor** são inseparáveis. A justiça é uma virtude que consiste em dar a cada um o que é seu. Representa basicamente uma preocupação com a igualdade e com a proporcionalidade. A primeira implica uma correta aplicação do Direito, de modo a evitar o arbítrio; a segunda significa tratar de modo igual os iguais e de modo desigual os desiguais, na proporção de sua desigualdade e de acordo com seu mérito. Equivalência e proporção.[40]

---

[35] Caio Mário da Silva Pereira, *Instituições de direito civil*, 20. ed., Forense, 2004, v. I, p. 76.
[36] *Direito Civil*, Parte Geral, 12. ed., Atlas, 2012, p. 26.
[37] Da equidade, *RT*, v. 797, p. 767-770, mar. 2002.
[38] *Curso de direito civil*, Parte Geral, 25. ed., Saraiva, v. 1, p. 44.
[39] *Diccionário jurídico-comercial*, Typographia de Santos e Companhia, 1843, v. I, verbete "equidade", p. 150.
[40] Francisco dos Santos Amaral Neto, *A equidade no Código Civil brasileiro*, *Revista CEJ*, Brasília, nº 25, p. 17, abr./jun. 2004.

Temos como certo que o legislador valeu-se abundantemente da função valorativa da equidade na elaboração do Código do Consumidor. Assim, por exemplo, ao estabelecer a vulnerabilidade do consumidor como pedra de toque de todo o sistema consumerista, bem como na modificação e revisão de cláusulas contratuais excessivamente onerosas, na proteção contra as práticas e cláusulas abusivas e na inversão do ônus da prova entre os direitos básicos do consumidor. O próprio princípio da *equivalência contratual*, núcleo dos contratos de consumo, tem por fundamento a equidade. O desequilíbrio do contrato, a desproporção das prestações das partes, ofendem o princípio da equidade.

Enfim, estes e outros revolucionários institutos do CDC foram consagrados em busca do modelo ideal de justiça nas relações de consumo, ou, como está expresso no próprio Código, com base na "*harmonização dos interesses dos participantes das relações de consumo e compatibilização da proteção do consumidor com a necessidade de desenvolvimento econômico e tecnológico [...], na boa-fé e **equilíbrio nas relações entre consumidores e fornecedores***" (art. 4º, III).

20.2.2 Equidade integrativa

A lei, por necessidade lógica, é genérica e universal, ou, como observa Ruggiero, "*O direito positivo, na verdade, não pode proceder senão por preceitos e disposições de caráter geral, pois que não pode observar cada caso individualmente e as circunstâncias particulares de cada relação de fato; regula o que sucede normal e geralmente* (id quod plerumque accidit) *e, baseando-se na medida dos casos que sucedem mais frequente e vulgarmente, formula por abstração e quase como uma operação estatística a norma fixa e universal à qual todos os casos que se verifiquem no futuro devem obedecer*".[41]

Entretanto, por mais abrangente e minuciosa que seja a lei não pode prever todas as circunstâncias particulares que se verificam na vida real. Não é raro ocorrer que o caso concreto apresenta peculiaridades diversas das previstas ou que não foram previstas na lei. É aí que tem lugar **a função integrativa da equidade**, a mais conhecida e usual. Uma vez que a lei falhou por excesso de simplicidade, caberá ao juiz suprir a omissão estabelecendo a regra que o próprio legislador teria estabelecido se tivesse conhecimento do caso.

Aristóteles, um dos primeiros filósofos gregos a tratar da equidade integrativa, na sua obra *A Retórica* disse que, "*quando houver um vazio ou uma lacuna na lei, pode o juiz usar da equidade não para corrigir a norma existente, mas para suprir uma lacuna. Essa equidade integradora, que o juiz vai empregar no vazio da lei, é alcançada mediante o exame das circunstâncias do caso e o encontro de uma solução que esteja de acordo com o ordenamento e realize a justiça*".[42]

---

[41] Roberto de Ruggiero, *Instituições de direito civil*, 3. ed., Saraiva, 1971, v. I, p. 27.
[42] *Apud* Ruy Rosado de Aguiar Júnior, *Comentários ao Novo Código Civil*, arts. 472 a 480, GEN/Forense, v. VI, t. II, p. 155.

Desde Aristóteles, portanto, a equidade integrativa tem por função permitir ao juiz, havendo lacuna ou omissão na lei, resolver o caso, sem chegar ao ponto de criar uma norma, como se fosse o legislador. Como bem arremata Amaral Neto, a equidade é para Aristóteles "*o método de aplicação de lei não escrita para remediar a aplicação da lei escrita*".[43] O papel do intérprete deixa de ser de pura aplicação da norma preexistente e passa a incluir uma parcela de criação do Direito do caso concreto. E, como técnica de raciocínio, deve buscar na equidade valor (ideal de justiça, usos, costumes) os elementos para a elaboração da regra em concreto.

Temos também como certo que a equidade a que se refere o CDC no seu art. 7º: "*Os direitos [...] que derivem dos princípios gerais do direito, analogia, costumes e* **equidade**", é a equidade em sua função integrativa, no caso de lacuna no sistema consumerista. Deve então o juiz procurar expressar, na solução do caso, aquilo que corresponda a uma ideia de justiça da consciência média, que está presente na sua comunidade. Será, em suma, a justiça do caso concreto, um julgamento justo, temperado, fundado no sentimento comum de justiça; caberá ao juiz suprir a omissão determinando a regra que o próprio legislador teria estabelecido se tivesse conhecimento do caso.

20.2.3 Equidade corretiva

Além da equidade integrativa, Aristóteles se refere à **equidade corretiva** na *Ética a Nicômaco*, aquela que o juiz vai aplicar quando tiver necessidade de afastar uma injustiça que resultaria da aplicação estrita da lei. É uma espécie de correção à regra geral, que deixa de ser aplicada diante da peculiaridade da espécie. Na sempre lembrada lição de Caio Mário, "*Considerado o sistema de direito positivo, ainda ocorre a presença da equidade, com a ideia de amenização do rigor da lei. Equiparada ou aproximada ao conceito de justiça ideal, a equidade impede que o rigor dos preceitos se converta em atentado ao próprio direito, contra o que Cícero já se insurgia ao proclamar 'summum ius, summa injuria'*".[44]

Na sua função corretiva, a equidade permite ao juiz ir além da lei para garantir a aplicação do justo. Por outras palavras, o direito, que é obra da justiça para estabelecer uma relação de igualdade e equilíbrio entre as partes, na justa proporção do que cabe a cada um, permite ao juiz aplicar, em certos casos, a equidade corretiva. Essa equidade vai além da lei, porque procura garantir a aplicação do espírito da lei. Lembra o Mestre Ruy Rosado a lição de Santo Tomás, segundo a qual "*a equidade não é contra o justo em si, mas contra a lei injusta; quando ao juiz é permitido o uso da equidade, ele pode ir além da lei, para garantir a aplicação do justo. O direito, que é obra da justiça para estabelecer uma relação de igualdade entre as partes, na justa proporção do que cabe a um e a outro, permite ao juiz julgar com equidade*".

---

[43] Ob. cit., p. 19.
[44] Ob. cit., p. 76.

"*Para aplicar a equidade ao caso concreto*", prossegue o Ministro Ruy Rosado, "*nesse sentido de que é preciso afastar a lei injusta para obter a aplicação do princípio de justiça, disse ainda Aristóteles que o juiz deve usar a régua dos arquitetos de Lesbos, flexível e maleável, que permite ao engenheiro, ao medir o objeto, acompanhar os contornos desse objeto. Essa, diz ele, é a régua da equidade. Essa sempre é a régua do juiz, pois, ao tratar de aplicar a lei, deve o julgador usar uma régua que lhe permita ajustar a sua decisão à hipótese em exame, ajustá-la àquele caso, para fazer a justiça do caso concreto. Nesse sentido, a equidade é um princípio e uma técnica de hermenêutica, sempre presente em toda aplicação da lei*".[45]

Temos igualmente como certo que é à **equidade corretiva** que se refere o CDC quando, no inciso IV, do art. 51, fulmina de nulidade as cláusulas contratuais que sejam incompatíveis com a equidade. A norma dá ao juiz a possibilidade de valoração da cláusula contratual, invalidando-a (total ou parcialmente) naquilo que for contrária à equidade e boa-fé. O juiz não julgará por equidade (como no caso de equidade integradora), mas dirá o que não está de acordo com a equidade no contrato sob seu exame, dele excluindo o que for necessário para restabelecer o equilíbrio e a justiça contratual no caso concreto.

20.3 Limites ao emprego da equidade

Concluindo: o substrato da lei, do direito e da justiça é a equidade. Mas o direito é maior que a lei, pois, como bem observou Mário Moacyr Porto, "*a lei não esgota o direito assim como a partitura não esgota a música*". O direito, por sua vez, não esgota a justiça; é apenas o instrumento para a sua realização. "*Luta pelo Direito, mas se um dia encontrares o Direito em conflito com a Justiça, luta pela Justiça*" (Eduardo Conture). É aí que se coloca a equidade (valor) como princípio fundamental da justiça, do direito e da lei.

Todavia, o emprego da equidade pelo juiz deve se limitar às hipóteses previstas no CDC. Em sua função integrativa permite ao juiz suprir a omissão do legislador, preencher eventual lacuna do sistema consumerista. Por sua função corretiva, permitido será ao juiz afastar obrigações iníquas, abusivas, que coloquem o consumidor em desvantagem exagerada, anular cláusulas contratuais excessivamente onerosas etc., em busca de uma solução equitativa.

A equidade, entretanto, em nenhuma hipótese poderá ser fundamento para afastar o direito positivo e se fazer livremente a justiça do caso concreto. De Page, citado por Caio Mário, já advertia que a "*equidade não pode servir de motivo de desculpa à efetivação das tendências sentimentais ou filantrópicas do juiz [...] pois que a própria norma já contém os temperos que a equidade naturalmente aconselha*".

Por último, observa Caio Mário que a equidade: "*É arma de dois gumes. Se, por um lado, permite ao juiz a aplicação da lei de forma a realizar o seu verdadeiro conteúdo espiritual, por outro lado pode servir de instrumento às tendências legiferantes do*

---

[45] Ob. cit., p. 154.

julgador, que, pondo de lado o seu dever de aplicar o direito positivo, com ela acoberta sua desconformidade com a lei. O juiz não pode reformar o direito sob pretexto de julgar por equidade, nem lhe é dado negar-lhe vigência sob fundamento de que contraria o ideal de justiça. A observância da equidade, em si, não é um mal, porém a sua utilização abusiva é de todo inconveniente. Seu emprego há de ser moderado, como temperamento do rigor excessivo ou amenização da crueza da lei".[46]

21 O PRINCÍPIO DA SEGURANÇA

Embora não destacado pelos autores, o **princípio da segurança** está entre os mais importantes do CDC, porque nele se estrutura todo o sistema de responsabilidade civil das relações de consumo. Vamos encontrá-lo no § 1º dos arts. 12 e 14 do CDC.

Antes do Código do Consumidor, não havia legislação eficiente para proteger os consumidores contra os riscos do consumo. Corriam por conta do consumidor, porquanto o fornecedor só respondia no caso de dolo ou culpa, cuja prova era praticamente impossível. Falava-se até na *aventura do consumo*, porque consumir, em muitos casos, era realmente uma aventura. O fornecedor limitava-se a fazer a chamada *oferta inocente*, e o consumidor, se quisesse, que assumisse os riscos dos serviços e produtos consumidos.

O Código do Consumidor deu uma guinada de 180 graus na disciplina jurídica então existente, na medida em que transferiu os riscos do consumo do consumidor para o fornecedor. Estabeleceu responsabilidade objetiva para todos os casos de acidente de consumo, quer decorrentes do fato do produto (art. 12): *"O fabricante, o produtor, o construtor, nacional ou estrangeiro, e o importador respondem, **independentemente da existência de culpa**, pela reparação dos danos causados aos consumidores por **defeitos** [...] de seus produtos"*; quer do fato do serviço (art. 14): *"O fornecedor de serviços responde, **independentemente da existência de culpa**, pela reparação dos danos causados aos consumidores por **defeitos** relativos à prestação dos serviços".*

Depreende-se desses dois dispositivos que o fato gerador da responsabilidade do fornecedor não é mais a conduta culposa, tampouco a relação jurídica contratual, mas, sim, o **defeito do produto ou do serviço**. Todo aquele que fornece produtos ou serviços no mercado de consumo tem o dever de responder pelos eventuais **defeitos** dos bens e serviços fornecidos, independentemente de culpa. O defeito caracteriza a ilicitude da conduta como um elemento da responsabilidade do fornecedor. Não basta, portanto, colocar produtos ou serviços no mercado; é ainda indispensável a presença de um defeito, e que desse defeito resulte o dano.

Mas o que é **defeito**? Quando se pode dizer que um produto ou serviço é defeituoso? É aí que se faz presente o **princípio da segurança**. O § 1º do art. 12 do CDC dispõe que: *"O produto é defeituoso quando não oferece a **segurança** que dele*

---
[46] Ob. cit., p. 76-77.

legitimamente se espera". No mesmo sentido o § 1º do art. 14: *"O serviço é defeituoso quando não fornece a **segurança** que o consumidor dele pode esperar [...]".*

O que significa isso? Significa que o fundamento da responsabilidade do fornecedor não é o risco, como afirmado por muitos, mas, sim, o **princípio da segurança**. O risco, por si só, não gera a obrigação de indenizar. Risco é perigo, é mera probabilidade de dano, e ninguém viola dever jurídico simplesmente porque fabrica um produto ou exerce uma atividade perigosa, mormente quando socialmente admitidos e necessários. Milhões fazem isso sem terem que responder por alguma coisa perante a ordem jurídica. Se assim não fosse, bastaria a colocação do produto em circulação para que ensejasse a responsabilidade do fabricante. Mas não é assim. A responsabilidade só surge quando há violação do dever jurídico correspondente.

Que dever jurídico é esse? À ocorrência do risco contrapõe-se o dever de segurança. Sim, o dever jurídico que se contrapõe ao risco é o **dever de segurança**. E foi justamente esse dever que o Código do Consumidor estabeleceu no § 1º dos seus arts. 12 e 14. Criou o *dever de segurança para o fornecedor,* verdadeira cláusula geral – o dever de lançar no mercado produto ou serviço sem defeito –, de sorte que se houver defeito e este der causa ao acidente de consumo, por ele responderá independentemente de culpa. A produção de produto defeituoso é, portanto, a violação do dever jurídico de zelar pela segurança dos consumidores. Aí reside a contrariedade da sua conduta ao direito, e com isso fica caracterizada a **ilicitude** como elemento da responsabilidade civil. Em suma, para quem se propõe fornecer produtos e serviços no mercado de consumo, a lei impõe o *dever de segurança*; dever de fornecer produtos e serviços seguros, sob pena de responder independentemente de culpa (objetivamente) pelos danos que causar ao consumidor. Esse dever é imanente ao dever de obediência às normas técnicas de segurança. O fornecedor passa a ser o garante dos produtos e serviços que oferece no mercado de consumo. Se o fornecedor pode legitimamente exercer uma atividade perigosa, o consumidor, em contrapartida, tem direito (subjetivo) à incolumidade física e patrimonial, decorrendo daí o **dever de segurança**. Alvino Lima, citando Starck, já prelecionava que: *"Existe um direito subjetivo à segurança, cuja violação justificará a obrigação de reparar sem nenhum exame psíquico ou mental, sem apreciação moral da conduta do autor do dano".*[47]

Se o produto é defeituoso, como diz a lei, quando não oferece a segurança que dele legitimamente espera o consumidor, depreende-se que a **noção de** *segurança* depende do casamento de dois elementos: a desconformidade com uma expectativa legítima do consumidor e a capacidade de causar acidente de consumo. Resulta daí que a noção de *segurança* tem certa relatividade, pois não há produto ou serviço totalmente seguro.

As regras da experiência comum evidenciam que os bens de consumo sempre têm um resíduo de insegurança, que pode não merecer a atenção do legislador. O Direito só atua quando a insegurança ultrapassar o patamar da *normalidade* e da *previsibilidade*.

---

[47] *Culpa e risco,* 2. ed., Revista dos Tribunais, 1998, p. 201.

Pondera o insigne Herman Benjamin que *"o Código não estabelece um sistema de segurança absoluta para os produtos e serviços. O que se quer é uma segurança dentro dos padrões da expectativa legítima dos consumidores. E esta não é aquela do consumidor-vítima. O padrão não é estabelecido tendo por base a concepção individual do consumidor, mas, muito ao contrário, a concepção coletiva da sociedade de consumo".*[48] Isso significa que existem produtos que oferecem um grau mais elevado de segurança que outros similares. Embora não se possa esperar de um carro popular a mesma segurança de um carro blindado, ou de outro de primeira linha, deverá oferecer, todavia, padrão normal de segurança, compatível com os demais veículos da sua categoria. Ainda que não tenha sistema de freios ABS, nem *air bag*, o sistema de freios do carro popular terá que funcionar normalmente, como os demais veículos, e seu cinto de segurança terá que ser suficientemente resistente para suportar eventual acidente. O mesmo se pode dizer de uma moto em relação a uma bicicleta, e assim por diante.

Voltaremos a tratar desta questão com mais detalhes quando estudarmos a responsabilidade civil nas relações de consumo.

22 CONCLUSÃO

Por todo o exposto neste capítulo, é forçoso concluir que os princípios, pelo papel que desempenham no sistema – função estruturante, função interpretativa e função de controle –, influenciam a aplicação de todas as regras do CDC, se fazem presentes em todos os contratos de consumo e regem todas as relações entre fornecedor e consumidor, na fase pré-contratual, contratual e pós-contratual. Assim, relembramos, toda e qualquer relação de consumo, qualquer que seja a área do direito onde ocorrer, terá que respeitar os princípios da confiança e da informação; toda e qualquer cláusula contratual terá que ser interpretada à luz do princípio da boa-fé; todo e qualquer fornecimento de produtos e serviços ao consumidor está subordinado ao princípio da segurança; o princípio da vulnerabilidade é a peça fundamental do direito do consumidor, o ponto de partida de toda a sua aplicação, principalmente em matéria de contratos.

Só assim poderemos dar às normas do CDC interpretação e aplicação harmoniosas com todo o seu sistema, porque os princípios, repetimos, traduzem o núcleo básico da ordem jurídica, indicam os objetivos a serem alcançados.

---

[48] *Comentários ao Código de Defesa do Consumidor*, Saraiva, 1991, p. 60.

Capítulo IV
A RELAÇÃO JURÍDICA DE CONSUMO E SEUS ELEMENTOS

23 RELAÇÃO JURÍDICA

O Código do Consumidor, vimos nos itens 9 e 9.1, tem um campo de aplicação abrangente e difuso, que permeia todas as áreas do Direito onde ocorrem relações de consumo. Não obstante, ele é uma lei especial em razão dos seus destinatários (*ratione personae*), porque só é aplicável aos consumidores e fornecedores em suas relações. O Código volta a sua atenção não para o objeto da relação jurídica (tutela objetiva), mas para um dos sujeitos que dela participa – o mais fraco (tutela subjetiva). Nesse sentido a lição dos nossos mais autorizados consumeristas: "*Subjetivamente, o campo de aplicação do CDC é especial, regulando a relação entre fornecedor e consumidor (arts. 1º, 2º, 3º, 17 e 29) ou relação de consumo (arts. 4º e 5º) [...]. Um Código para agentes diferentes da sociedade ou consumidores em relação entre diferentes (um vulnerável – o consumidor – e um expert – o fornecedor)*".[1]

Vamos agora examinar a relação jurídica de consumo, quando teremos oportunidade de analisar com maior profundidade os seus elementos e, primordialmente, o destinatário da tutela jurídica: o consumidor. Antes, porém, vamos fazer uma rápida revisão do conceito de relação jurídica e dos seus elementos.

A **relação jurídica**, não há quem conteste, constitui a categoria básica do Direito, cujo conceito é fundamental na Ciência do Direito. Observa o mestre Miguel Reale: "*Alguns juristas sustentam mesmo que a Ciência do Direito se apresentou não apenas como ciência autônoma, mas como ciência que já atingira a maturidade, no instante em que Savigny situou de maneira precisa o conceito de relação jurídica. Ihering chegou a dizer que relação jurídica está para a Ciência do Direito como o alfabeto está para a palavra*".[2]

---

[1] Claudia Lima Marques, *Comentários ao Código de Defesa do Consumidor*, Revista dos Tribunais, p. 31.
[2] *Lições preliminares de direito*, 12. ed., Saraiva, 1985, p. 209.

Que devemos entender por relação jurídica? Para sua conceituação, parte-se da atividade social do homem. Vivendo em sociedade, necessariamente nos relacionamos com os nossos semelhantes, ensejando relações sociais. Muitas dessas relações são de natureza afetiva, cultural, religiosa, recreativa, vale dizer, sem relevância jurídica; outras, entretanto, têm natureza econômica, familiar, funcional, pública etc., exigindo, pela sua relevância social, disciplina jurídica. As relações sociais reguladas pelo Direito tornam-se relações jurídicas. "*É a lei, por outras palavras, que lhes atribui essa significação e lhes imprime determinados efeitos*".[3] Podemos, então, conceituar **relação jurídica como toda relação social disciplinada pelo Direito**. Preferem outros defini-la como toda relação da vida social que produz consequências jurídicas. Logo, toda relação jurídica é social, mas nem toda relação social é jurídica, somente aquela que, por sua relevância, é disciplinada pelo Direito.

Que disciplina impõe o Direito à relação social para transformá-la em relação jurídica? A norma jurídica estabelece um vínculo, um liame, um laço ou ligação entre aqueles que participam da relação social (e se é um vínculo criado pelo Direito então é vínculo jurídico), atribuindo a um dos sujeitos poder e a outro dever ou subordinação. O vínculo é emanação do Direito, um atributo da norma jurídica. Voltemos ao mestre Miguel Reale: "*A regra jurídica pode ser vista, mas só por abstração, como uma cobertura protetora da conduta humana e dos processos de sua estruturação e garantia. Poderíamos dizer, apenas para facilitar a exposição, **que as normas jurídicas projetam-se como feixes luminosos sobre a experiência social: e só enquanto as relações sociais passam sob a ação desse facho normativo, é que elas adquirem o significado de relações jurídicas***".[4]

Podemos agora melhor compreender a definição de relação jurídica formulada por Savigny há dois séculos, ainda hoje considerada das mais precisas: "*Um vínculo entre pessoas, em virtude do que uma delas pode pretender algo a que a outra está obrigada. Toda relação jurídica apresenta um* **elemento material**, *constituído pela relação social, e outro formal, que é a determinação jurídica do fato, mediante regras do Direito*".[5] O vínculo jurídico, também chamado de "*vínculo de atributividade, é que confere a cada um dos participantes da relação o poder de pretender ou exigir algo determinado ou determinável*".[6] Devemos ainda a Savigny a tese de que a relação jurídica é sempre um vínculo entre pessoas.

Mais uma indagação: como se forma a relação jurídica? No Direito, devemos distinguir entre aquilo que ocorre no mundo jurídico e no mundo dos fatos. No mundo jurídico vamos encontrar a norma (jurídica) descrevendo fatos hipotéticos, imaginários, e atribuindo-lhes, em abstrato, determinadas consequências jurídicas. A norma prescreve também, em tese, determinadas condutas humanas. Em suma,

---

[3] Orlando Gomes, *Introdução ao Direito Civil*, 3. ed., Forense, 1971, p. 93.
[4] Ob. cit., p. 211.
[5] *Apud* Paulo Nader, *Introdução ao estudo do Direito*, 25. ed., Forense, p. 297.
[6] Miguel Reale, ob. cit., p. 214-215.

a norma diz: se acontecer isso, a consequência será aquela; se alguém fizer isso, a consequência será esta. No mundo dos fatos, temos os acontecimentos concretos, reais, objetivos, isto é, aquilo que tem de ocorrer para que a norma jurídica incida. Se nada ocorrer no mundo dos fatos, nada poderá entrar no mundo do direito. Por outras palavras, a norma elege, em abstrato, os fatos que devem ocorrer para que ela incida. É isso que se denomina de **pressuposto de incidência, suporte fático**, ou ainda **substrato jurígeno**, isto é, aquilo que terá que ocorrer em concreto para que a norma incida e produza os efeitos abstratamente nela previstos. Suporte fático, na definição de Pontes de Miranda, é o fato ou grupo de fatos sobre o qual incide a norma jurídica.

Esse substrato tem, por consequência, um fato, um conjunto de fatos, ou uma situação fática como núcleo, natural ou decorrente da ação humana, por isso mesmo fato com relevância jurídica. No momento em que ocorre, em concreto, o fato abstratamente previsto na norma (*fato jurígeno*), no momento em que ele se materializa, dá-se a incidência da norma, e acarreta o fenômeno chamado de *juridicização*. O que era mundo dos fatos penetra no mundo jurídico, tornando-se **fato jurídico**.

É nesse momento que nasce a relação jurídica: as pessoas que figuravam no substrato passam a sujeitos dessa relação jurídica, com poderes e deveres; os bens, por seu turno, passam a objeto, e a disciplina jurídica imposta pela norma passa a ser o vínculo de atributividade. Antes disso, a norma contém uma simples possibilidade. Observa o Prof. Manoel Domingos de Andrade "*que o fato jurídico, com os sujeitos, o objeto e a garantia, erigem-se em elementos necessários* para que a relação tenha existência". Adiante, acrescenta: "*O fato jurídico constitutivo é, na verdade, condição indispensável para que surja qualquer relação jurídica concreta. Na lei estão prefiguradas em abstrato todas as relações jurídicas. Todas existem na lei como ideia. Mas nenhuma relação concreta, efetiva, real, pode existir sem que intervenha um fato jurídico. Por obra do fato jurídico é que a relação jurídica sai do limbo das possibilidades para surgir como realidade concreta, tornando-se de potencial em atual*".[7]

Vem daí a preciosa lição de Ihering: "*O direito nasce do fato – facto jus oritur*".

A formação da relação jurídica de consumo está sujeita ao mesmo processo jurídico. As normas jurídicas de proteção do consumidor, nelas incluídos os princípios, incidem sempre que ocorrem, em qualquer área do Direito, atos de consumo, assim entendidos o fornecimento de produtos, a prestação de serviços, os acidentes de consumo e outros suportes fáticos, e fazem operar os efeitos jurídicos nelas previstos. O que particulariza essa relação jurídica é que os sujeitos serão sempre o consumidor e o fornecedor, e terá por objeto produtos ou serviços, elementos esses que passaremos a examinar.

---

[7] *Teoria geral da relação jurídica*, Coimbra, 1997, v. I, p. 21-22.

24 ELEMENTOS DA RELAÇÃO DE CONSUMO: CLASSIFICAÇÃO

Didaticamente, os elementos da relação de consumo podem ser classificados em:

a) **subjetivos** – relacionados aos sujeitos dessa relação jurídica;
b) **objetivos** – relacionados ao objeto das prestações ali surgidas.

No primeiro grupo, encontram-se os consumidores e os fornecedores; no segundo, os produtos e os serviços.

Impõe-se observar que o legislador preferiu definir os elementos da relação de consumo, na esperança de, assim, contribuir para a melhor compreensão da lei e de seu campo de incidência, o que é de ser louvado. Nada obstante o seu esforço, doutrina e jurisprudência durante longo tempo não se harmonizaram sobre a questão, mormente no que se refere ao conceito jurídico de consumidor, ora por se pretender alargar, ora por se pretender restringir, o campo de incidência da Lei nº 8.078/90 que, por certo, está relacionado com a exata identificação do destinatário da proteção jurídica.

25 CONSUMIDOR: DESTINATÁRIO DA PROTEÇÃO JURÍDICA. CORRENTES MAXIMALISTA (OBJETIVA) E FINALISTA (SUBJETIVA)

A definição de consumidor, enfatiza Claudia Lima Marques, é o pilar que sustenta a tutela especial, agora concedida aos consumidores.[8] Em face da dificuldade do conceito, e para evitar controvérsias, o CDC define consumidor em seu art. 2º: "*Consumidor é toda pessoa física ou jurídica que adquire ou utiliza produto ou serviço como destinatário final*". Nesse conceito, como se vê, a única característica restritiva é a expressão – **destinatário final**.

Mas o que significa ser **destinatário final** de produtos ou serviços? Basta retirar o bem da cadeia de produção? Foi nesse ponto que surgiu a controvérsia em nossa doutrina e jurisprudência.

Logo que o Código do Consumidor entrou em vigor, havia aqueles que davam uma ampla interpretação à expressão **destinatário final**, a mais extensiva possível. Viam no CDC um código geral do consumo, o novo regulamento do mercado contendo normas para todos os seus agentes, tanto consumidores como fornecedores. Tal entendimento, entretanto, estava em rota de colisão com a finalidade do CDC, contra a sua própria razão de ser, que, como já vimos, é proteger a parte vulnerável nas relações de consumo. E transformar o direito do consumidor em direitos do consumo importa em retirar dele toda a sua função protetiva. Na realidade, se ele protege a todas as partes das relações de consumo – consumidor e fornecedor – acaba não protegendo ninguém. "Todos são especiais" é o mesmo que dizer que ninguém o é.

---

[8] *Manual de Direito do Consumo*, Revista dos Tribunais, 2007, p. 68.

Havia também aqueles que davam uma interpretação restritiva à expressão **destinatário final**. Defendiam uma **noção subjetiva de consumidor**, restrita à pessoa do **não profissional** que se relaciona com **um profissional** – comerciante, empresário, profissional liberal.[9] A pessoa jurídica estaria excluída desse conceito, como ocorre na França e na Alemanha, onde consumidor é apenas pessoa física.

Esses posicionamentos ou concepções deram origem a duas correntes distintas, que se tornaram conhecidas como corrente **maximalista** ou **objetiva** e corrente **finalista** ou **subjetivista**.

A corrente **maximalista** ou **objetiva** entende que o CDC, ao definir o consumidor, apenas exige, para sua caracterização, a realização de um *ato de consumo*. A expressão *destinatário final*, pois, deve ser interpretada de forma ampla, bastando à configuração do consumidor que a pessoa, física ou jurídica, se apresente como *destinatário fático* do bem ou serviço, isto é, que o retire do mercado, encerrando objetivamente a cadeia produtiva em que inseridos o fornecimento do bem ou a prestação do serviço.

Não é preciso perquirir a finalidade do ato de consumo, ou seja, é totalmente irrelevante se a pessoa objetiva a satisfação de necessidades pessoais ou profissionais, se visa ou não ao lucro ao adquirir a mercadoria ou usufruir do serviço. Dando ao bem ou ao serviço uma *destinação final fática*, a pessoa, física ou jurídica, profissional ou não, caracteriza-se como consumidora, pelo que dispensável cogitar acerca de sua *vulnerabilidade técnica* (ausência de conhecimentos específicos quanto aos caracteres do bem ou serviço consumido), *jurídica* (falta de conhecimentos jurídicos, contábeis ou econômicos) ou *socioeconômica* (posição contratual inferior em virtude da magnitude econômica da parte adversa ou do caráter essencial do produto ou serviço por ela oferecido). Confiram-se:

> "A aquisição de um computador ou 'software', para o exercício profissional da advocacia, ***pouco importa se por um advogado principiante ou por grande banca de advocacia***, qualifica o adquirente como consumidor. [...]. Da mesma forma o uso da eletricidade na fabricação de produtos por ***uma grande indústria*** ou o açúcar adquirido por ***uma doceira*** não são circunstâncias hábeis a elidir a relação de consumo, desde que o produto adquirido ou desaparece ou sofre mutação substancial no processo produtivo. Portanto, sendo a grande indústria e a doceira destinatários finais, podem perfeitamente ser considerados consumidores, para efeito destas aquisições, não assim quando vendam os produtos fabricados ou os doces, relações em que serão considerados como fornecedores".[10]

---

[9] Claudia Lima Marques, ob. cit., p. 68.
[10] Duciran Van Marsen Farena, Notas sobre o consumo e o conceito de consumidor – desenvolvimentos recentes, *Boletim Científico*, Escola Superior do Ministério Público da União, Brasília, nº 2, p. 42-43, jan./mar. 2002.

"Pela definição legal de consumidor, basta que ele seja o 'destinatário final' dos produtos ou serviços (CDC, art. 2º), incluindo aí não apenas aquilo que é adquirido ou utilizado para uso pessoal, familiar ou doméstico, mas também o que é adquirido para o desempenho de atividade ou profissão, bastando, para tanto, que não haja a finalidade de revenda. O advogado que adquire livros jurídicos para bem desempenhar sua profissão é, sem dúvida, destinatário final dessa aquisição, e, como tal, consumidor segundo a definição legal. *Não há razão plausível para que se distinga o uso privado do profissional; mais importante, no caso, é a ausência de finalidade de intermediação ou revenda*".[11]

Os adeptos da **corrente maximalista** sustentam, em última instância, que o CDC seria um Código geral de consumo, um Código para a sociedade de consumo, razão pela qual a definição do seu art. 2º, *caput*, deverá ser interpretada de forma extensiva para que as suas normas possam servir cada vez mais às relações de mercado.

A **corrente finalista** ou **subjetivista**, por seu turno, interpreta de maneira restritiva a expressão **destinatário final**. Só merece a tutela do CDC aquele que é **vulnerável**. Entende ser imprescindível à conceituação de consumidor que a destinação *final* seja entendida como *econômica*, isto é, que a aquisição de um bem ou a utilização de um serviço satisfaça uma *necessidade pessoal* do adquirente ou utente, pessoa física ou jurídica, e **não objetive o desenvolvimento de outra atividade negocial**. Não se admite, destarte, que o consumo se faça com vistas à incrementação de atividade profissional lucrativa**, e isto, ressalte-se, quer se destine o bem ou serviço à revenda ou à integração do processo de transformação, beneficiamento ou montagem de outros bens ou serviços, quer simplesmente passe a compor o ativo fixo do estabelecimento empresarial.

Consumidor, em síntese, é aquele que põe fim a um processo econômico, que ultima a atividade econômica, ou seja, que retira o bem ou o serviço de circulação do mercado para consumi-lo, **suprindo uma necessidade ou satisfação própria**. Por isso fala-se em destinatário final econômico (e não apenas fático) do bem ou serviço, haja vista que não basta ao consumidor ser adquirente ou usuário, mas **deve haver o rompimento da cadeia econômica com o uso pessoal**, a impedir, portanto, a reutilização dele no processo produtivo, seja na revenda, no uso profissional, na transformação por meio de beneficiamento ou montagem, ou em outra forma indireta. A relação de consumo (consumidor final) não pode ser confundida com relação de insumo (consumidor intermediário).

Consoante bem apreendido por Fábio Konder Comparato, muito antes da promulgação da Lei nº 8.078/90, "*consumidor é, pois, de modo geral, aquele que se submete ao poder de controle dos titulares de bens de produção, isto é, dos empresários. É claro que todo produtor, em maior ou menor medida, depende, por sua vez, de outros empresários, como fornecedores de insumos ou financiadores, por exemplo, para exercer a sua atividade produtiva; e, nesse sentido, é também consumidor. Quando se fala, no entanto,*

---

[11] João Batista de Almeida, *A proteção jurídica do consumidor*, 2. ed., Revista dos Tribunais, 2000, p. 40.

em proteção ao consumidor, quer se referir ao indivíduo ou grupo de indivíduos, os quais, ainda que empresários, se apresentam no mercado como simples adquirentes ou usuários de serviços, sem ligação com a sua atividade empresarial própria".[12]

O conceito de consumidor, na esteira do finalismo, portanto, restringe-se, em princípio, às pessoas, físicas ou jurídicas, *não profissionais*, que não visam lucro em suas atividades e que contratam com profissionais. Entende-se que não se há falar em consumo final, mas *intermediário*, quando um profissional adquire produto ou usufrui de serviço com o fim de, direta ou indiretamente, *dinamizar ou instrumentalizar seu próprio negócio lucrativo*.

A propósito, transcrevem-se as seguintes preleções:

"Não há dúvidas de que o trabalhador que deposita o seu salário em conta-corrente junto ao banco é consumidor de serviços por este prestados ao mercado de consumo. Está, portanto, sob a tutela do Código de Defesa do Consumidor. *Contudo, se se tratar de contrato bancário com um exercente de atividade empresarial, visando ao implemento da sua empresa, deve-se verificar se este pode ser tido como consumidor. Se o empresário apenas intermedeia o crédito, a sua relação com o banco não se caracteriza, juridicamente, como consumo, incidindo na hipótese, portanto, apenas o direito comercial*".[13]

25.1 Corrente finalista (subjetiva) mitigada ou aprofundada

A corrente subjetivista sofreu certo abrandamento na medida em que admite, **excepcionalmente**, a aplicação das normas do CDC a determinados profissionais e pequenas empresas, *desde que se trate de consumo intermediário e fique demonstrada "in concreto" a vulnerabilidade técnica, jurídica ou econômica*. Quer dizer, ao revés do preconizado pelos maximalistas, não se deixa de perquirir acerca do uso, profissional ou não, do bem ou serviço; apenas, como exceção, e à vista da vulnerabilidade comprovada de determinado adquirente ou utente, não obstante seja um profissional, passa-se a considerá-lo consumidor.

Consumo intermediário ocorre quando um profissional ou pequena empresa adquire produto ou usufrui de serviço com o fim de, direta ou indiretamente, dinamizar ou instrumentalizar a sua atividade negocial.

Voltemos ao exemplo do advogado que adquire livros e computadores para usá-los profissionalmente. Para os maximalistas, como visto, quer se cuide de um só profissional, iniciante ou não, ou de um grande e conceituado escritório nacional de advocacia, aplicar-se-iam as normas do Código de Defesa do Consumidor; os finalistas excluiriam a relação da incidência de referida legislação em ambos os casos; para a

---

[12] A proteção do consumidor: importante capítulo do direito econômico, *Revista de Direito Mercantil – Industrial, Econômico e Financeiro*, v. 15-16, p. 90-91, 1974.
[13] Fábio Ulhoa Coelho, *Manual de direito comercial*, 14. ed., Saraiva, 2003, p. 450.

corrente finalista atenuada, na hipótese de profissional iniciante ou de uma pequena banca, a relação passaria a ser regida pela legislação consumerista.

Os precedentes reproduzidos a seguir bem elucidam a tendência ora exposta:

> "No que tange à definição de consumidor, a Segunda Seção desta Corte, ao julgar, aos 10.11.2004, o REsp nº 541.867/BA, perfilhou-se à orientação doutrinária finalista ou subjetiva, de sorte que, de regra, o consumidor intermediário, por adquirir produto ou usufruir de serviço com o fim de, direta ou indiretamente, dinamizar ou instrumentalizar seu próprio negócio lucrativo, não se enquadra na definição constante no art. 2º do CDC. **Denota-se, todavia, certo abrandamento na interpretação finalista, na medida em que se admite, excepcionalmente, a aplicação das normas do CDC a determinados consumidores profissionais, desde que demonstrada, in concreto, a vulnerabilidade técnica, jurídica ou econômica**".[14]

> "Não vislumbro a alegada ofensa ao art. 2º do CDC. **O egrégio Tribunal de origem levou em consideração a vulnerabilidade do recorrido na relação jurídica que manteve com a recorrente, empresa multinacional, e a empresa Catalão Veículos Ltda., concessionária de veículos, para considerá-lo consumidor.** Colhe-se do voto da ilustrada Juíza relatora do agravo: 'Desse modo, seja com fundamento na doutrina finalista ou na maximalista, o fato é que o agravante pode e deve ser considerado consumidor, nos termos do art. 2º, da Lei nº 8.078/90. Afinal, **o desequilíbrio de forças entre as partes é tão evidente, que somente com a aplicação do Código de Defesa do Consumidor ao caso em tela, diploma legal que assegura à parte débil da relação jurídica uma tutela especial, poderia se restabelecer um equilíbrio e uma igualdade entre as partes**' (fl. 212). [...]. O fato de o recorrido adquirir o veículo para transporte de passageiro não afasta a sua condição de hipossuficiente na relação que manteve com as rés".[15]

26   A POSIÇÃO DO SUPERIOR TRIBUNAL DE JUSTIÇA

A linha de precedentes adotada pelo STJ indica que aquele tribunal, inicialmente, inclinou-se pela **teoria maximalista** ou **objetiva**, posto que considerava consumidor o **destinatário final fático** do bem ou serviço, ainda que utilizado no exercício de sua profissão ou empresa. Nesse sentido:

1. REsp nº 208.793/MT, Rel. Min. Carlos Alberto Menezes Direito, Terceira Turma, unânime, DJ 1/8/2000, o qual considerou existir relação de consumo

---

[14] REsp nº 660.026/RJ, 4ª Turma, Rel. Min. Jorge Scartezzini, julgado em 3/5/2005, *DJ* 27/6/2005, p. 409.
[15] REsp nº 502.797/MG, Rel. Min. Ruy Rosado de Aguiar, *DJU* 10/11/2003.

entre Fertiza Companhia Nacional de Fertilizantes e Edis Fachin, por ser o agricultor destinatário final do adubo que adquiriu e utilizou em sua lavoura: "A meu sentir, esse cenário mostra que o agricultor comprou o produto na qualidade de destinatário final, ou seja, para utilizá-lo no preparo de sua terra, não sendo este adubo objeto de nenhuma transformação";

2. REsp nº 329.587/SP, Rel. Min. Carlos Alberto Menezes Direito, Terceira Turma, unânime, DJ 24/6/2002, o qual considerou existir relação de consumo entre a pessoa jurídica contratante do serviço de transporte aéreo e a transportadora, tendo por objeto o transporte de lote de peças de reposição de propriedade daquela;

3. REsp nº 286.441/RS, Rel. Min. Antônio de Pádua Ribeiro, Rel. p/Ac. Min. Carlos Alberto Menezes Direito, Terceira Turma, maioria, DJ 3/2/2003, o qual considerou existir relação de consumo entre Transroll Navegação S/A e Outro e Faprol Indústria de Alimentos Ltda., por ser esta adquirente e destinatária final do serviço de transporte marítimo prestado por aquela, tendo por objeto o transporte internacional de coalho alimentício em pó: "No caso presente, a recorrente contratou o serviço da transportadora, detentora do navio, encerrada a relação de consumo com a efetivação do transporte. O que é feito com o produto transportado não tem, a meu ver, peso algum na definição de quem foi o 'destinatário final' do serviço de transporte";

4. REsp nº 488.274/MG, Rel. Min. Nancy Andrighi, Terceira Turma, unânime, DJ 23/6/2003, o qual considerou existir relação de consumo entre Pastifício Santa Amália Ltda. e Baan Brasil Sistemas de Informática Ltda., porquanto aquela adquiriu, como destinatária final, programas de computador distribuídos por esta, com o intuito de melhor gerenciar o seu estoque de produtos: "Extrai-se dos autos que a recorrente é qualificada como destinatária final, já que se dedica à produção de alimento e que se utiliza dos serviços de software, manutenção e suporte oferecidos pela recorrida, apenas para controle interno de produção. Deve-se, portanto, distinguir os produtos adquiridos pela empresa que são meros bens de utilização interna da empresa daqueles que são, de fato, repassados aos consumidores";

5. REsp nº 468.148/SP, Rel. Min. Carlos Alberto Menezes Direito, Terceira Turma, unânime, DJ 28/10/2003, o qual considerou ser consumidora a pessoa jurídica SBC Serviços de Terraplanagem Ltda., ao adquirir crédito bancário para a compra de tratores a serem utilizados em sua atividade econômica;

6. REsp nº 445.854/MS, Rel. Min. Castro Filho, Terceira Turma, unânime DJ 19/12/2003, o qual considerou ser consumidor o agricultor Francisco João Andrighetto, ao adquirir crédito bancário para a compra de colheitadeira a ser utilizada em sua atividade econômica;

7. REsp nº 235.200/RS, Rel. Min. Carlos Alberto Menezes Direito, Terceira Turma, DJ 4/12/2000, REsp nº 248.424/RS, Rel. Min. Carlos Alberto Menezes Direito, Terceira Turma, DJ 5/2/2001 e REsp nº 263.721/MA, Rel. Min.

Carlos Alberto Menezes Direito, Terceira Turma, DJ 9/4/2001, os quais reconheceram a existência de relação de consumo em contrato de arrendamento mercantil, ainda que o arrendatário, pessoa jurídica ou não, utilize o bem, como destinatário final, para o desenvolvimento de sua atividade econômica;

8. REsp nº 263.229/SP, Rel. Min. José Delgado, Primeira Turma, unânime, DJ 9/4/2001, o qual considerou ser a pessoa jurídica Golfinho Azul Indústria, Comércio e Exportação Ltda. Consumidora dos serviços de fornecimento de água, prestados pela SABESP, para a utilização em sua atividade econômica, a produção pesqueira: "A recorrente, na situação em exame, é considerada consumidora porque não utiliza a água como produto a ser integrado em qualquer processo de produção, transformação ou comercialização de outro produto. O fornecimento de água é para o fim específico de ser consumida pela empresa como destinatária final, utilizando-a para todos os fins de limpeza, lavagem e necessidades humanas. O destino final do ato de consumo está bem caracterizado, não se confundindo com qualquer uso do produto para intermediação industrial ou comercial".

Posteriormente, no julgamento do REsp nº 541.867/BA, na Segunda Seção do STJ, Rel. p/ Acórdão Min. Barros Monteiro, **a corrente subjetivista** prevaleceu: "*Não há falar em relação de consumo quando a aquisição de bens ou a utilização de serviços, por pessoa natural ou jurídica, tem como escopo incrementar a sua atividade comercial*".

Tratava-se no caso de pequeno estabelecimento comercial (farmácia), filiado ao sistema de cartões de crédito. Em razão de equívoco perpetrado pela administradora do cartão, que confeccionou e emitiu o cartão com a numeração de créditos errada, os valores que deveriam ser repassados à filiada foram repassados a terceira pessoa. Discutiu-se longamente se a espécie configurava ou não relação de consumo. A decisão do STJ, por maioria, foi no sentido da não existência, conforme segue:

"Competência. Relação de consumo. Utilização de equipamento e de serviços de crédito prestado por empresa administradora de cartão de crédito. Destinação final inexistente.

– A aquisição de bens ou a utilização de serviços, por pessoa natural ou jurídica, com o escopo de implementar ou incrementar a sua atividade negocial, não se reputa como relação de consumo e, sim, como uma atividade de consumo intermediária.

Recurso especial conhecido e provido para reconhecer a incompetência absoluta da Vara Especializada de Defesa do Consumidor, para decretar a nulidade dos atos praticados e, por conseguinte, para determinar a remessa do feito a uma das Varas Cíveis da Comarca".[16]

Como se vê, ficou assentado no voto majoritário que o **consumo intermediário** não configura relação de consumo, de modo a conceituar como consumidor apenas a pessoa física ou jurídica que adquire os bens de consumo para uso privado fora da sua atividade profissional.

Essa posição consolidou-se no Superior Tribunal de Justiça, como detalhadamente relatado no trecho abaixo transcrito do voto magistral do Ministro Paulo de Tarso Sanseverino, proferido em julgamento sobre o tema e que bem resume tudo o que até aqui foi exposto:[17]

"1) Incidência do Código de Defesa do Consumidor

O conceito básico de consumidor foi fixado no CDC, em seu art. 2º, ao estatuir que 'consumidor é toda pessoa física ou jurídica que adquire ou utiliza produto ou serviço como destinatária final'.

A nota característica dessa definição está na identificação de uma pessoa (física ou jurídica) como destinatária final de um produto ou serviço para que possa ser enquadrada como consumidora.

Em sede doutrinária, já tive oportunidade de analisar a questão (Responsabilidade civil no Código do Consumidor e a defesa do Fornecedor/ Paulo de Tarso Vieira Sanseverino. São Paulo: Saraiva, 2002, fls. 204/207), observando que o CDC, em vez de partir de um conceito de ato de consumo, como faz ***Jean Calais-Auloy***, ou de uma concepção objetiva de consumidor também ligada ao momento econômico do ato de consumo, na linha de ***Thierry Bourgoignie***, optou por um conceito subjetivo polarizado pela finalidade almejada pelo consumidor no ato de consumo (destinação final do produto ou serviço).

A condição de destinatário final de um bem ou serviço constitui a principal limitação estabelecida pelo legislador para a fixação do conceito de consumidor e, consequentemente, para a própria incidência do CDC como lei especial.

Há necessidade, assim, de se estabelecer o alcance dessa expressão, que constitui o elemento teleológico dessa definição.

Considera-se destinatário final aquele que, no ato de consumir, retira o bem do mercado.

Discute-se acerca da situação dos profissionais (comerciantes, profissionais liberais, industriais etc.), que, adquirindo determinados bens para utilização em sua atividade produtiva, enquadram-se no conceito econômico de

---

[16] REsp nº 541.867/BA, 2ª Se*ção*, Rel. Min. Antônio de Pádua Ribeiro, Rel. p/ Acórdão Min. Barros Monteiro, julgado em 10/11/2004, *DJ* 16/5/2005.
[17] REsp nº 1321614/SP, 3ª Turma, Rel. Min. Paulo de Tarso Sanseverino, Rel. p/ Acórdão Min. Ricardo Villas Bôas Cueva, julgado em 16/12/2014, *DJe* 3/3/2015.

destinatários finais (aquisição de máquinas de escrever para o escritório, de veículos para o transporte de pessoas da empresa).

Formaram-se duas correntes na doutrina nacional em torno da interpretação dessa expressão e, por consequência, da própria extensão do conceito de consumidor: os finalistas e os maximalistas.

A corrente finalista, formada pelos pioneiros do consumerismo no Brasil, na busca de uma interpretação restritiva do conceito de consumidor, sustenta que a expressão 'destinatário final' deve ser analisada teleologicamente, em confronto com os princípios básicos do CDC elencados nos artigos 4º e 6º, abrangendo apenas aquele que seja vulnerável e hipossuficiente. Assim, somente o destinatário fático e econômico do bem pode ser considerado destinatário final, ficando excluídos os profissionais.

A corrente maximalista optou por uma interpretação extensiva do conceito de consumidor a partir da constatação de que o CDC surgiu como o novo regulamento do mercado de consumo brasileiro, não sendo editado apenas para proteger o consumidor não profissional. Seus seguidores enfatizam que o conceito de destinatário final do art. 2º é objetivo, atingindo todo o destinatário fático do bem, que o retira do mercado, não importando a utilidade ou a finalidade desse ato econômico de consumo, como o advogado que adquire uma máquina de escrever para seu escritório.

O objetivo inicial do legislador foi, efetivamente, restringir o campo de incidência da lei especial, já que o CDC é um microssistema normativo cuja finalidade primordial é conferir uma proteção efetiva ao consumidor final, como parte mais vulnerável da cadeia de consumo. Em uma sociedade de relações massificadas, há necessidade de reequilíbrio da relação de consumo, exigindo a instituição de regras nitidamente protetivas dessa heterogênea categoria econômica e cumprindo a exigência constitucional de edição de uma lei de defesa do consumidor.

[...]

Até meados de 2004, a Terceira Turma adotava a posição maximalista, enquanto a Quarta Turma seguia a corrente finalista, conforme levantamento transcrito no voto-vista da Ilustre Ministra Nancy Andrighi no CC nº 41.056/SP, julgado pela 2ª Seção em 23/6/2004.

Em 10/11/2004, a Segunda Seção, no julgamento do REsp nº 541.867/BA, Rel. p/ Acórdão o Ilustre Min. Barros Monteiro, acabou por **firmar entendimento centrado na teoria subjetiva ou finalista, posição hoje consolidada no âmbito desta Corte.**

[...]

Efetivamente, o conceito básico de consumidor estatuído pelo art. 2º do CDC possui como nota característica o enquadramento fático do hipossuficiente ou vulnerável da relação como destinatário final de um produto ou serviço.

Nitidamente, o legislador brasileiro optou por um conceito subjetivo polarizado pela finalidade almejada pelo consumidor no ato do consumo (destinação final do produto ou serviço). Ou seja, a condição de destinatário final de um bem ou serviço constitui a principal limitação estabelecida pelo legislador para a fixação do conceito de consumidor e, consequentemente, para a própria incidência do CDC como lei especial.

Nesse sentido, confiram-se os seguintes precedentes que evidenciam a posição atual desta Corte acerca da matéria:

Direito civil. Recurso especial. Ação de repetição de indébito. Relação de consumo. Inexistência. 'Taxa de desconto' cobrada em operações de antecipação de pagamento dos valores das transações realizadas com cartões de crédito. Juros. Limitação.

I. Conforme entendimento firmado pela Segunda Seção desta Corte, o critério a ser adotado para determinação da relação de consumo é o finalista. Desse modo, para caracterizar-se como consumidora, a parte deve ser destinatária final econômica do bem ou serviço adquirido.

II. Não há relação de consumo no caso dos autos, uma vez que o contrato firmado pelas partes constitui apenas instrumento para a facilitação das atividades comerciais do estabelecimento recorrido.

III. A 'taxa de desconto' cobrada nas operações de antecipação de pagamento dos valores das transações realizadas com cartões de crédito corresponde a juros compensatórios.

IV. Estando estabelecido nos autos que a empresa que cobrou a 'taxa de desconto' não é instituição financeira, incide a limitação dos juros à taxa de 12% ao ano.

V. Recurso Especial improvido. (REsp 910.799/RS, Rel. Ministro Sidnei Beneti, Terceira Turma, julgado em 24/8/2010, *DJe* 12/11/2010)

Conflito de competência. Sociedade empresária. Consumidor. Destinatário final econômico. Não ocorrência. Foro de eleição. Validade. Relação de consumo e hipossuficiência. Não caracterização.

1 – A jurisprudência desta Corte sedimenta-se no sentido da adoção da teoria finalista ou subjetiva para fins de caracterização da pessoa jurídica como consumidora em eventual relação de consumo, devendo, portanto, ser destinatária final econômica do bem ou serviço adquirido (REsp 541.867/BA).

2 – Para que o consumidor seja considerado destinatário econômico final, o produto ou serviço adquirido ou utilizado não pode guardar qualquer conexão, direta ou indireta, com a atividade econômica por ele desenvolvida; o produto ou serviço deve ser utilizado para o atendimento de uma necessidade própria, pessoal do consumidor.

3 – No caso em tela, não se verifica tal circunstância, porquanto o serviço de crédito tomado pela pessoa jurídica junto à instituição financeira decerto foi utilizado para o fomento da atividade empresarial, no desenvolvimento da atividade lucrativa, de forma que a sua circulação econômica não se encerra

nas mãos da pessoa jurídica, sociedade empresária, motivo pelo qual não resta caracterizada, in casu, relação de consumo entre as partes.

4 – Cláusula de eleição de foro legal e válida, devendo, portanto, ser respeitada, pois não há qualquer circunstância que evidencie situação de hipossuficiência da autora da demanda que possa dificultar a propositura da ação no foro eleito.

5 – Conflito de competência conhecido para declarar competente o Juízo Federal da 12ª Vara da Seção Judiciária do Estado de São Paulo. (CC 92.519/SP, Rel. Min. Fernando Gonçalves, Segunda Seção, julgado em 16/2/2009, DJe 4/3/2009)

Nesse contexto, revelou-se correta a solução do acórdão recorrido, afastando a aplicação das normas do microssistema normativo do consumidor porquanto 'o equipamento médico (sistema de ultrassom Logic 400), objeto do contrato, foi adquirido para ser utilizado em sua atividade profissional' (fl. 686). Portanto, não se aplica o microssistema normativo do CDC ao caso em questão, devendo a controvérsia ser resolvida com base no sistema do Código Civil de 1916".

Vale ressaltar que o eminente Ministro Paulo de Tarso Sanseverino ficou vencido nesse julgamento apenas no tocante à aplicação da teoria da base objetiva, tendo a Segunda Seção do STJ decidido, por unanimidade, pela aplicação do Código de Defesa do Consumidor somente nos termos do que preconiza a corrente finalista.

Esse entendimento firmado pelo Superior Tribunal de Justiça a respeito do conceito de consumidor com base na corrente subjetiva ou finalista sofreu certo abrandamento com relação à pessoa jurídica, conforme haveremos de ver a seguir (item 28). Tomando por base o conceito de consumidor por equiparação previsto no art. 29 do CDC, a jurisprudência do STJ tem evoluído para uma **aplicação temperada da teoria finalista frente às pessoas jurídicas**, num processo que a doutrina vem denominando **finalismo mitigado ou aprofundado**, consistente em se admitir que, em determinadas hipóteses, a pessoa jurídica adquirente de um produto ou serviço pode ser equiparada à condição de consumidora, por apresentar, frente ao fornecedor, alguma vulnerabilidade, que constitui o princípio-motor da política nacional das relações de consumo, premissa expressamente fixada no art. 4º, I, do CDC, que legitima toda a proteção conferida ao consumidor.

27 CARACTERÍSTICAS MARCANTES DO CONSUMIDOR

Dissecado o conceito jurídico de consumidor (padrão ou *standard*), recordamos as suas características marcantes, a saber:

a) **posição de destinatário fático *e* econômico** quando da aquisição de um produto ou da contratação de um serviço. O destinatário fático, ainda que possa receber a tutela legal em virtude de outras situações, não estará incluído no conceito de consumidor padrão;

b) aquisição de um produto ou a utilização de um serviço para **suprimento de suas próprias necessidades, de sua família, ou dos que se subordinam por vinculação doméstica ou protetiva a ele**, e não para desenvolvimento de outra atividade negocial, significa dizer, *ausência de intermediação*, de reaproveitamento ou de revenda;

c) **não profissionalidade**, como regra geral, assim entendida a aquisição ou a utilização de produtos ou serviços sem querer prolongar o ciclo econômico desses bens ou serviços no âmbito de um comércio ou de uma profissão. Excepcionalmente, de se conferir ao destinatário fático, profissional, a qualidade de consumidor quando preencher, cumulativamente, duas condições, não presumíveis e, portanto, que devem ser cabalmente comprovadas pelo mesmo: (1) aquisição de um produto ou contratação de um serviço fora de seu campo de especialidade profissional ou comercial; e (2) pequena dimensão da empresa ou do profissional, de tal sorte que se evidencie a sua vulnerabilidade;

d) **vulnerabilidade em sentido amplo (técnica, jurídica ou científica, fática ou socioeconômica e psíquica)**, isto é, o consumidor é reconhecido como a parte mais fraca da relação de consumo, afetado em sua liberdade pela ignorância, pela dispersão, pela desvantagem técnica ou econômica, pela pressão das necessidades, ou pela influência da propaganda.

28 A PESSOA JURÍDICA COMO CONSUMIDORA. TEORIA FINALISTA MITIGADA OU APROFUNDADA

Em torno desta questão vamos encontrar idêntica controvérsia entre os subjetivistas e maximalistas. Para os primeiros (**finalistas** ou **subjetivistas**), a pessoa jurídica pode ser consumidor somente quando adquire bens ou contrata serviços sem fim lucrativo e sem qualquer ligação direta ou indireta com a sua atividade básica. Segundo Arnold Wald, "*o legislador pátrio, ao incluí-las como consumidoras no art. 2º do CDC, cuidou de certas pessoas jurídicas de direito civil sem caráter empresarial, como as fundações e as associações, ou admitiu que **as pessoas jurídicas de direito comercial** também pudessem invocar a proteção da lei especial, mas, tão somente, nos casos nos quais a contratação de bens ou serviços de consumo não tivesse vinculação alguma com a sua atividade produtiva ou empresarial, não se tratando de bens ou serviços utilizados, ou utilizáveis, direta ou indiretamente, na produção ou comercialização. [...]. A conclusão à qual se chega é, pois, que no Direito brasileiro, compatibilizando-se a letra e o espírito da lei e atendendo-se à lição do Direito Comparado, a pessoa jurídica, tão somente, pode ser considerada 'consumidor' ou a ele equiparada, nos casos em que não atua profissionalmente, ou seja, quando a empresa não opera dentro de seus fins sociais. Cabe, aliás, em relação às sociedades comerciais, uma presunção de ser o consumo para fins profissionais e sociais, em virtude da própria estrutura e finalidade empresarial que as caracteriza*".[18]

---

[18] O direito do consumidor e suas repercussões em relação às instituições financeiras, *RT*, v. 666, p. 14, abr. 1991.

No mesmo sentido a lição de Antonio Herman V. Benjamin: "*Que a pequena e média empresa, com seus fins lucrativos, também necessitam de tutela especial, tal não se contesta aqui. Entretanto, reconhecer que a microempresa, quando adquire bens e serviços fora de sua especialidade e conhecimento técnicos, o faz em condições de fragilidade assemelhadas às do consumidor individual ou familiar não implica dizer que aquela se confunde com este. O fim lucrativo os divide. Do mesmo modo a atividade de transformação que é própria do consumidor (no sentido econômico) intermediário. Além disso, os meios existentes à disposição da pessoa jurídica lucrativa para defender-se mais acentuam a diferença entre esta e o consumidor final, individual ou familiar. Por outro lado, pessoas jurídicas há que podem e devem ser denominadas consumidor, para fins de tutela especial, como, p. ex., as fundações sem fins lucrativos, as associações de interesse público, os hospitais e partidos políticos*".[19]

Para os **maximalistas** (ou **objetivistas**), o uso profissional do bem ou serviço adquirido ou utilizado pela pessoa jurídica que exerce atividade econômica apenas afastará a existência de relação de consumo se tal bem ou serviço compor, diretamente (revenda) ou por transformação, beneficiamento ou montagem, o produto ou serviço a ser fornecido a terceiros, porquanto, em tais hipóteses, a destinação não será final, mas apenas intermediária. A respeito, anota João Batista de Almeida:[20] "*É o caso das montadoras de automóveis, que adquirem produtos para montagem e revenda (autopeças) ao mesmo tempo em que adquirem produtos ou serviços para consumo final (material de escritório, alimentação). O destino final é, pois, a nota tipificadora do consumidor*". Desnecessário seria a demonstração de ser a pessoa jurídica parte vulnerável ou hipossuficiente.

Conforme acima ressaltado, o entendimento firmado pelo Superior Tribunal de Justiça a respeito da pessoa jurídica como consumidor sofreu certo abrandamento. Tomando por base o conceito de consumidor por equiparação previsto no art. 29 do CDC, a jurisprudência do STJ evoluiu para uma **aplicação temperada da teoria finalista frente às pessoas jurídicas**, num processo que a doutrina vem denominando **finalismo mitigado ou aprofundado**, consistente em se admitir que, em determinadas hipóteses, a pessoa jurídica adquirente de um produto ou serviço pode ser equiparada à condição de consumidora, por apresentar, frente ao fornecedor, alguma vulnerabilidade, que constitui o princípio-motor da política nacional das relações de consumo, premissa expressamente fixada no art. 4º, I, do CDC, que legitima toda a proteção conferida ao consumidor.

Nesse sentido formou-se a jurisprudência do Superior Tribunal de Justiça por sua Terceira Turma:[21]

"Consumidor. Definição. Alcance. Teoria finalista. Regra. **Mitigação. Finalismo aprofundado**. Consumidor por equiparação. Vulnerabilidade.

---

[19] O conceito jurídico de consumidor, *RT*, São Paulo, v. 628, p. 77, fev. 1988.
[20] *A proteção jurídica do consumidor*, 3. ed., Saraiva, 2002, p. 38.
[21] REsp nº 1.195.642/RJ, Rel. Min. Nancy Andrighi.

1. A jurisprudência do STJ se encontra consolidada no sentido de que a determinação da qualidade de consumidor deve, em regra, ser feita mediante aplicação da teoria finalista, que, numa exegese restritiva do art. 2º do CDC, considera destinatário final tão somente o destinatário fático e econômico do bem ou serviço, seja ele pessoa física ou jurídica.

2. Pela teoria finalista, fica excluído da proteção do CDC o consumo intermediário, assim entendido como aquele cujo produto retorna para as cadeias de produção e distribuição, compondo o custo (e, portanto, o preço final) de um novo bem ou serviço. Vale dizer, só pode ser considerado consumidor, para fins de tutela pela Lei nº 8.078/90, aquele que exaure a função econômica do bem ou serviço, excluindo-o de forma definitiva do mercado de consumo.

3. A jurisprudência do STJ, tomando por base o conceito de consumidor por equiparação previsto no art. 29 do CDC, tem evoluído para uma **aplicação temperada da teoria finalista frente** às *pessoas jurídicas*, num processo que a doutrina vem denominando *finalismo aprofundado*, consistente em se admitir que, em determinadas hipóteses, *a pessoa jurídica* adquirente de um produto ou serviço pode ser equiparada à condição de consumidora, por apresentar frente ao fornecedor alguma vulnerabilidade, que constitui o princípio-motor da política nacional das relações de consumo, premissa expressamente fixada no art. 4º, I, do CDC, que legitima toda a proteção conferida ao consumidor".[22]

Em conclusão, para que uma pessoa jurídica seja considerada consumidora faz-se necessário, em primeiro lugar, que ostente a mesma característica que marca o consumidor pessoa física, qual seja, a **vulnerabilidade**. Em segundo lugar, é preciso que os bens por ela adquiridos sejam bens de consumo e que na pessoa jurídica esgotem a sua destinação econômica. Não se confere à pessoa jurídica a condição de consumidora quando adquire produtos ou contrata a prestação de serviços como intermediário do ciclo de produção, salvo se comprovadamente vulnerável.

28.1 Consumidor por equiparação

Consumidor, de regra, é aquele que, em posição de vulnerabilidade no mercado de consumo e não profissionalmente, adquire ou utiliza produtos ou serviços como destinatário fático e econômico desses produtos ou serviços, visando à satisfação de suas necessidades pessoais, ou das de sua família, ou das de terceiros que se subordinam por vinculação doméstica ou protetiva a ele. Como vimos, este é o conceito do **consumidor** *standard* ou *stricto sensu* definido no art. 2º, *caput*, do CDC, e ao qual se amoldam todas as pessoas que ostentam as características já referidas.

---

[22] No mesmo sentido, REsp nº 1.196.951, nº 1.027.165 e nº 476.428/SC, 3ª Turma, Rel. Min. Ari Pargendler, Rel. p/ Acórdão Min. Nancy Andrighi, julgado em 19/4/2005.

Todavia, a legislação consumerista também é aplicável a *terceiros* que não são consumidores, em sentido jurídico, mas que foram **equiparados** a consumidores para efeitos de tutela legal por força das disposições contidas no parágrafo único do art. 2º, e nos arts. 17 e 29. Tais dispositivos funcionam como verdadeiras **normas de extensão** do campo de incidência originário do Código de Defesa do Consumidor, na medida em que colocaram sob o manto protetivo deste os sujeitos nelas descritos. Assim, estão igualmente amparados todos aqueles que, muito embora não se amoldem ao conceito jurídico de consumidor padrão, estão expostos aos efeitos decorrentes das atividades dos fornecedores no mercado, podendo ser por elas atingidos ou prejudicados. Importante realçar que, em casos tais, não fez a lei qualquer ressalva quanto ao fato da profissionalidade ou não desses terceiros equiparados a consumidores. Os critérios são, a nosso sentir, estritamente objetivos e, novamente, o **traço marcante** continua a ser a *vulnerabilidade*, em todos os seus múltiplos aspectos.

Equiparam-se a consumidores, para efeitos dessa proteção legal:

a) **a *coletividade* de pessoas**, ainda que indetermináveis, que haja intervindo nas relações de consumo (art. 2º, parágrafo único – *terceiros-intervenientes*);

b) ***todas* as vítimas** do fato do produto ou do serviço (art. 17 – *terceiros-vítimas*);

c) ***todas* as pessoas, determináveis ou não, expostas às práticas comerciais e à disciplina contratual** – neste último caso, em posição de vulnerabilidade (art. 29 – *terceiros-expostos*).

O **parágrafo único do art. 2º** do Código do Consumidor estende a proteção da legislação à **coletividade de pessoas**, ainda que indetermináveis, que, *de alguma forma, haja intervindo* nas relações de consumo absorvendo bens ou serviços ou se apresentando para tais absorções. Este dispositivo afirma o caráter difuso do direito do consumidor. Tem finalidade instrumental por excelência, pois destina-se a dar eficácia, como veremos, à **tutela coletiva** dos direitos e interesses difusos, coletivos e individuais homogêneos estabelecidos nos arts. 81 e seguintes do CDC.

O **art. 17** do CDC equipara ao consumidor todas as **vítimas** do acidente de consumo. A finalidade desse dispositivo é dar a maior amplitude possível à responsabilidade pelo fato do produto e do serviço, como haveremos de ver quando tratarmos dos acidentes de consumo. Não faz qualquer sentido exigir que o fornecedor disponibilize no mercado de consumo produtos ou serviços seguros apenas para o consumidor, não se importando com terceiros que possam vir a sofrer danos pelo fato do produto ou do serviço, razão pela qual deu a estas vítimas um tratamento diferenciado, que se justifica, repita-se, pela relevância social que atinge a prevenção e a reparação de tais danos.

A norma do art. 17 do CDC só se aplica em relação à pessoa física de alguma forma inserida em uma cadeia de consumo e que seja vítima de um acidente de consumo. Na prática forense, são constantes os casos de vítimas de empréstimo bancário obtido por estelionatário com documentos falsificados, cheques falsificados devolvidos com negativação do nome do correntista, contratação de serviços públicos (luz, telefonia) com documentos falsos, e assim por diante.

Caso paradigma de consumidor por equiparação foi objeto do REsp nº 540.922, Relator o Min. Aldir Passarinho Junior. O Banco de sangue (Serviço de Hemoterapia), equivocadamente, atestou que a doadora de sangue era portadora da hepatite C, o que foi comunicado a todos os bancos de sangue do país. A doadora, na qualidade de consumidora, moveu ação indenizatória por danos morais contra o banco de sangue no foro do seu domicílio, nos termos do art. 101, I, do CDC. O banco de dados opôs exceção de incompetência afirmando não se cuidar de relação de consumo, pois a autora era doadora de sangue e não contratante de serviços, de sorte que seriam aplicáveis à espécie as disposições do Código de Processo Civil quanto à fixação da competência. A Quarta Turma do STJ, reformando a decisão das instâncias inferiores, reconheceu que a doadora de sangue era partícipe de uma relação de consumo.

Com efeito, o banco capta o sangue dos doadores para fornecê-lo no mercado de consumo, o que caracteriza a relação de consumo. E se o doador, na operação de captação do sangue, é vítima de um acidente – fato de serviço –, não há como deixá-lo fora da proteção do art. 17 do CDC; é consumidor por equiparação. Eis a ementa do acórdão no trecho de maior relevância: "*A coleta de sangue de doador, exercida pelo hemocentro como parte de sua atividade comercial, configura-se como serviço para fins de enquadramento no Código de Defesa do Consumidor, de sorte que a regra de foro privilegiado prevista no art. 101, I, se impõe para efeito de firmar a competência do foro do domicílio da autora para julgar ação indenizatória por dano moral em razão de alegado erro no fornecimento de informação sobre doença inexistente e registro negativo em bancos de sangue do país*".

O alcance e a importância do art. 17 do CDC ficaram evidenciados no grave acidente do Osasco Plaza Shopping/SP, ocorrido em 10/6/1996, consistente em explosão por acúmulo de gás em espaço livre entre o piso e o solo, acarretando a morte de 40 pessoas, ferimentos em mais de 300 e a destruição de 40 lojas e locais de circulação. No julgamento do rumoroso caso, o Superior Tribunal de Justiça, por sua Terceira Turma, aplicou o art. 17 do CDC, estendendo a todas as vítimas do acidente (consumidores diretos e por equiparação) a mesma cobertura indenizatória, como segue.

> "Reconhece a doutrina que o art. 2º do CDC é insuficiente para abranger como consumidor somente aquele que adquire o produto como destinatário final, porque a interpretação teleológica do parágrafo único do art. 2º, combinado com o art. 17 do CDC, conduz à compreensão de que também são considerados consumidores, ainda que não participem diretamente da relação de consumo, os denominados pela doutrina e jurisprudência norte--americana de bystander. Abrange o conceito de bystander aquelas pessoas físicas ou jurídicas que foram atingidas em sua integridade física ou segurança, em virtude do defeito do produto, não obstante não serem partícipes diretos da relação de consumo.
>
> O shopping center oferece à sociedade um serviço determinado, distinto dos serviços e bens ofertados pelos lojistas, consistente na oferta de segurança, lazer e conforto àqueles que pretendem ou adquirir bens e serviços dos lojistas instalados no local, ou simplesmente transitar pelas galerias como forma de

distração e lazer, sendo equiparados pela abrangência do estabelecido no art. 17, que os equipara a consumidores.

Assim considerado, pode-se afirmar que todo e qualquer frequentador de shopping, tenha ou não interesse em adquirir bens ou serviços, é consumidor nos termos do art. 2º do CDC, porque adquire, como destinatário final, o serviço de segurança, lazer e conforto ofertado pelo shopping center.

Por sua vez, o fato de o administrador do shopping não cobrar dos frequentadores preço pelo ingresso em suas dependências não conduz à conclusão de que o serviço ofertado pelo shopping center seja de natureza gratuita, porquanto o intuito oneroso, ainda que indireto, é evidente, dada a relação existente entre o conforto e a segurança do shopping, de um lado, e a promoção das vendas de bens e serviços dos lojistas instalados ao longo das galerias, de outro.

E, ainda que não se considerasse o frequentador como destinatário final do serviço prestado pelo shopping center, deve-se observar o art. 17 do CDC, o qual equipara à noção de consumidor todas as vítimas do fato do serviço.

Nesses termos, acompanho o i. Min. Relator para reconhecer que são consumidores todos os frequentadores de galerias de shopping center, tenham ou não o intuito de adquirir bens e serviços dos lojistas instalados".[23]

Em suma, a definição de consumidor foi ampliada no art. 17 do CDC para estender a sua proteção a qualquer pessoa eventualmente atingida por acidente de consumo, ainda que nada tenha adquirido do fornecedor, do fabricante ou outro qualquer responsável. Necessário será, entretanto, **que os danos por ela sofridos sejam desdobramento lógico e imediato de um acidente de consumo, possuam relação direta de causalidade com determinado acidente de consumo, e não apenas relação reflexa.**

O **art. 29,** finalmente, equipara a consumidores todas as pessoas **expostas** *às práticas comerciais e contratuais.* Vale dizer, aplica-se aos arts. 30-54 do CDC. Juntamente com o supramencionado art. 17, apresenta-se como **regra excepcionadora da abrangência original** do Código de Defesa do Consumidor, objetivando alargar a incidência da legislação consumerista para além dos estritos limites da relação de consumo, originada da restrita aplicação dos conceitos de consumidor e fornecedor, estampadas no *caput* do art. 2º e no *caput* do art. 3º, respectivamente. A sua finalidade é "*equiparar a consumidor e, portanto, aplicar as regras sobre contratos e práticas comerciais do CDC,* **quando estiver presente a vulnerabilidade do contratante***, de modo que se justifique a equiparação em vista da finalidade de assegurar o equilíbrio entre desiguais. [...] Nestas situações, a aplicação do CDC, antes de se apresentar como imperativo de proteção do consumidor, converte-se em garantia de proteção do contratante*

---

[23] REsp nº 279.273/SP, Rel. p/ Acórdão Min. Nancy Andrighi.

vulnerável, com o objetivo de promover o equilíbrio contratual e a proteção da boa-fé, por intermédio das normas de proteção".[24]

29 FORNECEDOR

O outro sujeito da relação jurídica de consumo é o **fornecedor**.

Em relação ao seu conceito pouco discrepam os autores, ao que se atribui à abrangência da definição contida no art. 3º, *caput*, do Código de Defesa do Consumidor, que assim dispõe: *"Fornecedor é **toda pessoa física ou jurídica, pública ou privada, nacional ou estrangeira, bem como os entes despersonalizados**, que desenvolvem atividades de produção, montagem, criação, construção, transformação, importação, exportação, distribuição ou comercialização de produtos ou prestação de serviços"*.

Note-se que, diferentemente do que ocorre com o conceito jurídico de consumidor, o de fornecedor, constante do art. 3º, *caput*, é **bastante amplo**. Fornecedor é **gênero** – quer no que respeita ao sujeito em si (pessoa física ou jurídica; pública ou privada; nacional ou estrangeira), quer no que se refere às atividades que desenvolve – e não por acaso.

A estratégia do legislador permite considerar fornecedores todos aqueles que, mesmo sem personalidade jurídica ("entes despersonalizados"), atuam nas diversas etapas do processo produtivo (produção-transformação-distribuição-comercialização--prestação), antes da chegada do produto ou serviço ao seu destinatário final.

Deste modo, não apenas o fabricante ou o produtor originário, mas, também, todos os intermediários (intervenientes, transformadores, distribuidores) e, ainda, o comerciante – desde que façam disso as suas atividades principais ou profissões, serão tratados pela lei como fornecedores.

José Geraldo Brito Filomeno, por todos, resume o conceito jurídico de fornecedor, assim considerados *"todos quanto propiciem a oferta de produtos ou serviços no mercado de consumo, de maneira a atender as necessidades dos consumidores, sendo despiciendo indagar-se a que título [...]"*.[25]

Permeiam o conceito de fornecedor, como se vê, as ideias de **atividades profissionais**, **habituais**, com **finalidades econômicas** – o que nos leva a crer que o legislador quis se referir às atividades negociais, dentro de um perfil organizado e unificado, com vistas à satisfação de um fim econômico unitário e permanente.

Dessa forma, **não caracterizam relação de consumo** as relações jurídicas estabelecidas entre não profissionais, casual e eventualmente, o que, nada obstante, não os desonera dos deveres de lealdade, probidade e boa-fé, visando ao equilíbrio substancial e econômico do contrato, que deve cumprir a sua função social. Os abusos, quando não coibidos pelo sistema protetivo do novo Código Civil, continuarão a sê-lo pelo

---

[24] Bruno Miragem, *Curso de Direito do Consumidor*, 3. ed., Revista dos Tribunais, p. 125.
[25] *Comentários*, ob. cit., p. 39.

sistema do Código de Defesa do Consumidor, por força da regra do art. 29, desde que, frise-se, sempre, patente a vulnerabilidade do contratante.

30 ENTES DESPERSONALIZADOS

Tal como aqueles dotados de personalidade jurídica (pessoas físicas ou jurídicas), a lei confere responsabilidade aos chamados "entes despersonalizados", ou seja, entidades despidas de personalidade jurídica. Para tanto, basta a observância dos demais critérios puramente objetivos previstos no art. 3º e seus parágrafos, sem relevância a natureza jurídica dessas entidades e a espécie de produtos e/ou serviços oferecidos, sendo suficiente que desempenhem determinada atividade no mercado de consumo mediante remuneração, direta ou indiretamente.

Podemos citar como exemplo a massa falida de determinado fornecedor de produtos ou de determinado prestador de serviços. Os produtos colocados no mercado ou o resultado dos serviços prestados continuarão sob a tutela jurídica do Código de Defesa do Consumidor, quer se trate de quebra total da pessoa jurídica, quer se trate de quebra com continuidade das atividades. Outro exemplo bastante comum é o dos vendedores/prestadores de serviços ambulantes, informais, popularmente denominados "camelôs", já que, ainda que na informalidade, atuam de modo profissional, com habitualidade e finalidade econômica, colocando produtos e/ou serviços no mercado de consumo. Nesse sentido o entendimento do Superior Tribunal de Justiça:

> "Processual civil. Recurso especial. Sociedade civil sem fins lucrativos de caráter beneficente e filantrópico. Prestação de serviços médicos, hospitalares, odontológicos e jurídicos a seus associados. Relação de consumo caracterizada. Possibilidade de aplicação do Código de Defesa do Consumidor.
> – Para o fim de aplicação do Código de Defesa do Consumidor, o reconhecimento de uma pessoa física ou jurídica ou de um ente despersonalizado como fornecedor de serviços atende aos critérios puramente objetivos, sendo irrelevantes a sua natureza jurídica, a espécie dos serviços que prestam e até mesmo o fato de se tratar de uma sociedade civil, sem fins lucrativos, de caráter beneficente e filantrópico, bastando que desempenhem determinada atividade no mercado de consumo mediante remuneração. Recurso especial conhecido e provido".[26]

31 OBJETO DA RELAÇÃO DE CONSUMO: PRODUTOS E SERVIÇOS

Inicialmente, um ligeiro reparo. A nosso ver, *o objeto da relação jurídica de consumo é a prestação à qual tem direito o consumidor e à qual está obrigado o fornecedor*, em razão do vínculo jurídico que os une. O objeto de uma relação jurídica, como

---

[26] REsp nº 519.310/SP, 3ª Turma, Rel. Min. Nancy Andrighi, julgado em 20/4/2004.

visto, é o elemento em razão do qual a relação se constitui e sobre o qual recai tanto a exigência do credor, como a obrigação do devedor. O *objeto desta prestação*, este sim, será um produto ou um serviço.

Destarte, uma relação jurídica de consumo, em sentido estrito, será caracterizada pela presença, em um dos polos, do consumidor padrão (ou *standard* ou *stricto sensu*), assim definido pelo *caput* do art. 2º; no outro polo, um fornecedor, assim definido pelo *caput* do art. 3º; e, finalmente, pela existência de um vínculo jurídico de direito material decorrente do fornecimento de produto (art. 3º, § 1º) ou de prestação de serviços (art. 3º, § 2º).

31.1 Produtos. Classificação. Produtos materiais e imateriais. Produtos móveis e imóveis. Produtos duráveis e não duráveis

O Código de Defesa do Consumidor define, em seu art. 3º, § 1º, produto como "*qualquer bem, móvel ou imóvel, material ou imaterial*". Endossamos o coro dos que sustentam que teria andado melhor o legislador se tivesse utilizado o vocábulo *bens* ao invés do vocábulo *produto*, eis que, juridicamente, o primeiro tem significado genérico, sendo mais abrangente do que o segundo. Deste modo, estaríamos nos referindo a todos os valores (economicamente apreciáveis), materiais ou imateriais, suscetíveis de serem objeto de uma relação jurídica. Assim, de pronto, estariam incluídos na definição os bens material e/ou juridicamente consumíveis e, ao contrário, conceitualmente afastados os bens indisponíveis e as coisas fora do comércio.

Entretanto, a opção pelo vocábulo *produto* – bastante difundido no mercado de consumo – indica a intenção do legislador de tornar a lei mais compreensível aos que nela atuam e, por isso, *produto* é utilizado em seu sentido econômico e universal, isto é, **aquilo que resulta do processo de produção ou fabricação**.

Em princípio, qualquer bem pode ser considerado produto, desde que resulte de atividade empresarial em série de transformação econômica. Quanto aos bens do setor primário, tal como são os de natureza agrícola, entende-se que serão incluídos sob a esfera do Código de Defesa do Consumidor, desde que tenham sofrido transformação por intervenção do trabalho humano ou mecânico.

A esse respeito, a posição do Min. José Augusto Delgado, que entende que o conceito de produto deve se apresentar elasticido, entendendo-se como tal toda utilidade produzida. E, neste sentido, tanto designa as utilidades materiais, tiradas do solo e subsolo, ou produzidas direta ou indiretamente por eles, como os que se fabricam ou se produzem pela ação do homem, pela transformação de uma coisa em outra e pelo trabalho, envolvendo, por consequência, as materiais e imateriais, naturais e as industriais. A mesma compreensão de largueza de entendimento deve-se ter para com o serviço prestado, só excluindo-se, por causa da determinação legal, os decorrentes de relação trabalhista.[27]

---

[27] Interpretação dos contratos regulados pelo Código de Proteção ao Consumidor, *Informativo Jurídico da Biblioteca Oscar Saraiva*, v. 8, nº 2, p. 107 e 103, 1996.

O Código de Proteção e Defesa do Consumidor refere-se a produtos móveis e imóveis, materiais e imateriais. A inclusão explícita dos bens imóveis quer significar que não apenas os bens móveis são material ou juridicamente consumíveis – isto é, aqueles cujo uso importa destruição imediata da própria substância, ou considerados tais os destinados à alienação. A relação jurídica que pode ser estabelecida entre um profissional e o consumidor, por ocasião de um negócio jurídico envolvendo a transferência de propriedade sobre um bem imóvel, em atenção não só aos altos valores da negociação, mas, também, aos desequilíbrios que caracterizam as formas de consumo e às garantias particulares quanto à oferta, à publicidade, à informação, à reflexão e ao consentimento do pretenso adquirente, bem assim o equilíbrio entre as prestações dos envolvidos, será igualmente considerada de consumo, nada havendo que nos permitisse aceitar pudesse a mesma ficar afastada da incidência da legislação consumerista.

No que diz respeito aos **produtos imateriais**, não raro estão eles **atrelados a serviços**, por exemplo, pacote turístico, mútuo bancário, aplicação financeira, planos de capitalização com sorteio de prêmios, energia elétrica, gás, pacotes de telefonia etc. Aliás, é de conhecimento geral que não se vende um produto, seja ele material ou imaterial, sem serviço.

Finalmente, diante do que consta do art. 26, da legislação consumerista, importa esclarecer o que são produtos não duráveis (inciso I) e produtos duráveis (inciso II). No primeiro caso, temos que **duráveis** são os bens que não se extinguem após o seu uso regular. Foram feitos para durar, para serem utilizados muitas vezes. Não são, todavia, eternos. Sofrem os desgastes naturais com o passar do tempo e a sequência de uso. Assim os livros, as roupas, os automóveis, os imóveis, os equipamentos eletrônicos etc. Com o tempo, maior ou menor, deixarão de atender às finalidades para as quais se destinam ou, quando nada, terão reduzida a sua eficiência ou capacidade de funcionamento. No segundo caso, *a contrario sensu*, temos que **não duráveis** são aqueles bens tangíveis que desaparecem, se destroem, acabam com o seu uso regular. A extinção pode ser imediata (alimentos, remédios, bebidas) ou paulatina (caneta, sabonete).

A distinção se reveste de importância na medida em que o Código de Defesa do Consumidor, no seu art. 26, confere prazos decadenciais distintos para a reclamação pelos vícios do produto ou do serviço, sendo menor o prazo quando se refere a produto/serviço não durável e maior quando se refere a produto/serviço durável.

31.2 Serviços. Serviços remunerados, aparentemente gratuitos e puramente gratuitos

O mercado de consumo não se restringe ao fornecimento de produtos. A expansão do setor terciário na economia contemporânea é fenômeno inolvidável, mormente diante da constante evolução tecnológica e das crescentes e contínuas robotização e informatização do processo produtivo. A mão de obra humana, cada vez mais, vai sendo substituída por máquinas, e, assim, migrando para o setor de serviços e para a chamada "economia informal".

Os serviços representam atualmente 65% do Produto Interno Bruto (PIB). Tiveram dois momentos de expansão:

1. setor financeiro na época da inflação alta, quando agências bancárias foram abertas por todo o País;
2. a privatização dos serviços públicos, principalmente energia elétrica, transportes e telefonia. Hoje, o número de celulares ultrapassa o da população. Mas a indústria continua sendo o motor da economia.

Subsume-se ao amplo conceito legal de serviço na legislação consumerista, *"qualquer atividade fornecida no mercado de consumo, mediante remuneração, inclusive as de natureza bancária, financeira, de crédito e securitária, salvo as decorrentes das relações de caráter trabalhista".*[28] Essas atividades podem ser de natureza material, financeira ou intelectual, prestadas por entidades públicas ou privadas, mediante remuneração direta ou indireta.

Neste ponto, é de se afirmar que a característica marcante da abrangente definição de serviços, para fins de proteção do consumidor, é a de que eles devem ser prestados **mediante remuneração** – com expressa ressalva daquela prestação de serviços decorrente de contrato de trabalho, mediante vínculo de subordinação e dependência com o contratante, porque, neste caso, regida pelas leis trabalhistas. No sobejante, de observância obrigatória os requisitos da **profissionalidade,** da **habitualidade** e do recebimento de **contraprestação em dinheiro.**

O sistema protetivo do Código de Defesa do Consumidor afasta da incidência da lei os serviços não remunerados, fato que dá ensejo a equivocadas interpretações, uma vez que a remuneração pode se dar de maneira **direta** – quando o consumidor efetua o pagamento diretamente ao fornecedor – ou de maneira **indireta** – isto é, quando proporcionados benefícios comerciais indiretos ao fornecedor, advindos da prestação de **serviços apenas aparentemente gratuitos**, visto que a remuneração já se encontra diluída e embutida em outros custos – por exemplo, estacionamentos gratuitos em supermercados, venda de produtos com a mão de obra de instalação gratuita, compra de produtos a distância com frete grátis, serviços gratuitos de manobristas em estabelecimentos comerciais, transporte coletivo gratuito para idosos e deficientes físicos, isenção de tarifas em certas atividades bancárias, hospitais beneficentes etc.

Deste modo, não se confundem os serviços ***puramente* gratuitos** – estes, sim, afastados da incidência do Código de Defesa do Consumidor –, que seriam aqueles prestados no exclusivo interesse do beneficiário, sem nenhuma vantagem financeira para o executor, com os serviços ***aparentemente* gratuitos** – aos quais se aplica a lei consumerista –, que seriam aqueles em que, indiretamente, o executor tem interesse ou vantagem patrimonial no serviço, estando os custos destes cobertos pelos benefícios daí advindos para o prestador. Com efeito, os fornecedores investem na chamada **compra**

---

[28] Art. 3º, § 2º, do CDC.

festiva, ou seja, na criação de ambientes que atraiam os consumidores e lhes tragam sensação prazerosa e estimulante. Tornar agradável um *shopping center*, investindo em estacionamento, padrões arquitetônicos, climatização, música ambiente, diversão para as crianças etc. são meios para atrair o consumidor e levá-lo para o local das compras, ainda que não planejasse comprar. São também aparentemente gratuitos os serviços prestados por "Santas Casas de Misericórdia", cujos respectivos custos, ainda que parcialmente, são cobertos pelo SUS – Sistema Único de Saúde.

32 SERVIÇOS PÚBLICOS

Os serviços públicos estão também sujeitos às regras do consumo, uma vez que o art. 22 do CDC dispõe que "*os órgãos públicos, por si ou suas empresas, concessionárias, permissionárias ou sob qualquer outra forma de empreendimento são obrigados a fornecer serviços adequados, eficientes, seguros e, quanto aos essenciais, contínuos*".

O que se entende por **serviços públicos** em sede consumerista?

De acordo com a Constituição Federal, cabe ao Poder Público a prestação de serviços públicos, entendendo-se como tais os prestados pela Administração ou por seus delegados, sob normas e controles estatais, para satisfazerem necessidades essenciais ou secundárias da coletividade, ou simples conveniências do Estado.

Além dos serviços públicos da competência exclusiva de cada ente estatal da Administração Direta, União (art. 21, CF/88), Municípios (art. 30, V), Estados (art. 25, § 2º), há aqueles que são prestados pelo Poder Público a grupamentos indeterminados, sem possibilidade de identificação dos destinatários, chamados de serviços *uti universi*. Esses serviços são financiados pelos impostos, como são os serviços de segurança pública, os de saúde e outros.

Diferentemente, há os serviços públicos que preordenam-se a destinatários individuais, cujos usuários são determináveis, os quais permitem a aferição do *quantum* utilizado por cada consumidor, o que ocorre com os serviços de telefone, água e energia elétrica. Tais serviços, em contraposição aos *uti universi*, são chamados de *uti singuli*.

Embora a titularidade dos serviços públicos pertença ao Estado, podem ser executados **direta ou indiretamente**. A execução é direta quando o próprio Estado (pessoa federativa) presta serviços públicos através dos diversos órgãos que compõem a estrutura administrativa da pessoa prestadora – **administração direta**. Há **execução indireta** quando os serviços são prestados por entidades diversas das pessoas federativas, os entes da chamada Administração Indireta, cujo modelo veio com o Decreto-lei nº 200/67. Criou-se ali, ao lado da União, Estados, Municípios e Distrito Federal, as autarquias, empresas públicas, sociedades de economia mista e fundações públicas.

O esgotamento do modelo interventor do Estado ocorreu na década de 1990, quando ficou demonstrada a incapacidade do Poder Público financiar todos os serviços públicos, o que o levou a firmar parcerias com a iniciativa privada, por via de delegação de serviços públicos ao particular, como previsto no art. 175 da CF/88, não sendo demais transcrever o texto: "*Incumbe ao Poder Público, na forma da lei, diretamente ou sob o regime de concessão ou permissão, sempre através de licitação, a prestação de serviços públicos".*

O parágrafo único do artigo em destaque diz que a lei disporá sobre o regime jurídico da delegação, os direitos dos usuários e a política tarifária.

Em obediência à norma constitucional, veio a Lei nº 8.987/95, que regulou a concessão e a permissão dos serviços públicos. Essa lei foi alterada, posteriormente, em alguns artigos, pela Lei nº 9.074/95, que, por seu turno, regulou a concessão dos serviços de energia elétrica. Assim, os serviços *uti singuli* podem ser prestados pelo próprio Estado, ou por delegação, tendo-se como traço de identificação a **remuneração**. Na primeira hipótese, os serviços são remunerados por espécie tributária específica, **a taxa**, cujo pagamento é obrigatório, porque decorre da lei, independentemente da vontade do contribuinte. A espécie tem por escopo remunerar um serviço público específico e divisível posto à disposição do contribuinte.

Esse serviço caracteriza-se pela **obrigatoriedade**, pois o contribuinte não tem opção, porque, mesmo que dele não se utilize, é obrigado a remunerá-lo, e pela **continuidade**, mesmo ocorrendo a inadimplência. Trava-se, então, entre o contribuinte e o Poder Público uma relação administrativo-tributária, solucionada pelas regras do Direito Administrativo.

Os serviços *uti singuli* prestados pelo Estado via delegação, por parceria com entes da Administração descentralizada ou da iniciativa privada, são remunerados por **tarifas** ou **preços públicos**, e as relações entre o Poder Público e os usuários são de Direito Privado, aplicando-se o Código de Defesa do Consumidor, ao identificarem-se os usuários como consumidores, na dicção do art. 3º do CDC. Merece também destaque a Lei nº 13.460/2107, que estabeleceu normas básicas para participação, proteção e defesa dos direitos do usuário dos serviços públicos prestados direta ou indiretamente pela administração pública.

A tarifa, portanto, é remuneração facultativa, oriunda de relação contratual na qual impera a manifestação da vontade, podendo o particular interromper o contrato quando assim desejar.

Assim, não se há confundir taxa com tarifa ou preço público, como aliás advertido está na Súmula nº 545/STF. Se o serviço público é remunerado por taxa, não podem as partes cessar a prestação ou a contraprestação por conta própria, característica só pertinente às relações contratuais, na esfera do Direito Civil.

Verifica-se, portanto, que é a partir do sistema de remuneração que se define a natureza jurídica da relação do serviço público prestado.

Quando os serviços públicos estão sujeitos às regras do Código do Consumidor? Essa é outra questão sobre a qual houve divergência doutrinária. Uma corrente defendeu a aplicação do CDC somente aos serviços remunerados por tarifa (preço público), estando dentre os adeptos dessa corrente Cláudio Banolo e Paulo Valério Del Pai Moraes.[29] Uma segunda corrente, menos ortodoxa, integrada por Claudia Lima

---

[29] *Questões controvertidas no Código de Defesa do Consumidor*, 4. ed., Livraria do Advogado.

Marques e Adalberto Pasqualotto, sustentou que o CDC é aplicável, indistintamente, a todos os serviços públicos, remunerados por tributos ou tarifa.

Estivemos sempre com a primeira corrente, para a qual só os serviços remunerados por tarifa podem se regidos pelo Código de Defesa do Consumidor, em razão do direito de escolha do usuário, um dos direitos básicos para o reconhecimento da condição de consumidor, e ainda pelo fato de ser a **remuneração** exigência necessária para a caracterização do serviço sujeito ao CDC. No serviço público custeado por taxa (espécie de tributo), não há remuneração, mas sim contribuição tributária. Esse é também o entendimento prevalente no Superior Tribunal de Justiça, magistralmente sintetizado no julgamento do REsp nº 525.500/AL, do qual foi relatora a Min. Eliana Calmon:

"Administrativo. Serviço público. Concedido. Energia elétrica. Inadimplência.

1. Os **serviços públicos** podem ser próprios e gerais, sem possibilidade de identificação dos destinatários. São financiados pelos tributos e prestados pelo próprio Estado, tais como segurança pública, saúde, educação etc. Podem ser também impróprios e individuais, com destinatários determinados ou determináveis. Neste caso, têm uso específico e mensurável, tais como os serviços de telefone, água e energia elétrica.

2. Os serviços públicos impróprios podem ser prestados por órgãos da administração pública indireta ou, modernamente, por delegação, como previsto na CF (art. 175). São regulados pela Lei nº 8.987/95, que dispõe sobre concessão e permissão dos serviços públicos.

3. Os serviços prestados por concessionárias são remunerados por tarifa, sendo facultativa a sua utilização, que é regida pelo CDC, o que a diferencia da taxa, esta, remuneração do serviço público próprio.

4. Os serviços públicos essenciais, remunerados por tarifa, porque prestados por concessionárias do serviço, podem sofrer interrupção quando há inadimplência, como previsto no art. 6º, § 3º, II, da Lei nº 8.987/95. Exige-se, entretanto, que a interrupção seja antecedida por aviso, existindo na Lei nº 9.427/96, que criou a ANEEL, idêntica previsão.

5. A continuidade do serviço, sem o efetivo pagamento, quebra o princípio da igualdade das partes e ocasiona o enriquecimento sem causa, repudiado pelo Direito (arts. 42 e 71 do CDC, em interpretação conjunta)".

Em conclusão: os serviços públicos remunerados por tributos (impostos, taxas ou contribuições de melhoria) não estão submetidos à incidência do CDC, porque trava-se entre o Poder Público e o contribuinte uma relação administrativo-tributária, conforme já ressaltado, disciplinada pelas regras do Direito Administrativo. Só estão sujeitos às regras do CDC os serviços públicos remunerados por tarifa ou preço público.

32.1 Serviços públicos essenciais – princípios da adequação e da continuidade

O art. 22 do CDC faz menção expressa aos **serviços públicos essenciais**, embora não os caracterize, defina ou sequer indique as atividades assim consideradas. Por outro ângulo, a CF/88 apenas sinaliza que a lei definirá os serviços ou atividades essenciais (art. 9º, § 1º).

Somente na Lei nº 7.783/89, a Lei de Greve, é que se encontra a definição das atividades essenciais, como aquelas que atendem as necessidades inadiáveis da comunidade, cujo art. 10 traz a relação dos serviços ou atividades essenciais e define, no art. 11, as necessidades inadiáveis como aquelas que, não atendidas, colocam em perigo iminente a sobrevivência, a saúde ou a segurança da população.

Tem entendido a doutrina que a Lei de Greve supre o CDC com a relação do seu art. 10, embora os consumeristas não a considerem absoluta, porque, para eles, todo serviço público é em princípio essencial. Lamentavelmente, o impasse doutrinário não foi ainda solucionado pela jurisprudência, extremamente vacilante nesse especial aspecto, inclusive na Corte Superior de Justiça.

As definições até aqui propostas, longe de mero exercício doutrinário, são de importância fundamental para definir não só a classificação de quais sejam os serviços essenciais, os quais para nós estão na listagem do art. 10 da Lei de Greve, como também para definir qual a natureza jurídica da relação. Entende-se que se o serviço essencial é remunerado por taxa temos um serviço regido pelo Direito Público, Tributário e Administrativo; se remunerado por tarifa, temos uma relação regida pelo CDC.

Mas não é só, porque é importante também o estabelecimento das consequências da inadimplência.

No estudo das regras norteadoras do serviço público, tem-se como obrigatório o atendimento ao princípio da adequação (art. 175, parágrafo único, IV, CF/88). O mesmo princípio está na Lei nº 8.987/95, que regulamentou as condições para a prestação dos serviços públicos sob o regime da concessão ou permissão, havendo o mencionado diploma definido, no art. 6º, § 1º, o que seja serviço adequado: "*Serviço adequado é o que satisfaz as condições de regularidade, continuidade, eficiência, segurança, atualidade, generalidade, cortesia na sua prestação e modicidade nas tarifas*".

Conclui-se, pelo teor do dispositivo transcrito, que a continuidade consiste na indispensabilidade do serviço público essencial, devendo ser prestado sem interrupções. O já citado art. 22 do CDC é expresso ao indicar a continuidade como característica do serviço, impondo a reparação de dano em caso de descumprimento.

32.2 Interrupção do fornecimento do serviço público

Essa questão foi também controvertida na doutrina e na jurisprudência, mas aos poucos foi pacificada. Corrente prestigiada sustentou que, se a continuidade dos serviços essenciais (luz, água, telefone etc.) é mandamento legal, que se impõe até à luz do princípio constitucional da dignidade da pessoa humana, o fornecimento desses serviços não poderia ser interrompido mesmo no caso de inadimplemento. Há inúmeros julgados nesse sentido.

Ocorre, todavia, que há na Lei nº 8.987/95 a expressa previsão de interrupção, em determinados casos, como se depreende da leitura do seu art. 6º, § 3º, II: *"Não se caracteriza como descontinuidade do serviço a sua interrupção em situação de emergência ou após prévio aviso, quando por inadimplemento do usuário, considerando o interesse da coletividade".*

Por seu turno, a Lei nº 9.427/96, ao criar a ANEEL e disciplinar o regime de concessão e permissão dos serviços de energia elétrica, previu expressamente a possibilidade de corte, assim como a Resolução nº 414, de 9/9/2010 (Capítulo XIV).

A aplicação das normas indicadas, especialmente em confronto com o art. 22 do CDC, causou profundos embates doutrinários e jurisprudenciais, com divergências entre autores e nos tribunais do país. É preciso ter em mente, entretanto, no enfrentamento dessa questão, que na interpretação do art. 22 do CDC não se pode ter uma visão individual, voltada apenas para o consumidor que por algum infortúnio está inadimplente, pois o que importa é o interesse da coletividade, que não pode ser onerada pela inadimplência.

Os serviços essenciais, na atualidade, são prestados por empresas privadas que recompõem os altos investimentos com o valor recebido dos usuários, através dos preços públicos ou tarifas, sendo certa a existência de um contrato estabelecido entre concessionária e usuário, não sendo possível a gratuidade de tais serviços.

Assim como não pode a concessionária deixar de fornecer o serviço, também não pode o usuário negar-se a pagar o que consumiu, sob pena de se admitir o enriquecimento sem causa, com a quebra do princípio da igualdade de tratamento das partes.

Logo, a paralisação do serviço impõe-se quando houver **inadimplência**, repudiando-se apenas a interrupção abrupta, sem aviso prévio, como meio de pressão para o pagamento das contas em atraso. Assim, é permitido o corte do serviço, mas com o precedente aviso de advertência.

À prestadora do serviço exige-se fornecimento do serviço continuado e de boa qualidade, respondendo ela pelos defeitos, acidentes ou paralisações, pois é objetiva a sua responsabilidade civil, como claro está no parágrafo único do art. 22 do CDC. Como então aceitar-se a paralisação no cumprimento da obrigação por parte dos consumidores? Tal aceitação levaria à ideia de se ter como gratuito o serviço, o que não pode ser suportado por quem faz enormes investimentos e conta com uma receita compatível com o oferecimento dos serviços.

Mas, embora permitida a suspensão do serviço público objeto das relações de consumo, ela não se constituiu em direito absoluto. O fornecedor tem o dever de colaborar para que o consumidor possa adimplir o contrato, ou seja, deve criar condições para o regular pagamento. Aliás, o pequeno inadimplemento do consumidor se confunde com a mera impontualidade, sem gerar as consequências de um corte de fornecimento. Daí a obrigatoriedade de o fornecedor estabelecer ao usuário datas opcionais para o vencimento de seus débitos (art. 7º-A, Lei nº 8.987/95); além do prazo para proceder-se à interrupção quando houver inadimplência.

32.3 A posição do STJ

A jurisprudência do Superior Tribunal de Justiça esteve dividida durante muito tempo, mas aos poucos caminhou para uma uniformização. A Primeira Turma proclamava a impossibilidade da interrupção do serviço público essencial, conforme se vê do seguinte aresto:[30]

> "1. É condenável o ato praticado pelo usuário que desvia energia elétrica, sujeitando-se até a responder penalmente.
>
> 2. Essa violação, contudo, não resulta em reconhecer como legítimo ato administrativo praticado pela empresa concessionária fornecedora de energia e consistente na interrupção do fornecimento da mesma.
>
> 3. A energia é, na atualidade, um bem essencial à população, constituindo-se serviço público indispensável subordinado ao princípio da continuidade de sua prestação, pelo que se torna impossível a sua interrupção.
>
> 4. Os arts. 22 e 42, do Código de Defesa do Consumidor, aplicam-se às empresas concessionárias de serviço público.
>
> 5. O corte de energia, como forma de compelir o usuário ao pagamento de tarifa ou multa, extrapola os limites da legalidade.
>
> 6. Não há de se prestigiar atuação da Justiça privada no Brasil, especialmente quando exercida por credor econômica e financeiramente mais forte, em largas proporções, do que o devedor. Afronta, se assim fosse admitido, aos princípios constitucionais da inocência presumida e da ampla defesa.
>
> 7. O direito do cidadão de se utilizar dos serviços públicos essenciais para a sua vida em sociedade deve ser interpretado com vistas a beneficiar a quem deles se utiliza".

A Segunda Turma tinha posição contrária:[31]

> "Há expressa previsão normativa no sentido da possibilidade de suspensão do fornecimento de energia elétrica ao usuário que deixa de efetuar a contraprestação ajustada, mesmo quando se tratar de consumidor que preste serviço público (art. 6º, § 3º, da Lei nº 8.987/95 e art. 17 da Lei nº 9.427/96). Administrativo. Serviço de fornecimento de água. Pagamento à empresa concessionária sob a modalidade de tarifa. Corte por falta de pagamento. Legalidade.
>
> 1. A relação jurídica, na hipótese de serviço público prestado por concessionária, tem natureza de Direito Privado, pois o pagamento é feito sob a modalidade de tarifa, que não se classifica como taxa.

---

[30] RMS 8.915.
[31] REsp nº 400.909.

2. Nas condições indicadas, o pagamento é contra prestação, e o serviço pode ser interrompido em caso de inadimplemento.

3. Interpretação autêntica que se faz do CDC, que admite a exceção do contrato não cumprido.

4. A política social referente ao fornecimento dos serviços essenciais faz-se por intermédio da política tarifária, contemplando equitativa e isonomicamente os menos favorecidos.

5. Recurso especial improvido".[32]

Nesta última linha, a Terceira Turma (REsp nº 285.262): "*Pode a empresa concessionária suspender o fornecimento de energia elétrica em face de atraso no pagamento de conta pelo usuário, porém deve fazê-lo mediante prévia comunicação do corte, nos termos do art. 6º, parágrafo 3º, da Lei nº 8.987/93, sujeitando-se, outrossim, pela irregular descontinuidade de serviço público essencial a ressarcir o prejudicado pelos danos materiais e morais daí advindos*".

Por fim, a Primeira Seção do Superior Tribunal de Justiça, no julgamento do REsp nº 363.943/MG, assentou o entendimento de que é lícito à concessionária interromper o fornecimento de energia elétrica se, após o aviso prévio, o consumidor de energia permanecer inadimplente. Eis a ementa do julgado: "**Administrativo. Energia elétrica. Corte. Falta de pagamento.** *É lícito à concessionária interromper o fornecimento de energia elétrica, se, após aviso prévio, o consumidor de energia elétrica permanecer inadimplente no pagamento da respectiva conta (L. 8.987/95, art. 6º, § 3º, II)*".

Obviamente, a possibilidade da interrupção do fornecimento do serviço não se aplica aos casos de pessoas pobres, doentes, em situação de miserabilidade, hipóteses em que será possível aplicar o princípio da dignidade da pessoa humana, um dos fundamentos da República. No caso concreto, portanto, cumpre distinguir entre o inadimplemento perpetrado por uma pessoa jurídica portentosa e o de uma pessoa física que está vivendo no limite da sobrevivência biológica.

Nesse sentido: "*Processual civil e administrativo. Fornecimento de energia elétrica. Inviabilidade de suspensão do abastecimento na hipótese de débito de antigo proprietário.* **Portadora do vírus HIV. Necessidade de refrigeração dos medicamentos. Direito à saúde.** *A jurisprudência do Superior Tribunal de Justiça é no sentido da impossibilidade de suspensão de serviços essenciais, tais como o fornecimento de energia elétrica e água, em função da cobrança de débitos de antigo proprietário. 2. A interrupção da prestação, ainda que decorrente de inadimplemento, só é legítima se não afetar o direito à saúde e à integridade física do usuário. Seria inversão da ordem constitucional conferir maior proteção ao direito de crédito da concessionária que aos direitos fundamentais à saúde e à integridade física do consumidor. Precedente do STJ. 3. Recurso especial provido*".[33]

---

[32] REsp nº 337.965/MG, 2ª Turma, Rel. Min. Eliana Calmon, julgado em 2/9/2003, por maioria.
[33] REsp nº 1245812/RS, 2ª Turma, Rel. Min. Herman Benjamin, *DJe* 1/9/2011.

O mesmo cuidado há que se ter no caso de inadimplência de pessoa jurídica de direito público que preste serviço essencial e cuja interrupção cause prejuízos graves à população. Dessa forma, inviável a suspensão da iluminação pública das ruas, escolas, postos de saúde, hospitais públicos e privados, casos que, a rigor, nem há que falar em relação de consumo.

33 SERVIÇOS BANCÁRIOS, FINANCEIROS, DE CRÉDITO E SECURITÁRIOS

Calorosos foram os debates em torno da incidência ou não do Código do Consumidor às relações ditas de Direito Econômico, *notadamente* as de natureza bancária, financeira, securitária e de fornecimento de crédito, fato que, como afirma Claudia Lima Marques, não guarda precedentes no Direito Comparado,[34] já que no exterior as atividades bancárias, securitárias, de financiamento e de crédito encontram-se submetidas às leis protetivas do consumidor ou do consumo, sem qualquer questionamento.

Por sua relevância, o tema foi levado ao Supremo Tribunal Federal na Ação Direta de Inconstitucionalidade nº 2591, em dezembro de 2001, pela Confederação Nacional do Sistema Financeiro (CONSIF). Em apertada síntese, pretendia-se, com a prefalada ADIn, que não fossem consideradas "relações de consumo" as cadernetas de poupança, os depósitos bancários, os contratos de mútuo, os de utilização de cartões de crédito, os de seguro, os de abertura de crédito e todas as operações bancárias, ativas e passivas, sob a alegação de que o vício de inconstitucionalidade estaria na ofensa ao art. 192 da Carta Magna, visto que a regulação do Sistema Financeiro Nacional seria matéria de lei complementar, e não do Código de Defesa do Consumidor, uma lei ordinária.

A princípio, houve uma divisão entre os ministros do Supremo Tribunal Federal. Para o Ministro Carlos Velloso, o Código do Consumidor não conflita com as normas que regulam o Sistema Financeiro, de modo que deve ser aplicado às atividades bancárias, até porque a Constituição Federal de 1988 privilegiou o princípio da defesa dos consumidores em vários artigos. Ainda pelo seu entendimento, apenas a limitação das taxas de juros em operações bancárias a 12% (doze por cento) ao ano estaria excluída dessa situação, pois se trata de matéria exclusiva do Sistema Financeiro e deve ser regulada por lei complementar, conforme já decidido pelo STF. O Ministro Sepúlveda Pertence discordou dessa parte final. Para ele, tal entendimento carece de base positiva, diante da revogação do § 3º do art. 192 da Constituição Federal, pela Emenda 40 de 2003.

De qualquer modo, para o Ministro Velloso, a ADIn deveria ser julgada parcialmente procedente, de maneira que o § 2º do art. 3º do Código de Defesa do Consumidor fosse interpretado conforme a Constituição. Assim, ficaria excluída da incidência da lei consumerista a taxa de juros nas operações bancárias ou sua fixação em 12% ao ano.

---

[34] *Contratos*, ob. cit., p. 428.

Para o Ministro Néri da Silveira, que antecipou seu voto em face da aposentadoria que se aproximava, a ação seria improcedente, porque, se não há conflito entre o conteúdo do art. 192 da Constituição Federal, que regula o Sistema Financeiro Nacional e o Código de Defesa do Consumidor, não há que falar em inconstitucionalidade.

Por sua vez, o Ministro Nelson Jobim distinguiu serviços bancários, segundo ele, passíveis de aplicação do Código de Defesa do Consumidor, de operações bancárias, estas reguladas pelo Sistema Financeiro Nacional e, portanto, não sujeitas à aplicação da lei em questão. Classificou sua distinção da seguinte forma. **Operações financeiras** não constituem relação de consumo, porque são todas aquelas que têm como finalidade o giro de capital; depósitos, financiamentos, taxa de juros e empréstimos são atividades típicas do Sistema Financeiro Nacional e gozam ou causam impacto sobre a economia do país justamente por integrarem a política monetária, definida, por sua vez, por uma política de governo. Já os **serviços bancários**, independentemente de estarem ou não sob a cobrança de tarifas, deveriam ser regidos pelo regime jurídico estabelecido no Código de Defesa do Consumidor; emissão de talões de cheques, consultas em terminais de atendimento, acesso às agências bancárias, tempo de espera nas filas, consulta de saldos e extratos, aquisição de seguros e outros serviços "corriqueiros".

Conclui o Ministro Jobim que, se a taxa de juros deve estar atrelada à política monetária, a aplicação do Código do Consumidor prejudica a economia e, consequentemente, a sociedade, e reduz os níveis de investimentos de forma drástica.

Para o Ministro Eros Grau, não havia dúvidas de que a relação entre banco e cliente é, nitidamente, uma relação de consumo. Mesmo não acolhendo a distinção realizada pelo Ministro Jobim, entendeu que o Banco Central deve continuar a exercer o controle e revisão de eventual abusividade, onerosidade excessiva e outras distorções na composição contratual da taxa de juros.

O Ministro Joaquim Barbosa também inclinou-se pela improcedência da demanda. Entendeu não haver inconstitucionalidade a ser pronunciada no § 2º do art. 3º do Código de Defesa do Consumidor, pois são normas plenamente aplicáveis a todas as relações de consumo, inclusive aos serviços prestados pelas entidades do sistema financeiro. Na mesma linha, seguiram os Ministros Carlos Ayres Britto, Sepúlveda Pertence, Cezar Peluso, Ellen Gracie, Marco Aurélio de Mello e Celso de Mello.

O resultado final, dez votos a um pela improcedência da ação, foi sem dúvida uma decisão que prestigiou o objetivo traçado pelo constituinte quando da elaboração da Carta Magna, consubstanciada na proteção do bem comum da sociedade brasileira. Principalmente, com a sobreposição deste, quando confrontado com os interesses das poderosas instituições financeiras, grupo este economicamente dominante.

Por representar um marco histórico no direito do consumidor brasileiro, merece transcrição a ementa do acórdão da Suprema Corte na Ação Direta de Inconstitucionalidade nº 2.5914 – 1, no trecho de maior relevância:

"Código de Defesa do Consumidor. Art. 5º, XXXII, da CB/88. Art. 170, V, da CB/88. Instituições Financeiras. Sujeição delas ao Código de Defesa do

Consumidor, excluídas de sua abrangência a definição do custo das operações ativas e a remuneração das operações passivas praticadas na exploração da intermediação de dinheiro na economia (art. 3º, § 2º, do CDC). Moeda e taxa de juros. Dever-poder do Banco Central do Brasil. Sujeição ao Código Civil.

1. As instituições financeiras estão, todas elas, alcançadas pela incidência das normas veiculadas pelo Código de Defesa do Consumidor.

2. 'Consumidor', para os efeitos do Código de Defesa do Consumidor, é toda pessoa física ou jurídica que utiliza, como destinatário final, atividade bancária, financeira e de crédito.

3. O preceito veiculado pelo art. 3º, § 2º, do Código de Defesa do Consumidor deve ser interpretado em coerência com a Constituição, o que importa em que o custo das operações ativas e a remuneração das operações passivas praticadas por instituições financeiras na exploração da intermediação de dinheiro na economia estejam excluídas da sua abrangência.

4. Ao Conselho Monetário Nacional incumbe a fixação, desde a perspectiva macroeconômica, da taxa base de juros praticável no mercado financeiro.

5. O Banco Central do Brasil está vinculado pelo dever-poder de fiscalizar as instituições financeiras, em especial na estipulação contratual das taxas de juros por elas praticadas no desempenho da intermediação de dinheiro na economia.

6. Ação direta julgada improcedente, afastando-se a exegese que submete às normas do Código de Defesa do Consumidor (Lei nº 8.078/90) a definição do custo das operações ativas e da remuneração das operações passivas praticadas por instituições financeiras no desempenho da intermediação de dinheiro na economia, sem prejuízo do controle, pelo Banco Central do Brasil, e do controle e revisão, pelo Poder Judiciário, nos termos do disposto no Código Civil, em cada caso, de eventual abusividade, onerosidade excessiva ou outras distorções na composição contratual da taxa de juros".

No Egrégio Superior Tribunal de Justiça, tal questão já se encontra totalmente pacificada, o que se verifica do enunciado nº 297, da Súmula da Jurisprudência daquela excelsa Corte, que consagra: **"O Código de Defesa do Consumidor é aplicável às instituições financeiras"** (Súmula nº 297, 2ª Seção, julgada em 12/5/2004, *DJ* 9/9/2004, p. 149).

Como afirmamos antes, o sistema criado pela legislação consumerista não utiliza as definições de bem consumível do Código Civil, mas, como lembra Claudia Lima Marques:

"Esta inclusão [da atividade bancária] no parágrafo referente a serviços pode chocar, uma vez que o contrato de mútuo é um dar e neste sentido o dinheiro seria um 'produto', cujo pagamento seria os 'juros'. Considerando, porém, o sistema do CDC, que não utiliza as definições de bem consumível do CC, nem a definição econômica deste 'insumo', mas inclui todos os bens materiais e imateriais como produtos lato sensu e, especialmente, um sistema que não especifica os tipos contratuais utilizados, mas sim a atividade em si e geral dos fornecedores, a lógica [do sistema do CDC] está em que o 'produto' financeiro é o 'crédito', a captação, a administração, a intermediação e a aplicação de recursos financeiros do mercado para o consumidor e que a caracterização do fornecedor vem da operação bancária e financeira geral oferecida no mercado e não só dos contratos concluídos".[35]

O fornecimento de crédito está na base do desenvolvimento das economias contemporâneas. Nesse cenário, as instituições financeiras e equiparadas assumem papel de relevo para o atendimento das necessidades dos consumidores, fato que se sobressai em uma sociedade desigual como a brasileira, onde o fornecimento de crédito revela-se indispensável até mesmo para a satisfação de necessidades primárias para a larga maioria da população, representando o meio de acesso à aquisição de bens ou à contratação de serviços.

A realidade mostra que, de modo geral, nas atividades bancárias, securitárias, de financiamento e de crédito, abusos de toda ordem são cometidos, com graves lesões aos consumidores, decorrentes, sobretudo, da desigualdade de poder entre estes e as instituições financeiras e equiparadas. Não por acaso, as primeiras leis protetivas do consumidor versavam sobre atividades relacionadas ao fornecimento de crédito – no Brasil, por exemplo, a Lei de Usura e a Lei de Economia Popular. Nada, portanto, justificaria a exclusão das citadas instituições da submissão, nas suas relações com os consumidores, de seus produtos e de seus serviços ao sistema do Código de Defesa do Consumidor.

---

[35] *Contratos no Código de Defesa do Consumidor*, 5. ed., Revista dos Tribunais, p. 449.

Capítulo V
DIREITOS BÁSICOS DO CONSUMIDOR

34 A PERSONALIZAÇÃO DO CONSUMIDOR

O Código do Consumidor trouxe extraordinárias contribuições à nossa ordem jurídica; nenhuma outra, entretanto, mais importante do que a **personalização** do consumidor.

O que isso quer dizer? A produção e o consumo em massa, amparados pelas teorias econômicas que lhe serviram de suporte – liberalismo, livre iniciativa, autonomia da vontade, neoliberalismo etc. –, levaram à despersonalização da pessoa humana que figurava no elo final da cadeia de consumo. Passou a ser considerada um ente abstrato, um dado econômico, um número ou uma coisa de valor patrimonial.

Nos transportes públicos, falava-se em milhões de passageiros; os empresários falavam em milhões de clientes; os serviços públicos em milhões de usuários; os bancos em milhões de correntistas; as seguradoras em milhões de segurados; os jornais em milhões de leitores; as televisões em milhões de telespectadores, e assim por diante. Ninguém falava no consumidor, no cidadão, na pessoa humana como titular de direitos.

Quanto maior a carteira, maior o valor patrimonial da empresa. O assim chamado *homo economicus* indica o distanciamento da realidade existencial do ser humano que consome. Não era sujeito de direito, apenas destinatário de produtos e serviços. Até suas necessidades eram provocadas artificialmente pelo monumental aparato publicitário que cercava os produtos e serviços lançados no mercado.

Pois bem, o Direito do Consumidor, como já ressaltado, resgatou a dimensão humana do consumidor na medida em que passou a considerá-lo **sujeito de direito**, titular de direitos constitucionalmente protegidos. Sujeito de direito é a pessoa a quem a norma jurídica atribui poder para agir e dever a cumprir. Proteger o consumidor, esse novo titular de direito, passou a ser um dever do Estado, consoante o art. 5º, XXXII, da Constituição. O art. 6º do CDC, que adiante examinaremos, dispõe sobre os direitos básicos do consumidor apresentando em seus incisos um extenso elenco desses direitos. Eis, repetimos, a grande contribuição do CDC. **O consumidor não é mais um número ou um ente abstrato, mas um sujeito de direitos, titular de direitos básicos.**

35 DIREITOS BÁSICOS

O que entender por **direitos básicos** do consumidor? Seriam "básicos" apenas os direitos expressamente mencionados pela lei? A resposta a tais indagações é relativamente singela, mas, como sempre, exige conhecimento amplo e sistemático da matéria.

Vimos lecionando, ao longo dos anos, que direitos básicos dos consumidores são aqueles interesses mínimos, materiais ou instrumentais, relacionados a direitos fundamentais universalmente consagrados que, diante de sua relevância social e econômica, pretendeu o legislador ver expressamente tutelados.

Poder-se-ia pensar, então, estar-se diante de um número reduzido de situações assim enquadráveis e, por conseguinte, seriam "básicos" apenas os direitos expressamente previstos em lei. Grave equívoco. Muito ao contrário do que se poderia supor, é vastíssimo o elenco de direitos e interesses dos consumidores espalhados por todo o ordenamento jurídico, que, desse modo, reveste-se de caráter interdisciplinar, afetando praticamente todos os ramos do direito. Mais ainda. Diante da dimensão coletiva que assumem as relações de consumo, é possível afirmar estar-se diante de um feixe de direitos ou interesses, alguns vagos e difusos.

Recordemos as palavras do Presidente Kennedy: "*consumidores somos todos nós*". Sem receio do aparente exagero, quase tudo que fazemos atualmente está relacionado ao Direito do Consumidor. Eduardo Polo, discorrendo sobre a interdisciplinaridade do que denomina "Direito dos Consumidores" e sobre os limites amplos e pouco precisos desse setor de interesses, compartilha do mesmo sentimento e sentença:

> "Situados nessa perspectiva, tudo hoje em dia é direito do consumidor: o direito à saúde e à segurança; o direito de defender-se contra a publicidade enganosa e mentirosa; o direito de exigir as quantidades e qualidades prometidas e pactuadas; o direito de informação sobre os produtos, os serviços e as suas características, sobre conteúdo dos contratos e a respeito dos meios de proteção e defesa; o direito à liberdade de escolha e à igualdade na contratação; o direito de intervir na fixação do conteúdo do contrato; o direito de não se submeter às cláusulas abusivas; o direito de reclamar judicialmente pelo descumprimento ou cumprimento parcial ou defeituoso dos contratos; o direito à indenização pelos danos e prejuízos sofridos; o direito de associar-se para a proteção de seus interesses; o direito de voz e representação em todos os organismos cujas decisões afetem diretamente seus interesses; o direito, enfim, como usuários, a uma eficaz prestação dos serviços públicos e até mesmo à proteção do meio ambiente".[1]

---

[1] *Apud* Ada Pellegrini Grinover, *Código Brasileiro de Defesa do Consumidor comentado pelos autores do anteprojeto*, 7. ed., Forense Universitária, p. 118-119.

E, com efeito, desde a mensagem do Presidente Kennedy ao Congresso norte-americano, em 1962, todos os textos fundamentais que dizem respeito aos direitos e interesses dos consumidores referem à necessidade de sua proteção. Exemplo disso, na Europa, a Carta do Consumidor (1973), a Resolução 87/C092/01, de 14 de abril de 1975, a Resolução de 19 de maio de 1981 e a Resolução de 23 de junho de 1986. No âmbito das Nações Unidas, a Carta dos Consumidores (1973) e a Resolução 39/248 (1985). No Direito Comparado: Japão (1968 e 1978), Suécia (1971), Noruega (1972), Alemanha (1973 e 1976), França (1973, 1978 e 1993), Dinamarca (1974), México (1976), Finlândia (1978), Áustria (1979), Inglaterra (1979), Quebec (Canadá) (1979), Portugal (1981 e 1996), Espanha (1984), Brasil (1990), Bélgica (1991). Em todos os textos mencionados, existe a preocupação com a indicação de um feixe de interesses mínimos, objeto de tutela explícita.

36 O ART. 6º DO CDC

Os direitos básicos do consumidor estão arrolados no art. 6º do CDC. Antes de examinarmos esse dispositivo, entretanto, é importante enfatizar que não deve ser ele visto como um **rol exaustivo** dos direitos do consumidor. Pelo contrário, há nele apenas uma *síntese* dos institutos de direitos material e processual previstos no CDC, uma espécie de *pauta* ou *ementa* daquilo que será disciplinado nos títulos e capítulos seguintes.

Em outras palavras, cada um dos direitos elencados no art. 6º é explicitado oportunamente e em lugar próprio, de sorte que no momento vamos apenas enunciar os direitos básicos do consumidor, para depois, ao longo dos nossos estudos, aprofundarmos no exame do conteúdo e alcance de cada um.

Correta a conclusão de Hélio Zaghetto Gama quando diz que *os direitos básicos do consumidor, tal como elencados no art. 6º do CDC, são* **as linhas mestras do ideal a ser seguido** *na proteção das incolumidades física, psíquica e econômica dos consumidores, bem como de certas garantias instrumentais mínimas, capazes de conferir efetividade à tutela jurídica do consumidor.*[2]

Resumindo, o art. 6º é a *coluna dorsal* do CDC, mas, repita-se, não contém rol exaustivo dos direitos do consumidor, tanto é assim que o art. 7º, *caput*, dispõe: "*Os direitos previstos neste Código não excluem outros decorrentes de tratados ou convenções internacionais de que o Brasil seja signatário, da legislação interna ordinária, de regulamentos expendidos pelas autoridades administrativas competentes, bem como dos que derivem dos princípios gerais do direito, analogia, costumes e equidade*".

As fontes do direito do consumidor, portanto, são múltiplas e variadas, não se esgotando no rol do art. 6º do CDC.

---

[2] *Curso de direito do consumidor*, 2. ed., Forense, 2004, p. 50.

De imediato, sobreleva referir que, se de um lado a legislação prevê direitos básicos para os consumidores, de outro, por simetria, cria deveres para alguém. Formando-se a relação jurídica de consumo entre fornecedores e consumidores e tendo a lei assegurado aos últimos direitos básicos, a conclusão lógica a que se chega é que, ao mesmo tempo, criou deveres – igualmente básicos – para os fornecedores.

Eis algo de fundamental importância dentro da sistemática de proteção e defesa do consumidor: se o fornecedor tem deveres jurídicos básicos em relação ao consumidor, decorrentes não da vontade das partes, mas de mandamento legal, a não observância de qualquer um desses deveres caracteriza ilícito absoluto, e não apenas relativo, sujeitando o infrator às responsabilidades civil, administrativa e/ou penal, conforme o caso.

E mais. Não precisa o consumidor cobrar do fornecedor o cumprimento de sua obrigação legal. Ao contrário, a posição do consumidor, agora, é bastante confortável, já que, ainda que desconheça os seus direitos, mesmo assim tem o fornecedor o dever de agir conforme determina a lei. Desse modo, por exemplo, mesmo que o consumidor pudesse desconhecer o seu direito básico à proteção de sua vida, saúde e segurança contra os riscos provocados por práticas no fornecimento de produtos e serviços considerados perigosos ou nocivos (inciso I), ainda assim, tem o fornecedor o dever de respeitá-lo, sob pena de responsabilidade. O mesmo raciocínio, *mutatis mutandis*, vale para todos os demais direitos básicos.

O que não pode ser esquecido, todavia, é que o espírito da lei não é *privilegiar* o consumidor, mas, sim, dotá-lo de recursos materiais e instrumentais que o coloquem em posição de equivalência com o fornecedor, visando ao equilíbrio e à harmonia da relação de consumo, respeitados os princípios da equidade e da boa-fé, entendidos, estes últimos, como via de mão dupla, ou seja, o que vale para o consumidor deve valer para o fornecedor e vice-versa.

37 PROTEÇÃO DA INCOLUMIDADE FÍSICA DO CONSUMIDOR: DIREITO À SEGURANÇA – ART. 6º, I

Vida, saúde e segurança são bens jurídicos inalienáveis e indissociáveis do princípio universal maior da intangibilidade da dignidade da pessoa humana.

O consumidor, destarte, tem o fundamental direito à proteção de sua vida, de sua saúde e de sua segurança contra os riscos do fornecimento de produtos e/ou de serviços considerados perigosos ou nocivos. O propósito da disposição foi, nitidamente, proteger a incolumidade física dos consumidores, harmonizando-se com a regra-objetivo do art. 4º, *caput*, que impõe o respeito à dignidade, à saúde e à segurança do consumidor. Como se alcança essa proteção? Pela observância dos princípios da **segurança** e da **prevenção**.

O Código de Defesa do Consumidor, ao garantir a incolumidade física do consumidor, criou para o fornecedor o **dever de segurança**. Logo, não basta que os produtos ou serviços sejam adequados aos fins a que se destinam (*qualidade-adequação*); é preciso que sejam seguros (*qualidade-segurança*), consoante arts. 12 a 14 do CDC. Reiterando o que enfatizamos no item 21, para quem se propõe fornecer produtos e serviços no mercado de consumo a lei impõe o dever de segurança; dever de fornecer produtos e serviços seguros, dever esse imanente ao dever de obediência às normas técnicas de segurança. Se o fornecedor pode legitimamente exercer uma atividade perigosa, o consumidor, em contrapartida, tem direito (subjetivo) à incolumidade física e patrimonial, decorrendo daí o **dever de segurança**.

Pelo princípio da **prevenção**, o CDC (arts. 8º a 10) procura garantir que os produtos e serviços colocados no mercado de consumo não acarretem riscos à saúde ou segurança dos consumidores, exceto aqueles considerados normais e previsíveis (*risco inerente*). Daí a necessidade de advertências, de sinais ostensivos, de informações precisas, nos rótulos, nas embalagens, nos invólucros, nos recipientes, nas peças publicitárias, no caso de produtos, e nos locais onde são desenvolvidos serviços potencialmente perigosos.

Decorrem, ainda, do princípio da prevenção os deveres de os fornecedores retirarem do mercado produtos e serviços que venham a apresentar riscos à incolumidade dos consumidores ou de terceiros, de comunicação às autoridades competentes a respeito desses riscos e, ainda, de indenização por prejuízos decorrentes de defeitos do produto ou serviço. A não observância dos princípios da segurança e da prevenção resultará em responsabilidade civil objetiva do fornecedor, como haveremos de ver quando estudarmos a Responsabilidade Civil nas Relações de Consumo. Pode resultar, igualmente, em responsabilidade administrativa e penal, esta por crime de ação penal pública incondicionada contra as relações de consumo, do que são exemplos os arts. 63: "*omissão de advertência ao consumidor sobre a periculosidade e/ou nocividade de produto ou serviço*" [caput e § 1º]; 64: "*omissão de comunicação às autoridades competentes e aos consumidores sobre a periculosidade e/ou nocividade de produtos cujo conhecimento seja posterior à sua colocação no mercado, ou omissão na retirada imediata de tais produtos do mercado*" [caput e parágrafo único]; 65: "*execução de serviço perigoso contra determinação da autoridade competente*".

38 DIREITO À EDUCAÇÃO PARA O CONSUMO – ART. 6º, II

O consumidor, já assinalamos repetidas vezes, é o sujeito vulnerável na relação jurídica de consumo e um dos motivos para tanto é a sua condição de não profissional, de não detentor das informações a respeito de produto ou de serviço disponibilizados no mercado. Por isso, não é capaz de formular, previamente, um refletido juízo de oportunidade e de conveniência da contratação, do seu efetivo custo-benefício, da sua real utilidade. Logo, não se pode dizer que a sua manifestação de vontade, em casos tais, seja esclarecida, consciente.

Atento a este fato, o Código de Defesa do Consumidor estabeleceu como básico o direito à educação para o consumo, de tal sorte que, aumentados os níveis de conhecimento e de informação do consumidor, também se aumente o seu poder de reflexão e de formulação de um juízo crítico sobre a oportunidade e a conveniência da contratação, a fim de que possa o mesmo, dentre os diversos produtos e/ou serviços colocados no mercado a sua disposição, escolher, em manifestação de vontade formal e materialmente livre, esclarecida e, portanto, consciente, aquele que melhor se ajuste às suas necessidades. E avançou ainda mais. Não se conformando com a simples previsão do direito à educação, estabeleceu como básicos os direitos à liberdade de escolha e à igualdade nas contratações.

O direito à educação envolve dois aspectos: o formal e o informal. No primeiro caso, desenvolve-se através de políticas de inserção de temas relacionados ao direito do consumidor nos currículos escolares, desde o ensino fundamental, em escolas públicas e privadas, bem assim da cadeira de Direito do Consumidor, com autonomia científica e pedagógica, nos cursos universitários, constituindo, num caso ou noutro, importante ferramenta na construção da cidadania e na formação de indivíduos conscientes. É muito importante destacar a necessidade de a sociedade, de modo geral, conferir maior atenção à educação formal do consumidor e, nesse particular, chamamos a atenção para a Resolução 39/248, da ONU, documento no qual está consignada a orientação de inclusão da educação para o consumo nos currículos básicos do sistema educacional.

No segundo, através das mídias de comunicação social e/ou institucional, bem assim dos veículos de comunicação em massa, direcionados a um público geral ou específico, com o objetivo de prestar informações, orientações e/ou esclarecimentos aos consumidores.

Sabe-se, ademais, que a educação é um direito de todos e um dever do Estado, nos termos do art. 205 da Constituição, pelo que se deve ressaltar que os entes públicos, de igual modo, têm o dever de educar e de informar o cidadão sobre a melhor maneira de se comportar no mercado de consumo.

O **direito à liberdade de escolha** está intimamente relacionado aos princípios constitucionais da livre iniciativa e da livre concorrência, previstos no art. 170 da Constituição, jamais se esquecendo de que tais princípios gerais da ordem econômica têm por finalidade "assegurar a todos existência digna, conforme os ditames da justiça social".

É, pois, dever do Estado zelar pela satisfação dos propósitos estabelecidos pela Constituição, não se podendo admitir ou tolerar qualquer prática no fornecimento de produtos e de serviços que atente contra esses fins como, por exemplo, ofertas e/ou mercados cativos, em qualquer segmento.

O **direito à igualdade nas contratações** deve ser encarado sob dois aspectos: um primeiro, nas relações entre consumidores e fornecedores; um segundo, em relação aos consumidores entre si. No primeiro caso, o direito à igualdade realça a importância do sinalagma nas relações de consumo, na moderna concepção dos contratos. Nesse contexto, assumem a lei e os seus intérpretes papel de relevo no novo fenômeno da contratação, zeladores que são do equilíbrio e da harmonia nas relações de consumo, e da fidelidade que devem aos princípios da equidade e da boa-fé. Não se pode mais tolerar a submissão da vontade do consumidor à do fornecedor, ao argumento, hoje despropositado, do *pacta sunt servanda*.

No segundo caso, também não é mais de se admitir a diferenciação dos consumidores entre si pelos fornecedores, o que igualmente afronta o disposto no art. 5º, *caput*, da Constituição. Assim, o fornecedor deverá oferecer as mesmas condições para todos os consumidores, só se justificando um tratamento diferenciado naqueles casos em que a própria lei autorizar, como se dá, a título de ilustração, com os idosos, com as gestantes, com as crianças. Prática comum, embora manifestamente ilegal, porque violadora do princípio da igualdade em comento, é o estabelecimento de preços para as diferentes *formas de pagamento,* ou seja, um preço para o consumidor que venha a efetuar um pagamento em dinheiro e outro preço para quem queira efetuar um pagamento através de cartão de crédito. Não se desconhece a existência de custos para o fornecedor quando recebe um pagamento através de cartões de crédito, mas ninguém o compeliu a oferecer aquela modalidade de pagamento ao consumidor. Assim, os custos financeiros de tais operações devem ser assumidos por ele, fornecedor, e não transferidos ao consumidor, o que, infelizmente, é muito comum, posto que ilegal. Voltaremos ao tema quando estudarmos a Proteção Contratual do Consumidor.

39 DIREITO À INFORMAÇÃO – ART. 6º, III

Entre os direitos básicos do consumidor, o direito à informação é dos mais importantes. O CDC refere-se a esse direito em vários dispositivos, mas de maneira específica no inciso III do seu art. 6º: "*informação adequada e clara sobre os diferentes produtos e serviços, [...] bem como sobre os riscos que apresentem*".

A rigor, o direito à informação é um reflexo ou consequência do princípio da transparência (item 17) e encontra-se umbilicalmente ligado ao princípio da vulnerabilidade. Daí ser possível dizer que o direito à informação é, primeiramente, um instrumento de igualdade e de reequilíbrio da relação de consumo. Com efeito, o consumidor não tem conhecimento algum sobre o produto ou serviço de que necessita; detentor desse conhecimento é o fornecedor, que tem o domínio do processo produtivo. Este sim sabe o que produziu, como produziu, por que e para quem produziu, aspectos em que o consumidor é absolutamente vulnerável. Logo, a informação torna-se imprescindível para colocar o consumidor em posição de igualdade. Só há autonomia da vontade quando o consumidor é bem informado e pode manifestar a sua decisão de maneira refletida.

Outra característica do direito à informação é que ele não é um fim em si, não se exaure em si mesmo. Na verdade, tem por finalidade garantir ao consumidor o exercício de outro direito ainda mais importante, que é o de **escolher conscientemente**. Essa escolha consciente propicia ao consumidor diminuir os seus riscos e alcançar suas legítimas expectativas. Mas sem informação adequada e precisa o consumidor não pode fazer boas escolhas, ou, pelo menos, a mais correta. É o que se tem chamado de **consentimento informado**, vontade qualificada ou, ainda, **consentimento esclarecido**.

A terceira característica do direito à informação é a sua abrangência; faz-se presente em todas as áreas de consumo, atuando desde antes da formação da relação de consumo, durante e até depois do seu exaurimento, conforme evidenciam os seguintes dispositivos do CDC: "A **oferta** e **apresentação** de produtos ou serviços devem assegurar informações corretas, claras, precisas, ostensivas" (art. 31); "*toda informação ou* **publicidade**, *suficientemente precisa [...] obriga o fornecedor*" (art. 30); "*a* **publicidade** *deve ser veiculada de tal forma que o consumidor, fácil e imediatamente, a identifique como tal"* (art. 36); *"os* **contratos** *que regulam as relações de consumo não obrigarão os consumidores, se não lhes for dada a oportunidade de tomar conhecimento prévio do seu conteúdo"* [...] (art. 46); *"o fornecedor de produtos e serviços potencialmente nocivos ou perigosos à saúde ou segurança* **deverá informar, de maneira ostensiva e adequada**, *a respeito da sua nocividade ou periculosidade"* (art. 9º); *"o fornecedor de produtos ou serviços que,* **posteriormente à sua introdução no mercado de consumo**, *tiver conhecimento da periculosidade que apresentem, deverá comunicar o fato imediatamente às autoridades competentes e aos consumidores, mediante anúncios publicitários"* (art. 10, § 1º).

39.1 Direito à informação e o dever de informar

Ao direito à informação do consumidor contrapõe-se o dever de informar do fornecedor, dever esse que pode constituir um dever anexo, ou instrumental, e um dever principal.

Como dever anexo ou instrumental a informação decorre diretamente do princípio da boa-fé objetiva, que se traduz na cooperação, na lealdade, na transparência, na correção, na probidade e na confiança que devem existir nas relações de consumo. Cumpre-se o dever de informar quando a informação recebida pelo consumidor preenche três requisitos principais: **adequação** – os meios de informação devem ser compatíveis com os riscos do produto ou do serviço e o seu destinatário; **suficiência** – a informação deve ser completa e integral; **veracidade** – além de completa, a informação deve ser verdadeira, real. Somente a informação adequada, suficiente e veraz permite o **consentimento informado**, pedra angular na apuração da responsabilidade do fornecedor.

A informação, como já ressaltado, tem por finalidade dotar o consumidor de elementos objetivos de realidade que lhe permitam conhecer produtos e serviços e exercer escolhas conscientes. A nosso juízo, somente a manifestação de vontade "qualificada" opera efeitos vinculantes ao consumidor – diferentemente do regime tradicional, em que bastava a manifestação de vontade não formalmente viciada.

Para que seja considerada *qualificada* a manifestação de vontade, não é suficiente tenham sido prestadas informações de maneira adequada, clara, precisa, honesta e verdadeira, especialmente porque, de modo geral, estarão em lados opostos da relação jurídica de consumo um profissional (o fornecedor) e um leigo (o consumidor). Foi-se além. Decorre do princípio da boa-fé a exigência de um comportamento proativo do fornecedor.

Ressalte-se que o dever de informar tem graus, que vai desde o dever de esclarecer, passando pelo dever de aconselhar, podendo chegar ao dever de advertir. É o que se extrai do próprio texto legal. No inciso III do art. 6º, o Código fala em **informação adequada e clara**; no art. 8º, fala em **informações necessárias e adequadas**; no art. 9º, fala em **informação ostensiva e adequada** quando se tratar de produtos e serviços potencialmente nocivos e perigosos à saúde ou à segurança.

Como dever principal, a informação tem lugar principalmente nos contratos de prestação de serviços dos profissionais liberais, como médicos, dentistas, advogados etc., e na responsabilidade pelo fato do produto e do serviço. Veremos que esse dever de informar está diretamente relacionado com o princípio da prevenção de danos.

Destarte, além de informar ao consumidor (dever de informar) e de esclarecê-lo (dever de esclarecer), tem o fornecedor especialista, diante de um consumidor não especialista, o dever de aconselhá-lo e de orientá-lo (dever de aconselhamento), o que significa dotar o consumidor de todas as informações e indicações necessárias, bem assim a posição crítica do especialista, para que possa escolher entre as diversas opções que se lhe apresentam. Veja-se, por exemplo, o que acontece na cirurgia estética, em tratamentos de saúde não convencionais, no uso de medicamentos, no consumo de alimentos geneticamente manipulados, em investimentos no mercado financeiro, na contratação de seguros de coisas e de pessoas etc.

Entre nós, a bem da verdade, pouco se tem falado e comentado a respeito do dever de aconselhamento ou de orientação, mas não temos qualquer receio de afirmar que este é, certamente, um dos reflexos mais sensíveis do princípio da boa-fé, na medida em que o consumidor, leigo, deposita toda a sua confiança na *expertise* do fornecedor, profissional. Suas expectativas [legítimas] estão muito relacionadas não só com as informações que recebeu, mas, também, com o desconhecimento técnico em relação aos resultados, às vantagens que pode obter e aos riscos a que está sujeito. Sobressai, em casos tais, a função de padrão de comportamento para as partes, desempenhada pela boa-fé objetiva, impedindo que uma delas – na hipótese, o fornecedor – tire proveito da ignorância ou da ingenuidade da outra, a saber, o consumidor.

No campo da responsabilidade civil do fornecedor, o dever de informar desempenha papel relevantíssimo. Por falta de informação adequada, o fornecedor pode responder pelo chamado risco inerente, assim entendido o risco intrinsecamente atado à própria natureza do serviço e ao seu modo de prestação, como, por exemplo, o risco de produtos tóxicos, de uma cirurgia médica etc. (itens 39.1 e 142).

Em princípio, o fornecedor não responde pelos riscos inerentes, como haveremos de ver. Transferir as consequências desses riscos para o fornecedor do produto ou do serviço seria ônus insuportável; acabaria por inviabilizar o próprio fornecimento, indispensável à sociedade. Todavia, o fornecedor de produtos e serviços potencialmente nocivos ou perigosos à saúde ou segurança **deverá informar de maneira ostensiva e adequada** a respeito da sua nocividade ou periculosidade. Por outras palavras, nenhum consumidor poderá ser levado a adquirir um produto ou serviço com periculosidade inerente sem que seja advertido dessa periculosidade sob pena de responder civilmente o fornecedor.

Vem a propósito o caso julgado pela 5ª Câmara Cível do Tribunal de Justiça do Rio de Janeiro, na Apelação Cível nº 20.632/99. O paciente foi submetido a uma cirurgia de prostatectomia, decorrente de um diagnóstico de hipertrofia prostática, ou seja, próstata aumentada de volume. Realizada a intervenção cirúrgica, o paciente veio a sofrer incontinência urinária e impotência sexual. Na ação indenizatória movida pelo paciente contra o médico que fez a cirurgia, foi alegado o risco inerente, tendo a perícia médica confirmado que a incontinência urinária e a impotência sexual eram consequências inevitáveis naquele caso específico de cirurgia, pelo que não haveria que se falar em culpa, sequer em defeito do serviço. Mesmo assim o pedido indenizatório foi acolhido porque o paciente não havia sido informado desses riscos, para que pudesse decidir, e só ele, se os correria ou não. Em suma, faltou o consentimento informado.

O voto do relator destacou: *"Se um paciente sofre de hipertrofia prostática com as conhecidas consequências em relação às dificuldades de micção e frequentes infecções urinárias, e o tratamento cirúrgico indicado tem riscos tão elevados, sequelas frequentes de incontinência urinária e impotência, impõe-se que se comprove expressamente que o paciente estava ciente de tais riscos e com eles concordou, pois é intuitivo e de sabedoria comum, que ninguém, em sã consciência, trocaria um problema de próstata aumentada, dificuldades de micção e infecções urinárias pelo risco de sequela permanente de impotência sexual, incontinência urinária e uso de fraldas pelo resto da vida".*

O dever de informar do fornecedor é de duas ordens: (1) dever de informar nas relações individualizadas, como nas tratativas, na oferta e no contrato de compra e venda de mercadorias ou de prestação de serviços, casos em que terá de fornecer todas as informações sobre o preço, objeto do contrato, condições de pagamento, uso e perigosidade; (2) dever de informar nas relações com pessoas indeterminadas, como na publicidade que atinge a massa de consumidores, caso em que não pode incluir dado falso capaz de induzir em erro o consumidor, nem omitir dado essencial, que, se conhecido, afastaria o consumidor.

O tema será aprofundado quando estudarmos a Proteção do Consumidor na Fase Pré-contratual.

39.2 Limites do dever de informar

Mas até que ponto vai o dever de informar? Esta pergunta tem merecido a preocupação da doutrina e da jurisprudência. Quais são os seus limites? O que deve ser informado para que não haja ruptura desse dever? Em todos os casos deve o fornecedor de produtos ou serviços discorrer minuciosamente sobre todos os riscos possíveis e imaginários, próximos e remotos, mesmo que o percentual de chances de ocorrer seja mínimo?

A delimitação dos riscos a serem informados é uma exigência de razoabilidade, já que, a rigor, o uso irregular de qualquer produto pode causar risco ao consumidor. Transportar bolsa excessivamente pesada, *v. g.*, pode prejudicar a coluna vertebral. E se o fornecedor tiver que informar toda e qualquer espécie de risco, cada produto terá de ser acompanhado de um livro contendo o rol dos riscos associados de forma remota ao produto ou decorrentes do uso anormal do mesmo.

Segundo a unanimidade da doutrina, o conteúdo do dever de informar compreende as informações necessárias e suficientes para o conhecimento do consumidor quanto aos aspectos relevantes para a formação de sua decisão. Resulta daí, em primeiro lugar, que **os fatos notórios**, amplamente conhecidos, não constituem objeto do dever de informar por não haver legítima expectativa frustrada a respeito deles. Quem já conhece um fato não pode ser enganado. Por que e para que informar ao consumidor algo que ele já conhece? **A partir do momento em que o consumidor conhece a informação necessária para o seu consentimento informado, o dever de informar está satisfeito.**

Não se tratando de fatos notórios, temos como certo que três outros fatores deverão ser considerados: (a) a circunstância em que o fato ocorreu, principalmente em relação a serviços, pois em casos urgentes nem sempre é possível debaterem-se questões menores, como resultado de efeitos colaterais; (b) se os riscos são consideráveis ou se, estatisticamente, irrelevantes para a tomada de decisão do consumidor; (c) se, caso a informação fosse prestada, o consumidor não teria utilizado o produto ou teria recusado a prestação do serviço nos moldes em que o foi.

A síntese da doutrina internacional sobre os limites do dever de informar é esta: riscos graves, diretamente decorrentes do produto ou serviço, cujo conhecimento é indispensável para habilitar o consumidor a exercer escolhas conscientes – **consentimento informado**; os fatos notórios não são objeto do defeito de informação.

40 O CONTROLE DA PUBLICIDADE – ART. 6º, IV, PRIMEIRA PARTE

Ninguém desconhece ou duvida do poder de influência da publicidade sobre a sociedade, independentemente da classe social a que se pertença. Atento a este fato, a legislação consumerista conferiu ao consumidor o **direito básico à proteção contra a publicidade enganosa e/ou abusiva**, consolidando, desse modo, o entendimento de que o princípio da boa-fé esparge seus efeitos às práticas que antecedem ao início de qualquer relação jurídica de consumo. A ética, a honestidade, a lealdade, a transparência, o respeito ao consumidor devem imperar mesmo na fase pré-contratual – ou extracontratual, como preferem alguns. É nessa fase preliminar do processo de formação da relação de consumo que atuam os fornecedores na tentativa de captar a manifestação de vontade do consumidor. Nela, produtos e serviços são apresentados e oferecidos, orçamentos são elaborados. Estratégias de *marketing* das mais variadas são empregadas com vistas à condução do consumidor à concretização do negócio jurídico e à prática do ato de consumo.

O Código de Defesa do Consumidor confere um novo tratamento à publicidade, a começar pela sua força vinculante. Qualquer informação ou publicidade relacionada a produtos ou serviços, desde que suficientemente precisa, obriga o fornecedor que a fizer veicular ou dela se utilizar, independentemente da forma ou do veículo de comunicação e, mais ainda, passa a fazer parte integrante do contrato que vier a ser celebrado. Ou seja, tudo o que constar na apresentação, na oferta, na publicidade de um produto ou de um serviço deve ser cumprido pelo fornecedor. É simples assim: prometeu, cumpriu! Vale dizer, tudo o que diga a respeito de um determinado produto ou serviço deverá corresponder exatamente à expectativa gerada no público consumidor.

Assim, a publicidade passa a ser tratada como oferta, como proposta de contratar, pelo que os seus termos serão incorporados ao contrato celebrado com o consumidor, conforme disposto no art. 30 do Código de Defesa do Consumidor, que consagra o princípio da vinculação da oferta ou da publicidade. Destarte, não pode o fornecedor se recusar ao cumprimento do que consta da apresentação, oferta ou publicidade, sob pena de ser responsabilizado por isso, na forma do art. 35 da legislação consumerista.

A sistemática protetiva do consumidor veda, expressamente, a publicidade subliminar, na medida em que não é facilmente perceptível, e, não raro, o consumidor não tem a noção de que está sendo induzido ao ato de consumo. Daí a exigência do art. 36, de que a publicidade seja veiculada de tal forma que seja **fácil** e **imediatamente** identificada como tal.

A lei fala, também, em publicidade enganosa e abusiva. Evidentemente são coisas distintas. A **publicidade enganosa** encontra-se definida no § 1º do art. 37 do Código de Defesa do Consumidor, ou seja, aquela que contém informação total ou parcialmente falsa, ou, por qualquer outro modo, mesmo que por omissão (§ 3º), capaz de induzir o consumidor a erro. Considera-se **abusiva**, por outro lado, a publicidade agressiva, desrespeitosa, discriminatória, que incite à violência, que explore o medo ou a superstição, se aproveite da vulnerabilidade e da inexperiência da criança, que violente valores sociais e/ou ambientais, ou que seja capaz de induzir o consumidor a se comportar de maneira prejudicial ou perigosa à sua saúde e/ou segurança, conforme disposto no § 2º do citado artigo. Em casos tais, além da repercussão econômica da ofensa, há, sem dúvida, uma forte repercussão moral, passível de composição dos danos [materiais e morais] decorrentes.

O controle da publicidade no Código de Defesa do Consumidor é externo e posterior à sua veiculação no mercado, já que o controle interno se dá através do Código de Autorregulamentação Publicitária. Entretanto, esses "controles interno e externo" da publicidade ainda são muito precários no Brasil. Sucedem-se práticas manifestamente contrárias ao que determina a legislação consumerista e que, nada obstante, são consideradas "normais" no mercado de consumo, como os "anúncios isca", os asteriscos que nos remetem à leitura com lupa, e muitas vezes de cabeça para baixo, de textos supostamente explicativos, em peças publicitárias veiculadas em jornais (compra de automóveis, de imóveis, contratação de financiamentos etc.), ou a utilização de personalidades "garantindo" ou "recomendando" a utilização de determinado produto ou serviço, entre outros.

Neste particular, infelizmente, a jurisprudência não vem contribuindo para o aperfeiçoamento das relações entre fornecedores, publicitários e consumidores, apesar da gravidade do problema que, inclusive, encontra-se tipificado nos arts. 66 (*fazer afirmação falsa ou enganosa, ou omitir informação relevante sobre produtos ou serviços*), 67 (*fazer ou promover publicidade que sabe ou deveria saber ser enganosa ou abusiva*) e 68 (*fazer ou promover publicidade que sabe ou deveria saber ser capaz de induzir o consumidor a se comportar de forma prejudicial ou perigosa a sua saúde ou segurança*), todos do Código de Defesa do Consumidor.

Quanto aos responsáveis, o art. 30 faz alusão ao fornecedor que fizer veicular a publicidade ou dela se utilizar, não se eximindo este de responsabilidade simplesmente alegando que não foi ele quem produziu a peça publicitária. Em situações dessa natureza, o máximo que terá o fornecedor responsabilizado será o direito de regresso em face da agência publicitária, competindo ao mesmo, em qualquer situação, o ônus da prova da veracidade e/ou correção da informação da publicidade que patrocina (art. 38 do CDC).

Voltaremos ao tema quando examinarmos a Proteção Contratual do Consumidor – Fase Pré-contratual.

41 PROTEÇÃO CONTRA AS PRÁTICAS E CLÁUSULAS ABUSIVAS – ART. 6º, IV, PARTE FINAL

A expressão *práticas abusivas* é, evidentemente, genérica e, portanto, assim deve ser interpretada, para que nada lhe escape. Deve, pois, ser considerado abusivo tudo o que afronte a principiologia e a finalidade do sistema protetivo do consumidor, bem assim se relacione à noção de abuso do direito (art. 187, Código Civil c/c art. 7º, *caput*, CDC), o que vale tanto para a relação fornecedor-consumidor, quanto para a relação dos fornecedores, entre si, como a concorrência desleal, por exemplo.

Tais comportamentos são considerados atos ilícitos *ipso facto*, apenas por existirem e se manifestarem no mundo das coisas, em descompasso com o ordenamento jurídico. Não há necessidade de que o consumidor seja efetivamente lesado ou, até, que se sinta lesado, como, por exemplo, o recebimento de cartão de crédito (não solicitado) em casa. Ainda que o consumidor desejasse ter um cartão de crédito e tenha gostado da iniciativa da administradora, mesmo assim, a prática é de ser considerada abusiva.

O Código de Defesa do Consumidor, imbuído de espírito meramente ilustrativo, descreve nos arts. 39, 40 e 41 algumas práticas que, de modo expresso, considera abusivas, não esgotando, por certo, o rol das situações assim enquadráveis.

A simples leitura desses dispositivos revela que tais práticas abusivas podem ter natureza contratual ou extracontratual; podem se dar antes da celebração do contrato de consumo, no processo de sua formação, durante a sua execução ou após o seu término, ou, ainda, ter natureza comercial ou industrial.

Importante realçar que a boa ética no mercado exige do fornecedor um comportamento que respeite não só o consumidor, mas, também, os seus concorrentes. A livre iniciativa e a livre concorrência não são princípios absolutos e, no caso, moderados pelo princípio constitucional que impõe a defesa do consumidor (art. 170, V, CR/88).

Merece especial atenção, no que respeita às práticas abusivas, de um modo geral, o Decreto nº 2.181, de 20 de março de 1997, que dispõe sobre a organização do Sistema Nacional de Defesa do Consumidor (SNDC) e estabelece normas gerais de aplicação das sanções administrativas previstas no Código de Defesa do Consumidor. Nele, notadamente nos arts. 12, 13 e 14, estão descritas inúmeras práticas consideradas ilícitas pelo legislador, sujeitando o infrator às sanções administrativas (previstas no citado Decreto), civis e penais (previstas na Lei nº 8.078/90).[3]

Sobre as cláusulas abusivas, tem-se que são nulas de pleno direito, nos termos do art. 51, do Código de Defesa do Consumidor, e serão objeto de posterior análise.

---

[3] Vide: Dec. 10.051/2019, que institui o Colégio de Ouvidores do Sistema Nacional de Defesa do Consumidor; Dec. 10.417/2020, que institui o Conselho Nacional de Defesa do Consumidor; e Dec. 10.887/2021, que altera o Dec. 2.181, de 20 de março de 1997, que dispõe sobre a organização do Sistema Nacional de Defesa do Consumidor.

As práticas abusivas serão mais bem examinadas quando estudarmos a Proteção Contratual do Consumidor.

42 O EQUILÍBRIO NA RELAÇÃO JURÍDICA DE CONSUMO: A PROTEÇÃO CONTRATUAL

Outro ponto forte do CDC diz respeito à proteção contratual do consumidor, como veremos nos capítulos seguintes. Por ora, basta lembrar que a **autonomia da vontade** é o elemento nuclear do contrato na sua visão clássica. Uma vez manifestada, a vontade cria um vínculo entre os contratantes do qual nascem direitos e obrigações. Tão forte é esse vínculo que se costuma dizer que o contrato é lei entre as partes.

A liberdade de contratar é o reflexo da filosofia do **Estado liberal** que exigia uma separação quase absoluta entre o Estado e a sociedade, reconhecendo **perfeita igualdade** e **absoluta liberdade** entre as partes. O indivíduo estaria, assim, livre para contratar ou não contratar, para definir o conteúdo do contrato e, ainda, para escolher o parceiro contratual.

O progresso industrial, científico e tecnológico do século XX veio demonstrar que a liberdade contratual não é absoluta. Em face do desequilíbrio econômico das partes – um forte, poderoso, e o outro fraco, sem oportunidade de escolha –, a liberdade de um importava em opressão do outro, já que não há igualdade real entre os homens na sociedade. Essa constatação tornou necessário substituir a concepção clássica do contrato por uma concepção social.

A clássica disciplina jurídica dos contratos sofreu paulatina e contínua modificação, na medida em que foram sendo implantadas na sociedade de consumo a produção e a distribuição em massa. O novo fenômeno da contratação impôs uma revisão nos paradigmas contratuais até então estabelecidos; impôs uma revisão de valores e de princípios; impôs uma nova mentalidade, essencial para a assimilação de novas ideias; impôs a liberação de dogmas milenares e a abertura intelectual para os novos tempos. No Brasil, o marco legal dessas mudanças foi o Código do Consumidor. A nova concepção contratual está essencialmente estruturada sobre os princípios da equidade e da boa-fé. A afronta a estes princípios rompe o desejado e justo equilíbrio econômico da relação jurídica de consumo, fazendo ruir o Direito e passa a representar uma vantagem excessiva para o fornecedor e um ônus não razoável para o consumidor, pelo que se torna imprescindível a atuação do Estado, através do Poder Judiciário, na defesa do sujeito vulnerável, com o objetivo de harmonizá-la e equilibrá-la.

42.1 Modificação e revisão de cláusulas contratuais: a lesão enorme e a quebra da base do negócio jurídico – art. 6º, V

O Código de Defesa do Consumidor, em seu art. 6º, V, prevê duas formas distintas de intervenção do Estado nos contratos (dirigismo judicial), ao dispor que é direito básico do consumidor "*a **modificação** das cláusulas contratuais que estabeleçam* *prestações desproporcionais ou sua* **revisão** *em razão de fatos supervenientes que as tornem excessivamente onerosas".*

No primeiro caso (*modificação* das cláusulas contratuais), a intervenção decorre da existência de **lesão congênere** à formação do vínculo contratual, isto é, da existência de cláusulas abusivas desde o momento da celebração do contrato. No segundo (*revisão* das cláusulas contratuais), a intervenção decorre de **superveniente e excessiva onerosidade**, ou seja, embora não se questione a validade das cláusulas contratuais, hígidas e perfeitas, fato posterior à formação do negócio jurídico rompeu com o equilíbrio econômico-financeiro daquela relação jurídica, tornando imperiosa a intervenção judicial para restaurá-lo.

Como e por que se dariam tais intervenções?

As relações jurídicas contemporâneas são extremamente ágeis. Daí ser um verdadeiro contrassenso pretender analisar um contrato a partir de uma abordagem estática. Muito ao contrário, o fenômeno da contratação deve ser encarado como um processo, com início, meio e fim, pelo que a abordagem também deve ser dinâmica. Contudo, o Direito não dispõe do mesmo dinamismo das relações sociais e, não raro, coloca-se em posição atrasada, principalmente diante dos fatos econômicos. Nesse contexto, assumem fundamental importância as chamadas cláusulas gerais, que conferem mobilidade e maleabilidade ao sistema protetivo, sendo os seus ideais concretizados pelo intérprete – supondo-se que os conheça –, em cada caso específico.

No âmbito do regramento geral dos contratos, o sistema protetivo do consumidor está estruturado sobre os princípios da equidade, da boa-fé e da função social do contrato, dos quais decorrem os que vedam a lesão e o enriquecimento indevido, tudo como corolário do resgate da dignidade da pessoa humana. Na relação contratual, portanto, deve imperar a harmonia de interesses, o equilíbrio entre as prestações, nem que, para isso, deva intervir o Estado.

É muito importante que se esclareça que não se está profetizando contra o lucro ou contra posições de vantagem em uma relação jurídica, até porque legítimos, à luz do art. 170 da Constituição. Mas há limites para tanto e estes são impostos pelos princípios já mencionados. Consequentemente, vedam-se, de modo absoluto, a lesão, o abuso do direito, as iniquidades, o lucro arbitrário. O tema será examinado com maiores detalhes no próximo capítulo (item 52).

43 EFETIVAS PREVENÇÃO E REPARAÇÃO DE DANOS – ART. 6º, VI

Esse dispositivo realça dois aspectos relevantes: a efetiva **prevenção** e **reparação** de danos ao consumidor.

Efetivo é tudo aquilo que atinge o seu objetivo real.

Como dissemos em capítulo anterior, o Código de Defesa do Consumidor é o aporte normativo de todo um sistema de proteção voltado para a defesa do sujeito vulnerável em uma relação jurídica de consumo, mas que não o exaure. Esse sistema foi estruturado a partir de valores e princípios que lhe são peculiares. Tem origem constitucional e possui finalidades específicas, bem descritas no art. 4º da Lei nº 8.078/90. Portanto, não basta ao intérprete aplicar pura e simplesmente esta ou aquela regra jurídica do Código de Defesa do Consumidor; é preciso que tais dispositivos sejam aplicados em conformidade com os objetivos do sistema no qual estão inseridos. E aí reside o problema.

Para garantir ao consumidor efetiva prevenção e reparação de danos, o CDC implantou um moderno e avançado sistema de responsabilidade civil, como veremos no capítulo XI deste Programa. Estabeleceu responsabilidade objetiva (independentemente de culpa) para o fornecedor de produtos e serviços (arts. 12 a 20, do CDC), responsabilidade esta que tem por fundamento os princípios da prevenção (arts. 8º, 9º e 10 do CDC), da informação (arts. 8º, 9º, 10, 12 e 14 do CDC) e da segurança (arts. 12, § 1º, e 14, § 1º, do CDC). A indenização, que deve ser integral, abarca danos materiais e morais, individuais, coletivos e difusos (art. 81, parágrafo único, I, II e III, do CDC).

A reparação dos danos ao consumidor pode ter natureza material ou moral. Reparar, efetivamente, danos materiais é tarefa relativamente fácil, bastando ao consumidor a comprovação de sua ocorrência e a sua extensão. Nestes casos, aplica-se o princípio da *restitutio in integrum*, sendo expressamente vedado qualquer tipo de tarifação e/ou tabelamento da indenização. Esta, ao contrário, deve ser a mais compreensiva e abrangente possível. De igual modo, são expressamente proibidas quaisquer estipulações que exonerem ou atenuem a responsabilidade de fornecedores.

Ao contrário, a compensação dos danos morais é tarefa das mais árduas e complexas; a sua indenização não deve constituir meio de locupletamento indevido do lesado e, assim, deve ser arbitrada com moderação e prudência pelo julgador. Por outro lado, não pode, nem deve, ser insignificante, mormente diante da situação econômica do ofensor, eis que não pode constituir estímulo à manutenção de práticas que agridam e violem direitos do consumidor. Assim, entendemos que a indenização pelo dano moral, além de proporcionar ao ofendido um bem-estar psíquico compensatório pelo amargor da ofensa, deve ainda representar uma punição para o infrator, capaz de desestimulá-lo a reincidir na prática do ato ilícito.

A sanção, quando de somenos, incorpora aquilo que se denominou de risco da atividade, gerando a tão decantada impunidade, o que, sem dúvida alguma, compromete a efetividade da lei e os seus objetivos. Logo, não se pode olvidar o seu caráter preventivo-pedagógico e, em algumas situações, seu caráter punitivo, pela recalcitrância de comportamentos sabidamente ilícitos, e assim já julgados pelo Poder Judiciário, conduta que não atenta, somente, contra os direitos dos consumidores, mas contra a própria autoridade das decisões judiciais.

Nesse contexto, deve-se atentar para o risco da generalização, ao se pretender atribuir aos consumidores os ônus de uma denominada "indústria do dano moral". Não se pode esquecer a dimensão coletiva que assumem as relações de consumo na sociedade contemporânea. Somos milhões de usuários de planos de saúde, milhões de usuários de serviços de telefonia, milhões de usuários de serviços financeiros, milhões de usuários de serviços públicos e por aí vai. Práticas e cláusulas abusivas lesam, indistintamente, milhões de consumidores. E se cada um deles vier a juízo reclamar os seus efetivos direitos? Diríamos estar diante de uma "indústria"? Em caso positivo, quem a fomentou? Por certo, não foram os consumidores. Estes são as vítimas! O que não se pode fazer é banalizar o dano moral.

Por outro lado, verificada a sua ocorrência, não pode o julgador fugir à responsabilidade de aplicar a lei, em toda a sua extensão e profundidade, com o rigor necessário, para restringir, e até eliminar, o proveito econômico obtido pelo fornecedor com a sua conduta ilícita. A previsão de indenizações módicas ou simbólicas não pode ser incorporada à planilha de custos dos fornecedores, como risco de suas atividades. Há de imperar, no mercado de consumo, a ética na relação jurídica, o respeito ao consumidor. Caso contrário, não há que falar em efetividade.

O tema será examinado em profundidade quando estudarmos a Responsabilidade Civil nas Relações de Consumo.

44 FACILITAÇÃO DO ACESSO À JUSTIÇA E À ADMINISTRAÇÃO – ART. 6º, VII

De nada adiantaria o legislador prever uma série de direitos materiais para o consumidor se não lhe fossem assegurados os instrumentos necessários à realização dos mesmos, quer pelo Poder Judiciário, quer pela Administração Pública.

O inciso em exame garante aos consumidores o acesso aos órgãos judiciários e administrativos, tanto para a prevenção quanto para a obtenção de reparação de danos, quer sejam patrimoniais ou morais, individuais, coletivos ou difusos.

Os instrumentos para o acesso à Justiça estão relacionados no art. 5º do CDC, merecendo destaque a manutenção de assistência jurídica, integral e gratuita para o consumidor economicamente hipossuficiente; a possibilidade de representação às Promotorias de Justiça de Defesa do Consumidor, no âmbito do Ministério Público; o registro de ocorrências em delegacias de polícia especializadas no atendimento de consumidores vítimas de infrações penais de consumo; o oferecimento de reclamações junto aos PROCONS, Comissões e/ou Conselhos de Defesa do Consumidor; a apresentação de denúncia às agências reguladoras; o ajuizamento de ações perante os Juizados Especiais e/ou Varas Especializadas para a solução de litígios de consumo.

45 FACILITAÇÃO DA DEFESA DOS INTERESSES DOS CONSUMIDORES – ART. 6º, VIII

É universal o entendimento de que aos direitos materiais fundamentais devem corresponder as garantias processuais indispensáveis à sua efetivação. Sem as garantias processuais, os direitos materiais tornam-se normas programáticas, promessas não cumpridas, sem realidade prática na vida do consumidor.

A facilitação da defesa dos interesses dos consumidores decorre do reconhecimento de sua hipossuficiência fática e técnica – e, não raro, econômica –, o que acentua a sua vulnerabilidade, inclusive no âmbito do processo judicial. Esta garantia também é ampla e instrumental. Vale tanto para a esfera extrajudicial quanto para a esfera judicial, e não se restringe, apenas, à inversão do ônus da prova que, na hipótese, é tão somente um exemplo do princípio que se quer preservar.

46 A INVERSÃO DO ÔNUS DA PROVA

Consciente das desigualdades existentes entre os sujeitos de uma relação jurídica de consumo e da vulnerabilidade processual que também caracteriza o consumidor, estabeleceu o art. 6º, VIII, da Lei nº 8.078/90, como direito básico deste, a facilitação da defesa dos seus interesses em juízo, inclusive com a possibilidade de ser invertido o ônus da prova, em seu favor e a critério do juiz, quando estiver convencido o julgador da verossimilhança das alegações daquele, ou, alternativamente, de sua hipossuficiência (em sentido amplo).

A finalidade do dispositivo em questão é muito clara: tornar mais fácil a defesa da posição jurídica assumida pelo consumidor, na seara específica da instrução probatória. Distanciou-se o legislador, assim, dos tecnicismos e das formalidades inúteis, conferindo autêntico caráter instrumental ao processo, na busca da verdade real e da solução justa da lide.

Isso porque, de regra e tradicionalmente, o ônus da prova de um fato ou de um direito é incumbência daquele que os alega. Daí o art. 373 do Código de Processo Civil (2015) dispor que ao autor compete a prova do fato constitutivo de seu direito (inciso I) e, ao réu, a prova de fato impeditivo, modificativo ou extintivo do alegado direito do autor (inciso II). Tal proposição é compreensível quando se está diante de partes em igualdade de condições e quando a causa verse sobre direitos disponíveis, o que não ocorre nas hipóteses subsumidas à legislação consumerista.

O Código de Defesa do Consumidor, destarte, rompendo dogmas e estabelecendo novos paradigmas para as relações entre desiguais, fê-lo, também, no que se refere à carga probatória, ora transferindo o ônus da prova ao fornecedor (**inversão *ope legis***), do que nos dão exemplos os arts. 12, § 3º, 14, § 3º, e 38, ora admitindo que tal se opere por determinação do julgador (**inversão *ope judicis***), conforme art. 6º, VIII.

Nessa segunda hipótese, o juiz pode inverter o ônus da prova quando entender *verossímil* a alegação do consumidor e/ou em face da sua *hipossuficiência*. **Verossímil** é aquilo que é crível ou aceitável em face de uma realidade fática. Não se trata de prova robusta e definitiva, mas da chamada prova de primeira aparência, prova de verossimilhança, decorrente das regras da experiência comum, que permite um juízo de probabilidade.

Conquanto não se esteja a discutir que, ordinariamente, os dispositivos sobre a produção de provas estão direcionados à formação da convicção do julgador e, assim sendo, constituiriam **regras de julgamento**, não se pode deixar de observar que as disposições sobre repartição do ônus probatório consubstanciam, de igual modo, parâmetros de comportamento processual para os litigantes, razão pela qual respeitáveis juristas nelas identificam **regras de procedimento**. A justificativa é simples: ao se dispensar o consumidor do ônus de provar determinado fato, supostamente constitutivo de seu alegado direito, está-se transferindo para o fornecedor o ônus da prova de algum outro que venha a elidir a presunção estabelecida em benefício do consumidor. Equivale dizer que, em relação ao consumidor, a inversão tem efeito de *isenção* de um ônus, mas, para o fornecedor, a inversão importa em *criação* de novo ônus probatório, que se *acrescenta* aos demais, como leciona o insigne Carlos Roberto Barbosa Moreira.[4]

Na hipótese de inversão por obra do juiz (*ope iudicis*), *existe a necessidade de uma decisão judicial, pelo que não pode o juiz utilizar a regra de distribuição do ônus da prova como regra de julgamento. As partes não podem ser surpreendidas por uma decisão do juiz ao final da lide.* Esse tema já está pacificado no âmbito da Segunda Seção do Superior Tribunal de Justiça que, no julgamento do REsp nº 802.832/MG, consolidou a orientação de que a inversão do ônus da prova de que trata o art. 6º, VIII, do CDC é regra de instrução, devendo a decisão judicial que a determinar ser proferida preferencialmente na fase de saneamento do processo ou, pelo menos, assegurando-se à parte a quem não incumbia inicialmente o encargo, a reabertura de oportunidade.

Entretanto, nas hipóteses de inversão legal (*ope legis*), é absolutamente impertinente a indagação acerca do momento que a inversão do ônus da prova deve ser feita, uma vez que a inversão já foi feita pela própria lei, e, consequentemente, as partes, antes mesmo da formação da relação processual, já devem conhecer o ônus probatório que lhes foi atribuído por lei.

Mas em qualquer de suas modalidades, a inversão do ônus da prova não importa dizer que o consumidor fica dispensado de produzir provas em juízo. Mesmo no caso de inversão *ope legis* (arts. 12, § 3º, e 14, § 3º), como autor da ação indenizatória deverá provar a ocorrência do acidente de consumo e o respectivo dano. O que a lei inverte, na inversão *ope legis*, é a prova quanto ao defeito do produto ou do serviço, e não a prova da própria ocorrência do acidente de consumo, ônus esse do consumidor.

Não cabe ao fornecedor fazer prova da não ocorrência do acidente de consumo por não lhe ser exigível fazer prova de fato negativo. De regra, só se pode superar a alegação de prova negativa quando for possível provar uma afirmativa ou fato contrário àquele deduzido pela outra parte. Em outras palavras, quando for possível transformar a proposição negativa em uma afirmativa contrária, demonstrando-se o fato positivo do qual se extrai a verdade do fato negativo. É como ensina Humberto Theodoro Junior: *"para que se admita esse tipo de prova negativa é indispensável que o fato a ser negado seja especificado convenientemente, pois se vier a ser enunciado em termos genéricos, a exigência de sua comprovação de veracidade tornar-se-á quase sempre tarefa inexequível ou impossível".*[5]

---

[4] Notas sobre a inversão do ônus da prova em benefício do consumidor, *Revista de Direito do Consumidor*, nº 22, p. 136.
[5] *Direitos do consumidor*, 5. ed., Forense, p. 183.

Voltaremos ao tema quando estudarmos a defesa do consumidor em juízo, momento em que serão examinadas em detalhes as espécies de inversão, momento em que deverá ocorrer, custeio da prova etc. (itens 177 a 184).

47 DIREITO À PRESTAÇÃO ADEQUADA E EFICAZ DOS SERVIÇOS PÚBLICOS EM GERAL – ART. 6º, X

O Estado brasileiro desenvolve atividades custeadas por tributos, como segurança e justiça, educação e saúde, denominados serviços públicos próprios, e, também, atividades como fornecimento de água e de esgotamento sanitário, de energia elétrica, de telefonia fixa e móvel; de transportes públicos; de gás, entre outros, remunerados por tarifas ou preços públicos, chamados de serviços públicos impróprios.

O Código de Defesa do Consumidor, conforme anteriormente vimos (item 32), incide sobre os serviços públicos remunerados por tarifas ou preços públicos. Nesse sentido dispõe o seu art. 22: "*Os órgãos públicos, por si ou suas empresas, concessionárias, permissionárias ou sob qualquer outra forma de empreendimento, são obrigados a fornecer serviços adequados, eficientes, seguros e, quanto aos essenciais, contínuos.*

Parágrafo único. Nos casos de descumprimento, total ou parcial, das obrigações referidas neste artigo, serão as pessoas jurídicas compelidas a cumpri-las e a reparar os danos causados, na forma prevista neste Código."

Interpretando esse dispositivo, o V Congresso Brasileiro de Direito do Consumidor, realizado em Belo Horizonte, ainda no ano de 2000, editou a seguinte conclusão:

> "2 – Aplicam-se as normas do CDC aos serviços públicos executados mediante o regime de concessão, cabendo ao intérprete potencializar a utilização das normas do Código em conjunto com as regras protetivas do consumidor, existentes nas leis específicas que regulam cada um dos serviços".[6]

Assim, examinando-se o art. 6º, X, sob a ótica da responsabilidade do fornecedor, tem-se que o Código de Defesa do Consumidor criou para a Administração Pública o dever jurídico de prestar, de maneira adequada e eficaz, os serviços públicos em geral. Cumpre-se, neste particular, o que já determina o art. 37, *caput*, da Constituição, que impõe à Administração Pública obediência, entre outros, ao princípio da eficiência.

Significa, em última instância, que o serviço, além de adequado aos fins a que se destina (princípio da adequação), deve ser realmente eficiente (princípio da eficiência), ou seja, deve cumprir tal finalidade de maneira concreta, deve funcionar – e a contento.

A eficiência, a nosso sentir, não é um *plus*, mas um dever e remete a um resultado prático. Além disso, sabe-se que Estado ou explora diretamente tais serviços, ou gerencia a exploração dos mesmos por pessoas de direito privado, através de contratos

---

[6] *Revista de Direito do Consumidor*, v. 35.

de concessão ou de permissão, o que aumenta a sua responsabilidade, valendo recordar que, em casos tais, sua obrigação é de resultado e a sua responsabilidade objetiva.

Quanto aos princípios da adequação e da continuidade dos serviços públicos, aos quais o art. 22 do CDC faz expressa referência, reportamo-nos ao que ficou dito no item 32.1 para não sermos repetitivos, bem como nos itens 32.2 e 32.3, no que respeita à interrupção do fornecimento do serviço público e à posição do Superior Tribunal de Justiça sobre essa questão.

47.1 Direitos à garantia de práticas de crédito responsável e à preservação do mínimo existencial

A **Lei do Superendividamento** introduziu três novos incisos no art. 6º do CDC:

> XI – a garantia de práticas de crédito responsável, de educação financeira e de prevenção e tratamento de situações de superendividamento, preservado o mínimo existencial, nos termos da regulação, por meio da revisão e reparação da dívida, entre outras medidas;
>
> XII – a preservação do mínimo existencial, nos termos da regulamentação, na repactuação de dívidas e na concessão de crédito;
>
> XIII – a informação acerca dos preços dos produtos por unidade de medida, tal como por quilo, por litro, por metro ou por outra unidade, conforme o caso.

Como anteriormente ressaltado, o objetivo da Lei do Superendividamento é tutelar o consumidor comprometido com o dever jurídico de adotar um comportamento de prudência ao contrair dívidas, buscando abster-se de compromissos além da sua capacidade de pagamento. A lei prestigia o chamado **crédito responsável**, exigindo do consumidor/devedor um comportamento prudente, em consonância com a boa-fé objetiva, ao assumir dívidas, para evitar futura inadimplência. Esse conceito está atrelado ao conceito de *essencialidade*, que, por sua vez, tem como pedra fundamental a preocupação com o *mínimo existencial*, pelo que não alcança situações em que esse mínimo existencial está a salvo.

48 OUTROS DIREITOS – ART. 7º DO CDC

Relembre-se que o elenco de direitos previstos no art. 6º, por não ser possível esgotar todas as situações da vida cotidiana, não é exaustivo. Mais importante do que a descrição específica de tal e qual direito básico é a principiologia não só do supramencionado artigo, mas também de todo o sistema de proteção e defesa do consumidor, fortemente alicerçado na equidade, na boa-fé e na transparência.

Destarte, os direitos fundamentais do consumidor não encontram a sua fonte única e exclusiva no art. 6º do CDC, mas também em tratados ou convenções internacionais de que o Brasil seja signatário, conforme dispõe o seu art. 7º, *caput*, notadamente a Resolução ONU 39/248, de 1985, que traduz os direitos universais dos consumidores, na legislação interna ordinária, em regulamentos expedidos pelas autoridades administrativas competentes, bem como nos princípios gerais do direito, analogia, costumes e equidade.

Na verdade, pondera Eduardo Ribeiro, "*numerosos direitos podem ser assegurados nos diversos códigos e leis extravagantes, ao cuidarem de relações jurídicas capazes, eventualmente, de se inserir naquelas que se qualificam como de consumo. Esses direitos, desde que não intervenham com a regulamentação da lei especial, continuam a existir, seja para consumidores, seja para fornecedores*".[7] Não nos parece correta, todavia, a tese sustentada por corrente doutrinária minoritária no sentido de que o art. 7º do CDC oferece aos consumidores duplo caminho legislativo, *v. g.*, Código do Consumidor ou Código Civil, porque isso seria inteiramente assistemático. **Ou a relação não é de consumo e se rege por outras leis ou o é, e então só pode ser regida pelo Código do Consumidor ou legislação complementar.**

---

[7] *Estudos e pareceres sobre livre-arbítrio*: responsabilidade de produto de risco inerente, Renovar, 2009, p. 136.

Capítulo VI
O CONTRATO NO CÓDIGO DE DEFESA DO CONSUMIDOR

49   A NOVA CONCEPÇÃO DE CONTRATO

A sociedade medieval, como do conhecimento geral, era dividida em clero, nobreza e povo, cada qual com o seu próprio regramento. Com a Revolução Francesa, forte no ideário da **igualdade de todos perante a lei**, da **liberdade** e da **fraternidade** – valores prevalentes na burguesia –, a igualdade foi interpretada como ausência de divisões estamentais; todos passaram a ser submetidos ao mesmo estatuto. Consagrou-se, assim, o **Estado Liberal,** para o qual a igualdade tinha valor superior ao da **justiça contratual**. Se as partes eram iguais e tinham plena liberdade de contratar – **autonomia da vontade** –, não se podia cogitar de injustiça das cláusulas avençadas.

Com efeito, a **autonomia da vontade,** na sua visão clássica, era o princípio cardeal do contrato; uma vez manifestada, a vontade criava vínculo entre os contratantes, gerando direitos e obrigações inalteráveis. Desse princípio decorriam três subprincípios: (a) as partes podem convencionar o que quiserem, e com quem quiserem, dentro dos limites da lei – **princípio da liberdade contratual lato senso**; (b) o contrato faz lei entre as partes, *pacta sunt servanda* – **princípio da obrigatoriedade dos efeitos contratuais**; (c) o contrato somente vincula as partes, não beneficiando nem prejudicando terceiros – **princípio da relatividade dos efeitos contratuais.** O indivíduo estaria, assim, livre para contratar ou não contratar, para definir o conteúdo do contrato e, ainda, para escolher o parceiro contratual.

A liberdade de contratar era, pois, o reflexo da filosofia do **Estado liberal** que, reconhecendo **perfeita igualdade** e **absoluta liberdade** entre as partes, exigia uma separação quase absoluta entre o Estado e a sociedade. A liberdade tinha valor superior ao da **justiça contratual**. Celebrado o contrato, não se questionava a justiça do seu conteúdo. Se as partes eram iguais e tinham plena liberdade de contratar, não se podia cogitar de injustiça das cláusulas avençadas. O fato de terem as partes acordado livremente já indicava a justiça: *"Toute justice est contractuelle, qui dit contractuelle, dit juste"* – Fouillée. Qualquer limitação à eficácia jurídica do contrato representava ofensa à liberdade.

E mais, se a vontade era a força fundamental que vinculava os indivíduos, e não a autoridade da lei, então por trás da autonomia da vontade estava a ideia de superioridade da vontade sobre a lei. O direito devia moldar-se à vontade, protegê-la e reconhecer a sua força. A supremacia da liberdade dos cidadãos era limite permanente e intransponível à atuação estatal. Não era função do Estado intervir no contrato, e a intervenção do juiz só se justificaria para fazer cumprir o contrato. Ao Estado não era permitido intervir nas relações privadas, nem mesmo para assegurar ou manter o equilíbrio do contrato. Cabia à lei simplesmente colocar à disposição das partes instrumentos que assegurassem o cumprimento das obrigações assumidas.

O Estado, em suma, deveria manter-se em posição de neutralidade em relação ao conteúdo do contrato, limitando-se a certificar a regularidade formal da convenção e se às partes fora assegurada a liberdade para estabelecê-lo. Constatada a ausência de vícios na formação do contrato, de se preservar (*intangibilidade do conteúdo do contrato*) o que fora livremente ajustado pelas partes (*autonomia das vontades*), o que, entre elas, teria força de lei (*pacta sunt servanda*).

Os diplomas normativos plasmados nessa ideologia – limitação do poder estatal, igualdade formal e liberdade dos indivíduos – ganharam grande relevo. O Código Civil francês, também conhecido como Código de Napoleão, elaborado sob as influências do **liberalismo,** foi a fonte inspiradora de todas as codificações editadas no final do século XIX e início do século XX, inclusive do nosso Código Civil de 1916. Essas codificações, elaboradas sob tal influência, tornaram-se uma espécie de reino encantando ou paraíso da **liberdade individual,** verdadeiras constituições do indivíduo, nas quais as restrições ao direito de propriedade, à autonomia da vontade e à liberdade de contratar foram circunscritas aos limites do mínimo indispensável à convivência social.

Não se pode negar que a liberdade individual e a igualdade formal tenham representado, para o surgimento do Estado liberal, um grande avanço e uma inestimável conquista. Aos poucos, entretanto, essas mesmas conquistas foram se transformando em causas de graves distorções sociais. A revolução industrial, o desenvolvimento científico e tecnológico, duas grandes guerras mundiais e outros fatores, além de causarem profundas transformações sociais e econômicas, revelaram que a prática exacerbada da autonomia da vontade, um dos pilares do Estado Liberal, trouxe no seu bojo o acirramento das desigualdades sociais.

Descrevendo o quadro a que o **individualismo voluntarista** chegou, o Prof. Teles Galvão, da Universidade de Lisboa, afirmou:

> "A economia livre se tornou capitalista; acumularam-se capitais, concentraram-se empresas, e no horizonte da vida econômica fez a sua aparição uma ***nova espécie de contratantes***, agrupamentos gigantescos prontos a impor o seu poderio a uma multidão de indivíduos isolados e inertes. Nesta luta desigual, o ***contrato***, fruto de liberdade, tornou-se instrumento de opressão. A liberdade passou a ser unilateral: o poder do mais forte de esmagar o mais fraco. Fora ela que possibilitara o predomínio econômico dos grupos

e estes destruíram-na. A liberdade gerou o capitalismo, o capitalismo matou a liberdade".[1]

Fez-se então necessário, aos poucos, o retorno à intervenção do Estado, não mais para atender aos caprichos do Rei, como no Estado Absolutista, mas, em nome do interesse público, reduzir as desigualdades fáticas e concretizar a igualdade real. O Estado Liberal do século XIX foi substituído pelo **Estado Social**, que não se ocupa apenas em declarar direitos sociais e econômicos. Seu ponto de partida foi a constatação da fragilidade dos postulados liberais da liberdade e igualdade dos contratantes. Na maioria das vezes, os contratantes encontravam-se em posições de notória desigualdade; não havia como ignorar os desníveis entre patrões e empregados, estipulantes e aderentes, profissionais e leigos.

As novas exigências sociais eram completamente diferentes dos paradigmas em que se firmaram os Códigos Civis do Estado Liberal. Outra concepção de igualdade começou a se formar – fruição das mesmas condições materiais básicas da vida, mediante regras assegurando o acesso à educação fundamental, ao tratamento médico e hospitalar, à previdência social, ao trabalho, à habitação, ao transporte.

A sociedade contemporânea, a partir da segunda metade do século XX, passou também a conviver com as **relações de consumo**, totalmente novas, extremamente dinâmicas e impessoais. Em consequência, o modelo contratual tradicional, fortemente influenciado pelos dogmas do liberalismo – autonomia da vontade e da liberdade de contratar –, revelou-se insuficiente para atender uma sociedade industrializada, caracterizada pela produção e distribuição em massa.

A clássica disciplina jurídica dos contratos sofreu paulatina e contínua modificação na medida em que foram sendo implantadas na sociedade de consumo a produção e a distribuição em massa. Os **contratos paritários**, aqueles cujas cláusulas são discutidas individualmente e em condições de igualdade, tornaram-se exceção no comércio jurídico, suplantados que foram pelos **contratos de adesão**, nos quais as cláusulas ou condições gerais são predispostas e aplicadas a toda uma série de futuras relações contratuais. Mas essa nova fórmula de contratação padronizada, embora tenha atendido por algum tempo às expectativas dessa sociedade de consumo, conferindo celeridade à atividade produtiva e acesso ao consumo de um número cada vez maior de produtos e de serviços, rapidamente se desvirtuou, passando a servir aos interesses dos poderosos para práticas abusivas. Não mais tendo contato direto com fabricante ou produtor, o consumidor teve o seu poder de escolha enfraquecido, praticamente eliminado, à medida que o fornecedor se fortaleceu técnica e economicamente. O consumidor tornou-se vulnerável em face do fornecedor, vulnerabilidade tríplice: técnica, fática e jurídica. O consumidor não mais tinha escolha: ou aceitava os termos estabelecidos pelos fornecedores para a aquisição de produtos ou serviços, ou simplesmente não os contratava.

---

[1] *Apud* Serpa Lopes, *Curso de direito civil*, Freitas Bastos, v. III, p. 40.

Em face do desequilíbrio econômico das partes – uma forte, poderosa, e a outra fraca, sem oportunidade de escolha –, a liberdade de uma importava em opressão da outra, já que não há igualdade real entre os homens na sociedade. Ripert já alertava: "*Se existe entre dois contratantes uma desigualdade de forças, se um dos dois é obrigado a contratar por uma imposição moral ou econômica, o seu consentimento não é livre. É, pois, correto não ver nesta manifestação da vontade o ato criador da obrigação*".[2]

Concomitantemente, temas como a função social dos contratos, a boa-fé objetiva, a proteção da confiança nas relações contratuais, o abuso do direito, a onerosidade excessiva e outros mais passaram a ser discutidos com maior intensidade e exigiram profunda releitura do conceito clássico do contrato.

Na visão de Claudia Lima Marques, "*O direito dos contratos, em face das novas realidades econômicas, políticas e sociais, teve que se adaptar e ganhar uma nova função, qual seja, a de procurar a realização da justiça e do equilíbrio contratual*".[3]

Da indiferença do Estado Liberal, observa Humberto Theodoro Junior, passou-se à intervenção protetiva do atual Estado Social. Além da preocupação com a **segurança**, a teoria contratual absorveu o compromisso com o **justo**. Segurança e justiça passaram a ser dois fatores a serem perseguidos em plano de harmonização efetiva.[4]

De forma sintética, é possível dizer que, após os grandes movimentos sociais do final do século XIX e da primeira metade do século passado, três novos princípios contratuais foram acrescidos àqueles já existentes, de modo a não ser possível considerar abolidos os anteriores: a **boa-fé objetiva** (itens 16 a 16.1), o **equilíbrio econômico do contrato** (item 52), e a **função social do contrato**, este último destinado a integrar os contratos numa ordem social harmônica. O contrato não mais pode ser visto como um átomo, algo que somente interessa às partes, desvinculado de tudo o mais. O contrato, qualquer contrato, tem importância para a sociedade e essa asserção, por força da Constituição, hoje faz parte do ordenamento positivo brasileiro (itens 49.3 a 49.5).

Depreende-se do exposto que a nova disciplina dos contratos não importou em eliminação dos seus elementos essenciais, mas sim em uma revisão de conceitos, de valores e de princípios. A autonomia da vontade, quase absoluta, deu lugar à **autonomia racional**,[5] assim entendida como um exercício de razão, uma autonomia de vontade em harmonia com outros princípios contratuais, especialmente a equidade e a boa-fé.

A teoria da vontade, regra legal da interpretação dos contratos,[6] foi substituída pela teoria da confiança, pela qual cumpre aferir o alcance da mensagem (proposta ou oferta) pelo prisma de quem a recebe. Deve-se apreciar que expectativa justa aquela

---

[2] Apud Serpa Lopes, *Curso de direito civil*, 6. ed., Freitas Bastos, v. III, p. 37.
[3] *Contratos no Código de Defesa do Consumidor*, 5. ed., Revista dos Tribunais, p. 167.
[4] *Direitos do Consumidor*, 5. ed., Forense, 2008, n°s 10 e 11.
[5] Nicole Chardin, *apud* Claudia Lima Marques, *Contratos...*, 4. ed., p. 169.
[6] Art. 85 do CC/16.

mensagem poderia despertar ou despertou no destinatário. Havendo desacordo entre a vontade e a declaração, esta deve prevalecer, quando, tendo em vista as circunstâncias em que é feita, seja apta a incutir no destinatário a convicção de que corresponde à vontade do declarante. Avalia-se a confiança despertada, qual foi a razoável percepção do destinatário, uma vez que, para que haja segurança social, necessário que se respeite a confiança despertada.

A igualdade das partes passou a significar fruição das mesmas condições materiais básicas para a celebração do contrato. A força obrigatória do contrato persiste, desde que seja mantido o justo equilíbrio das prestações, e assim por diante.

Assim, **o contrato não morreu**, conforme chegou-se a preconizar num determinado momento de sua evolução. Pelo contrário, revitalizado pelos novos princípios que o informam, está mais vivo do que nunca. Continua sendo o negócio jurídico por excelência e o mais poderoso instrumento de circulação de riquezas, o invólucro ou a "veste jurídica de operações econômicas", como preconizou Roppo com maestria.[7] O que a atual roupagem do contrato apresenta de inovação é o compromisso de conciliar **obrigatoriedade** e **segurança, autonomia** e **confiança, credibilidade** e **utilidade, lucro** e **equidade**.

Os novos princípios que regem os contratos deslocaram seu eixo do dogma da autonomia da vontade e do seu corolário da obrigatoriedade das cláusulas para considerar que a eficácia dos contratos decorre da lei, a qual os sanciona porque são úteis, com a condição de serem justos. Nessa ótica, continua-se a visualizar o contrato como uma oportunidade para o cidadão, atuando no âmbito da autonomia privada, dispondo sobre os seus interesses, de acordo com a sua vontade, mas essa manifestação de vontade não pode só por isso prevalecer, se dela resultar iniquidade ou injustiça. **O primado não é da vontade, é da justiça**, mesmo porque o poder da vontade de uns é maior que o de outros.

49.1 Contrato de Consumo

No Brasil, o marco legal dessa renovação teórica do contrato foi o Código de Defesa do Consumidor, que, como já ressaltado, operou uma revolução no ordenamento jurídico pátrio. Impôs uma revisão dos paradigmas contratuais e novos princípios a serem observados pelos contratantes; passou a exigir a intervenção do Estado nas relações privadas e *"ingerências legislativas cada vez maiores nos campos antes reservados para a autonomia da vontade, tudo de modo a assegurar a justiça e o equilíbrio contratual na nova sociedade de consumo"*.[8]

O contrato de consumo, expressão usual no mundo negocial, não é espécie nova e independente de contrato. Qualquer contrato, civil ou comercial – compra e venda, transporte, hospedagem, locação etc. –, pode ser de consumo desde que tenha por causa uma **relação de consumo,** entendendo-se como tal a relação jurídica que tem

---

[7] Enzo Roppo, *O Contrato*, Livraria Almedina, 1988, p. 11.
[8] Claudia Lima Marques, ob. cit., p. 167.

num dos polos um consumidor e no outro um fornecedor de produtos ou serviços, cujos conceitos estão no art. 3º do Código de Defesa do Consumidor.

O próprio Código do Consumidor não utiliza a expressão "contrato de consumo". Se o examinarmos, do começo ao fim, não vamos nele encontrar a disciplina de nenhum contrato; ele fala em **relação de consumo**, no que andou bem. Seria uma temeridade, até uma impossibilidade, se o legislador pretendesse disciplinar no CDC todos os contratos que têm por causa relação de consumo. Hoje, tudo ou quase tudo tem a ver com consumo: saúde, habitação, segurança, transportes, alimentação, vestuário, serviços públicos de luz, água, telefonia, e assim por diante. Somos mais de 200 milhões de consumidores, sem contar as pessoas jurídicas, gerando diariamente outras tantas milhões de relações de consumo. Consumo é um estuário onde deságuam todas as áreas do Direito.

A lição de Claudia Lima Marques é esclarecedora:

> "Atualmente, denominam-se ***contratos de consumo*** todas aquelas relações contratuais ligando um consumidor a um profissional, fornecedor de bens e serviços. Esta nova terminologia tem como mérito englobar todos os contratos civis e mesmo mercantis, nos quais, por estar presente em um dos polos da relação um consumidor, existe um provável desequilíbrio entre os contratantes. Este desequilíbrio teria reflexos no conteúdo do contrato, daí nascendo a necessidade de o direito regular estas relações contratuais de maneira a assegurar o justo equilíbrio dos direitos e obrigações das partes, harmonizando as forças do contrato através de uma regulamentação especial".[9]

Correto é, pois, afirmar que ***contrato de consumo*** é aquele em que figura num dos polos um fornecedor, no outro um consumidor e tem por objeto o fornecimento de produtos e serviços. Pode ocorrer em qualquer área do Direito – civil, empresarial, público e privado –, mas, uma vez caracterizada a relação de consumo, fica o contrato também sujeito à disciplina do Código do Consumidor, qualquer que seja a área em que ocorre.

A disciplina legal dos contratos de consumo consubstancia a última fase da longa evolução da teoria dos contratos, como bem demonstra Thomas Wilhelmsson, Chanceler da Universidade de Helsinki, em artigo intitulado Regulação de cláusulas contratuais,[10] no qual sintetiza as transformações verificadas nas relações contratuais a partir da preocupação do legislador de preservar o polo mais fraco de uma relação jurídica, transformações essas que estão em perfeita sintonia com os princípios normatizados no CDC, e sobre os quais se constrói a moderna concepção contratual.

As cinco grandes mudanças no direito contratual, apresentadas por Thomas Wilhelmsson, serão detalhadas nos tópicos a seguir.

---

[9] *Contratos no Código de Defesa do Consumidor*, 5. ed., Revista dos Tribunais, p. 302.
[10] *Revista de Direito do Consumidor* nº 18, p. 9-22.

49.2 Neutralidade de conteúdo × orientação de conteúdo

No modelo contratual tradicional (voluntarismo clássico), a vontade era o fator de criação dos negócios jurídicos; o consentimento era o limite da liberdade de contratar, a autonomia da vontade representava o poder amplo de ajustar o conteúdo do contrato. O termo **neutralidade** de conteúdo é próprio para indicar que a atenção estava voltada apenas para as circunstâncias presentes no momento da sua celebração. A questão da força vinculativa da avença era resolvida com base nas circunstâncias existentes por ocasião da conclusão do contrato sem qualquer consideração com o seu conteúdo.

Se a vontade era a força fundamental que vinculava os indivíduos, e não a autoridade da lei, então por trás da autonomia da vontade estava a ideia de superioridade da vontade sobre a lei. O direito devia moldar-se à vontade, protegê-la e reconhecer a sua força. Não era permitido ao Estado intervir nas relações privadas, nem mesmo para assegurar ou manter o equilíbrio do contrato. Celebrado o contrato, não se questionava a justiça do seu conteúdo.

O novo padrão contratual se preocupa com o conteúdo atual da avença e, ao enfocá-lo, flexibiliza o tradicional princípio da intangibilidade do conteúdo dos contratos. Em lugar de focar o passado – momento da celebração do contrato –, tem os olhos voltados para o presente – momento da execução do contrato –, permitindo ao juiz modificar cláusulas abusivas ou mesmo anulá-las, rever outras que se tornaram excessivamente onerosas e assim por diante.

Em conclusão, enquanto pelo modelo voluntarista se **avaliava apenas o contrato formalmente**, hoje se preconiza uma **visão interna**, **examina-se o conteúdo** do negócio, para verificar se ele é digno de tutela pelo ordenamento.

49.3 Abordagem estática × abordagem dinâmica

O direito contratual clássico focaliza-se nos fatos que ocorreram no momento da celebração do contrato; mudanças posteriores são em grande medida irrelevantes, exceto em alguns casos específicos tratados pela doutrina da impossibilidade. Ao juiz não cabia modificar a vontade das partes, nem adequá-la à equidade, cabia-lhe apenas assegurar que as partes atingissem os efeitos queridos pelo seu ato.

Esta abordagem estática do contrato ficou ultrapassada pela dinâmica da sociedade de consumo, na qual não mais é possível examinar um contrato como quem olha uma fotografia. Diferentemente da fotografia, na qual as pessoas, os objetos e os cenários são estáticos, a relação jurídica de consumo é extremamente dinâmica, o que impõe seja o contrato analisado em todo o seu contexto, desde a sua formação até a sua execução, como se estivéssemos assistindo a um filme. Temos hoje contratos cativos de longa duração, que vinculam as partes por anos e anos, o que obriga considerar a alteração da situação fática ocorrida após a formação do contrato, durante toda a sua execução, sob pena de não se alcançarem a justiça e o equilíbrio nos contratos. Em suma, a dinâmica da sociedade de consumo obrigou o abandono da visão estática do contrato pela visão dinâmica.

As mudanças do modelo contratual nesta direção, enfatiza Thomas Wilhelmsson, não estão ligadas apenas aos ideais do *Welfare State*. Elas são ainda mais afetadas pelas mudanças ocorridas na estrutura do mercado. A supramencionada tendência ao aumento dos arranjos com base em relações contratuais de longo prazo requer um novo modo de pensamento contratual.

49.4 Antagonismo × cooperação

A abordagem tradicional do direito contratual é **antagonista**, isto é, via o contrato como uma combinação das vontades de duas partes para proteger apenas os interesses específicos de cada uma delas. Celebrado o contrato, cada contratante buscava dele extrair o máximo proveito possível, indiferente à situação econômica do outro contratante e aos efeitos sociais que a avença viesse a produzir. Em suma, salve-se como puder.

A visão moderna enfatiza de modo crescente o contrato como uma expressão de **cooperação** entre duas partes, que sempre dura um tempo considerável e envolve não apenas seus exclusivos interesses, mas também os de terceiros. O contrato é visto e avaliado mais como forma e ferramenta de cooperação, com o objetivo de atingir resultados de acordo com os propósitos do contrato.

E assim é porque na sociedade contemporânea o contrato deve cumprir a sua **função social**, o que só se consegue com o adimplemento das obrigações convencionais. Com isso se obtém a circulação de riquezas e mantém-se a economia girando. Assim, cada contratante tem, em relação ao outro, legítimas expectativas econômicas, que se satisfazem quando do cumprimento das prestações criadas.

O que os contratantes desejam (ou devem desejar) é que o contrato chegue ao seu fim, sem percalços, desincumbindo-se, cada parte, de suas respectivas prestações. Destarte, extinto o contrato, terá cumprido a sua função social, fazendo circular as riquezas e satisfazendo as legítimas expectativas das partes.

Cada contrato descumprido é uma frustração na finalidade a que ele se destina, seja na finalidade interna – para os contratantes que querem o adimplemento –, seja na finalidade externa – manter a riqueza circulando.

Fácil concluir, portanto, que os interesses dos contratantes não são antagônicos ou conflitantes mesmo depois da celebração do contrato, mas, pelo contrário, convergentes. Por esta razão, repita-se, a concepção moderna do contrato enfatiza o caráter de **cooperação** entre os contratantes. Para isso, entretanto, será preciso que as partes prestigiem a boa-fé, o dever de informar, a lealdade recíproca e outros deveres anexos, não só quando da celebração do contrato, mas também durante toda a sua execução.

49.5 Atomismo (individualismo) × coletivismo

No modelo tradicional, a resolução de um contrato é problema que envolve apenas os contratantes. É considerada uma regra geral que a relação do contrato em disputa não deve ser levada em consideração em outros contratos feitos pelo mesmo fornecedor. No moderno pensamento contratual são apresentadas abordagens mais coletivas. A natureza coletiva (contratos de massa) ou repetitiva de inúmeros contratos é levada em consideração tanto para o raciocínio concretamente empregado na resolução de um caso, como para a estruturação de novas formas de regulação. O pensamento contratual moderno não se limita à relação contratual individual; vai além, aceitando vários métodos de criação contratual coletiva.

Os contratos de planos de saúde, escolares, seguros em geral, cartão de crédito, bancários e os de fornecimento de serviços – luz, gás, telefone, transportes – são contados aos milhões, nos quais seria impossível a contratação individualizada. Os contratos de consumo regulam a quase totalidade das atividades negociais, chegando a mais de 90% em alguns países, sobrando pouco espaço para o contrato individual.

Em outras palavras, o contrato não está mais centrado na ideia de que a vontade seria o seu elemento nuclear, a única fonte criadora de direitos e obrigações. Passa a ser utilizado como instrumento jurídico não só para satisfazer os interesses dos contratantes, mas também para cumprir a sua função social. Por força de sua função econômica e social, deve ser visto como instrumento de cooperação social, flexível e dinâmico, preocupado com o sujeito mais fraco da relação jurídica, daí por que subsumido a uma série de imposições de ordem pública e de interesse social.

49.6 Abordagem abstrata × abordagem voltada para a pessoa

No modelo contratual tradicional, o contrato caracterizava-se pelo voluntarismo, pela patrimonialidade e pelo individualismo. Os seus atores são descritos de uma forma abstrata, distante, fria e formal. São pessoas agindo como vendedores ou compradores e assim por diante. A tutela jurídica limitava-se a possibilitar que os indivíduos estruturassem suas próprias relações jurídicas através dos contratos, indiferente à situação econômica e social dos contratantes, fundada no pressuposto da existência de uma igualdade e uma liberdade no momento em que a obrigação foi contraída.

Entretanto, a liberdade sonhada pelos liberais tornou-se teórica e formal, não passando de um sonho. Acabou criando um abismo profundo entre os homens, porque a igualdade legal não corrige as desigualdades sociais e econômicas da vida real.

A nova concepção contratual recoloca a **pessoa como valor** – fonte de todos os valores jurídicos –, dando especial ênfase e sentido ao princípio da dignidade da pessoa humana. Confere, igualmente, maior peso aos argumentos relativos à vulnerabilidade, à hipossuficiência e outras diferenças eventualmente existentes entre as partes em busca da igualdade real.

Em conclusão: o ponto de vista atual do contrato é social. A sua principal função é criar uma **cooperação social saudável**. A sociedade atual luta por liberdade com igualdade (substancial), ou seja, por **solidariedade**, por **justiça social**. Estamos deixando a era dos "direitos declarados", para ingressarmos na dos "direitos concretizados". Nesse novo contexto, as pedras angulares do novo Direito contratual são a **equidade** e a **boa-fé**. Daí, o recrudescimento e a valorização do aspecto sinalagmático da relação jurídica. Não mais se conforma a sociedade com a igualdade formal dos contratantes, pura e simplesmente.

Ao contrário, deseja muito mais do que isso; pretende o reequilíbrio, o balanceamento total da relação, inclusive e principalmente no que respeita aos seus aspectos éticos.

Não se entenda, todavia, que as novas tendências contratuais se colocam contra vantagens ou contra o lucro, o que não é verdadeiro. A nova tendência contratual se opõe – e, aí sim, de modo contundente –, contra os excessos, os exageros, os abusos. Destarte, a ideia que deve prevalecer é a de um equilíbrio razoável da relação jurídica, em todos os seus aspectos, formais, materiais, econômicos e éticos.

A nova concepção dos contratos repudia, de modo veemente e absoluto, a lesão, o prejuízo não razoável. A primazia não é mais da vontade, mas, sim, da justiça contratual.

50 INTERVENCIONISMO DO ESTADO. DIRIGISMO LEGISLATIVO E ADMINISTRATIVO

Não é demais relembrar que no Estado Liberal as partes se vinculavam porque assim o queriam; o papel da lei resumia-se em consagrar esse entendimento; a função do juiz limitava-se a assegurar o cumprimento do que fora convencionado, desde que não existisse qualquer vício do consentimento ou de qualquer violação de regras de ordem pública. O Estado não podia intervir nos objetivos a serem alcançados pelo indivíduo, cingindo-se a garantir a estabilidade das regras do jogo.

No Estado Social, em face da realidade da sociedade de massas e renovação da teoria contratual, o Estado passa a intervir nas relações obrigacionais, inicialmente como terceiro equilibrador do sistema de forças entre os contratantes e do conteúdo da avença. Aos poucos, foi o Estado ampliando a sua forma de intervenção e, hoje, o faz através dos três Poderes da República: Executivo (**dirigismo administrativo**), Legislativo (**dirigismo legislativo**) e Judiciário (**dirigismo judicial**).

Pelo **intervencionismo legislativo** a atenção do legislador se desloca para a função social que os institutos privados devem cumprir, procurando reduzir as desigualdades culturais e materiais. O legislador deixa de ser simples garante de uma ordem jurídica e social marcada pela igualdade formal, para assumir um papel intervencionista, voltado para a consecução de finalidades sociais – eliminar os efeitos perversos gerados pela isonomia formal.

Observa Claudia Lima Marques que "*aos poucos o intervencionismo estatal evolui de modo a fomentar a edição de leis limitadoras do poder de autorregular determinadas cláusulas (p. ex.: cláusulas de juros) e determinar o conteúdo de certos contratos, passando a ditar o conteúdo daqueles contratos em atividades imprescindíveis (p. ex.: transportes, fornecimento de água, luz)*".[11]

Pode-se dizer que, graças ao Código de Defesa do Consumidor, a intervenção do Estado através da função legislativa (dirigismo legislativo), com a imposição de

---

[11] *Contratos no Código de Defesa do Consumidor*, 5. ed., Revista dos Tribunais, p. 253.

normas cogentes aos contratos, não derrogáveis pela vontade das partes, se mostrou bastante eficiente, nada obstante ainda estejamos muito longe do ideal.

O papel desempenhado pela lei, no modelo atual, não é mais meramente supletivo; ao contrário, em razão da prevalência do interesse social sobre os demais interesses, a lei atua de modo imperativo, quer sobre o comportamento das partes, quer sobre o conteúdo da contratação, e o faz através de cláusulas gerais, garantindo, assim, a sua efetiva observância.

Caio Mario sintetiza o intervencionismo do Estado na vida do contrato observando que o dirigismo contratual se dá de três maneiras distintas: *"(a) impondo a contratação, como no caso de fornecimento de bens ou serviços, conforme preceitua o art. 39, II e IX do CDC; (b) instituindo cláusulas contratuais coercitivas que definem direitos e deveres dos contratantes em termos insuscetíveis de derrogação, como no contrato de trabalho (CLT, art. 9º); (c) concedendo ao juiz poder de rever o contrato para anular ou modificar cláusulas, estabelecendo condições de execução, casos em que a vontade estatal substitui a vontade dos contratantes, valendo a sentença como se fosse a declaração volitiva do interessado. É a redução da liberdade de contratar em benefício da ordem pública".*[12]

A intervenção estatal, através de sua função executiva (**dirigismo administrativo**), no passado esteve muito ligada à edição de atos administrativos (resoluções, portarias) e ao controle de preços. Até que existia, mas de modo esparso e pouco difundido.

Com a entrada em vigor do Código de Defesa do Consumidor organiza-se e sistematiza-se o controle administrativo das relações de consumo, conforme se verifica da leitura dos arts. 55 a 60 da Lei nº 8.078/90, que constam do capítulo pertinente às sanções administrativas, o que ganhou impulso após a publicação do Decreto nº 2.181, de 20 de março de 1997, conferindo-se aos órgãos públicos integrantes do Sistema Nacional de Defesa do Consumidor (SNDC), em suas respectivas áreas de atuação, competência para fiscalizar e autuar, na forma da lei, os responsáveis por práticas que violem os direitos do consumidor, especialmente as referidas nos arts. 12 a 14 do prefalado decreto.

A Primeira Turma do Superior Tribunal de Justiça reconheceu que o Procon pode, por meio de interpretação de cláusulas contratuais consumeristas, aferir sua abusividade e aplicar sanção administrativa, como segue.

> "Administrativo. Consumidor. Procedimento administrativo. Plano 'Net Virtua'. Cláusulas abusivas. Transferência dos riscos da atividade ao consumidor. ***Procon. Atividade administrativa de ordenação. Autorização para aplicação de sanções violadoras do CDC. Controle de legalidade e interpretação de cláusulas contratuais. Atividade não exclusiva do Judiciário.*** [...]
>
> 3. O Decreto n. 2.181/1997 dispõe sobre a organização do Sistema Nacional de Defesa do Consumidor – SNDC e estabelece as normas gerais de aplicação

---

[12] *Instituições de direito civil*, 11. ed., revista e atualizada por Regis Fichtner, Forense, p. 28.

das sanções administrativas, nos termos do Código de Defesa do Consumidor (Lei nº 8.078/1990).

4. O art. 4º do CDC (norma principiológica que anuncia as diretivas, as bases e as proposições do referido diploma) legitima, por seu inciso II, alínea 'c', a *presença plural do Estado no mercado*, tanto *por meios de órgãos da administração pública voltados à defesa do consumidor (tais como o Departamento de Proteção e Defesa do Consumidor, os Procons estaduais e municipais)*, quanto por meio de órgãos clássicos (Defensorias Públicas do Estado e da União, Ministério Público Estadual e Federal, delegacias de polícia especializada, agências e autarquias fiscalizadoras, entre outros).

5. *O Procon, embora não detenha jurisdição, pode interpretar cláusulas contratuais, porquanto a Administração Pública, por meio de órgãos de julgamento administrativo, pratica controle de legalidade, o que não se confunde com a função jurisdicional* propriamente dita, mesmo porque 'a lei não excluirá da apreciação do Poder Judiciário lesão ou ameaça a direito' (art. 5º, XXXV, da CF).

6. A motivação sucinta que permite a exata compreensão do *decisum* não se confunde com motivação inexistente.

7. *A sanção administrativa aplicada pelo Procon reveste-se de legitimidade, em virtude de seu poder de polícia (atividade administrativa de ordenação) para cominar multas relacionadas à transgressão da Lei nº 8.078/1990*, esbarrando o reexame da proporcionalidade da pena fixada no enunciado da Súmula 7/STJ".[13]

51 DIRIGISMO JUDICIAL

O dirigismo contratual permite ao Estado intervir nas três fases do contrato; na sua formação, no seu conteúdo e na revisão, através do Poder Judiciário. Nesta última fase cabe ao juiz o papel fundamental de reconhecer ou não a validade e eficácia de certas cláusulas. A atuação do juiz ocorre no momento em que o contrato já existe e os seus efeitos são questionados.

Pensamos que à função jurisdicional (**dirigismo judicial**) está reservada posição de extrema relevância. Sem dúvidas, os esforços legislativos e/ou administrativos podem resultar infrutíferos se o Judiciário não estiver adequadamente preparado para compreender e aplicar o sistema protetivo do consumidor em toda a sua extensão e profundidade, conferindo-lhe a efetividade idealizada e preconizada pelo legislador.

---

[13] REsp nº 1.279.622/MG, Rel. Min. Humberto Martins, *DJ* 6/8/2015.

É animador saber que a jurisprudência evoluiu no que diz respeito ao controle do conteúdo e dos efeitos dos contratos, no sentido de se obter maior justiça social. Nesse sentido, confira-se:

> **"Revisão de contrato de financiamento. Possibilidade de revisão contratual. Aplicação do CDC.**
>
> O regime jurídico dos contratos mercantis que embasam relação de consumo mitiga o princípio da autonomia da vontade em favor de um prevalecente dirigismo contratual; admite-se, em consequência, a revisão judicial das cláusulas contratuais que colidam com as normas jurídicas em vigor.
>
> Aplica-se o CDC às relações jurídicas firmadas entre as instituições financeiras e os usuários de seus serviços".[14]

Não se pode perder de vista que jurisdição, na hipótese em discussão, é provocada, não raro, pelo consumidor leigo – que qualificaríamos, de regra, como um litigante eventual, vulnerável e hipossuficiente em sentido amplo –, que litiga contra um fornecedor profissional – litigante habitual, técnica e economicamente mais forte – e com base em um direito que é novo tanto para ele, quanto para o fornecedor e para o julgador. Tudo pode acontecer, mormente quando se está arraigado ao sistema tradicional dos contratos.

Nessas horas, é imprescindível que o julgador conheça o seu papel e saiba que é a própria Constituição – ao dispor em seus arts. 5º, XXXII, que "o Estado promoverá, na forma da lei, a defesa do consumidor", e 170, V, que a "defesa do consumidor" é princípio geral da ordem econômica – que impõe o dirigismo judicial na relação jurídica em julgamento, a fim de que o contrato vergastado seja equacionado à luz dos princípios e regras antes mencionados. Não se pode esquecer, é certo, de que contrato tem uma função econômica a cumprir; todavia, e é bom que se frise à exaustão, também tem uma função social a alcançar, sendo esta, na nova concepção dos contratos, a sua razão de ser.[15]

Logo, compete ao julgador, convicto de que o contrato não mais é o campo livre da autonomia das vontades, de que estas não são mais as únicas fontes de obrigações e, ainda, de que a função social é a razão e o limite para circulação de riquezas e satisfação das legítimas expectativas das partes, assegurar a observância dos novos paradigmas contratuais e estabelecer uma relação jurídica socialmente justa, nela intervindo, sempre que necessário for.

52 MODIFICAÇÃO E REVISÃO DE CLÁUSULAS CONTRATUAIS. INSTITUTOS AFINS NO CÓDIGO CIVIL

Só se mantém um contrato quando ele é útil – traz alguma vantagem – e é justo, equilibrado. Por mais útil ou necessário que seja um contrato, se ele não for justo e

---

[14] AgRg no REsp nº 807.052/RS, 3ª Turma, Rel. Min. Nancy Andrighi.
[15] Arts. 170, *caput*, CR/88, e 422, NCC.

equilibrado na prestação e na contraprestação, vai acabar sendo rompido ou descumprido por sua excessiva onerosidade.

Na realidade, todo o esquema contratual é uma ideia de equilíbrio, e esse equilíbrio pressupõe não uma situação estática, mas uma situação de balanço que, ao longo da relação contratual, estabelece uma média.

No momento em que a posição de um dos contratantes rompe esse equilíbrio, de modo que só ele passa a ter vantagem, rompe-se o próprio contrato.

Como é que se restabelece o equilíbrio do contrato de modo a evitar o seu rompimento?

É aí que entra o **dirigismo judicial**, cujo principal escopo é o reequilíbrio econômico do contrato, a busca da igualdade substancial entre os contratantes, mediante redistribuição de vantagens e encargos a cada uma das partes. O Código de Defesa do Consumidor, conforme destacamos anteriormente (item 42.1), em seu art. 6º, V, prevê duas formas distintas dessa **intervenção (dirigismo judicial)**, ao dispor que é direito básico do consumidor "*a modificação das cláusulas contratuais que estabeleçam prestações desproporcionais ou sua revisão em razão de fatos supervenientes que as tornem excessivamente onerosas*".

A modificação das cláusulas contratuais tem por causa a existência de um vício que se faz presente desde o momento da celebração do contrato, vale dizer, decorre de **lesão congênere** à formação do vínculo contratual. Se nesse momento são estipuladas condições altamente desvantajosas para o consumidor, cláusulas que possam ser consideradas abusivas, haverá no contrato um vício que o atinge no seu nascedouro.

A existência de cláusula que estabeleça prestação desproporcional para o consumidor faz com que o contrato já nasça desequilibrado e, uma vez constatado o desequilíbrio, permitirá ao juiz **modificar** essa cláusula, afastando-a ou substituindo-a por outra, em respeito aos princípios da equidade e da boa-fé. Poderá ainda o juiz declarar nulas as obrigações consideradas abusivas (não o contrato), de modo a restabelecer o equilíbrio contratual.

A questão será aprofundada no Capítulo IX, onde examinaremos as cláusulas abusivas; por hora merece destaque que o CDC permite a modificação de cláusula do contrato, não por ter o consumidor incorrido em vício de consentimento (erro, dolo, coação etc.), mas por estipular obrigação objetivamente contrária ao que normalmente se convencionaria num ajuste equitativo e equilibrado.

O Código Civil de 2002, em seu art. 157, contempla agora a figura da **lesão**, que se configura quando "*uma pessoa, sob premente necessidade, ou por inexperiência, se obriga a prestação manifestamente desproporcional ao valor da prestação oposta*". Esta lesão guarda semelhança com a lesão prevista no CDC porque há também nela um vício de origem, congênere à formação do vínculo contratual e que pode levá-lo à anulação. Diferem os institutos, entretanto, porque para a configuração da lesão do Código Civil o desequilíbrio entre as prestações deverá decorrer do estado de premência ou de inexperiência de uma das partes. Esse desequilíbrio, como já destacado, deve ser congênito e persistir até o momento da anulação. Para a configuração da lesão prevista no CDC, **basta a existência da desproporção**, independentemente do requisito de uma parte estar muito necessitada ou estar agindo com inexperiência.

A lição de Humberto Theodoro Junior tem nesse ponto precisão cirúrgica: *"Não cuida a lei protetiva dos motivos pelos quais se ajustaram prestações desequilibradas, em detrimento do consumidor. Considera-se viciada objetivamente a convenção lesiva, de sorte que, diversamente da regra do Código Civil (art. 157), a lesão se configura independentemente de estar o consumidor em estado de necessidade no momento de contratar, nem se exige qualquer expediente do fornecedor para aproveitar-se da carência ou inexperiência do consumidor".*

Conclui o renomado autor: *"A lesão, portanto, nos contratos entre fornecedor (parte forte) e o consumidor (parte fraca), configura-se pelo simples fato de as prestações bilaterais serem desproporcionais entre si, e em prejuízo da parte vulnerável".*[16]

Críticas foram feitas ao art. 157 do Código Civil logo depois da sua edição. Diziam que a **lesão** nele prevista, ao exigir o estado de premência ou de inexperiência para a sua configuração, estaria ultrapassada pela disciplina do Código do Consumidor que, conforme acima ressaltado, se satisfaz com a simples desproporção entre as prestações bilaterais. Outros argumentavam que o Código Civil, por ser lei mais nova, teria revogado o Código do Consumidor nesta parte.

Examinada a questão com profundidade, entretanto, constata-se a total falta de fundamento para os dois questionamentos. O Código Civil exige a premente necessidade ou a inexperiência para a configuração da lesão porque é um Código para relação entre **iguais** – dois ou mais particulares, empresários etc.; a disciplina jurídica nele estabelecida tem por base o equilíbrio entre as partes, pressupõe igualdade de todos que participam da relação jurídica. Já o Código do Consumidor, conforme reiteradamente destacado, além de ter campo especial de aplicação – **as relações de consumo** – regula relações entre **desiguais** – o fornecedor e o consumidor, este reconhecidamente mais fraco e vulnerável. A lesão nos contratos entre fornecedor e consumidor configura-se pelo simples fato de as prestações bilaterais serem desproporcionais entre si, em prejuízo da parte vulnerável, porque o sistema do Código do Consumidor se assenta sobre a presunção legal de que, na relação de consumo, o consumidor age sempre como parte vulnerável. A situação de inferioridade do consumidor é prévia e objetivamente reconhecida, o que dispensa exame da condição subjetiva, da existência de necessidade ou inexperiência de sua parte.

O Código de Defesa do Consumidor busca a igualdade real, reconstruída por uma disciplina jurídica voltada para o **diferente**, porque é preciso tratar desigualmente os desiguais para que eles se igualem. Só se justifica a aplicação de uma lei protetiva, repita-se, se estivermos diante de uma relação de desiguais; entre iguais não se pode tratar privilegiadamente um deles sob pena de se atentar contra o princípio da igualdade.

---

[16] *Comentários ao novo Código Civil*, 3. ed., Forense, v. III, t. I, p. 248-249.

Por outro lado, não haveria sentido em tornar o especial em comum, o excepcional em genérico, ampliando-se sobremaneira a gama de situações a merecer a proteção da legislação consumerista. Efetivamente, se a todos considerarmos **consumidores**, a nenhum trataremos diferentemente, e o direito especial de proteção imposto pelo CDC passará a ser um direito comum, que já não mais servirá para reequilibrar o desequilibrado, proteger o não igual. E mais, passará a ser um direito comum, nem civil, mas comercial.

Tratemos agora da **revisão de cláusula contratual**. Nesta, diferentemente da lesão, a onerosidade excessiva é um fato que acontece **depois** da celebração do contrato. A formação do contrato foi correta, ele está sendo cumprido normalmente, mas lá pelas tantas ocorre um fato novo que o desequilibra. E essa alteração vai acarretar maior onerosidade para uma das partes continuar cumprindo o contrato.

Aqui não se questiona a validade das cláusulas contratuais, hígidas e perfeitas no momento da sua celebração, mas **fator superveniente** à realização do negócio rompe o equilíbrio econômico-financeiro daquela relação jurídica, tornando imperiosa a intervenção judicial para restaurá-lo.

A **revisão de cláusulas contratuais** só tem lugar nos **contratos de execução continuada**, também chamados de **trato sucessivo ou de prestação diferida**, nos quais uma parte fica obrigada a pagar prestações no futuro – aluguel, compra de imóvel a prestação, fornecimento de produtos ou de serviços por tempo determinado ou indeterminado etc. No futuro, quando cada prestação será cumprida, deverá haver uma proporcionalidade com relação às situações presentes quando da realização do negócio. Se ocorrer algum fato que torne a prestação excessivamente onerosa, a intervenção judicial poderá ter lugar para modificá-la, reequilibrá-la ou mesmo extingui-la.

Esse fenômeno é tratado na doutrina sob diversos nomes, dependendo das características que devem ter os fatos supervenientes. Na França é chamado de **Teoria da Imprevisão**, versão moderna da antiga teoria da revisão contratual *rebus sic stantibus*, de inspiração canônica –, segundo a qual o contrato só seria exigível se as condições econômicas existentes no momento de sua execução fossem semelhantes às do tempo de sua celebração. Antes de ser uma regra jurídica, essa cláusula foi uma regra moral adotada pelo Direito Canônico; exigia-se equivalência das prestações sempre que se estivesse em presença de um ato a título oneroso.

Nos sistemas jurídicos dos séculos XVIII e XIX, a cláusula caiu no abandono, principalmente no auge do liberalismo. Só foi relembrada na primeira metade do século XX, depois da I Grande Guerra Mundial (1914-1918) e dos efeitos econômicos desastrosos por ela produzidos nos contratos de longo prazo. A cláusula *rebus sic stantibus*, com nova roupagem, ressurgiu na França com a denominação **Teoria da Imprevisão**. Acontecimentos novos e **imprevisíveis** pelas partes, quando alterassem profundamente o equilíbrio econômico do contrato, admitiriam a sua revisão para ajustá-lo às circunstâncias supervenientes.

O caso do gás de Bordeaux, bem lembrado por Laura Coradini Frantz, foi um dos primeiros a possibilitar a aplicação da teoria da imprevisão. A cidade de Bordeaux celebrara com a sociedade concessionária da produção e distribuição de gás contrato que tinha cláusula fixando o preço de venda de gás a seus usuários. Devido à alta do preço do carvão, em razão da ocupação militar das regiões produtoras e da dificuldade de transportá-lo, inclusive os salários, o preço inicialmente fixado revelou-se insuficiente, o que alterou o equilíbrio econômico do contrato. A sociedade submeteu sua pretensão ao Conselho do Estado, que aceitou levar em consideração a imprevisão para fixar uma compensação para a companhia vítima do desequilíbrio contratual.

Assim, a decisão do Conselho do Estado Francês, de 30 de maio de 1916, foi um marco ao solucionar o litígio entre a Prefeitura de Bordeaux e a Compagnie Générale d'Eclairage da cidade, com base na teoria da imprevisão.[17]

O problema da teoria da imprevisão é que, muitas vezes, a perda do equilíbrio contratual não advém de **fatos imprevisíveis**, mas de fatos previsíveis e mal avaliados pelas partes. Não conseguiram aquilatar o impacto que o fato teria na relação contratual. Isso, na versão tradicional da teoria, afastaria a possibilidade de revisão.

Na Itália, o fenômeno deu lugar à **Teoria da Onerosidade Excessiva**, uma variante da Teoria da Imprevisão, uma vez que ameniza a imprevisibilidade e dá mais força à onerosidade. O fato imprevisível é relevante, sim, mas o mais relevante é a onerosidade excessiva. A imprevisibilidade não deve ser do fato no contrato, porque às vezes o fato previsível não é bem aquilatado, mas produz um impacto no contrato que rompe o seu equilíbrio. A revisão será possível sempre que ocorrer **fato de consequência imprevisível**.

Vem da Alemanha a **Teoria da Quebra da Base Objetiva do Negócio**, mais liberal que as duas primeiras, uma vez que dispensa a **imprevisibilidade** como característica fundamental para a licitude da revisão ou da resolução contratual, deslocando seu acento para a onerosidade da prestação em si. Bastará, para configurá-la, que a equivalência entre a prestação e contraprestação fique tão destruída que não mais se possa falar em contraprestação.

Essa teoria muda o enfoque da pergunta sobre a causa da revisão. Na imprevisão, pergunta-se se o fato que sobreveio era imprevisível. Na onerosidade excessiva, pergunta-se se as consequências do fato que sobreveio eram imprevisíveis. Na quebra da base do negócio, a pergunta volta-se para o passado. Pergunta-se se o fato ocorrido rompeu a base do negócio, ou seja, rompeu um dos pressupostos sobre os quais se construiu o contrato. Se houve rompimento de um dos pilares sobre os quais se construiu o negócio, justifica-se a revisão.

A teoria da quebra da base objetiva do negócio é a que mais se harmoniza com a visão moderna do contrato porque nele os contratantes sempre estabelecem um **programa econômico em busca da harmonização de interesses**. Distribuem os riscos, áleas, proveitos, vantagens, obrigações, deveres e encargos. As partes podem dispor sobre esses temas, ampliando ou diminuindo o que toca a cada um, o que se

---

[17] *Revisão dos contratos*, Saraiva, 2007, p. 19.

admite em respeito à autonomia privada, respeitados os princípios gerais previstos no ordenamento jurídico.

Bem por isso, o **equilíbrio econômico do contrato** "*é pressuposto inerente a qualquer contratação, como imperativo ético do ordenamento jurídico*",[18] pois busca realizar e preservar o equilíbrio real de direitos e deveres no contrato, antes, durante e após sua execução, para harmonização de interesses.

Não por outra razão, todas as teorias revisionistas do contrato, não obstante seus diferentes fundamentos, têm a mesma causa: o desequilíbrio econômico do contrato; têm também a mesma finalidade: o restabelecimento desse equilíbrio. Essas teorias engendraram fórmulas limitadoras do *pacta sunt servanda*, ou, pelo menos, flexibilizadoras desse princípio, em busca do reequilíbrio contratual e em prol da preservação do pacto. Em suma, visam a salvar a utilidade do contrato, evitar uma desarrazoada desproporção entre a prestação e a contraprestação, porquanto, repita-se, a partir do momento em que o equilíbrio econômico contratual é rompido, não mais haverá contrato.

Assim, o eixo da controvérsia contratual deslocou-se da obrigatoriedade do contrato para uma outra questão mais relevante e de maior amplitude: **o equilíbrio econômico do contrato.** "*O que interessa não é mais a exigência cega de cumprimento do contrato, na forma como foi assinado ou celebrado, mas se sua execução não acarreta vantagem excessiva para uma das partes e desvantagem excessiva para outra, aferível objetivamente, segundo as regras da experiência ordinária. O princípio clássico pacta sunt servanda passou a ser entendido no sentido de que **o contrato obriga as partes contratantes nos limites do equilíbrio dos direitos e deveres entre elas***".[19] Portanto, a revisão do contrato por onerosidade excessiva, expressão da antiga cláusula *rebus sic standibus*, é mecanismo de atenuação do rigor do entendimento de que o contrato deve ser cumprido a qualquer custo.

Por **base negocial** entende-se o conjunto de circunstâncias existentes no momento da formação do contrato e que permitem às partes contratantes terem presente a sua viabilidade econômica. Rompe-se a base negocial sempre que a modificação das circunstâncias presentes na formação do contrato inviabilizar a sua finalidade.

De acordo com a doutrina de Karl Larenz, as partes, quando celebram um contrato, levam em consideração determinadas circunstâncias de caráter geral, como a ordem econômica ou social existente, o poder aquisitivo da moeda, as condições normais do tráfico, sem as quais o contrato não alcança o seu escopo. É o programa econômico do contrato, sem o qual não será possível falar em equilíbrio econômico. Se, após a conclusão do contrato, sucederem modificações fundamentais nas circunstâncias consideradas pelas partes no momento da ponderação de seus interesses e da

---

[18] Cristiano Chaves de Farias e Nelson Rosenvald, *Contratos*: teoria geral e contratos em espécie, 3. ed., Juspodivm, 2013, p. 233-234.

[19] Paulo Lobo, Princípios sociais dos contratos no Código de Defesa do Consumidor e no Novo Código Civil, *Revista de Direito do Consumidor*, São Paulo, nº 42, abr./jun. 2002, p. 192.

distribuição dos riscos, fazendo com que a avença perca completamente seu sentido originário e implique consequências diferentes daquelas planejadas pelas partes ou que razoavelmente deveriam projetar, o direito deverá tutelar tais situações para que a injustiça não se perpetue em nome da segurança jurídica.[20]

Com efeito, se a relação de reciprocidade das prestações é da essência do contrato bilateral, este perderá seu sentido ou caráter original quando, devido à transformação das circunstâncias, independentemente da vontade das partes, a relação de equivalência se modificar tanto que não mais se poderá falar de contraprestação. Atenta contra a boa-fé e gera o enriquecimento sem causa exigir de uma das partes o cumprimento de um contrato cuja relação entre as prestações se tenha substancialmente alterado.

O requisito da **imprevisibilidade** não se coaduna com a contratação de massa, onde ocorrem fatos previsíveis, mas de consequências desastrosas e inevitáveis. Por isso, as legislações modernas estão se inclinando pela **teoria da quebra da base objetiva do negócio** para a solução dos conflitos relativos à revisão de cláusula contratual, principalmente nas relações de consumo. O Código Civil português, em seu art. 437, é exemplo nessa questão. Dispõe o referido artigo: "*Se as circunstâncias em que as partes fundaram a decisão de contratar tiverem **sofrido uma alteração anormal**, tem a parte lesada direito à resolução do contrato, ou a modificação dele segundo juízos de equidade, desde que a exigência das obrigações por ela assumidas afete gravemente os princípios da boa-fé e não esteja coberta pelos riscos próprios do contrato*". Como se vê, não há no dispositivo nenhuma referência à imprevisibilidade, quer do fato superveniente, quer dos seus efeitos.

Essa foi também a posição assumida pelo nosso Código de Defesa do Consumidor em seu art. 6º, V, uma vez que não há também ali nenhuma referência à **imprevisibilidade**, quer dos fatos supervenientes, quer dos seus efeitos. Bastará que os fatos supervenientes tornem as prestações excessivamente onerosas.

Registre-se, entretanto, que qualquer que seja a teoria adotada a revisão só tem lugar no caso da **álea extraordinária**. Os fatos supervenientes, além de seu caráter extraordinário, devem estar fora da álea normal do contrato, entendendo-se por **álea normal** o risco inerente a todo contrato, a carga de incerteza existente até mesmo nos pactos certos e definidos. Por isso, costuma-se dizer que o contrato é um programa acertado entre as partes para distribuir os riscos imaginados. Por vezes, o lucro de uma parte é a perda de outra. Se o fato superveniente criar uma álea que, embora onerosa, está dentro do risco assumido, não será possível alegar a onerosidade excessiva. Se o comprador de um imóvel, por exemplo, ainda que o contrato seja a prestação, tiver o seu prédio valorizado ou desvalorizado, não poderá pleitear a revisão do contrato. Só justifica a revisão, repita-se, a **álea extraordinária**, que desequilibra o contrato. E esta só se caracteriza quando o evento causador do desequilíbrio contratual tiver **caráter excepcional e geral** – alterações conjunturais que criem obstáculos gerais

---

[20] *Apud* Laura Coradini Frantz, ob. cit., p. 49.

ao cumprimento de certo tipo de contrato ou prejudiquem toda uma categoria de devedores. Será necessário também que tenham ocasionado, ao mesmo tempo, um prejuízo excessivo para uma das partes e uma vantagem exagerada para a outra. Não haverá lugar para a revisão se o ônus de que se queixa o devedor não corresponder a uma injustificável vantagem para o fornecedor. Não se pode pretender melhorar a situação do devedor à custa do prejuízo do credor. Consequentemente, não haverá lugar para a revisão se o acontecimento tem apenas repercussão **pessoal** ou **individual**, como demissão do trabalho, desemprego, doenças e tantos outros, por estarem dentro do risco normal de cada tipo de negócio.

Pelas mesmas razões não se aplica o instituto da onerosidade excessiva aos contratos aleatórios, nos quais o resultado econômico depende de eventos futuros e incertos, ou seja, tais eventos devem ou não verificar-se para que seja determinada a prestação. A álea é um elemento essencial aos contratos aleatórios.

O Código Civil de 2002, em pelo menos dois dispositivos (arts. 317 e 478), positivou a **revisão judicial** das prestações em virtude de desproporções supervenientes à formação da relação obrigacional. Da leitura atenta dos dispositivos acima citados, entretanto, constata-se ter o Código Civil filiado à Teoria da Imprevisão, uma vez que exige a **imprevisibilidade** nas duas hipóteses. Art. 317: "*Quando, por motivos imprevisíveis, sobrevier desproporção manifesta entre o valor da prestação devida e o do momento de sua execução [...]*". Art. 478: "*Nos contratos de execução continuada ou diferida, se a prestação de uma das partes se tornar excessivamente onerosa, com extrema vantagem para a outra, em virtude de* **acontecimentos extraordinários e imprevisíveis** *[...]*".

A imprevisibilidade, como do conhecimento geral, é requisito subjetivo e de difícil configuração posto que a capacidade de previsão varia de pessoa para pessoa, de lugar para lugar e de caso para caso. Por isso o Código de Defesa do Consumidor, como já ressaltado, filiou-se à **Teoria da Quebra da Base Objetiva do Negócio** em seu art. 6º, V, uma vez que não se exige ali a **imprevisibilidade** que torne as prestações excessivamente onerosas. Não se perquire, como na Teoria da Imprevisão, sobre a previsibilidade ou não do fato econômico superveniente. O fato pode até ser previsível, mas não será esperado.

Justificam essa posição do CDC aquelas mesmas razões expostas quando tratamos da lesão. O Código Civil é um Código para relação entre **iguais**, o sistema nele estabelecido tem por base o equilíbrio entre as partes, pressupõe igualdade de todos que participam da relação jurídica, ao passo que o Código do Consumidor regula relações entre **desiguais**, o seu sistema se assenta sobre a presunção legal de que, na relação de consumo, o consumidor age sempre como parte vulnerável; a situação de inferioridade é prévia e objetivamente reconhecida, o que dispensa exame da condição de consumidor.

Haverá excessiva onerosidade quando, em razão de fato superveniente (previsível ou não), o valor da prestação a ser paga tornar-se manifestamente desproporcional ao valor originariamente ajustado; importar numa expressiva alteração da relação originária entre as prestações, acarretando uma situação injustificável de desequilíbrio dos respectivos valores. Essa excessiva onerosidade, a toda evidência, só pode ser aferida no caso concreto, e não em abstrato. Confira-se:

> "**Contrato de financiamento.** Cláusula de Reajuste pela Variação Cambial do Dólar. Incidência do Código de Defesa do Consumidor. Violação dos Princípios da Transparência, da Confiança e da Boa-fé Objetiva. **Aplicação da Teoria do Rompimento da Base do Negócio Jurídico.** O CDC, em seu art. 6º, V, permite expressamente a revisão das cláusulas contratuais sempre que fatos supervenientes as tornem excessivamente onerosas. Ali não mais se exige que esses fatos supervenientes sejam imprevisíveis, como na clássica teoria da imprevisão, bastando que sejam inesperados. A questão da desvalorização do real frente ao dólar é, sem dúvida, típico caso de rompimento da base do negócio jurídico, pois, embora previsível, foi um fato não esperado pelo consumidor em face das constantes promessas do Governo no sentido de não alterar a política cambial. Esse fato previsível, mas não esperado, situa-se na área do risco inerente a qualquer atividade negocial, não podendo ser transferido para o consumidor".[21]

No mesmo sentido, acórdão unânime da Quarta Turma do STJ:

> "Direito do consumidor. Leasing. Contrato com cláusula de correção atrelada à variação do dólar americano. Aplicabilidade do código de defesa do consumidor. Revisão da cláusula que prevê a variação cambial. Onerosidade excessiva. Distribuição dos ônus da valorização cambial entre arrendantes e arrendatários. Recurso parcialmente acolhido.
>
> I. Segundo assentou a jurisprudência das Turmas que integram a Segunda Seção desta Corte, os contratos de leasing submetem-se ao Código de Defesa do Consumidor.
>
> II. A cláusula que atrela a correção das prestações à variação cambial não pode ser considerada nula a priori, uma vez que a legislação específica permite que, nos casos em que a captação dos recursos da operação se dê no exterior, seja avençado o repasse dessa variação ao tomador do financiamento.
>
> **III. Consoante o art. 6º, V do Código de Defesa do Consumidor, sobrevindo, na execução do contrato, onerosidade excessiva para uma das partes, é possível a revisão da cláusula que gera o desajuste, a fim de recompor o equilíbrio da equação contratual".**[22]

Em outro julgado, o Superior Tribunal de Justiça reforçou a sua posição:

---

[21] TJRJ, Apelação Cível nº 16.654/99, 2ª Câmara Cível, Rel. Des. Sergio Cavalieri Filho.
[22] REsp nº 437.660/SP, Rel. Min. Sálvio de Figueiredo Teixeira.

"Compra e venda. Laranja. Preço. Modificação Substancial do Mercado. O contrato de compra e venda celebrado para o fornecimento futuro de frutas cítricas (laranja) não pode lançar as despesas à conta de uma das partes, o produtor, deixando a critério da compradora a fixação do preço. Modificação substancial do mercado que deveria ser suportado pelas duas partes, de acordo com a boa-fé objetiva. Recurso conhecido e provido".[23]

Ressalte-se, por derradeiro, que a revisão contratual por onerosidade excessiva, tal como prevista no CDC, atribui ao juiz o poder de intervir na economia do contrato para reajustar, em bases razoáveis, as prestações recíprocas, no claro propósito de conservá-lo. Só pode ser reconhecida por decisão judicial com **efeito *ex nunc***, não impondo, consequentemente, o retorno ao *status quo ante* se o contrato é de execução continuada ou periódica, pois as prestações satisfeitas se consideram exauridas.

A tônica, portanto, tanto no caso de **onerosidade excessiva** quanto no caso da **lesão congênere**, está na viabilidade da conservação do pacto obrigacional mediante o reajustamento das prestações, em ordem a estabelecer seu equilíbrio. Fala-se menos em extinção, e mais em readaptação das prestações.

Essa postura da legislação consumerista, zelando pela manutenção do equilíbrio substancial do pacto, bem assim por sua conservação, traduz fidelidade à concepção social do contrato, que não mais o considera, como ressaltado ao longo deste capítulo, ato que encerra apenas interesses contrapostos, mas que os harmoniza em busca de fim comum. Essa é a concepção que melhor se coaduna com a sua função social – instrumento de colaboração entre os homens.

---

[23] REsp nº 256.456/SP, Rel. Min. Ruy Rosado de Aguiar.

Capítulo VII
A PROTEÇÃO CONTRATUAL DO CONSUMIDOR – FASE PRÉ-CONTRATUAL

53   O DUPLO REGIME CONTRATUAL: CÍVEL E CONSUMERISTA

O contrato, tem sido proclamado, é o negócio jurídico por excelência, a mais importante fonte de obrigações. O consenso de vontades nele ajustado, além de criar ou modificar direitos e obrigações para as partes contratantes, possibilita e regulamenta a circulação de riqueza dentro da sociedade. "*Seu fundamento ético é a vontade humana, desde que atue na conformidade da ordem jurídica. Seu habitat é a ordem legal. Seu efeito, a criação de direitos e de obrigações. O direito atribui, pois, à vontade este efeito, seja quando o agente procede unilateralmente, seja quando a declaração volitiva marcha na conformidade de outra congênere, concorrendo a dupla emissão de vontade, em coincidência, para a constituição do negócio jurídico bilateral. Em tal caso, o ato somente se forma quando as vontades se ajustam, num dado momento*".[1]

Extenso é o campo de atuação do contrato, quase ilimitado. Não se restringe ao direito das obrigações, estendendo-se a outros ramos do direito público e privado. A vida em sociedade obriga as pessoas a realizar contratos de toda a espécie para adquirirem bens e serviços – alimentos, transporte, luz, água, telefone etc. "*Qualquer indivíduo*, pondera Caio Mário, – *sem distinção de classe, de padrão econômico, de grau de instrução – contrata. O mundo moderno é o mundo do contrato. E a vida moderna o é também, e em tão alta escala que, se se fizesse abstração por um momento do fenômeno contratual na civilização de nosso tempo, a consequência seria a estagnação da vida social. O **homo economicus** estancaria as suas atividades. É o contrato que proporciona a subsistência de toda a gente. Sem ele, a vida individual regrediria, a atividade do homem limitar-se-ia aos momentos primários*".[2]

O contrato, reiteramos, não morreu, pelo contrário, revitalizado pelos novos princípios que o informam, está mais vivo do que nunca. Apenas deixou de ser um

---
[1]   Caio Mário da Silva Pereira, *Instituições de direito civil*, 11. ed., Forense, v. III, p. 7.
[2]   Ob. cit., p. 11.

instrumento do egoísmo individual, para se tornar em poderoso fator de aprimoramento social, fazendo a riqueza circular e fomentando a produção. Tudo depende do uso que se faz dele. Se utilizado em harmonia com os princípios do CDC, o contrato será também instrumento indispensável para fazer produtos e serviços chegarem a milhões de consumidores.

Atento a essa realidade, o Prof. Fábio Ulhoa Coelho chama a atenção para **o duplo regime contratual** atualmente existente. Eis a lição: "*a tecnologia dos contratos constata que, na relação entre **desiguais**, nenhum dos contratantes é livre, porque não tem condições para negociar amplamente o contrato. O débil, em razão das suas necessidades e insuficiências de informações; o forte, pelo acréscimo de custos que a renegociação acarreta. Somente o vínculo entre contratantes dotados dos mesmos recursos para arcar com os custos de transação pode ser visto como produto de livre manifestação de vontade*".[3]

Diante desse quadro, prossegue o prestigiado autor, a tecnologia jurídica foi forçada a formular um novo modelo para prestigiar a tutela do economicamente mais fraco: "*Os contratos entre particulares submetem-se a **dois regimes distintos**: cível e de tutela dos consumidores. De modo genérico, quando a relação contratual aproxima consumidor (destinatário final de produto ou serviço) de fornecedor (empresário que vende no mercado produtos ou presta serviços), aplica-se o regime consumerista; nos demais casos, ausente consumidor ou fornecedor na relação contratual, aplica-se o regime cível*".[4]

E mais adiante, arremata. "*Em outros termos, pode-se afirmar que, entre sujeitos de direito economicamente iguais – isto é, com recursos semelhantes para entabular negociações –, aplica-se o regime cível; entre sujeitos de direito economicamente desiguais, aplicam-se as normas editadas de forma específica para o contrato ou o regime geral do direito do consumidor*".[5]

O regime dos contratos de consumo, portanto, visa proteger o contratante vulnerável, o consumidor, proteção essa que, como veremos, começa na fase pré-contratual e se estende até a fase pós-contratual. Cumpre observar, entretanto, que por maior e mais ampla que seja a proteção contratual do consumidor, esta não poderá descaracterizar o contrato. Como bem adverte a Ministra Nancy Andrighi, "***a função social** infringida ao contrato não pode desconsiderar seu papel primário e natural, que é o econômico. Este não pode ser ignorado, a pretexto de cumprir-se uma atividade beneficente. Ao contrato incumbe uma função social, mas não de assistência social. Por mais que um indivíduo mereça tal assistência, não será no contrato que se encontrará remédio para tal carência. O instituto é econômico e tem fins econômicos a realizar, que não podem ser postos de lado pela lei e muito menos pelo seu aplicador. A função social não se apresenta como objetivo do contrato, mas sim como limite da liberdade dos contratantes em promover a circulação de riquezas*".[6]

---

[3] *Curso de direito civil*, Saraiva, 2005, v. 3, p. 13.
[4] Ob. cit., p. 15.
[5] Ob. cit., p. 16.
[6] REsp nº 803481/GO.

54 FASE PRÉ-CONTRATUAL

O contrato, desde o seu início até a sua extinção, desencadeia uma relação jurídica prolongada que pode ser comparada a um processo. Não um processo no sentido judicial; processo no sentido administrativo porque engloba necessariamente uma série de atos que se encadeiam num sentido lógico e caminham para um determinado fim. Nas palavras de Enzo Roppo, "*O contrato é a veste jurídica de operações econômicas*".[7]

Na verdade, por mais instantâneo que seja o contrato, como a simples compra de uma roupa num *shopping center*, passa-se por uma sequência de atos, desde o momento interno de convicção da necessidade até o pagamento do preço e o recebimento da roupa.

De acordo com essa visão moderna do contrato como processo, identifica-se nele uma primeira fase que tem sido chamada de *pré-contratual*, em que as partes iniciam os contatos, fazem propostas e contrapropostas, enfim, as tradicionais tratativas destinadas a reflexões e ponderações. Embora nessa fase ainda não tenha ocorrido o encontro de vontades, essas tratativas podem gerar certa vinculação, mormente quando despertam confiança, legítima expectativa em uma das partes, levando-a a fazer despesas com orçamentos, prospectos, estudos, projetos etc.

É relação jurídica próxima da contratual, ainda não contratual, mas **contatual**, que pode criar direitos e obrigações, dentro daquela expressão que Clóvis do Couto e Silva trouxe da Sociologia para o Direito, o chamado **contato social** como fonte geradora de obrigações.[8]

A proteção contratual do consumidor começa nessa fase pré-contratual, razão pela qual exige-se das partes postura séria, leal, sincera, enfim, afinada com o princípio da boa-fé objetiva, pedra angular de todo o sistema contratual consumerista. O rompimento leviano e desleal das tratativas pode ensejar obrigação de indenizar, não por inadimplemento, posto que ainda não há contrato, mas pela quebra da confiança, pelo descumprimento dos deveres de lealdade, de transparência, de informação, de cooperação, que regem todos os atos negociais, mesmo os decorrentes de *contato social*.

55 A PUBLICIDADE

Na fase pré-contratual a publicidade ocupa um papel especial. Adalberto Pasqualotto a define como "*toda a comunicação de entidades públicas ou privadas, inclusive as não personalizadas, feita através de qualquer meio, destinada a influenciar o público em favor, direta ou indiretamente, de produtos e serviços, com ou sem finalidade lucrativa*".[9]

A publicidade é também uma das consequências da sociedade industrializada e massificada. Na época em que a produção era artesanal, a comunicação entre o fornecedor e o comprador era feita pessoalmente. A partir da Revolução Industrial,

---

[7] *O contrato*, Almedina, 1988, p. 11.
[8] *A obrigação como processo*, José Bushatsky, 1976, p. 88-89.
[9] *Os efeitos obrigacionais da publicidade no CDC*, Revista dos Tribunais, 1997, p. 25.

entretanto, tornou-se necessário um sistema de comunicação de massa, aí tendo origem o fenômeno da publicidade na atual sociedade de consumo, em todos os países do mundo. Não há sociedade de consumo sem publicidade. O primordial objetivo da publicidade, ninguém desconhece, é informar o consumidor sobre os produtos e serviços disponíveis no mercado para despertar o seu interesse e levá-lo a adquiri-los.

Isto confere à publicidade uma poderosa ação sobre o consumidor, capaz de criar-lhe necessidades, mexer com o seu inconsciente, modificar padrões de consumo, inserindo o produto anunciado entre as novas necessidades.

E, se o principal objetivo da publicidade é estimular a aproximação entre o consumidor e os produtos e serviços oferecidos, então a atividade por ela desenvolvida se enquadra com perfeição na fase pré-contratual, diretamente relacionada com a nova noção de oferta trazida pelo CDC. Nesse sentido a lição de Fábio Konder Comparato:

> "A preocupação de defesa do consumidor conduziu, igualmente, a um alargamento da noção de compra e venda privada, no quadro mais realista de uma economia de empresa. Passou-se, assim, a entender que os **processos de publicidade comercial**, pela sua importância decisiva no escoamento da produção por um consumo em massa, integram o próprio mecanismo do contrato e devem, por conseguinte, merecer uma disciplina, de ordem pública análoga às da estipulações contratuais".[10]

Ao Conselho Nacional de Autorregulamentação Publicitária (CONAR) cabe a autorregulação do setor de publicidade. Trata-se de associação civil sem fins lucrativos, criada em 1980, integrada – conforme o art. 8º do seu estatuto – por entidades representativas das agências de publicidade, dos veículos de comunicação, dos anunciantes etc. Tem por finalidade promover e controlar o atendimento dos limites éticos da atividade publicitária.

Não obstante a importância da atividade do CONAR no controle da publicidade, a Constituição de 1988 foi o marco legal das limitações impostas à publicidade de certos produtos, como tabaco, bebidas alcoólicas, agrotóxicos, medicamentos e terapias sujeitas a restrições legais. Dois anos após a promulgação da Carta Magna, o Código do Consumidor estabeleceu disciplina específica para a proteção do consumidor.

Não se pode negar a importância da publicidade na sociedade de consumo, mas, em face da poderosa influência que exerce sobre o consumidor, não se pode permitir que ela seja utilizada sem qualquer controle, de modo a induzir o consumidor a erro. Daí a disciplina do CDC (arts. 36 a 38) destinada a proteger o consumidor da publicidade enganosa ou abusiva, na fase pré-contratual. Não proíbe a publicidade, pois é indispensável na sociedade de consumo, mas torna-a fonte de obrigações, impondo deveres ao fornecedor que dela se utilizar.

---

[10] *Revista de Direito Mercantil, Industrial, Econômico e Financeiro*, 15-16/97, nova série, 1974.

55.1 Liberdade de expressão publicitária?

Parte da doutrina sustenta que a atividade publicitária tem por fundamento a **liberdade de expressão**, consagrada no art. 5º, IX, da Constituição, razão pela qual não poderia sofrer qualquer tipo de censura ou restrição legal, entendimento este que ensejou a denominada "liberdade de expressão publicitária". Tal entendimento, entretanto, embora se apegue aos aspectos formais e materiais da publicidade que envolvem a expressão de conceitos e ideias de profissionais da área publicitária, desconsidera, no entanto, a vinculação íntima existente entre a atividade publicitária e o seu fim eminentemente econômico. Inquestionavelmente, não há na atividade publicitária a mesma finalidade reconhecida à liberdade de expressão como garantia do regime democrático e do Estado de Direito.

Absolutamente correta, em nosso entender, a posição de Adalberto Pasqualotto, Bruno Miragem, Claudia Lima Marques e outros, que entendem ser fundamento jurídico da atividade publicitária a **livre-iniciativa**, um dos fundamentos da ordem econômica disciplinada no art. 170 da Constituição da República, ordem econômica esta condicionada por uma série de princípios, dentre os quais a **defesa do consumidor**.[11] E sendo a defesa do consumidor, como vimos, além de imperativo constitucional e direito fundamental do consumidor, princípio informativo da ordem econômica constitucional, o exercício da atividade publicitária há de se harmonizar com a defesa dos interesses do consumidor e com o regramento constitucional específico da ordem econômica.

Irreprochável a lição de Bruno Miragem:

> "Colocar-se a publicidade, conceitualmente vinculada à finalidade eminentemente econômica, sob a égide da liberdade de expressão, de modo a limitar a possibilidade ou intensidade da sua restrição ou controle a partir de determinações estabelecidas na própria Constituição, e regradas pela legislação ordinária, é outorgar um privilégio que, além de não ser razoável, carece de fundamentação jurídica. Tais restrições à publicidade serão legítimas quando realizadas em consideração da promoção de direitos fundamentais de relevo, tais como a proteção do consumidor, da criança, ou da saúde pública, de modo a conformar a liberdade de iniciativa econômica, assento constitucional da atividade publicitária".[12]

Em doutrina distingue-se a **publicidade promocional** da **publicidade institucional**. A primeira tem por finalidade a promoção de produtos e serviços no mercado de consumo, enquanto a segunda destina-se à promoção de uma marca ou de uma determinada empresa fornecedora de produtos ou serviços. Embora a publicidade

---

[11] Bruno Miragem, *Curso de Direito do Consumidor*, 3. ed., Revista dos Tribunais, p. 210-212.
[12] Ob. cit., p. 211-212.

institucional não tenha por fim direto e imediato a venda de produtos ou serviços, tem este objetivo como finalidade mediata ou indireta, por intermédio da promoção da marca ou conceito, razão pela qual se encontra também sob o regramento das normas do CDC.[13]

O patrocínio é espécie de publicidade que pode ter lugar pela forma promocional ou institucional. São comuns os patrocínios de atividades ou eventos esportivos (clubes, times etc.), bem como de marcas, nomes ou imagens de produtos e serviços.

Registre-se que toda a disciplina estabelecida pelo CDC para a publicidade tem plena aplicação à publicidade feita pela Internet no chamado **comércio eletrônico**. Essa publicidade merece até maior rigor quanto aos princípios da segurança, da transparência e da confiança em razão das características dos negócios que objetivam. Não há neles a presença física das partes e o registro do negócio não é feito em suporte material (papel), mas em documentos assinados e arquivados digitalmente. Assim, não obstante a agilidade da atividade negocial e a redução dos seus custos, há um aumento dos seus riscos na operação, o que exige maior segurança na sua efetivação.

56 PUBLICIDADE E PROPAGANDA

Antes de passarmos ao exame dos princípios do CDC relativos à publicidade, é importante ressaltar, pelo menos a título de informação, que os termos **publicidade** e **propaganda** não são sinônimos, embora habitualmente sejam utilizados um pelo outro até entre operadores do direito.

Publicidade tem objetivo comercial, próprio para anunciar produtos e serviços possíveis de negociação. **Propaganda**, por sua vez, visa a um fim ideológico, próprio para a propagação de princípios, ideias, teorias, com objetivo religioso, político ou cívico. **A propaganda eleitoral ou partidária** é bom exemplo do correto emprego do termo *propaganda*. Outros exemplos são as campanhas governamentais contra acidentes de trânsito, contra a AIDS, pró-vacinação etc.

57 PUBLICIDADE E INFORMAÇÃO

Outra distinção importante a ser lembrada é entre **publicidade** e **informação**. Nem toda informação é publicidade, como também nem toda publicidade é informação. A publicidade está mais vinculada ao princípio da **veracidade**, enquanto a informação, ao princípio da **transparência**. Pelo princípio da transparência, conforme vimos (item 17), o fornecedor é obrigado a prestar ao consumidor todas as informações relativas ao produto ou serviço que ele fornece no mercado (qualidade, características, origem, preço, riscos etc.). Já pelo princípio da veracidade, o fornecedor é obrigado a não enganar o consumidor, isto é, não lhe transmitir informações falsas como se fossem verdadeiras. Não há, como veremos, correlação necessária entre falsidade e

---

[13] Bruno Miragem, ob. cit., p. 209.

enganosidade. Uma peça publicitária pode não ser verdadeira (fantasiosa) e não ser enganosa, assim como pode ser verdadeira, porém enganosa. A falsidade pode não estar relacionada com a fantasia publicitária, uma vez que há um limite de tolerância para mensagens hiperbólicas, tais como as otimistas, as exageradas e as humorísticas.

A cláusula contratual que descreve o produto, a bula do remédio, o manual de instrução de uso do produto etc. são informações, mas não caracterizam publicidade. Da mesma forma, a publicidade feita apenas com utilização de imagens, a frase de efeito, o *slogan* etc. não são informação. Não se pode esquecer que o objetivo maior da publicidade não é informar, mas induzir à compra. Mas nem por isso pode deixar de atender a certos princípios, que a seguir serão examinados.

58   PRINCÍPIO DA IDENTIFICAÇÃO DA PUBLICIDADE

Alguns princípios são apontados pela doutrina como norteadores da publicidade. Não se deve, porém, confundir os princípios gerais da publicidade com os princípios do CDC examinados do Capítulo III.

Entre os **princípios da publicidade**, destaca-se em primeiro lugar o princípio da identificação, consagrado no art. 36 do CDC: "*A publicidade deve ser veiculada de tal forma que o consumidor, fácil e imediatamente, a identifique como tal*". Depreende-se do dispositivo que a publicidade só é lícita quando o consumidor puder identificá-la imediata e facilmente. Proíbem-se com isso a publicidade clandestina e a subliminar, de que são exemplos algumas "reportagens, relatos científicos, informes econômicos", verdadeiras comunicações publicitárias travestidas de informação editorial, objetiva e desinteressada.[14]

Típico caso de publicidade clandestina, também chamada de ***merchandising***, é a projeção de produto, de serviço ou de determinada marca em filmes, novelas, programas de auditório etc., com a finalidade de estabelecer uma associação entre estes e qualidades positivas decorrentes da sua utilização. São exemplos tirados da doutrina: fazer uso, o personagem do filme ou novela, de cartão de crédito de determinado banco ou bandeira; ingerir bebida de determinada marca; utilizar veículo de marca ou modelo específicos, e assim por diante.

59   PRINCÍPIO DA VINCULAÇÃO CONTRATUAL DA PUBLICIDADE

Está previsto no art. 30 do CDC: "*Toda informação ou publicidade, suficientemente precisa, veiculada por qualquer forma ou meio de comunicação com relação a produtos e serviços oferecidos ou apresentados,* **obriga o fornecedor** *que a fizer veicular ou dela se utilizar e integra o contrato que vier a ser celebrado*".

---

[14] Antonio Herman Benjamin, *Código Brasileiro de Defesa do Consumidor*, 8. ed., Forense Universitária, p. 321.

Esse dispositivo, inovando a doutrina tradicional, para a qual os anúncios eram considerados aspectos alheios ao negócio e, por isso mesmo, não vinculantes, dá caráter vinculante à informação e à publicidade.

O princípio encontra justificativa no potencial persuasivo das técnicas de *marketing*. Mais especificamente, na raiz da força obrigatória da mensagem publicitária está o reconhecimento pelo Direito do poder de influência desse instrumento promocional nas decisões dos consumidores: a publicidade cria expectativas – legítimas – que precisam ser protegidas.[15]

A publicidade, no regime contratual consumerista, desempenha papel equivalente ao da oferta no regime contratual cível, porque no CDC, como acabamos de ler, ela obriga o fornecedor e integra o contrato que vier a ser celebrado. Trata-se de uma exigência indispensável do consumo de massa e da oferta ao público. De que adiantariam a publicação e distribuição de catálogos de produtos, listas de preços etc., se o consumidor precisasse verificar se as propostas neles contidas eram válidas?

A vinculação, preleciona Antonio Herman Benjamin, atua de duas maneiras. Primeiro, obrigando o fornecedor, mesmo que se negue a contratar. Segundo, introduzindo-se (e prevalecendo) em contrato eventualmente celebrado, inclusive quando seu texto o diga de modo diverso, pretendendo afastar o caráter vinculante.[16] Se o fornecedor recusar o cumprimento da sua publicidade, ou se, ainda, não tiver condições de cumprir o que prometeu, o consumidor, com base no art. 35 do CDC, pode escolher entre o cumprimento forçado da obrigação e a aceitação de outro bem de consumo. Caso o contrato já tenha sido firmado, sem contemplar integralmente o conteúdo da publicidade, o consumidor pode exigir a sua rescisão, com restituição do já pago, mais perdas e danos.

Ressalte-se, todavia, que para a publicidade vincular o fornecedor é necessário que ela seja **precisa**; não se trata de precisão absoluta, que não deixe dúvidas. O Código contenta-se com uma *precisão suficiente*, vale dizer, com um *mínimo* de concisão. É exatamente por lhe faltar essa precisão mínima que o exagero (*puffing*) geralmente não tem força vinculante. É o caso de expressões exageradas, como *o melhor sabor, o mais bonito, o mais maravilhoso* etc.[17]

60 PRINCÍPIO DA INVERSÃO DO ÔNUS DA PROVA

Dispõe o art. 38 do CDC: "*O ônus da prova da veracidade e correção da informação ou comunicação publicitária cabe a quem as patrocina*". Esta inversão é *ope legis*, isto é, por força de lei, e não *ope iudicis*, como aquela prevista no art. 6º, VIII. Quem patrocina a publicidade tem o ônus de provar a sua veracidade independentemente de qualquer determinação do juiz. Esse ônus decorre dos princípios da veracidade e da

---

[15] Benjamin, ob. cit., p. 260.
[16] Ob. cit., p. 258.
[17] Benjamin, ob. cit., p. 259.

não abusividade da publicidade, que veremos a seguir, bem como do reconhecimento da vulnerabilidade do consumidor.

61 PRINCÍPIO DA TRANSPARÊNCIA DA FUNDAMENTAÇÃO DA PUBLICIDADE

Encontra-se no parágrafo único do art. 36 o princípio da transparência da fundamentação da mensagem publicitária. *"O fornecedor, na publicidade de seus produtos ou serviços, manterá, em seu poder, para informação dos legítimos interessados, os dados fáticos, técnicos e científicos que dão sustentação à mensagem."*

A ideia central deste princípio é possibilitar que a relação contratual com o consumidor seja sincera e menos danosa. Transparência implica informação correta sobre o produto ou serviço, sobre o contrato a ser celebrado, ou seja, lealdade e respeito nas relações estabelecidas entre as partes, mesmo na fase pré-contratual.[18]

Consumidor desinformado é consumidor desarmado, vulnerável. Sem informações adequadas sobre os produtos e serviços que lhe são oferecidos, o consumidor é presa fácil dos abusos do mercado. Se se deseja eliminar ou abrandar a vulnerabilidade do consumidor, a questão da informação mostra-se decisiva.

O descumprimento deste princípio, além da repercussão civil e administrativa, tipifica o ilícito penal previsto no art. 69 do Código.

62 PUBLICIDADE ENGANOSA E PRINCÍPIO DA VERACIDADE

O Código consagrou o **princípio da veracidade da publicidade** ao proibir a publicidade enganosa no seu art. 37: *"É proibida toda publicidade enganosa ou abusiva"*. Esse é o grande avanço do Código de Defesa do Consumidor, apontado pela doutrina – apresentar um regramento jurídico claro da publicidade enganosa e abusiva, dando-lhe, ademais, capacidade de vinculação contratual.[19]

O que se entende por publicidade enganosa? Conforme o § 1º do citado art. 37: *"É enganosa qualquer modalidade de informação ou comunicação de caráter publicitário, inteira ou parcialmente falsa, ou, por qualquer outro modo, mesmo por omissão,* **capaz de induzir em erro** *o consumidor a respeito da natureza, características, qualidade, quantidade, propriedades, origem, preço e quaisquer outros dados sobre produtos e serviços"*. Trata-se, como se vê, de conceito bastante amplo, mormente tendo-se em conta que a enumeração nele contida é exemplificativa.

Depreende-se do conceito legal, todavia, que o elemento fundamental para a caracterização da publicidade enganosa será a sua capacidade de **induzir em erro o consumidor** a respeito de qualquer dado do produto ou serviço objeto da publicidade. O critério é finalístico: **a indução a erro.**

---

[18] Adalberto Pasqualotto, ob. cit., p. 288.
[19] Benjamin, ob. cit., p. 313.

E o que é erro? Erro é a falsa representação da realidade. É juízo falso, enganoso, equivocado, incorreto que se faz de alguém ou de alguma coisa. Logo, será enganosa a publicidade capaz de levar o consumidor a fazer uma falsa representação do produto ou serviço que está sendo anunciado, um juízo equivocado, incorreto a respeito das suas qualidades, quantidade, utilidade, preço ou de qualquer outro dado.

Extrai-se, também, do conceito legal, e isso quando ele diz – *inteira ou parcialmente falsa* –, que nem sempre a publicidade enganosa será falsa. Antonio Herman Benjamin dá ênfase a essa distinção ao dizer: "*Não se confunda publicidade falsa com publicidade enganosa. Aquela não passa de um tipo desta. De fato, uma publicidade pode, por exemplo, ser completamente correta e ainda assim ser enganosa, seja porque informação importante foi deixada de fora, seja porque o seu esquema é tal que vem a fazer com que o consumidor entenda mal aquilo que está, realmente, dizendo. É, em síntese, o conceito de enganosidade, e não a falsidade, que é essencial aqui*".[20]

Assim, para se caracterizar a publicidade enganosa não basta a veiculação de inverdade. Será necessário que a informação inverídica seja pelo seu conteúdo, pela forma de apresentação, pelo contexto em que se insere ou pelo público a que se dirige capaz de enganar. O fato de haver algum toque de fantasia nas peças publicitárias – tapete persa que voa, cães que falam e dançam, tênis utilizado por atletas que fazem fantásticas acrobacias etc. – não implica publicidade enganosa porque a percepção da fantasia afasta a enganosidade. Nestes casos, percebe-se que as informações fantasiosas têm apenas a finalidade de atrair consumidores, destinam-se a mobilizar as suas emoções, e não de prestar informações. Ninguém, por exemplo, há de imaginar que, por usar um tênis de determinada marca, vai se tornar um grande atleta. A mensagem da publicidade é no sentido de que a marca do tênis é a utilizada pelos melhores atletas. Essa prática tem sido aceita por ser evidente a *fantasia*, o fim de constituir simples discurso vazio de conteúdo, respeitados os limites do interesse público.

A *fantasia* que se faz presente nessa publicidade não a caracteriza como enganosa se a todos for perceptível que não passa disso, de uma fantasia. "*Pode haver, portanto, algum toque de fantasia (e de falsidade, por conseguinte) nas peças publicitárias. Isso, no entanto, não representa agressão ao direito dos espectadores à mensagem verdadeira, porque a percepção do fantasioso afasta a possibilidade de qualquer pretensão fundada na realidade dos fatos*".[21]

Em suma, **a pedra de toque para a caracterização da publicidade enganosa é a sua capacidade de induzir em erro o consumidor**. Como todos sabem que um tapete não voa, que cães não falam etc., não há, nesses casos, possibilidade de enganos, nem a informação é divulgada como se fosse um fato real.

---

[20] Ob. cit., p. 328.
[21] Fábio Ulhoa Coelho, A publicidade enganosa no Código de Defesa do Consumidor, *Revista de Direito do Consumidor* 8/70.

Mas, por outro lado, sempre que o anúncio for capaz de induzir em erro o consumidor, mesmo que tal não tenha sido querido pelo anunciante, estará caracterizada a publicidade enganosa. Precisa e correta, uma vez mais, a lição do mestre Antonio Herman Benjamin neste ponto: *"Na caracterização da publicidade enganosa não se exige a intenção de enganar por parte do anunciante. É irrelevante, pois, a sua boa ou má-fé. A intenção (dolo) e a imprudência (culpa) só ganham destaque no tratamento penal do fenômeno [...] Tudo o que se exige é prova de que o anúncio possui tendência ou capacidade para enganar, mesmo que seja uma minoria insignificante de consumidores. A essência do desvio (enganosidade) não é a má-fé, negligência, ou mesmo o descumprimento de um dever contratual ou paracontratual. Em suma: **uma prática é enganosa mesmo quando inexiste qualquer intenção de enganar**".*[22]

63   TIPOS DE PUBLICIDADE ENGANOSA

A publicidade enganosa pode ser comissiva e omissiva. **Na publicidade enganosa por comissão**, o fornecedor afirma algo que não corresponde à realidade do produto ou serviço, algo que não existe, capaz de induzir o consumidor em erro.

Houve um tempo, por exemplo, em que os planos de saúde anunciavam aproveitamento de carência para a mudança de plano, atendimento de emergência prestado por UTIs aéreas, helicópteros, ambulâncias superequipadas etc. A Justiça, em muitos casos, reconheceu a publicidade enganosa, uma vez constatado que na prática aquilo não correspondia à realidade.

Na publicidade enganosa por omissão, o anúncio deixa de afirmar algo relevante e que, por isso mesmo, induz o consumidor em erro, isto é, deixa de dizer o que é.[23] Aqui há um destaque a ser feito: *"na publicidade enganosa por omissão só a ausência de **dados essenciais** é reprimida. De fato, não seria admissível que, em 15 segundos de um anúncio televisivo, o fornecedor fosse obrigado a informar o consumidor sobre todas as características e riscos de seus produtos ou serviços. Assim, nos termos da lei e nos passos do Direito comparado, só aquelas informações essenciais são obrigatórias. Por essenciais entendam-se as informações que têm o condão de levar o consumidor a adquirir o produto ou serviço".*[24]

Desse modo, somente quando o conhecimento da informação influir na decisão do destinatário da mensagem publicitária será possível considerá-lo essencial. O núcleo da noção de **essencialidade da informação** é sempre a possibilidade de ela, caso transmitida, vir a inverter a decisão do consumidor relativamente à compra do produto ou serviço anunciado.

---

[22]   Ob. cit., p. 329.
[23]   Benjamin, ob. cit., p. 328.
[24]   Benjamin, ob. cit., p. 336.

A contrario sensu, não importa enganosidade por omissão a ausência, num anúncio publicitário, de informação que, mesmo que conhecida pelo consumidor, não modificaria a sua decisão, bem como a falta de informação do conhecimento geral.

Bom exemplo de publicidade enganosa por omissão, lembrado por Antonio Herman Benjamin, é o anúncio, feito pela Phillips, de um televisor *stereo*, o primeiro a ser comercializado no país. Só que o anunciante deixou de informar ao consumidor que tal qualidade especial – que o distinguia dos seus similares – só era alcançável com a aquisição, à parte, de uma peça específica. Ora, o dado relevante para aquela aquisição – e por isso essencial – era exatamente a sua qualidade de sonoridade *stereo*.[25]

Outro exemplo, mais atual. Determinada empresa de cartão de crédito lançou no mercado o chamado **cartão de crédito megabônus**, atraindo milhares de consumidores. Ao aderir ao cartão, o consumidor esperava que seria colocado à sua disposição um crédito pessoal que lhe permitisse adquirir produtos ou se utilizar de serviços, pagando a respectiva fatura em dia determinado para o vencimento da prestação, como normalmente ocorre com todos os tipos de cartão de crédito. Em contraprestação, teria que pagar certa importância anual (anuidade).

Não era isso, entretanto, que ocorria com o **cartão megabônus**. Não havia qualquer crédito aprovado para o usuário do cartão e ele só vinha a tomar conhecimento disso quando, já de posse do cartão, pretendia desbloqueá-lo. Só então era informado ao consumidor que o seu limite de crédito era ZERO, vale dizer, nenhum.

Eis a publicidade enganosa por omissão. Primeiro o consumidor era estimulado a aderir ao cartão, na expectativa de que estava adquirindo um cartão de crédito. E só num momento posterior, quando já havia recebido o **cartão megabônus**, ficava sabendo que o seu crédito era nenhum; que para usar o tal cartão como instrumento de compras de produtos e serviços teria antes que depositar a quantia necessária – o que se chamou de PRÉ-PAGO. Que cartão de crédito é esse que antes de comprar qualquer produto tem-se que fazer o pagamento adiantado?

O **Cartão Megabônus**, portanto, em sua essência desvirtua-se de um cartão de crédito tradicional, característica essa que, por si só, exigia que a informação fosse prestada de forma qualificada, ou seja, transparente, clara, precisa, compreensível e adequada, para atingir a compreensão do consumidor e não induzi-lo a erro.

64 ENGANOSIDADE POTENCIAL

Cumpre ainda ressaltar que a publicidade, para ser considerada enganosa, não precisa efetivamente enganar o consumidor. O Código se satisfaz com o **potencial de enganosidade da publicidade**. Em outras palavras, a **enganosidade** é aferida *in abstrato*. O que importa é a capacidade de indução a erro de forma abstrata, difusa,

---

[25] Ob. cit., p. 337.

indeterminada. A efetiva ocorrência do erro e o eventual prejuízo do consumidor serão mero exaurimento, com consequências próprias.

Essa é a precisa lição de Antonio Herman Benjamin, acolhida por toda a doutrina: *"A proteção do consumidor contra a publicidade enganosa leva em conta somente sua capacidade de indução em erro. Inexigível, por conseguinte, que o consumidor tenha, de fato e concretamente, sido enganado. A enganosidade é aferida, pois, em abstrato. O que se busca é a sua **capacidade de induzir a erro o consumidor**, não sendo, por conseguinte, exigível qualquer prejuízo individual. O difuso – pela simples utilização da publicidade enganosa – presumido jure et de jure, já é suficiente".*[26]

Eis por que a publicação enganosa é um dos meios mais comuns de ataque aos direitos difusos, causando danos morais a número indeterminável de pessoas. Ouçamos, uma vez mais, o mestre Benjamin: *"Do mesmo modo, a indução concreta em erro importa para a verificação do dever de indenizar o dano individual, não o dano difuso, de vez que, havendo enganosidade, o prejuízo supraindividual é presumido jure et jure. O Código, portanto, deixando de buscar apenas o engano real e efetivo, leva sua apreciação a momento anterior, priorizando a mera capacidade de enganar".*[27]

65 CONSUMIDOR TÍPICO

Como aferir o potencial de enganosidade na publicidade? É possível tomar como critério o consumidor médio? Para a maior parte da doutrina, esse critério é impróprio porque, como observa Adalberto Pasqualotto, a realidade mostra que um alto nível de informação do consumidor corresponde a um baixo índice de influência na publicidade. Essa influência cresce na medida em que diminui a sagacidade do consumidor, justamente a faixa em que há maior necessidade de proteção legal. O critério do *consumidor típico* parece ser o mais adequado, pois, além de compatível com a proteção aos mais fracos, permite levar em consideração a elevação do padrão cultural e a "domesticação" das técnicas publicitárias, quando, à custa de repetição, se tornam conhecidas, diminuindo sua nocividade.[28]

O correto, portanto, para se aferir o potencial de enganosidade na publicidade, é analisar o conteúdo da mensagem e a vulnerabilidade do consumidor a quem ela se destina. Uma mensagem não enganosa em relação a um determinado alvo pode ser enganosa em relação a outro público. Para cada tipo de publicidade há uma espécie de consumidor ideal, classificado por região, cultura, sexo, idade, nível social que poderá consumir o produto anunciado. E como pondera Fernando Gherardini Santos, *"a publicidade de um produto ou serviço, na maioria das vezes, é dirigida a um público específico, o que influenciará na análise casuística do caráter enganoso da publicidade. Logo, tal caráter enganoso deve ser verificado em relação ao público-alvo do produto*

---

[26] Ob. cit., p. 330.
[27] Ob. cit., p. 331.
[28] Ob. cit., p. 124.

ou serviço anunciado. E, dentro desse público-alvo, deve-se chegar a uma definição de consumidor-padrão (típico) em relação àquele produto ou serviço específico".[29] Assim, por exemplo, se o público-alvo é criança (publicidade de brinquedos, roupas), idosos (empréstimo bancário consignado em folha) etc., será preciso, repita-se, analisar o conteúdo da mensagem e a vulnerabilidade específica desse consumidor para se aferir o potencial de enganosidade da publicidade.

66 PUBLICIDADE ABUSIVA

O princípio da não abusividade da publicidade está inserido no § 2º, do art. 37, do CDC, que assim define a publicidade abusiva: "*É abusiva, dentre outras, a publicidade discriminatória de qualquer natureza, a que incite à violência, explore o medo ou a superstição, se aproveite da deficiência de julgamento e experiência da criança, desrespeita valores ambientais, ou que seja capaz de induzir o consumidor a se comportar de forma prejudicial ou perigosa à sua saúde ou segurança*".

Na realidade, o Código não conceituou a publicidade abusiva, apenas a exemplificou em um elenco não exaustivo. E assim fez porque até hoje a doutrina não concebeu um conceito satisfatório de publicidade abusiva. Trata-se, na verdade, de um conceito em formação, como bem observa Antonio Herman Benjamin, um conceito jurídico indeterminado que deve ser preenchido na construção do caso concreto.[30]

De se observar, entretanto, que todas as modalidades de publicidade abusiva elencadas no dispositivo supracitado importam em **ofensa a valores constitucionais, ambientais, éticos e sociais**, e é isso que, como regra, a caracteriza. Como diz Antonio Herman Benjamin, "*pode-se afirmar que abusivo é tudo aquilo que, contrariando o sistema valorativo da Constituição e das Leis, não seja enganoso. Leva em conta, nomeadamente, os valores constitucionais básicos da vida republicana. Entre eles, estão os valores da dignidade da pessoa humana, do trabalho, do pluralismo político, da solidariedade, do repúdio à violência e a qualquer comportamento discriminatório de origem, raça, sexo, cor, idade, da intimidade, privacidade, honra e imagem das pessoas, da valorização da família, da proteção ampla à criança, ao adolescente e ao idoso, da tutela enérgica da saúde, do meio ambiente, do patrimônio histórico e cultural*".[31]

Um dos primeiros casos de publicidade abusiva que chegou ao Judiciário, lembrado por todos os autores, veiculada pela TV por apresentadora de grande empatia e popularidade, tinha por objeto um tênis cuja compra era estimulada mediante induzimento das crianças a adotarem o comportamento da apresentadora, destruindo tênis usados para que seus pais comprassem novos, da marca sugerida. A publicidade

---

[29] *Direito do* marketing, Revista dos Tribunais 2000, p. 214.
[30] Ob. cit., p. 340.
[31] Ob. cit., p. 340-341.

foi judicialmente proibida por ofensa ao art. 37, § 2º, do CDC, com a imposição de encargo de contrapublicidade.[32]

Outro típico exemplo de publicidade abusiva foi noticiado pelo Jornal *O Globo* de 3/2/2009. A Grife italiana Relish, proprietária de uma rede de lojas, em campanha publicitária veiculada em *outdoors*, divulgou foto de uma modelo sendo levada presa por PMS (na realidade, atores fardados de policiais), na praia de Ipanema, no Rio de Janeiro. A publicidade causou polêmica porque apresentava a mulher como objeto, estimulava a violência contra ela, além de comprometer a imagem do Rio. A Grife Relish pediu desculpas e imediatamente interrompeu a campanha publicitária.

Mais recentemente, Apple e Google baniram de suas lojas virtuais um jogo infantil, distribuído gratuitamente para crianças com mais de 9 anos, que incentivava cirurgias plásticas. O jogo descrevia bonecas acima do peso como "feias", mas após cirurgia plástica virtual elas apareciam magras e elegantes. O *game* foi considerado "sexista e perturbador" por usar sem pudor o nome de uma marca conhecida para atingir as crianças.[33]

O objetivo deste livro não concede espaço para o exame de cada modalidade de publicidade abusiva elencada no § 2º do art. 37 do CDC, sendo essa uma tarefa do operador do direito no enquadramento e exame do caso concreto. O importante é ter conhecimento de que a publicidade abusiva, por se tratar de um conceito jurídico indeterminado, importará sempre em ofensa a valores constitucionais, ambientais, éticos e sociais, que devem ser preservados.

66.1 Publicidade de produtos, serviços e práticas nocivas à saúde e ao meio ambiente – tabaco e bebidas alcoólicas

A publicidade de certos produtos e serviços em razão dos riscos extremados que representam (fumo, bebidas alcoólicas, agrotóxicos, medicamentos e terapias), mereceu a atenção da própria Constituição, cujo art. 220, § 3º, dispõe: "*Compete à lei federal: [...] II – estabelecer os meios legais que garantam à pessoa e à família a possibilidade de se defenderem de programas ou programações de rádio e televisão que contrariem o disposto no art. 221, bem como da* **propaganda de produtos, práticas e serviços que possam ser nocivos à saúde e ao meio ambiente**".

Acresce o § 4º do mesmo art. 220 da Constituição Federal: "*A propaganda comercial de* **tabaco, bebidas alcoólicas, agrotóxicos, medicamentos e terapias** *estará sujeita a restrições legais, nos termos do inciso II do parágrafo anterior, e conterá, sempre que necessário,* **advertência sobre os malefícios decorrentes de seu uso**".

Em cumprimento à determinação constitucional, foi editada a Lei nº 9.294/96, posteriormente alterada pelas Leis nºˢ 10.167/2000, 10.702/2003, 11.705/2008 e 12.546/2011. A regra legal em relação ao tabaco é que a publicidade só seria admitida

---

[32] TJSP, Ap. Cív. nº 241.337-1, 3ª Câmara de Direito Público.
[33] *O Globo*, 17/1/2014.

através de pôsteres, painéis e cartazes, na parte interna dos locais de venda. A *contrario sensu*, ficou vedada a publicidade do tabaco em qualquer outro meio, inclusive rádio, televisão, jornais, revistas, *outdoors* e Internet.

No que respeita à publicidade de bebidas alcoólicas, a Lei nº 9.294/96, na sua redação vigente, estabelece em seu art. 4º a limitação de horário para a veiculação de publicidade em rádio e televisão, assim como proíbe a associação do produto a qualquer esporte olímpico ou de competição, ao desempenho saudável de qualquer atividade, à condução de veículos e a imagens ou ideias de maior êxito ou sexualidade pessoal.

Quanto aos medicamentos, apenas aqueles qualificados como anódinos, de venda livre, poderão ser objeto de publicidade nos meios de comunicação (art. 7º), os demais são restritos à publicidade em publicações especializadas, dirigidas a profissionais ou instituições de saúde. A publicidade dos defensivos agrícolas e agrotóxicos, por sua vez, só pode ser realizada em publicações especializadas, com informações completas sobre sua aplicação, precauções no emprego, consumo ou utilização, segundo o que dispuser o órgão competente (art. 8º).

Noutra frente, o Ministério da Saúde tem se empenhado em restringir a publicidade de alimentos com quantidade elevada de gordura, sal ou açúcar. A proposta da ANVISA é no sentido de regulamentar a publicidade de *fast-food*, guloseimas, sorvetes, refrigerantes e sucos artificiais, salgadinhos de pacote, biscoitos, doces e balas. Esses cinco grupos representam 72% do total de anúncios de alimentos veiculados na TV. A publicidade em rádio e TV desses alimentos somente seria permitida entre as 21h e 6h; os anúncios dos produtos teriam que exibir frases de alerta, como: "*este alimento possui elevada quantidade de açúcar; o consumo excessivo de açúcar aumenta o risco de desenvolver obesidade e cárie dentária; seria proibido informar que qualquer um desses alimentos pode substituir uma refeição. A restrição da publicidade desses produtos tem por motivação o fato de boa parte do orçamento da saúde ser gasto para cuidar de doenças crônicas, como obesidade, problemas cardíacos e diabetes*".[34]

Por derradeiro, é importante relembrar o que ficou consignado no item 55.1. Disciplinar ou até restringir a publicidade não é ato de censura como querem alguns, tampouco ofende a liberdade de expressão, porque uma e outra não se confundem. A liberdade de expressão, consagrada no âmbito interno pela Constituição e no internacional por Pactos de Direitos Civis, Políticos e Convenções, abrange a livre manifestação do pensamento político, filosófico, religioso ou artístico. O alcance de tal direito não compreende a publicidade – atividade que utiliza meios artísticos visando essencialmente à venda de produtos e serviços.

Ao contrário de matérias jornalísticas, veiculadas nos mais diversos meios de comunicação, a publicidade requer necessariamente um espaço na mídia para se alojar. A sua lógica é a mercantil, orientada pela equação de compra e venda de produtos.

---

[34] *O Globo*, 27/6/2008.

66.2 Responsabilidade pela publicidade enganosa ou abusiva

Quem responde pelos danos causados ao consumidor pela publicidade enganosa ou abusiva? Só o anunciante (fornecedor) ou também a empresa de comunicação que veicula o anúncio? Há forte corrente doutrinária, liderada por Nelson Nery Junior e Paulo Jorge Scartezzini Guimarães, que sustenta haver responsabilidade objetiva solidária entre o anunciante, a agência de publicidade e o veículo de comunicação ao argumento de que a responsabilização de tais sujeitos deve ser concretizada com base nas normas de defesa do consumidor. Há que se ponderar, entretanto, que a publicidade é feita em favor exclusivo do anunciante, que tem interesse de vender o produto ou serviço; o proveito econômico direto da publicidade é do anunciante. Nem em lucro indireto da empresa emissora de comunicação é possível falar, que apenas recebe o pagamento pelos serviços prestados.

O CDC, como vimos, obriga (responsabiliza) o fornecedor que veicula a publicidade, consoante arts. 30 e 35. O ônus da prova da veracidade e correção da informação ou comunicação publicitária (inversão *ope legis*) cabe a quem a patrocina (art. 38). Não tem a empresa de comunicação a obrigação, às vezes nem condições, de controlar o teor da publicidade que veicula, devendo ainda ser ressaltado que o art. 13, VI, do Decreto nº 2.181/97, que regulamentou o CDC, responsabiliza o anunciante até pela incorreção publicitária atribuível exclusivamente ao veículo de comunicação.

Essas e outras razões servem de fundamento para uma segunda corrente, que nos parece mais correta, que entende ser do anunciante, fornecedores de bens e serviços, a responsabilidade pelos eventuais danos causados aos consumidores pela publicidade enganosa ou perigosa.

Fazendo coro com essa conclusão, afirma Zelmo Denari que: *"Quanto à responsabilidade civil e administrativa, somente os fornecedores de bens ou serviços, vale dizer, os operadores econômicos que contratam as respectivas mensagens podem ser responsabilizados por eventuais danos causados ou pela imposição de contrapropaganda".*[35]

Luiz Antônio Rizzatto Nunes é categórico:

> "E o veículo, tem alguma responsabilidade pela propaganda enganosa ou abusiva?
>
> Em nossa opinião, não. Como o próprio nome diz, o veículo – jornal, rádio, TV etc. – é o meio, é o intermediário entre o fornecedor/agência de publicidade e o consumidor. Não tem ele obrigação de controlar o teor dos anúncios que veicula. Esta obrigação tem o Estado através de seus órgãos, bem como é direito que o consumidor e os órgãos que o defendem devem exercer. Na verdade, o veículo é o útil elemento que permite o aparecimento da propaganda enganosa ou abusiva; nada além disso".[36]

---

[35] *Revista de Direito do Consumidor*, v. 4, p. 133.
[36] *Revista Justiça*, v. 160, p. 70.

O Superior Tribunal de Justiça, por ocasião do julgamento do Recurso Especial nº 604.172/SP, Relator o Ministro Humberto Gomes de Barros, acolheu tal manifestação, o fazendo nos termos seguintes:

"[...] Ação Civil Pública. Consumidor. Veículos de comunicação. Eventual propaganda ou anúncio enganoso ou abusivo. Ausência de responsabilidade. CDC, art. 38. Fundamentos constitucionais.

[...] III – As empresas de comunicação não respondem por publicidade de propostas abusivas ou enganosas. Tal responsabilidade toca aos fornecedores-anunciantes, que a patrocinaram (CDC, Arts. 3º e 38).

IV – O CDC, quando trata de publicidade, impõe deveres ao anunciante – não às empresas de comunicação (Art. 3º, CDC). [...]" (DJU 21/5/2007, p. 568).

E do corpo do acórdão se extrai a conclusão de que:

"O CDC, foi concebido para regular a relação de consumo estabelecida entre aqueles que se enquadrem como consumidores (Art. 2º e par. único) e fornecedores (Art. 3º).

Assim, é que o Código, especialmente nos capítulos da oferta e publicidade, impõe deveres ao fornecedor-anunciante (Art. 3º) e não aos veículos de comunicação, propaganda e anúncios.

Então, os deveres impostos nos capítulos da oferta e publicidade somente atingem os veículos de propaganda, comunicação e anúncios quando estejam na condição de fornecedores.

O Art. 38 do Código protecionista diz que 'os ônus da prova da veracidade e correção da informação ou comunicação publicitária cabe a quem as patrocina'.

Portanto, o Art. 38 exclui a responsabilidade dos veículos de comunicação por eventual publicidade enganosa ou abusiva, pois o ônus de provar a veracidade e correção (ausência de abusividade) é do fornecedor-anunciante, que patrocina a propaganda ou anúncio, tanto que o Art. 36 impõe que mantenham, em próprio poder, os dados fáticos, técnicos e científicos que dão sustentação à mensagem para informação dos legítimos interessados.

[...] Não é dever dos veículos de comunicação apurar, em princípio, veracidade ou abusividade do anúncio contratado, pois esse ônus é do fornecedor-anunciante, que poderá responder pelo patrocínio da eventual publicidade enganosa ou abusiva, na forma do Art. 38 do CDC.

Em suma: os veículos de comunicação não respondem por eventual publicidade abusiva ou enganosa. Tal responsabilidade toca aos fornecedores-anunciantes, que a patrocinaram (CDC, Arts. 3º e 38)".

Em outro julgado, a Quarta Turma do STJ manteve o mesmo entendimento em caso envolvendo a responsabilidade de rede de televisão por falha em serviço anunciado ao vivo em programa seu. Ficou decidido que a chamada **publicidade de palco** – espécie de comercial ao vivo no qual a mensagem do anunciante é promovida pelo próprio apresentador ou outra pessoa – continua sendo publicidade, e que a participação do apresentador, ainda que fale sobre a qualidade do produto ou serviço anunciado, não o torna corresponsável ou garantidor das obrigações do anunciante, como segue. "*A responsabilidade pela qualidade do produto ou serviço anunciado ao consumidor é do fornecedor respectivo, assim conceituado nos termos do art. 3º da Lei nº 8.078/1990, não se estendendo à empresa de comunicação que veicula a propaganda por meio de apresentador durante programa de televisão, denominada 'publicidade de palco'.*"[37]

Dessa forma, a publicidade de palco não implica a corresponsabilidade da empresa de televisão nem do apresentador pelo anúncio divulgado. O apresentador está ali como garoto-propaganda, e não na qualidade de avalista do êxito do produto ou serviço para o telespectador que vier adquiri-lo.

A questão muda de feição, entretanto, no caso de dolo ou culpa da empresa de comunicação. Em situações de patente publicidade enganosa ou quando a empresa de comunicação está ciente da incapacidade do anunciante de cumprir o prometido, não há como deixar de reconhecer a responsabilidade do veículo de comunicação por violação ao dever de vigilância sobre os anúncios que veicula. Em nosso entender, aplica-se a mesma disciplina aos casos de artistas, atletas e outras celebridades que atuam na veiculação da publicidade. Só poderão ser responsabilizados no caso de dolo ou culpa; se estiverem cientes da enganosidade da publicidade, da incapacidade do anunciante de cumprir o prometido, e, por maior razão ainda, quando receberem participação nas vendas realizadas.

66.3 Erro ou engano na publicidade

Uma última indagação: e se a publicidade contiver erro ou engano? Mesmo assim, terá o anunciante que cumprir a oferta publicitária? Em nosso entender, a solução de cada caso dependerá da gravidade do erro. Nos termos do § 1º do art. 37 do CDC, a publicidade é enganosa quando tiver **capacidade de induzir a erro o consumidor**. Essa é pedra de toque para a caracterização da publicidade enganosa. Vale dizer, se a publicidade induzir a erro o consumidor ela será enganosa independentemente de ter ou não havido erro na sua veiculação. Destarte, será preciso verificar, em cada caso, se o erro da publicidade teve ou não potencial de induzir a erro o consumidor. A publicidade de um televisor tela plana, por exemplo, que em lugar de R$ 1.000,00, foi veiculada por R$ 10,00 em razão de erro, não pode obrigar o anunciante. Qualquer consumidor de boa-fé é capaz de perceber o erro por não ser possível comprar um televisor por 1% do seu valor.

Outra será a situação se o erro da publicação tiver potencial de induzir a erro o consumidor, como ocorreu no caso de importante loja de departamento que fez veicular em determinado jornal, em dia de domingo, publicidade de um forno de micro-ondas

---

[37] REsp nº 1.157.228, Rel. Min. Aldir Passarinho Junior.

por **preço bem abaixo do mercado**. A oferta acarretou significativa afluência de consumidores em adquirir o bem em condições vantajosas, mas o gerente da loja, atendendo a ordens superiores, não vendeu o produto alegando que o valor constante no jornal, por erro publicitário, correspondia à metade do seu valor. A indução a erro neste caso ficou plenamente caracterizada, pois a publicidade acarretou significativa afluência de consumidores, que foram à loja de departamento porque acreditaram que a publicidade era veraz. Mesmo porque não é fora de propósito, pelo contrário, é comum a venda promocional de bens por preço bem abaixo do valor de mercado. Há liquidação que oferece até mais de 50% de desconto, de sorte que não havia nenhum motivo que pudesse levar o consumidor a identificar, desde logo, que se tratava de erro publicitário. E se os consumidores foram levados a erro, a loja que veiculou a publicidade terá que cumpri-la (art. 30 do CDC), ainda que não tenha tido a intenção de enganar. O erro da publicidade, se é que existente, foi injustificável.

O vazamento na Internet, por engano, de um código promocional para compras de passagens da Gol ensejou a compra de 5 mil bilhetes emitidos com oferta de até 85% de desconto.[38] O código que dava desconto era para uso exclusivo da Confederação Brasileira de Vôlei (CBV), que mantinha contrato com a aérea para transportar seus atletas, mas, por alguma falha no sistema, foi lançado na rede geral. Inicialmente a Gol se negou a honrar essas passagens, mas voltou atrás em face da boa-fé dos consumidores que as adquiriram confiando que se tratava de uma promoção normal. Típico exemplo de equívoco que não exclui a responsabilidade do anunciante.

Outro caso paradigma foi objeto do REsp nº 595.734. Determinado supermercado colocou em oferta o café "torradinho". Interessado no preço atrativo, o consumidor dirigiu-se ao local e colocou no carrinho 50 pacotes do produto, num total de vinte e cinco quilos. Ao chegar ao caixa, contudo, foi informado que só poderia levar cinco pacotes de cada vez. Inconformado, uma vez que na propaganda divulgada não havia qualquer referência à limitação quantitativa do produto, pediu a presença do gerente, mas não obteve liberação. Entendendo ter havido desrespeito às normas do CDC e sentindo-se atingido em seu patrimônio extramaterial, propôs demanda buscando reparação por dano moral. O caso chegou ao STJ, que assim o decidiu:

> "Recurso especial. Código de Defesa do Consumidor. Dano moral. Venda de produto a varejo. Restrição quantitativa. Falta de indicação na oferta. Dano moral. Inocorrência. Quantidade exigida incompatível com o consumo pessoal e familiar. Aborrecimentos que não configuram ofensa à dignidade ou ao foro íntimo do consumidor.
>
> 1. A falta de indicação de restrição quantitativa relativa à oferta de determinado produto, pelo fornecedor, não autoriza o consumidor exigir quanti-

---
[38] *O Globo*, 2/11/2012.

dade incompatível com o consumo individual ou familiar, nem, tampouco, configura dano ao seu patrimônio extramaterial.

2. Os aborrecimentos vivenciados pelo consumidor, na hipótese, devem ser interpretados como 'fatos do cotidiano', que não extrapolam as raias das relações comerciais, e, portanto, não podem ser entendidos como ofensivos ao foro íntimo ou à dignidade do cidadão".

Em suma, a oferta publicitária é irretratável, mas não é ilimitável. O anunciante pode limitar o tempo da oferta (dias, produto ou estoque), quantidade etc., desde que faça por critério razoável e, preferentemente, antes da sua veiculação. A falta de indicação de restrição quantitativa ou temporal, como bem colocou o STJ, não autoriza o consumidor a exigir o quanto quiser a qualquer tempo. Também aqui tem aplicação o princípio da boa-fé, que é via de mão dupla.

67 A OFERTA

Todo contrato, do mais simples ao mais complexo, tem início com a *oferta* de uma das partes e se consuma com a *aceitação* pela outra. Por isso a oferta deve ser examinada na fase pré-contratual.

Cumpre então lembrar, antes de tentarmos conceituá-la, que a *oferta* no Código do Consumidor (art. 31) corresponde à *proposta* do Código Civil (art. 427), cada uma com as suas peculiaridades, como haveremos de ver.

Na sua significação tradicional, oferta é uma proposta de celebração de um contrato que uma pessoa faz a outra. Sílvio Rodrigues assim a define: "*A proposta é a oferta dos termos de um negócio, convidando a outra parte a com eles concordar. Constitui ato jurídico unilateral, por intermédio do qual o policitante (aquele que faz a proposta) convida o oblato (aquele que recebe a proposta) a contratar, apresentando desde logo os termos em que se dispõe a fazê-lo*".[39]

No direito tradicional, depreende-se isso dos arts. 427 e 428 do Código Civil, a proposta deve ser *precisa*, completa, trazendo as cláusulas essenciais do contrato, principalmente em relação à coisa e ao preço; *dirigida a seu destinatário* e *firme*, isto é, reveladora da inequívoca intenção de contratar.

No contrato de massa, em virtude do seu caráter coletivo, a oferta deixa de ser individualizada e cristalina, e passa a ser feita também através de meios massificados, como a publicidade, a exposição das mercadorias em vitrines, em exposições, e até na rua. Quando o dono da banca de jornais e revistas expõe as suas mercadorias ao público, está fazendo oferta.

Vê-se que a oferta na sociedade de massa abrange não apenas as técnicas de indução pessoal, como ainda outras mais coletivas e difusas, entre as quais estão as

---

[39] *Direito civil*, 23. ed., Saraiva, 1995, p. 61.

promoções de vendas e a própria publicidade. Antonio Herman Benjamin observa: "*oferta, em tal concepção, é sinônimo de marketing, significando todos os métodos, técnicas e instrumentos que aproximam o consumidor dos produtos e serviços colocados à sua disposição no mercado pelos fornecedores. Qualquer uma dessas técnicas, desde que suficientemente precisa, pode transformar-se em veículo suficiente de oferta vinculante. Aí reside uma das maiores contribuições do Direito do Consumidor à reforma da teoria clássica da formação dos contratos*".[40]

O CDC, no seu art. 30, atribui a qualidade de *oferta* a toda informação ou publicidade, suficientemente precisa, **veiculada por qualquer forma ou meio de comunicação**, com relação a produtos e serviços oferecidos ou apresentados. O art. 31 completa a definição, dispondo: "*A oferta e apresentação de produtos ou serviços devem assegurar* **informações corretas, claras, precisas, ostensivas** *e em língua portuguesa, sobre suas características, qualidades, quantidade, composição, preço, garantia, prazos de validade e origem, entre outros dados, bem como sobre os riscos que apresentam à saúde e segurança dos consumidores*".

Depreende-se da leitura desses dispositivos que a *oferta* no CDC não difere substancialmente da *proposta* do Código Civil. Ambas devem revestir as mesmas características, a saber: **seriedade**, na medida em que deve ser crível, na qual o consumidor possa confiar; **completa**, na medida em que deve conter todos os elementos que vão integrar o contrato, de modo a permitir a simples adesão do consumidor; **receptível**, ou seja, passível de aceitação por consumidores identificados ou identificáveis.

No entanto, esta estrutura da oferta, que em princípio é a mesma da proposta no Código Civil, sofre sensível flexibilização no Código do Consumidor. A primeira delas diz respeito à sua completude. No direito tradicional, se a oferta não é completa normalmente é considerada mero *convite à oferta*, sem força vinculativa. No Código do Consumidor, não. Se a informação ou publicidade (oferta) não for suficientemente precisa, ela não invalida a condição de oferta, porque, como vimos, o artigo seguinte (art. 31) impõe ao fornecedor o dever de informar completamente ao consumidor acerca de sua oferta. Então, a obrigação é que ela seja completa, de sorte que a eventual omissão de algum dado não transforma a oferta em mero convite a ofertar.

O princípio da informação, do qual a transparência é a sua principal consequência, perpassa, como vimos, todos os institutos do Código do Consumidor. Mas, talvez aqui, na oferta, é onde ele atua com maior intensidade. A oferta, podemos afirmar com segurança, é fundada na **transparência**, e isso está claro no art. 31 do CDC, enquanto a aceitação, melhor dizendo, a adesão do consumidor é fundada no princípio da **confiança**. Confiar significa crer naquilo que o fornecedor está ofertando; acreditar que aquilo que está sendo prometido vai ser cumprido, de tal forma que a oferta possa ser aceita mediante simples adesão, sem qualquer questionamento.

No regime dos contratos de consumo, não há mais espaço para o chamado *dolos bonus*, tolerável pela doutrina civilista tradicional porque, em última instância, seria

---

[40] Ob. cit., p. 256.

aumentar, enfatizar, exacerbar as qualidades de um produto ou serviço para incrementar o seu consumo. Nas relações de consumo não mais são permitidos tais excessos, porque a oferta está adstrita ao princípio da transparência.

A utilização do código de barra, comum e necessário nos supermercados e outros grandes estabelecimentos, não é vedada desde que as mercadorias expostas à venda contenham também, em suas embalagens, os respectivos preços.[41]

67.1 A oferta integra o contrato – princípio da vinculação

O aspecto mais relevante da oferta no Código do Consumidor é que ela integra o contrato: *"obriga o fornecedor que a fizer veicular ou dela se utilizar e integra o contrato que vier a ser celebrado"* (parte final do art. 30). É o princípio da vinculação.

É justamente neste ponto que a oferta do Código do Consumidor foi muito além da proposta do Código Civil. Neste, como se infere do seu art. 427, o proponente pode esquivar-se da oferta impondo limites e condições na proposta. A vinculação poderá também não existir dependendo da natureza do negócio.

Ademais, observa Caio Mário: *"Vê-se que o Código do Consumidor foi além do Código Civil ao disciplinar a ofertar ao público, tendo em vista que concedeu expressamente ao oblato a possibilidade de exigir o cumprimento específico da obrigação, se assim o desejar. A maior parte da doutrina que examinou a extensão da obrigação da proposta do art. 1.080 do Código Civil de 1916, repetido ipsis litteris no art. 427 do Código de 2002, se encaminhou no sentido de, nas hipóteses em que o policitante não honra a proposta, conceder ao oblato apenas a via das perdas e danos, sem execução específica da obrigação de contratar".*[42]

Com efeito, o Código do Consumidor, além do fenômeno da vinculação, dispõe no seu art. 35: *"Se o fornecedor de produtos ou serviços recusar cumprimento à oferta, apresentação ou publicidade, o consumidor poderá, alternativamente e à sua escolha:*

> I – exigir o cumprimento forçado da obrigação, nos termos da oferta, apresentação ou publicidade; [execução específica]
>
> II – aceitar outro produto ou prestação de serviço equivalente;
>
> III – rescindir o contrato, com direito à restituição de quantia eventualmente antecipada, monetariamente atualizada, e a perdas e danos".

Em seu sentido mais amplo, portanto, o princípio da vinculação importa em dizer que, *"uma vez feita a oferta, todos os elementos que a compõem, desde já, integram o contrato a ser celebrado, mesmo que, quando de sua assinatura, o fornecedor omita algum*

---

[41] STJ, ROMS nº 5205/BA, 3ª Turma, Rel. Min. Pádua Ribeiro.
[42] Ob. cit., p. 39.

ou alguns dos elementos que dele constavam".[43] É do autor citado o seguinte exemplo. Uma construtora faz anúncio de venda de apartamentos, que já são entregues com armários embutidos no quarto. Atraído o consumidor, ele adquire o imóvel mediante escritura pública da qual não consta que o bem está sendo entregue com armários embutidos. E, de fato, recebendo as chaves e tomando posse, o consumidor percebe a falta dos armários. Como fica a relação? A construtora está obrigada a cumprir a oferta, instalando os armários embutidos, exatamente como fora combinado.[44]

Outros exemplos poderiam ser lembrados de imóveis anunciados com acabamentos especiais, pisos de mármore, azulejos de determinada qualidade, metais de certa marca etc. – e que depois são entregues sem o prometido. Por isso é recomendável guardar os anúncios, os prospectos de propaganda, e tudo mais que for prometido pelo fornecedor para, eventualmente, ser utilizado como meio de prova em juízo, caso a oferta não venha a ser rigorosamente cumprida.

Encerrando o nosso estudo sobre a oferta, merecem ser lembrados dois precedentes do Superior Tribunal de Justiça sobre o tema.

> "O CDC dispõe que toda informação ou publicidade, veiculada por qualquer forma ou meio de comunicação com relação a produtos e serviços oferecidos ou apresentados, desde que suficientemente precisa e efetivamente conhecida pelos consumidores a que é destinada, obriga o fornecedor que a fizer veicular ou dela utilizar, bem como integra o contrato que vier a ser celebrado. Constatado pelo Eg. Tribunal a quo que o *fornecedor, através de publicidade amplamente divulgada, garantiu a entrega do veículo cujo objeto de contrato de compra e venda firmado entre o consumidor e uma de suas concessionárias, submete--se ao cumprimento da obrigação nos exatos termos da oferta apresentada. Diante da declaração de falência da concessionária, a responsabilidade pela informação ou publicidade divulgada recai integralmente sobre a empresa fornecedora*".[45]

"A informação, que vincula o fornecedor, é a pré-contratual, não se aplicando o disposto no art. 30 do Código de Defesa do Consumidor quando se tratar de comunicado feito durante a execução do contrato".[46]

68 PRÁTICAS ABUSIVAS

O Código do Consumidor, em seu art. 39, apresenta um rol de condutas que chamou de *práticas abusivas*.

---

[43] Luiz Antônio Rizzatto Nunes, *Comentários ao Código de Defesa do Consumidor*, Saraiva, 2000, p. 371.
[44] Ob. cit., p. 371.
[45] REsp nº 363.939/MG, 3ª Turma, Rel. Min. Nancy Andrighi.
[46] REsp nº 204.912/SP, 4ª Turma, Rel. Min. Barros Monteiro.

O que são práticas abusivas? A nossa maior autoridade no assunto, Antonio Herman Benjamin, reconhece tratar-se de um *conceito fluído e flexível*, tal como a palavra *abusiva*.[47]

De maneira concisa, práticas abusivas são ações ou condutas do fornecedor em desconformidade com os padrões de boa conduta nas relações de consumo. São práticas que, no exercício da atividade empresarial, excedem os limites dos bons costumes comerciais e, principalmente, da boa-fé, pelo que caracterizam o abuso do direito, considerado ilícito pelo art. 187 do Código Civil. Por isso são proibidas.

O objeto deste programa não cede espaço para o exame detalhado de todas as práticas abusivas, sob pena de se transformar em um comentário do CDC, de sorte que vamos nos limitar ao essencial.

As práticas abusivas, tomando como referencial o aspecto jurídico-contratual, podem ser *pré-contratuais* – atuam na fase do ajustamento contratual –, *contratuais* – aparecem no interior do próprio contrato –, e *pós-contratuais* – manifestam-se sempre após a contratação.[48]

A maioria das práticas abusivas elencadas no art. 39 atua na fase pré-contratual, daí a oportunidade de serem agora examinadas, ainda que em passando.

1. **Venda casada** (inciso I). "*Condicionar o fornecimento de produto ou de serviço ao fornecimento de outro produto ou serviço, bem como, sem justa causa, a limites quantitativos*." Exemplos: banco que, para abrir a conta-corrente do consumidor, impõe a manutenção de saldo médio; para conceder empréstimo, exige a feitura de um seguro de vida, e assim por diante. "*O chamado pacote de viagem oferecido por agências de viagem não está proibido. Nem fazer ofertas do tipo compre este e ganhe aquele. O que não pode o fornecedor fazer é impor a aquisição conjunta, ainda que o preço global seja mais barato que a aquisição individual, o que não é comum nos pacotes de viagem*".[49]

2. **Recusa de atendimento à demanda do consumidor** (inciso II). "*Recusar atendimento às demandas dos consumidores, na exata medida de suas disponibilidades de estoque, e, ainda, de conformidade com os usos e costumes.*" Exemplo, o motorista de táxi que, ao saber da pequena distância da corrida do consumidor, lhe nega o serviço.[50] Para Rizzatto, a oferta de preço especial – *v. g.*, caixa de cervejas, refrigerantes etc. –, como fazem os supermercados, não é justificativa para limitar a quantidade de venda, impondo-se que o consumidor só possa comprar uma caixa.[51]

3. **Fornecimento de produto ou serviço não solicitado** (inciso III). "*Enviar ou entregar ao consumidor, sem solicitação prévia, qualquer produto ou fornecer qualquer serviço.*" O exemplo mais comum e abusivo era o envio de cartão de crédito não

---

[47] Ob. cit., p. 361.
[48] Benjamin, ob. cit., p. 363.
[49] Rizzatto, ob. cit., p. 482-483.
[50] Benjamin, ob. cit., p. 370.
[51] Ob. cit., p. 485.

solicitado. Foram constantes os casos levados à Justiça em que o consumidor não só foi cobrado indevidamente, como ainda teve o seu nome lançado no rol dos inadimplentes.

Dispõe o parágrafo único desse art. 39 (do CDC): "*Os serviços prestados e os produtos remetidos ou entregues ao consumidor, na hipótese prevista no inciso III, equiparam-se às amostras grátis, inexistindo obrigação de pagamento*".

4. **Orçamento prévio**. "*Executar serviços sem a prévia elaboração de orçamento e autorização expressa do consumidor, ressalvadas as decorrentes de práticas anteriores entre as partes*." O inciso VI está inicialmente ligado ao art. 40. Na verdade, ele repete a proibição estampada naquela outra norma. A exceção contida na sua parte está dirigida a casos em que o consumidor tem longo relacionamento com o fornecedor de serviços, já havendo entre eles relação de confiança.

A toda evidência, a obrigação de fornecer orçamento prévio não é absoluta tendo em vista a ocorrência de situações de urgência que a impossibilitam. Assim, por exemplo, a prestação de serviço médico-hospitalar de emergência a paciente que, em razão de um mal súbito, um acidente, um enfarte etc. procura o médico ou hospital. Tais situações emergenciais impossibilitam não só o orçamento, mas até mesmo a prestação das informações necessárias para a obtenção do consentimento informado. O que poderá ser questionado posteriormente é o valor cobrado pelos serviços, inadmissível venha o fornecedor prevalecer da situação emergencial. Nesse sentido REsp nº 1.256.703, Relator o Ministro Luis Felipe Salomão, como segue:

> "Consumidor e processual civil. Recurso especial. Atendimento médico emergencial. Relação de consumo.
>
> [...]
>
> 3. Não há dúvida de que houve a prestação de serviço médico-hospitalar e que o caso guarda peculiaridades importantes, suficientes ao afastamento, para o próprio interesse do consumidor, da necessidade de prévia elaboração de instrumento contratual e apresentação de orçamento pelo fornecedor de serviço, prevista no artigo 40 do CDC, dado ser incompatível com a situação médica emergencial experimentada pela filha do réu.
>
> 4. Os princípios da função social do contrato, boa-fé objetiva, equivalência material e moderação impõem, por um lado, seja reconhecido o direito à retribuição pecuniária pelos serviços prestados e, por outro lado, constituem instrumentário que proporcionará ao julgador o adequado arbitramento do valor a que faz jus o recorrente".

Capítulo VIII
A PROTEÇÃO CONTRATUAL DO CONSUMIDOR NA FASE DA FORMAÇÃO DO CONTRATO

69 A CONTRATAÇÃO PADRONIZADA

Na fase contratual propriamente dita, a proteção do consumidor se faz ainda mais necessária que na fase pré-contratual. E assim é porque nas relações de consumo a regra, quase absoluta, é a contratação padronizada, na qual não há margem para negociação. Se o consumidor quiser contratar, resta-lhe apenas a alternativa de concordar com as condições de negócio do fornecedor. São raras as hipóteses em que o consumidor tem a oportunidade de negociar as condições do contrato e manifestar a sua aceitação expressamente.

Na verdade, a contratação padronizada tornou-se instrumento indispensável não só nas relações de consumo; domina todos os setores do mundo empresarial, com reflexos na atividade de empresas públicas e concessionárias de serviços públicos.

Esse método de contratação padronizada, homogênea e massificada é chamado de adesão, que, a par das inúmeras vantagens que oferece, em termos de racionalização, rapidez, praticidade, segurança e economia, lamentavelmente proporciona a prática de abusos de toda a sorte, principalmente quando há desigualdade entre as partes. O consumidor adere ao contrato sem conhecer as suas cláusulas, confiando nas empresas que as pré-elaboraram, mas nem sempre essa confiança é correspondida.

Daí a importância de estudarmos o contrato de adesão nesta parte do nosso programa, bem como a proteção que nele merece o consumidor.

70 DISCIPLINA DOS CONTRATOS DE ADESÃO

O contrato de adesão não é uma espécie nova e independente de contrato, adverte Claudia Lima Marques, mas um contrato de compra e venda, contrato de transporte, contrato de locação e outros mais variados tipos de contrato em que se usa, sim, um método comum de contratação, o de oferecer o instrumento contratual, já impresso, prévia e unilateralmente elaborado, para a aceitação do outro parceiro contratual, o qual simplesmente "adere" à vontade manifestada no instrumento contratual.[1] Esses contratos são homogêneos em seu conteúdo porque os fornecedores pré-elaboram um complexo uniforme de cláusulas a serem aplicadas, indistintamente, a toda uma série de relações contratuais.

Claudia Lima Marques registra, ainda, que há duas expressões para descrever esta realidade. De um lado, prefere a doutrina germânica a expressão *condições gerais dos contratos*, ou, na tradução de Portugal, *cláusulas gerais contratuais*, de outro, a doutrina francesa utiliza a expressão *contratos de adesão*.

A expressão *condições gerais dos contratos*, prossegue a prestigiada autora, enfatiza mais a fase pré-contratual, onde são elaboradas estas listas independentes de cláusulas gerais a serem oferecidas ao público contratante, enquanto, utilizando a expressão *contrato de adesão*, a doutrina francesa destaca o momento de celebração do contrato, dando ênfase à vontade criadora do contrato, vontade esta que somente adere à vontade já manifestada do outro contratante.[2]

A rigor, a principal diferença entre os **contratos paritários** e os **contratos de adesão** não está no ato de formação, porque em ambas a aceitação é adesiva. A diferença está na fase pré-contratual. Nos contratos de adesão, não há tratativas, como há nos contratos paritários; não há a possibilidade de o aderente influenciar a formação da proposta, como ocorre nos demais contratos.

Essa é a lição de Claudia Lima Marques:

> "O elemento essencial do contrato de adesão, portanto, é a ausência de uma fase pré-negocial decisiva, a falta de um debate prévio das cláusulas contratuais e, sim, a sua predisposição unilateral, restando ao outro parceiro a mera alternativa de aceitar ou rejeitar o contrato, não podendo modificá-lo de maneira relevante. O consentimento do consumidor manifesta-se por simples adesão ao conteúdo preestabelecido pelo fornecedor de bens e serviços".[3]

71 CONCEITO DE CONTRATO DE ADESÃO

O Código do Consumidor, no seu art. 54, conceitua o contrato de adesão da seguinte forma: "*Contrato de adesão é aquele cujas cláusulas tenham sido aprovadas pela autoridade competente ou estabelecidas unilateralmente pelo fornecedor de produtos ou serviços, sem que o consumidor possa discutir ou modificar substancialmente o seu conteúdo*".

Depreende-se desse conceito legal que as cláusulas gerais do contrato de adesão podem ser estabelecidas unilateralmente pelo fornecedor ou pela autoridade competente. É o caso, por exemplo, da SUSEP, que regula em grande parte o contrato de seguro; do BACEN, que dita as regras dos contratos vinculados ao sistema financeiro

---

[1] Ob. cit., p. 76.
[2] Ob. cit., p. 68.
[3] Ob. cit., p. 71-72.

(juros etc.); da Caixa Econômica, que estabelece o conteúdo dos contratos de sistema de habitação; das Agências Reguladoras (ANATEL, ANEEL, ANP), que determinam as regras gerais, pelo menos em grande parte, dos contratos de prestação de serviços públicos. Fala-se nesses casos, especialmente na doutrina francesa, em **contratos de dupla adesão**, uma vez que ambos os contratantes – fornecedor e consumidor – têm que aderir às cláusulas preestabelecidas por um órgão governamental, típico fenômeno de dirigismo contratual. Mas o Código do Consumidor, como acabamos de ver, quer as cláusulas gerais tenham sido estabelecidas pelo fornecedor, quer pela autoridade competente, quer, ainda, por ambos, não faz distinção. Em qualquer hipótese, o contrato será de adesão.

Dissemos há pouco que, a par das inúmeras vantagens que oferece em termos de racionalização, rapidez, segurança, economia etc., o contrato de adesão possibilita, lamentavelmente, a prática de toda sorte de abusos. De fato, pondera Fábio Ulhoa Coelho, "*como prepara, prévia e isoladamente, os dispositivos contratuais de regência da relação, este último (estipulante), tem plenas condições de contemplar, no instrumento contratual, os destinados à completa preservação de seus interesses, enquanto aquele (aderente) não tem meios de introduzir os seus. O estipulante pode, por outro lado, rever periodicamente o texto das condições gerais do negócio, aproveitando-se da experiência dos inúmeros contratos realizados, e aperfeiçoá-los nos dispositivos que lhe interessam; já o aderente não possui, na maioria das vezes, as informações necessárias para compreender o exato sentido do texto que lhe é apresentado. Por fim, o estipulante de má-fé pode abusar da condição privilegiada e redigir cláusulas obscuras ou ambíguas, de efeitos prejudiciais ao aderente*".[4]

Como evitar os abusos? Como proteger o consumidor?

72 O ART. 46 DO CDC

Um dos instrumentos mais eficazes de proteção contratual do consumidor é o art. 46 do CDC, que dispõe: "*Os contratos que regulam as relações de consumo **não obrigarão os consumidores**, se não lhes for dada a oportunidade de tomar conhecimento prévio de seu conteúdo, ou se os respectivos instrumentos forem redigidos de modo a dificultar a compreensão de seu sentido e alcance*". Este dispositivo é a própria concretude do *princípio da transparência*, estampado no *caput* do art. 4º do CDC. Vimos, quando tratamos desse princípio, que transparência significa informação clara e correta sobre o contrato a ser firmado, sobre o produto a ser vendido, com lealdade e boa-fé, de modo a permitir ao consumidor fazer boa escolha.

A ideologia básica da economia de mercado presume que os contratos são feitos por partes bem informadas. Se esse requisito não é preenchido, não se pode falar em contratos justos e equilibrados. Destarte, as regras relativas à informação, destinadas

---

[4] Ob. cit., p. 11.

a aumentar a habilidade das partes para fazerem boas escolhas, são inafastáveis para que os contratos de consumo tenham força vinculativa em relação ao consumidor.

Com a imposição dos deveres de *informação e transparência* nos contratos de consumo, o CDC afastou uma das práticas comerciais mais comuns e abusivas do cotidiano empresarial. O consumidor assinava um documento pelo qual tomava ciência de que o inteiro teor do contrato se achava registrado no Registro de Títulos e Documentos de uma cidade muito distante. Era o consumidor que tinha que buscar as informações, muitas vezes inacessíveis! A regra agora é a contrária; cabe ao fornecedor dar ampla e total informação sobre o contrato e seu respectivo objeto, sob pena de não vincular o consumidor.

Depreende-se da redação do art. 46 (CDC) que **o contrato não obrigará o consumidor,** em primeiro lugar, se **não lhe for dada a oportunidade de tomar conhecimento prévio de seu conteúdo**. É o que a doutrina tem chamado de **cognoscibilidade**. Cognoscível é aquilo que é conhecível ou que se pode conhecer. Busca-se com a cognoscibilidade garantir ao consumidor a única oportunidade que tem de fazer boa escolha nos contratos de adesão, uma vez que não pode negociar nem modificar as cláusulas contratuais. Se isso não ocorrer, observa Antônio Rizzatto, "*as cláusulas contratuais pura e simplesmente não têm validade, ou, ainda que ele (consumidor) não tenha tomado conhecimento prévio, as cláusulas devem ser interpretadas de forma a descobrir se o consumidor não assinaria o contrato caso tivesse tido oportunidade de lê-lo previamente*".[5] Tudo vai depender do caso concreto, observa o referido autor com absoluta pertinência, uma vez que o CDC adotou o princípio da conservação do contrato, e parece certo que o esforço deve ser no sentido de aproveitar a relação jurídica existente.

Dar oportunidade de tomar conhecimento do conteúdo do contrato, na visão de Nelson Nery Junior, não significa para o consumidor ler as cláusulas do contrato de comum acordo ou as cláusulas contratuais gerais do futuro contrato de adesão. Significa, isto sim, fazer com que tome conhecimento *efetivo* do conteúdo do contrato. Não satisfaz a regra do artigo sob análise a mera cognoscibilidade das bases do contrato, pois o sentido teleológico e finalista da norma indica dever o fornecedor dar *efetivo conhecimento* ao consumidor de todos os direitos e deveres que decorrerão do contrato, especialmente sobre as cláusulas restritivas de direito do consumidor, que, aliás, deverão vir em destaque nos formulários de contrato de adesão (art. 54, § 4º, CDC). Assinala, ainda, o festejado autor que é do fornecedor o ônus da prova de que foi dada ao consumidor a oportunidade de tomar conhecimento prévio e efetivo do conteúdo do contrato.[6]

O consumidor, portanto, só se vincula às cláusulas que lhe eram acessíveis até o instante da conclusão do contrato, não sendo lícito ao fornecedor, após esse momento, pretender inserir, por ato unilateral, qualquer outra estipulação. A cláusula a que o

---

[5] Ob. cit., p. 545.
[6] *Código de Defesa do Consumidor Comentado*, 8. ed., Forense Universitária, p. 542.

consumidor não teve prévio acesso não chega a integrar o contrato: a hipótese não é, portanto, de nulidade, mas sim de ineficácia. O contrato será válido juridicamente, mas não terá eficácia com relação ao consumidor que não teve respeitada a garantia da cognoscibilidade. Carlos Roberto Barbosa Moreira lembra um caso curioso, na jurisprudência inglesa, no qual foi aplicado, de maneira bastante ilustrativa, o princípio inspirador dessa norma. Marido e mulher hospedaram-se em estabelecimento hoteleiro, e, tendo recebido a chave do quarto, a ele se dirigiram, sem se darem conta, quando ali ingressaram, da existência de um mural, colocado na face interna da porta, contendo cláusula de isenção de responsabilidade do proprietário, na hipótese de furto de valores que não lhe fossem entregues para guarda em caixa-forte. Durante a permanência do casal, certo objeto foi furtado, tendo o dono do estabelecimento invocado a cláusula exoneratória. Proposta a ação de indenização, entendeu a corte que a cláusula não podia ser oposta aos hóspedes, precisamente porque a contratação se dera em momento anterior, na recepção do hotel, onde não se podia visualizar, em lugar algum, aquela advertência.[7]

Em segundo lugar, o contrato não obrigará o consumidor **se o instrumento for realizado de modo a dificultar a compreensão de seu sentido e alcance**. Não bastará que o consumidor tenha tido a oportunidade de tomar conhecimento prévio do conteúdo do contrato ou de cláusula contratual. Será preciso também que tenha tido a oportunidade de compreender. **Cognoscível**, no sentido do art. 46 do CDC, é o que pode ser conhecido e compreendido. O consumidor pode ter conhecido e não ter compreendido, caso em que persistirá a ineficácia.

Esta última parte do art. 46 se harmoniza com os §§ 3º e 4º do art. 54 do CDC, *verbis*:

> "§ 3º Os contratos de adesão escritos serão redigidos em termos claros e com caracteres ostensivos e legíveis, cujo tamanho da fonte não será inferior ao corpo doze, de modo a facilitar sua compreensão pelo consumidor.
>
> § 4º as cláusulas que implicarem limitação de direito do consumidor deverão ser redigidas com destaque, permitindo sua imediata e fácil compreensão".

Como se vê, o requisito da clareza é absoluto e reiterado em várias partes do CDC porque decorre dos princípios da transparência e boa-fé objetiva; desta última voltaremos a falar no próximo item.

73 INTERPRETAÇÃO DOS CONTRATOS DE ADESÃO – ART. 47 DO CDC

Outro instrumento eficiente de proteção contratual do consumidor é a interpretação que deve ser dada aos contratos de consumo. Aplicam-se a eles todos os

---

[7] O Código de Defesa do Consumidor e o contrato de seguro. *Revista Forense*, v. 94, nº 342, p. 29-36, abr./jun.1998.

princípios de interpretação dos contratos: (a) atende-se mais à intenção das partes do que à literalidade da manifestação de vontade (CC, art. 112); (b) os usos e costumes são relevantes na interpretação das cláusulas contratuais (CC, art. 113, *in fine*); (c) os contratos benéficos e as cláusulas de renúncia de direitos são interpretadas restritivamente (CC, art. 114); (d) as cláusulas contratuais não devem ser interpretadas isoladamente, mas em conjunto com as demais; (e) a cláusula suscetível de dois significados deve ser interpretada em atenção ao que pode ser exigível (princípio da conservação ou aproveitamento do contrato).

Mas o princípio maior da interpretação dos contratos de consumo, observa Nelson Nery Junior, está insculpido no art. 47 do CDC: "*as cláusulas contratuais serão interpretadas de maneira mais favorável ao consumidor*".[8]

O requisito da clareza absoluta nos contratos de consumo, como vimos, é estabelecido pelo art. 46 e outras normas do CDC. Mas, se não obstante a exigência legal, o intérprete se depara com cláusula obscura, o dispositivo em exame dá o norte a seguir.

Há um ditado popular que diz: "*quem parte e reparte fica com a melhor parte*". É a tendência natural, quase irresistível, daquele que tem o poder de estabelecer as regras. Mas há também outro ditado que a sabedoria popular criou para se contrapor ao primeiro: "*quem reparte não escolhe*". A experiência comum revela que se aquele que reparte puder escolher em primeiro lugar vai sempre reservar a melhor parte para si. Então, a única forma de se obter o equilíbrio é não permitir que quem reparte escolha. Só assim ele vai procurar ser o mais justo possível, repartir no meio, porque sabe que a vantagem da escolha é de outrem.

Em outras palavras, essa é a sábia regra do art. 47 do CDC: quem escreve não tem a seu favor o que escreveu. E não somente as cláusulas ambíguas dos contratos de adesão se interpretam em favor do aderente, contra o estipulador, mas o contrato de consumo como um todo. A regra geral, assevera Claudia Lima Marques, é que se interprete o contrato de adesão, especialmente as suas cláusulas dúbias, contra aquele que redigiu o instrumento. É a famosa interpretação *contra proferente*.[9]

Bom exemplo de interpretação mais favorável ao consumidor era encontrado nos contratos de seguro de automóvel, nos quais se costumava inserir cláusula excluindo a cobertura no caso de **furto simples**. A jurisprudência tornou-se pacífica no sentido de não reconhecer eficácia a essa cláusula por não ser possível ao leigo saber a diferença entre um furto simples e um furto qualificado, ou mesmo de um roubo.

Houve igualmente divergências, durante certo tempo, se o seguro de responsabilidade civil cobrindo **danos pessoais** abrangia também o **dano moral**, o que era objeto de resistência das seguradoras. Uma vez mais, a jurisprudência do STJ firmou-se no sentido de uma interpretação mais favorável ao consumidor, consoante Súmula nº 402:

---

[8] Ob. cit., p. 537.
[9] Ob. cit., p. 75.

"*O contrato de seguro por danos pessoais compreende os danos morais, salvo cláusula expressa de exclusão*". A noção de danos pessoais, nesta súmula, foi bem compreendida pelo STJ; abrangem lesões físicas e morais sofridas por uma pessoa. Não se pode exigir que o leigo (consumidor) faça a distinção técnica entre danos pessoais (físicos) e morais, o que não é pacífico até entre os especialistas.

O Código Civil de 2002, no seu art. 423, tem regra semelhante à do art. 47 do CDC. "*Quando houver no contrato de adesão cláusulas que gerem dúvida quanto à sua interpretação, será adotada a mais favorável ao aderente*". E o art. 424, por sua vez, dispõe: "*nos contratos de adesão, são nulas as cláusulas que estipulem a renúncia antecipada do aderente a direito resultante da natureza do negócio*".

A norma do art. 47 do CDC, entretanto, é mais ampla do que as citadas normas do Código Civil, que têm por pressuposto a paridade dos contratantes. O sistema de proteção dos consumidores sempre beneficia o agente mais fraco, hipossuficiente, "*mesmo que a cláusula tenha sido por ele (real ou ficticiamente) redigida. Da mesma forma, a interpretação a favor do consumidor ocorrerá em qualquer caso de contraposição ou conflito de cláusulas escritas ou orais, não importando no sistema protetivo dos consumidores se a cláusula é ambígua ou clara, se a contradição é aparente ou oculta com os impressos, com a publicidade ou com as cláusulas batidas a máquina*".[10]

Outra linha mestra da interpretação dos contratos de adesão é a prevalência das **cláusulas que foram objeto de negociação particular** sobre aquelas impressas ou uniformes. Sendo assim, se alguma cláusula estiver escrita a máquina ou a mão, pressupõe que esta derive de discussão individual, de um acordo de vontades sobre aquele ponto específico da relação contratual, devendo prevalecer e derrogar as outras cláusulas do formulário-padrão.[11] Nessa situação, pondera Fábio Ulhoa Coelho, "*e em todas as outras em que resultar evidente terem as partes chegado a negociação particular de uma cláusula em sentido diverso da condição geral do negócio inicialmente pretendido pelo predisponente, a interpretação deve respeitá-la. Trata-se, a rigor, de decorrência natural da primazia da intenção declarada sobre a literalidade do instrumento. As cláusulas acrescidas ao contrato de adesão – no mesmo documento ou em apartado – representam melhor o encontro de vontades alcançado naquele contrato do que as predispostas*".[12]

Relembre-se, por derradeiro, que as relações de consumo são informadas pela boa-fé, princípio cardeal do CDC, de sorte que toda cláusula contratual deve ser interpretada à luz desse princípio. Esta, aliás, é a regra básica e geral de interpretação, não só dos contratos de consumo, mas também de todos os negócios jurídicos, consagrada no art. 113 do Código Civil de 2002, *verbis*: "*Os negócios jurídicos devem ser interpretados conforme a boa-fé e os usos do lugar de sua celebração*".

---

[10] Claudia Lima Marques, ob. cit., p. 89.
[11] Claudia Lima Marques, ob. cit., p. 76.
[12] Ob. cit., p. 140.

A boa-fé referida neste dispositivo é a boa-fé objetiva, que, como já vimos, tem por conteúdo um padrão de conduta e não apenas de intenção. Na belíssima lição do saudoso Caio Mário, *a boa-fé objetiva "não se qualifica por um estado de consciência do agente de estar se comportando de acordo com o Direito, como ocorre com a boa-fé subjetiva. A boa-fé objetiva não diz respeito ao estado mental subjetivo do agente,* **mas sim ao seu comportamento em determinada relação jurídica de cooperação.** *O seu conteúdo é um padrão de conduta, variando as suas exigências de acordo com o tipo de relação existente entre as partes".*

Prossegue o Mestre: *"A boa-fé objetiva não cria apenas deveres negativos, como faz a boa-fé subjetiva. Ela cria também deveres positivos, já que exige que as partes tudo façam para que o contrato seja cumprido conforme previsto e para que ambas tenham o proveito objetivado. Assim, o dever de simples abstenção de prejudicar, característico da boa-fé subjetiva, se transforma na boa-fé objetiva em dever de cooperar. O agente deve fazer o que estiver ao seu alcance para colaborar para que a outra parte obtenha o resultado previsto no contrato, ainda que as partes assim não tenham convencionado, desde que evidentemente para isso não tenha que sacrificar interesses legítimos próprios".*

Conclui o Mestre a sua douta lição: *"A boa-fé objetiva serve como elemento interpretativo do contrato, como elemento de criação de deveres jurídicos/dever de correção, de cuidado e segurança, de informação, de cooperação, de sigilo, de prestar contas e até como elemento de limitação e ruptura de direitos (proibição do* venire contra factum proprium, *que veda que a conduta da parte entre em contradição com conduta anterior, do* inciviliter agere, *que proíbe comportamentos que violem o princípio da dignidade humana, e da tu quoque, que é a invocação de uma cláusula ou regra que a própria parte já tenha violado".*[13]

Como se vê, a boa-fé exerce valioso papel na interpretação dos negócios jurídicos em geral e, principalmente, nos contratos de consumo, nos quais se exigem das partes lealdade, transparência, cooperação etc. Na busca da exata compreensão das cláusulas do contrato, deve o intérprete perquirir se as partes pautaram a conduta de acordo com os deveres impostos pela boa-fé, repelindo qualquer manifestação em sentido contrário.

74 DIREITO DE ARREPENDIMENTO DO CONSUMIDOR (ART. 49). PRAZO DE REFLEXÃO

No art. 49 do CDC temos outro significativo instrumento de proteção contratual do consumidor. É o **direito de arrependimento** ali consagrado nos seguintes termos: *"O consumidor pode desistir do contrato, no prazo de sete dias a contar de sua assinatura ou do ato de recebimento do produto ou serviço, sempre que a contratação de fornecimento de produtos e serviços ocorrer fora do estabelecimento comercial, especialmente por telefone ou a domicílio".*

---

[13] Ob. cit., p. 20-21.

A finalidade da norma, como se depreende de sua clara redação, é proteger o consumidor sempre que a compra se der **fora do estabelecimento comercial**. Hoje o consumidor não tem que se deslocar para os locais em que os produtos estão; os produtos é que se deslocam para os locais em que o consumidor está.

A referência a *telefone* ou *a domicílio* contida no seu final é meramente exemplificativa, porquanto o texto faz uso do advérbio *especialmente*. Estão, portanto, na abrangência da norma todos os sistemas de vendas externas, como em domicílio mediante a visita do vendedor; vendas por *telemarketing* ou por telefone; por correspondência – mala direta, ou carta-resposta, correio; pela TV, *Internet* ou qualquer outro meio eletrônico.

Ao tempo da edição do Código do Consumidor a *Internet* estava em seu estágio inicial, pelo que não foi por ele lembrada. Hoje, a *Internet* é a síntese e o auge de todo o desenvolvimento tecnológico e científico do século XX e da primeira década do século XXI. Ela reúne os mais avançados inventos de várias áreas científicas, desde a eletrônica, com os seus mais poderosos computadores, até a telecomunicação, com emissão e transmissão de som e imagem por cabos, fibra ótica, rádio e satélites. É o território da liberdade; viaja-se virtualmente para qualquer lugar do mundo sem passaporte. Tornamo-nos cidadãos do mundo globalizado.

Mais de dez milhões de pessoas no Brasil fizeram compras pela *Internet* no ano de 2007; gastaram cerca de 6,4 bilhões de reais no comércio eletrônico. Em 2008 houve uma expansão de 40% no faturamento do comércio eletrônico. Em 2010, o comércio eletrônico brasileiro teve seu melhor natal; registrou R$ 8,2 bilhões em vendas entre 15 de novembro e 24 de dezembro. Os brasileiros compraram 40% mais pela *Internet* em relação ao Natal de 2009.[14] Hoje esse percentual é muito maior. Não há como negar, portanto, que a *Internet* se tornou o principal meio de venda fora do estabelecimento comercial.

Como observa Antônio Rizzatto, "*Esse setor de vendas em domicílio via TV, mala direta e, atualmente, pela Internet é um dos que mais crescem no Brasil e no mundo. Cada vez mais os consumidores, sem tempo de ir às compras e/ou porque é bastante cômodo, adquirem produtos e serviços sem sair de casa*".[15]

O sistema de vendas externas, mormente pela TV, Internet e *telemarketing*, é altamente agressivo, atinge o consumidor em casa, no momento em que ele está mais vulnerável, criando-lhe necessidade artificial sobre algo de que não precisa, tanto assim que não saiu de casa para procurá-lo.

Essa é a principal razão do direito de arrependimento do consumidor. Conceder-lhe uma oportunidade de refletir calmamente sobre a compra que fez premido pelas técnicas agressivas de vendas fora do estabelecimento comercial. A lei confere

---

[14] *O Globo*, 29/12/2010.
[15] Ob. cit., p. 557.

ao consumidor o prazo de sete dias para isso. É o chamado *prazo de reflexão* ou *de arrependimento*.

Nesse prazo, o consumidor pode desistir do contrato independentemente de qualquer justificativa. A lei dá ao consumidor a faculdade (direito potestativo ou formativo) de desistir daquela compra de impulso, efetuada sob forte influência da publicidade sem que o produto esteja sendo visto de perto, concretamente, ou sem que o serviço possa ser mais bem examinado. Na verdade, é um direito unilateral do consumidor de desfazer o contrato, um direito formativo extintivo, tal qual a resolução, a denúncia ou a revogação nos contratos paritários. Direito potestativo (ou formativo), apenas a título de recordação, é aquele ao qual não corresponde um dever, mas um estado de sujeição.

O prazo de reflexão, diz a lei, conta-se da assinatura do contrato ou do ato de recebimento do produto ou serviço, dependendo do caso concreto. A toda evidência, contar-se-á o prazo da assinatura do contrato quando se tratar de contrato que não importa em entrega posterior do produto ou serviço, como, por exemplo, contratação de serviços de TV a cabo feita por vendedores em domicílio; a aquisição de seguros em geral e planos de saúde também feita em domicílio; assinaturas de revistas e jornais.[16] Tratando-se de aquisição de produtos ou serviços, cuja entrega é posterior à celebração do contrato, o prazo de arrependimento só começa a correr a partir do efetivo recebimento do produto ou da prestação do serviço.

A manifestação da desistência, no prazo legal, pode ser feita por qualquer meio idôneo, mas o consumidor deve ter a cautela de poder prová-la, caso necessário. Pode desistir valendo-se dos mesmos meios que utilizou para a compra: correio, telefone, internet, telegrama, notificação cartorária etc.

Exercido o direito de arrependimento, o parágrafo único do art. 49 do CDC especifica que o consumidor terá de volta, imediata e monetariamente atualizados, todos os valores eventualmente pagos, a qualquer título, durante o prazo de reflexão, entendendo-se incluídos nestes valores todas as despesas com o serviço postal para a devolução do produto, quantia essa que não pode ser repassada ao consumidor. Eventuais prejuízos enfrentados pelo fornecedor nesse tipo de contratação são inerentes à modalidade de venda agressiva fora do estabelecimento comercial. Aceitar o contrário é criar limitação ao direito de arrependimento legalmente previsto, além de desestimular tal tipo de comércio tão comum nos dias atuais. Esse o entendimento do STJ, ao considerar legal a multa aplicada pelo PROCON a determinada empresa de televisão por cobrar dos consumidores as despesas postais decorrentes do exercício do direito de arrependimento.[17]

Uma última questão sobre o direito de arrependimento, pouco abordada pelos autores: qual é a sua natureza jurídica?

---

[16] Exemplos de Antônio Rizzatto, ob. cit., p. 559.
[17] REsp nº 1340604, Segunda Turma, Rel. Min. Mauro Campbell.

Assim que entrou em vigor o CDC, houve quem encontrasse certa semelhança entre o direito de arrependimento e a **venda a contento**, esta disciplinada nos arts. 509 a 512 do Código Civil de 2002[18] como um pacto adjeto à compra e venda. *"A venda feita a contento do comprador entende-se realizada sob condição suspensiva, ainda que a coisa lhe tenha sido entregue; e não se reputará perfeita, enquanto o adquirente não manifestar seu agrado"* (art. 509).

Trata-se, como se vê do conceito legal, de uma venda sob *condição suspensiva*, vale dizer, a compra e venda só estará aperfeiçoada quando o adquirente disser que está satisfeito com a compra. Enquanto isso não ocorrer, a natureza jurídica do contrato é de comodato, porque o Código diz (art. 511): *"as obrigações do comprador, que recebeu, sob condição suspensiva, a coisa comprada, são as de mero **comodatário**"*.

Não é isso que ocorre com o direito de arrependimento ou prazo de reflexão. Aqui temos uma compra e venda perfeita e acabada, em que todos os seus efeitos se produzem. Não há condição suspensiva, nem comodato. Temos, na realidade, um contrato consumado até que o consumidor manifeste o seu arrependimento. Este, como já vimos, é um direito formativo do consumidor, que pode ser manifestado sem qualquer justificativa, ao qual o fornecedor está submisso.

À divisão dos direitos subjetivos em absolutos e relativos, historicamente ligada à classificação romana das ações *"in rem"* e *"in personam"*, Emil Seckel acrescentou (1903) uma terceira categoria, a dos **direitos formativos**, assim entendidos os direitos *"cujo conteúdo é o poder de formar, modificar ou extinguir relações jurídicas concretas, através de manifestação unilateral de vontade"*. Dividem-se os direitos formativos em **geradores de relações jurídicas** (o direito de opção, de preferência); **modificativos de relações jurídicas** (o direito de escolha nas obrigações alternativas, de constituir em mora o devedor mediante notificação); **extintivos de relações jurídicas** (a denúncia de contrato, direito à resolução). Para que bem se compreenda o conceito de direitos formativos é necessário reiterar que, diversamente do que ocorre nos direitos subjetivos, a eles não correspondem deveres, há apenas submissão pura e simples aos efeitos que deles se irradiam, por parte do outro termo da relação jurídica. Em síntese, os direitos formativos não encontram correlação com deveres.

Quais são os efeitos que decorrem do direito formativo de arrependimento do consumidor?

Todas as responsabilidades contratuais podem ocorrer nesse prazo de reflexão. Se nesses sete dias o produto apresentar algum vício ou ocorrer um dano pelo fato do produto, o fornecedor terá que indenizar normalmente, pelas regras do CDC. Ele não vai poder dizer que se tratava de um mero comodato e que o comprador ainda não havia assumido a posição de consumidor. Haverá contrato de compra e venda perfeito e acabado, pelo que o fornecedor terá que responder pela integridade do risco. Mas, em contrapartida, o comprador também terá que responder integralmente pelo

---

[18] Arts. 1.144 a 1.147 do Código Civil de 1916.

contrato nesse período de reflexão. Se, por acaso, a coisa adquirida perecer, o comprador deverá responder pela sua perda, de acordo com o princípio *res perit domino*. Durante o prazo de reflexão, repita-se, a compra está perfeita e acabada, o comprador é o proprietário da coisa, e esta perece para o dono. Assim, por exemplo, se comprei um microcomputador (*notebook*) pela Internet e durante o experimento, no prazo de reflexão, ele vem a ser furtado ou destruído em um acidente, aí já não mais posso me arrepender. Sofro os riscos normais do proprietário, os riscos da força maior e do caso fortuito, porquanto, repita-se, *res perit domino*.

O arrependimento do consumidor não pode levar ao seu enriquecimento sem causa. O produto terá que ser devolvido incólume, tal como foi recebido, se possível preservando-se até a embalagem. A boa-fé (objetiva) do consumidor deverá se fazer presente, sendo repudiável a conduta de alguém (como tem ocorrido) que compra uma roupa ou sapato pela *Internet*, faz uso deles num casamento ou outra festa, e, antes dos sete dias, invoca o direito de arrependimento.

Em conclusão, não temos uma compra e venda a contento no direito de arrependimento, nem mero comodato, mas, uma compra e venda perfeita e acabada, um contrato de eficácia imediata, apenas sujeito a um direito formativo extintivo, aquilo que Carnelutti chamava de direito potestativo, ou seja, o direito unilateral do consumidor de desfazer o contrato no prazo de sete dias, tal qual uma cláusula resolutiva, uma condição resolutiva, com a diferença de que aqui ela está prevista na lei. Na verdade, é um direito formativo extintivo, ao qual corresponde, da outra parte, não um dever, mas um estado de sujeição.

75 A GARANTIA LEGAL E A CONVENCIONAL

Outro instrumento eficiente para a proteção contratual do consumidor é a **garantia de adequação** do produto ou serviço estabelecida no art. 24 do CDC, nos seguintes termos: "*A garantia legal de adequação do produto ou do serviço independe de termo expresso, vedada a exoneração contratual do fornecedor*".

O que se deve entender por **garantia legal de adequação** e qual é o seu prazo de duração? A resposta a essa indagação requer algumas considerações sobre outras questões relevantes com as quais está imbricada: (i) distinção entre prazo de garantia, prazo prescricional e prazo de decadência; (ii) fato e vício do produto ou do serviço; (iii) vício aparente e vício oculto; (iv) produto durável e não durável.

Comecemos pelo **prazo legal de garantia**. Entende-se por garantia de adequação a qualidade que o produto ou serviço deve ter, em termos de segurança, durabilidade e desempenho, para atingir o fim a que se destina. O prazo de garantia tem por finalidade proteger o consumidor dos defeitos relacionados aos vícios do produto ou serviço – defeitos intrínsecos, existentes desde a sua fabricação ou prestação –, quer sejam eles aparentes quer ocultos. Bem por isso, o prazo de garantia de adequação não se confunde com o prazo prescricional, nem com o decadencial; são prazos distintos e com finalidades diferentes.

Com efeito, a responsabilidade do fornecedor biparte-se, como veremos, em responsabilidade pelo **fato do produto ou do serviço**, que compreende os defeitos de segurança, e a responsabilidade por **vício do produto ou do serviço**, que abrange os vícios por inadequação. Os arts. 12 a 14 do CDC tratam do **fato** do produto e do serviço; os arts. 18 a 20 cuidam do **vício** do produto e do serviço. Ambos (fato e vício) são defeitos intrínsecos, existentes desde a fabricação do produto ou serviço, só que o **fato** do produto ou do serviço é tão grave que provoca um acidente que atinge o consumidor, causando-lhe dano material ou moral. É também chamado de *defeito de segurança* porque compromete a segurança do produto ou serviço, gerando riscos à incolumidade do consumidor ou de terceiro. **Vício**, por sua vez, é defeito menos grave, circunscrito ao produto ou serviço; um defeito que lhe é inerente ou intrínseco. É chamado de *vício de adequação* porque apenas causa o mau funcionamento, utilização ou fruição do produto ou do serviço; compromete a sua prestabilidade. Voltaremos ao tema nos Capítulos XI e XII, especificamente nos itens 142 a 144; 158 a 160 e 172.

O CDC apresenta duas regras distintas para regular o direito de reclamar, conforme se trate de **defeito de segurança** (fato do produto ou do serviço) ou **vício de adequação** (vício do produto ou do serviço). Na primeira hipótese, a pretensão à reclamação pelos danos causados por fato do produto ou do serviço vem regulada no art. 27 do CDC, prescrevendo em 5 anos, contado esse prazo **a partir do conhecimento do dano e de sua autoria**. Na segunda hipótese (vício do produto ou do serviço), os prazos para reclamação são decadenciais, nos termos do art. 26 do CDC, sendo de 30 dias para produto ou serviço não durável e de 90 dias para produto ou serviço durável.

Destarte, o prazo de cinco anos previsto no art. 27 do CDC não é prazo de garantia, mas sim de **prescrição**, dentro do qual deverá ser exercida a pretensão à reparação pelos danos causados por **fato** do produto ou do serviço. Os prazos previstos no art. 26 do CDC também não são de garantia, mas sim de **decadência**, dentro dos quais deverá ser exercido o direito de reclamar pelos **vícios** do produto ou do serviço. Vale dizer, são prazos para que o consumidor, tomando conhecimento do **vício surgido dentro do prazo legal de garantia** do produto ou do serviço, reclame a reparação nos termos dos arts. 18 e 20 do CDC.

Produtos duráveis são aqueles que, como o próprio nome indica, não se extinguem com o uso, que levam tempo para se desgastarem; podem e devem ser utilizados muitas vezes. **Serviços duráveis** são aqueles que têm continuidade no tempo em decorrência de uma estipulação contratual ou legal, e os que, após a prestação, deixam um resultado, um produto final relativo ao serviço executado. **Produto não durável** é aquele que se extingue ou se vai extinguindo com a utilização; **serviço não durável** é o que se extingue uma vez prestado.[19]

Observe-se ainda que o citado art. 26 do CDC faz distinção entre **vício aparente** ou de fácil constatação e **vício oculto**. Os prazos, tanto para os vícios aparentes como

---

[19] Rizzatto, ob. cit., p. 323.

para os ocultos, são os mesmos; o que diferencia um do outro é o dia *a quo*, ou seja, o momento em que o prazo começa a fluir.

Vício aparente, como o próprio nome diz, é aquele que se visualiza de imediato, sem necessidade de qualquer outra análise ou teste; vício de fácil constatação exige apenas o teste ou uso do bem, para ser constatado; já o vício oculto é aquele que só se consegue detectar com o conhecimento técnico especializado ou que só se manifesta depois de algum tempo de uso do produto ou do serviço.

No caso de vício aparente ou de fácil constatação, **conta-se o prazo decadencial** a partir da entrega efetiva do produto, conforme dispõe o § 1º do art. 26 do CDC. Em se tratando de vício oculto, o prazo só começa a correr a partir do momento em que ficar evidenciado o defeito, na forma do § 3º do art. 26.

Depreende-se do exposto que **uma coisa é o prazo legal de garantia de adequação** (art. 24 do CDC) e **outra coisa é o prazo de prescrição ou decadencial**. O prazo de **garantia de adequação**, repetimos, diz respeito à qualidade que o produto ou serviço deve ter, em termos de segurança, durabilidade e desempenho, para atingir o fim a que se destina; tem por finalidade proteger o consumidor dos defeitos relacionados aos vícios do produto ou serviço – defeitos intrínsecos, existentes desde a sua fabricação ou prestação –, quer sejam eles aparentes quer ocultos. **Prazo prescricional ou decadencial** (arts. 26 e 27 do CDC) é aquele que o consumidor, tomando conhecimento do fato ou vício ocorrido dentro do prazo de garantia, tem para reclamar a indenização ou reparação correspondente.

Nesse ponto, a indagação que deve ser respondida é esta: no caso de **vício oculto**, até quando o fornecedor permanece responsável? Qual é o prazo da garantia de adequação? A lei não preceitua o prazo da garantia de adequação, mas, a toda evidência, o fornecedor não pode ser responsável *ad aeternum* pelos produtos e serviços colocados em circulação, até porque, por mais duráveis que sejam, não são eternos.

Por essas e outras razões, a doutrina consumerista tem entendido que, no caso de vício oculto, cujo prazo para reclamar só se inicia no momento em que fica evidenciado o defeito (§ 3º do art. 26), deve ser adotado **o critério da vida útil do bem**.

A propósito, Claudia Lima Marques observa: *"Se o vício é oculto, porque se manifestou somente com o uso, experimentação do produto ou porque se evidenciará muito tempo após a tradição, o limite temporal da garantia legal está em aberto, seu termo inicial, segundo o § 3º do art. 26, é a descoberta do vício. Somente a partir da descoberta do vício (talvez meses ou anos após o contrato) é que passarão a correr os 30 ou 90 dias. Será, então, a nova garantia eterna? Não, os bens de consumo possuem uma durabilidade determinada. É a chamada **vida útil** do produto".*[20]

Na mesma linha é a posição de Herman Benjamin, que sintetiza: *"Diante de um vício oculto qualquer juiz vai sempre atuar casuisticamente. Aliás, como faz em outros sistemas legislativos. **A vida útil do produto ou serviço** será um dado relevante na*

---

[20] *Contratos*, p. 1.196-1.197.

apreciação da garantia".[21] E, antes de concluir, observa com propriedade: *"O legislador, na disciplina desta matéria, não tinha, de fato, muitas opções. De um lado, poderia estabelecer um prazo totalmente arbitrário para a garantia, abrangendo todo e qualquer produto ou serviço. Por exemplo, seis meses (e por que não dez anos?) a contar da entrega do bem. De outro lado, poderia deixar – como deixou – que o prazo (trinta ou noventa dias) passasse a correr somente no momento em que o vício se manifestasse. Esta última hipótese, a adotada pelo legislador, tem prós e contras. Falta-lhe objetividade e pode dar ensejo a abusos. E estes podem encarecer desnecessariamente os produtos e serviços. Mas é ela a única realista, reconhecendo que muito pouco é uniforme entre os incontáveis produtos e serviços oferecidos no mercado".*[22]

Em conclusão, o prazo legal de garantia inicia-se com a entrega do bem de consumo (produto ou serviço), e tem por limite a **vida útil** do produto ou serviço, entendendo-se como tal o **tempo razoável** de durabilidade do bem de consumo, considerando a sua qualidade, finalidade e tempo de utilização. Como os bens de consumo não são eternos, possuem durabilidade variada, a identificação da vida útil exigirá sempre uma apreciação concreta em cada caso, na qual o julgador tem certa flexibilidade, mas o fator tempo será sempre relevante.

É ainda preciso chamar atenção, neste ponto, para o fato de que muitos bens de consumo, como automóveis, construções, edificações etc., são *coisas compostas*, isto é, embora formem um todo homogêneo sob o prisma do atendimento de uma finalidade (o uso/habitação), são constituídas por partes, sistemas, unidos pelo engenho humano. Leciona Washington de Barros Monteiro: "Coisas simples, em direito, são as que formam um todo homogêneo, cujas partes, unidas pela natureza ou pelo engenho humano, nenhuma determinação especial reclamam da lei [...] podem ser materiais (um cavalo, uma planta) ou imateriais (como um crédito). **Coisas compostas são as que se formam de várias partes ligadas pela arte humana**. Como as simples, **podem ser também materiais (por exemplo, a construção de um edifício, com fornecimento de materiais e mão de obra)** e imateriais (por exemplo, o fundo de negócio)".[23]

Esses sistemas, partes integrantes da coisa composta, terão, naturalmente, prazos de vida útil distintos entre si, distintos também do prazo de vida útil da coisa composta considerada como um todo. Da mesma forma que a vida útil de um automóvel não se confunde com a vida útil da sua bateria, ou com a vida útil dos seus pneus, a vida útil de uma construção não se confunde com a vida útil dos seus sistemas (impermeabilização, pinturas, esquadrias, hidráulica, estruturas etc.).

A ninguém ocorreria responsabilizar o fabricante do automóvel que não dá partida pelo fato do não funcionamento da bateria cuja vida útil expirou. O mesmo raciocínio deve ser aplicado às construções e outras coisas compostas. A vida útil a

---

[21] *Comentários*, p. 134-135.
[22] *Comentários*, p. 134.
[23] *Curso de direito civil*: parte geral, 40. ed., Saraiva, 2005, v. 1.

ser considerada, para efeitos de garantia e responsabilização do fornecedor, construtor etc. é a da parte ou do sistema alegadamente defeituoso.

No caso de construções, por exemplo, é possível recorrer às normas técnicas, editadas por instituições idôneas, dentre as quais se destaca a Associação Brasileira de Normas Técnicas (ABNT), para estabelecer os **parâmetros de vida útil dos sistemas** que compõem a construção,[24] o que diminui sobremaneira as incertezas relativas ao tema. De forma a prevenir/minimizar, ainda mais, a possibilidade de divergências sobre os parâmetros de vida útil, a inclusão de dispositivos sobre o assunto no contrato de construção afigura-se de grande valia. Em nome da boa-fé objetiva, também embutida no dever de transparência para com o consumidor,[25] as referências contratuais aos prazos de vida útil dos principais sistemas da construção, assim como a indicação da manutenção necessária, a cargo do consumidor, e a remissão à norma técnica a ser utilizada na hipótese de controvérsia, contribuem em muito para o aumento da segurança jurídica do negócio.

No tema da garantia legal, impende ainda distinguir o **vício** do produto ou do serviço do **defeito que decorre do desgaste natural**. O primeiro, como acabamos de ver, relaciona-se com defeito de fabricação, de projeto, da resistência de materiais etc. – defeito intrínseco, existente desde a fabricação –, ao passo que o segundo – desgaste natural do produto – decorre da fruição do bem, posto que, não sendo eterno nenhum produto, é inevitável que algum desgaste venha a ocorrer depois de tempo razoável do uso normal.

Pois bem, o prazo de garantia legal tem por finalidade proteger o consumidor dos defeitos relacionados aos vícios do produto ou serviço (defeito intrínseco, existente desde a sua fabricação ou prestação), quer sejam eles aparentes, quer ocultos, pelo que não estão cobertos pela garantia os defeitos decorrentes do desgaste natural do produto ou de sua má conservação.

Tratemos agora da **garantia convencional** ou **contratual**. A lei de consumo permite ao fornecedor conferir uma garantia aos seus produtos e serviços. É a **garantia convencional** ou **contratual**, referida no art. 50 do CDC: *"a garantia contratual é complementar à legal e será conferida mediante termo escrito"*. Essa garantia, como se vê, é **complementar** à legal e será conferida mediante termo escrito, conforme disposto no parágrafo único do mesmo artigo.

---

[24] Confira-se, por exemplo, a ABNT NBR 15575-1, editada em 2013, que vem sendo utilizada em inúmeras perícias, devidamente chanceladas pelo Poder Judiciário, para dirimir controvérsias relacionadas a defeitos/vícios construtivos: *"Tendo como pressuposto a habitabilidade pela Norma ABNT NBR 15.575:2013 a habitabilidade deve ser atingida a partir de fatores (sendo estanqueidade, desempenho térmico, desempenho acústico, desempenho lumínico, saúde, higiene e qualidade do ar, funcionalidade e acessibilidade), a residência encontra-se habitável, porém com comprometimento em relação ao quesito saúde, higiene e qualidade do ar devido a umidade generalizada nas paredes internas da residência em sua área próxima ao piso"* (TRF-3, Apelação Cível nº 5000638-35.2019.4.03.6119, 1ª Turma, Rel. Des. Helio Egydio de Matos Nogueira, e-DJF3 11/11/2019).

[25] Cf. art. 6º, inciso III, do CDC.

Ao contrário da garantia legal, que é sempre obrigatória, a garantia contratual é mera faculdade, que pode ser concedida por liberalidade do fornecedor. Portanto, não pode excluir, em nenhuma hipótese, a garantia legal, a pretexto de que o fornecedor já estaria dando mais, contratualmente. *"Sempre que houver garantia convencional, entende-se que, ao lado dela, subsistirá a garantia legal. A garantia contratual será um plus em favor do consumidor. Os termos e o prazo dessa garantia contratual ficam ao alvedrio exclusivo do fornecedor, que os estipulará de acordo com sua conveniência, a fim de que seus produtos ou serviços passam a ter competitividade no mercado, atentando, portanto, ao princípio da livre iniciativa. Não raras vezes, o conteúdo da garantia se projeta como fator decisivo para o consumidor optar pela aquisição do produto ou serviço. Há, inclusive, empresas que promovem anúncios publicitários, centrando sua estratégia de marketing exatamente na garantia, muito melhor e mais abrangente do que a da concorrência, de sorte a sensibilizar o consumidor a dar preferência a seus produtos ou serviços"*.[26]

Em face da dupla garantia, convencional e legal, a questão que se coloca é a de saber quando cada uma começa a correr.

Como a garantia legal é independente da manifestação do fornecedor, e a garantia contratual, de sua livre disposição, é **complementar**, há os que entendem que o prazo da primeira (garantia legal) só começa a correr após esgotado o prazo da segunda (garantia contratual). **Complementar** é aquilo que complementa; indica algo que se soma, que aumenta o tempo da garantia legal.

De acordo com esse entendimento, o prazo da garantia convencional começaria a correr a partir da entrega do produto ou da prestação do serviço, enquanto o prazo da garantia legal tem por termo inicial o dia seguinte do último dia da garantia convencional.

Exemplificando, se o fornecedor dá prazo de garantia contratual até a Copa, ou até o Pan (um ano, dois etc.), dentro do tempo garantido o produto não pode apresentar vício. Se apresentar, o consumidor tem o direito de reclamar sem perder o direito à garantia legal, cujo prazo se estende por 30 ou 90 dias após o término da garantia convencional.

Corrobora esse entendimento o Código Civil de 2002, que, ao tratar dos vícios redibitórios, que guardam certa semelhança com os vícios do produto ou do serviço do CDC, dispõe no seu art. 446 que os prazos de decadência previstos no art. 445 "***não correrão na constância de cláusula de garantia***; *mas o adquirente deve denunciar o defeito ao alienante nos 30 (trinta) dias seguintes ao seu descobrimento, sob pena de decadência".* Em outras palavras, havendo garantia convencional, o prazo prescricional para o exercício da redibição só começa a correr a partir do fim da garantia.

Se o fornecedor não dá prazo convencional, voltando ao CDC, então os 30 ou 90 dias correm do dia da aquisição do produto ou término do serviço, não se olvidando que, em se tratando de vício oculto, o início do prazo para reclamar apenas corre quando este se manifesta.

---

[26] Nelson Nery Junior, ob. cit., p. 553-554.

Concluem os defensores desse entendimento que o sentido da expressão **complementar**, utilizada no *caput* do art. 50 do CDC, é o de que a garantia contratual vai até o último dia do prazo nela estabelecido, e só ao seu término tem início o prazo da garantia legal.

Nesse sentido precedente do STJ: "*Na verdade, se existe uma garantia contratual de um ano tida como complementar à legal, o prazo de decadência somente pode começar da data em que encerrada a garantia contratual, sob pena de submetermos o consumidor a um engodo com o esgotamento do prazo judicial antes do esgotamento do prazo de garantia. E foi isso que o art. 50 do Código de Defesa do Consumidor quis evitar*".[27]

Posteriormente, a Terceira Turma do Superior Tribunal de Justiça ratificou esse entendimento no julgamento do REsp nº 967.623/RJ, pondo fim a uma disputa travada há mais de dez anos entre um consumidor e o fabricante de um veículo. Os problemas do consumidor começaram em setembro de 1998, quando comprou um veículo zero quilômetro, mas ao retirá-lo da concessionária, logo notou pontos de corrosão na carroceria. Reclamou 11 meses depois; contudo, apesar da realização de vários reparos pela Concessionária, a corrosão alastrou-se por grande parte do veículo, o que levou ao ajuizamento da ação de indenização por danos materiais e morais.

Em primeiro grau, a concessionária e a montadora foram condenadas a substituir o veículo e a indenizar o consumidor, mas a sentença foi reformada pelo Tribunal de Justiça do Rio de Janeiro. Os desembargadores acolheram a apelação das empresas por entenderem que o consumidor extrapolou o prazo para exercer o direito de reclamar, isto é, não o fez dentro do prazo de garantia.

A relatora do caso no STJ, a Ministra Nancy Andrighi, constatou que no caso estava-se diante de vício de inadequação, e não de fato do produto, pois as imperfeições apresentadas no veículo impediram que o recorrente o utilizasse da forma esperada, porém sem colocar em risco a sua segurança ou a de terceiros. Daí, tratando-se de bem durável e de vício de fácil percepção, impunha-se aplicar o prazo decadencial de 90 dias para deduzir a reclamação, contados, em regra, da entrega do bem (art. 26, § 1º, do CDC). A Ministra Relatora, todavia, verificou uma peculiaridade que não havia sido observada pelo Tribunal do Rio. **A montadora concedera ao veículo a garantia (contratual) de um ano**, que é complementar à legal (art. 50 do CDC). Diferentemente do que ocorre com a garantia legal contra vícios de adequação, observou a relatora, cujos prazos de reclamação estão contidos no art. 26 do CDC, a lei não estabelece prazo de reclamação para a garantia contratual. Nessas condições, uma interpretação teleológica e sistemática do CDC permite integrar analogicamente a regra relativa à garantia contratual, estendendo-lhe os prazos de reclamação atinentes à garantia legal, ou seja, **a partir do término da garantia contratual, o consumidor terá 30 dias (bens não duráveis) ou 90 dias (bens duráveis) para reclamar por vícios de adequação surgidos no decorrer do período desta garantia.**

---

[27] REsp nº 225.858/SP, voto vista do Min. Carlos Alberto Menezes Direito.

Em nosso entender, o início da contagem dos prazos da garantia legal não tem nada a ver com a garantia convencional. O art. 26 do CDC indica expressamente o **termo inicial** tanto para os vícios ocultos como para os vícios aparentes, pelo que não se faz necessário recorrer à soma dos prazos de garantia convencional e legal. Se o vício oculto surgir no período de **vida útil** do produto, aí começará a correr o prazo de 90 dias, esteja ou não vigente o prazo da garantia convencional.

Correta a lição de Leonardo Roscoe Bessa:

"O art. 50 do CDC estipula que a garantia contratual é complementar à legal. O propósito legal foi evidenciar que a concessão da garantia contratual não pode, em nenhuma hipótese, afetar os direitos do consumidor decorrentes do CDC, cujas disposições são 'de ordem pública e interesse social'. [...] Portanto, para garantir a efetiva prevenção e reparação de danos patrimoniais e morais do consumidor, não se faz necessário recorrer à soma dos prazos de garantia contratual e legal: basta considerar que, se o vício oculto surgiu no período de **vida útil** do produto, é possível, no prazo de 90 dias (produtos duráveis) após a manifestação do defeito, o exercício das alternativas indicadas no § 1º do art. 18 do CDC. [...] Como a garantia contratual decorre da vontade do fornecedor, ela possui condições menos vantajosas, ora limitadas a algumas partes do produto. [...] Portanto, o art. 50 do CDC não deve ser interpretado no sentido de que os prazos de garantia legal e contratual devem ser somados. Para proteger os interesses patrimoniais e morais do consumidor com relação aos vícios ocultos dos produtos, basta utilizar o critério da vida útil dos produtos".[28]

Síntese conclusiva: a **garantia convencional**, tal como a **garantia legal**, tem início com a entrega do bem de consumo (produto ou serviço), mas o prazo de duração da primeira é limitado ao tempo estabelecido pelo fornecedor (meses ou anos), enquanto a garantia legal, em se tratando de vício oculto, persiste durante a **vida útil** do produto ou do serviço. Enquanto vigorar a garantia convencional, o consumidor poderá também se valer da garantia legal, a que lhe for mais útil e oportuna, uma não exclui a outra. Mas, mesmo vencida a garantia convencional, a garantia legal persistirá durante a **vida útil** do bem de consumo, em se tratando de vício oculto.

A maior evidência de que o prazo da garantia legal não está vinculado ao prazo da garantia convencional (na realidade vai muito além) pode ser encontrada no *recall*. A Honda, em 2010, fez *recall* em quase 200 mil veículos fabricados entre 2003 e 2008, veículos que estavam circulando há mais de cinco anos.[29] A Fiat foi multada pelo Ministério da Justiça em R$ 6 milhões e obrigada a fazer o *recall* de todos os veículos modelo Stilo fabricados a partir de abril de 2004 em razão de um defeito no cubo da

---

[28] Antônio Herman V. Benjamin, Claudia Lima Marques e Leonardo Roscoe Bessa. *Manual de Direito do Consumidor*, Revista dos Tribunais, 2008, p. 170.
[29] *O Globo*, agosto de 2010.

roda traseira do veículo só constatado em março de 2010.[30] A GM fez *recall* em 2013 de 44 mil picapes Chevrolet S10, a Volks anunciou *recall* de mais de 62 mil veículos no Brasil, e assim por diante.[31] Como se vê, a garantia legal subsiste mesmo depois de estar há muito vencida a garantia convencional. A questão não é o prazo ou o tempo transcorrido desde a colocação do produto em circulação, mas sim se há ou não defeito/vício do produto. Havendo vício ou defeito oculto, manifestado durante a sua **vida útil**, por ele responde o fornecedor. E só a partir daí começa a correr o prazo decadencial. Nos casos relatados (*recall*), embora já passados seis ou mais anos dos veículos terem sido postos em circulação, e já há muito vencida a garantia convencional, a garantia legal persistiu, e persistirá pelo tempo **da vida útil do produto**.

E mais, o fato de esses *recalls* serem feitos espontaneamente pelos fornecedores, evidencia a conscientização de que a garantia legal perdura para além da garantia convencional, e que uma postura de maior comprometimento das empresas é menos onerosa social e economicamente.

76 PRÁTICAS ABUSIVAS

Na fase de formação do contrato, podem também ocorrer práticas abusivas, como a prevista no inciso V do art. 39 do CDC: *"exigir do consumidor vantagem manifestamente excessiva"*.

Esta regra, a rigor, está contida na disposição do art. 51, IV, do CDC, só que lá a abusividade é identificada em contrato já existente, o que torna a cláusula contratual nula, enquanto aqui a exigência de vantagem excessiva é feita no momento da formação do contrato, muitas vezes até como condição para a sua celebração.

O que se deve entender por **vantagem manifestamente excessiva**? A resposta pode ser encontrada no § 1º do art. 51 do CDC, *verbis*:

> "§ 1º Presume-se exagerada, entre outros casos, a vantagem que:
>
> I – ofende princípios fundamentais do sistema jurídico a que pertence;
>
> II – restringe direitos ou obrigações fundamentais inerentes à natureza do contrato, de tal modo a ameaçar seu objeto ou o equilíbrio contratual;
>
> III – se mostra excessivamente onerosa para o consumidor, considerando-se a natureza e conteúdo do contrato, o interesse das partes e outras circunstâncias peculiares ao caso".

O lucro é permitido e primordial numa economia capitalista, mas não pode transbordar para o abuso, para a exploração dos consumidores, sobretudo dos mais incautos. Exemplo típico dessa prática abusiva era o famigerado ágio cobrado por

---

[30] *O Globo*, 10/3/2010.
[31] *Globo*, 30/10 e 15/11 de 2013.

concessionárias na venda de veículos novos quando o mercado estava aquecido. A principal finalidade da vedação dessa prática é assegurar o equilíbrio contratual, impedindo que o fornecedor, utilizando-se de sua condição de superioridade econômica, cause prejuízo ao consumidor.

Enquadra-se com presteza nessa modalidade de prática abusiva a cobrança de preços diferentes para pagamento em dinheiro ou cartão, conforme decidiu o STJ no REsp nº 1.133.410/RS. Um posto de combustível do Rio Grande do Sul cobrava preços diferenciados para pagamentos em dinheiro e os previstos para pagamentos com cartão de crédito não parcelado. A prática foi questionada como abusiva pelo Ministério Público em ação coletiva de consumo e, assim, chegou ao STJ, cuja Terceira Turma decidiu a questão:

> "Cobrança de preços diferenciados para venda de combustível em dinheiro, cheque e cartão de crédito – Prática de consumo abusiva – Verificação – Recurso especial provido.
>
> I – Não se deve olvidar que o pagamento por meio de cartão de crédito garante ao estabelecimento comercial o efetivo adimplemento, já que, como visto, a administradora do cartão se responsabiliza integralmente pela compra do consumidor, assumindo o risco de crédito, bem como de eventual fraude;
>
> II – O consumidor, ao efetuar o pagamento por meio de cartão de crédito (que só se dará a partir da autorização da emissora), exonera-se, de imediato, de qualquer obrigação ou vinculação perante o fornecedor, que deverá conferir àquele plena quitação. Está-se, portanto, diante de uma forma de pagamento a vista e, ainda, pro soluto (que enseja a imediata extinção da obrigação);
>
> III – O custo pela disponibilização de pagamento por meio do cartão de crédito é inerente à própria atividade econômica desenvolvida pelo empresário, destinada à obtenção de lucro, em nada referindo-se ao preço de venda do produto final. Imputar mais este custo ao consumidor equivaleria a atribuir a este a divisão de gastos advindos do próprio risco do negócio (de responsabilidade exclusiva do empresário), o que, além de refugir da razoabilidade, destoa dos ditames legais, em especial do sistema protecionista do consumidor;
>
> IV – O consumidor, pela utilização do cartão de crédito, já paga à administradora e emissora do cartão de crédito taxa por este serviço (taxa de administração). Atribuir-lhe ainda o custo pela disponibilização de pagamento por meio de cartão de crédito, responsabilidade exclusiva do empresário, importa em onerá-lo duplamente (in bis idem) e, por isso, em prática de consumo que se revela abusiva".

Foi também considerada abusiva a prática de alguns hospitais cobrarem, ou permitirem que se cobre, dos pacientes conveniados a planos de saúde valor adicional por atendimentos realizados por seu corpo médico fora do horário comercial.

A prática caracteriza exigência de vantagem excessiva porque se trata de custos que incumbem ao hospital.[32] No mesmo precedente o STJ reiterou o seu entendimento no sentido de ser abusiva a exigência de caução para atendimento médico de emergência, mormente após a Lei nº 12.653/2012 que veda expressamente tal prática, bem como o preenchimento de formulário administrativo para a prestação de atendimento médico-hospitalar premente.

Temos, a seguir, a prática abusiva descrita no inciso IX (art. 39 do CDC): *"recusar a venda de bens ou a prestação de serviços, diretamente a quem disponha a adquiri--los mediante pronto pagamento, ressalvados os casos de intermediação regulados em leis especiais"*.

O estabelecimento comercial não pode selecionar os seus clientes, nem proibir o acesso de quem procura os serviços que oferece. Ao abrir as suas portas ao público, o fornecedor assume a obrigação de atender indistintamente a clientela, salvo quando devidamente comprovada a intenção do cliente de causar dano.

Não está o fornecedor obrigado, entretanto, a aceitar nenhuma outra forma de pagamento que não seja à vista. A lei fala em **mediante pronto pagamento**. Constitui faculdade exclusiva do fornecedor a aceitação de cartão de crédito, cheque pré-datado e outras formas de pagamento.

Quanto ao **cheque como forma de pagamento**, entendemos que a sua recusa não caracteriza prática abusiva. É um fato comum decorrente do desprestígio do cheque como título de crédito emitido como ordem de pagamento à vista.

Com efeito, são tão numerosos os casos de cheques devolvidos por falta de fundos – de forma generalizada – que o comércio, os fornecedores em geral, tiveram que adotar medidas preventivas (telecheque, credenciamento etc.), sob pena de se inviabilizar por completo a utilização do cheque, ou sofrerem prejuízos insuportáveis. Assim, a recusa de recebimento de um cheque como pagamento não caracteriza prática abusiva da parte do fornecedor, nem ofende a dignidade de quem o emite, em face dessa realidade do mercado de consumo. Ademais, **o cheque não tem curso forçado no país**, pelo que a sua aceitação não é obrigatória ao fornecedor.

Por último, a prática abusiva descrita no inciso XII (art. 39 do CDC): *"deixar de estipular prazo para o cumprimento de sua obrigação ou deixar a fixação de seu termo inicial a seu exclusivo critério"*.

Deixar de estipular prazo para o cumprimento de uma obrigação significa não se obrigar. Obrigação que pode ser cumprida se e quando o devedor quiser, não é obrigação. Por isso é inadmissível a omissão contratual quando há falta de estipulação de prazo para o cumprimento da obrigação do fornecedor. A disposição legal afigura--se até inócua. Mas, lamentavelmente, não é.

---

[32] REsp nº 1324712.

No mercado imobiliário eram comuns contratos em que o consumidor tinha prazo certo para cumprir a sua prestação (rescisão do contrato pelo atraso no pagamento de duas ou três prestações), enquanto o construtor (fornecedor) tinha ampla margem de manobra em relação à sua contraprestação. Embora estabelecido determinado prazo para a conclusão das obras a partir do início ou término das fundações, para estas não se estabelecia nenhum prazo. Logo, não havia prazo nenhum para o término das obras, e com isso ficava o consumidor esperando por anos o seu imóvel, sem poder reclamar.

Verificado esse tipo de abusividade, o consumidor pode exigir o imediato cumprimento da obrigação contraída pelo fornecedor, aplicando-se analogicamente o art. 331 do Código Civil: "*Salvo disposição legal em contrário, não tendo sido ajustada época para o pagamento, pode o credor exigi-lo imediatamente*".

Capítulo IX
A PROTEÇÃO CONTRATUAL DO CONSUMIDOR NA EXECUÇÃO DO CONTRATO E NA FASE PÓS-CONTRATUAL

77 OS DOIS MOMENTOS DO CDC

Claudia Lima Marques observa que "*o método escolhido pelo CDC para harmonizar e dar maior transparência às relações de consumo tem **dois momentos**. No primeiro, cria o Código novos direitos para os consumidores e novos deveres para os fornecedores de bens, visando assegurar a sua proteção na fase pré-contratual e no momento da formação do vínculo. No segundo momento, cria o Código normas proibindo expressamente as cláusulas abusivas nestes contratos, assegurando, assim, uma proteção a posteriori do consumidor, através de um efetivo controle judicial do conteúdo do contrato de consumo*".[1]

De fato, na fase da execução do contrato a proteção do consumidor se faz principalmente através do controle judicial das cláusulas abusivas. É nessa fase que elas se manifestam e ameaçam os direitos dos consumidores e, se não forem rechaçadas com rigor, todo o esforço feito pelo CDC no seu primeiro momento poderá ficar prejudicado.

O controle das cláusulas abusivas, portanto, é a tarefa primordial da justiça na fase da execução dos contratos de consumo para garantir a efetividade dos direitos criados pelo CDC em favor do consumidor.

78 CLÁUSULAS ABUSIVAS E CAUSAS DE REVISÃO DO CONTRATO – DISTINÇÃO

Antes de mais nada, é preciso relembrar que as cláusulas abusivas não se confundem com as cláusulas que podem dar causa à revisão do contrato. Ambas se manifestam na fase da execução do contrato, mas por fundamentos diferentes.

---

[1] Ob. cit., p. 898.

As causas que podem ensejar a revisão do contrato, como vimos,[2] **são supervenientes** à sua formação, ou seja, o contrato nasce perfeito, tudo corre muito bem, até que surge um fato novo (superveniente) que o desequilibra,[3] exigindo uma revisão.

As cláusulas abusivas, que ensejam a modificação da cláusula e, eventualmente, até do contrato,[4] **são concomitantes** à formação do contrato, ou seja, no momento em que as partes o celebram já fica lançado o germe de algo que mais tarde, **na fase da execução**, vai gerar um problema. *"A identificação dessa abusividade pode ser posterior à formação do contrato, como a fotografia atual de um fato já existente".*[5]

79 FUNDAMENTO DA ABUSIVIDADE

Divergem os autores quanto ao fundamento das cláusulas abusivas. Observa a sempre citada Claudia Lima Marques que dois caminhos podem ser seguidos para definir a abusividade: *"**uma aproximação subjetiva**, que conecta a abusividade mais com a figura do abuso de direito, como se sua característica principal fosse o uso (subjetivo) malicioso ou desviado das finalidades sociais de um poder (direito) concedido a um agente; ou **uma aproximação objetiva**, que conecta a abusividade mais com paradigmas modernos, como se seu elemento principal fosse o resultado objetivo que causa a conduta do indivíduo, o prejuízo grave sofrido objetivamente pelo consumidor, o desequilíbrio resultante da cláusula imposta, a falta de razoabilidade ou comutatividade do exigido no contrato".*

Quanto ao primeiro caminho, prossegue a ilustre autora, *"está ele muito ligado à própria expressão cláusula abusiva. Apesar de criticado, este caminho pode ser útil. Trata-se, na verdade, de uma expressão valorativa, moderna, de certa maneira paradoxal. Só pode ser abusivo o que excedeu os limites, e, na visão tradicional de plena liberdade contratual, os limites na fixação das cláusulas contratuais praticamente inexistem. Denominar, portanto, uma cláusula do contrato como abusiva é pressupor a reação do direito contratual, é aceitar a imposição de novos limites ao exercício de um direito subjetivo, no caso, o da livre determinação do conteúdo do contrato. A intervenção do Estado nos negócios privados e a imposição de limites ao dogma da autonomia da vontade vão caracterizar a atual concepção de contrato. Sendo assim, a identificação de algumas cláusulas presentes nas relações contratuais massificadas como abusivas é fenômeno moderno, oriundo da mudança de valores e de interesses protegidos pelo direito".*[6]

Reconhece a Mestre, após outras percucientes considerações: *"A tendência hoje no direito comparado e na exegese do CDC é conectar a abusividade das cláusulas a um paradigma objetivo, em especial ao princípio da boa-fé objetiva; observar mais seu efeito, seu resultado, e não tanto repreender uma atuação maliciosa ou subjetiva. Tal é*

---

[2] Itens 42.1 e 52.
[3] Ver teorias da imprevisão, da onerosidade excessiva e do rompimento da base negocial, itens 51 e 52.
[4] Teoria da lesão, item 52.
[5] Claudia Lima Marques, ob. cit., p. 901.
[6] Ob. cit., p. 899-900.

a melhor solução em uma sociedade de massa, em que não podemos conceber que uma cláusula seja abusiva porque utilizada pelo fornecedor A, forte cadeia de lojas, e não se utilizada pelo fornecedor B, microempresa, em contratos com um mesmo consumidor. Nesse sentido correta a Diretiva 93/12 da Comunidade Europeia, de 05.04.1993, sobre cláusulas abusivas, que em seu art. 3º, dispõe: 'As cláusulas contratuais que não se tenham negociado individualmente considerar-se-ão abusivas se, perante as exigências de boa-fé, causam, em detrimento do consumidor, um desequilíbrio importante entre os direitos e as obrigações das partes que derivam do contrato. A atuação subjetiva deve ser considerada e dar lugar a um exame do contexto do contrato, de seu equilíbrio, da conduta conforme a boa-fé que dele objetivamente emana'".[7]

O entendimento de Nelson Nery Junior é firme no mesmo sentido:

> "O instituto das cláusulas abusivas não se confunde com o abuso de direito do art. 187 do Código Civil. Podemos tomar a expressão 'cláusulas abusivas' como sinônimas de cláusulas opressivas, cláusulas vexatórias, cláusulas onerosas, ou, ainda, cláusulas excessivas.
>
> Nesse sentido, cláusula abusiva é aquela que é notoriamente desfavorável à parte mais fraca na relação contratual, que, no caso de nossa análise, é o consumidor, aliás, por expressa definição do art. 4º, nº I, do CDC. A existência de cláusula abusiva no contrato de consumo torna inválida a relação contratual pela quebra do equilíbrio entre as partes, pois normalmente se verifica nos contratos de adesão, nos quais o estipulante se outorga todas as vantagens em detrimento do aderente, de quem são retiradas as vantagens e a quem são carreados todos os ônus derivados do contrato".[8]

Aduz o ilustre autor que as cláusulas abusivas não se restringem aos contratos de adesão, mas cabem a todo e qualquer contrato de consumo, escrito ou verbal, pois o desequilíbrio contratual, com a supremacia do fornecedor sobre o consumidor, pode ocorrer em qualquer contrato, concluído mediante qualquer técnica contratual. O CDC visa proteger o consumidor contra as cláusulas abusivas *tout court* e não somente o aderente do contrato de adesão.

80 O ABUSO DO DIREITO E AS CLÁUSULAS ABUSIVAS

Em nosso entender, o fundamento das cláusulas abusivas deve ser examinado à luz da nova dimensão que o Código Civil de 2002 deu ao **abuso do direito**, cujo art. 187 assim o conceitua: "*Também comete ato ilícito o titular de um direito que, ao exercê-lo, excede manifestamente os limites impostos pelo seu fim econômico ou social, pela boa-fé ou pelos bons costumes*".

---

[7] Ob. cit., p. 905.
[8] Ob. cit., p. 558.

Como se vê, o abuso do direito foi aqui definido como ato ilícito por critério exclusivamente objetivo, diferente do ato ilícito (*stricto sensu*) conceituado no art. 186. Houve neste ponto uma ruptura com a antiga noção civilista de ilicitude, exclusivamente subjetiva, falando-se agora em ato ilícito objetivo. E quem o praticar e causar dano a outrem ficará também obrigado a indenizar.

A primeira conclusão que se tira da redação do art. 187 (CC) é a de que o abuso do direito foi erigido a princípio geral para todas as áreas do Direito (obrigações, contratos, propriedade, família, empresarial, consumidor, até no direito público), pois a expressão *o titular de um direito* abarca todo e qualquer direito subjetivo cujos limites forem excedidos.

Em seus primórdios, houve resistência à teoria do abuso do direito. Planiol, por exemplo, caracterizou o instituto como uma *logomaquia*, isto é, uma mera luta de palavras, resultante de sua própria denominação, além de importar que se possa admitir a existência de um ato bifronte: direito e não direito, conforme a direção que lhe imprima a *vontade das partes*.[9] Na realidade, é contraditória a expressão abuso de direito, e disso resultou toda a controvérsia sobre o tema. O direito é sempre lícito; há uma antítese entre o direito e o ilícito, um exclui o outro. Onde há direito não há ilicitude. O que pode ser ilícito é o exercício do direito – a forma de sua exigibilidade. Mais correta, portanto, é a expressão **abuso no exercício do direito, ou exercício abusivo do direito**, como coloca Thiago Rodovalho na sua excelente monografia – *Abuso de direito e direitos subjetivos*.[10]

E assim é porque uma coisa é o direito e outra o seu exercício, visto que, encarado do ponto de vista existencial e funcional, o direito subjetivo pode ser desdobrado em dois momentos distintos: o da constituição e o do exercício.

O primeiro induz a ideia de existência e eficácia, tendo por elemento gerador fato jurídico voluntário e lícito, capaz de criar, modificar ou extinguir uma relação jurídica. Ser titular de um direito, portanto, é encontrar-se na posição de sujeito ativo da relação jurídica que deu origem a um direito subjetivo.

O segundo momento (do exercício ou da execução), induz a ideia de exigibilidade, consistindo na adoção, por parte do titular de um determinado direito, de uma conduta ou postura destinada a tornar efetivos os efeitos que lhe são próprios. O exercício de um direito, portanto, é um fato, um acontecimento do mundo exterior, uma conduta humana, daí a observação de que o poder que caracteriza o direito é de natureza abstrata, sendo de natureza concreta o poder inerente ao seu exercício.

Pode ocorrer que esses dois momentos se encontrem juntos, isto é, que sejam concomitantes o momento da constituição do direito e do seu exercício, sendo esta, aliás, a situação mais corriqueira ou comum. Nada impede, entretanto, que esses extremos possam se distanciar, de modo que um seja o momento da constituição do

---

[9] *Apud* Serpa Lopes, *Curso de direito civil*, 8. ed., Freitas Bastos, v. I, p. 532.
[10] Revista dos Tribunais, 2012, p. 118.

direito e outro o do seu exercício. Bom exemplo é o direito à aposentadoria, que se constitui no momento em que o servidor ou trabalhador preenche os requisitos legais para a sua aquisição, mas o seu exercício pode ocorrer muito tempo depois.

Pois bem, o abuso do direito nada tem a ver com o momento da constituição do direito, nem com o seu conteúdo. Ocorre em momento posterior, quando do seu exercício, razão pela qual seria mais correto falar em **abuso no exercício do direito**. *"Desse modo, na figura do abuso de direito, não se julga o direito em si, mas o ato, julga-se o exercício de um direito. Com o abuso de direito, não se diz que o 'direito é ilícito', mas sim que o ato (exercício) é ilícito (objetivo). É ao exercitá-lo que o sujeito poderá exceder a finalidade (objetiva) da norma, bem como exercê-lo em dissonância com a boa-fé, configurando, por conseguinte, um exercício abusivo do direito ou abuso no exercício do direito [...]."*[11] O Código Civil, no seu art. 187, fala corretamente em *"titular de um direito que, **ao exercê-lo, excede manifestamente os limites** [...]"*.

Filiou-se o nosso Código Civil, em seu art. 187, à teoria objetiva de Saleilles, que a desenvolveu do seguinte modo: para bem se compreender o abuso do direito precisa-se partir de que o direito tem sempre uma finalidade, em razão da qual a norma jurídica a protege. Por que se protege o pátrio poder? Para que o pai eduque o filho. Por que se protege a livre concorrência? Para que as empresas possam servir melhor ao público e obter **lucros**. Por que se dá ao patrão o direito de admitir e despedir empregados? Para que escolha melhores empregados, e assim por diante.

Todas as situações jurídicas, que se conceituam como direito subjetivo, são reconhecidas e protegidas pela norma, tendo em vista uma finalidade, que se poderá chamar de **finalidade econômica e social do direito**. Todas as vezes em que o direito é exercido de acordo com estas finalidades, está dentro de seus quadros teleológicos. Acontece, porém, que o titular de um direito, em vez de exercê-lo no sentido destas finalidades, o faz no sentido de finalidade contrária, contrastando, expressamente, com a finalidade para a qual o direito foi instituído. Tem-se, então, o exercício antissocial do direito e este **exercício antissocial é que se conceitua como abuso do direito**. Abuso do direito nada mais é do que o exercício antissocial do direito.[12]

O que caracteriza o abuso do direito, portanto, é o seu ***anormal exercício***, assim entendido aquele que se afasta da ética e da finalidade social ou econômica do direito.

Os direitos nos são concedidos para serem exercidos de maneira justa, social, legítima, e não para que façamos uso deles discricionariamente. Só pelo fato de ser titular de um direito uma pessoa não pode exercitá-lo de forma absoluta, sem se preocupar com os outros.

Daí se conclui que **o fundamento principal do abuso do direito é impedir que o direito, qualquer que seja ele, sirva como forma de opressão, evitar que o titular do direito utilize seu poder com finalidade distinta daquela a que se destina.**

---

[11] Thiago Rodovalho, ob. cit., p. 118-119.
[12] *Apud* San Tiago Dantas, *Programa de direito civil*, edição histórica, Rio de Janeiro, 1977, v. I, p. 372.

De se ressaltar, ainda, que os limites estabelecidos no art. 187 (CC) – *fim econômico ou social, boa-fé e bons costumes* – são tão amplos que abrangem todas as hipóteses de cláusulas abusivas. A **boa-fé**, apontada pelos autores como o real fundamento das cláusulas abusivas, está contida no conceito de abuso do direito; é um dos seus limites, mas não somente ela, também os bons costumes e o fim econômico e social do direito.

A *boa-fé* como limite ao exercício de todo e qualquer direito subjetivo (*função de controle*) representa o padrão ético de *confiança e lealdade* indispensável para a convivência social. As partes devem agir com lealdade e confiança recíprocas. Essa expectativa de um comportamento adequado por parte do outro é um componente indispensável na vida de relação. Como princípio infraconstitucional mais importante, tanto no CDC como no Código Civil, a boa-fé, na sua função de controle, passou a ser um **cinto de segurança** da ordem jurídica, além do que não se pode ir sem incorrer em abuso do direito.

Entende-se por *fim econômico* o proveito material ou vantagem para o titular do direito, ou a perda que suportará pelo seu não exercício. Não mais se concebe o exercício de um direito que não se destine a satisfazer um interesse sério e legítimo. Esse fim econômico tem grande relevância no Direito Obrigacional. O contrato, principalmente o de consumo, é primeiramente um fenômeno econômico; o jurídico é sua veste, vem depois para dar segurança ao econômico, aparar alguns excessos (*v.g.*, cláusulas abusivas) e traçar determinados rumos. Então, o fenômeno econômico está na raiz do contrato. Não poderá o titular de um direito contratual ir contra essa finalidade econômica, porque seria contrariar a própria natureza das coisas.

Que se entende por *fim social do Direito*? Embora complexa, a questão pode ser assim resumida. Toda sociedade tem um fim a realizar: a paz, a ordem, a solidariedade e a harmonia da coletividade – enfim, o bem comum. E o Direito é o instrumento de organização social para atingir essa finalidade. Todo o direito subjetivo está, pois, condicionado ao fim que a sociedade se propôs. San Tiago Dantas assinala: "*Pode-se dizer que, hoje, mais do que um direito subjetivo, o que se concede ao indivíduo é uma proteção jurídica, ou pelo menos um direito subjetivo que não tem no arbítrio do titular a sua única medida, pois não poderá, em caso algum, ser exercido contra a finalidade social que a lei teve em mira quando o reconheceu e protegeu. Valer-se do direito para colimar resultados contrários à sua instituição, eis o abuso do direito*".[13]

Por fim, **os bons costumes**. Compreendem as concepções ético-jurídicas dominantes na sociedade; o conjunto de regras de convivência que, num dado ambiente e em certo momento, as pessoas honestas e corretas praticam. Haverá abuso neste ponto quando o agir do titular contrariar a ética dominante, atentar contra hábitos aprovados pela sociedade, aferidos por critérios objetivos e aceitos pelo homem médio. **Boa-fé e bons costumes andam sempre juntos**, como irmãos siameses, pois, assim como se

---

[13] *Conflito de vizinhança e sua composição*, 2. ed., Forense, p. 100.

espera de um homem de boa-fé conduta honesta e leal, a recíproca é verdadeira; má-fé se casa com imoralidade, desonestidade e traição.

Resulta do exposto não haver razão para se limitar à boa-fé o fundamento das cláusulas abusivas. Pela nova dimensão que o Código Civil deu ao abuso do direito e pela amplitude dos seus limites, é nele que encontramos esse fundamento. A boa-fé, na sua função de controle, é um dos fundamentos das cláusulas abusivas, mas não é o único. Também são o fim econômico e social do direito, bem como os bons costumes, todos, repita-se, estabelecidos como limites legais para o exercício de todo e qualquer direito subjetivo.

Não constitui óbice a essa conclusão o argumento de que a abusividade das cláusulas contratuais não depende da malícia, do dolo ou da má-fé daquele que as elaborou e que é **subjetiva** a apreciação que conecta a abusividade (das cláusulas) com a figura do abuso do direito.

Conforme demonstrado, depreende-se da redação do art. 187 que a concepção adotada pelo atual Código Civil com relação ao abuso do direito é a objetiva, tal como defendida por Saleilles, que se caracteriza pelo **uso *anormal* ou *antifuncional* do direito**; pela existência de conflito entre a finalidade própria do direito e a sua atuação no caso concreto. Não é necessário o fim de prejudicar, o propósito de emulação, sequer a consciência de se excederem, com o seu exercício, os limites impostos pela boa-fé, pelos bons costumes, pelo fim social ou econômico do direito; basta que se excedam esses limites. Nesse sentido o Enunciado nº 37 da **I Jornada de Direito Civil** promovida pelo Centro de Estudos do Conselho da Justiça Federal (Brasília, setembro de 2002): "*A responsabilidade civil decorrente do abuso do direito independe de culpa, e fundamenta-se somente no critério objetivo-finalístico*".

Em suma, em face da adoção, pelo nosso Código Civil, da teoria objetiva em relação ao abuso do direito, não é necessário, para configurá-lo, que haja dolo, culpa, má-fé, ou fim de prejudicar por parte do titular do direito. Bastará que aquele que o exerça exceda objetivamente os limites estabelecidos na lei.

Ora, é exatamente isso que ocorre com as cláusulas abusivas. O fornecedor, ainda apegado àquela visão tradicional de plena liberdade contratual, para a qual não há limites na determinação do conteúdo do contrato, estabelece cláusulas que excedem os limites da boa-fé, mas não só da boa-fé, também da finalidade econômica ou social do contrato, e, muitas vezes, até dos bons costumes. Ao assim fazer, excede os limites estabelecidos pela nova visão contratual, abusa do direito na estipulação de cláusulas contratuais que colocam o consumidor em desvantagem exagerada perante o fornecedor, tornando necessária a intervenção estatal para restabelecer os limites legais.

Conclui-se do exposto que a proibição das cláusulas abusivas é uma das formas de intervenção do Estado nos negócios privados para impedir o abuso na faculdade de predispor unilateralmente as cláusulas contratuais, antes deixadas sob o exclusivo domínio da autonomia da vontade. A imposição de limites restringe a própria liberdade de estipulação do conteúdo do contrato.

81 A LISTA DE CLÁUSULAS ABUSIVAS DO ART. 51

A lista de cláusulas abusivas do art. 51 do CDC, embora exemplificativa, o que se depreende da expressão **entre outras** constantes do seu texto (*caput*), é bastante abrangente, como haveremos de ver. É chamada de **lista-guia** porque se presta a servir de guia para que o juiz possa identificar as cláusulas abusivas no caso concreto. Funciona como uma relação de *tipos abertos*, aos quais devem ser comparadas as cláusulas suspeitas de abusivas.

A técnica legislativa moderna é a de se adotar um controle judicial em bases mais extensas que aquele que opera através de tipos fechados. Ao mesmo tempo em que concede ao juiz um maior raio de ação na sindicância das cláusulas iníquas, permite um controle definitivo, autoadaptável, que acompanha a criatividade daqueles que engendram as cláusulas iníquas.

82 SISTEMATIZAÇÃO DAS CLÁUSULAS ABUSIVAS

Tem sido uma preocupação dos autores sistematizar os vários tipos de cláusulas abusivas relacionadas no art. 51 do CDC, mas até o momento não se chegou a um consenso. Claudia Lima Marques sugere como critério o dever de conduta violado (anexo, acessório ou principal) imposto pela boa-fé. "*Se a abusividade nas cláusulas é a violação de um dever de conduta [...], podemos reorganizar nossa análise com base justamente nos deveres que são violados pela cláusula considerada abusiva pela jurisprudência*",[14] destacando os deveres anexos de cooperação, de informação, de cuidado etc.

Em nosso entender, **há duas cláusulas gerais no rol do art. 51 do CDC que podem ser aproveitadas nesse esforço de sistematização, porque traçam os contornos das demais.**

83 A CLÁUSULA DE NÃO INDENIZAR

Temos, primeiramente, logo no inciso I do art. 51, a cláusula geral relativa à responsabilidade civil do fornecedor, com a seguinte redação: "*I – impossibilitem, exonerem ou atenuem **a responsabilidade do fornecedor** por vícios de qualquer natureza dos produtos e serviços ou impliquem renúncia ou disposição de direitos*".

Nesse dispositivo, como se vê, temos expressa vedação legal à **cláusula de não indenizar ou limitativa de responsabilidade**, que gerou tantos abusos nos primórdios dos contratos de adesão.

O que se entende por cláusula de não indenizar? É uma estipulação ou ajuste de uma avença, uma cláusula acessória de um contrato destinada a afastar as normais consequências da inexecução de uma obrigação. Não cumprida a obrigação, dispõe o art. 389 do Código Civil, responde o devedor por perdas e danos. Em outras palavras,

---

[14] Ob. cit., p. 921.

a consequência do inadimplemento é o dever de reparar o dano dele decorrente. A cláusula de não indenizar, repita-se, é uma estipulação pela qual o devedor se libera **da reparação do dano**, ou seja, da indenização propriamente dita.

Alguns autores costumam denominar essa cláusula de *exonerativa de responsabilidade*, ou, ainda, de *cláusula de irresponsabilidade*, mas, *data venia*, com impropriedade. A cláusula não exime da responsabilidade, não afasta o dever de indenizar, nem elide a obrigação; afasta, apenas, a indenização, a reparação do dano.

Com efeito, uma coisa é a *obrigação*, e outra a *responsabilidade*. A primeira é o dever originário que tem por fonte a lei, o contrato ou a ordem jurídica; a segunda é um dever sucessivo (secundário) decorrente da violação do dever originário. Larenz dizia que "*a responsabilidade é a sombra da obrigação*". Assim como não há sombra sem corpo físico, também não há responsabilidade sem a correspondente obrigação. Por isso, só se cogita de responsabilidade onde houver violação de um dever jurídico preexistente, uma obrigação descumprida.

Pois bem, **a cláusula de não indenizar** não suprime o dever primário (obrigação), nem o dever secundário (responsabilidade) consequente à violação do primeiro. Ela apenas afasta a indenização, reparação, o ressarcimento do dano, ou, em outras palavras, as normais consequências da inexecução de uma obrigação. Por isso entendemos que a melhor denominação é aquela consagrada por Aguiar Dias, em sua notável monografia sobre o tema: *cláusula de não indenizar*, e não cláusula de irresponsabilidade, ou, ainda, exonerativa de responsabilidade.[15]

Ninguém pode deixar de ser responsável, prossegue Aguiar Dias, citando Capitant e Esmein, porque a responsabilidade corresponde, em ressonância automática, ao ato ou fato ilícito. Praticado este, a responsabilidade do agente a quem se liga será uma realidade. A cláusula de não indenizar não suprime a responsabilidade, porque não a pode eliminar, como não se elimina o eco. O que se afasta é a obrigação derivada da responsabilidade, isto é, a reparação.[16]

84 CAMPO DE APLICAÇÃO DA CLÁUSULA DE NÃO INDENIZAR

Houve um tempo, nos primórdios dos contratos de adesão, em que a cláusula de não indenizar foi amplamente utilizada. Gerou tantos abusos que a doutrina, a jurisprudência e a própria lei impuseram-lhe grandes restrições. Hoje o seu campo de incidência é bem limitado.

Desnecessário ressaltar que a cláusula não tem aplicação na responsabilidade extracontratual porque, ali, não há contrato, as partes nada ajustam. Ademais, os princípios da responsabilidade delitual são de ordem pública, estabelecidos em favor do interesse geral e das exigências do bem comum, pelo que não podem ser alterados por vontade das partes.

---

[15] *Cláusula de não indenizar*, 4. ed., Forense, p. 38.
[16] Ob. cit., p. 38.

O campo de incidência da cláusula de não indenizar, portanto, é apenas o da responsabilidade contratual, mesmo aí com grandes limitações. E a sua primeira limitação é estabelecida pelos elementos essenciais do contrato. A cláusula não pode ser ajustada para afastar ou transferir obrigações essenciais do contratante. É o que dispõe, com outras palavras, o inciso I, do art. 51 do CDC, na parte que diz: "*ou impliquem renúncia ou disposição de direitos*". Lícita não será a cláusula se desnaturar aquilo que constitui a obrigação principal do contrato e sem a qual ele não existe. No caso de estacionamento de veículos, por exemplo, cuja principal obrigação do contratante é o **dever de guarda,** lícito não será afastar esse dever; se não há a obrigação de indenizar, não há também a de guardar.

Com efeito, em se tratando de estacionamento, seja em estacionamento aberto ao público, seja em edifício garagem, a essência do dever assumido é a **guarda**, e se for admitido que se afaste a responsabilidade, através da cláusula de não indenizar, estar-se-á afastando aquele dever, e, de consequência, mutilando e tornando nula a própria relação jurídica. Essa é a essência da Súmula nº 638 do STJ relativa à responsabilidade das instituições financeiras: "É abusiva a cláusula contratual que restringe a responsabilidade de instituição financeira pelos danos decorrentes de roubo, furto ou extravio de bem entregue em garantia no âmbito de contrato de penhor civil".

A cláusula, destarte, só tem aplicação no tocante à exclusão convencional das obrigações contidas no contrato a título secundário, isto é, aquelas cujo afastamento não o desfigura. O locador, por exemplo, pode tomar a seu cargo as reparações que, pela lei, incumbem ao locatário. Mas não pode se exonerar de lhe entregar a coisa locada e garantir-lhe a posse direta. O vendedor pode estipular que correm à conta do comprador certas despesas a que estaria obrigado, mas não pode convencionar a dispensa de entregar a coisa vendida. Isso seria afastar ou transferir obrigações essenciais do contrato; importaria mutilação da própria relação jurídica.

85 LIMITAÇÕES LEGAIS

O campo de aplicação da cláusula de não indenizar fica ainda mais restrito por força de outras limitações impostas pela lei. A Lei das Estradas de Ferro (Decreto Legislativo nº 2.681, de 7 de dezembro de 1912), em seu art. 12 já reputava nula a cláusula destinada a excluir ou diminuir a responsabilidade do transportador de pessoas. Com base nessa disposição legal, quando ainda em vigor, a Súmula nº 161 do Supremo Tribunal Federal proclamou que, "*em contrato de transporte, é inoperante a cláusula de não indenizar*". A súmula, por sua vez, foi positivada no art. 734 do Código Civil de 2002, que dispõe, na sua parte final, *verbis*: "*sendo nula qualquer cláusula excludente da responsabilidade*".

Outra limitação legal encontramos no art. 247 do Código Brasileiro de Aeronáutica, que disciplina o transporte aéreo interno, fulminando com nulidade qualquer cláusula tendente a exonerar de responsabilidade o transportador.

Sem sombra de dúvida, entretanto, **o golpe fatal contra a cláusula de não indenizar foi dado pelo Código de Defesa do Consumidor no inciso I do seu art. 51**, ao considerá-la abusiva nas relações de consumo, e com tal amplitude – *impossibilitem*, *exonerem* ou *atenuem a responsabilidade* –, pelo que pode ser considerada, como fazemos, uma cláusula geral relativa à responsabilidade do fornecedor de produtos e serviços.

A cláusula é a consequência natural do sistema de responsabilidade civil do fornecedor. Entre os direitos básicos do consumidor, o CDC estabeleceu (art. 6º, VI) a efetiva prevenção e **integral reparação de danos patrimoniais e morais**. Estabeleceu também responsabilidade objetiva para o fornecedor de produtos e serviços (arts. 12 a 20). Reforçando o sistema, vedou expressamente, em seu art. 24, cláusula contratual exonerativa da garantia legal em razão dos vícios do produto e do serviço, quer relativos à qualidade, quer à quantidade: *"A garantia legal de adequação do produto ou serviço independe de termo expresso, **vedada a exoneração contratual do fornecedor**"*. O artigo seguinte (art. 25) veda a cláusula de não indenizar não só no caso de responsabilidade por vício do produto e do serviço, mas também na responsabilidade pelo fato do produto e do serviço: *"É vedada a estipulação contratual de cláusula que impossibilite, exonere ou atenue a obrigação de indenizar prevista nesta e nas seções anteriores"*.

Aparentemente, o legislador foi repetitivo no inciso I, do art. 51, ao reiterar, quase com as mesmas palavras, o disposto no art. 25 (aqui o legislador foi mais técnico ao falar em *obrigação de indenizar* em lugar de *responsabilidade do fornecedor*, porque a cláusula, como vimos, pode afastar a indenização e não a responsabilidade). Mas, na realidade, o propósito do legislador foi deixar claro, através de uma cláusula geral, que é absolutamente incompatível com o sistema de responsabilidade civil estabelecido no CDC qualquer cláusula de não indenizar – que impossibilite, exonere, ou atenue o dever de indenizar.

A cláusula do inciso III deste art. 51 – *"transfiram responsabilidades a terceiros"* – está plenamente contida no seu inciso I – *"exonerem ou atenuem a responsabilidade do fornecedor"*. Lembramos, a título de exemplo, a prática de muitos estabelecimentos comerciais (supermercados, *shoppings* etc.) que entregam a administração dos seus estacionamentos a terceiros e, com isso, pretendem transferir a eles a responsabilidade pelos danos eventualmente causados aos automóveis dos seus clientes. A cláusula é ineficaz em relação ao consumidor, *res inter alios acta*. Haverá na espécie solidariedade entre o estabelecimento comercial (*shopping*) e aquele que administra (ou explora) o estacionamento, consoante arts. 7º, parágrafo único, e 25, § 1º, ambos do CDC.

Tal não ocorrerá, entretanto, no caso de seguro de responsabilidade civil contra danos causados a terceiros. Neste seguro, subespécie do seguro de danos, o segurador garante o pagamento de perdas e danos devidos pelo segurado a terceiros. À primeira vista, parece tratar-se de seguro feito em benefício de terceiro, mas, na realidade, não é isso que ocorre. O beneficiário é o próprio segurado, porquanto o que ele realmente objetiva é não ter que desembolsar ou obter o reembolso da indenização eventualmente devida a terceiro.

Com efeito, o dano causado no patrimônio do terceiro afeta diretamente o do segurado, que, na hipótese de não existência de seguro, terá que desembolsar uma soma com base em ato ilícito, perpetrado por ele ou seus dependentes. Destarte, o segurado não contrata seguro para transferir a sua responsabilidade, mas para garanti-la, para não desfalcar o seu patrimônio no caso de ter que pagar uma indenização. Para reforçar a posição do consumidor, o CDC permite, em seu art. 101, II, que o segurado/ fornecedor chame ao processo o segurador, caso em que este, havendo condenação, responderá solidariamente com aquele.

Outra cláusula que se enquadra no inciso I do art. 51 é a do seu inciso XVI – *"possibilitem a renúncia do direito de indenização por benfeitorias necessárias"*. Está contida no final da primeira parte do inciso I que diz: *"ou impliquem renúncia ou disposição de direitos"*. Renunciar é abrir mão de direitos; no caso, mesmo em se tratando de direito patrimonial, não pode ser objeto de cláusula exonerativa. A definição do que sejam benfeitorias necessárias se encontra no art. 96, § 3º, do Código Civil.

As demais obrigações de indenizar derivadas do contrato também são alcançadas pela proibição legal (inciso I do art. 51), na parte que dispõe: *"ou impliquem renúncia ou disposição de direitos"*. *"Estão vedadas, portanto, as cláusulas de exoneração da responsabilidade do fornecedor por danos derivados da mora ou cumprimento defeituoso da prestação, bem como as que exonerem dessa responsabilidade por ato de seus representantes, auxiliares, funcionários ou prepostos".*[17]

86 CLÁUSULA LIMITATIVA DA INDENIZAÇÃO

O CDC, como há pouco destacamos, estatuiu em seu art. 6º, VI, a efetiva prevenção e **integral reparação** dos danos patrimoniais e morais como direito básico do consumidor. Destarte, após a sua vigência ficaram também afastadas, nos acidentes de consumo, as cláusulas limitativas da indenização, quer previstas no contrato quer previstas na própria lei. Essa foi a posição que defendemos desde a primeira edição (1996) do nosso *Programa de responsabilidade civil*, em face da indenização limitada prevista no art. 22, nº 1, da Convenção de Varsóvia para o transporte aéreo internacional.

Após a vigência do Código do Consumidor tornou-se polêmica essa indenização limitada. De um lado, há os que sustentam que, sendo integral o dever de indenizar estatuído pelo Código (art. 6º, VI), as hipóteses de responsabilidade civil tarifada, em sede de acidente de consumo, restaram afastadas. De outro lado, os cultores do Direito Aeronáutico defendem o princípio de que, no conflito entre a lei interna e o tratado, prevalece o tratado, pelo que o Código do Consumidor em nada poderia alterar a Convenção de Varsóvia.

Tratamos dessa questão com profundidade nos itens 9.2 a 9.4, nos quais examinamos inclusive a posição do Supremo Tribunal Federal sobre o tema, pelo que nos reportamos àqueles itens para não incorrermos em repetição desnecessária.

87 LIMITAÇÃO DE INDENIZAÇÃO PARA PESSOA JURÍDICA

Registre-se, por derradeiro, que o inciso I do art. 51 do CDC, na sua segunda parte, prevê uma única exceção para a *cláusula limitativa de indenização*, ao dispor:

---

[17] Nelson Nery Junior, ob. cit., p. 565.

"Nas relações de consumo entre fornecedor e o **consumidor pessoa jurídica,** *a indenização poderá ser limitada, em situações justificáveis".*

88 CLÁUSULA DE NÃO INDENIZAR E CLÁUSULA LIMITATIVA DE DIREITO. DISTINÇÃO

O CDC, embora vede a cláusula exonerativa ou limitativa do dever de indenizar (cláusula abusiva), permite, entretanto, a **cláusula limitativa de direito do consumidor**, desde que redigida com destaque, permitindo imediata e fácil compreensão (art. 54, § 4º, do CDC).

Que diferença há entre elas?

As primeiras, como vimos, objetivam **excluir** ou **restringir o dever de indenizar** decorrente do descumprimento de uma obrigação regularmente assumida pelo fornecedor, enquanto a segunda (cláusula limitativa de direito) tem por finalidade **restringir a própria obrigação** a ser assumida pelo fornecedor. Na primeira hipótese (cláusula de não indenizar), o fornecedor assume a obrigação (dever originário) e, quando a descumpre (inadimplemento), não quer responder pelas consequências (responsabilidade). Isso é abusivo. Na segunda hipótese (cláusula limitativa de direito), o fornecedor não assume a obrigação, o que é permitido pelo milenar princípio de que ninguém pode ser compelido a assumir maior obrigação do que possa ou quer. Essa é a própria essência da liberdade de contratar; as partes manifestam livremente a sua vontade e assumem as obrigações que entendem possíveis. Nas relações de consumo isso é permitido, salvo naquelas hipóteses em que o *intervencionismo estatal* vai ao ponto de estabelecer até o conteúdo do contrato – o que pode e o que não pode ser contratado (*v.g.*, serviços públicos, planos de saúde etc.).

O segurador, por exemplo, pode não querer assumir determinado risco; pode querer limitar a sua obrigação. Não assume o seguro de um bem por considerar o risco muito elevado, ou só assume até certo limite. Mas se assumir a cobertura de determinado risco, ou de determinada doença (seguro de saúde), não pode noutra cláusula excluir ou limitar a sua responsabilidade.

Nesse sentido a jurisprudência do Superior Tribunal de Justiça: *"Código de defesa do consumidor. Plano de Saúde.* **Limitação de Direitos. Admissibilidade***. Os contratos de adesão são permitidos em lei. O Código de Defesa do Consumidor impõe, tão somente, que 'as cláusulas que implicarem limitação de direito do consumidor deverão ser redigidas com destaque, permitindo sua imediata e fácil compreensão. Destarte, ainda que se deva, em princípio, dar interpretação favorável ao adquirente de plano de saúde,* **não há como impor-se responsabilidade por cobertura que, por cláusula expressa e de fácil verificação, tenha sido excluída do contrato**".[18]

---

[18] REsp nº 319.707/SP, 3ª Turma, Rel. para Acórdão Min. Castro Filho.

Discutiu-se no caso a cobertura para transplante de fígado, uma vez que havia cláusula expressa no contrato de seguro-saúde excluindo da cobertura os riscos com transplantes, implantes e diálise. A cláusula foi impugnada como abusiva porque feriria a finalidade básica do contrato se, no caso concreto, a cobertura fosse essencial para garantir a saúde e, algumas vezes, a vida do segurado.

Prevaleceu o entendimento da não abusividade da cláusula pelos seguintes motivos:

> "No caso, entretanto, tendo em vista a clareza da redação das cláusulas de exclusão não há lugar para interpretação que favoreça o pedido inicial. É incontroverso que o contrato entre as partes não prevê cobertura de custeio para transplantes. Normalmente, as empresas que se dedicam a esse ramo oferecem mais de um plano a ser contratado, à escolha do interessado. E é evidente que o seu custo é diretamente proporcional aos riscos a que se refere a cobertura. De sorte que não há razão para falar-se em abusividade da cláusula que exclui da cobertura os transplantes de órgãos, sabidamente intervenções médicas das mais custosas. Assim, levando em consideração que a cláusula excludente de transplantes estava expressamente prevista e destacada no contrato, tendo dela pleno conhecimento a segurada, e garantindo o contrato de seguro, conceitualmente, indenização de prejuízos resultantes de riscos previstos, que podem ser limitados e particularizados (CC, art. 1.460), não vislumbro, no acórdão recorrido, qualquer afronta à lei".

Bem diferente é a cláusula de não indenizar, porquanto o fornecedor nela assume a obrigação e, posteriormente, ao pretender afastar as consequências normais dessa obrigação regularmente assumida, acabaria por tornar inócua a sua própria essência, desnaturando o contrato. É o caso, por exemplo, de cláusula que era muito constante em seguro de planos de saúde excluindo a cobertura de material cirúrgico necessário ao procedimento cirúrgico. A Súmula nº 112 do Tribunal de Justiça do Rio de Janeiro considera *"nula, por abusiva, a cláusula que exclui de cobertura a órtese que integre, necessariamente, a cirurgia ou procedimento coberto por plano ou seguro de saúde, tais como* stent *e marcapasso"*, porque tal cláusula inviabilizaria o tratamento, tornaria inócua a cobertura, impediria a eficácia própria e natural do contrato, fazendo-o perder a sua razão de ser.

Muitas daquelas cláusulas que passaram a ser vedadas pela lei que regulamentou os planos de saúde já vinham sendo consideradas abusivas pela justiça, como, por exemplo, a cláusula que limitava os dias de internação no seguro de saúde. Se a doença tem cobertura contratual, outra cláusula não pode limitar os dias de internação; isto não importa mera limitação da obrigação, mas limitação da própria responsabilidade do segurador, por via de consequência, restrição de obrigação fundamental inerente ao contrato. Em suma, uma coisa é a doença não ter cobertura, caso em que o segurador não assumiu nenhuma obrigação a seu respeito (não assumiu o seu risco), e outra coisa, bem diferente, é a doença ter cobertura e, a partir de um determinado momento, deixar de tê-la.

89 A CLÁUSULA GERAL DO INCISO IV DO ART. 51. NÚCLEO DO CONCEITO DE ABUSIVIDADE

A segunda cláusula geral proibitiva da utilização de cláusulas abusivas encontra-se no inciso IV (art. 51), que assim dispõe: "***IV – estabeleçam obrigações consideradas iníquas, abusivas, que coloquem o consumidor em desvantagem exagerada**, ou sejam incompatíveis com a boa-fé ou a equidade*".

Esta cláusula, como se vê, diz respeito a todas as obrigações estabelecidas em qualquer contrato de consumo. É norma geral proibitiva de todos os tipos de abusos contratuais. Esse é também o entendimento de Claudia Lima Marques: "*Parece-me que a norma do inciso IV do art. 51 do CDC, com a abrangência que possuiu e que completada pelo disposto no § 1º do mesmo art. 51, é verdadeira norma geral proibitória de todos os tipos de abusos contratuais, mesmo aqueles já previstos exemplificadamente nos outros incisos do art. 51*".[19]

Embora o texto aluda a obrigações *iníquas*, *abusivas*, incompatíveis com a *boa-fé* ou a *equidade*, o que efetivamente caracteriza a abusividade dessa cláusula geral é o fato de estabelecer "*obrigações que coloquem o consumidor em desvantagem exagerada*". Este é, na realidade, o núcleo do conceito de abusividade, a expressão dominante no texto, a situação objetiva que permite identificar a cláusula abusiva no caso concreto.

Em outras palavras, **será abusiva toda e qualquer cláusula contratual que coloque o consumidor em desvantagem exagerada, qualquer que seja o motivo alegado ou o meio utilizado** – má-fé, iniquidade, informação insuficiente, publicidade enganosa etc. Abusa do direito de estabelecer cláusulas contratuais unilateralmente o fornecedor que estabelece desvantagem exagerada para o consumidor, aproveitando-se da sua vulnerabilidade.

Bom exemplo de cláusula abusiva contratual, que coloca o consumidor em desvantagem exagerada, temos no seguinte precedente do STJ:

> "Direito civil e consumidor. Rescisão contratual. Pacote turístico. Pagamento antecipado. Perda integral dos valores. Cláusula penal. Abusividade.
>
> omissis
>
> 2. Demanda movida por consumidor postulando a restituição de parte do valor pago antecipadamente por pacote turístico internacional, em face da sua desistência decorrente do cancelamento de seu casamento vinte dias antes da viagem.
>
> 3. **Previsão contratual de perda total do valor antecipadamente pago** na hipótese de desistência em período inferior a vinte e um dias da data do início da viagem.

---
[19] Ob. cit., p. 932.

4. Reconhecimento da abusividade da cláusula penal seja com fundamento no art. 413 do Código Civil de 2002, seja com fundamento no art. 51, II e IV, do CDC".[20]

90 CLÁUSULA ABUSIVA POR VANTAGEM EXAGERADA E A LESÃO

A cláusula abusiva por vantagem exagerada tem por origem o instituto da **lesão**, já referida quando tratamos do *dirigismo judicial* e da *modificação de cláusulas contratuais* (itens 50 a 52). Lembramos agora, a título de revisão, que a **lesão** é um **vício congênere**, que se faz presente desde o momento da celebração do contrato. Vale dizer, no momento da formação do vínculo contratual são estipuladas condições altamente desvantajosas para uma das partes, vantagens exageradas para a outra, que tornam o contrato desequilibrado desde o seu nascedouro.

A figura da lesão havia sido eliminada da nossa legislação pelo Código Civil de 1916, por considerá-la incompatível com a autonomia da vontade, então sob grande exaltação. Naquela quadra, dominada pelo positivismo exacerbado, a lesão era vista como **instituto decadente e antipático às legislações modernas**.[21]

Aos poucos, entretanto, foi sendo reintroduzida em nossa legislação (Lei da Usura, Lei de Proteção à Economia Popular), até ser plenamente acolhida no âmbito das relações de consumo. "*O Código de Defesa do Consumidor previu a nulidade de cláusulas abusivas, ou seja, daquelas que importem prática, contra o consumidor, de iniquidade, desvantagem excessiva ou onerosidade excessiva (art. 51, IV). **Trata-se, sem dúvida, de repressão à prática de lesão**, embora **limitada aos contratos de consumo**".[22]

O Código Civil de 2002, em seu art. 157, contempla agora a figura da **lesão**, que se configura quando "*uma pessoa, sob premente necessidade, ou por inexperiência, se obriga a prestação manifestamente desproporcional ao valor da prestação oposta*". Esta lesão guarda semelhança com a lesão prevista no CDC porque há também nela um vício de origem, congênere à formação do vínculo contratual e que pode levá-lo à anulação. Diferem os institutos, entretanto, porque para a configuração da lesão do Código Civil o desequilíbrio entre as prestações deverá decorrer do estado de premência ou de inexperiência de uma das partes. Esse desequilíbrio, como já destacado, deve ser congênito e persistir até o momento da anulação. Para a configuração da lesão prevista no CDC, **basta a existência da desproporção**, independentemente do requisito de uma parte estar muito necessitada ou estar agindo com inexperiência.

A lição de Humberto Theodoro Junior tem nesse ponto precisão cirúrgica. "*Não cuida a lei protetiva dos motivos pelos quais se ajustaram prestações desequilibradas,

---

[20] REsp nº 1321655, Rel. Min. Paulo de Tarso Sanseverino.
[21] Humberto Theodoro Junior, ob. cit., p. 222.
[22] Humberto Theodoro Junior, ob. cit., p. 223-224.

em detrimento do consumidor. Considera-se viciada objetivamente a convenção lesiva, de sorte que, diversamente da regra do Código Civil (art. 157), a lesão se configura independentemente de estar o consumidor em estado de necessidade no momento de contratar, nem se exige qualquer expediente do fornecedor para aproveitar-se da carência ou inexperiência do consumidor".

Conclui o renomado autor: "A lesão, portanto, nos contratos entre fornecedor (parte forte) e o consumidor (parte fraca), configura-se pelo simples fato de as prestações bilaterais serem desproporcionais entre si, e em prejuízo da parte vulnerável".[23]

Críticas foram feitas ao art. 157 do Código Civil logo depois da sua edição. Diziam que a **lesão** nele prevista, ao exigir o estado de premência ou de inexperiência para a sua configuração, estaria ultrapassada pela disciplina do Código do Consumidor que, conforme acima ressaltado, se satisfaz com a simples desproporção entre as prestações bilaterais. Outros argumentavam que o Código Civil, por ser lei mais nova, teria revogado o Código do Consumidor nesta parte.

Examinada a questão com profundidade, entretanto, constata-se a total falta de fundamento para todos esses questionamentos. O Código Civil exige a premente necessidade ou a inexperiência para a configuração da lesão porque é um Código para relação entre **iguais** – dois ou mais particulares, empresários etc.; a disciplina jurídica nele estabelecida tem por base o equilíbrio entre as partes, pressupõe igualdade de todos que participam da relação jurídica. Já o Código do Consumidor, conforme reiteradamente destacado, além de ter campo especial de aplicação – **as relações de consumo** –, regula relações entre **desiguais**: o fornecedor e o consumidor, este reconhecidamente mais fraco (vulnerabilidade). A lesão nos contratos entre fornecedor e consumidor configura-se pelo simples fato de as prestações bilaterais serem desproporcionais entre si, em prejuízo da parte vulnerável, porque o sistema do Código do Consumidor se assenta sobre a presunção legal de que, na relação de consumo, o consumidor age sempre como parte vulnerável. A situação de inferioridade do consumidor é prévia e objetivamente reconhecida, o que dispensa exame da condição subjetiva, da existência de necessidade ou inexperiência de sua parte.

O Código de Defesa do Consumidor busca a igualdade real, reconstruída por uma disciplina jurídica voltada para o **diferente**, porque é preciso tratar desigualmente os desiguais para que eles se igualem. Só se justifica a aplicação de uma lei protetiva se estivermos diante de uma relação de desiguais; entre iguais não se pode tratar privilegiadamente um deles sob pena de se atentar contra o princípio da igualdade.

Por outro lado, não haveria sentido em tornar o especial em comum, o excepcional em genérico, ampliando-se sobremaneira a gama de situações a merecer a proteção da legislação consumerista. Efetivamente, se a todos considerarmos **consumidores**, a nenhum trataremos diferentemente, e o direito especial de proteção imposto pelo CDC passaria a ser um direito comum, que já não mais serviria para reequilibrar o

---

[23] *Comentários ao Novo Código Civil*, 3. ed., Forense, v. III, t. I, p. 248-249.

desequilibrado, proteger o não igual. E mais, passaria a ser um direito comum, nem civil, mas comercial.

91 VANTAGEM EXAGERADA

O que se entende por vantagem exagerada? Esse é o ponto nodal. Trata-se de um conceito jurídico indeterminado, uma disposição legal propositadamente vaga, imprecisa, a ser determinada pelo juiz no caso concreto, com prudência, bom senso, ponderação e equidade.

No § 1º do art. 51, o CDC oferece algumas diretrizes na tarefa de identificação da vantagem exagerada, *verbis*: *"Presume-se exagerada, entre outros casos, a vantagem que: I – ofende os princípios fundamentais do sistema jurídico a que pertence".*

Quando estudamos os princípios do Código de Defesa do Consumidor (Capítulo III), vimos que a boa-fé, a transparência, a confiança, a vulnerabilidade, a segurança, entre outros, são princípios que desempenham **função estruturante** do Direito do Consumidor, que lhe dão unidade, harmonia, estabilidade e credibilidade; são as suas colunas de sustentação, verdades estruturantes, razão pela qual não podem ser violados. A cláusula contratual que ofende qualquer um desses princípios é presumidamente abusiva.

Devem ser consideradas abusivas, *v.g.*, por ofensa a princípios fundamentais do CDC, as *cláusulas que "estabeleçam inversão do ônus da prova em prejuízo do consumidor"* (art. 51, VI), porque atentam contra a regra do art. 6º, VIII; as que *"determinam a utilização compulsória da arbitragem"* (art. 51, VII), pois ofendem a regra do art. 6º, VII – livre acesso aos órgãos judiciários; as que *"estejam em desacordo com o sistema de proteção ao consumidor"* (art. 51, XV), entendido como tal não apenas os princípios consagrados pelo CDC, mas todo o seu conjunto de normas, que formam uma unidade lógica e articulada. A cláusula de eleição de foro nos contratos de consumo, quando dificultar a defesa do consumidor, é outro típico exemplo de cláusula em desacordo com o sistema de proteção ao consumidor.

Podem ser incluídos entre as cláusulas exageradas por *"ofensa aos princípios fundamentais do sistema jurídico a que pertencem"* os dispositivos inseridos pela Lei nº 14.181/2021[24] nos incisos XVII e XVIII do art. 51 do CDC:

> XVII – *condicionem ou limitem de qualquer forma o acesso aos órgãos do Poder Judiciário;*
>
> XVIII – *estabeleçam prazos de carência em caso de impontualidade das prestações mensais ou impeçam o restabelecimento integral dos direitos do consumidor e de seus meios de pagamento a partir da purgação da mora ou do acordo com credores;*

---

[24] Lei do Superendividamento.

92 CLÁUSULAS QUE RESTRINGEM DIREITOS OU OBRIGAÇÕES FUNDAMENTAIS

O item II do § 1º do art. 51 do CDC presume exagerada a vantagem que – *"restringe direitos ou obrigações fundamentais inerentes à natureza do contrato, de tal modo a ameaçar seu objeto ou equilíbrio contratual"*. Lícita não será, portanto, a cláusula que desnaturar aquilo que constitui a obrigação principal do contrato e sem a qual ele não existe. É extremamente contraditório, um verdadeiro contrassenso, assumir o fornecedor uma obrigação em uma cláusula e exonerar-se dela em outra. De certa forma, é o que ocorre com a cláusula de não indenizar, como já tivemos oportunidade de ver. O vendedor não pode convencionar a dispensa de entregar a coisa vendida; o locador não pode se exonerar de entregar a coisa locada; o segurador não pode negar a cobertura contratada; o fornecedor não pode deixar de estipular prazo para o cumprimento de sua obrigação, ou deixar a fixação de seu termo inicial a seu exclusivo critério, e assim por diante. Quem não estabelece prazo para cumprir a obrigação na realidade não se obriga.

Podem ser também enquadradas como cláusulas abusivas que restringem direitos ou obrigações fundamentais inerentes à natureza do contrato, as previstas no inciso IX (art. 51) – *"deixem ao fornecedor a opção de concluir ou não o contrato, embora obrigando o consumidor"*; no inciso X – *"permitam ao fornecedor, direta ou indiretamente, variação do preço de maneira unilateral"*; no inciso XI – *"autorizem o fornecedor a cancelar o contrato unilateralmente, sem que igual direito seja conferido ao consumidor"*; no inciso XIII – *"autorizem o fornecedor a modificar unilateralmente o conteúdo ou a qualidade do contrato, após sua celebração"*.

Quanto à cláusula que autoriza o cancelamento unilateral do contrato, é oportuno lembrar que está expressamente vedada por lei nos planos de saúde de contratação individual ou familiar. Por sua pertinência, transcreve-se o art. 13 e parágrafo único, II, da Lei nº 9.656/88:

> *"Art. 13*. Os contratos de produtos de que tratam o inciso I e o § 1º do art. 1º desta Lei têm renovação automática a partir do vencimento do prazo inicial de vigência, não cabendo a cobrança de taxas ou qualquer outro valor no ato da renovação.[25]
>
> *Parágrafo único*. Os produtos de que trata o *caput*, **contratados individualmente**, terão vigência mínima de um ano, sendo vedadas:
>
> [...]
>
> II – a suspensão ou a rescisão unilateral do contrato, salvo por fraude ou não pagamento da mensalidade por período superior a sessenta dias, consecutivos ou

---

[25] Redação dada pela Medida Provisória nº 2.177-44, de 2001.

não, nos últimos doze meses de vigência do contrato, desde que o consumidor seja comprovadamente notificado até o quinquagésimo dia de inadimplência; [...]".

A vedação legal, enfatize, restringe-se aos planos de saúde de contratação individual ou familiar, não atingido os planos coletivos ou em grupos.

"Seguro coletivo de saúde. Denúncia. O art. 13, parágrafo único, inciso II, alínea *b*, da Lei nº 9.656, de 1988, constitui norma especial que, *a contrario sensu*, autoriza a denúncia unilateral do **seguro coletivo de saúde**, não podendo sobrepor-se a ela a norma genérica que protege o consumidor contra as cláusulas abusivas. Embargos de declaração acolhidos com efeitos infringentes".[26]

Relembre-se que as **cláusulas limitativas do direito do consumidor**, em princípio admissíveis (art. 54, § 4º), não podem ir ao ponto de atingir direitos ou obrigações essenciais à natureza do contrato, sob pena de se tornarem abusivas. Como já registrado, era o caso da cláusula que limitava o tempo de internação no seguro ou plano de saúde. A cláusula foi considerada abusiva pelo Superior Tribunal de Justiça porque o consumidor não é senhor do prazo de sua recuperação. "*Se a enfermidade está coberta pelo seguro, não é possível, sob pena de grave abuso, impor ao segurado que se retire da unidade de tratamento intensivo, com risco severo de morte, porque está fora do limite temporal estabelecido em uma determinada cláusula. Não pode a estipulação contratual ofender o princípio da razoabilidade, e se o faz, comete abusividade vedada pelo art. 51, IV, do Código de Defesa do Consumidor. Anote-se que a regra protetiva, expressamente, refere-se a uma desvantagem exagerada do consumidor e, ainda, a obrigações incompatíveis com a boa-fé e a equidade*".[27]

93 ONEROSIDADE EXCESSIVA

O item III, § 1º, do art. 51 do CDC presume também exagerada a vantagem que "se mostra **excessivamente onerosa** para o consumidor, considerando-se a natureza e conteúdo do contrato, o interesse das partes e outras circunstâncias peculiares ao caso".

O dispositivo deixa claro, em primeiro lugar, que a **onerosidade excessiva** terá que ser apurada no caso concreto (não em abstrato), atentando o julgador para as **circunstâncias particulares do caso**, entre as quais a natureza e o conteúdo do contrato, bem como o interesse das partes. Em segundo lugar, que a **excessividade** deve ser aferida com base no desequilíbrio do contrato ou na desproporção das prestações das partes, uma vez que ofendem o *princípio da equivalência contratual*, princípio esse instituído no art. 4º, III – "sempre com base na boa-fé e *equilíbrio nas relações*

---

[26] EDcl no REsp nº 602.397/RS, Rel. Min. Ari Pargendler.
[27] REsp nº 158.728/RJ, Rel. Min. Carlos Alberto Menezes Direito.

entre consumidor e fornecedor" –, bem como no art. 6º, II – "asseguradas a *liberdade de escolha e a igualdade nas contratações".*

O equilíbrio contratual é o núcleo dos contratos de consumo. Não significa, necessariamente, equilíbrio das posições econômicas, mas equilíbrio das posições contratuais para impedir que a predisposição unilateral das cláusulas contratuais degenere em abuso.

Elucidativo da questão o precedente do STJ que reconheceu a legalidade de cláusula de fidelidade em contrato de telefonia. *"A jurisprudência firmada no âmbito deste STJ orienta no sentido de que a **cláusula de fidelização em contrato de telefonia é legítima, na medida em que o assinante recebe benefícios e em face da necessidade de garantir um retorno mínimo em relação aos gastos realizados**. Precedentes: AgRg no REsp 1.204.952/DF, Rel. Min. Paulo de Tarso Sanseverino, Terceira Turma, julgado em 14/8/2012, DJe de 20/8/2012; e REsp 1.087.783/RJ, Rel. Min. Nancy Andrighi, Terceira Turma, DJe 10/12/2009".*[28]

Pondera Nelson Nery Junior, com absoluta pertinência: *"Somente as circunstâncias extraordinárias é que entram no conceito de onerosidade excessiva, dele não fazendo parte os acontecimentos decorrentes da álea normal do contrato. Por álea normal deve entender-se o risco previsto, que o contratante deve suportar, ou, se não previsto explicitamente no contrato, de ocorrência presumida em face da peculiaridade da prestação ou do contrato".*[29]

94 CLÁUSULA ABUSIVA E PRÁTICA ABUSIVA

Por último, cumpre não confundir os casos de cláusulas abusivas por vantagem excessiva com a **prática abusiva** de *"exigir do consumidor vantagem manifestamente excessiva"* (art. 39, V). Esta prática não está prevista no contrato, não advém de uma prestação estabelecida na avença. Decorre de uma prática de mercado, que pode se verificar antes mesmo da formação da relação contratual, durante, ou até após o término do vínculo de consumo.

95 A BOA-FÉ COMO INSTRUMENTO DE CONTROLE DE CLÁUSULAS CONTRATUAIS ABUSIVAS

A cláusula geral em exame (art. 51, IV, do CDC) refere-se também à **boa-fé** – *"ou sejam incompatíveis com a **boa-fé** ou a equidade".* Quando estudamos os princípios do CDC,[30] examinamos a **boa-fé**, razão pela qual nos reportamos ao que ficou dito nos itens 16 e 16.1. Convém relembrar que no plano infraconstitucional a **boa-fé** é o mais importante princípio. *"É o princípio máximo das relações contratual, a base do*

---

[28] REsp nº 253609, Rel. Min. Mauro Campbell.
[29] Ob. cit., p. 591.
[30] Capítulo III.

tráfico jurídico" (Couto e Silva), o "novo mandamento" (*Gebot*). É o princípio cardeal do CDC, que perpassa todos os seus institutos, fio condutor de todo o seu sistema, como tivemos oportunidade de ver no curso do nosso estudo.

Com o advento do Código de Defesa do Consumidor, a **boa-fé** passou a significar valores éticos que estão à base da sociedade organizada e desempenham função de sistematização da ordem jurídica. É a chamada **boa-fé objetiva** que, desvinculada das intenções íntimas do sujeito, indica o comportamento objetivamente adequado aos padrões de ética, lealdade, honestidade e colaboração exigíveis nas relações de consumo.

Das três funções desempenhadas pela boa-fé – *integrativa, interpretativa e de controle* –, o inciso IV do art. 51 do CDC, ora em exame, refere-se a esta última. Na sua *função de controle*, a boa-fé limita o exercício dos direitos subjetivos, "*seja reduzindo a liberdade dos parceiros contratuais ao definir algumas condutas abusivas, seja controlando a transferência dos riscos profissionais e liberando o devedor em face da não razoabilidade de outra conduta*".[31]

Em sua *função de controle*, a boa-fé representa, pois, o padrão ético de *confiança e lealdade*, indispensável para a convivência social; um limite a ser respeitado no exercício de todo e qualquer direito subjetivo; uma espécie de cinto de segurança de toda a ordem jurídica. As partes devem agir com lealdade e confiança recíprocas. Essa expectativa de um comportamento adequado por parte do outro é componente indispensável na vida de relação. Considera-se violado o princípio da boa-fé sempre que o titular de um direito, ao exercê-lo, não atua com a lealdade e a confiança esperáveis.

No REsp nº 250.523/SP, Rel. Min. Ruy Rosado de Aguiar, o Superior Tribunal de Justiça, por sua Quarta Turma, fez exemplar aplicação do abuso do direito por violação do princípio da boa-fé, na solução de uma ação indenizatória que havia sido julgada improcedente nas instâncias inferiores. O banco, para amortizar débito de uma empresa decorrente de contrato de mútuo, utilizou o saldo positivo que tinha ela em conta-corrente. Por falta desses recursos, a empresa não pagou o salário dos seus empregados que, por sua vez, fizeram greve, causando-lhe enormes prejuízos.

Na contestação, o banco alegou ter feito uso de cláusula constante do contrato de mútuo pela qual ficou autorizado a utilizar-se de valores e créditos existentes em nome da empresa, em qualquer agência, para amortização ou liquidação dos débitos decorrentes do contrato. Essa tese defensiva, acolhida na sentença e na apelação, foi considerada abusiva pelo Superior Tribunal de Justiça, como segue:

> "Conta-corrente – Apropriação do saldo pelo Banco credor – Numerário destinado ao pagamento de salários – Abuso de direito – Boa-fé.
>
> Age com abuso de direito e viola a boa-fé o Banco que, invocando cláusula contratual constante do contrato de financiamento, cobra-se lançando mão do numerário depositado pela correntista em conta destinada ao pagamento

---

[31] Claudia Lima Marques, ob. cit., p. 215.

dos salários de seus empregados, cujo numerário teria sido obtido junto ao BNDES.

A cláusula que permite esse procedimento é mais abusiva do que a cláusula-mandato, pois, enquanto esta autoriza apenas a constituição do título, aquela permite a cobrança pelos próprios meios do credor, nos valores e no momento por ele escolhidos".

Da motivação do voto merece destaque o seguinte trecho: "*O Banco sobrepôs o seu interesse de credor ao dos demais credores, para os quais fora obtido o empréstimo e para cujo pagamento existia a conta-corrente, adotando um comportamento contrário ao da boa-fé objetiva, que lhe exigia não criar para a devedora a situação insustentável diante da obrigação salarial, nem retirar dos empregados a possibilidade de recebimento dos seus salários. Valendo-se de cláusula que pode ser admitida para outras circunstâncias, e desprezando o que o Estado concede a todos os demais credores, que são os meios usuais de cobrança em juízo, o Banco credor executou pelas suas mãos o seu crédito, no valor e no momento que lhe pareceu adequado*".

Resulta do exposto que a boa-fé, como limite do exercício de todo e qualquer direito subjetivo, passou a ser um cinto de segurança da ordem jurídica, além do qual não se pode ir sem incorrer em ilicitude. É o principal instrumento de controle da abusividade de cláusulas contratuais.

96 A EQUIDADE COMO INSTRUMENTO DE CONTROLE DE ABUSIVIDADE DE CLÁUSULAS CONTRATUAIS

No inciso IV do art. 51, o CDC refere-se ainda à equidade – "*estabeleçam obrigações consideradas iníquas, abusivas, que coloquem o consumidor em desvantagem exagerada, ou sejam incompatíveis com a boa-fé ou a* **equidade**".

Tratamos da equidade nos itens 20 a 20.3, aos quais nos reportamos. Relembramos aqui alguns pontos essenciais. Segundo Aristóteles, a equidade tem uma **função integradora** e outra **corretiva**. A primeira tem lugar quando há vazio ou lacuna na lei, caso em que o juiz pode usar a equidade para resolver o caso, sem chegar ao ponto de criar uma norma, como se fosse o legislador. Essa equidade integradora ou supridora de lacuna permite ao juiz, partindo das circunstâncias do caso específico que está enfrentando, chegar a uma conclusão, independentemente da necessidade de criar uma norma. Deve o juiz procurar expressar, na solução do caso, aquilo que corresponda a uma ideia de justiça da consciência média, que está presente na sua comunidade. Será, em suma, a justiça do caso concreto, um julgamento justo, temperado, fundado no sentimento comum de justiça. Aquilo que o próprio legislador diria se tivesse presente; o que teria incluído na lei se tivesse conhecimento do caso.

A **equidade corretiva**, por sua vez, permite ao juiz ir além da lei para garantir a aplicação do justo. Por outras palavras, o direito, que é obra da justiça para estabelecer uma relação de igualdade e equilíbrio entre as partes, na justa proporção do que cabe a cada um, permite ao juiz aplicar, em certos casos, a equidade corretiva.

Para aplicá-la, ensinava Aristóteles, o juiz deve usar a régua dos arquitetos de Lesbos, aquela que era flexível e maleável, que permitia ao engenheiro, quando media o objeto, acompanhar os contornos desse objeto. Essa é a régua da equidade corretiva, que permite ao juiz, quando tiver de afastar uma injustiça que resultaria da aplicação estrita da lei ou do contrato, ajustar a sua decisão ao caso que está tratando, para fazer um julgamento justo.

A equidade, nessa **função corretiva,** permite ao juiz adequar a norma ao caso concreto e chegar à solução justa. E a decisão será equitativa quando levar em conta as especiais circunstâncias do caso decidido e a situação pessoal dos respectivos interessados.

Nesse sentido, a equidade é um princípio e uma técnica de hermenêutica que deve estar presente em toda a aplicação da lei.

À **equidade corretiva**, pensamos nós, o CDC se refere aqui no inciso IV do art. 51. A equidade surge como corretivo ou impedimento das condições ou cláusulas iníquas, que provoquem vantagem injusta ao fornecedor, em detrimento do consumidor. A noção de **iníquo** deve ser extraída da equidade.

No CDC amplo é o poder do juiz de julgar com base na equidade corretiva, podendo ser exercido nos casos que se lhe apresentem como iníquos. A norma dá ao juiz a possibilidade de valoração da cláusula contratual, invalidando-a (total ou parcialmente) naquilo que for contrária à equidade. O juiz não julgará por equidade (como no caso da equidade integradora), mas dirá o que não está de acordo com a equidade no contrato sob seu exame, dele excluindo o que for necessário para restabelecer o equilíbrio e a justiça contratual no caso concreto.

97 A PROTEÇÃO DO CONSUMIDOR CONTRA AS CLÁUSULAS ABUSIVAS

Como se protege o consumidor contra as cláusulas abusivas? Mediante a sanção de nulidade de pleno direito dessas cláusulas, estabelecida no *caput* do art. 51 do CDC: "*São nulas de pleno direito, entre outras, as cláusulas contratuais relativas ao fornecimento de produtos e serviços que [...]*".

Nulidade de pleno direito é sinônimo de **invalidade**, isto é, a cláusula não vale, não produz efeito no contrato, é como se não existisse.

Eis a lição de Claudia Lima Marques: "*Tanto na lista exemplificativa de cláusulas consideradas abusivas constante do art. 51 do CDC quanto em seu art. 53, referente aos contratos de compra e venda a prazo,* **a sanção escolhida para coibir os abusos foi a nulidade absoluta** *[...] Superadas as dúvidas interpretativas iniciais, a doutrina majoritária concluiu que a nulidade dos arts. 51 e 53 é uma nulidade cominada de absoluta (art. 166, VI e VII, do CC/2002), como indica o art. 1º do CDC e reforça o art. 7º, caput, deste Código*".[32]

---
[32] Ob. cit., p. 905 e 907.

Caberá ao juiz, no caso concreto, constatar a abusividade da cláusula, razão pela qual a declaração de nulidade dependerá sempre da apreciação judicial, mediante provocação do consumidor (por ação direta ou em defesa) ou, ainda, por ato *ex officio* do juízo. As normas do CDC, como reiteradamente enfatizado, são de ordem pública e interesse social, o que autoriza a declaração de ofício da abusividade de qualquer cláusula que se aplique ao conflito submetido à apreciação judicial.

Não obstante, a Súmula nº 381 do STJ veda ao juiz conhecer, de ofício, a abusividade da cláusula nos contratos bancários. "*Nos contratos bancários, é vedado ao julgador conhecer, de ofício, da abusividade das cláusulas.*" Mas já decidiu também o mesmo Superior Tribunal de Justiça: "*O fato de ter sido aprovada a cláusula abusiva pelo órgão estatal instituído para fiscalizar a atividade seguradora não impede a apreciação judicial de sua invalidade*".[33]

O efeito da sentença que reconhece a nulidade da cláusula é *ex tunc*, isto é, desde a conclusão do negócio jurídico de consumo. Vale dizer que a cláusula nasce morta, embora figure no contrato; é ineficaz desde sempre, pelo que o consumidor não está obrigado a cumprir a obrigação (prestação) por ela imposta.

98 PRECLUSÃO E PRESCRIÇÃO

Por se tratar de matéria de ordem pública, como acima relembrado, a nulidade das cláusulas abusivas não é atingida pela preclusão, de modo que pode ser alegada no processo a qualquer tempo e grau de jurisdição. Com relação à prescrição, pode-se afirmar que ela não ocorre, é caso de ação imprescritível, porque o Código não fixou nenhum prazo para o exercício do direito de pleitear em juízo a nulidade da cláusula abusiva.

99 O PRINCÍPIO DA MANUTENÇÃO DO CONTRATO

Nula, entretanto, é a cláusula, e não o contrato. Este, em princípio, persiste e é eficaz a despeito da cláusula. **É o princípio da manutenção do contrato** expressamente consagrado no § 2º do art. 51 do CDC: "*A nulidade de uma cláusula contratual abusiva **não invalida o contrato**, exceto quando de sua ausência, apesar dos esforços de integração, decorrer ônus excessivo a qualquer das partes*".

Na lição de Humberto Theodoro Junior, "*Desse enunciado extraem-se duas conclusões: a) se é possível isolar a cláusula abusiva do contexto contratual, sua nulidade fica restrita a seu próprio conteúdo. Segue-se o princípio clássico do* utile per inutile non vitiatur*; b) ao eliminar a cláusula abusiva, cabe ao juiz proceder a uma revisão do contrato para preservá-lo, sempre que possível (princípio da **conservação ou manutenção** do contrato). Somente quando, pela eliminação da parcela abusiva, se tornar

---

[33] REsp nº 229.078/SP, Rel. Min. Ruy Rosado de Aguiar Junior.

desequilibrada de forma irremediável a relação contratual, é que se terá de optar pela completa resolução do negócio".[34]

100 A MODIFICAÇÃO DO CONTRATO

A modificação do contrato é um direito básico do consumidor, conforme vimos quando examinamos o art. 6º, V, do CDC.[35] Agora é possível melhor entender quando e como isso tem lugar. Reconhecida a nulidade da cláusula abusiva, caberá ao juiz proceder à adequação da cláusula mediante provocação do consumidor.

Surge então a grande questão: o que pôr no lugar da cláusula abusiva anulada? Como preencher a lacuna por ela deixada?

Às vezes, esse é um trabalho simples, como ocorre nos casos em que a própria lei ou a jurisprudência já oferecem a cláusula supletiva. No caso do foro de eleição, por exemplo, anulada a cláusula, aplica-se a regra legal do foro do domicílio do réu ou do autor. Nos casos de juros extorsivos, anatocismo (juros capitalizados), comissão de permanência etc., há súmulas jurisprudenciais que podem ser aplicadas. *"É vedada a capitalização de juros, ainda que expressamente convencionados"*;[36] *"os juros remuneratórios, não cumuláveis com a comissão de permanência, são devidos no período de inadimplência, à taxa média de mercado estipulada pelo Banco Central do Brasil, limitada ao percentual contratado"*;[37] *"Não é potestativa a cláusula contratual que prevê a comissão de permanência, calculada pela taxa média de mercado apurada pelo Banco Central do Brasil, limitada à taxa do contrato".*[38]

Quando não houver cláusula supletiva na lei, nem na jurisprudência, caberá ao juiz formulá-la. **Deverá colocar no contrato o que for necessário para restabelecer o seu equilíbrio e a equivalência das prestações; algo que as partes fariam no momento da celebração do contrato se estivessem de boa-fé.** Para tanto, deverá avaliar o conteúdo da relação contratual, o conjunto das suas cláusulas, e restabelecer o equilíbrio entre prestações e contraprestações. Não será tarefa fácil, mas deverá ser feita.

101 A PROTEÇÃO PÓS-CONTRATUAL DO CONSUMIDOR

A fase da execução contratual tem como ponto final o **adimplemento**, o pagamento integral das prestações. Mas, tal como no processo, que mesmo depois de encerrado projeta seus efeitos para o futuro, também o contrato pode produzir efeitos após a sua conclusão. É o que tem sido chamado de fase pós-contratual. Alguns desses efeitos são bem conhecidos.

---

[34] *Direitos do consumidor*, 2. ed., Forense, p. 29.
[35] Itens 42, 42.1 e 52.
[36] STF, Súmula nº 121.
[37] STJ, Súmula nº 296.
[38] STJ, Súmula nº 294.

Nos contratos de consumo, os efeitos pós-contratuais mais comuns são os **vícios do produto ou do serviço**, principalmente os vícios ocultos, que se manifestam após o cumprimento do contrato,[39] quando o produto ou serviço já estão sendo utilizados pelo consumidor.

O mesmo ocorre nos casos de responsabilidade pelo **fato do produto ou do serviço**.[40] Essa responsabilidade, como veremos, abarca a responsabilidade contratual e a extracontratual, respondendo o fornecedor objetivamente durante ou após o contrato.

O § 1º do art. 10 do CDC reforça esse dever pós-contratual do fornecedor ao dispor: "*O fornecedor de produtos e serviços que, **posteriormente à sua introdução no mercado de consumo**, tiver conhecimento da periculosidade que apresentem, deverá comunicar o fato imediatamente às autoridades competentes e aos consumidores, mediante anúncios publicitários*". Isso ocorre com frequência com a figura do *recall*. A Firestone fez *recall* em 6,5 milhões de pneus para picapes e utilitários em todo o mundo, o maior da história. GM, Honda e Volks também fizeram *recalls* em mais de 900 mil carros, por terem constatado defeitos de fabricação em determinadas peças que podiam causar acidentes. Em 2010 as montadoras (Honda, Toyota, Fiat etc.) convocaram *recall* de mais de 20 milhões de carros,[41] veículos que já estavam circulando há muitos anos (a maioria desde 2001/2002), o que bem evidencia o amplo alcance da responsabilidade do fornecedor na proteção pós-contratual do consumidor.

Outra disposição do CDC que impõe obrigação pós-contratual ao fornecedor está no art. 32 e seu parágrafo único:

> "Art. 32. Os fabricantes e importadores deverão assegurar a oferta de componentes e peças de reposição enquanto não cessar a fabricação ou importação do produto.
>
> Parágrafo único. Cessadas a produção ou importação, **a oferta deverá ser mantida por período razoável de tempo** na forma da lei".

O dever de fornecer peças de reposição após o encerramento da fabricação do produto não é eterno, por prazo indeterminado. Não faz sentido, por exemplo, exigir peças de reposição para um Ford 29 (um dos primeiros carros que chegaram ao Brasil) ou para outros veículos hoje só existentes em museus e nas mãos de colecionadores. Se o prazo de reposição de peças não estiver estabelecido em lei ou regulamento, deverá ser fixado pelo juiz com base no princípio da razoabilidade, levando-se em conta a **vida útil** do produto.

As peças de reposição deverão ser fornecidas a preços razoáveis, caso contrário o consumidor torna-se presa fácil dos preços extorsivos do fabricante ou importador.

O fornecimento de peças de reposição tornou-se problemático em razão das mudanças radicais introduzidas pela tecnologia nos novos produtos lançados no

---

[39] CDC, arts. 18 e 20.
[40] Arts. 12 e 14 do CDC.
[41] *O Globo*, 10/3/2010.

mercado, como no caso dos computadores, microcomputadores e aparelhos de telefonia móvel. Os produtos, nas mãos dos consumidores, tornam-se obsoletos de um ano para o outro, mas nem por isso o fabricante ou importador deixa de ser obrigado a fornecer peças de reposição.

Nos contratos de fornecimento de serviços, principalmente nos de serviços profissionais (médicos, advogados, psicólogos etc.), **o dever de sigilo** é a regra. Ao longo da relação contratual, fatos relevantes da vida do cliente tornam-se conhecidos do profissional, às vezes envolvendo a sua profissão, a vida privada, a família, que jamais poderão ser revelados mesmo depois de encerrada a relação contratual.

O dever de **fornecer referência** é outra obrigação pós-contratual. O ex-empregador tem o dever de prestar informações corretas sobre o seu ex-empregado, sempre que lhe forem solicitadas. A violação desse dever, quer por não serem prestadas as informações, quer por terem sido prestadas incorretamente, pode gerar o dever de indenizar por danos materiais e morais, como no exemplo que segue. Bom empregado foi demitido por contenção de despesas. Tempos depois uma outra empresa, que pretendia contratá-lo, pediu informações ao seu ex-empregador, que respondeu o seguinte: "*Só vou lhe dizer uma coisa, ele conhece o caminho da Justiça do Trabalho*". Claro que não foi contratado, mas moveu uma ação indenizatória contra o ex-patrão uma vez que a informação prestada era absolutamente impertinente ao que foi perguntado.

Em conclusão, mesmo findo o contrato, supondo que o seu adimplemento tenha sido integral e satisfatório, persiste a fase pós-contratual, durante a qual ainda estarão as partes vinculadas aos deveres decorrentes do princípio da boa-fé e ao cumprimento de obrigação contratual secundária (lealdade, diligência, informação), também chamados de deveres *post pactum finitum*.

101.1 Práticas abusivas

Nas fases da execução do contrato e pós-contratual podem também ocorrer práticas abusivas, como a inscrição indevida do nome do consumidor no cadastro de inadimplentes e a cobrança vexatória.

101.2 Uso abusivo dos bancos de dados

Os órgãos de proteção ao crédito, não há como negar, desempenham relevante papel no mercado de consumo. Sem eles seria praticamente impossível a concessão de crédito, mola propulsora da atividade dos agentes econômicos. Basta lembrar que todos necessitam de crédito, do mais humilde consumidor (para adquirir móveis, utensílios domésticos, veículo, casa própria etc.), até as maiores empresas mundiais, e o próprio Poder Público, para realizar grandiosos empreendimentos. Mas ninguém consegue crédito junto a qualquer estabelecimento financeiro sem informações a seu respeito, que permitam avaliar os riscos da operação.

Por isso, a existência dos bancos de dados de proteção ao crédito "*tornou-se um imperativo da economia de sociedade de massa; os arquivos de consumo são um dado inextirpável de uma economia fundada nas relações massificadas de crédito".*[42] O SERASA, maior empresa que atua na área de informações ao crédito, responde a 3,5 milhões de consultas por dia, demandadas por mais de 300 mil clientes diretos e indiretos.

O Código do Consumidor, como não poderia deixar de ser, não proíbe os bancos de dados, pelo contrário, os considera *entidades de caráter público*.[43] A Lei 12.414/2011, em seu art. 2º, I, define os bancos de dados como o *"conjunto de dados relativo à pessoa natural ou jurídica armazenados com a finalidade de subsidiar a concessão de crédito, a realização de venda a prazo ou de outras transações comerciais e empresariais que impliquem risco financeiro".* Mas, a par do papel relevante que desempenham, os bancos de dados, quando utilizados de forma abusiva, causam danos materiais e morais aos consumidores, razão pela qual o CDC, no art. 43 e parágrafos, disciplina as atividades por eles exercidas. Determina, por exemplo, que os cadastros e dados devem ser *objetivos, claros e verdadeiros*; assegura ao consumidor o acesso às informações existentes nos bancos de dados e, sempre que encontrar inexatidão nos seus dados ou cadastros, o direito de exigir imediata correção.

E assim é porque o fornecedor, se por um lado age no *exercício regular do direito* quando solicita a negativação do nome de consumidor realmente inadimplente, por outro pratica *abuso do direito* (ato ilícito) quando essa negativação é indevida ou permanece nos registros além do prazo legal. Nesse sentido a jurisprudência:

> "Responsabilidade civil. **Negativação do Nome em Cadastro Restritivo de Crédito. Inadimplência Comprovada. Exercício Regular de Direito.** Exclusão da Ilicitude. Ato praticado em harmonia com a lei não gera responsabilidade civil, pela ausência de ilicitude. O exercício regular do direito exclui o ilícito (art. 188, I do Código Civil). O direito e o ilícito são antíteses absolutas, um exclui o outro: onde há ilícito não há direito; onde há direito não há ilícito. O agir em conformidade com a lei impede a responsabilidade por dano moral. Desprovimento do Recurso".[44]

> "Responsabilidade civil. **Inclusão Indevida do Nome do Cliente no SPC. Prática Abusiva.** Dano Moral. Valor da Indenização.
> Constitui prática abusiva a inclusão indevida do nome do cliente no Cadastro dos maus pagadores – SPC – ainda que por mero equívoco. É dever das empresas que fornecem bens e serviços ao público em geral, estruturarem-se adequadamente para tratarem com respeito e dignidade o consumidor".[45]

---

[42] STF, ADIn nº 1.790/DF, Rel. Min. Sepúlveda Pertence.
[43] Art. 43, § 4º.
[44] TJRJ, Ap. Cív. nº 45.992/2007, 13ª Câmara Cível, Rel. Des. Sergio Cavalieri Filho.
[45] TJRJ, Ap. Cív. nº 13.566/2000, 2ª Câmara Cível, Rel. Des. Sergio Cavalieri Filho.

Dispõe o CDC, no § 1º do seu art. 43, que os cadastros *não podem "conter informações negativas referentes a período superior a cinco anos".* Por sua vez, o § 5º do mesmo artigo dispõe: *"Consumada a prescrição relativa à cobrança de débitos do consumidor, não serão fornecidas pelos respectivos Sistemas de Proteção ao Crédito quaisquer informações que possam impedir ou dificultar novo acesso ao crédito junto aos fornecedores".* Dessa forma, o CDC adotou o modelo da "temporalidade dual", equilibrando dois prazos complementares, de modo que *"violado qualquer deles, a informação arquivada é contaminada por inexatidão temporal".*[46]

Qual o prazo máximo de permanência de uma informação negativa sobre os consumidores em bancos de dados de proteção ao crédito? Esse tema foi enfrentado pelo Superior Tribunal de Justiça, que aprovou a Súmula nº 323: *"A inscrição do nome do devedor pode ser mantida nos serviços de proteção ao crédito até o prazo máximo de cinco anos, independentemente da prescrição da execução".*

Entretanto, como o texto da referida súmula não exprimia a totalidade do entendimento do STJ, novos julgados trataram da questão, acrescendo informações quanto à definição dos citados limites temporais. O entendimento da Súmula nº 323/STJ foi conjugado com a previsão do § 5º do art. 43, para se estabelecer que, *"enquanto for possível ao credor utilizar-se das vias judiciais para obter a satisfação do crédito, respeitado o prazo máximo de cinco anos, é admissível a permanência ou a inscrição da informação nos cadastros de consumidores".*[47]

Acrescentou-se, ainda, que *"os órgãos de proteção ao crédito não podem disponibilizar dados respeitantes a débitos prescritos",* haja vista que *"suplantada a pendência hábil a caracterizar situação de mora ou inadimplemento, desaparece o fato jurídico de interesse para o mercado de consumo, não podendo o consumidor ser penalizado eternamente por dívida cuja existência foi apagada ou neutralizada juridicamente".*[48]

Observa-se, desse modo, que a jurisprudência do STJ concilia e harmoniza os prazos do § 1º com o do § 5º do art. 43 do CDC, para estabelecer que a manutenção da inscrição negativa nos cadastros de proteção ao crédito respeita à exigibilidade do débito inadimplido, tendo, para tanto, um limite máximo de cinco anos que pode ser, todavia, restringido se for menor o prazo prescricional.

Outra questão relevante diz respeito ao **termo inicial do prazo máximo de inscrição**. A jurisprudência em relação ao termo inicial do prazo máximo de duração da anotação em cadastro de inadimplentes ainda não foi consolidada. De um lado, há julgados nos quais se adota a orientação de que *"o cômputo do prazo prescricional, nos*

---

[46] Ada Pellegrini Grinover et alii. *Código de Defesa do Consumidor comentado pelos autores do anteprojeto*, 9. ed., Forense Universitária, 2007, p. 453.
[47] AgRg no REsp nº 704.350/RS, 3ª Turma, *DJe* 16/11/2010.
[48] REsp nº 1196699/RS, 4ª Turma, *DJe* 20/10/2015. No mesmo sentido, REsp nº 255.269/PR, 3ª Turma, *DJ* 16/4/2001.

termos da Súmula nº 323/STJ, deve observar a efetiva inscrição no cadastro restritivo de crédito, não o vencimento da dívida".[49]

De outro lado, há julgado que segue a linha de que *"interpretação literal, lógica, sistemática e teleológica do enunciado normativo do § 1º, do art. 43, do CDC, conduzindo à conclusão de que o termo 'a quo' do quinquênio deve tomar por base a data do fato gerador da informação depreciadora"*.[50]

Em face dos princípios da veracidade e da finalidade, prevalece na Corte Superior de Justiça o entendimento de que **o termo** *a quo* **do quinquênio do art. 43, § 1º, do CDC, deve tomar por base a data do fato gerador da informação depreciadora, o dia seguinte ao vencimento da dívida**. E assim é, conforme muito bem afirmado pelo e. Min. Paulo de Tarso Sanseverino, porque o limite temporal deve ser baseado em critério objetivo, porquanto sua definição *"não pode ficar submetida à vontade do banco de dados ou do fornecedor, sob pena de esvaziar, por completo, o propósito legal de impedir consequências negativas, como a denegação do crédito, em decorrência de dívidas consideradas – legalmente – antigas e irrelevantes"*.[51]

Doutrina e jurisprudência discutiram por algum tempo sobre **quem deveria responder pelo indevido lançamento ou permanência do nome do consumidor no cadastro dos inadimplentes**. O fornecedor solicitante da inscrição, a entidade cadastradora (SERASA, SPC etc.), ou ambos, solidariamente? Parte da jurisprudência se inclinava pela última hipótese com base na solidariedade prevista no parágrafo único do art. 7º do CDC. Argumentava-se que a entidade que administra o banco de dados tem o dever de controlar a veracidade das informações que lhe são enviadas.

Outro, entretanto, foi o entendimento jurisprudencial que acabou prevalecendo, e por fortes razões. A função das entidades que administram os bancos de dados é armazenar as informações relativas aos consumidores em seus cadastros (art. 43, *caput*), administrar e distribuir as informações que lhes são prestadas pelos fornecedores de todo o país, comunicar ao consumidor tais registros (art. 43, § 2º) e proceder às alterações/correções que se fizerem necessárias (art. 43, § 3º), sob pena de responderem por perdas e danos (arts. 44, § 2º, e 22, parágrafo único). Seria inviável o funcionamento dessas entidades se tivessem que pesquisar e comprovar a veracidade de milhões de pedidos de inscrição que recebem, bem como os dados de todas as pessoas cadastradas. Ainda que quisessem, não teriam meios para isso.

Por isso, firmou-se o entendimento de que as entidades cadastradoras não respondem pela correção dos dados que lhes são passados, tampouco pela ilicitude da inscrição indevida. A veracidade do conteúdo dos dados cadastrados é da responsabilidade do fornecedor solicitante da inscrição (bancos, financeiras, lojistas ou empresas

---

[49] REsp nº 1196699/RS, 4ª Turma, *DJe* 20/10/2015.
[50] REsp nº 1316117/SC, 3ª Turma, *DJe* 19/8/2016.
[51] REsp nº 1316117/SC, 3ª Turma, *DJe* 19/8/2016.

associadas à entidade), a quem cabe cercar-se dos maiores e necessários cuidados e que tem os meios necessários para isso.

Entretanto, a Lei nº 12.414/2011 lançou novas luzes sobre o problema, atribuindo, em seu art. 16, responsabilidade solidária aos bancos de dados, à fonte e ao consulente decorrente do descumprimento do dever de veracidade. Definiu, de fato, que "o banco de dados, a fonte e o consulente **são responsáveis objetiva e solidariamente** pelos danos materiais e morais que causarem ao cadastrado, nos termos da Lei nº 8.078, de 11 de setembro de 1990 (Código de Proteção e Defesa do Consumidor)," ampliando, assim, o número de pessoas que possuem o dever de indenizar para aumentar a probabilidade de reparação do dano.

Essa orientação foi seguida pela Corte Superior de Justiça ao decidir que "*as entidades mantenedoras de cadastros de crédito devem responder solidariamente pela exatidão das informações constantes em seus arquivos, excetuados dessa obrigação, apenas, os dados detidos exclusivamente pelo consumidor, como alteração de endereço residencial, por exemplo*".[52]

Foi, ademais, firmada a tese repetitiva de que os órgãos arquivistas respondem pela reparação dos danos morais e materiais decorrentes da inscrição "*inclusive quando os dados utilizados para a negativação são oriundos do CCF do Banco Central ou de outros cadastros mantidos por entidades diversas*".[53]

Assim, o legislador e a jurisprudência aderiram àquela posição doutrinária de que se o banco de dados registra – ou permite que o fornecedor registre diretamente – informação sem qualquer exigência ou cautela quanto à demonstração da veracidade dos dados, deve, naturalmente, arcar com as sanções civis decorrentes de sua conduta.

A entidade cadastradora pode também responder por perdas e danos se cometer algum equívoco no cadastramento (responsabilidade objetiva pelo fato do serviço - art. 14 do CDC), se não fizer as correções necessárias e, principalmente, se descumprir o disposto no § 2º do art. 43 do CDC, que, como já ressaltado, estabelece expressamente o dever de comunicar por escrito ao consumidor a inscrição do seu nome no banco de dados. Esse, a rigor, é o meio de que dispõe para exercer certo controle sobre as informações que lhe são prestadas – dar ciência ao consumidor em prazo razoável (alguns dias de antecedência) – para que este possa exercer o direito de impugnar a inscrição ou pleitear a correção necessária.

A orientação jurisprudencial do STJ firmou-se inicialmente no sentido de que a falta de comunicação gera lesão indenizável, pelo que, ainda que verdadeiras as informações sobre a inadimplência do devedor, tem ele o direito de ser cientificado a respeito. O cadastramento negativo dá efeito superlativo ao fato, criando-lhe restrições que vão além do âmbito restrito das partes envolvidas – credor e devedor. A razão da norma legal, portanto, está em permitir ao consumidor atuar para esclarecer um possível equívoco,

---

[52] AgRg no AREsp nº 415.022/SC, 4ª Turma, *DJe* 25/4/2014.
[53] REsp nº 1061134/RS, 2ª Seção, *DJe* 1/4/2009.

ou para adimplir a obrigação, evitando a negativação do seu nome. Esse entendimento encontra-se consolidado na Sumula nº 359 do STJ: *"Cabe ao órgão mantenedor do cadastro de proteção ao crédito a notificação do devedor antes de proceder à inscrição"*.

O tema, entretanto, ensejou outras divergências jurisprudenciais, merecendo ser relembrada a que versava sobre a necessidade, ou não, de prévia comunicação ao consumidor quando o seu nome já estava negativado. Inicialmente, a jurisprudência inclinou-se pela obrigatoriedade da notificação mesmo no caso de preexistir inscrição do seu nome, regularmente realizada. *"A existência de vários registros, na mesma época, de outros débitos dos recorrentes, no cadastro de devedores do SERASA, não afasta a presunção de existência do dano moral, que decorre* in re ipsa, *vale dizer, do próprio registro de fato inexistente".*[54] Entendia-se que *"o fato de existirem outros registros não significava que não houvesse, de algum modo, acréscimo ao dano que deles sempre resulta. Sendo registro indevido, auxiliou para que se agravasse a qualificação negativa".*[55]

Posteriormente, em face das reiteradas divergências entre as Terceira e Quarta Turmas, a Segunda Seção do Superior Tribunal de Justiça firmou entendimento em sentido contrário: *"A ausência de prévia comunicação ao consumidor da inscrição do seu nome em cadastros de proteção ao crédito, prevista no art. 43, § 2º do CDC, enseja o direito à compensação por danos morais, salvo quando preexista inscrição desabonadora regularmente realizada".*[56]

Prevaleceu, nesse notório julgamento, o voto do Ministro João Otávio de Noronha:

> "Não tem direito à indenização por danos morais o devedor que tem seu nome inscrito, sem prévia notificação, em cadastro de restrição ao crédito na hipótese em que haja outras anotações do devedor no cadastro de inadimplentes, pois não é a falta de notificação que traz constrangimento, mas a imputação indevida de inadimplente ao consumidor que cumpre regularmente sua obrigação [...] entendo que não é cabível essa indenização quando já preexistente registro. Porque não é a formalidade, não é o registro em si que causa o dano. Não é o fato de não haver notificação que alguém vai se sentir constrangido moralmente. O dano decorre da imputação indevida de inadimplente a alguém que efetivamente não o é. [...] Aqui, quando não se notifica e já existe registro, configurado está o estado de inadimplemento do devedor. A sua situação jurídica é de inadimplente. E não acredito que o mero desrespeito ou descumprimento de uma simples formalidade possa aprofundar a sua dor, levando-o a um sentimento de injustiça pelo fato de não ter sido notificado quando, no cadastro, já existem cinco, seis, dez, vinte anotações plenamente configuradoras do perfil de devedor contumaz na insolvência de suas obrigações".

---

[54] REsp nº 196024, 4ª Turma, Rel. Min. Cesar Asfor Rocha.
[55] Ministro Ruy Rosado de Aguiar no REsp nº 196024.
[56] REsp nº 1061134, julgado na sistemática do recurso repetitivo, art. 543-C do CPC.

Esse entendimento está consolidado na Súmula nº 385 do STJ: *"Da anotação irregular em cadastro de proteção ao crédito, não cabe indenização por dano moral, quando preexistente legítima inscrição, ressalvado o direito ao cancelamento".*

Evoluiu-se dessa questão para outra ainda mais relevante, qual seja, **se o órgão de proteção ao crédito tem a obrigação de reparar danos por incluir em seu banco de dados elementos constantes dos registros do cartório de distribuição judicial e cartório de protesto, sem prévia notificação ao consumidor.** Esta questão tem uma peculiaridade que a diferencia de todas as outras abordadas anteriormente, uma vez que se trata de dados obtidos por órgão de proteção de crédito diretamente do cartório de distribuição judicial e cartório de protesto, e não por indicação do credor, vale dizer, informações obtidas de fonte privada.

Ao examinarem esta questão, os doutos julgadores do Superior Tribunal de Justiça visualizaram, com sensibilidade jurídica, a convergência de propósitos existente entre os órgãos de proteção ao crédito e os cartórios de distribuição judicial e de protesto. Com efeito, tal como os órgãos de proteção ao crédito, os cartórios de distribuição judicial e de protesto têm por escopo operar a publicidade e eficácia de atos jurídicos previstos nas leis civis e mercantis, razão pela qual os registros por eles feitos são de domínio público, têm fé pública e gozam da presunção legal de veracidade. O art. 1º, c/c art. 5º, VII, ambos da Lei nº 8.935/94,[57] estabelecem que os serviços de registro de distribuição são destinados a assegurar a *publicidade, autenticidade e eficácia dos atos jurídicos.*

Destarte, como os cartórios de distribuição judicial e de protesto têm o mesmo escopo dos órgãos de proteção ao crédito, não há que se falar em ilicitude dos dados por estes colhidos diretamente daqueles. Exercem atividade lícita e relevante ao divulgarem esses dados, prestando informações de domínio público e que gozam de fé pública, pelo que despicienda a prévia comunicação ao devedor de que seu nome será inscrito no cadastro dos inadimplentes.

Corretíssima, portanto, a conclusão a que chegou o Tribunal da Cidadania nos seus primeiros julgados apreciando a questão. Após enfatizar que fato verdadeiro não pode ser omitido dos cadastros mantidos pelos órgãos de proteção ao crédito, concluiu: *"Se os órgãos de proteção ao crédito reproduzem fielmente o que consta no cartório de distribuição a respeito de determinado processo de execução, não se lhes pode tolher que forneçam tais dados públicos aos seus associados".*[58]

Outros julgados seguiram a mesma linha de entendimento: *"Diante da existência de protesto extrajudicial, é descabido cogitar em necessidade de que houvesse notificação no tocante ao registro desabonador constante da base de dados da Serasa; pois esse registro, em regra, advém de coleta espontânea de informação em banco de dado público, pertencente ao cartório de protesto".*[59]

---

[57] Lei dos Cartórios.
[58] REsp nº 866198, 3ª Turma, Rel. Min. Nancy Andrighi.
[59] REsp nº 604790, Rel. Min. Fernando Gonçalves; REsp nº 1038272, Rel. Min. Aldir Passarinho Junior; REsp nº 1124709, Rel. Min. Luis Felipe Salomão.

Oportuno alertar que a tese aqui comentada não abrange o cadastro de emitentes de cheques sem fundos mantido pelo Banco Central (CCF), uma vez que tal cadastro não possui caráter aberto. O alerta foi disparado no REsp nº 1033274, da relatoria do Ministro Luis Felipe Salomão, com base em precedentes da lavra do Ministro Aldir Passarinho Junior: *"O cadastro de emitentes de cheques sem fundo mantido pelo Banco Central é de consulta restrita, não podendo ser equiparado a dados públicos, remanescendo o dever de notificação por parte da Serasa em caso de negativação derivada de tais informações".*[60]

Uma última observação sobre o tema. **Quitada a dívida, cabe ao credor, e não ao devedor, providenciar o imediato cancelamento da inscrição negativa, sob pena de responder por perdas e danos**. Nesse sentido é também firme a jurisprudência do STJ. Confira-se:

> "Dano moral. Cadastro negativo. Art. 73 do Código de Defesa do Consumidor. Não tem força a argumentação que pretende impor ao devedor que quita a sua dívida o dever de solicitar seja cancelado o cadastro negativo. O dispositivo do Código de Defesa do Consumidor configura como prática infrativa 'Deixar de corrigir imediatamente informação sobre o consumidor constante de cadastro, banco de dados, fichas ou registros que sabe ou deveria saber ser inexata'. *Quitada a dívida, sabe o credor que não mais é exata a anotação que providenciou, cabendo-lhe, imediatamente, cancelá-la".*[61]

> "Inscrição no SPC. *Manutenção do nome da devedora por longo período após a quitação da dívida.* Dano moral caracterizado. Parâmetro, CDC, art. 73. Cabe às entidades credoras que fazem uso dos serviços de cadastro de proteção ao crédito mantê-los atualizados, de sorte que uma vez recebido o pagamento da dívida, devem providenciar, em breve espaço de tempo, o cancelamento do registro negativo do devedor, sob pena de gerarem, por omissão, lesão moral passível de indenização".[62]

O STJ entendeu razoável o **prazo de 5 dias** para o credor, paga a dívida, pedir a exclusão do nome do devedor do cadastro de inadimplentes: *"Quitada a dívida pelo devedor, a exclusão do seu nome deverá ser requerida pelo credor no prazo de 05 dias, contados da data em que houver o pagamento efetivo, sendo certo que as quitações realizadas mediante cheque, boleto bancário, transferência interbancária ou outro meio sujeito a confirmação, dependerão do efetivo ingresso do numerário na esfera de disponibilidade do credor. A inércia do credor em promover a atualização dos dados cadastrais, apontando o pagamento, e consequentemente, o cancelamento*

---

[60] REsp nº 752135 e nº 1032090.
[61] REsp nº 292.045/RJ, 3ª Turma, Rel. Min. Carlos Alberto Menezes Direito.
[62] REsp nº 299.456/SE, 4ª Turma, Rel. Min. Aldir Passarinho Junior.

do registro indevido, gera o dever de indenizar, independentemente da prova do abalo sofrido pelo autor, sob forma de dano presumido".[63]

Registre-se, por derradeiro, que, **no caso de protesto de título de crédito,** a Corte Superior de Justiça, com base no princípio da especialidade, aplicou as disposições específicas da Lei de Protesto de títulos e outros documentos, fixando a tese repetitiva de que *"no regime próprio da Lei n. 9.492/1997, legitimamente protestado o título de crédito ou outro documento de dívida, salvo inequívoca pactuação em sentido contrário,* **incumbe ao devedo***r, após a quitação da dívida, providenciar o cancelamento do protesto".* Foi consignado, na oportunidade, que *"em vista dos critérios hermenêuticos de especialidade e cronologia, a solução para o caso deve ser buscada, em primeira linha, no Diploma especial que cuida dos serviços de protesto",*[64] o que motivou o afastamento das regras do art. 43, § 5º, do CDC.

Posteriormente, entretanto, a Corte Superior de Justiça, com base no mesmo princípio da especialidade, decidiu pela aplicação da Lei nº 12.414/2011, legislação específica de regência dos cadastros de proteção ao crédito. Assim, *"as disposições da Lei 9.492/97, que versam especificamente sobre o protesto e suas consequências, não interferem na disciplina dos bancos de dados, tratados na legislação especial do CDC e da Lei 12.414/2011, razão pela qual a incumbência de cancelamento do protesto, imposta ao devedor, não se confunde com o encargo da entidade arquivista em manter hígidas e fidedignas as informações em seu cadastro, inclusive no que respeita aos limites temporais da inscrição".*[65]

Nesse sentido tinha sido o voto (vencido) do Ministro Luis Felipe Salomão quando do julgamento do REsp nº 959114-MS:

> "Com efeito, embora a Lei de Protesto seja norma específica no tocante ao serviço prestado, é bem de ver que são protestados títulos e documentos nascidos de relações jurídicas de toda ordem – comercial, civil ou consumerista.
>
> O Código de Defesa do Consumidor, por sua vez, é norma específica em relação ao sujeito tutelado e, como asseverei na relatoria do REsp 1.281.090/SP, 'em um modelo constitucional cujo valor orientador é a dignidade da pessoa humana, prevalece o regime protetivo do indivíduo em detrimento do regime protetivo do serviço' [...]
>
> De fato, em relação a protestos de títulos ou documentos cuja relação jurídica subjacente seja de natureza consumerista, mostra-se de rigor a observância das normas previstas no Código de Defesa do Consumidor, as quais, por expressa disposição legal, são 'de ordem pública e interesse social', realiza-

---

[63] REsp nº 1149998, Rel. Min. Nancy Andrighi.
[64] REsp nº 1339436/SP, 2ª Seção, *DJe* 24/9/2014.
[65] REsp nº 1.630.889, Rel. Min. Nancy Andrighi.

doras mesmo do desígnio constitucional de erguer a defesa do consumidor a direito fundamental da pessoa (art. 5º, inciso XXXII, CF/88).

Nesses casos, embora para o protesto exista norma a prever o ônus do cancelamento a 'qualquer interessado', sobressaem as obrigações previstas no estatuto do consumidor, que contém incumbência inversa no sentido de que o consumidor pode 'exigir' a 'imediata correção' de informações inexatas – não cabendo a ele, portanto, proceder a tal correção (art. 43, § 3º) –, e de que constitui crime 'deixar de corrigir imediatamente informação sobre consumidor constante de cadastro, banco de dados, fichas ou registros que sabe ou deveria saber ser inexata'".

101.2.1 Banco de dados positivo

Os bancos de dados de proteção ao crédito sempre priorizaram as informações negativas, vindo daí o termo **negativar**. Atendendo antiga reivindicação do mercado de crédito, foi editada a Lei nº 12.414, de 9/6/2011, com alterações dadas pelas LC 166/2019, criando o que vem sendo chamado de Banco de Dados Positivo, no qual serão priorizadas as informações positivas, de adimplemento, para a formação do histórico de crédito. Em última instância, será o cadastro dos bons pagadores.

Nesse banco de dados positivo somente poderão ser armazenadas informações objetivas, claras, verdadeiras e de fácil compreensão, que sejam necessárias para avaliar a situação econômica do cadastrado.[66] Estão proibidas informações sensíveis, assim consideradas aquelas pertinentes à origem social e étnica, à saúde, à informação genética, à orientação sexual e às convicções políticas, religiosas, filosóficas e pessoais ou quaisquer outras que possam afetar os direitos de personalidade dos cadastrados.[67] A abertura de cadastro pode ser feita pelo gestor nos termos estabelecidos pela Lei,[68] ficando assegurado ao cadastrado o direito de obter o cancelamento do cadastro quando solicitado; acessar gratuitamente, independentemente de justificativa, as informações sobre ele existentes no banco de dados, inclusive seu histórico e sua nota ou pontuação de crédito, cabendo ao gestor manter sistemas seguros, por telefone ou por meio eletrônico, de consulta às informações pelo cadastrado; solicitar a impugnação de qualquer informação sobre ele erroneamente anotada em banco de dados e ter, em até 10 (dez) dias, sua correção ou seu cancelamento em todos os bancos de dados que compartilharam a informação; ser informado previamente sobre a identidade do gestor e sobre o armazenamento e o objetivo do tratamento dos dados pessoais.[69] As informações de adimplemento não poderão constar de bancos de dados por período

---

[66] Art. 3º, § 1º.
[67] Art. 3º, § 3º, I.
[68] Art. 4º e parágrafos.
[69] Art. 5º.

superior a quinze anos[70] e, quando o cadastrado for consumidor, aplica-se também o CDC,[71] aliás, como não poderia deixar de ser. Finalmente, o art. 16 da Lei em comento estabeleceu responsabilidade objetiva e solidária para o banco de dados, a fonte e o consulente pelos danos materiais e morais que causarem ao cadastrado, nos termos da Lei nº 8.078, de 11 de setembro de 1990.[72]

As informações positivas somente poderão ser consultadas (a) pelo próprio consumidor interessado; (b) pelas instituições legalmente autorizadas (tais como o Poder Judiciário e o Ministério Público); e (c) pelos clientes-consulentes do gestor do órgão de proteção ao crédito. Estes últimos apenas poderão consultar as informações positivas desde que especificamente para fins de concessão de crédito ou para realização de venda a prazo ou outras transações comerciais e empresariais que impliquem risco financeiro, em respeito ao disposto no art. 7º da Lei nº 12.414/2011.

Embora criticado por alguns consumeristas, porque criaria dois tipos de consumidores – bons e maus pagadores –, o banco de dados positivo oferece algumas vantagens, pelo menos em tese: (a) taxa de juros menor para o consumidor com bom histórico creditício; (b) melhor avaliação dos riscos de eventual inadimplemento; (c) estímulo a um comportamento controlado, evitando o superendividamento. Em síntese, o cadastro positivo possibilita ao consumidor com histórico de crédito favorável diferenciar-se do consumidor inadimplente e endividado e, assim, ser merecedor de melhor avaliação no mercado financeiro na obtenção de crédito, financiamento, taxa de juros, condições de pagamento etc. Se é diferente, pode ser tratado diferentemente. Por fim, conforme a Súmula nº 550 do STJ: "A utilização de escore de crédito, método estatístico de avaliação de risco que não constitui banco de dados, dispensa o consentimento do consumidor, que terá o direito de solicitar esclarecimentos sobre as informações pessoais valoradas e as fontes dos dados considerados no respectivo cálculo".

101.3 Cobrança vexatória

Embora não elencada no rol do art. 39, constitui também prática abusiva, das mais gravosas, submeter o consumidor, ainda que inadimplente, a cobrança vexatória ou sob ameaça.

Dispõe o art. 42 do CDC: "*Na cobrança de débitos, o consumidor inadimplente não será exposto a ridículo, nem será submetido a qualquer tipo de constrangimento ou ameaça*". Interpretado literalmente esse dispositivo, que veda **qualquer tipo de constrangimento ou ameaça**, pode-se chegar à errônea conclusão de não ser permitida nem mesmo a ameaça legítima, como a de protestar um título, mover uma ação de cobrança, e assim por diante. Claro que não é este o sentido do texto em exame. A cobrança de uma dívida, pelos meios previstos e permitidos por lei, é exercício regular

---

[70] Art. 14.
[71] Art. 17.
[72] Código de Proteção e Defesa do Consumidor.

do direito do credor, não constitui ato ilícito.[73] O que o art. 42 do CDC proíbe é a **cobrança abusiva**, forma pela qual o credor pratica o abuso do direito, previsto como ato ilícito no art. 187 do Código Civil. Ameaça é a promessa de causar um mal físico ou moral ao consumidor para levá-lo (constranger) a quitar o débito.

Na cobrança de dívida, portanto, há uma linha divisória entre o lícito (exercício regular de direito do credor) e o ilícito. Este ocorrerá quando o credor exceder os limites econômicos, sociais ou éticos (boa-fé) no exercício do seu direito. A cobrança judicial, o protesto do título, a notificação ou, ainda, o telefonema/carta de cobrança, em termos usuais, para o endereço do trabalho ou residencial do consumidor não constituem meios vexatórios. É certo que toda cobrança sempre causa certo constrangimento (ninguém gosta de ser cobrado), mas, por estar acobertada pelo direito, não configura abuso.

Abusivo é o consumidor ser abordado em sua residência por telefonemas ameaçadores (divulgação do fato para os pais, para a esposa etc.), em seu trabalho com telefonemas constantes ou correspondência ofensiva, e outras tantas situações que a criatividade do credor possa imaginar.

Alude ainda o art. 42 do CDC à cobrança que exponha o consumidor a **ridículo**. Servem de exemplos dessa modalidade vexatória de cobrança impedir de fazer provas ou de assistir aulas o aluno atrasado no pagamento da mensalidade escolar; expor o síndico em quadro de anúncio o nome do condômino em débito com o condomínio. É claro que esse tipo de cobrança atinge a dignidade do devedor, violando princípio constitucional.

A cobrança vexatória, uma vez caracterizada, gera o dever de indenizar por dano moral e, eventualmente, também por dano material.

101.4 Cobrança indevida – repetição do indébito

No parágrafo único do art. 42, o CDC estipulou uma **pena civil** para o fornecedor que cobrar do consumidor quantia indevida: "*O consumidor **cobrado** em quantia indevida tem direito à repetição do indébito,* **por valor igual ao dobro do que pagou em excesso**, *acrescido de correção monetária e juros legais, salvo hipótese de engano justificável*". A pena é a **devolução em dobro da quantia paga em excesso**. É outra prática abusiva recorrente na fase da execução do contrato ou na pós-contratual.

Esse dispositivo guarda semelhança com o **art. 940 do Código Civil:** "*Aquele que **demandar** por dívida já paga, no todo ou em parte, sem ressalvar as quantias recebidas ou **pedir mais do que for devido**, ficará obrigado a pagar ao devedor, no primeiro caso, o dobro do que houver cobrado e, no segundo, o equivalente do que dele exigir, salvo se houver prescrição*". Tem, todavia, características próprias, como se denota cotejando as duas normas. Para o CDC bastará que o consumidor tenha sido cobrado (judicial ou extrajudicialmente – usa-se ali o verbo *cobrar*), enquanto pelo Código Civil será preciso cobrança judicial (refere-se a *demandar*), vale dizer, ação

---

[73] Código Civil, art. 188, I.

de cobrança pelo menos ajuizada. O consumidor, todavia, só terá direito à devolução em dobro daquilo que **efetivamente tiver pago em excesso ou indevidamente**, não bastando a simples cobrança, como no regime civil. Por último, e esta é a mais importante diferença, o Código Civil exige **má-fé do credor**. A questão já estava sumulada no Supremo Tribunal Federal (Súmula nº 159) na vigência do Código Civil de 1916 e quando a matéria era ainda da sua competência, no sentido de ser necessária a má-fé: *"cobrança excessiva, mas de boa-fé, não dá lugar às sanções do art. 1.531 do Código Civil"*. O Superior Tribunal de Justiça adotou a mesma orientação em inúmeros julgados.[74] No Código de Defesa do Consumidor, a pena pela cobrança indevida é bem mais rigorosa porque **basta a cobrança indevida; não exige a má-fé**. Para se eximir da pena terá o fornecedor (credor) que provar o *engano justificável*, e este só ocorre quando não houver dolo ou culpa. Não caracteriza engano justificável o erro de cálculo, falha na computação, mau funcionamento da máquina, demora do correio etc.

Nesse sentido a lição de Luiz Cláudio Carvalho de Almeida:

> "A justificativa admitida pela lei para eximir o fornecedor de tal sanção deve referir-se a fato que exclua o nexo de causalidade entre a sua conduta e o dano suportado pelo consumidor, sendo irrelevante a análise da presença de investigação a esse respeito na maioria dos acórdãos proferidos na jurisprudência pátria. A irrelevância da presença do dolo ou culpa para se concluir pelo dever de indenizar prende-se à constatação de que o sistema de proteção do consumidor é todo baseado em critérios objetivos de aferição de atendimento à chamada teoria da qualidade. Assim sendo, a sanção em tela tem função pedagógica e inibidora de condutas lesivas ao consumidor, tendo em vista em maior grau o interesse social no controle das imperfeições do mercado do que propriamente o interesse particular do consumidor individualmente considerado. Permite-se, assim, vislumbrar no dispositivo legal em comento hipótese de aplicação das chamadas *punitive damages* (indenizações com finalidade punitiva) no Brasil".[75]

A jurisprudência do Superior Tribunal de Justiça vem também se consolidando no sentido da devolução em dobro independentemente de dolo ou culpa, como se vê dos seguintes arestos:

> "Administrativo. Empresa concessionária de fornecimento de água. Relação de consumo. Aplicação dos arts. 2º e 42, parágrafo único, do Código de Defesa do Consumidor.

---

[74] REsp nº 46203/RJ; nº 14016/SP; nº 184822/SP etc.
[75] A repetição do indébito em dobro no caso de cobrança indevida de dívida oriunda de relação de consumo como hipótese de aplicação dos *punitive damages* no direito brasileiro, *Revista do Direito do Consumidor*, nº 54, 2005.

1. Há relação de consumo no fornecimento de água por entidade concessionária desse serviço público a empresa que comercializa com pescados. 2. A empresa utiliza o produto como consumidora final. 3. Conceituação de relação de consumo assentada pelo art. 2º, do Código de Defesa do Consumidor. 4. Tarifas cobradas a mais. ***Devolução em dobro***. Aplicação do art. 42, parágrafo único, do Código de Defesa do Consumidor" (REsp nº 263.229/SP, Rel. Min. José Delgado, DJU 9/4/2001, p. 332).

"Consumidor. Repetição de indébito. Art. 42, parágrafo único, do CDC. Engano justificável. Não configurado.

1. Hipótese em que o Tribunal de origem afastou a repetição dos valores cobrados indevidamente a título de tarifa de água e esgoto, por considerar que não se configurou a *má-fé* na conduta da SABESP, ora recorrida. 2. A recorrente visa à restituição em dobro da quantia sub judice, ao fundamento de que basta a verificação de culpa na hipótese para que se aplique a regra do art. 42, parágrafo único, do Código de Defesa do Consumidor. 3. ***O engano, na cobrança indevida, só é justificável quando não decorrer de dolo (má-fé) ou culpa na conduta do fornecedor do serviço.*** Precedente do STJ. 4. Dessume-se das premissas fáticas do acórdão recorrido que a concessionária agiu com culpa, pois incorreu em erro no cadastramento das unidades submetidas ao regime de economias. 5. *In casu*, cabe a restituição em dobro do indébito cobrado após a vigência do CDC. 6. Recurso especial provido".[76]

Houve entendimento no sentido de que apenas em caso de dolo seria devida a devolução em dobro das quantias indevidamente cobradas, entendimento esse que chegou a prevalecer em julgados do Superior Tribunal de Justiça: "*A jurisprudência desta Corte é firme no sentido de que **a devolução em dobro dos valores pagos pelo consumidor somente é possível quando demonstrada a má-fé do credor***".[77]

Tal entendimento, com a devida vênia, acaba por inviabilizar o direito do consumidor, na medida em que, como o que se presume é a boa-fé, ficaria o consumidor na contingência de comprovar nos autos o oposto, significando isto que o princípio de facilitação de sua defesa em juízo não estaria sendo observado. E isto porque o consumidor não tem como conseguir acesso aos mecanismos internos e documentos privados do fornecedor para comprovar o dolo, o que o deixa em situação totalmente contrária ao espírito do Código de Defesa do Consumidor, vulnerando-o ainda mais perante o fornecedor.

---

[76] REsp nº 1.079.064/SP, 2ª Turma, Rel. Min. Herman Benjamin.
[77] AgRg no REsp nº 1441094/PB, Rel. Min. Nancy Andrighi. No mesmo sentido, AgRg no AREsp nº 509684/RS, Rel. Min. Sidnei Beneti; REsp nº 647838/RS, Rel. Min. João Otávio de Noronha.

Por outro lado, se **engano justificável** é aquele que não decorre de dolo ou culpa, a situação se inverte porque, em se tratando de responsabilidade objetiva pela falha na atuação do fornecedor, a este cabe a comprovação de que não incorreu em imprudência, negligência, ou imperícia, isto é, que não agiu com culpa, interpretação esta que nos parece a única adequada aos objetivos da legislação declaradamente protetiva do consumidor.

Se não bastasse, o entendimento de que apenas em caso de dolo seria devida a devolução em dobro das quantias indevidamente cobradas contém duas graves falhas: (i) aplica a exceção (engano justificável) como regra geral (devolução em dobro), fazendo valer a exceção e determinando ao consumidor que comprove a regra geral, quando, por óbvio, o contrário é que deve se dar; (ii) interpreta um artigo do Código de Defesa do Consumidor em total contrariedade à principiologia que rege as relações de consumo em nosso ordenamento jurídico.

Mais recentemente, felizmente, prevaleceu na Corte Especial do STJ entendimento em sentido contrário: "Tese final – Art. 42 do CDC. A repetição em dobro, prevista no parágrafo único do art. 42 do Código de Defesa do Consumidor, é cabível quando a cobrança indevida consubstanciar conduta contrária à boa-fé objetiva, ou seja, independentemente da natureza do elemento volitivo".

Resumo da proposta de tese resolutiva da divergência jurisprudencial

A proposta aqui trazida – que procura incorporar, tanto quanto possível, o mosaico das posições, nem sempre convergentes, dos Ministros Maria Thereza de Assis Moura, Nancy Andrighi, Luis Felipe Salomão, Og Fernandes, João Otávio de Noronha e Raul Araújo – **consiste em reconhecer a irrelevância da natureza volitiva da conduta (se dolosa ou culposa) que deu causa à cobrança indevida contra o consumidor, para fins da devolução em dobro a que se refere o parágrafo único do art. 42 do CDC**, e fixar como parâmetro excludente da repetição dobrada a boa-fé objetiva do fornecedor (ônus da defesa) para apurar, no âmbito da causalidade, o engano justificável da cobrança.

Registram-se trechos dos votos proferidos que contribuíram diretamente ou serviram de inspiração para a posição aqui adotada.

Ministra Nancy Andrighi: "O requisito da comprovação da má-fé não consta do art. 42, parágrafo único, do CDC, nem em qualquer outro dispositivo da legislação consumerista. A parte final da mencionada regra – 'salvo hipótese de engano justificável' – não pode ser compreendida como necessidade de prova do elemento anímico do fornecedor".

Ministra Maria Thereza de Assis Moura: "Os requisitos legais para a repetição em dobro na relação de consumo são a cobrança indevida, o pagamento em excesso e a inexistência de engano justificável do fornecedor. A exigência de indícios mínimos de má-fé objetiva do fornecedor é requisito não previsto na lei e, a toda evidência, prejudica a parte frágil da relação".

Ministro Og Fernandes: "A restituição em dobro de indébito (parágrafo único do art. 42 do CDC) independe da natureza do elemento volitivo do agente que cobrou o valor indevido, revelando-se cabível quando a cobrança indevida consubstanciar conduta contrária à boa-fé objetiva".

Ministro Raul Araújo: "Para a aplicação da sanção civil prevista no art. 42, parágrafo único, do CDC, é necessária a caracterização de conduta contrária à boa-fé objetiva para justificar a reprimenda civil de imposição da devolução em dobro dos valores cobrados indevidamente".

Ministro Luis Felipe Salomão: "O código consumerista introduziu novidade no ordenamento jurídico brasileiro, ao adotar a concepção objetiva do abuso do direito, que se traduz em uma cláusula geral de proteção da lealdade e da confiança nas relações jurídicas, prescindindo da verificação da intenção do agente – dolo ou culpa – para caracterização de uma conduta como abusiva (...) Não há que se perquirir sobre a existência de dolo ou culpa do fornecedor, mas, objetivamente, verificar se o engano/equívoco/erro na cobrança era ou não justificável".[78]

---

[78] EAREsp nº 622897/RS. Rel. Min. Herman Benjamin.

Capítulo X
CONTRATOS SUBMETIDOS À DISCIPLINA DO CÓDIGO DO CONSUMIDOR

102 CONCEITO DE CONTRATO DE CONSUMO

Vimos no item 49.1 que a expressão *contrato de consumo*, embora usual no mundo negocial, não indica espécie nova e independente de contrato. Qualquer contrato, civil ou comercial, pode ser de consumo desde que tenha por causa uma **relação de consumo,** entendendo-se como tal a relação jurídica que tem num dos polos um consumidor e no outro um fornecedor de produtos ou serviços, cujos conceitos estão no art. 3º do Código de Defesa do Consumidor.

Pode-se então concluir que *contrato de consumo* é aquele em que figura num dos polos um fornecedor, no outro um consumidor e tem por objeto o fornecimento de produtos e serviços. Ocorre em qualquer área do Direito (civil, empresarial e público), mas, uma vez caracterizada a relação de consumo, fica o contrato também sujeito à disciplina do Código do Consumidor, qualquer que seja a sua espécie.

Vamos nos valer, uma vez mais, da lição sempre lembrada de Claudia Lima Marques:

> "Do exame dos arts. 2º e 3º do CDC, que definem os agentes contratuais, consumidor e fornecedor de produtos ou serviços, podemos concluir que ***as normas do Código estabelecem um novo regime legal para todas as espécies de contratos (exceto os trabalhistas) envolvendo consumidores e fornecedores de bens e serviços***, não importando se existe lei específica para regulá-los (como o contrato de locação), pois as normas de ordem pública (art. 1º) estabelecem parâmetros mínimos de boa-fé e transparência a serem seguidos obrigatoriamente no mercado brasileiro. [...]
>
> São os contratos agora denominados de consumo, sejam eles de compra e venda, de locação, de depósito, de abertura de conta-corrente, de prestação de serviços profissionais, de empréstimo, de financiamento ou de alienação fiduciária, de transporte, de seguro, de seguro-saúde, só para citar os mais comuns".[1]

---

[1] Ob. cit., p. 426-427.

103 O NOVO REGIME DO CDC

Qual o novo regime estabelecido pelo CDC para todos os contratos de consumo? Como consegue abrangê-los em qualquer área do Direito em que ocorrem? Agora poderemos melhor compreender o que dissemos no Capítulo II, quando tratamos do campo de incidência do Código do Consumidor (item 9). Dissemos ali que o legislador utilizou uma avançada técnica legislativa, fazendo do Código do Consumidor uma *lei principiológica*, vale dizer, estruturada em princípios e cláusulas gerais e não em normas tipificadoras de condutas. Criou uma *sobre-estrutura jurídica multidisciplinar, normas de sobredireito*, aplicáveis em todos os ramos do Direito onde ocorrem relações de consumo. Usando de uma figura, costumamos dizer que o CDC fez um corte horizontal em toda a extensão da ordem jurídica, levantou o seu tampão e espargiu a sua disciplina (princípios e cláusulas gerais) por todas as áreas do Direito – público e privado, civil e empresarial, contratual e extracontratual, material e processual – onde ocorrem relações de consumo.

Assim, sem retirar as relações de consumo do campo do Direito onde por natureza se situam (contratuais ou não), sem afastá-las do seu natural *habitat*, o Código do Consumidor irradia sobre todas a sua disciplina, colorindo-as com as suas tintas.

Em outras palavras, o Código do Consumidor aproveitou a estrutura jurídica já existente em todas as áreas do Direito e a ela sobrepôs os seus princípios e cláusulas gerais. Dessa forma a disciplina do CDC alcança todas as relações de consumo onde quer que venham a ocorrer. Os contratos, civis ou empresariais (compra e venda, transportes, seguros etc.), continuam regidos pelas leis e princípios que lhe são pertinentes, conservam as suas características básicas, próprias da sua natureza jurídica, **mas sempre que gerarem relação de consumo ficam também sujeitos à disciplina do CDC**, como, por exemplo, os princípios da boa-fé objetiva, da informação, da transparência, das cláusulas abusivas, da inversão do ônus da prova, e assim por diante.

Importa compreender que as leis especiais, como o Código do Consumidor, integram o sistema desenhado no contexto das leis gerais, sendo em si mesmas insuficientes para a total regência dos institutos que lhe constituem. Não podem, por isso, prescindir do que preceitua o Código Civil, em termos gerais, acerca dos contratos, requisitos de sua validade etc. Dialogam, necessariamente, a lei especial e a geral mediante complementações disciplinadoras de cada instituto, colhidas pela primeira na segunda.

O campo de aplicação do CDC, em matéria contratual, arremata Claudia Lima Marques, "*será vasto e diferenciado, pois a lei estabelece parâmetros tanto para os contratos envolvendo obrigação de dar, de transferir a propriedade ou somente a posse do bem, denominados contratos de fornecimento de produtos, quanto para os contratos envolvendo obrigações de fazer, denominados genericamente de contratos de prestação de serviços*".[2] Enfim, um campo abrangente, difuso, que permeia todas as áreas do Direito.

Relembramos que o campo de aplicação do CDC é tão amplo que hoje todo o operador do direito, do estagiário ao magistrado, antes de decidir qualquer questão jurídica

---

[2] Ob. cit., p. 427.

terá que verificar se está ou não em face de uma relação de consumo. Caracterizada a relação de consumo, terá que aplicar a disciplina do CDC, porque essa é uma lei especial cujas normas são de *ordem pública* e interesse social, isto é, de observância necessária.

Uma vez conhecida a disciplina jurídica estabelecida pelo CDC para todos os *contratos de consumo* e compreendida a sua engenhosa forma de aplicação, torna-se praticamente desnecessária a análise dos contratos que estão submetidos à sua disciplina. **Na prática, como acabamos de ver, estão submetidos ao CDC todos os contratos que geram relação de consumo, qualquer que seja a área do Direito em que ocorram, e a disciplina jurídica a que ficam sujeitos é aquela estabelecida pelos princípios e cláusulas gerais consagrados na lei consumerista.**

Entretanto, nesses mais de 30 anos de vigência do CDC, doutrina e jurisprudência venceram inúmeras barreiras e assentaram o entendimento a respeito de muitas questões, cujo conhecimento muito auxilia os operadores do direito na aplicação do CDC, pelo que torna importante revê-las.

104 CONTRATOS BANCÁRIOS

Começaremos essa revisão pelos contratos bancários, por ser a área em que o CDC sofreu a maior resistência.

O Código do Consumidor, em seu art. 3º, § 2º, incluiu expressamente **a atividade bancária** no conceito de serviço. Tratando-se, como se trata, de conceito legal, desde então não há como excluir os bancos da incidência do Código do Consumidor.

Mesmo assim, baseada nas distinções clássicas feitas pela economia entre consumo, poupança e investimentos, e, ainda, entre produção e consumo, parte da doutrina sustentou que o CDC era inaplicável à maior porção da atividade bancária – empréstimos, financiamentos, poupança, investimentos etc. – porque o dinheiro e o crédito não constituem produtos adquiridos ou usados pelo destinatário final, sendo ao contrário instrumentos ou meios de pagamento, que circulam na sociedade e em relação aos quais não há destinatário final – a não ser os colecionadores de moedas e o Banco Central quando retira a moeda de circulação.[3]

Em sentido contrário, entretanto, a melhor doutrina se posicionou e por mais fortes razões, como veremos a seguir.

Arruda Alvim, ao comentar o conceito de serviço contido no art. 3º, § 2º, do Código de Defesa do Consumidor, assim se posicionou: "*Tal opção de política legislativa revela a preocupação de não se dar azo a divergente exegese, que pudesse vir a excluir do conceito geral atividades de grande movimentação de consumo, como as relacionadas, notadamente os bancos e as seguradoras, sejam públicos ou privados*".[4]

---

[3] Arnoldo Wald, O direito do consumidor e suas repercussões em relação às instituições financeiras, *RT* 666/7-17.
[4] *Código do Consumidor comentado*, 2. ed., Revista dos Tribunais, p. 40.

José Augusto Delgado, professor de Direito Público e Ministro do Superior Tribunal de Justiça, após examinar minuciosamente todos os argumentos da corrente que defendia a inaplicabilidade do Código de Defesa do Consumidor às atividades bancárias, faz a seguinte afirmação:

"Não me permito empregar qualquer interpretação restritiva aos dispositivos legais que compõem o Código de Proteção ao Consumidor, pelo fato de que ele tem por finalidade tornar efetiva uma garantia constitucional. *A expressão natureza bancária, financeira e de crédito, contida no § 2º do art. 3º, não comporta que se afirme referir-se, apenas, a determinadas operações de crédito ao consumido*r. Se a vontade do legislador fosse essa, ele teria explicitamente feito a restrição, que, se existisse, daria ensejo a se analisar da sua ruptura com os ditames da Carta Magna sobre o tema".[5]

Em artigo publicado na *Revista dos Tribunais* – Conceitos fundamentais do Código de Defesa do Consumidor –, Adalberto Pasqualotto colocou com felicidade a questão: "*Embora o dinheiro, em si mesmo não seja objeto de consumo, ao funcionar como elemento de troca, a moeda adquire a natureza de bem de consumo. As operações de crédito ao consumidor são negócios de consumo por conexão, compreendendo-se nessa classificação todos os meios de pagamento em que ocorre diferimento da prestação monetária, como cartões de crédito, cheques-presentes etc.*"[6]

Do mesmo sentir Nelson Nery Junior, um dos autores do anteprojeto:

"O Código de Defesa do Consumidor evidentemente conferiu regime jurídico próprio aos produtos, que chamou de qualquer bem, móvel ou imóvel, material ou imaterial (art. 3º, § 1º), noção muito mais abrangente que a de bem e a de coisa, do Código Civil. O crédito seria um bem imaterial dado ao consumidor em decorrência do conceito que goza na praça, da confiança que o banco nele deposita, em virtude, ainda, da suficiência de seu patrimônio para garantir eventual empréstimo".[7]

Em páginas anteriores, o prestigiado autor aprofunda o tema ao expor:

"Caso o devedor tome dinheiro ou crédito emprestado do banco para repassá-lo, não será destinatário final e portanto não há que se falar em relação de consumo. Como as regras normais de experiência nos dão conta de que, a pessoa física que empresta dinheiro ou toma crédito de banco o faz para sua

---

[5] Interpretação dos contratos regulados pelo Código de Proteção ao Consumidor, *Informativo Jurídico da Biblioteca Ministro Oscar Saraiva*, v. 8, nº 2, p. 109, 1996.
[6] RT 666/53.
[7] *Código Brasileiro de Defesa do Consumidor comentado pelos autores do anteprojeto*, 2. ed., Forense, p. 308.

utilização pessoal, como destinatário final, existe aqui presunção *hominis, juris tantum*, de que se trata de relação de consumo, quer dizer, de que o dinheiro será destinado ao consumo. O ônus de provar o contrário, ou seja, que o dinheiro ou crédito tomado pela pessoa física não foi destinado ao uso final do devedor, é do banco, quer porque se trata de presunção a favor do mutuário ou creditado, quer porque poderá incidir o art. 6º, VIII, do Código de Defesa do Consumidor, com a inversão do ônus da prova a favor do consumidor.

[...]

Já para os devedores pessoa jurídica, a presunção é de que emprestam ou tomam crédito do banco para ser utilizado em sua atividade de produção, isto é, para aplicar em sua linha de produção, montagem, transformação de matéria-prima, aumento de capital de giro, pagamento de fornecedores etc. O ônus da prova de demonstrar que emprestou como destinatário final é da pessoa jurídica que celebrou o contrato de mútuo ou crédito com o banco".[8]

Como se vê, qualquer que seja o ângulo pelo qual se examine a questão – quer como produto, quer como serviço –, não há fundamento jurídico que permita afastar a aplicação do Código do Consumidor das operações bancárias. Os bancos são empresas comerciais que captam recursos no mercado financeiro para os redistribuir em operações de crédito. O produto da atividade bancária é o dinheiro e o crédito conferido ao cliente para ser utilizado no consumo de produtos e serviços. Só não haverá relação de consumo caso o devedor tome o dinheiro para repassá-lo.

Igualmente inconsistente o argumento no sentido de não estarem subordinados à disciplina do Código do Consumidor os depósitos em conta-corrente, CDB e poupança por não receberem os bancos remuneração por esses serviços. Ninguém desconhece que se trata de uma *gratuidade aparente* porque os bancos, ao reaplicarem no mercado financeiro os recursos captados dos poupadores e correntistas, recebem uma remuneração indireta muito superior ao rendimento creditado aos titulares das contas. A toda evidência, a gratuidade a que se refere o conceito de serviço constante do art. 3º, § 2º, do Código de Defesa do Consumidor é a *gratuidade real*, e não a meramente aparente, cujo serviço tem remuneração indireta.

Enfatize-se uma vez mais que em relação a produtos e serviços o Código do Consumidor tem conceitos próprios,[9] normas de interpretação autêntica, vinculativa para o aplicador da lei. Importa dizer que as normas desse diploma legal devem ser interpretadas de acordo com os princípios nele estabelecidos, não se lhes aplicando, automaticamente, a doutrina e jurisprudência forjadas com base em legislação anterior. Deve ser aqui afastada uma das patologias crônicas da hermenêutica brasileira, que é a chamada **interpretação retrospectiva**, pela qual se procura interpretar a nova lei

---

[8] Ob. cit., p. 305-306.
[9] Art. 3º, §§ 1º e 2º.

pela lei velha, de maneira a que ela não inove nada, mas, ao revés, fique tão parecida quanto possível com a antiga.

Tal como a doutrina, a jurisprudência do egrégio Superior Tribunal de Justiça prestigia também a aplicação do Código do Consumidor nas operações bancárias, como se vê deste aresto, da lavra do saudoso Min. Ruy Rosado, dos mais respeitados civilistas que integraram aquela Corte: "*Os bancos, como prestadores de serviços especialmente contemplados no art. 3º, § 2º, estão submetidos às disposições do Código de Defesa do Consumidor. A circunstância de o usuário dispor do bem recebido através da operação bancária, transferindo-o a terceiros, em pagamento de outros bens ou serviços, não o descaracteriza como consumidor dos serviços prestados pelo banco*".[10] Hoje a questão está sumulada no Superior Tribunal de Justiça no Verbete nº 297: "**O Código de Defesa do Consumidor é aplicável às instituições financeiras**".

Como registro histórico deve ficar anotado que a Confederação Nacional do Sistema Financeiro (CONSIF) impetrou junto ao Supremo Tribunal Federal, em dezembro de 2001, a Ação Direta de Inconstitucionalidade nº 2.591. Em apertada síntese, pretendia-se com a prefalada ADIn que não fossem consideradas "relações de consumo" as cadernetas de poupança, os depósitos bancários, os contratos de mútuo, os de utilização de cartões de crédito, os de seguro, os de abertura de crédito e todas as operações bancárias, ativas e passivas, sob a alegação de que o vício de inconstitucionalidade estaria na ofensa ao art. 192 da Carta Magna, visto que a regulação do Sistema Financeiro Nacional seria matéria de lei complementar, e não do Código de Proteção e Defesa do Consumidor, uma lei ordinária.

Inicialmente, houve uma divisão entre os ministros do Supremo Tribunal Federal. Para o Min. Carlos Velloso, o Código do Consumidor não conflitaria com as normas que regulam o Sistema Financeiro, de modo que deveria ser aplicado às atividades bancárias, até porque a Constituição Federal de 1988 privilegiou o princípio da defesa dos consumidores em vários artigos. Ainda pelo seu entendimento, apenas a limitação das taxas de juros em operações bancárias a 12% (doze por cento) ao ano estaria excluída dessa situação, pois se trata de matéria exclusiva do Sistema Financeiro e deve ser regulada por lei complementar, conforme já decidido pelo STF. O Min. Sepúlveda Pertence discordou dessa parte final. Para ele, tal entendimento careceria de base positiva, diante da revogação do § 3º do art. 192 da Constituição Federal, pela Emenda 40 de 2003.

De qualquer modo, para o Min. Velloso, a ADIn deveria ser julgada parcialmente procedente, de maneira que o § 2º do art. 3º do Código de Defesa do Consumidor fosse interpretado conforme a Constituição. Assim, ficaria excluída da incidência da lei consumerista a taxa de juros nas operações bancárias ou sua fixação em 12% ao ano.

Para o Min. Néri da Silveira, que antecipou seu voto, a ação seria improcedente, porque, se não há conflito entre o conteúdo do art. 192 da Constituição Federal, que

---

[10] REsp nº 57.974-0/RS, 4ª Turma.

regula o Sistema Financeiro Nacional e o Código de Defesa do Consumidor, não há que se falar em inconstitucionalidade.

Por sua vez, o Min. Nelson Jobim distinguiu serviços bancários, segundo ele, passíveis de aplicação do Código de Defesa do Consumidor, de operações bancárias, estas reguladas pelo Sistema Financeiro Nacional e, portanto, não sujeitas à aplicação da lei em questão. Classificou sua distinção da seguinte forma. Operações financeiras: não constituem uma relação de consumo, porque são todas aquelas que têm como finalidade o giro de capital. Exemplo: depósitos, financiamentos, taxa de juros e empréstimos são atividades típicas do Sistema Financeiro Nacional e gozam ou causam impacto sobre a economia do país justamente por integrarem a política monetária, definida, por sua vez, por uma política de governo.

Já os serviços bancários, independentemente de estarem ou não sob a cobrança de tarifas, deveriam ser regidos pelo regime jurídico estabelecido no Código de Defesa do Consumidor. Como exemplos, têm-se a emissão de talões de cheques, consultas em terminais de atendimento, acesso às agências bancárias, tempo de espera nas filas, consulta de saldos e extratos, aquisição de seguros e outros serviços "corriqueiros".

Concluiu o Min. Jobim que, se a taxa de juros deve estar atrelada à política monetária, a aplicação do Código do Consumidor prejudica a economia e, consequentemente, a sociedade, e reduziria os níveis de investimentos de forma drástica.

Para o Min. Eros Grau, não haveria dúvidas de que a relação entre banco e cliente é, nitidamente, uma relação de consumo. Mesmo não acolhendo a distinção realizada por Nelson Jobim, entendeu que o Banco Central deve continuar a exercer o controle e revisão de eventual abusividade, onerosidade excessiva e outras distorções na composição contratual da taxa de juros.

O Min. Joaquim Barbosa também entendeu pela improcedência da demanda. Crê não haver inconstitucionalidade a ser pronunciada no § 2º do art. 3º do Código de Defesa do Consumidor, pois são normas plenamente aplicáveis a todas as relações de consumo, inclusive aos serviços prestados pelas entidades do sistema financeiro. Na mesma linha, seguiram os Ministros Carlos Ayres Britto, Sepúlveda Pertence, Cezar Peluso, Ellen Gracie, Marco Aurélio de Mello e Celso de Mello.

O resultado final, dez votos a um pela improcedência da ação, resulta, sem dúvida, numa decisão que protege o objetivo traçado pelo constituinte, quando da elaboração do teor da Carta Magna, consubstanciada na proteção do bem comum da sociedade brasileira. Principalmente, com a sobreposição deste quando confrontado com os interesses das poderosas instituições financeiras, grupo este economicamente dominante.

Inquestionavelmente, os bancos desempenham importantíssimo papel social e econômico. O crédito está na base do desenvolvimento e da sustentação contemporâneos, e as instituições financeiras, nesse cenário, são indispensáveis para o atendimento das necessidades dos consumidores. Prova disso é a **Crise Financeira Global** que se agravou em 2008 em todos os países do mundo. E a crise teve início na quebradeira dos bancos a partir dos Estados Unidos (EUA). Bilhões de dólares foram injetados na economia pelas grandes potências econômicas, em socorro das instituições financeiras.

No Reino Unido, o Governo divulgou um plano estimado em 724 bilhões de dólares; os Estados Unidos injetaram 300 bilhões de dólares em 350 instituições financeiras do país; a França 6,3 bilhões de dólares, e assim por diante.[11]

A crise financeira dos bancos, que gerou a crise financeira global, afetou profundamente o consumidor. Embora ainda não existam dados suficientes para dimensionar o impacto generalizado da crise, as Nações Unidas já fizeram algumas projeções que apontam para o ingresso, em 2009, de 55 milhões a 90 milhões de pessoas no nível de extrema pobreza, vivendo com menos de 1,25 dólar por dia, ou seja, 2,44 reais. A crise financeira veio acompanhada de um aumento generalizado dos preços dos alimentos.

O que mais impressiona em tudo isso, entretanto, é que em apenas um ano os bancos e as instituições financeiras receberam 18 trilhões de dólares de socorro, enquanto os países em desenvolvimento receberam em 49 anos o equivalente a 2 trilhões em doações feitas pelos países ricos. Os bancos receberam 10 vezes mais que os países pobres.

Os dados são da ONU e foram divulgados em junho de 2009, em Nova York, durante a Conferência Econômica das Nações Unidas.[12]

É exatamente em razão desse relevantíssimo papel social e econômico que os bancos desempenham numa sociedade desigual como a brasileira, onde o fornecimento de crédito é indispensável até mesmo para a satisfação de necessidades primárias para a larga maioria da população, que a atividade bancária tem que ser controlada para impedir os abusos.

Superendividamento e concessão de crédito

O superendividamento mereceu justa e oportuna tutela na chamada **Lei do Superendividamento**.[13]

A doutrina distingue o superendividamento ativo do passivo. **Ativo** é o superendividamento causado pelo abuso de crédito, seja por má-fé, seja por desorganização ou má administração do orçamento pessoal ou familiar. **Passivo** é o superendividamento decorrente de um acidente da vida, como doença, desemprego, redução de ganhos, aumento da família etc.

Superendividamento, portanto, não é sinônimo de endividamento desregrado, tampouco o motivado por um consumismo irresponsável. Aliás, a própria Lei nº 14.181 o define no seu art. 54-A, § 1º: "*Entende-se por superendividamento a impossibilidade manifesta de o consumidor pessoa natural, de boa-fé, pagar a totalidade de suas dívidas de consumo, exigíveis e vincendas, sem comprometer seu mínimo existencial, nos termos da regulamentação*". O § 3º, do mesmo dispositivo, exclui expressamente do conceito de superendividamento as dívidas contraídas mediante fraude ou má-fé, ou que decorram da aquisição ou contratação de produtos e serviços de luxo de alto valor.

---

[11] *O Globo*, 24/2/2009.
[12] *O Globo*, 6/7/2009.
[13] Lei nº 14.181, de 01 de julho de 2021.

Depreende-se claramente do exposto que o objetivo da Lei do Superendividamento é tutelar o consumidor comprometido com o dever jurídico de adotar um comportamento de prudência ao contrair dívidas, buscando abster-se de compromissos além da sua capacidade de pagamento.

Por outro lado, a lei impõe ao fornecedor de crédito o dever jurídico de não fornecer créditos irresponsáveis, assim entendidos aqueles que, mediante exame prévio do caso, não são factivelmente pagáveis pelo devedor. Há indiscutível conexão entre esse dever jurídico do fornecedor de crédito e o dever de boa-fé, que exige comportamento ético de todos os atores do mundo financeiro.

Em suma, a lei prestigia o chamado **crédito responsável**, exigindo do consumidor/devedor um comportamento prudente, em consonância com a boa-fé objetiva, ao assumir dívidas, para evitar futura inadimplência, e do fornecedor de crédito uma conduta séria, economicamente equilibrada, adequada a não estimular o endividamento imprudente. Assim, o conceito de crédito responsável está atrelado ao conceito de *essencialidade*, que, por sua vez, tem como pedra fundamental a preocupação com o ***mínimo existencial***, pelo que não alcança situações em que esse mínimo existencial está a salvo.

Não por outra razão, a Lei do Superendividamento adicionou ao art. 4º do CDC os incisos IX e X, *referentes à educação financeira dos consumidores e a prevenção e tratamento ao superendividamento*, como princípios que devem regrar as relações de consumo.

De igual forma, foram acrescidos ao art. 6º do CDC, que trata dos direitos básicos do consumidor, os incisos *XI, que trata de crédito responsável, educação financeira, prevenção e tratamento ao superendividado, preservando o mínimo existencial, por meio de recuperação de dívidas; o XII, que dispõe sobre prevenção do mínimo existencial na repactuação de dívidas; e o XIII, que trata da informação do preço dos produtos por unidade e medida.*

Por sua vez, o novo art. 54-B estabeleceu novas obrigações para o fornecedor na concessão de crédito ou na venda a prazo, entre as quais: *I – Informar o custo efetivo total; II – Informar os juros mensais, de mora e os encargos para atraso; III – Informar o montante das prestações e o prazo da oferta.*

105 A POSIÇÃO DO SUPERIOR TRIBUNAL DE JUSTIÇA SOBRE VÁRIAS QUESTÕES

Veremos a seguir a posição do Superior Tribunal de Justiça, a quem cabe a palavra final, sobre várias questões nos contratos bancários.

a) Contrato de financiamento. Aplica-se o CDC se o empréstimo é tomado por consumidor final; não quando o empréstimo é feito por empresa para aplicar no seu negócio ou capital de giro. "*O serviço de crédito tomado pela pessoa física em questão (sociedade empresária) junto à instituição financeira foi, de certo modo, utilizado no fomento de sua atividade empresarial, no desenvolvimento de sua atividade lucrativa, de forma que a circulação econômica não se encerrou em sua mãos, não se caracterizando como destinatária econômica final do bem ou serviço adquirido. Por isso, não há, no caso, relação de consumo entre as partes (teoria finalista ou subjetiva), o que afasta a aplicação* do CDC. Desse modo, a cláusula de eleição de foro posta no contrato de financiamento não pode ser abusiva, porquanto inexiste qualquer circunstância que evidencie a situação de hipossuficiência da autora, a dificultar a propositura da ação no foro eleito".[14]

b) Empréstimo bancário com desconto em folha de pagamento. Após obterem empréstimos junto a instituições financeiras, mediante desconto em folha das parcelas mensais destinadas ao pagamento do mútuo, inúmeros tomadores do financiamento entraram com ações judiciais objetivando a interrupção do desconto ao argumento de se tratar de cláusula abusiva e serem impenhoráveis os salários e vencimentos. A questão chegou ao STJ que, por maioria de votos, assim decidiu:

> "Civil. Contrato de auxílio financeiro. Desconto em folha de pagamento. Cláusula inerente à espécie contratual. Inocorrência de abusividade. Penhora sobre remuneração não configurada. Supressão unilateral da cláusula de consignação pelo devedor. Impossibilidade.
>
> *I.* É válida a cláusula que autoriza o desconto, na folha de pagamento do empregado ou servidor, da prestação do empréstimo contratado, a qual não pode ser suprimida por vontade unilateral do devedor, eis que da essência da avença celebrada em condições de juros e prazo vantajosos para o mutuário.
>
> *II.* Recurso especial conhecido e provido".[15]

Na fundamentação do voto, o Ministro Relator fez as judiciosas considerações que seguem:

> "Não se cuida, absolutamente, de cláusula abusiva. Na verdade, a consignação em folha é da própria essência do contrato celebrado. É a ele inerente, porque não representa, apenas, uma mera forma de pagamento, mas a garantia do credor de que haverá o automático adimplemento obrigacional por parte do tomador do mútuo, permitindo a concessão do empréstimo com menor margem de risco, o que, concretamente, também favorece o financiado, seja por dispensar outras garantias, como aval, seja por proporcionar, exatamente pela mesma segurança da avença, uma redução substancial na taxa de juros e prazos mais longos, tornando significativamente menos oneroso o financiamento.
>
> A penhora de renda é vedada no art. 649, IV, do CPC, por não ter com ela anuído o devedor, que se vê, de inopino, com sua remuneração ceifada para satisfação de um crédito objeto de execução judicial. É algo que lhe é imposto por coação, sem preestabelecimento e previsão, portanto, de compatibilidade com o seu orçamento, daí a proibição legal para tanto, situação diversa dos autos.
>
> No julgamento do REsp 533.719/RS, consignei em despacho monocrático, como relator, que: 'Por fim, relativamente ao desconto em folha de pagamen-

---

[14] Precedentes citados: CC 39.666/SP, REsp nº 541.867/BA, AgRg no REsp nº 927.911/RS e REsp nº 827.318/RS, CC nº 92.519/SP, Rel. Min. Fernando Gonçalves.
[15] STJ, REsp nº 728.563/RS, 2ª Seção, Rel. Min. Aldir Passarinho Junior.

to, com razão igualmente o recorrente, eis que não se cuida de penhora de vencimentos de funcionário público, pois não se está diante de processo de execução, de natureza forçada e constritiva, mas de mero exercício de livre disposição contratual, comum em operações dessa natureza, quando em geral oferecidas taxas inferiores à média de mercado' (*DJU* de 18.6.2004).

(...)

O que me parece não ter cabimento é alguém obter um financiamento a taxas mais favorecidas, justamente porque optou por uma modalidade de consignação em folha de pagamento, o que ainda o dispensou de apresentação de garantia suplementar e ainda obtendo prazo mais elástico, com redução de cada parcela, e, em seguida, sob alegação de expropriação abusiva, excluir a cláusula, o que denota, inclusive, o nítido propósito de inadimplir a obrigação, porquanto se assim não for, então qual a razão para alijar a consignação? Tenho, portanto, que se cuida de hipótese inteiramente distinta da penhora de renda (...)".

c) **Juros e Comissão de permanência.** A jurisprudência pacificou-se em relação aos juros cobrados pelas instituições financeiras, sobretudo após a Emenda Constitucional nº 40/2003, que deu nova redação ao art. 192 da CF/88, de modo a suprimir a referência à limitação de seus quantitativos. Acompanhando a evolução jurisprudencial da matéria, fica claro, em relação aos juros, que efetivamente não podem ser limitados segundo taxas idealizadas.

Consoante orientação do Supremo Tribunal Federal, estabelecida em notória ação declaratória direta de inconstitucionalidade (ADIn nº 4), não era autoaplicável, dependendo de regulamentação, o art. 192, § 3º, da Constituição Federal, que limitava os juros remuneratórios ao máximo de 12% ao ano, o que veio a ser corroborado pela Emenda Constitucional nº 40/2003, que suprimiu do Texto Fundamental a referência à limitação. Às empresas que integram o Sistema Financeiro Nacional é permitida a cobrança de juros a taxas superiores, ao que também estabeleceu a Excelsa Corte no verbete nº 596 de sua Súmula, *verbis*: "*As disposições do Decreto nº 22.626/33 (Lei da Usura) não se aplicam às taxas de juros e aos outros encargos cobrados nas operações realizadas por instituições públicas ou privadas, que integram o sistema financeiro nacional*".

No Superior Tribunal de Justiça, a jurisprudência firmou-se no mesmo sentido.[16] Todas as relações creditícias realizadas pelo banco, na qualidade de prestador de serviços destinados ao consumidor final, submetem-se ao CDC, à exceção da taxa de juros, que é regida por legislação específica. Sobre o tema:

> "Ação de revisão. Embargos à execução. Contrato de abertura de crédito. Juros. Correção monetária. Capitalização. Comissão de permanência. Multa. Precedentes.

---

[16] REsp nº 213825-RS.

1. O contrato de abertura de crédito não é hábil para ensejar a execução, não gozando a nota promissória vinculada de autonomia em razão da iliquidez do título que a originou, nos termos das Súmulas nos 233 e 258 da Corte. 2. *O Código de Defesa do Consumidor, como assentado em precedentes da Corte, aplica-se em contratos da espécie sob julgamento*. 3. Havendo pacto, admite a jurisprudência da Corte a utilização da TR como índice de correção monetária. 4. A Lei nº 9.298/96 não se aplica aos contratos anteriores, de acordo com inúmeros precedentes da Corte. 5. *Os juros remuneratórios contratados são aplicados, não demonstrada, efetivamente, a eventual abusividade*. 6. A comissão de permanência, para o período de inadimplência, é cabível, não cumulada com a correção monetária, nos termos da Súmula nº 30 da Corte, nem com juros remuneratórios, calculada pela taxa média dos juros de mercado, apurada pelo Banco Central do Brasil, não podendo ultrapassar a taxa do contrato. 7. Recurso especial conhecido e provido, em parte".[17]

"Direito Comercial. Empréstimo Bancário. Juros Remuneratórios. Os negócios bancários estão sujeitos ao Código de Defesa do Consumidor, inclusive quanto aos juros remuneratórios; a abusividade destes, todavia, só pode ser declarada, caso a caso, à vista de taxa que comprovadamente discrepe, de modo substancial, da média do mercado na praça do empréstimo, salvo se justificada pelo risco da operação. Recurso especial conhecido e provido".[18]

Quanto à forma de cálculo dos juros, havia repúdio ao chamado anatocismo, declarado no verbete nº 121 da Súmula do STF: "*É vedada a capitalização de juros ainda que expressamente convencionada*", inclusive às sociedades integrantes do sistema financeiro, nos termos da Lei da Usura, que consubstancia norma de ordem pública, insuscetível de afastamento pela vontade dos contraentes.

Todavia, a Medida Provisória nº 2.170-36, de 23 de agosto de 2001, que consolidou inúmeras versões precedentes desde março de 2000, no seu art. 5º estabeleceu a **admissibilidade de capitalização de juros** com periodicidade inferior a um ano: "*Nas operações realizadas por instituições integrantes do Sistema Financeiro Nacional, é admissível a capitalização de juros com periodicidade inferior a um ano*". Essa Medida Provisória permanece eficaz por força da Emenda Constitucional nº 32, de setembro de 2002, cujo art. 2º dispõe que *continuam em vigor as medidas provisórias editadas em data anterior à publicação da Emenda*, "*até que medida provisória ulterior as revogue explicitamente ou até deliberação definitiva do Congresso Nacional*". Por fim, a Súmula nº 539 do Superior Tribunal de Justiça (*DJe* 15/5/2015): "*É permitida a capitalização de juros

---

[17] REsp nº 271214/RS, 2ª Seção, Rel. Min. Ari Pargendler, Rel. p/ Acórdão Min. Carlos Alberto Menezes Direito, julgado em 12/3/2003, *DJ* 4/8/2003, p. 216.
[18] REsp nº 420111/RS, 2ª Seção, Rel. Min. Antônio de Pádua Ribeiro, Rel. p/ Acórdão Min. Ari Pargendler, julgado em 12/3/2003, *DJ* 6/10/2003, p. 202.

com periodicidade inferior à anual em contratos celebrados com instituições integrantes do Sistema Financeiro Nacional a partir de 31/3/2000 (MP n. 1.963-17/2000, reeditada como MP n. 2.170-36/2001), desde que expressamente pactuada".

A **comissão de permanência** é devida se prevista no contrato, não cumulada, entretanto, com juros ou correção monetária, observados os Enunciados n°s 30, 294, 296 e 472 da Súmula do Superior Tribunal de Justiça – *"A comissão de permanência e a correção monetária são inacumuláveis"; "Não é potestativa a cláusula contratual que prevê a comissão de permanência, calculada pela taxa média de mercado apurada pelo Banco Central, limitada à taxa do contrato"; "Os juros remuneratórios, não cumuláveis com a comissão de permanência, são devidos no período de inadimplência, à taxa média de mercado estipulada pelo Banco Central do Brasil, limitada ao percentual contratado"; "A cobrança de comissão de permanência – cujo valor não pode ultrapassar a soma dos encargos remuneratórios e moratórios previstos no contrato – exclui a exigibilidade dos juros remuneratórios, moratórios e da multa contratual".*

d) Cláusulas abusivas

A Segunda Seção do Superior Tribunal de Justiça (STJ) aprovou a Súmula n° 381, que trata de contratos bancários. O projeto foi apresentado pelo ministro Fernando Gonçalves e tem o seguinte texto: *"Nos contratos bancários, é vedado ao julgador conhecer, de ofício, da abusividade das cláusulas".* Com ela, fica definido que um suposto abuso em contratos bancários deve ser demonstrado cabalmente, não sendo possível que o julgador reconheça a irregularidade por iniciativa própria.

A súmula teve como referência os arts. 543-C do Código de Processo Civil (art. 1.036 do CPC/2015) e 51 do Código de Defesa do Consumidor (CDC). O primeiro trata dos processos repetitivos no STJ. Já o art. 51 do CDC define as cláusulas abusivas em contratos como aquelas que liberam os fornecedores de responsabilidade em caso de defeito ou vício na mercadoria ou serviço. Também é previsto que a cláusula é nula se houver desrespeito a leis ou princípios básicos do Direito.

e) Violação do sistema eletrônico

Os bancos modernizaram os seus sistemas de depósitos, saques, pagamentos, transferência de valores etc. para acompanharem o progresso decorrente da *Internet*. A maior parte dos serviços que prestam são agora realizados pelo sistema eletrônico, mais rápido, cômodo e econômico. Mas quem responde pelos eventuais riscos desse desenvolvimento? A quem devem ser atribuídas as consequências das fraudes eletrônicas, ação dos *hackers*, saques e transferência de numerário com senha falsa, e assim por diante?

Os bancos muito se esforçaram para transferir ao consumidor ou usuários as consequências desses riscos, mas sem base jurídica. Incide, aqui, a teoria do risco do empreendimento, segundo a qual todo aquele que se disponha a exercer alguma atividade no mercado de consumo tem o dever de responder pelos eventuais vícios ou defeitos dos bens e serviços fornecidos, independentemente de culpa. Este dever é imanente ao dever de obediência às normas técnicas e de segurança, bem como aos critérios de lealdade, quer perante os bens e serviços ofertados, quer perante os destinatários dessas ofertas. A responsabilidade decorre do simples fato de dispor-se alguém a realizar atividade de produzir, estocar, distribuir e comercializar produtos ou executar determinados serviços. O fornecedor passa a ser o garante dos produtos e serviços que oferece no mercado de consumo, respondendo pela qualidade e segurança deles.

O consumidor não pode assumir os riscos das relações de consumo, não pode arcar com os prejuízos decorrentes dos acidentes de consumo, ou ficar sem indenização. Tal como ocorre na responsabilidade do Estado, os riscos devem ser socializados, repartidos entre todos, já que os benefícios são também para todos. E cabe ao fornecedor, através dos mecanismos de preço, proceder a essa repartição de custos sociais dos danos. É a *justiça distributiva*, que reparte equitativamente os riscos inerentes à sociedade de consumo entre todos, através dos mecanismos de preços, repita-se, e dos seguros sociais, evitando, assim, despejar esses enormes riscos nos ombros do consumidor individual.

Inaplicável aqui a excludente do *caso fortuito* por se tratar de típica hipótese de **fortuito interno** – fato imprevisível, e, por isso, inevitável, mas que se liga à organização da empresa, integra os riscos da atividade desenvolvida pelo fornecedor. Destarte, a responsabilidade é do banco, quer haja relação de consumo (art. 14 do CDC), quer não (art. 927, parágrafo único, do Código Civil). O banco só não responderá por esses riscos se provar, ônus seu, que o evento decorreu de fato exclusivo da vítima, *v.g.*, fornecer indevidamente senha a terceiros etc.[19]

Cai como luva neste ponto a lição da sempre lembrada Claudia Lima Marques: "*Assim, se o profissional coloca máquina, telefone ou senha à disposição do consumidor para que realize saques e afirme de forma verossímil que não os realizou, a prova de quem realizou tais saques deve ser imputada ao profissional que lucrou com esta forma de negociação ou de execução automática ou em seu âmbito de controle interno: cujus commodum, ejus periculum! Em outras palavras, este é o seu risco profissional e deve organizar-se para poder comprovar quem realizou a retirada ou o telefonema. Exigir uma prova negativa do consumidor é imputar a este pagar duas vezes pelo lucro do fornecedor com atividade de risco, no preço pago e no dano sofrido*".[20]

Síntese valiosa da doutrina e da evolução da jurisprudência do STJ sobre a incidência do Código do Consumidor na atividade bancária encontra-se no REsp nº 1.199.782/PR, Rel. Min. Luis Felipe Salomão, julgado pela Segunda Seção na sistemática do art. 543-C do CPC (art. 1.036 do CPC/2015), cuja leitura integral do voto se recomenda.

"Recurso especial representativo de controvérsia. Julgamento pela sistemática do art. 543-C do CPC (1.036 do NCPC). Responsabilidade civil. Instituições

---

[19] CDC, art. 14, § 3º.
[20] *Manual*, ob. cit., p. 62.

bancárias. Danos causados por fraudes e delitos praticados por terceiros. Responsabilidade objetiva. Fortuito interno. Risco do empreendimento.

Para efeitos do art. 543-C do CPC: as instituições bancárias respondem objetivamente pelos danos causados por fraudes ou delitos praticados por terceiros – como, por exemplo, abertura de conta-corrente ou recebimento de empréstimos mediante fraude ou utilização de documentos falsos –, porquanto tal responsabilidade decorre do risco do empreendimento, caracterizando-se como fortuito interno.

Ficou decidido que, no tocante à culpa exclusiva de terceiros, somente é considerada apta a elidir a responsabilidade objetiva do fornecedor a espécie do gênero fortuito externo, ou seja, aquele fato que não guarda relação de causalidade com a atividade do fornecedor, sendo absolutamente estranho ao produto ou serviço.

Ao revés, o caso fortuito interno, conquanto também possa ser caracterizado pela imprevisibilidade e inevitabilidade, decorre do próprio risco do empreendimento, não excluindo, portanto, a responsabilidade do fornecedor por fazer parte de sua atividade."

Inquestionável o entendimento firmado no acórdão porque a fraude não é perpetrada contra o correntista, mas contra o banco, a quem pertence o dinheiro indevidamente sacado. O sistema eletrônico violado é também do banco, a ele cabendo arrostar os riscos do seu empreendimento. Se o sistema não ofereceu a segurança legitimamente esperada, ao banco cabe responder pelo defeito. No caso, por se tratar de fato do serviço, a inversão do ônus da prova quanto ao defeito é *ope legis* (§ 3º do art. 14 do CDC). O banco só não responderá por esses riscos se provar, ônus seu, que o evento decorreu de fato exclusivo da vítima.

Finalmente, a Segunda Seção do STJ editou a Súmula nº 479 com o seguinte teor: "*As instituições financeiras respondem objetivamente pelos danos gerados por fortuito interno relativo a fraudes e delitos praticados por terceiros no âmbito de operações bancárias*".

106 CARTÃO DE CRÉDITO

Criação relativamente recente do Direito Consuetudinário, o cartão de crédito constitui poderoso instrumento na política da economia popular. A sua função primordial, como ninguém desconhece, está em ser meio de expansão do crédito. Participa da dinâmica da vida comercial, confere ao titular relativa liberdade de ação e permite usar do financiamento nas compras de bens e utilização de serviços.

O "dinheiro de plástico" tornou-se a forma preferida de pagamento da nova economia. A cada segundo, 400 brasileiros fazem algum tipo de transação econômica com cartão de crédito ou débito. Ao ano, o total movimentado atinge nada menos que 1,3 trilhão de reais. Estima-se que os cartões deverão superar o dinheiro vivo como principal meio de pagamento até 2027. Os cheques, que vinte anos atrás eram responsáveis por metade das operações feitas em reais na economia, agora não representam mais do que 1%.

No sistema de funcionamento dos cartões de crédito atuam **cinco figuras distintas:** a Sociedade Titular da Bandeira (Marca), a Credenciadora ou Adquirente, o Emissor do Cartão, o Titular do Cartão e o Vendedor – empresa filiada à rede de fornecedores.

I. Sociedade Titular da Bandeira é a detentora da Marca e, como tal, licencia o seu uso, define as regras e padrões para a sua utilização, tornando viável o sistema de funcionamento dos cartões de crédito. Sua receita advém de tarifas de utilização da marca pelos emissores de cartões.

II. Credenciadora ou Adquirente é a pessoa jurídica que credencia estabelecimentos comerciais para aceitação dos cartões como meios eletrônicos de pagamento na aquisição de bens e serviços e que disponibilizam soluções tecnológicas e meios de conexão aos sistemas de captura e liquidação das transações efetuadas por meio dos cartões. Exemplos: Cielo, Rede e outras.

III. Emissor é o administrador do cartão de crédito, **em regra entidade financeira – bancos, instituições de crédito etc.** –, pessoa jurídica responsável pela relação com o titular do cartão e o estabelecimento comercial para que entre eles se realizem operações de compra e venda ou prestação de serviços. Credencia o titular a utilizar o cartão, concede-lhe crédito, estabelece o seu limite ou saldo em conta-corrente, fixa a anuidade e os encargos financeiros, comprometendo-se a pagar as dívidas por ele contraídas. O Banco Central do Brasil, regulador dos meios de pagamento eletrônicos, definiu o **Emissor** como "*entidade responsável pela relação com o portador do cartão de pagamento, quanto à habilitação, identificação e autorização, à liberação de limite de crédito ou saldo em conta-corrente, à fixação de encargos financeiros, à cobrança de fatura e à definição de programas de benefícios*".[21]

IV. Titular do Cartão é a pessoa física ou jurídica que contrata com o Emissor do Cartão, obrigando-se a pagar-lhe uma certa importância anual (anuidade) a título de contraprestação pelo credenciamento que este lhe faz. O crédito concedido pelo emissor deve ser utilizado por intermédio dos fornecedores. Assim, o contrato feito pelo emissor com o titular encerra uma prestação de serviços (credenciamento junto a uma rede de fornecedores) e uma abertura de crédito, com a cláusula de que as despesas dentro dessa abertura de crédito deverão ser feitas junto aos estabelecimentos filiados.

V. Vendedor ou estabelecimento comercial: empresas filiadas à rede de fornecedores (comércio varejista em geral, prestadores de serviços, atacadistas, entre outros) e as pessoas físicas prestadoras de serviços. Entre o emissor e o vendedor há um contrato chamado de *filiação*, em virtude do qual o primeiro se obriga a pagar ao segundo as despesas feitas pelo titular do cartão. Enquanto na compra e venda tradicional quem

---

[21] Disponível em: <https://www.bcb.gov.br/content/estabilidadefinanceira/Documents/sistema_pagamentos_brasileiro/Publicacoes_SPB/Relatorio_Cartoes.pdf>.

compra deve pagar ao vendedor, naquela que é feita por meio do cartão de crédito quem paga é o emissor para depois receber o que pagou do titular do cartão. Naturalmente, nessa intermediação o emissor aufere lucros – um percentual sobre o valor do negócio realizado –, mas assume também pesadas obrigações, entre as quais os riscos da *operação*. O vendedor, por seu turno, assume a obrigação de aceitar o cartão sem acréscimo nos preços dos produtos ou serviços, de manter em seu estabelecimento cartazes ou distintivos informadores dos portadores de cartões, e ainda a de verificar a autenticidade da assinatura ou senha do comprador, que deve coincidir com a do cartão. Se porventura houver má utilização do mesmo, o emissor poderá se negar a pagar à fornecedora o preço da coisa vendida ao portador do cartão.

Disso decorre que o contrato de cartão de crédito não pode ser considerado acessório ao pacto de compra e venda, a não ser no sentido mais lato do vocábulo, de servir como instrumento para a realização do negócio. Na verdade, são pactos autônomos, **com fornecedores de serviços diversos (compra e venda e financeiro) e cláusulas diferentes e incomunicáveis.**

A circunstância de se valer o consumidor do cartão de crédito para adquirir produtos e serviços, o que também é do interesse da empresa vendedora, por aumentar a possibilidade de meios de pagamento e, portanto, de negócios, não importa, de forma alguma, em vínculo umbilical entre o contrato de cartão de crédito e o contrato de compra e venda. O consumidor dispõe de diversos outros meios de pagamento, e, portanto, não depende apenas de determinado cartão para efetuar compras sendo, ademais, diversas as bandeiras de cartão aceitas como meio de pagamento.

No pacto entre o consumidor e a operadora de cartão não se pode cogitar de desequilíbrio contratual, uma vez que a cobrança de encargos moratórios é contrapartida contratual e legalmente prevista diante da mora do consumidor, que obteve o crédito de forma fácil e desembaraçada, sem prestar garantia adicional alguma além da promessa de pagar no prazo acertado.

Em face desse quadro fático resulta induvidoso que as empresas de cartão de crédito (emissor) são prestadoras de serviços não só ao titular do cartão, pelo credenciamento e abertura de crédito, como também ao fornecedor (vendedor) pelo agenciamento de fregueses. Embora não exista lei específica disciplinando a atividade econômica exercida pelas empresas de cartão de crédito, estão elas enquadradas no Código de Defesa do Consumidor no que diz respeito aos limites das cláusulas do contrato que celebram com o titular do cartão, bem como no pertinente à natureza da sua responsabilidade.

Com efeito, além do conceito abrangente de serviço inserto no art. 3º, § 2º, do Código de Defesa do Consumidor – *"serviço é qualquer atividade remunerada fornecida no mercado de consumo, salvo a decorrente de relação trabalhista"* –, o Código fez questão de nele incluir, expressamente, a ***atividade de crédito***, na qual se enquadra, como já demonstrado, a atividade da empresa emissora do cartão de crédito.

Nesse sentido a precisa lição do insigne Nelson Nery Jr., já outras vezes citado: *"Quanto aos contratos de financiamento de bens duráveis ao consumidor, não há* dificuldade para considerá-los como contratos de consumo, já que o seu objeto é emprestar dinheiro ao consumidor para que possa adquirir produto ou serviço no mercado de consumo, como destinatário final. Relativamente ao **contrato de cartão de crédito**, ocorre o mesmo fenômeno: **o banco ou a empresa administradora do cartão** confere crédito ao consumidor para que possa adquirir produtos ou se utilizar de serviços, pagando a respectiva fatura em dia determinado para o vencimento da prestação. A finalidade é de celebrar relação jurídica de consumo, portanto".[22]

Como fornecedoras de serviços, as empresas de cartão de crédito respondem, independentemente da existência de culpa, pela reparação dos danos causados aos consumidores por defeitos relativos à prestação dos serviços, consoante art. 14 do Código do Consumidor. Os riscos do fornecimento de produtos e serviços correm por conta do fornecedor e não do consumidor. O fornecedor só afasta a sua responsabilidade se provar (ônus seu) a ocorrência de uma das causas que excluem o próprio nexo causal, enunciadas no § 3º do art. 14 do Código de Defesa do Consumidor: inexistência do defeito e culpa exclusiva do consumidor ou de terceiro.

O mesmo se diga com relação à falta de cautela das lojas vendedoras. O titular do cartão não pode responder pelo fato culposo dos estabelecimentos comerciais filiados ao sistema por não ter com eles nenhum vínculo contratual; nessa esfera o vínculo é com o próprio emissor do cartão, perante quem deve o estabelecimento responder pela sua falta de cautela. Em suma, o risco de aceitar o cartão sem a necessária cautela é do vendedor. Se acaba vendendo mercadoria a quem não é o legítimo portador do cartão, torna-se vítima de um estelionato, cujos prejuízos deve suportar. Não há que se falar no caso em compra e venda, mas em crime. Nesse caso, pode o emissor do cartão, como já vimos, negar-se a pagar a dívida alegando a má utilização do cartão. Se não obstante essa exceção, prefere assumir a dívida por conveniência do seu negócio, não pode depois transferir o seu prejuízo para o titular do cartão, que não tem nenhum vínculo com o estabelecimento comercial filiado ao sistema de cartão de crédito.

Os mesmos princípios devem ser aplicados nos casos de compras fraudulentas e saques criminosos em caixas eletrônicos, realizados por quadrilhas especializadas em falsificações e desvio de cartões de crédito ou eletrônicos. No regime do Código de Defesa do Consumidor os riscos do negócio correm por conta do empreendedor – os bancos que exploram esse tipo de negócio – que, como vítimas do ilícito, devem suportar os prejuízos. De sorte que, constatada a fraude, o consumidor – titular da conta ou cartão – sequer deve ser molestado com qualquer tipo de cobrança.

Outra conclusão que se tira do exame da atividade dos agentes que atuam no sistema de funcionamento do cartão de crédito, é que, não obstante considerado serviço prestado por cadeia de fornecimento, é possível estabelecer a atividade realizada por cada fornecedor integrante da cadeia, onde começa e termina a atuação de cada um,

---

[22] *Código Brasileiro de Defesa do Consumidor comentado pelos autores do anteprojeto*, 2. ed., Forense, p. 307.

de modo a precisar o **momento em que ocorreu o defeito do serviço causador do dano e quem lhe deu causa**. Constata-se também que nesse sistema o papel principal cabe ao **Emissor ou Administrador do Cartão**, pois é ele que escolhe e credencia o titular do cartão, abre-lhe o crédito, paga as suas despesas, estabelece a rede de fornecedores. É o emissor do cartão que impulsiona o sistema, de sorte que o sucesso do empreendimento depende em grande parte de sua atuação.

Consequentemente, é o **Emissor ou Administrador do Cartão – banco, financeira etc.** – que deve responder pelos defeitos do serviço relacionados aos dados pessoais dos usuários dos cartões, às transações por eles realizadas com a rede de fornecedores, à emissão do cartão, aprovação e concessão de crédito ao titular do cartão, fixação de taxas de juros, valor da anuidade, compras realizadas com o cartão, eventual estorno de transações, bloqueio de cartões etc. Essas e outras tantas operações são geridas pelo Administrador do Cartão; defeitos que eventualmente ocorrem nessas operações são da responsabilidade do Emissor do Cartão e não da Entidade Titular da Bandeira, pela simples razão de não lhes ter dado causa nem concorrido para tal. Tais defeitos ocorrem em momento posterior à atuação da entidade titular da bandeira e em serviços que não foram prestados por ela.

Com efeito, a relação jurídica contratual (empresarial) da Sociedade Titular da Bandeira é com o Emissor, Administrador do Cartão – bancos e instituições financeiras – e não com o Titular do Cartão. O Titular da Bandeira sequer tem acesso aos dados pessoais dos usuários dos cartões, nem com as transações por eles realizadas com a rede de fornecedores; nenhuma ingerência tem sobre a emissão do cartão, a aprovação e concessão de crédito ao titular do cartão, a fixação de taxas de juros, o valor da anuidade, as compras realizadas com o cartão, o eventual estorno de transações, o bloqueio de cartões. A rigor, não há relação de consumo na atividade da Entidade Titular da Bandeira, uma vez que a sua relação (vínculo jurídico) é com o Emissor do Cartão – bancos e financeiras –, e não diretamente com o consumidor.

a) Inexistência de solidariedade entre o titular da bandeira e a administradora do cartão – a jurisprudência do STJ tem se inclinado no sentido de responsabilizar a Bandeira solidariamente com os demais integrantes da cadeia de fornecimento porque, sendo complexo o serviço que fornece, produzido por uma cadeia de fornecedores, se enquadraria na disciplina do art. 14 do Código do Consumidor, que "*estabelece regra de responsabilidade solidária entre os fornecedores de uma mesma cadeia de serviços*".[23] Mas, com a máxima vênia, **não há no art. 14 do CDC nenhuma regra específica de solidariedade passiva** entre os fornecedores de serviços; **há sim regra de responsabilidade objetiva** entre eles, razão pela qual tal dispositivo não pode ser tomado por base legal para o entendimento doutrinário e jurisprudencial no sentido de haver solidariedade passiva entre todos os integrantes da cadeia de fornecimento de serviço. Não há **nenhuma referência à solidariedade passiva** no art. 14 do CDC, mesmo porque a disciplina da

---

[23] REsp nº 1.029.454/RJ, 3ª Turma, Rel. Min. Nancy Andrighi, julgado em 19/10/2009.

matéria está na norma do § 1º do art. 25, que exige **relação de causalidade, nexo causal** entre o defeito do serviço prestado e os danos sofridos pelo consumidor para caracterizar a solidariedade passiva: "**mais de um responsável pela *causação* do dano**".[24]

Correta estava a jurisprudência do STJ no seu entendimento inicial:

> "Cartão de crédito. *Utilização da marca de empresa comercial*. Legitimidade passiva da empresa comercial. 1. Descaracterizada na instância ordinária a existência de conglomerado econômico, **não tem a empresa comercial que cede seu nome para ser usado em cartão de crédito legitimidade passiva** para responder em ação de revisão de cláusulas contratuais diante da cobrança de encargos excessivos. 2. Recurso especial conhecido e provido.
>
> Voto
>
> [...]
>
> De fato, se não está caracterizada a existência de conglomerado econômico, não há razão para aplicar a jurisprudência, mencionada pelo Tribunal local, que agasalha essas hipóteses.
>
> Por outro lado, *a empresa comercial que mantém contrato de cessão do nome para utilização em cartão de crédito não pode ser parte legítima em ação de revisão de cláusulas contratuais relativas aos encargos cobrados em cartões de crédito*, porquanto não tem qualificação apropriada para fazer modificá--las. *O que existe, na minha compreensão, é apenas um contrato separado entre a empresa administradora de cartão de crédito e a empresa comercial para a utilização do nome da última em cartão de crédito da instituição financeira. A marca da empresa*, assim, aparece no cartão de crédito, mas a empresa é aquela da origem do cartão. Não se trata de cartão emitido pela própria empresa comercial, mas, tão somente, de cartão de crédito emitido por instituição financeira autorizada que usa a marca da empresa ao lado da sua. Com isso, não há como identificar a legitimidade passiva. Conheço do especial e lhe dou provimento para restabelecer a sentença".[25]

Embora pacificado o entendimento de que aplica-se o CDC às empresas administradoras de cartão de crédito, merecem ser relembradas duas questões que agitaram a doutrina e a jurisprudência por longo tempo.

b) Juros de mercado – a primeira questão consistia em saber se as empresas exploradoras de cartão de crédito podiam ou não cobrar **juros de mercado** do usuário do cartão que não liquidasse integralmente o seu débito a cada mês. Os que não admitiam tal cobrança assim faziam por entender que as empresas exploradoras de cartão de crédito não eram instituições financeiras.

---

[24] Ver solidariedade passiva no CDC, item 149.
[25] REsp nº 652.069/RS, 3ª Turma, Rel. Min. Carlos Alberto Menezes Direito, julgado em 14/12/2006.

Em sentido contrário se colocavam aqueles que entendiam que a administradora do cartão funcionava também, nesse caso, como mera intermediária entre o usuário do cartão e a instituição financeira, repassando-lhe o crédito obtido junto àquela, mas com as taxas de juros vigentes no mercado financeiro. A fatura mensalmente remetida ao usuário especifica as despesas e a data do vencimento. Logo, o saldo devedor tem data própria de vencimento, quando então pode o devedor liquidar integralmente o seu débito, sem a incidência de quaisquer acréscimos, seja a que título for. Se o titular do cartão optar por financiar o saldo devedor das suas compras, a administradora obterá, com tal finalidade, um mútuo no mercado financeiro, quando então o valor dos juros pagos à instituição financeira que concedeu o empréstimo será obviamente debitado na fatura do próximo mês. Desta sorte, quando o usuário paga o financiamento, não o faz à caixa da administradora, mas à caixa financeira, sendo a administradora mera intermediária na negociação. Por esta razão é que estão os usuários obrigados a pagar os juros bancários de mercado; as operações são coligadas, simétricas, sendo a causa de um contrato o pressuposto dos outros. Assim, se o valor do financiamento é buscado no mercado bancário, sobre ele incidem os juros do mercado bancário, que são repassados ao usuário do cartão pela sua administradora.

Essa questão foi superada pela jurisprudência do STJ, consagrada na Súmula nº 283, do seguinte teor: "*As empresas administradoras de cartão de crédito são instituições financeiras e, por isso, os juros remuneratórios por elas cobrados não sofrem as limitações da Lei de Usura*". Podem, portanto, cobrar juros de mercado.

c) Cláusula mandato – a segunda questão dizia respeito à **cláusula mandato**. O usuário do cartão, no contrato a que adere, outorga mandato à administradora para contratar mútuo a cada vez em que manifestar a vontade de financiar o seu débito. Forte corrente, entendendo tratar-se de **cláusula potestativa pura**, contestava a sua validade.

A corrente contrária sustentava que a eficácia da cláusula sujeita-se a cada manifestação autônoma da vontade do usuário no sentido de financiar seu débito e, neste aspecto, não se traduz na simples imposição de representante vedada pela Lei de Proteção ao Consumidor.[26]

Dessa maneira, essa cláusula não contém condição potestativa pura porque seus efeitos, ao sujeitarem-se à manifestação do usuário, também não se subordinam ao exclusivo arbítrio da administradora.[27] E, na medida em que permite a manifestação do usuário, no sentido de obter financiamento para o seu débito, essa cláusula limita-se a satisfazer os interesses das partes e descaracteriza o abuso do direito e a desvantagem exagerada do consumidor.[28]

A cada vez em que financia o seu débito, por ausência de meios próprios para fazê-lo, o usuário elege a administradora como sua mandatária para obter os meios necessários à realização da sua vontade. Consideradas essas circunstâncias, essa disposição contratual harmoniza-se com o ordenamento jurídico e afigura-se válida e eficaz.

---

[26] Lei nº 8.078/90, art. 51, VIII.
[27] Art. 122 do Código Civil.
[28] Art. 51, IV, da Lei nº 8.078/90.

A nulidade da obrigação somente ocorre na condição puramente potestativa, por traduzir-se em uma inutilidade, acarretando uma fantasia, uma ilusão, como pondera Francesco Ferrera.[29] Isso, a toda evidência, inocorre no caso da cláusula mandato, pois a vontade do usuário se aglutina ao querer da administradora, precisamente pelo prazo de vigência do contrato de administração do cartão. Se assim não fosse, o contrato nem se teria concluído, não se dando ensejo à estatuição do sinalagma por força da ausência de declaração bilateral volitiva.

Seria, como nota Henri de Page,[30] um caso raro a presença de uma condição puramente potestativa, sendo inadmissível que uma pessoa medianamente razoável pactue uma condição de tal natureza, e o que se encontra na prática são as condições simplesmente potestativas, como sucede nos casos em que o evento seja constituído por um ato exterior do obrigado, ainda que dependente da sua própria vontade.[31]

Por estas e outras razões, a cláusula mandato, em cartão de crédito, tem sido admitida como válida pela dominante jurisprudência do STJ. Confira-se:

> "Cartão de crédito. Instituição financeira. Juros. Prosseguindo o julgamento, a Seção, por maioria, firmou o seguinte entendimento: é válida a cláusula mandato inserta em contrato de administração de cartão de crédito que possibilita às empresas administradoras tomar, no mercado financeiro, os recursos necessários para cobrir os saldos negativos gerados pelos contratantes inadimplentes. Essas empresas, como intermediárias, inserem-se no conceito de instituição financeira previsto no art. 17 da Lei nº 4.595/1964, sendo que a LC nº 105/2001 expressamente as incluiu nessa definição. Assim, não sofrem as limitações quanto aos juros impostos pelo Dec. 22.626/1933, a Lei de Usura (Súmula 596, STF). Porém a capitalização, mesmo que convencionada, é vedada (STF, Súmula nº 121)".[32]

d) Envio de cartão não solicitado – o envio de cartão de crédito sem solicitação do destinatário, foi muito utilizado no afã de forçar o acordo de vontades e implementar a relação de consumo. A abusividade chegava ao ponto de negativar o nome do destinatário por não ter pago a anuidade. Essa prática abusiva foi repelida pela justiça com veemência:

> "Responsabilidade civil. Cartão de Crédito. Fornecimento Não Solicitado. Prática Abusiva. Inclusão Indevida do Nome do Cliente no SPC. Prova do Dano Moral.

---

[29] Condizione potestativa, *Riv. di Diritto Comm.*, 1931, I, p. 563 ss.
[30] *Traité de Droit Civil Belge*, I, nº 155, p. 202.
[31] Ver Donato Magno, *Studi sul negozio condizionato*, Roma, 1930, p. 283.
[32] REsp nº 450.453/RS, 2ª Seção, Rel. originário Min. Carlos Alberto Menezes Direito, Rel. para Acórdão Min. Aldir Passarinho Junior, julgado em 25/6/2003, *Informativo do STJ* nº 0178, período: 23 de junho a 1º de julho de 2003).

O Código do Consumidor veda a remessa de cartão de crédito pelo correio, sem solicitação do usuário, no afã de forçar o acordo de vontades e implementar a relação de consumo. E quando essa prática abusiva vai ao ponto de lançar o nome do destinatário do cartão no SPC pelo não pagamento de indevidas anuidades, resulta configurado o dano moral decorrente do desrespeito ao consumidor.

O dano moral está ínsito na própria ofensa, de tal modo que, provado o fato danoso, ipso facto está demonstrado o dano moral à guisa de uma presunção natural, uma presunção hominis ou facti, que decorre das regras da experiência comum.

Redução do valor da indenização para ajustá-lo aos paradigmas estabelecidos pela Câmara. Provimento parcial do recurso".[33]

A questão está pacificada na Súmula nº 532 do STJ, que dispõe: "*Constitui prática comercial abusiva o envio de cartão de crédito sem prévia e expressa solicitação do consumidor, configurando-se ato ilícito indenizável e sujeito à aplicação de multa administrativa*".

Outra prática abusiva envolvendo cartão de crédito é a **cobrança de preços diferentes para pagamento em dinheiro ou cartão,** conforme decidiu o STJ.[34] Um posto de combustível do Rio Grande do Sul cobrava preços diferenciados para pagamentos em dinheiro e os previstos para pagamentos com cartão de crédito não parcelado. A prática foi questionada como abusiva pelo Ministério Público em ação coletiva de consumo e, assim, chegou ao STJ, cuja Terceira Turma decidiu a questão:

"Recurso especial – Ação coletiva de consumo – Cobrança de preços diferenciados para venda de combustível em dinheiro, cheque e cartão de crédito – Prática de consumo abusiva – Verificação – Recurso especial provido.

I – Não se deve olvidar que o pagamento por meio de cartão de crédito garante ao estabelecimento comercial o efetivo adimplemento, já que, como visto, a administradora do cartão se responsabiliza integralmente pela compra do consumidor, assumindo o risco de crédito, bem como de eventual fraude;

II – O consumidor, ao efetuar o pagamento por meio de cartão de crédito (que só se dará a partir da autorização da emissora), exonera-se, de imediato, de qualquer obrigação ou vinculação perante o fornecedor, que deverá conferir àquele plena quitação. Está-se, portanto, diante de uma forma de pagamento a vista e, ainda, *pro soluto* (que enseja a imediata extinção da obrigação);

---

[33] TJRJ, Ap. Cív. nº 24.365/2007, 13ª Câmara Cível, Rel. Des. Sergio Cavalieri Filho.
[34] REsp nº 1.133.410/RS.

III – O custo pela disponibilização de pagamento por meio do cartão de crédito é inerente à própria atividade econômica desenvolvida pelo empresário, destinada à obtenção de lucro, em nada se referindo ao preço de venda do produto final. Imputar mais este custo ao consumidor equivaleria a atribuir a este a divisão de gastos advindos do próprio risco do negócio (de responsabilidade exclusiva do empresário), o que, além de refugir da razoabilidade, destoa dos ditames legais, em especial do sistema protecionista do consumidor;

IV – O consumidor, pela utilização do cartão de crédito, já paga à administradora e emissora do cartão de crédito taxa por este serviço (taxa de administração). Atribuir-lhe ainda o custo pela disponibilização de pagamento por meio de cartão de crédito, responsabilidade exclusiva do empresário, importa em onerá-lo duplamente (*in bis idem*) e, por isso, em prática de consumo que se revela abusiva [...]".

e) Furto de cartão de crédito e compras realizadas por terceiros – em caso de furto ou roubo de cartão de crédito, as compras realizadas por terceiros são da responsabilidade do consumidor ou da administradora? Essa questão já foi também controvertida, mas hoje está pacificada pela jurisprudência. Cabe à administradora de cartões, em parceria com a rede credenciada, a verificação das compras realizadas, utilizando-se de meios que dificultem ou impossibilitem fraudes e transações realizadas por estranhos em nome de seus clientes, e isso independentemente de qualquer ato do consumidor. O risco do empreendimento é do fornecedor. Essa é a posição firmada pelo STJ.[35]

> "Direito do consumidor. Furto de cartão de crédito. Compras realizadas por terceiros no mesmo dia da comunicação. Responsabilidade da administradora de cartões. Demora de menos de dois anos para o ajuizamento da ação. Irrelevância na fixação do quantum. Recurso especial conhecido e provido.
>
> O consumidor que, no mesmo dia do furto de seu cartão de crédito, procede à comunicação à administradora acerca do fato, não pode ser responsabilizado por despesas realizadas mediante falsificação de sua assinatura. Deveras, cabe à administração de cartões, em parceria com a rede credenciada, a verificação da idoneidade das compras realizadas, utilizando-se de meios que dificultem ou impossibilitem fraudes e transações realizadas por estranhos em nome de seus clientes, e isso independentemente de qualquer ato do consumidor, tenha ou não ocorrido furto."

---

[35] REsp nº 970.322/RJ, Rel. Min. Luis Felipe Salomão.

Em precedente anterior,[36] a Terceira Turma do STJ considerou abusiva a cláusula contratual que impõe ao consumidor a responsabilidade por compras realizadas com cartão de crédito furtado. Seria transferir para o consumidor o risco da administradora.

"Consumidor – Cartão de crédito – Furto – Responsabilidade pelo uso – Cláusula que impõe a comunicação – Nulidade – CDC/art. 51, IV.

São nulas as cláusulas contratuais que impõem ao consumidor a responsabilidade absoluta por compras realizadas com cartão de crédito furtado até o momento (data e hora) da comunicação do furto.

Tais avenças de adesão colocam o consumidor em desvantagem exagerada e militam contra a boa-fé e a equidade, pois as administradoras e os vendedores têm o dever de apurar a regularidade no uso dos cartões.

Não se nega que o consumidor tem o dever de cuidar pessoalmente do seu cartão e sigilo de sua senha, devendo comunicar à administradora eventual furto, roubo ou extravio tão logo tenha conhecimento do fato e solicitar o bloqueio do cartão. A falta de cuidado, a omissão injustificável etc. podem ensejar a responsabilidade do consumidor pelo fato exclusivo da vítima".[37]

Quanto à violação do sistema eletrônico – clonagem de cartões e outras fraudes – reportamo-nos ao item 105, *f*.

107 ARRENDAMENTO MERCANTIL (*LEASING*)

O arrendamento mercantil, também denominado **leasing**, é a operação pela qual o proprietário de um bem móvel ou imóvel (arrendador) cede a terceiro (arrendatário) o uso desse bem por prazo determinado, mediante o recebimento de certa quantia mensal (prestações). Ao final do contrato, o arrendatário tem as seguintes opções: (a) comprar o bem por valor previamente contratado; (b) renovar o contrato por novo prazo, tendo como principal o valor residual; (c) devolver o bem ao arrendador. Fran Martins, atento a estas peculiaridades, define o arrendamento mercantil como o "*contrato pelo qual uma pessoa jurídica arrenda a uma pessoa física ou jurídica, por tempo determinado, um bem comprado pela primeira de acordo com as instruções da segunda, cabendo ao arrendatário a opção de adquirir o bem arrendado findo o contrato, mediante um preço residual previamente fixado*".[38]

Trata-se, portanto, de negócio jurídico de natureza mista, compreendendo não só a locação de coisas, como também o financiamento para a aquisição do bem. A preponderância do financiamento sobre a locação revela o ânimo do arrendatário em adquirir a coisa, em tê-la e conservá-la como sua. Assim, o contrato de arrendamento

---

[36] REsp nº 348.343, Rel. Min. Humberto Gomes de Barros.
[37] REsp nº 602.680 e nº 417.835.
[38] *Contratos e obrigações comerciais*, 15. ed., Forense, p. 522.

mercantil cria a peculiaridade de, formalmente, a propriedade pertencer à arrendante, porém a posse direta, o uso da coisa é exclusivo do arrendatário, já que pela avença revela o propósito de adquirir o bem, sem o que seria uma mera locação.

Existem várias modalidades de *leasing* ou arrendamento mercantil: *leasing* **operacional,** *leasing* **back**, mas o que mais interessa ao nosso estudo é o *leasing* financeiro por se tratar de verdadeira operação de financiamento, com o propósito de assegurar ao arrendatário o uso imediato do bem móvel ou imóvel (equipamentos, veículos etc.) sem a necessidade de mobilizar capital de forma adiantada e de valor expressivo. É uma operação muito utilizada pelas empresas para fomentar os seus negócios e manter seu maquinário dentro das inovações tecnológicas.

Hoje não há mais nenhum questionamento quanto à aplicação do CDC ao contrato de *leasing* financeiro, porquanto, como já destacado, trata-se, em última instância, de uma **operação financeira** expressamente incluída no conceito de serviço (§ 2º do art. 3º do CDC). Só não será aplicado o CDC quando o *leasing* se destinar ao incremento da atividade empresarial, por não ficar caracterizada a relação de consumo.

108 QUESTÕES CONTROVERTIDAS

No que diz respeito ao *leasing*, duas questões agitaram os Tribunais. A primeira foi em relação ao pagamento antecipado do **Valor Residual Garantido (VRG)**.

O que é o **valor residual garantido**? É o preço contratualmente estipulado para o exercício da opção de compra, ou valor contratualmente garantido pelo arrendatário como mínimo que será recebido pela arrendadora na venda a terceiros do bem arrendado, na hipótese de não ser exercida a opção de compra. Corresponde ao que o bem ainda vale no final do contrato, afastada a depreciação que sofreu e que foi suportada pelo arrendatário juntamente com o aluguel.

Pois bem, a partir de um determinado momento, as empresas de *leasing* passaram a cobrar antecipadamente, juntamente com as prestações mensais, parte desse valor residual garantido (VRG), o que ensejou acirrada divergência. Parte da doutrina passou a entender que a cobrança (ou pagamento) antecipado do VRG descaracterizava o contrato de *leasing* para contrato de compra e venda a prazo, enquanto a outra parte não admitia a descaracterização do contrato. A jurisprudência sobre a questão também se dividiu, inclusive no Superior Tribunal de Justiça. No julgamento do REsp nº 98.0043759-2/RS, do qual foi relator o eminente Min. Ruy Rosado de Aguiar, prevaleceu na Quarta Turma o primeiro entendimento:

> "*Leasing* financeiro. Valor residual. Cobrança antecipada. Desfiguração do contrato de arrendamento mercantil. Juros. Súm. 596/STF.
>
> 1. A opção de compra, com o pagamento do valor residual, ao final do contrato, é a característica essencial do leasing. A cobrança antecipada dessa parcela, embutida na prestação mensal, desfigura o contrato, que passa a ser uma compra e venda a prazo (art. 5º, c, c/c art. 11, § 1º, da Lei nº 6.099 de

12.09.1974, alterada pela Lei nº 7.132 de 26.10.1983), com o desaparecimento da causa do contrato e prejuízo ao arrendatário.

2. As instituições financeiras podem cobrar juros nos limites autorizados pelo Conselho Monetário Nacional, Súm. 596/STF [...]".

Entendimento contrário, entretanto, foi adotado pela Terceira Turma do STJ no julgamento do REsp nº 163.838/RS, do qual foi relator o eminente Min. Carlos Alberto Menezes Direito.

"*Leasing*. Cobrança antecipada do Valor Residual Garantido (VRG). Compra e venda. Limitação dos juros de mora. Comissão de Permanência. ISS.

A cobrança ao longo do contrato de leasing do Valor Residual Garantido (VRG) não transforma a operação em simples compra e venda, sendo certo que a opção de compra será realizada apenas no final do contrato, facultativamente, pelo arrendatário. Não havendo interesse pela compra, caberá ao arrendatário entrar em acerto com a instituição financeira quanto às parcelas antecipadas, atendendo-se às normas legais pertinentes e ao contrato."

Antes da controvérsia instalar-se no STJ, como relator da Apelação Cível 15.039/98, TJRJ, firmei entendimento no sentido da segunda posição pelas razões ali expostas. Dada a natureza híbrida do *leasing*, há nesse contrato características da locação, da compra e venda, e, na sua modalidade economicamente mais importante, há, ainda, um financiamento. Essa pluralidade de relações jurídicas levou a doutrina a conceituar o contrato de *leasing*, também chamado de arrendamento mercantil, como um negócio jurídico complexo, com a predominância da figura da locação.

De se ressaltar, todavia, que uma característica desse contrato serve para extremá-lo não só da locação comum, como também da venda a crédito. Refiro-me **à promessa unilateral de venda por parte do arrendante e a opção de compra do arrendatário**. Não desconfigura essa característica fundamental do contrato de *leasing*, nem o transforma em compra e venda a prazo, o fato de ter o arrendatário antecipado o pagamento de parcelas do valor residual. Em primeiro lugar porque o VRG não se confunde com opção de compra. Como se vê da sua própria definição normativa (Portaria nº 564/78 do Ministério da Fazenda), trata-se de uma forma de o arrendatário garantir ao arrendador uma quantia mínima de amortização do valor residual do bem, caso, no final do contrato, não renove o arrendamento nem exerça a opção de compra. Em segundo lugar, o pagamento antecipado do VRG não retira do arrendatário a opção de compra.

Ora, não há compra e venda unilateral, de sorte que se a antecipação do VRG não retira do arrendatário a opção de compra, persiste aquela característica fundamental do contrato de *leasing* há pouco enfatizada – a promessa unilateral de venda por parte do arrendante e a opção de compra do arrendatário. Logo, não há que se falar em compra e venda a prazo.

Apressadamente, o STJ formulou a Súmula nº 263, endossando a primeira posição, *verbis*: "*A cobrança antecipada do valor residual (VRG) descaracteriza o contrato de arrendamento mercantil, transformando-o em compra e venda a prestação*".

Pouco tempo depois, entretanto, a Corte Superior de Justiça voltou atrás, o que demonstra que o entendimento sobre a questão não estava amadurecido, e formulou outra súmula, em sentido contrário, número 293, que diz: "*A cobrança antecipada do valor residual garantido (VRG)* **não descaracteriza** *o contrato de arrendamento mercantil*".

A jurisprudência, portanto, pacificou-se no sentido da não descaracterização do contrato de *leasing* pelo fato de ser cobrada antecipadamente parte do VRG, embutida na prestação mensal.

Outra questão que mereceu atenção especial da jurisprudência foi a relativa aos **contratos de *leasing* em dólar e a variação cambial**. A maxidesvalorização do real frente ao dólar, em janeiro de 1999, acarretou a inadimplência de milhares de contratos e o ajuizamento de outras tantas milhares de ações judiciais.

Os autores dessas ações, com base no Código do Consumidor, pretendiam manter a taxa de variação cambial no patamar de 1 (US$) para 1,21 (R$), ou, em muitos casos, modificar o indexador, substituindo o dólar pelo IPC (Índices de Preços ao Consumidor).

Embora controvertida a questão, desde o primeiro momento entendemos ser possível a revisão do contrato, com base no art. 6º, V, do CDC (Teoria do rompimento da base do negócio), como se vê da ementa do acórdão prolatado na Ap. Cível nº 16.654/1999, da 2ª Câmara Cível do TJRJ, de minha relatoria.

> "Contrato de financiamento. Cláusula de Reajuste pela Variação Cambial do Dólar. Incidência do Código de Defesa do Consumidor. Violação dos Princípios da Transparência, da Confiança e da Boa-fé Objetiva. Aplicação da Teoria do Rompimento da Base do Negócio Jurídico.
>
> Bancos e financeiras, à luz do CDC, são fornecedores não apenas de serviços – cobrança de contas, tributos etc. – como também de produtos. Crédito e dinheiro são os produtos da atividade negocial das financeiras, crédito este que, quando concedido ao devedor para que o utilize como destinatário final, sujeita-se à disciplina do Código de Defesa do Consumidor por força do disposto em seus artigos 3º, § 2º, 52 e incisos.
>
> Viola o princípio da **transparência** a cláusula contratual que estabelece o reajuste das prestações pela variação do dólar sem que tenham sido dados ao consumidor todos os esclarecimentos necessários sobre os riscos e consequências da mesma, pelo que deve ser considerada ineficaz.
>
> Viola também dita cláusula o princípio da **confiança** na medida em que a súbita elevação do dólar frustrou a legítima expectativa do consumidor de que teria condições de continuar pagando as prestações até o final do financia-

mento e, assim, adquirir definitivamente o seu veículo. A cláusula de reajuste pela variação do dólar viola, ainda, o princípio da **boa-fé** objetiva porque o financiador, através dela (cláusula), procurou transferir para o consumidor os riscos do seu negócio, riscos esses que não lhe eram desconhecidos, tanto assim que deles procurou se livrar.

O CDC, em seu art. 6º, V, permite expressamente a revisão das cláusulas contratuais sempre que fatos supervenientes os tornem excessivamente onerosos. Ali não mais se exige que esses fatos supervenientes sejam imprevisíveis, como na clássica teoria da imprevisão, bastando que sejam inesperados. A questão da desvalorização do real frente ao dólar é, sem dúvida, típico caso de rompimento da base do negócio jurídico, pois, embora previsível, foi um fato não esperado pelo consumidor em face das constantes promessas do Governo no sentido de não alterar a política cambial. Esse fato previsível, mas não esperado, situa-se na área do risco inerente a qualquer atividade negocial, não podendo ser transferido para o consumidor.

Por último, o reajuste com base em moeda estrangeira em contratos firmados e executados no Brasil, somente é cabível mediante prova de que a quantia financiada é resultado de empréstimos efetivamente obtidos pela financeira no exterior, não bastando mera alegação.

Desprovimento do recurso."

A questão, como não poderia deixar de ser, chegou ao STJ que entendeu pela possibilidade de revisão contratual, com escopo na teoria da onerosidade excessiva, em razão de fato superveniente que aumentou o valor da moeda estrangeira, em magistral acórdão da relatoria do Min. Sálvio de Figueiredo Teixeira.[39]

"Direito do consumidor. Leasing. Contrato com cláusula de correção atrelada à variação do dólar americano. Aplicabilidade do Código de Defesa do Consumidor. Revisão da cláusula que prevê a variação cambial. Onerosidade excessiva. Distribuição dos ônus da valorização cambial entre arrendantes e arrendatários. Recurso parcialmente acolhido.

I. Segundo assentou a jurisprudência das Turmas que integram a Segunda Seção desta Corte, os contratos de *leasing* submetem-se ao Código de Defesa do Consumidor.

II. A cláusula que atrela a correção das prestações à variação cambial não pode ser considerada nula a priori, uma vez que a legislação específica permite que, nos casos em que a captação dos recursos da operação se dê no exterior, seja avençado o repasse dessa variação ao tomador do financiamento.

---

[39] REsp nº 437.660/SP, 4ª Turma.

III. Consoante o art. 6º, V do Código de Defesa do Consumidor, sobrevindo, na execução do contrato, onerosidade excessiva para uma das partes, é possível a revisão da cláusula que gera o desajuste, a fim de recompor o equilíbrio da equação contratual.

IV. No caso dos contratos de *leasing* atrelados à variação cambial, os arrendatários, pela própria conveniência e a despeito do risco inerente, escolheram a forma contratual que no momento da realização do negócio lhes garantia prestações mais baixas, posto que o custo financeiro dos empréstimos em dólar era bem menor do que os custos em reais. A súbita alteração na política cambial, condensada na maxidesvalorização do real, ocorrida em janeiro de 1999, entretanto, criou a circunstância da onerosidade excessiva, a justificar a revisão judicial da cláusula que a instituiu.

V. Contendo o contrato opção entre outro indexador e a variação cambial e tendo sido consignado que os recursos a serem utilizados tinham sido captados no exterior, gerando para a arrendante a obrigação de pagamento em dólar, enseja-se a revisão da cláusula de variação cambial com base no art. 6º, V do Código de Defesa do Consumidor, para permitir a distribuição, entre arrendantes e arrendatários, dos ônus da modificação súbita da política cambial com a significativa valorização do dólar americano."

109 CONTRATO DE SEGURO

109.1 Conceito e finalidade do seguro

Na década de 1930, quando estavam construindo a grande ponte sobre a Baía de São Francisco, nos Estados Unidos, os construtores se defrontaram com um grave problema – a segurança dos trabalhadores. Quem ainda hoje sobe ao cimo de uma das torres daquela ponte, com cerca de 220 metros de altura, e olha lá de cima as águas da baía, a centenas de metros abaixo, não deixa de ter um arrepio de temor. Como poderia alguém trabalhar naquelas alturas sem o temor de cair no abismo?

A ponte estava orçada em 35 milhões de dólares e os operários sabiam que para cada milhão a ser gasto na construção havia a perspectiva de que um trabalhador poderia perder a sua vida. Importava então em dizer que até a conclusão da ponte cerca de 35 vidas poderiam ser sacrificadas. Isso gerou uma total obsessão, de sorte que cada operário trabalhava com a ideia fixa de que a qualquer instante poderia se tornar uma daquelas 35 vítimas. A obra andava vagarosamente, devagar, quase parando, ensejando enormes prejuízos.

Foi então que alguém teve a ideia de estender uma gigantesca rede de cordas sob toda a extensão da ponte, de maneira que se algum operário caísse seria por ela apanhado. A rede custou 80.000 dólares, mas se revelou excelente investimento. Tão logo foi colocada os operários readquiriram a confiança, voltaram a trabalhar normalmente, as obras atingiram o ritmo desejado, a ponte foi terminada no prazo previsto e, melhor que tudo, sem o sacrifício de uma vida sequer. É que agora os operários tinham uma resposta tranquilizadora para aquela inquietante indagação: "E se eu cair da ponte?"

Esse episódio bem evidencia que segurança e proteção são necessidades básicas do ser humano. A todo momento estamos nos indagando: e se eu cair da ponte? se morrer? se adoecer? se minha casa pegar fogo? se roubarem o meu automóvel?

É aí que entra a ideia do seguro. Numa linguagem figurada, é possível dizer que seguro é uma espécie de rede jurídico-econômica que nos protege dos riscos a que estamos expostos.

Poucos têm em exata dimensão a importância do seguro no mundo econômico moderno; mais do que meio de preservação do patrimônio, tornou-se, também, instrumento fundamental de desenvolvimento. Não fora a segurança que só o seguro pode dar, inúmeros empreendimentos seriam absolutamente inviáveis dada a enormidade dos riscos que representam. Bastaria, por exemplo, uma única plataforma de extração de petróleo incendiada, ou uma aeronave acidentada, com centenas de vítimas, para abalar irremediavelmente a estabilidade econômica das empresas que exploram tais tipos de atividades. Mas, através do seguro, consegue-se socializar o dano, repartindo-o entre todos (ou muitos), de sorte a torná-lo suportável, por maior que ele seja. Além disso, o seguro movimenta bilhões de dólares anualmente, gerando riqueza e milhares de empregos em todo o país.

Boa definição do seguro é aquela que lhe deu a Rainha Elizabeth I, há mais de três séculos: "Com o seguro, o dano é um fardo que pesa levemente sobre um grande número de pessoas, em vez de insuportavelmente sobre um pequeno número".

O Código Civil conceitua o seguro no seu art. 757: "*Pelo contrato de seguro, o segurador se obriga, mediante o pagamento do prêmio, a garantir interesse legítimo do segurado, relativo a pessoa ou coisa, contra riscos predeterminados*". Salvo a expressão "mediante o pagamento do prêmio" –, pois quem paga o prêmio é o segurado; o segurador o recebe (melhor seria dizer: "mediante o recebimento do prêmio") –, o conceito tem precisão técnica ao ressaltar que o segurador garante **interesse legítimo do segurado**, e não os seus riscos, como fazia o Código Civil anterior.[40] Interesse legítimo é aquele que não contraria a lei, a boa-fé e a moral, normalmente de natureza econômica. Tanto é assim que o art. 762 do Código Civil reputa nulo de pleno direito o contrato de seguro para garantir risco proveniente de *ato doloso* do segurado, do beneficiário ou de representante de um e de outro. No seguro de vida de outros, o art. 790 exige que o proponente declare, sob pena de falsidade, seu interesse pela preservação da vida do segurado, só sendo dispensável essa declaração quando o segurado é cônjuge, ascendente ou descendente do proponente – casos em que o parágrafo único do referido artigo presume o interesse legítimo.

Enfim, o interesse legítimo do segurado, verdadeiro objeto do seguro, é a segurança, a tranquilidade, a garantia de que, se os riscos a que está exposto vierem e se materializar em um sinistro, terá condições econômicas de reparar as suas consequências.

---

[40] Art. 1.432.

110 O RISCO É O ELEMENTO MATERIAL DO SEGURO

Quais são os elementos essenciais do seguro? São três: o risco, a mutualidade e a boa-fé. Esses elementos formam o tripé do seguro, uma verdadeira *trilogia*, uma espécie de santíssima trindade do seguro.

Risco é perigo, é possibilidade de dano decorrente de acontecimento futuro e possível, mas que não depende da vontade das partes. Por ser o elemento material do seguro, a sua base fática, é possível afirmar que onde não houver risco não haverá seguro. As pessoas fazem seguro, em qualquer das suas modalidades – seguro de vida, seguro de saúde, seguro de automóveis etc. – porque estão expostas a risco.

O segurador nada mais é que um *garante* do risco do segurado, uma espécie de avalista ou fiador dos prejuízos que dele podem decorrer. Tão forte é essa garantia que até se costuma dizer que o seguro transfere os riscos do segurado para o segurador. Na realidade não é bem isso o que acontece. O risco, de acordo com as leis naturais, é intransferível. Com seguro ou sem seguro quem continua exposta a risco é a pessoa ou coisa; é o operário que trabalha na máquina perigosa ou lá no andaime do 10º andar de uma obra; é o carro que circula numa cidade infestada de ladrões; é a pessoa que vive numa cidade violenta e assim por diante. O que o seguro faz é transferir as consequências econômicas do risco caso ele venha a se materializar em um sinistro. O segurado compra a sua segurança mediante o pagamento do prêmio do seguro. Que segurança? De natureza patrimonial, pois sabe que, se ocorrer o sinistro, terá os recursos econômicos necessários para reparar o seu prejuízo e recompor o seu patrimônio.

Essa segurança é mais importante para o segurado do que a própria indenização a que eventualmente terá direito. Quem faz um seguro de vida, por exemplo, não fica torcendo para morrer só para que os seus dependentes recebam a indenização. Ele quer viver o máximo possível (a menos que não esteja em são juízo), mas quer também a certeza de que se faltar os seus dependentes não ficarão ao desamparo. Quem faz um seguro de saúde não busca ficar doente só para passar alguns dias internado em um hospital. O que o segurado busca é a garantia de que, se ficar doente, terá todas as condições econômicas e materiais para se tratar – internação hospitalar, médicos, cirurgia etc. O mesmo ocorre com quem faz um seguro de automóvel. Não fica torcendo para que o seu veículo seja roubado só para ter a satisfação de receber um cheque da seguradora. Em todos esses casos, o que o segurado quer é tranquilidade, segurança, a garantia de que, se os riscos a que está exposto se materializarem em sinistro, terá condições econômicas de reparar as suas consequências.

Em apertada síntese, seguro é contrato pelo qual o segurador, mediante o recebimento de um prêmio, assume perante o segurado a obrigação de pagar-lhe uma determinada indenização, prevista no contrato, caso o risco a que está sujeito se materialize em um sinistro. Segurador e segurado negociam as consequências econômicas do risco, mediante a obrigação do segurador de repará-los.

110.1 Risco objetivo e risco subjetivo

Lembro, para encerrar este item, que os seguradores costumam dividir o risco em dois tipos: risco objetivo e risco subjetivo. **Risco objetivo** são os fatos e situações da vida real que causam probabilidade de dano, como, por exemplo, morar em uma cidade violenta, trabalhar em um lugar insalubre, fazer uso de coisa perigosa. No seguro de coisas o risco objetivo se relaciona com as circunstâncias fáticas que as envolvem. O risco objetivo do automóvel, por exemplo, será maior ou menor dependendo da sua marca, nacionalidade, cidade onde habitualmente circula. Certas marcas de veículos são preferidas pelos ladrões. O **risco subjetivo** se relaciona com as características pessoais de cada um, com o perfil do segurado. Fala-se hoje até em seguro perfil. O risco subjetivo de uma pessoa idosa ficar doente, por exemplo, ou falecer é maior do que de uma pessoa jovem. Dados estatísticos revelam que a mulher é menos perigosa ao volante, é melhor motorista do que o homem. O jovem e o idoso, de acordo com as mesmas estatísticas, são mais perigosos ao dirigir. Certos vícios ou profissões aumentam o risco subjetivo de algumas pessoas, como, por exemplo, o policial, alguém que trabalha no globo da morte e assim por diante.

111 MUTUALISMO – O ELEMENTO ECONÔMICO DO SEGURO

O segundo elemento essencial do seguro é a mutualidade, que é também a sua base econômica. Quando falamos em mutualidade estamos falando de uma operação coletiva de poupança. Um grupo de pessoas expostas aos mesmos riscos forma um fundo capaz de cobrir os prejuízos que possam vir a sofrer. A toda evidência, a contribuição de cada um para esse fundo será proporcional à gravidade do risco a que está exposto. É possível prever, através de dados estatísticos e cálculos atuariais, o número de sinistros que poderão ocorrer dentro de um determinado período, os gastos que terão que ser feitos e a contribuição de cada um.

Dois artigos do Código Civil realçam a importância da mutualidade no seguro, destacam o necessário equilíbrio econômico que deve existir entre o risco e o prêmio pago pelo segurado. O art. 757 enfatiza que os riscos cobertos pelo segurador **são os riscos predeterminados no contrato**. Por que o Código diz que o segurador só responde pelos riscos predeterminados no contrato? Porque apenas estes foram incluídos nos cálculos atuariais, apenas estes foram computados na mutualidade contratual. Qualquer risco não previsto no contrato desequilibra o seguro economicamente.

Temos, a seguir, o art. 760, que reforça este mesmo princípio. A apólice mencionará os riscos assumidos, o limite da garantia, o prêmio devido ou pago pelo segurado. Por que a apólice – vale dizer, o contrato – **mencionará os riscos assumidos** e o prêmio devido? Porque terá que haver equilíbrio econômico entre ambos, porque a mutualidade é a base econômica do seguro.

112 BOA-FÉ – ALMA DO SEGURO

A boa-fé, tantas vezes enaltecida pelos autores como a própria alma do seguro, é também o seu elemento jurídico. Risco e mutualismo jamais andarão juntos sem a boa-fé das partes do contrato de seguro, se não agirem com veracidade. Onde não houver boa-fé, o seguro se torna impraticável.

Não é por outra razão que o Código Civil exige expressamente, no seu art. 765, a **mais estrita boa-fé e veracidade** do segurado e do segurador, tanto a respeito do objeto do seguro, como das circunstâncias e declarações a ele concernentes. Vemos aqui que a boa-fé é recíproca, uma via de mão dupla, exigível tanto do segurado como também do segurador. Refere-se, ainda, o Código não só a boa-fé subjetiva, como querem alguns, mas também à boa-fé objetiva.

Boa-fé subjetiva é fato psicológico, estado de espírito ligado a valores éticos. Corresponde a um estado de espírito em harmonia com a manifestação de vontade que vinculou as partes contratantes, na bela definição de Pedro Alvim. É a intenção pura, isenta de dolo ou malícia, manifestada com lealdade e sinceridade, de modo a não induzir a outra parte ao engano ou erro. Refere-se o Código Civil à boa-fé subjetiva em seu art. 766 ao exigir do segurado declarações verdadeiras e completas na proposta do seguro.

Boa-fé objetiva é o comportamento ético, padrão de conduta, tomado como paradigma o homem honrado. Indica, na precisa lição da Professora Claudia de Lima Marques, a conduta leal e respeitosa que deve pautar as relações entre segurado e segurador, fonte de deveres anexos ao contrato, além daqueles expressamente pactuados. Em suma, não basta que as partes tenham boa intenção apenas na hora da celebração do contrato de seguro; a boa-fé objetiva impõe um comportamento jurídico de lealdade e cooperação nos contratos, não somente na hora da sua celebração, mas também durante toda a sua execução, mormente naqueles contratos que se prolongam no tempo. Refere-se o Código Civil à boa-fé objetiva no seu art. 768 ao proibir que o segurado aumente os riscos previstos no contrato. "*O segurado perderá o direito à garantia se agravar intencionalmente o risco objeto do contrato.*" Isso é assim porque, como já vimos, há um equilíbrio entre risco e prêmio, o que impõe ao segurado o dever de não agravar ou aumentar os riscos. Não pode, por exemplo, usar o carro segurado para fazer pega; não pode passar a praticar esportes perigosos ou violentos, como pular de asa delta, praticar artes marciais etc.

E se for necessário agravar o risco? Se o segurado, por exemplo, tiver que se mudar de uma cidadezinha pacata para o Rio de Janeiro? Tiver que mudar de profissão, passando a exercer uma atividade perigosa como a de policial, domador de leões no circo etc.? Então, por força do princípio da boa-fé, terá que informar ao segurador esse agravamento do risco, para que seja recomposto o equilíbrio entre risco e prêmio. É isso que determina o art. 769 do Código Civil, sob pena de perder o direito a qualquer indenização.

113 ESPÉCIES DE SEGURO

São inúmeras as espécies de seguros, já que todo risco, em qualquer tipo de atividade, pode ser objeto de cobertura. Entre os mais comuns, entretanto, merecem destaque, ainda que em passando, o seguro de coisas, o seguro de pessoas e o seguro de responsabilidade civil.

113.1 Seguro de coisas

Esse tipo de seguro, também chamado *seguro de danos*, tem por finalidade a cobertura dos riscos de um bem que integra o patrimônio do segurado, como o seu automóvel, sua casa ou outro bem qualquer. Ocorrendo o sinistro, o segurado receberá uma indenização de forma a permitir a recomposição do seu patrimônio. O Código Civil disciplina esse seguro nos seus arts. 778 a 788.

Há um *princípio* que domina todos os seguros de dano, qualquer que seja sua modalidade de cobertura: o segurado não pode lucrar com o evento danoso, não pode tirar proveito de um sinistro. A indenização deve ser necessária apenas para repor o dano sofrido, restabelecer a situação anterior à ocorrência do sinistro.

Qualquer pagamento a mais, além de caracterizar enriquecimento sem causa, atuaria como estímulo à fraude ou especulação, razão pela qual a legislação de todos os países fulmina de nulidade o seguro de valor superior ao bem. O nosso Código Civil trata do assunto no seu art. 778, que diz: *"Nos seguros de dano, a garantia prometida não pode ultrapassar o valor do interesse segurado no momento da conclusão do contrato, sob pena do disposto no art. 766, e sem prejuízo da ação penal que no caso couber".* Por isso não se pode segurar uma coisa por mais do que valha, nem pelo seu todo mais de uma vez. O art. 11, § 4º, do Decreto-lei nº 73/66, por seu turno, veda a realização de mais de um seguro cobrindo o mesmo objeto ou interesse.

113.2 Seguro de pessoas

Temos, a seguir, o seguro de pessoas, que, ao contrário do que ocorre com o de coisas, não tem caráter indenizatório. Seu valor não está sujeito a qualquer limitação. O segurado pode fazer quantos seguros desejar e pelo valor que quiser, dependendo apenas das suas condições econômicas, consoante o art. 789 do Código Civil. E assim é porque a vida e a integridade física humanas não têm preço; não estão sujeitas a qualquer avaliação econômica. São valores subjetivos, pelo que ficam na dependência de critérios exclusivos do segurado. O segurador, é claro, pode não aceitar a proposta, ou, então, limitar a sua responsabilidade, sem que isso impeça o segurado de fazer outros contratos com seguradoras diferentes.

Em alguns casos, nesta modalidade de seguro, beneficiário é o próprio segurado, como ocorre, por exemplo, no seguro de acidentes pessoais e de invalidez por enfermidade. Já no caso de seguro de vida, que pode ser individual ou coletivo, ocorrendo a morte do segurado, o beneficiário será necessariamente um terceiro, via de regra um membro de sua família, como o cônjuge, filho etc. Teremos, então, aí, uma *estipulação em favor de terceiro*, disciplinada em nosso Código Civil em seus arts. 436 a 438 e respectivos parágrafos, e que ocorre, na definição de Clóvis, quando uma pessoa convenciona com outra certa vantagem em benefício de terceiro, que não toma parte no contrato. Terceiro, em sentido técnico, é aquele que permanece absolutamente estranho à relação jurídica contratual, sendo seu consentimento totalmente desnecessário à constituição do contrato, muito embora venha a ser o seu beneficiário.

113.3 Seguro de saúde

Os planos privados de saúde são típico exemplo de contrato de consumo de extraordinária relevância social. Cobrem cerca de 47 milhões de pessoas na maioria dos municípios brasileiros, estão ligados, direta ou indiretamente, a mais de 290 mil profissionais na área de saúde e minimizam os efeitos da falência dos serviços públicos de assistência médica para boa parte da população brasileira, pois o Estado brasileiro, gasto, distorcido e empobrecido pelo seu gigantismo, de algumas décadas para cá revelou-se incapaz de prestar socorro aos milhões de brasileiros que padecem de algum mal, abrindo oportunidade à iniciativa privada.

Vulgarmente chamados de "seguro de saúde", os planos de saúde não se identificam plenamente com o seguro. O que caracteriza o seguro de saúde, propriamente dito, é o fato de ser operado por companhia de seguro mediante regime de livre escolha de médicos, hospitais e reembolso das despesas médico-hospitalares nos limites do contrato. Já os planos de saúde privados são operados por **empresas de medicina de grupo e por cooperativas de serviços médicos**.

De acordo com informações da Agência Nacional de Saúde Suplementar (ANS), o contrato de seguro-saúde ainda existe como possibilidade, já que as antigas seguradoras decidiram não mais operá-lo. Preferiram passar a usar contratos de planos de saúde como regulados pela Lei nº 9.656/98. Na sua essência, entretanto, o contrato de plano de saúde muito se aproxima do seguro de saúde por ter com ele em comum uma contraprestação pecuniária preestabelecida para cobrir os riscos de eventual doença. Por isso pode ser caracterizado como **contrato aleatório** regulado pelos arts. 458 e seguintes do Código Civil, no qual os contratantes – ou pelo menos um deles – não podem antever a vantagem que receberão em troca da prestação fornecida.

Antes do advento do CDC não havia legislação específica disciplinando a atividade das operadoras de planos de saúde, o que ensejava inúmeras controvérsias sobre os direitos dos usuários desses planos, cláusulas abusivas etc. Mesmo depois do CDC muito se discutiu sobre a sua aplicação nos contratos de planos de saúde anteriores à sua vigência. Apenas em novembro de 2010, com a edição da Súmula nº 469, o STJ pacificou o entendimento a respeito dessa questão: "*Aplica-se o Código de Defesa do Consumidor aos contratos de plano de saúde*". A Segunda Seção, ao apreciar o Projeto de Súmula nº 937 na sessão de 11/4/2018, determinou o cancelamento da Súmula nº 469 do STJ, passando a viger em seu lugar a Súmula nº 608, que diz: "Aplica-se o Código de Defesa do Consumidor aos contratos de plano de saúde, salvo os administrados por entidades de autogestão".[41]

Somente oito anos após a vigência do Código do Consumidor veio a lume a Lei nº 9.656/98, **marco regulatório dos planos e seguros privados de assistência à saúde e da atividade das operadoras desses planos**. Submetem-se às disposições dessa lei (art. 1º) todas as pessoas jurídicas de direito privado que operam **planos de assistência**

---

[41] Julgado em 11/4/2018, *DJe* 17/4/2018.

à **saúde**, qualquer que seja a modalidade utilizada: custeio de despesas, oferecimento de rede credenciada ou referenciada, reembolso de despesas (art. 1º, § 1º).

A modalidade mais utilizada pelas empresas que operam planos de saúde é o contrato misto, na modalidade de pré-pagamento, com livre utilização dos **serviços médicos conveniados** (próprios, credenciados ou referenciados), sem a necessidade de pagar as despesas, ficando o reembolso apenas para os tratamentos mais caros ou casos excepcionais de tratamentos em outras cidades ou fora do país. Tornou-se muito usual também o plano de saúde em grupo, oferecido pelas empresas e instituições aos seus empregados ou servidores.

De **cunho fortemente intervencionista no mercado dos planos de saúde**, a Lei nº 9.656/98 sofreu inúmeras modificações introduzidas por medidas provisórias e leis, de sorte que o seu texto original foi completamente alterado, a começar pelo seu primeiro artigo, que hoje dispõe: "Art. 1º Submetem-se às disposições desta Lei as pessoas jurídicas de direito privado que operam planos de assistência à saúde, sem prejuízo do cumprimento da legislação específica que rege a sua atividade, adotando--se, para fins de aplicação das normas aqui estabelecidas, as seguintes definições".[42]

A Lei nº 9.656/98 impôs uma cobertura contratual mínima dos planos de saúde oferecidos ao público no território nacional, estabeleceu hipóteses de cobertura obrigatórias, vedou práticas e cláusulas contratuais até então usuais, e disciplinou com clareza questões até então tormentosas, como cobertura obrigatória nos casos de carência, emergência, urgência, doença preexistente, planejamento familiar etc.

Assim, por exemplo, no seu art. 10 instituiu **o plano-referência de assistência médico-hospitalar**, compreendendo partos e tratamentos realizados exclusivamente no Brasil, com padrão de enfermaria, centro de terapia intensiva, ou similar, quando necessária a internação hospitalar, das doenças listadas na classificação Estatística Internacional de Doenças e Problemas Relacionados com a Saúde, da Organização Mundial de Saúde. Esta é a amplitude do plano-referência.[43]

No art. 12, I, a Lei nº 9.656/98 estabeleceu o **plano ambulatorial**, que dá cobertura para consultas médicas, em clínicas básicas e especializadas, bem como cobertura de serviços de apoio diagnóstico, tratamentos e demais procedimentos ambulatoriais. O **plano hospitalar** (internação) previsto no inciso II do art. 12, da lei em exame, oferece a ampla cobertura prevista nas letras *a* a *f*.[44]

---

[42] Redação dada pela Medida Provisória nº 2.177-44, de 2001.
[43] Art. 10. É instituído o plano-referência de assistência à saúde, com cobertura assistencial médico--ambulatorial e hospitalar, compreendendo partos e tratamentos, realizados exclusivamente no Brasil, com padrão de enfermaria, centro de terapia intensiva, ou similar, quando necessária a internação hospitalar, das doenças listadas na Classificação Estatística Internacional de Doenças e Problemas Relacionados com a Saúde, da Organização Mundial de Saúde, respeitadas as exigências mínimas estabelecidas no art. 12 desta Lei, exceto: (Redação dada pela Medida Provisória nº 2.177-44, de 2001)
[44] Art. 12. São facultadas a oferta, a contratação e a vigência dos produtos de que tratam o inciso I e o § 1º do art. 1º desta Lei, nas segmentações previstas nos incisos I a IV deste artigo, respeitadas as

Não obstante seu cunho fortemente intervencionista, a Lei nº 9.656/98 prevê expressamente **hipóteses de exclusão de cobertura, cláusulas limitadoras do risco**, em respeito aos princípios do mutualismo e do equilíbrio contratual. Nos incisos I a X do seu art. 10, prevê hipóteses de não cobertura pelo plano-referência, tais como tratamento clínico ou cirúrgico experimental, procedimentos clínicos ou cirúrgicos para fins estéticos, inseminação artificial, fornecimento de medicamentos importados não nacionalizados, e outras mais.

A toda evidência, ainda por força dos princípios da mutualidade e do equilíbrio contratual, as contribuições dos usuários dos planos de saúde são proporcionais à amplitude da cobertura por eles oferecida; o plano ambulatorial é mais barato que o plano hospitalar, de sorte que não se pode estender aos usuários dos planos mais econômicos a mesma cobertura dos planos mais caros. Se o plano ambulatorial, por

---

respectivas amplitudes de cobertura definidas no plano-referência de que trata o art. 10, segundo as seguintes exigências mínimas: (Redação dada pela Medida Provisória nº 2.177-44, de 2001)

I – quando incluir **atendimento ambulatorial**:

a) cobertura de consultas médicas, em número ilimitado, em clínicas básicas e especializadas, reconhecidas pelo Conselho Federal de Medicina;

b) cobertura de serviços de apoio diagnóstico, tratamentos e demais procedimentos ambulatoriais, solicitados pelo médico assistente; (Redação dada pela Medida Provisória nº 2.177-44, de 2001)

c) cobertura de tratamentos antineoplásicos domiciliares de uso oral, incluindo medicamentos para o controle de efeitos adversos relacionados ao tratamento e adjuvantes; (Incluído pela Lei nº 12.880, de 2013)

II – quando incluir **internação hospitalar**:

a) cobertura de internações hospitalares, vedada a limitação de prazo, valor máximo e quantidade, em clínicas básicas e especializadas, reconhecidas pelo Conselho Federal de Medicina, admitindo-se a exclusão dos procedimentos obstétricos; (Redação dada pela Medida Provisória nº 2.177-44, de 2001)

b) cobertura de internações hospitalares em centro de terapia intensiva, ou similar, vedada a limitação de prazo, valor máximo e quantidade, a critério do médico assistente; (Redação dada pela Medida Provisória nº 2.177-44, de 2001)

c) cobertura de despesas referentes a honorários médicos, serviços gerais de enfermagem e alimentação;

d) cobertura de exames complementares indispensáveis para o controle da evolução da doença e elucidação diagnóstica, fornecimento de medicamentos, anestésicos, gases medicinais, transfusões e sessões de quimioterapia e radioterapia, conforme prescrição do médico assistente, realizados ou ministrados durante o período de internação hospitalar; (Redação dada pela Medida Provisória nº 2.177-44, de 2001)

e) cobertura de toda e qualquer taxa, incluindo materiais utilizados, assim como da remoção do paciente, comprovadamente necessária, para outro estabelecimento hospitalar, dentro dos limites de abrangência geográfica previstos no contrato, em território brasileiro; e (Redação dada pela Medida Provisória nº 2.177-44, de 2001)

f) cobertura de despesas de acompanhante, no caso de pacientes menores de dezoito anos;

g) cobertura para tratamentos antineoplásicos ambulatoriais e domiciliares de uso oral, procedimentos radioterápicos para tratamento de câncer e hemoterapia, na qualidade de procedimentos cuja necessidade esteja relacionada à continuidade da assistência prestada em âmbito de internação hospitalar; (Incluído pela Lei nº 12.880, de 2013) (Vigência)

exemplo, for obrigado a arcar com os custos de hospitalização etc., o plano hospitalar se tornará inócuo, e, forçosamente, mais caro, eis que qualquer pessoa poderá ingressar no plano ambulatorial, mais barato, e receber todos os benefícios do plano hospitalar e do plano de referência, o que seria um absurdo.

Destarte, o sistema normativo vigente permite às operadoras de planos de saúde fazer constar do contrato **cláusulas limitativas de riscos** relacionados com o objeto da contratação, de modo a responder pelos riscos somente na extensão contratada. Essas cláusulas limitativas de riscos extensivos ou adicionais relacionados com o objeto do contrato não se confundem com cláusulas que visam a afastar a responsabilidade da operadora pelo próprio objeto nuclear da contratação, as quais são abusivas.

Após mais de trinta anos de vigência do Código do Consumidor, muitas questões controvertidas na área dos planos de saúde foram pacificadas pela jurisprudência do STJ, merecendo destaque as que seguem: (i) **cobertura para doença preexistente** – só poderá ser recusada a cobertura se o segurado agiu de má-fé; conhecia a doença e a ocultou em suas declarações. "*A má-fé do segurado somente implicará isenção de cobertura caso tenha tido o condão de ocultar ou dissimular o próprio risco segurado, isto é, a omissão do segurado deve ter sido causa determinante para a seguradora assumir o risco da cobertura que se pretende afastar*";[45] (ii) **abusividade da cláusula que limita dias de internação**. "*É abusiva a cláusula contratual de seguro de saúde que estabelece limitação de valor para o custeio de despesas com tratamento clínico, cirúrgico e de internação hospitalar. O sistema normativo vigente permite às seguradoras fazer constar da apólice de plano de saúde privado cláusulas limitativas de riscos adicionais relacionados com o objeto da contratação, de modo a responder pelos riscos somente na extensão contratada. Essas cláusulas meramente limitativas de riscos extensivos ou adicionais relacionados com o objeto do contrato não se confundem, porém, com cláusulas que visam afastar a responsabilidade da seguradora pelo próprio objeto nuclear da contratação, as quais são abusivas. Na espécie, a seguradora assumiu o risco de cobrir o tratamento da moléstia que acometeu a segurada. Todavia, por meio de cláusula limitativa e abusiva, reduziu os efeitos jurídicos dessa cobertura, ao estabelecer um valor máximo para as despesas hospitalares, tornando, assim, inócuo o próprio objeto do contrato. A cláusula em discussão não é meramente limitativa de extensão de risco, mas abusiva, porque excludente da própria essência do risco assumido, devendo ser decretada sua nulidade*";[46] (iii) **reajuste por mudança de faixa etária**. "*Nos contratos de seguro de saúde, de trato sucessivo, os valores cobrados a título de prêmio ou mensalidade guardam relação de proporcionalidade com o grau de probabilidade de ocorrência do evento risco coberto. Maior o risco, maior o valor do prêmio. É de natural constatação que quanto mais avançada a idade da pessoa, independentemente de estar ou não ela enquadrada legalmente como idosa, maior é a probabilidade de contrair problema que afete sua saúde. Há uma relação direta entre incremento de faixa etária e aumento de risco de a pessoa vir a necessitar de serviços de assistência médica. Atento a*

---

[45] REsp nº 1.230.233.
[46] REsp nº 735.750.

tal circunstância, veio o legislador a editar a Lei Federal nº 9.656/98, rompendo o silêncio que até então mantinha acerca do tema, preservando a possibilidade de reajuste da mensalidade de plano ou seguro de saúde em razão da mudança de faixa etária do segurado, estabelecendo, contudo, algumas restrições e limites a tais reajustes. Não se deve ignorar que o Estatuto do Idoso, em seu art. 15, § 3º, veda 'a discriminação do idoso nos planos de saúde pela cobrança de valores diferenciados em razão da idade'. Entretanto, a incidência de tal preceito não autoriza uma interpretação literal que determine, abstratamente, que se repute abusivo todo e qualquer reajuste baseado em mudança de faixa etária do idoso. Somente o reajuste desarrazoado, injustificado, que, em concreto, vise de forma perceptível a dificultar ou impedir a permanência do segurado idoso no plano de saúde implica na vedada discriminação, violadora da garantia da isonomia. Nesse contexto, deve-se admitir a validade de reajustes em razão da mudança de faixa etária, desde que atendidas certas condições, quais sejam: a) previsão no instrumento negocial; b) respeito aos limites e demais requisitos estabelecidos na Lei Federal nº 9.656/98; e c) observância ao princípio da boa-fé objetiva, que veda índices de reajuste desarrazoados ou aleatórios, que onerem em demasia o segurado. Sempre que o consumidor segurado perceber abuso no aumento de mensalidade de seu seguro de saúde, em razão de mudança de faixa etária, poderá questionar a validade de tal medida, cabendo ao Judiciário o exame da exorbitância, caso a caso";[47] *d) "Veda-se a discriminação do idoso em razão da idade, nos termos do art. 15, § 3º, do Estatuto do Idoso, o que impede especificamente o reajuste das mensalidades dos planos de saúde que se derem por mudança de faixa etária; essa vedação não envolve, todavia, os demais reajustes permitidos em lei, os quais ficam garantidos às empresas prestadoras de planos de saúde, sempre ressalvada a abusividade"*;[48] **(iv) carência não pode ser invocada para eximir tratamento de urgência**. *"Lídima a cláusula de carência estabelecida em contrato voluntariamente aceito por aquele que ingressa em plano de saúde, merecendo temperamento, todavia, a sua aplicação quando se revela circunstância excepcional, constituída por necessidade de tratamento de urgência decorrente de doença grave que, se não combatida a tempo, tornará inócuo o fim maior do pacto celebrado, qual seja, o de assegurar eficiente amparo à saúde e à vida".*[49] Diante do disposto no art. 12 da Lei nº 9.656/98, é possível a estipulação contratual de prazo de carência, todavia o inciso V, alínea *c*, do mesmo dispositivo estabelece o prazo máximo de vinte e quatro horas para cobertura dos casos de urgência e emergência.[50] Os contratos de seguro e assistência à saúde são pactos de cooperação e solidariedade, cativos e de longa duração, informados pelos princípios consumeristas da boa-fé objetiva e função social, tendo o

---

[47] REsp nº 866840.
[48] REsp nº 1098804.
[49] REsp nº 466.667/SP, 4ª Turma, Rel. Min. Aldir Passarinho Junior.
[50] V – quando fixar períodos de carência:
   a) prazo máximo de trezentos dias para partos a termo;
   b) prazo máximo de cento e oitenta dias para os demais casos;
   c) prazo máximo de vinte e quatro horas para a cobertura dos casos de urgência e emergência; (Incluído pela Medida Provisória nº 2.177-44, de 2001)

objetivo precípuo de assegurar ao consumidor, no que tange aos riscos inerentes à saúde, tratamento e segurança para amparo necessário de seu parceiro contratual. Os arts. 18, § 6º, III, e 20, § 2º, do Código de Defesa do Consumidor preveem a necessidade da adequação dos produtos e serviços à legítima expectativa que o Consumidor tem de, em caso de pactuação de contrato oneroso de seguro de assistência à saúde, não ficar desamparado, no que tange a procedimento médico premente e essencial à preservação de sua vida. Portanto, não é possível a Seguradora invocar prazo de carência contratual para restringir o custeio dos procedimentos de emergência, relativos a tratamento de tumor cerebral que acomete o beneficiário do seguro. Como se trata de situação-limite em que há nítida possibilidade de violação ao direito fundamental à vida, "se o juiz não reconhece, no caso concreto, a influência dos direitos fundamentais sobre as relações privadas, então ele não apenas lesa o direito constitucional objetivo, como também afronta direito fundamental considerado como pretensão em face do Estado, ao qual, enquanto órgão estatal, está obrigado a observar";[51] (v) aposentado tem direito de continuar como beneficiário em plano coletivo de saúde. "Não obstante as disposições advindas com a Lei 9.656/98, dirigidas às operadoras de planos e seguros privados de saúde em benefício dos consumidores, tenham aplicação, em princípio, aos fatos ocorridos a partir de sua vigência, devem incidir em ajustes de trato sucessivo, ainda que tenham sido celebrados anteriormente. A melhor interpretação a ser dada ao caput do art. 31 da Lei 9.656/98, ainda que com a nova redação dada pela Medida Provisória 1.801/99, é no sentido de que deve ser assegurada ao aposentado a manutenção no plano de saúde coletivo, com as mesmas condições de assistência médica e de valores de contribuição, desde que assuma o pagamento integral desta, a qual poderá variar conforme as alterações promovidas no plano paradigma, sempre em paridade com o que a ex-empregadora tiver que custear".[52]

Outras importantes decisões do STJ relativas aos planos de saúde podem ser encontradas no endereço eletrônico do STJ.[53]

---

[51] REsp nº 962980.
[52] REsp nº 531.370.
[53] Plano deve reembolsar despesa em hospital não credenciado, nos limites da tabela, mesmo não sendo urgência ou emergência. Disponível em: <https://www.stj.jus.br/sites/portalp/Paginas/Comunicacao/Noticias/Plano-deve-reembolsar-despesa-em-hospital-nao-credenciado--nos--limites-da-tabela--mesmo-nao-sendo-urgencia-ou-emergencia.aspx>.
Na rescisão de plano de saúde coletivo, CDC impõe que beneficiários tenham alternativa para manter assistência. Disponível em: <https://www.stj.jus.br/sites/portalp/Paginas/Comunicacao/Noticias/01072021-Na-rescisao-de-plano-de-saude-coletivo--CDC-impoe-que-beneficiarios--tenham-alternativa-para-manter-assistencia-.aspx>.
Plano de saúde não é obrigado a cobrir medicamento para uso domiciliar, salvo exceções legais. Disponível em: <https://www.stj.jus.br/sites/portalp/Paginas/Comunicacao/Noticias/14072021--Plano-de-saude-nao-e-obrigado-a-cobrir-medicamento-para-uso-domiciliar--salvo-excecoes--legais.aspx>.
Operadora que não dispõe de plano de saúde individual não é obrigada a manter beneficiária de contrato coletivo rescindido. Disponível em: <https://www.stj.jus.br/sites/portalp/Paginas/Comunicacao/Noticias/04112021-Operadora-que-nao-dispoe-de-plano-de-saude-individual--nao-e-obrigada-a-manter-beneficiaria-de-contrato-coletivo-.aspx>.

113.4 Seguro de responsabilidade civil

Neste seguro, subespécie do seguro de danos, o segurador garante o pagamento de perdas e danos devidos pelo segurado a terceiros. À primeira vista, parece tratar-se de um seguro feito em benefício de terceiro, mas, na realidade, tal não ocorre. O beneficiário é o próprio segurado, porquanto o que ele realmente objetiva é não ter que desembolsar a indenização eventualmente devida a terceiro.

Com efeito, o dano causado no patrimônio do terceiro afeta diretamente o do segurado, que, na hipótese da não existência de seguro, terá de pagar uma soma com base em ato ilícito perpetrado por ele ou seus dependentes. Destarte, o segurado não contrata o seguro em benefício da vítima, mas em benefício próprio, para não desfalcar o seu patrimônio das consequências civis do que venha a causar a outrem.

Cuida-se de modalidade de seguro da maior importância para cobrir os riscos do exercício de algumas profissões, como médicos, dentistas, bem como da atividade automobilística.

Houve, no passado, resistência ao seguro de responsabilidade civil, porque alguns o consideravam atentatório à ordem pública e contrário ao art. 1.436 do Código Civil de 1916. Hoje está expressamente definido no art. 787 do Código Civil, nos seguintes termos: "*No seguro de responsabilidade civil, o segurador garante o pagamento de perdas e danos devidos pelo segurado a terceiro*". Nos seus quatro parágrafos, o dispositivo disciplina outras questões: comunicação do fato ao segurador tão logo o segurado saiba das suas consequências; proibição de o segurado reconhecer sua responsabilidade, confessar, transigir com o terceiro prejudicado ou indenizá-lo diretamente sem a expressa anuência do segurador; ciência da lide ao segurador.

Normalmente, as apólices desse seguro excluem a cobertura de dano intencionalmente causado a terceiro. E nem seria admissível um seguro para dar cobertura aos danos causados por dolo, pois, além de conter causa ilícita, faltar-lhe-ia o elemento *aleatório* (imprevisível), que é elemento essencial do seguro. Doutrina e jurisprudência não admitem cobertura para as consequências de ato doloso, ainda que incluídas pelas partes, por um princípio de ordem pública. Essa cláusula seria nula de pleno direito.

O Código Civil tem norma expressa a esse respeito no seu art. 762: "*Nulo será o contrato para garantia de risco proveniente de ato doloso do segurado, do beneficiário, ou de representante de um ou de outro*".

A responsabilidade que se pode segurar – arremata Pontes de Miranda – *é a do ato culposo (não doloso) da pessoa segurada, ou a de fato, ou de ato-fato de outrem, culposo ou doloso, ou de animal.*[54]

Várias questões controvertidas no seguro de responsabilidade civil, que geraram milhares de ações por todo o país, estão sendo pacificadas pelo STJ, algumas com o caráter de recurso repetitivo (NCPC, art. 1.036) em razão do grande número de recursos

---

[54] *Apud* Voltaire Marensi, *O seguro no direito brasileiro*, Síntese, p. 56.

no Tribunal a discutir a mesma questão. Uma delas diz respeito à **possibilidade da vítima do sinistro ajuizar ação indenizatória diretamente contra o segurador**. Tem se entendido pela impossibilidade por não haver relação de direito material (contratual) entre a vítima e o segurador, uma vez que o beneficiário do seguro é o próprio segurado. No REsp nº 962.230 esse entendimento foi consagrado pela Segunda Seção do Superior Tribunal de Justiça, como segue:

> "Processual civil. Recurso especial representativo de controvérsia. Art. 543-C do CPC. Ação de reparação de danos ajuizada direta e exclusivamente em face da seguradora do suposto causador. Descabimento como regra.
>
> 1. Para fins do art. 543-C do CPC:
>
> 1.1. Descabe ação do terceiro prejudicado ajuizada direta e exclusivamente em face da Seguradora do apontado causador do dano.
>
> 1.2. No seguro de responsabilidade civil facultativo a obrigação da Seguradora de ressarcir danos sofridos por terceiros pressupõe a responsabilidade civil do segurado, a qual, de regra, não poderá ser reconhecida em demanda na qual este não interveio, sob pena de vulneração do devido processo legal e da ampla defesa [...]".

Outra questão diz respeito à **condenação direta da seguradora uma vez denunciada à lide pelo segurado** na ação indenizatória que lhe move a vítima. A questão foi enfrentada no REsp nº 925.130 no sentido da admissibilidade:

> "Processual civil. Recurso especial representativo de controvérsia. Art. 543-C do CPC. Seguradora litisdenunciada em ação de reparação de danos movida em face do segurado. Condenação direta e solidária. Possibilidade.
>
> 1. Para fins do art. 543-C do CPC: Em ação de reparação de danos movida em face do segurado, a Seguradora denunciada pode ser condenada direta e solidariamente junto com este a pagar a indenização devida à vítima, nos limites contratados na apólice.
>
> 2. Recurso especial não provido".

Por fim, a questão da cobertura dos danos morais. No seguro de responsabilidade civil, a **cláusula contratual que acoberta o segurado contra danos corporais abrange também os danos morais**. E assim é porque os danos relativos à pessoa humana podem ser de ordem física ou moral; não se pode dissociar os dois, porque o sofrimento psíquico está intimamente ligado ao bem-estar e à saúde física da pessoa. Consequentemente, contratado seguro de danos corporais, incumbe à seguradora indenizar os danos morais, salvo se houver expressa ressalva.[55]

---

[55] REsp nº 209.531/MG e REsp nº 293.934/RJ; AgRg no Ag nº 935.821/MG.

114 INCIDÊNCIA DO CDC NOS CONTRATOS DE SEGURO

Vencidas algumas resistências iniciais, hoje não mais se questiona a incidência do Código do Consumidor nos contratos de seguro, mesmo porque o seu art. 3º, § 2º, incluiu expressamente a **atividade securitária** no conceito de serviços. Por se tratar de conceito legal, vale dizer, interpretação autêntica, não há como negar que, além da disciplina estabelecida no Código Civil e leis especiais, o seguro está também subordinado aos princípios e cláusulas gerais do Código do Consumidor sempre que gerar relações de consumo.

E como o contrato de seguro é normalmente **civil**, realizado entre o segurador e pessoa física, na sua imensa maioria configura relação de consumo. Só não se aplicará o CDC quando o contrato de seguro for **empresarial**, isto é, contratado por um empresário como insumo de sua atividade econômica, *v.g.*, seguro por acidente de trabalho, de crédito, de transporte etc. Nesses casos, o segurado é invariavelmente empresário e a garantia pretendida com o contrato representa um insumo da empresa.

Essa é a lição de Fábio Ulhoa Coelho:

> "Os seguros civis estão sempre sujeitos à disciplina da lei tutelar dos consumidores. Se o contratante do seguro não é empresário ou a garantia não é insumo de atividade empresarial, a relação de consumo invariavelmente se caracteriza entre ele e a seguradora. Nesse caso, o contratante, segurado e mesmo o beneficiário são consumidores pela lei (CDC, art. 2º), ao passo que a seguradora é fornecedora de serviço nela especificado (CDC, art. 3º e seu § 2º). Para invocar a proteção da legislação consumerista, o consumidor de seguro civil não precisa provar sua condição de vulnerável, que a lei reconhece e presume de modo absoluto. Quando, porém, o risco objeto de cobertura é insumo do contratante do seguro e este evidentemente empresário, em princípio, não se aplica ao contrato o CDC. Em suma, o seguro está sujeito à legislação tutelar dos consumidores, a exemplo de todos os demais contratos, se caracterizada a relação de consumo, isto é, se contratante do seguro ou segurado pode ser considerado o destinatário final do serviço securitário".[56]

Não se aplica o CDC, igualmente, quando segurada for a administração pública. O seguro é sempre insumo (meio) para a realização dos fins visados pelo Estado, de sorte que a administração pública não é sua destinatária ou usuária final.

115 PRINCÍPIOS DO CDC APLICÁVEIS AO SEGURO – BOA-FÉ

Talvez seja o contrato de seguro aquele em que os princípios do CDC tenham maior familiaridade e mais ampla aplicação, a começar pelo princípio da **boa-fé**. Com efeito, se a boa-fé, como vimos, é um dos elementos essenciais do seguro, se é a sua própria alma, sem a qual não existirá, então nenhum contrato prestigia mais o

---

[56] *Curso de Direito Civil*, Saraiva, 2005, v. 3, p. 350.

princípio da boa-fé que o de seguro. Relembramos apenas que a boa-fé, consagrada no CDC como cláusula geral de conduta no seu art. 51, IV, e como princípio orientador da interpretação no art. 4º, III, é a **boa-fé objetiva, que é algo mais que a boa-fé subjetiva**. Boa-fé subjetiva é fato psicológico, estado de espírito ligado a valores éticos. Boa-fé objetiva é comportamento ético, padrão de conduta, tomado como paradigma o homem honrado. Indica conduta real e respeitosa que deve pautar as relações de consumo, fonte de deveres anexos ao contrato, além daqueles expressamente pactuados.

Em suma, a boa-fé objetiva impõe um comportamento de lealdade e cooperação durante todo o contrato, mormente quando de longa duração, uma atividade de lealdade legitimamente esperada nas relações de consumo. Mas, relembremos, essa boa-fé objetiva é bilateral, é via de mão dupla, pelo que gera deveres anexos para o segurador e para o segurado. Assim como o segurador não pode fazer publicidade enganosa nem incluir no contrato cláusula abusiva para enganar ou induzir a erro o segurado, não pode também este fazer declarações falsas na proposta de seguro, nem agravar o seu risco sem comunicá-lo ao segurador.

Bom exemplo de aplicação do princípio da boa-fé no contrato de seguro (ou plano) encontramos no caso julgado pela 2ª Câmara Cível do Tribunal de Justiça do Rio de Janeiro.[57] Empresa comercial de médio porte fez um contrato de saúde em favor dos seus empregados. Após mais de cinco anos de vigência, a seguradora denunciou o contrato valendo-se de cláusula que permitia a denúncia unilateralmente, mas o fez justamente no momento em que um dos beneficiários do grupo se encontrava em tratamento de doença grave, fazendo altos gastos médico-hospitalares.

A Justiça entendeu que a denúncia, embora prevista em cláusula contratual, era abusiva por violação do princípio da **boa-fé**. Enquanto o contrato foi lucrativo para a seguradora, foi do seu interesse mantê-lo. Bastou começar a dar despesas, rapidamente tratou de rompê-lo imotivadamente. Procurou se livrar dos efeitos não obstante vinculado à causa – doença do beneficiário manifestada em plena vigência do contrato. Eis a ementa do acórdão:

> "Plano de saúde. Incidência do Código do Consumidor. Denúncia Unilateral do Contrato. Violação do Princípio da Boa-Fé. Cláusula Abusiva.
>
> A pessoa jurídica é também consumidor, consoante art. 2º do CDC, quando mantém plano de saúde em favor dos seus empregados, pois não atua como intermediária, nem utiliza o serviço como insumo na sua atividade produtiva. Viola o princípio da boa-fé a denúncia unilateral, após cinco anos de vigência do contrato, feita em momento em que um dos seus beneficiários se encontra em tratamento de doença grave, no inequívoco propósito de excluir o dever decorrente de garantia anteriormente assumida. Não se pode afastar os efeitos de uma doença manifestada em plena vigência do contrato".

---

[57] Apelação Cível nº 13.839/2002.

Outro bom exemplo da aplicação do princípio da **boa-fé** no seguro de saúde (ou plano) vamos encontrar nos casos de reajuste exagerado da mensalidade por mudança de faixa etária. Durante décadas o consumidor paga religiosamente o seu plano de saúde, mas quando completa 70 anos não mais consegue pagá-lo porque a seguradora aumenta exageradamente o valor da mensalidade em razão da mudança da faixa etária. Para a seguradora, o reajuste tem por justificativa o aumento do risco, mas, na realidade, é uma forma de excluir o idoso do plano de saúde.

Doutrina e jurisprudência reputam abusiva essa prática, contrária ao princípio da **boa-fé**, o que levou a Lei nº 10.741/2003 (Lei do Idoso), em seu art. 15, § 3º, a vedar, expressamente, "*a discriminação do idoso nos planos de saúde pela cobrança de valores diferenciados em razão da idade*". E mais, a Resolução nº 63 da CONSU, de 22/12/2003, foi editada justamente para ajustar nos planos de saúde as faixas etárias à nova disciplina da lei. Nesse sentido a jurisprudência: "*Plano de Saúde. Mudança de Faixa Etária. Setenta Anos. Reajuste da Mensalidade. Prática Abusiva Vedada pela Lei do Idoso. Vedada pelo art. 15 da Lei 10.741/2003 (Estatuto do Idoso), discriminação do idoso nos planos de saúde pela cobrança de valores diferenciados em razão da idade, constitui prática abusiva o reajuste da mensalidade pelo fato de ter completado setenta anos o beneficiário do plano*".[58]

Em suma, o aumento do prêmio do seguro-saúde em razão da faixa etária dos segurados, se em percentual compatível com o aumento do risco de doenças e estando previsto no contrato de forma clara, não é considerado ilegal, exceto em relação ao idoso, pessoa a partir de 60 anos de idade, em face da vedação prevista no Estatuto do Idoso, cabendo-lhes, apenas, os aumentos gerais autorizados pela ANS.

Outra questão relacionada com os planos de saúde diz respeito à **possibilidade de rescisão unilateral do contrato pelo Plano de Saúde**. Nesse caso, cabe distinguir entre **contrato individual ou familiar** e **contrato em grupo**. No primeiro caso (**contrato individual ou familiar**), a cláusula que autoriza o cancelamento unilateral do contrato está expressamente vedada por lei. Por sua pertinência, transcreve-se o art. 13 e parágrafo único, II, *b*, da Lei nº 9.656/98:

> "Art. 13. Os contratos de produtos de que tratam o inciso I e o § 1º do art. 1º desta Lei têm renovação automática a partir do vencimento do prazo inicial de vigências, não cabendo a cobrança de taxas ou qualquer outro valor no ato da renovação.[59]
>
> Parágrafo único. Os produtos de que trata o *caput*, **contratados individualmente**, terão vigência mínima de um ano, sendo vedadas:[60]
>
> [...]

---

[58] TJRJ, Ap. Cív. nº 44.360/2007, 13ª Câmara Cível.
[59] Redação dada pela Medida Provisória nº 2.177-44, de 2001.
[60] Redação dada pela Medida Provisória nº 2.177-44, de 2001.

II – a suspensão ou a rescisão unilateral do contrato, salvo por fraude ou não pagamento da mensalidade por período superior a sessenta dias, consecutivos ou não, nos últimos doze meses de vigência do contrato, desde que o consumidor seja comprovadamente notificado até o quinquagésimo dia de inadimplência;[61]

III – a suspensão ou a rescisão unilateral do contrato, em qualquer hipótese, durante a ocorrência de internação do titular".[62]

A vedação legal, enfatize, restringe-se aos planos de saúde de contratação individual ou familiar, não atingindo os planos coletivos ou em grupos: "*Seguro coletivo de saúde. Denúncia. O art. 13, parágrafo único, inciso II, alínea 'b', da Lei nº 9.656, de 1988, constitui norma especial que, a contrario sensu, autoriza a denúncia unilateral do seguro coletivo de saúde, não podendo sobrepor-se a ela a norma genérica que protege o consumidor contra as cláusulas abusivas. Embargos de declaração acolhidos com efeitos infringentes*".[63]

115.1 O princípio da transparência

O **princípio da transparência** também tem grande aplicação no seguro. Transparência, como já vimos, é o dever que tem o fornecedor de dar informações claras, corretas e precisas sobre o produto a ser vendido, o serviço a ser prestado, ou sobre o contrato a ser firmado – direitos, obrigações, restrições etc. Neste ponto o CDC inverteu os papéis. Antes era o consumidor que tinha que correr em busca da informação. Para fazer um contrato de seguro, tinha que procurar conhecer as suas cláusulas gerais arquivadas em um cartório lá em Chapecó. Hoje é o segurador que tem o dever de informar, da forma mais clara e completa possível, sob pena de ineficácia (e não nulidade) e abusividade da cláusula que poderia ser prejudicial ao consumidor, consoante arts. 46 e 54, §§ 3º e 4º, do CDC.

Nesse sentido é também a jurisprudência:

> "Contrato de Prestação de Serviços Médicos e Hospitalares. Plano de Saúde. Relação de Consumo. **Contrato que exclui a cobertura de prótese**. Caráter de adesão do pacto entre consumidor e fornecedora. O Código de Defesa do Consumidor se aplica aos contratos de execução continuada, estando os fatos narrados no âmbito do seu tempo de vigência – REsp 331.860/RJ e 439.410/SP. Descumprimento das regras relativas aos contratos de adesão – Art. 54, §§ 3º e 4º do CDC. ***Necessidade de grifo ostensivo das cláusulas***

---

[61] Redação dada pela Medida Provisória nº 2.177-44, de 2001.
[62] Incluído pela Medida Provisória nº 2.177-44, de 2001.
[63] EDcl no REsp nº 602.397/RS, Rel. Min. Ari Pargendler.

limitativas de direitos dos consumidores. Condição não cumprida. Exclusão que não atinge o consumidor.

Necessidade suplementar de **que o contrato esclareça ao consumidor o conceito de prótese** que, se não especificado, deve ser considerado de maneira mais favorável ao consumidor – Art. 112 do CC/2002 (Art. 85 do CC/1916). Exclusão que se considera válida tão só no que tange às próteses embelezadoras e voluntárias. Não incidência da limitação a próteses necessárias e indispensáveis ao sucesso de cirurgias de urgência das quais depende a recuperação do consumidor. Colocação da prótese que determina o próprio processo da cirurgia".[64]

No mesmo sentido firmou-se jurisprudência do Superior Tribunal de Justiça: *"Direito civil. Contrato de seguro-saúde. Transplante. Cobertura do tratamento.* **Cláusula dúbia e mal redigida.** *Interpretação favorável ao consumidor. Art. 54, § 4º, do CDC [...] Acolhida a premissa de que a cláusula excludente seria dúbia e de duvidosa clareza, sua interpretação deve favorecer o segurado, nos termos do art. 54, § 4º, do Código de Defesa do Consumidor".*[65]

Como ensina o insigne consumerista Nelson Nery Junior, *"Dar oportunidade de tomar conhecimento do conteúdo do contrato não significa dizer para o consumidor ler as cláusulas do contrato de comum acordo ou as cláusulas contratuais gerais do futuro contrato de adesão. Significa, isto sim, fazer com que* **tome conhecimento efetivo** *do conteúdo do contrato. Não satisfaz a regra do artigo sob análise a mera cognoscibilidade das bases do contrato, pois o sentido teleológico e finalístico da norma indica dever do fornecedor dar* **efetivo conhecimento** *ao consumidor de todos os direitos e deveres que decorrerão do contrato, especialmente sobre as cláusulas restritivas de direitos do consumidor que, aliás, deverão vir em destaque nos formulários de contrato de adesão".*[66]

115.2 Cláusulas abusivas e cláusulas limitativas de direito do consumidor no seguro

Já tratamos desta questão no item 88, ao qual nos reportamos. Vimos que as **cláusulas limitativas de direito do consumidor**, desde que redigidas com destaque, permitindo sua imediata e fácil compreensão (art. 54, § 4º, do CDC), são válidas e eficazes, porque restringem apenas as obrigações assumidas pelo segurador, de acordo com o princípio de que ninguém pode ser coagido a assumir maior obrigação do que pode ou quer. Essa é a verdadeira essência da liberdade de contratar; as partes manifestam livremente a sua vontade, criando obrigações que entenderem possíveis. Bem diferente é a **cláusula abusiva**, porquanto nesta o fornecedor procura afastar as

---

[64] TJRJ, Ap. Cív. nº 25.157/2004, 11ª Câmara Cível, Rel. Des. Antônio Saldanha Palheiro.
[65] REsp nº 311.509/SP, Rel. Min. Sálvio de Figueiredo Teixeira.
[66] *Código Brasileiro de Defesa do Consumidor*, 5. ed., Forense Universitária, p. 384-385.

consequências de uma obrigação regularmente assumida, acabando por tornar inócua a sua própria essência, desnaturando o contrato.

Assim, prestadas ao consumidor informações claras, precisas e objetivas, não haverá ilegalidade na cláusula restritiva dos seus direitos. Confira-se:

> "Código de defesa do consumidor. Plano de Saúde. **Limitação de Direitos. Admissibilidade.**
>
> Os contratos de adesão são permitidos em lei. O Código de Defesa do Consumidor impõe, tão somente, que 'as cláusulas que implicarem limitação de direito do consumidor deverão ser redigidas com destaque, permitindo sua imediata e fácil compreensão'. Destarte, ainda que se deva, em princípio, dar interpretação favorável ao adquirente de *plano de saúde*, não há como impor-se responsabilidade por cobertura que, por cláusula expressa e de fácil verificação, tenha sido excluída do contrato. Recurso não conhecido, com ressalvas quanto à terminologia".[67]

Doutrina e jurisprudência consideram abusiva cláusula contratual que exclui o **fornecimento de medicamento domiciliar** quando necessário para o tratamento da enfermidade.

> "*Plano de Saúde. Cobertura.* **Abusividade da Cláusula Contratual.** *Medicamento Ambulatorial ou Domiciliar. A jurisprudência desta Corte é no sentido de que o plano de saúde pode estabelecer as doenças que terão cobertura, mas não o tipo de tratamento utilizado para a cura de cada uma delas. É abusiva a cláusula contratual que determina a exclusão do fornecimento de medicamentos pela operadora do plano de saúde tão somente pelo fato de serem ministrados em ambiente ambulatorial ou domiciliar*".[68]

Quanto ao **tratamento domiciliar, também chamado *home care*,** é considerada abusiva a cláusula que o exclui quando necessário para afastar os riscos e inconvenientes da internação por não ser possível à seguradora de saúde limitar as alternativas possíveis para o restabelecimento da saúde do segurado. Segundo o entendimento do STJ, **somente ao médico que acompanha o paciente é dado definir o tratamento adequado,** não se admitindo a negativa de cobertura para uma terapia necessária e mais adequada para lidar com a doença cujo tratamento era previsto no contrato. "*Negativa de Cobertura. Tratamento Quimioterápico Domiciliar. Negativa de Cobertura. Caráter Abusivo de Cláusula Contratual. O eg. Tribunal estadual, ao estabelecer a obrigatoriedade de o plano de saúde proceder a tratamento domiciliar, decidiu em conformidade com a jurisprudência desta Corte no sentido de considerar que 'a exclusão de cobertura de determinado procedimento médico/hospitalar, quando essencial para garantir a saúde e, em algumas vezes, a vida do segurado, vulnera a finalidade básica do contrato'*".[69]

---

[67] STJ, REsp nº 319.707/SP, 3ª Turma, Rel. para Acórdão Min. Castro Filho.
[68] AgRg no AREsp nº 292.901/RS, Rel. Min. Luis Felipe Salomão, *DJe* 4/4/2013.
[69] REsp nº 183.719/SP, Rel. Min. Luis Felipe Salomão, *DJe* 13/10/2008; AgRg no AREsp nº 292259.

Lamentavelmente, são nos planos de saúde que as **cláusulas abusivas** continuam a encontrar campo fértil, como se vê dos seguintes julgados:

"Plano de saúde. Abusividade de Cláusula. Suspensão de Atendimento. *Atraso de Única Parcela*. Dano Moral. Caracterização.

I. É abusiva a cláusula prevista em contrato de plano de saúde que suspende o atendimento em razão do atraso de pagamento de uma única parcela. Precedente da Terceira Turma. Na hipótese, a própria empresa seguradora contribuiu para a mora, pois, em razão de problemas internos, não enviou ao segurado o boleto para pagamento.

II. É ilegal, também, a estipulação que prevê a submissão do segurado a novo período de carência, de duração equivalente ao prazo pelo qual perdurou a mora, após o inadimplemento do débito em atraso.

III. Recusado atendimento pela seguradora de saúde em decorrência de cláusulas abusivas, quando o segurado encontrava-se em situação de urgência e extrema necessidade de cuidados médicos, é nítida a caracterização do dano moral. Recurso provido".[70]

"Obrigação de fazer. Cirurgia de Emergência de Coluna. Negativa de autorização pelo plano de saúde. Cláusula contratual limitativa. *Material essencial para realização da cirurgia, cujo sucesso dependeria de seu implante*. Impossibilidade de a cláusula limitativa vir a impedir o objeto do contrato que é possibilitar a manutenção e preservação da saúde. Relação de consumo – artigo 14 do Código de Defesa do Consumidor. Dano moral configurado. Dever de indenizar".[71]

"Plano de saúde. Incidência do CDC. *Implantação de Stent. Cobertura Excluída por Cláusula Contratual. Abusividade.* As empresas de medicina de grupo, que operam planos de saúde, são prestadoras de serviços que se aproximam do seguro, pois têm em comum uma contraprestação pecuniária preestabelecida para cobrir os riscos de eventual doença. As suas atividades geram relações de consumo, sujeitas à disciplina do CDC. A jurisprudência já pacificou o entendimento de que stent, marca-passos e outros instrumentos médicos que integrem, necessariamente, a cirurgia têm cobertura do plano de saúde ou seguro, pelo que abusiva a cláusula contratual que a exclua. Desprovimento do recurso".[72]

Sobre o tema, merece destaque a **Súmula nº 112 do Tribunal de Justiça do Rio de Janeiro**, que bem sintetiza a farta jurisprudência. "*É nula, por abusiva, a cláusula*

---

[70] STJ, REsp nº 259.263/SP, 3ª Turma, Rel. Min. Castro Filho.
[71] TJRJ, Ap. Cív. nº 49.428/2006, 13ª Câmara Cível, Rel. Des. Azevedo Pinto.
[72] TJRJ, Ap. Cív. nº 27.215/2007, 13ª Câmara Cível, Rel. Des. Sergio Cavalieri Filho.

que exclui de cobertura a órtese que integre, necessariamente, cirurgia ou procedimento coberto por plano ou seguro de saúde, tais como stent e marcapasso." A rigor, a jurisprudência nada mais fez do que explicitar o que já está previsto na Lei nº 9.656/98, art. 10, VII, que só permite excluir da cobertura o "fornecimento de próteses, órteses e seus acessórios **não ligados ao ato cirúrgico**".[73]

Bem mais complexa é a questão relativa a **transplante de órgãos**. O regime jurídico que disciplina os contratos de plano de saúde expressamente preceituava a possibilidade de haver, em eventuais pactos, a exclusão de cobertura de transplante de órgãos, que não o de rins e o de córneas, consoante art. 10, § 4º, da Lei nº 9.656/98, dispositivo esse que teve nova redação dada pela Medida Provisória nº 1.067, de 2021.[74] Em se tratando de lei que surgiu para aprimorar e regular o setor em que atuam as entidades privadas de saúde, o referido preceito, ao menos, sinaliza a admissão da exclusão da cobertura sob comento, desde que assim contratada. Nesse sentido decidiu o STJ no REsp nº 319.707/SP. Não é esse, entretanto, o entendimento que tem prevalecido no próprio STJ. Se existe cobertura no contrato de prestação de serviço de saúde para uma determinada doença, não pode haver exclusão de tratamento que a vise curar, mesmo que o tratamento adequado seja o transplante de órgão. A cláusula excluindo o transplante é abusiva porque, tendo o plano assumido a cobertura da doença, procura com a cláusula excluir ou reduzir a sua obrigação/responsabilidade:[75]

> "Direito civil. Contrato de seguro em grupo de assistência médico-hospitalar, individual e familiar. ***Transplante de órgãos. Rejeição do primeiro órgão. Novo transplante. Cláusula excludente. Invalidade***.
>
> O objetivo do contrato de seguro de assistência médico-hospitalar é o de garantir a saúde do segurado contra evento futuro e incerto, desde que esteja prevista contratualmente a cobertura referente a determinada patologia; a seguradora se obriga a indenizar o segurado pelos custos com o tratamento adequado desde que sobrevenha a doença, sendo esta a finalidade fundamental do seguro-saúde.
>
> Somente ao médico que acompanha o caso é dado estabelecer qual o tratamento adequado para alcançar a cura ou amenizar os efeitos da enfermidade que acometeu o paciente; a seguradora não está habilitada, tampouco autorizada, a limitar as alternativas possíveis para o restabelecimento da saúde do segurado, sob pena de colocar em risco a vida do consumidor.

---

[73] VII – fornecimento de próteses, órteses e seus acessórios não ligados ao ato cirúrgico; (Redação dada pela Medida Provisória nº 2.177-44, de 2001)

[74] § 4º A amplitude das coberturas no âmbito da saúde suplementar, inclusive de transplantes, de procedimentos de alta complexidade e das dispostas nas alíneas "c" do inciso I e "g" do inciso II do *caput* do art. 12, **será estabelecida em norma editada pela ANS**.

[75] REsp nº 1.053.810/SP, 3ª Turma, Rel. Min. Nancy Andrighi.

Além de ferir o fim primordial do contrato de seguro-saúde, *a cláusula restritiva de cobertura de transplante de órgãos* acarreta desvantagem exagerada ao segurado, que celebra o pacto justamente ante a imprevisibilidade da doença que poderá acometê-lo e, por recear não ter acesso ao procedimento médico necessário para curar-se, assegura-se contra tais riscos.

Cercear o limite da evolução de uma doença é o mesmo que afrontar a natureza e ferir, de morte, a pessoa que imaginou estar segura com seu contrato de 'seguro-saúde'; se a ninguém é dado prever se um dia será acometido de grave enfermidade, muito menos é permitido saber se a doença, já instalada e galopante, deixará de avançar para o momento em que se tornar necessário procedimento médico ou cirúrgico que não é coberto pelo seguro médico-hospitalar contratado.

A negativa de cobertura de transplante – apontado pelo médicos como essencial para salvar a vida do paciente –, sob alegação de estar previamente excluído do contrato, deixa o segurado à mercê da onerosidade excessiva perpetrada pela seguradora, por meio de abusividade em cláusula contratual".

115.3 Mora e inadimplemento do segurado

Dispõe o art. 763 do Código Civil: *"Não terá direito a indenização o segurado que estiver em mora no pagamento do prêmio, se ocorrer o sinistro antes da sua purgação".* Esse dispositivo, que não existia no Código de 1916, não pode ser interpretado na contramão de toda a evolução doutrinária e jurisprudencial que havia se consolidado muito antes da sua vigência. Seria um *retrocesso in pejus*, juridicamente inadmissível.

Na verdade, entender que a simples mora do segurado no pagamento do prêmio faz com que ele perca o direito à indenização se o sinistro ocorrer antes de sua purgação atenta contra o princípio da boa-fé que, como já ressaltado, é a própria alma do seguro.

Como aceitar que o segurado, após pagar pontualmente o prêmio durante anos, venha a perder o direito à indenização pelo simples atraso circunstancial desse pagamento justamente no mês em que ocorre o sinistro?

Por essa e outras razões, a doutrina e a jurisprudência, muito antes da vigência do novo Código Civil, haviam firmado entendimento no sentido de que não basta a mora para o rompimento automático do contrato de seguro; é preciso, ao menos, *a prévia constituição em mora do contratante pela seguradora, mediante interpelação* em juízo. A cláusula de cancelamento ou resolução automática do contrato de seguro, pela simples mora do segurado, é considerada abusiva. Confira-se: *"Seguro. Prestações. Atraso. Cancelamento Automático. Impossibilidade. Ausência de Interpelação do Segurado. O mero atraso no pagamento de prestação do prêmio do seguro não importa em desfazimento automático do contrato, para o que se exige, ao menos, a prévia constituição em mora do contratante pela seguradora, mediante interpelação".*[76]

---

[76] REsp nº 867.489/PR, nº 316.552/SP, nº 1.058.636/SC, AgR-REsp nº 770.720/SC.

A jurisprudência já havia ido além, a ponto de não admitir o rompimento do contrato de seguro mesmo no caso de inadimplemento do segurado, se este já tiver adimplido parte substancial da avença: *"Seguro. Inadimplemento da segurada. Falta de pagamento da última prestação.* **Adimplemento substancial***. Resolução. A companhia seguradora não pode dar por extinto o contrato de seguro, por falta de pagamento da última prestação do prêmio, por três razões: (a) ... (omissis); (b) a segurada cumpriu substancialmente com a sua obrigação, não sendo a sua falta suficiente para extinguir o contrato; e (c) a resolução do contrato deve ser requerida em juízo, quando será possível avaliar a importância do inadimplemento, suficiente para a extinção do negócio".*[77]

Em face desse estágio de nossa doutrina e jurisprudência, impõe-se dar ao art. 763 do Código Civil uma inteligência compreensiva, já que, como ressaltado, o *retrocesso in pejus* é juridicamente inadmissível.

Tenho como certo que o sentido do dispositivo em exame é que o **segurado não terá direito à indenização enquanto estiver em mora**. Mas, de acordo com a regra geral do art. 401 do Código Civil, a mora pode ser purgada pelo devedor, *"oferecendo este a prestação mais a importância dos prejuízos decorrentes do dia da oferta"* (inc. I).

Sendo esta a regra legal, seria ilógico entender que só na hipótese do art. 763 do Código Civil não caberia a purgação da mora depois de ocorrido o sinistro. A prestação, tal como estabelecida no contrato (pagar quantia certa), não se torna inútil para a seguradora se o sinistro já tiver ocorrido.

Em conclusão, a mora do segurado apenas suspende a exigibilidade da indenização enquanto não satisfeito o prêmio, e faz incidir os juros moratórios. O segurado não fará jus à indenização enquanto não purgar a mora.

Outra será a situação no **caso de inadimplemento**. O segurado deixou de pagar várias prestações, numa clara evidência de que se desinteressou pelo seguro. A toda evidência, não poderá o segurado, ocorrido o sinistro, pretender quitar as prestações em atraso para receber a indenização. Isso importaria em má-fé, inimigo número um do seguro. O Superior Tribunal de Justiça bem colocou a questão:[78]

> "Inadimplemento de contrato de seguro. Falta de pagamento de mais da metade do valor do prêmio. Indenização indevida pelo sinistro ocorrido durante o prazo de suspensão do contrato, motivada pela inadimplência do seguro.
>
> A falta de pagamento de mais da metade do valor do prêmio é justificativa suficiente para a não operação da companhia seguradora que pode, legitimamente, invocar em sua defesa a exceção de suspensão do contrato pela inadimplência do segurado.
>
> Apenas a falta de pagamento da última prestação do contrato de seguro pode, eventualmente, ser considerada **adimplemento substancial** da obrigação

---

[77] STJ, REsp nº 76.362/MT, 4ª Turma, Rel. Min. Ruy Rosado de Aguiar.
[78] REsp nº 145.971/SP, 3ª Turma, Rel. Min. Nancy Andrighi.

contratual, na linha de precedentes do STJ, sob pena de comprometer as atividades empresariais da companhia seguradora".

Há pelo menos mais duas questões relevantes relacionadas com o seguro e o Código do Consumidor: **a prescrição no seguro** e o **chamamento ao processo da seguradora**. Mas para não sermos repetitivos, remetemos o leitor para os itens 166 e 171 nos quais essas questões são examinadas.

116 TRANSPORTE COLETIVO

116.1 Relevância social e econômica do contrato de transporte

O contrato de transporte, tal como o seguro, é da maior relevância social e econômica. Basta lembrar, para evidenciar a sua importância, que diariamente são transportados em todo o país cerca de cinquenta milhões de passageiros de casa para o trabalho e do trabalho para casa, por meio de ônibus, trens, metrôs e outros veículos. Isso revela que o transporte coletivo é, realmente, um instrumento fundamental para o Estado moderno cumprir suas missões social e econômica. Uma greve nesse setor paralisaria o país, literalmente.

No que diz respeito ao transporte aéreo, todos sabemos que é um aproximador dos países, dos povos, das pessoas, das cidades, bem como um extraordinário fomentador de negócios e circulador de riquezas.

Não obstante essa relevância social, econômica e jurídica, o contrato de transporte sequer mereceu uma referência no Código Civil de 1916. Por quê? Já se ressaltou que o Projeto do Código de 1916 foi elaborado por Clóvis Beviláqua na última década de 1800 (1890), quando o transporte coletivo era ainda incipiente, sequer existente. A história do transporte coletivo começou no tempo da "maria-fumaça", as locomotivas a vapor, que foram os primeiros meios de transporte. Durante todo o século XX o contrato de transporte foi disciplinado pela chamada "Lei das Estradas de Ferro", o Decreto nº 2.681, de 1912.

O Código Civil de 2002 disciplina o contrato de transporte a partir do seu art. 730, tanto o transporte de pessoas (arts. 734 a 742) como o de coisas (arts. 743 a 756), e o faz incorporando no texto da lei tudo que foi construído e consagrado pela doutrina e pela jurisprudência ao longo do século XX.

117 CARACTERÍSTICAS DO CONTRATO DE TRANSPORTE

Trata-se de contrato de adesão, porque as suas cláusulas são previamente estipuladas, pelo transportador, às quais o passageiro simplesmente adere na hora da celebração do contrato. As partes não discutem as cláusulas contratuais, como normalmente ocorre nos demais contratos.

Reúne ainda o contrato de transporte as características de um contrato consensual, bilateral, oneroso e comutativo, posto que para a sua celebração basta o simples encontro de vontades; cria direitos e obrigações para ambas as partes e há um equilíbrio econômico entre as respectivas prestações. O preço da passagem, via de regra, corresponde ao benefício recebido pelo passageiro. É o que dispõe o art. 730 do Código Civil: "*Pelo contrato de transporte alguém se obriga, mediante retribuição, a transportar, de um lugar para outro, pessoas ou coisas*".

O bilhete ou passagem não é indispensável para a celebração do contrato, basta o acordo de vontades, por se tratar de contrato não formal. Pode apenas servir como meio de prova da sua existência. Nem mesmo o prévio pagamento da passagem é elemento necessário para a consumação do contrato. Há casos em que o pagamento é feito no curso da viagem ou no final, até mesmo depois mediante prestações.

Sem dúvida, a caracterização mais importante do contrato de transporte é a **cláusula de incolumidade** que nele está implícita. A obrigação do transportador não é apenas de meio, e não só de resultado, mas também de *garantia*. Não se obriga ele apenas a tomar as providências e cautelas necessárias para o bom sucesso do transporte; obriga-se pelo fim, isto é, garante o bom êxito. Tem o transportador o dever de zelar pela incolumidade do passageiro na extensão necessária a lhe evitar qualquer acontecimento funesto, como assinalou Vivante, citado por Aguiar Dias. O objeto da obrigação de custódia, prossegue o Mestre, é assegurar o credor contra os riscos contratuais, isto é, pôr a cargo do devedor a álea do contrato, salvo a força maior.[79]

Em suma, entende-se por cláusula de incolumidade a obrigação que tem o transportador de conduzir o passageiro são e salvo (incólume) ao lugar de destino.

118 INCIDÊNCIA DO CÓDIGO DO CONSUMIDOR NO TRANSPORTE COLETIVO

Aplica-se o CDC ao transporte coletivo por envolver relação de consumo na modalidade de prestação de serviço público. Além da abrangência do conceito de serviço adotado em seu art. 3º, § 2º, o Código do Consumidor tem regra específica no art. 22 e parágrafo único. Ficou ali estabelecido que os órgãos públicos, por si ou suas empresas, concessionárias, permissionárias ou sob qualquer outra forma de empreendimento, além de serem obrigadas a fornecer serviços adequados, eficientes e seguros, respondem pelos danos que causarem aos usuários, na forma prevista no Código de Defesa do Consumidor. Não há como e nem por que contestar, portanto, a incidência do CDC no transporte de passageiros.

A única exceção que se faz é para o caso de **transporte puramente gratuito**, porque neste, não havendo pagamento da passagem, **não haverá prestação de serviço**, uma vez que o CDC exige que o serviço fornecido seja mediante **remuneração** (§ 2º do art. 3º). Neste caso, entretanto, será preciso verificar se se trata de transporte puramente gratuito ou de transporte aparentemente gratuito.

Puramente gratuito é o transporte que é feito no exclusivo interesse do transportado, por mera cortesia do transportador, como no caso de alguém que dá uma carona

---

[79] José de Aguiar Dias, ob. cit., v. I, p. 230.

para um amigo, socorre uma pessoa que está na estrada ou sem meio de condução. Há **transporte aparentemente gratuito** quando o transportador tem algum interesse patrimonial no transporte, ainda que indireto, como ocorre, por exemplo, no transporte que o patrão oferece aos empregados para levá-los ao trabalho; do corretor que leva o cliente para ver o imóvel que está à venda etc.

Idêntica situação se configura quando o preço do transporte, tido como gratuito, está embutido no valor global da tarifa, ou nos benefícios recebidos, pela empresa transportadora, do Poder Público concedente. Tal é o caso do transporte gratuito assegurado pelo art. 230, § 2º, da Constituição de 1988 aos maiores de 65 anos. Em alguns municípios esse benefício tem sido estendido aos escolares de primeiro grau.

A toda evidência, esse transporte não é gratuito, porquanto tem seu custo incluído no valor global da tarifa e repassado aos demais usuários do serviço.

O Código Civil, no seu art. 736, faz essa distinção entre transporte aparentemente gratuito e puramente gratuito, ao dispor: *"Não se subordina às normas do contrato de transporte o feito gratuitamente por amizade ou cortesia"*. E no seu parágrafo único explicita: *"Não se considera gratuito o transporte quando, embora feito sem remuneração, o transportador auferir vantagens indiretas"*.

Pois bem, só não incide o CDC no transporte puramente gratuito porque neste, como ressaltado, não há fornecimento de serviço. O transporte aparentemente gratuito está submetido às regras do Código Civil e do Código do Consumidor.

Este já era o entendimento da jurisprudência antes mesmo da vigência do Código Civil de 2002. Confira-se:

> "Responsabilidade civil do transportador. Transporte Aparentemente Gratuito. Incidência das Regras do Contrato de Transporte. Presunção de Responsabilidade do Transportador. Indenização Por Danos Materiais e Morais Corretamente Fixada.
>
> Quando o transportador tem algum interesse patrimonial no transporte, ainda que indireto, como ocorre no caso do transporte oferecido pelo patrão aos empregados para levá-los ao trabalho, não há que se falar em transporte benévolo por isso que a gratuidade é meramente aparente. Nesse caso a responsabilidade do transportador é aquela decorrente das regras do contrato de transporte. Desprovimento do recurso".[80]

119 PRINCÍPIO DA SEGURANÇA

Todos os princípios estabelecidos no CDC são aplicáveis ao transporte coletivo: boa-fé, confiança, transparência, informação, inversão do ônus da prova etc. O princípio

---

[80] TJRJ, Ap. Cív. nº 20.191/2000, 2ª Câmara Cível, Rel. Des. Sergio Cavalieri Filho.

da segurança, entretanto, do qual tratamos no item 21, é o de maior relevância, uma vez que a responsabilidade do transportador é objetiva, fundada no art. 14 do CDC.

Na verdade, como fornecedor de serviço o transportador responde, independentemente da existência de culpa, pela reparação dos danos causados aos consumidores **por defeitos** relativos à prestação dos serviços. E o serviço é defeituoso quando não **fornece a segurança** que o consumidor dele pode esperar.[81] Eis aí o princípio da segurança no qual se estrutura todo o sistema de responsabilidade civil nas relações de consumo.

Depreende-se do disposto no art. 14 do CDC que o fato gerador da responsabilidade do transportador não é mais a relação jurídica contratual, mas, o **defeito do serviço**, que se caracteriza quando este não oferece a **segurança** legitimamente esperada. Confira-se:

"Responsabilidade Civil do Transportador. Queda do Passageiro ao Desembarcar do Ônibus. Responsabilidade do Transportador. Art. 14 do Código de Defesa do Consumidor. Indenização por Dano Material e Moral.

Tratando-se de transporte coletivo, a responsabilidade do transportador tem início com o embarque do passageiro no veículo e só termina com o seu efetivo desembarque. Consequentemente, se o motorista arranca com o ônibus no momento em que o passageiro está desembarcando, e o faz cair e se ferir, haverá responsabilidade do transportador, porque ainda se executava o contrato.

Ocorrido o acidente, o transportador tem o dever de indenizar o passageiro independentemente de culpa. Essa responsabilidade é objetiva por força do art. 14 do Código do Consumidor, aplicável à segunda apelante por ser prestadora de serviços públicos no mercado de consumo. Para afastar o seu dever de indenizar terá o transportador que provar – ônus seu – força maior, fato exclusivo da vítima ou de terceiro, o que no caso não ocorreu.

Indenização pelo dano moral fixada em R$ 12.000,00, atendendo aos parâmetros de razoabilidade e proporcionalidade, além dos critérios relativos às consequências do fato, à gravidade da lesão e à condição econômica das partes. Confirmação da sentença [...]".[82]

120 PRINCÍPIO DA INDENIZAÇÃO INTEGRAL

O CDC consagrou o princípio da indenização integral no seu art. 6º, VI, ao estatuir a **efetiva prevenção e reparação de danos patrimoniais e morais**, individuais, coletivos e difusos. Destarte, após a sua vigência ficaram afastadas, nos acidentes de consumo causados por transporte terrestre ou aéreo, as cláusulas limitativas da indenização, quer previstas no contrato quer previstas na própria lei. Essa foi a posição que defendemos desde a primeira edição (1996) do nosso *Programa de responsabilidade civil*, em face

---

[81] Art. 14, § 1º.
[82] TJRJ, Ap. Cív. nº 30.288/2007, 13ª Câmara Cível, Rel. Des. Sergio Cavalieri Filho.

da indenização limitada prevista no art. 22, nº 1, da Convenção de Varsóvia, e que acabou sendo consagrada pela jurisprudência.

> "Responsabilidade do transportador aéreo. Extravio de Bagagem. Indenização Integral. Prevalência do Código do Consumidor Sobre a Convenção de Varsóvia.
>
> O Código do Consumidor, ao consagrar o princípio da indenização integral para todos os acidentes de consumo, derrogou os dispositivos legais anteriores que estabeleciam responsabilidade limitada para o transportador aéreo, quer em âmbito nacional quer internacional. Prevalecem as disposições desse Código sobre a Convenção de Varsóvia porque a Convenção, embora tenha aplicabilidade no Direito Interno brasileiro, não se sobrepõe às leis do País, consoante entendimento firmado pela Suprema Corte desde o julgamento do RE. 80.004.
>
> Assim, em face do conflito entre tratado e lei posterior, prevalece esta última, por representar a última vontade do legislador, embora o descumprimento no plano internacional possa acarretar consequências [...]".[83]

A jurisprudência do egrégio Superior Tribunal de Justiça inicialmente inclinou-se no sentido da prevalência da Convenção de Varsóvia, por entender que a lei superveniente, de caráter geral (o Código de Defesa do Consumidor), não afasta as disposições especiais contidas no tratado.[84] Posteriormente, entretanto, o entendimento da nossa Corte Superior de Justiça firmou-se em sentido contrário, a partir das posições assumidas pelos Ministros Paulo Costa Leite, Carlos Alberto Menezes Direito e Ruy Rosado do Aguiar. Confira-se:

> "Responsabilidade civil. Transportador. Limitação de indenização. Código de Defesa do Consumidor. Convenção de Varsóvia.
>
> Editada lei específica, em atenção à Constituição (art. 5º, XXXII), destinada a tutelar os direitos do consumidor e mostrando-se irrecusável o reconhecimento da existência de relação de consumo, suas posições devem prevalecer. Havendo antinomia, o previsto em tratado perde eficácia, prevalecendo a lei interna posterior que se revela com ele incompatível".[85]

No mesmo sentido seguiram outros julgados:

> "Transporte aéreo. Extravio de bagagem (danos à bagagem/danos à carga) – Código Brasileiro de Aeronáutica e Convenção de Varsóvia – Código de Defesa do Consumidor.

---

[83] TJRJ, Ap. Cív. nº 6.995/97, 2ª Câmara Cível, Rel. Des. Sergio Cavalieri Filho.
[84] REsp nº 58.736/MG, 3ª Turma, Rel. Min. Eduardo Ribeiro, julgado em dezembro de 1995.
[85] STJ, REsp nº 169.000/RJ, 3ª Turma, Rel. Min. Paulo Costa Leite.

1. Segundo a orientação formada e adotada pela 3ª Turma do Superior Tribunal de Justiça, quando ali se ultimou o julgamento dos REsp 158.535 e 169.000, *a responsabilidade do transportador não é limitada*, em casos que tais (Código de Defesa do Consumidor, arts. 6º, VI, 14, 17, 25 e 51, § 1º, II)".[86]

A Convenção de Varsóvia foi substituída pela Convenção de Montreal, celebrada em 28 de maio de 1999, mas só aprovada no Brasil pelo Decreto Legislativo nº 59, de 18 de julho de 2006, e promulgada pelo Decreto nº 5.910, de 27 de setembro de 2006. Essa nova Convenção também tem cláusulas limitativas da indenização no transporte aéreo internacional. No caso de morte ou lesões do passageiro, o seu art. 21 limita a indenização a 100.000 Direitos Especiais de Saque; no caso de atraso no transporte, o art. 22, item 1, limita a indenização a 4.150 Direitos Especiais de Saque; no caso de perda, avaria ou destruição da bagagem, a indenização é limitada a 1.000 Direitos Especiais de Saque (item 2).

Entendemos que nada mudou quanto à vedação da limitação da indenização, mesmo em relação às cláusulas que estão agora previstas na Convenção de Montreal. Subsiste a proibição do Código de Defesa do Consumidor por ser a Lei especial que disciplina todos os contratos que geram relações de consumo, entre os quais o de transporte de passageiros. Para melhor exame do tema, mormente do **atual entendimento do Supremo Tribunal Federal**, reportamos aos itens 9.2 a 9.4.

Ocorre o mesmo no que respeita às cláusulas limitativas da indenização (ou tarifada, como preferem outros), previstas nos arts. 246 e 257 do Código Brasileiro de Aeronáutica. Como prestador de serviço público concedido pela União,[87] não pode o transportador aéreo (transportador interno) ficar fora do regime de *indenização integral*. Aqui a questão é bem mais singela do que no caso de conflito entre o CDC e a Convenção de Varsóvia ou de Montreal. O Código Brasileiro de Aeronáutica é lei nacional, tal como o Código do Consumidor, e, sendo este lei posterior e especial, há de prevalecer naquilo que dispôs de forma diferente.

Ressalte-se, por derradeiro, que o Código Civil de 2002, em seu art. 734, vedou expressamente a cláusula de não indenizar no contrato de transporte – "*sendo nula qualquer cláusula excludente da responsabilidade*".

121 CONTRATOS DE PRESTAÇÃO DE SERVIÇOS PÚBLICOS

Os serviços públicos estão também sujeitos às regras do consumo, uma vez que o art. 22 do CDC dispõe que "*os órgãos públicos, por si ou suas empresas, concessionárias, permissionárias ou sob qualquer outra forma de empreendimento, são obrigados a fornecer serviços adequados, eficientes, seguros e, quanto aos essenciais, contínuos*".

---

[86] REsp nº 154.943/DF, 3ª Turma, Rel. Min. Nilson Naves.
[87] Constituição Federal, art. 21, XII, *c*.

Tratamos do tema nos itens 32 a 32.3, aos quais nos reportamos, cabendo aqui mero resumo do que ali ficou exposto.

O que se entende por **serviços públicos** em sede consumerista?

De acordo com a Constituição Federal, cabe ao Poder Público a prestação de serviços públicos, entendendo-se como tais os prestados pela Administração ou por seus delegados, sob normas e controles estatais, para satisfazerem necessidades essenciais ou secundárias da coletividade, ou simples conveniência do Estado.

Além dos serviços públicos de competência exclusiva de cada ente estatal da Administração Direta, União (art. 21 da CF/88), Estados (art. 25, § 2º), Municípios (art. 30, V), há aqueles que são prestados pelo Poder Público a grupamentos indeterminados, sem possibilidade de identificação dos destinatários, chamados de serviços *uti universi*. Esses serviços são custeados pelos impostos, como são os serviços de segurança pública, os de saúde e outros.

Diferentemente, há os serviços públicos que preordenam-se a destinatários individuais, cujos usuários são determináveis, os quais permitem a aferição do *quantum* utilizado por consumidor, o que ocorre com os serviços de **telefonia, energia elétrica, água, gás** e outros. Tais serviços são chamados de *uti singuli* e remunerados por **tarifa ou preço público**.

Quando os serviços públicos estão sujeitos às regras do Código do Consumidor? Essa é outra questão sobre a qual não há unidade doutrinária. Uma corrente defende a aplicação do CDC somente aos serviços remunerados por tarifa (preço público), estando dentre os adeptos dessa corrente Cláudio Banolo e Paulo Valério Del Pai Moraes.[88] Uma segunda corrente, menos ortodoxa, da qual são adeptos Claudia Lima Marques e Adalberto Pasqualotto, entende que o CDC é aplicável, indistintamente, a todos os serviços públicos, remunerados por tributos ou tarifa.

Estamos com a primeira corrente, para a qual só os serviços remunerados por tarifa podem ser regidos pelo Código de Defesa do Consumidor, em razão do direito de escolha do usuário, um dos direitos básicos para o reconhecimento da condição de consumidor. Esse é também o entendimento prevalente no Superior Tribunal de Justiça, magistralmente sintetizado em julgado do qual foi relatora a Min. Eliana Calmon.

> "Administrativo. Serviço público. Concedido. Energia elétrica. Inadimplência.
>
> 1. Os ***serviços públicos*** podem ser próprios e gerais, sem possibilidade de identificação dos destinatários. São financiados pelos tributos e prestados pelo próprio Estado, tais como segurança pública, saúde, educação etc. Podem ser também impróprios e individuais, com destinatários determinados ou determináveis. Neste caso, têm uso específico e mensurável, tais como os serviços de telefone, água e energia elétrica.

---

[88] *Questões controvertidas no Código de Defesa do Consumidor*, 4. ed., Livraria do Advogado.

2. Os serviços públicos impróprios podem ser prestados por órgãos da administração pública indireta ou, modernamente, por delegação, como previsto na CF (art. 175). São regulados pela Lei nº 8.987/95, que dispõe sobre concessão e permissão dos serviços públicos.

3. Os serviços prestados por concessionárias são remunerados por tarifa, sendo facultativa a sua utilização, que é regida pelo CDC, o que a diferencia da taxa, esta, remuneração do serviço público próprio.

4. Os serviços públicos essenciais, remunerados por tarifa, porque prestados por concessionárias do serviço, podem sofrer interrupção quando há inadimplência, como previsto no art. 6º, § 3º, II, da Lei nº 8.987/95. Exige-se, entretanto, que a interrupção seja antecedida por aviso, existindo na Lei nº 9.427/96, que criou a ANEEL, idêntica previsão.

5. A continuidade do serviço, sem o efetivo pagamento, quebra o princípio da igualdade das partes e ocasiona o enriquecimento sem causa, repudiado pelo Direito (arts. 42 e 71 do CDC, em interpretação conjunta)".[89]

Em conclusão: os serviços públicos remunerados por tributos (impostos, taxas ou contribuições de melhoria) não estão submetidos à incidência do CDC porque trava-se entre o Poder Público e o contribuinte uma relação administrativo-tributária, conforme já ressaltado, disciplinada pelas regras do Direito Administrativo. Só estão sujeitos às regras do CDC os serviços públicos remunerados por tarifa ou preço público.

122 SERVIÇOS PÚBLICOS ESSENCIAIS – PRINCÍPIOS DA ADEQUAÇÃO E DA CONTINUIDADE

O art. 22 do CDC faz menção expressa aos **serviços públicos essenciais**, embora não os caracterize, defina ou sequer indique as atividades assim consideradas. Por outro ângulo, a CF/88 apenas sinaliza que a lei definirá os serviços ou atividades essenciais.[90]

Somente na Lei nº 7.783/89, a Lei de Greve, é que se encontra a definição das atividades essenciais, como aquelas que atendem as necessidades inadiáveis da comunidade, cujo art. 10 traz a relação dos serviços ou atividades essenciais e define, no art. 11, as necessidades inadiáveis como aquelas que, não atendidas, colocam em perigo iminente a sobrevivência, a saúde ou a segurança da população.

Tem entendido a doutrina que a Lei de Greve supre o CDC com a relação do seu art. 10, embora os consumeristas não a considerem absoluta, porque, para eles, todo serviço público é em princípio essencial. Lamentavelmente, o impasse doutrinário não foi ainda solucionado pela jurisprudência, extremamente vacilante nesse especial aspecto, inclusive na Corte Superior de Justiça.

---

[89] REsp nº 525.500/AL, Rel. Min. Eliana Calmon.
[90] Art. 9º, § 1º.

As definições até aqui propostas, longe de mero exercício doutrinário, são de importância fundamental para definir não só a classificação de quais sejam os serviços essenciais, os quais para nós estão na listagem do art. 10 da Lei de Greve, como também para definir qual a natureza jurídica da relação. Entende-se que se o serviço essencial é remunerado por taxa temos um serviço regido pelo Direito Público, Tributário e Administrativo; se remunerado por tarifa, temos uma relação regida pelo CDC. Mas não é só, porque é importante também o estabelecimento das consequências da inadimplência.

No estudo das regras norteadoras do serviço público, tem-se como obrigatório o atendimento ao princípio da adequação.[91] O mesmo princípio está na Lei nº 8.987/95, que regulamentou as condições para a prestação dos serviços públicos sob o regime da concessão ou permissão, havendo o mencionado diploma definido, no art. 6º, § 1º, o que seja serviço adequado: *"Serviço adequado é o que satisfaz as condições de regularidade, continuidade, eficiência, segurança, atualidade, generalidade, cortesia na sua prestação e modicidade nas tarifas".*

Conclui-se, pelo teor do dispositivo transcrito, que a continuidade consiste na indispensabilidade do serviço público essencial, devendo ser prestado sem interrupções. O já citado art. 22 do CDC é expresso ao indicar a continuidade como característica do serviço, impondo a reparação de dano em caso de descumprimento.

123 INTERRUPÇÃO DO FORNECIMENTO DO SERVIÇO PÚBLICO

Essa era outra questão controvertida na doutrina e na jurisprudência, mas que aos poucos foi sendo pacificada. Corrente prestigiada sustenta que, se a continuidade dos serviços essenciais (luz, água, telefone etc.) é mandamento legal, que se impõe até à luz do princípio constitucional da dignidade da pessoa humana, o fornecimento desses serviços não pode ser interrompido mesmo no caso de inadimplemento. Há inúmeros julgados nesse sentido.

Ocorre, todavia, que há na Lei nº 8.987/95 a expressa previsão de interrupção, em determinados casos, como se depreende da leitura do seu art. 6º, § 3º, II: *"Não se caracteriza como descontinuidade do serviço a sua interrupção em situação de emergência ou após prévio aviso, quando: [...] II – por inadimplemento do usuário, considerado o interesse da coletividade".* Aduz o § 4º: *"A interrupção do serviço na hipótese prevista no inciso II do § 3º deste artigo não poderá iniciar-se na sexta-feira, no sábado ou no domingo, nem em feriado ou no dia anterior a feriado".*[92]

Por seu turno, a Lei nº 9.427/96, ao criar a ANEEL e disciplinar o regime de concessão e permissão dos serviços de energia elétrica, previu expressamente a possibilidade de corte.

---

[91] Art. 175, parágrafo único, IV, CF/88.
[92] Incluído pela Lei nº 14.015, de 2020.

A aplicação das normas indicadas, especialmente em confronto com o art. 22 do CDC, causou profundos embates doutrinários e jurisprudenciais, com divergências entre autores e nos tribunais do país. É preciso ter em mente, entretanto, no enfrentamento dessa questão, que na interpretação do art. 22 do CDC não se pode ter uma visão individual, voltada apenas para o consumidor que por algum infortúnio está inadimplente, pois o que importa é o interesse da coletividade, que não pode ser onerada pela inadimplência.

Os serviços essenciais, na atualidade, são prestados por empresas privadas que recompõem os altos investimentos com o valor recebido dos usuários, através dos preços públicos ou tarifas, sendo certa a existência de um contrato estabelecido entre concessionária e usuário, não sendo possível a gratuidade de tais serviços.

Assim como não pode a concessionária deixar de fornecer o serviço, também não pode o usuário negar-se a pagar o que consumiu, sob pena de se admitir o enriquecimento sem causa, com a quebra do princípio da igualdade de tratamento das partes.

A paralisação do serviço impõe-se quando houver inadimplência, repudiando-se apenas a interrupção abrupta, sem aviso prévio, como meio de pressão para o pagamento das contas em atraso. Assim, é permitido o corte do serviço, mas com o precedente aviso de advertência.

À prestadora do serviço exige-se fornecimento do serviço continuado e de boa qualidade, respondendo ela pelos defeitos, acidentes ou paralisações, pois é objetiva a sua responsabilidade civil, como claro está no parágrafo único do art. 22 do CDC. Como então aceitar-se a paralisação no cumprimento da obrigação por parte dos consumidores? Tal aceitação levaria à ideia de se ter como gratuito o serviço, o que não pode ser suportado por quem fez enormes investimentos e conta com uma receita compatível com o oferecimento dos serviços.

Mas, embora permitida a suspensão do serviço público objeto das reclamações de consumo, ela não se constituiu em direito absoluto. O fornecedor tem o dever de colaborar para que o consumidor possa adimplir o contrato, ou seja, deve criar condições para o regular pagamento. Aliás, o pequeno inadimplemento do consumidor se confunde com a mera impontualidade, sem gerar as consequências de um corte de fornecimento. Daí a obrigatoriedade de o fornecedor estabelecer ao usuário datas opcionais para o vencimento de seus débitos;[93] além do prazo para proceder-se à interrupção quando houver inadimplência.

124 A POSIÇÃO DO STJ

A jurisprudência do Superior Tribunal de Justiça esteve dividida durante muito tempo, mas aos poucos caminhou para a uniformização. A Primeira Turma proclamava

---

[93] Art. 7º-A da Lei nº 8.987/95.

a impossibilidade da interrupção do serviço público essencial, conforme se vê do seguinte aresto:

> "1. É condenável o ato praticado pelo usuário que desvia energia elétrica, sujeitando-se até a responder penalmente.
>
> 2. Essa violação, contudo, não resulta em reconhecer como legítimo ato administrativo praticado pela empresa concessionária fornecedora de energia e consistente na interrupção do fornecimento da mesma.
>
> 3. A energia é, na atualidade, um bem essencial à população, constituindo-se serviço público indispensável subordinado ao princípio da continuidade de sua prestação, pelo que se torna impossível a sua interrupção.
>
> 4. Os arts. 22 e 42, do Código de Defesa do Consumidor, aplicam-se às empresas concessionárias de serviço público.
>
> 5. O corte de energia, como forma de compelir o usuário ao pagamento de tarifa ou multa, extrapola os limites da legalidade.
>
> 6. Não há de se prestigiar atuação da Justiça privada no Brasil, especialmente quando exercida por credor econômica e financeiramente mais forte, em largas proporções, do que o devedor. Afronta, se assim fosse admitido, aos princípios constitucionais da inocência presumida e da ampla defesa.
>
> 7. O direito do cidadão de se utilizar dos serviços públicos essenciais para a sua vida em sociedade deve ser interpretado com vistas a beneficiar a quem deles se utiliza".[94]

A Segunda Turma tinha posição contrária:

> "Há expressa previsão normativa no sentido da possibilidade de suspensão do fornecimento de energia elétrica ao usuário que deixa de efetuar a contraprestação ajustada, mesmo quando se tratar de consumidor que preste serviço público (art. 6º, § 3º, da Lei nº 8.987/95) e art. 17 da Lei nº 9.427/96). [...] Administrativo. Serviço de fornecimento de água. Pagamento à empresa concessionária sob a modalidade de tarifa. Corte por falta de pagamento. Legalidade.
>
> 1. A relação jurídica, na hipótese de serviço público prestado por concessionária, tem natureza de Direito Privado, pois o pagamento é feito sob a modalidade de tarifa, que não se classifica como taxa.
>
> 2. Nas condições indicadas, o pagamento é contraprestação, e o serviço pode ser interrompido em caso de inadimplemento.
>
> 3. Interpretação autêntica que se faz do CDC, que admite a exceção do contrato não cumprido.

---

[94] RMS nº 8.915.

4. A política social referente ao fornecimento dos serviços essenciais faz-se por intermédio da política tarifária, contemplando equitativa e isonomicamente os menos favorecidos.

5. Recurso especial improvido".[95]

Por fim, a Primeira Seção do Superior Tribunal de Justiça assentou o entendimento de que é lícito à concessionária interromper o fornecimento de energia elétrica se, após o aviso prévio, o consumidor de energia permanecer inadimplente. Eis a ementa do julgado: "*Administrativo. Energia elétrica. Corte. Falta de pagamento. É lícito à concessionária interromper o fornecimento de energia elétrica, se, após aviso prévio, o consumidor de energia elétrica permanecer inadimplente no pagamento da respectiva conta (L. 8.987/95, Art. 6º, § 3º, II)*".[96]

A jurisprudência do STJ, embora permita a interrupção do fornecimento do serviço público por inadimplência, ressalva duas situações: (a) o consumidor é pessoa pobre, doente, em situação de miserabilidade, hipótese em que será possível aplicar o princípio da dignidade da pessoa humana, um dos fundamentos da República; (b) o destinatário do serviço é órgão ou ente público (também privado) que presta serviços essenciais, como hospitais, escolas, universidades, iluminação pública, para evitar prejuízo à população em geral. A Lei de Concessões estabelece que é possível relevar o corte do serviço considerando o interesse coletivo, caso em que o fornecedor deverá promover a cobrança do débito pelos meios jurídicos e legais.

125 CONTRATOS IMOBILIÁRIOS

Vários contratos estão incluídos na categoria de contratos imobiliários, que vão desde a incorporação/construção de grandes empreendimentos, até o contrato de empreitada, de administração de imóveis, de promessa de compra e venda, de locação e outros. Não constituindo objeto do presente trabalho o exame detalhado de cada um desses contratos, vamos apenas ressaltar os pontos de incidência do CDC nessa área, na linha do desenvolvimento da doutrina e da jurisprudência.

Ressalte-se, desde logo, que essa incidência só ocorrerá quando for possível caracterizar a presença de um *consumidor* e de um *fornecedor* em cada polo da relação contratual, não se cogitando da aplicação do CDC quando o contrato imobiliário for puramente civil ou comercial, *v.g.*, entre duas empresas do ramo.

126 CONTRATO DE INCORPORAÇÃO IMOBILIÁRIA

Define a incorporação imobiliária o parágrafo único do art. 28 da Lei nº 4.591/64, nos seguintes termos: "*atividade exercida com intuito de promover e realizar a construção,*

---

[95] REsp nº 400.909; REsp nº 337.965/MG, Rel. Min. Eliana Calmon, julgado em 2/9/2003, por maioria; e REsp nº 285.262.
[96] REsp nº 363.943/MG.

para alienação total ou parcial, de edificações ou conjunto de edificações compostas de unidades autônomas".

Incorporador, de acordo com o art. 29 da mesma lei, é *"a pessoa física ou jurídica, comerciante ou não, que embora não efetuando a construção, compromisse ou efetive a venda de frações ideais de terreno objetivando a vinculação de tais frações a unidades autônomas, em edificações a serem construídas ou em construção, sob regime condominial, ou que meramente aceite propostas para efetivação de tais transações, coordenando e levando a termo a incorporação e responsabilizando-se, conforme o caso, pela entrega, a certo prazo, preço e determinadas condições, das obras concluídas".*

126.1 Obrigação do incorporador

O incorporador tem, por força de lei, a obrigação de entregar o prédio de acordo com o projeto de construção e o memorial descritivo. Isso resulta, primeiramente, do art. 32, *d* e *g*, da Lei nº 4.591/64, a saber: *"O incorporador somente poderá negociar sobre unidades autônomas após ter arquivado, no cartório competente de Registro de Imóveis, os seguintes documentos: [...] d) projeto de construção devidamente aprovado pelas autoridades competentes; [...] g) memorial descritivo das especificações da obra projetada, segundo modelo a que se refere o inciso IV do art. 53, desta lei".*

O motivo dessas e outras exigências fica evidenciado no art. 43, II e IV, *verbis*: *"Quando o incorporador contratar a entrega da unidade a prazo e preços certos, determinados ou determináveis, mesmo quando pessoa física, ser-lhe-ão impostas as seguintes normas: [...] II – responder civilmente [o incorporador] pela execução da incorporação, devendo indenizar os adquirentes ou compromissários, dos prejuízos que a estes advierem do fato de não se concluir a edificação ou de se retardar injustamente a conclusão das obras [...]; IV – é vedado ao incorporador alterar o projeto, especialmente no que se refere à unidade do adquirente e às partes comuns, modificar as especificações, ou desviar-se do plano da construção, salvo autorização unânime dos interessados ou exigência legal; [...]".*

Como se vê, a responsabilidade do incorporador, sem se falar no contrato, decorre da própria lei, que, por sua clareza, dispensaria maiores considerações. Ele assume a obrigação de fazer, cujo último ato é a entrega de uma ou várias unidades construídas e correspondentes a frações ideais do terreno em que se erguem e assentam.

Quem contrata uma incorporação, observa o insigne Prof. Caio Mário, tem de guardar fidelidade ao prometido, e não pode, unilateralmente, fugir dos termos avençados. *"O incorporador não se pode plantar na escusativa de que é mero intermediário. Dentro da filosofia da Lei de Incorporações, é a chave do empreendimento, ao qual se vincula em caráter permanente".*[97]

Pondera Aguiar Dias: *"O incorporador é o responsável por qualquer espécie de dano que possa resultar da inexecução ou da má execução do contrato de incorporação. Trate-se*

---

[97] *Condomínio e incorporações*, 4. ed., Forense, p. 283-284.

de entrega retardada, de construção defeituosa, de inadimplemento total, responde o incorporador, pois é ele quem figura no polo da relação contratual oposto àquele em que se coloca o adquirente da unidade ou das unidades autônomas".[98]

127 INCIDÊNCIA DO CÓDIGO DO CONSUMIDOR

Em que pesem as opiniões em contrário, não há como negar que o incorporador/construtor é um fornecedor de produtos ou serviços, à luz dos conceitos claros e objetivos constantes do art. 3º do Código de Defesa do Consumidor. Quando ele vende e constrói unidades imobiliárias, assume uma *obrigação de dar* coisa certa, e isso é da essência do conceito de produto; quando contrata a construção dessa unidade, quer por empreitada, quer por administração, assume uma *obrigação de fazer*, o que se ajusta ao conceito de serviço. E sendo essa obrigação assumida com alguém que se posiciona no último elo do ciclo produtivo, alguém que adquire essa unidade imobiliária como destinatário final, para fazer dela a sua moradia e da sua família, ou o seu local de trabalho, está formada a relação de consumo que torna impositiva a aplicação do Código do Consumidor, porque as suas normas são de ordem pública. Havendo circulação de produtos ou serviços entre fornecedor e consumidor, teremos relação de consumo, necessariamente regulada pelo Código do Consumidor.

Se não bastasse, o art. 12 do Código de Defesa do Consumidor refere-se expressamente ao *construtor*, e o art. 53, ao vedar a cláusula de decaimento – perda total das prestações –, menciona os contratos de compra e venda de imóveis, tudo a revelar o claro propósito do legislador de submeter a incorporação/construção à disciplina do Código do Consumidor, por se tratar de um dos segmentos mais estratégicos e nevrálgicos do mercado de consumo.

O egrégio Superior Tribunal de Justiça, em acórdão da lavra do eminente Min. Ruy Rosado – sem dúvida foi o maior escudeiro do Código do Consumidor naquela Alta Corte –, se pronunciou sobre o tema, firmando o seguinte entendimento: "*Incorporação imobiliária – Contrato – Cláusula abusiva. O contrato de incorporação, no que tem de específico, é regido pela lei que lhe é própria (Lei nº 4.591/1964), mas sobre ele também incide o Código de Defesa do Consumidor, que introduziu no sistema civil princípios gerais que realçam a justiça contratual, a equivalência das prestações e o princípio da boa-fé objetiva [...]*".[99]

E na verdade assim é. O Código do Consumidor, como já ressaltado, embora não discipline contrato algum especificamente, aplica-se a todos os tipos de contratos que geram relações de consumo. Temos sustentado que o Código do Consumidor criou uma *sobre-estrutura jurídica multidisciplinar*, *normas de sobredireito* aplicáveis em todos os ramos do Direito – público ou privado, material ou processual – onde ocorrerem relações de consumo. Usando de uma figura, costumamos dizer que o Código fez um corte horizontal em toda a extensão da ordem jurídica existente, levantou o seu tampão e espargiu a sua

---

[98] *Responsabilidade civil em debate*, Forense, p. 54.
[99] REsp nº 80.036, 4ª Turma.

disciplina por todas as áreas do Direito, colorindo-as com as suas tintas. Dessa forma, os institutos e contratos continuam regidos pelas normas e princípios que lhes são próprios, mas sempre que gerarem relações de consumo ficam também sujeitos à disciplina do Código do Consumidor. E é isso que ocorre também com a incorporação/construção.

128 INCIDÊNCIA DO CÓDIGO DO CONSUMIDOR NA FASE PRÉ-CONTRATUAL DA INCORPORAÇÃO

Sabemos todos que a proteção do consumidor tem início na fase pré-contratual, quando ainda existe apenas uma expectativa de consumo, e se estende até a fase posterior à execução do contrato. Sendo assim, o Código do Consumidor incide na fase pré-contratual da incorporação, disciplinando a oferta e a publicidade feita pelo incorporador ou o seu promotor de vendas. Exige que a oferta ou a apresentação de seus produtos e serviços assegurem informações claras, corretas e precisas sobre suas características, qualidade e preço;[100] veda expressamente a publicidade enganosa ou abusiva por força dos princípios da transparência e da boa-fé, pontos cardeais do Código do Consumidor. Anúncios de venda de apartamentos de frente para a praia, quando não se consegue enxergá-la nem de binóculo, ou, então, a cinco minutos do mar, quando esses cinco minutos são de helicóptero, configuram publicidade enganosa, pois frustram a legítima expectativa criada no consumidor pela oferta do incorporador, mas que não corresponde à realidade.

A Justiça, corretamente, tem reputado a publicidade enganosa como causa de rescisão do pré-contrato imobiliário, com a condenação do vendedor em perdas e danos, principalmente por danos morais pela frustração, engano e humilhação impostos ao consumidor, como se vê deste aresto da 9ª Câmara Cível do Tribunal de Justiça do Estado do Rio de Janeiro:[101]

> "Código do Consumidor – Compra e venda de imóveis mediante financiamento – **Propaganda enganosa do agente promotor**. Se o agente promotor da venda de empreendimento imobiliário faz propaganda na qual menciona que as prestações serão módicas, e não esclarece que haverá reajustamento, pratica propaganda enganosa. E se na proposta assinada pela interessada no negócio consta que a renda familiar é de uma determinada quantia, o que é reiterado no termo de compromisso, e nada fica dito sobre a possibilidade de que, no ato da escritura de financiamento, poderia ser exigida quantia superior, reitera-se a prática enganosa, mormente quando o empreendimento é destinado a pessoas humildes, com poucos recursos. Assim, se a interessada não conseguiu assinar o contrato de financiamento, porque não tinha condições de comprovar possuir renda mínima muito maior do que, inicialmente,

---

[100] Arts. 30 e 31.
[101] Ap. Cível nº 2.328/97, Rel. Des. Nílson de Castro Dião.

lhe fora exigido, é de se rescindir o contrato preliminar, com a devolução das quantias pagas, e com a condenação por danos morais, pelo vexame sofrido".

129 INCIDÊNCIA DO CÓDIGO DO CONSUMIDOR NA FASE CONTRATUAL DA INCORPORAÇÃO

Na fase contratual, aplica-se o Código do Consumidor à atividade do incorporador/construtor na parte em que veda práticas e cláusulas abusivas.[102] Com efeito, rompendo com a clássica noção de contrato, o Código do Consumidor consagrou, como vimos, a concepção social do contrato, na qual o elemento nuclear não é mais a autonomia da vontade, mas o interesse social. A eficácia jurídica do contrato não depende apenas da manifestação de vontade, mas também, e principalmente, dos seus efeitos sociais e das condições econômicas e sociais das partes que dele participam. O Estado passa a intervir na formação dos contratos de consumo, não só controlando preços, mas também vedando certas cláusulas, impondo o conteúdo de outras e até obrigando a contratar em determinados casos. A autonomia da vontade só existe nas condições permitidas pela lei, que, na concepção social do contrato, não tem mais mero papel interpretativo ou supletivo, mas cogente; protege determinados interesses sociais e serve de instrumento limitador da autonomia da vontade.

Em face dessa nova concepção contratual, são reputadas abusivas, entre outras, cláusulas que estabelecem reajustes aleatórios nos contratos de compra e venda de imóveis, ou com base em índices a serem escolhidos pelo incorporador; prazo impreciso para a entrega da obra ou a sua prorrogação injustificável; a perda total das prestações pagas em favor do credor que, em razão do inadimplemento do consumidor, pleitear a rescisão do contrato e a retomada do imóvel.[103] Quanto a esta última, conhecida como *cláusula de decaimento*, não é demais lembrar que a sua aplicação exigirá sempre uma boa dose de bom senso do julgador. Se é verdade que o incorporador deve devolver as parcelas já pagas pelo consumidor inadimplente para que não se configure o enriquecimento sem causa do primeiro, é também verdade que a compra e venda de imóveis acarreta inevitáveis despesas para o vendedor, que devem ser compensadas no caso de rescisão do contrato, aí incluídos os gastos com corretagem, publicidade, a justa remuneração pelo tempo que o comprador ocupou o imóvel e a quantia necessária para a sua eventual reforma. Nesse sentido tem decidido o Superior Tribunal de Justiça, como se vê dos seguintes arestos:

> "Compromisso de compra e venda de imóvel – Perda de parte das prestações pagas – Código de Defesa do Consumidor. A regra contida no art. 53 do Código de Defesa do Consumidor impede a aplicação de cláusula contida em contrato de promessa de compra e venda de imóvel que prevê a perda

---
[102] Arts. 39, V, X, XII e XIII, 51 e 53.
[103] Código de Defesa do Consumidor, art. 53.

total das prestações já pagas, mas não desautoriza a retenção de um certo percentual, que, pelas peculiaridades da espécie, fica estipulado em 10%".[104]

"Incorporação – Resolução do contrato – Restituição – Lei nº 4.591/1964 – Código de Defesa do Consumidor.

1. O contrato de incorporação, no que tem de específico, é regido pela lei que lhe é própria (Lei nº 4.591/1964), mas sobre ele também incide o Código de Defesa do Consumidor, que introduziu no sistema civil princípios gerais que realçam a justiça contratual, a equivalência das prestações e o princípio da boa-fé objetiva.

2. A abusividade da cláusula de decaimento, com previsão de perda das parcelas pagas em favor do vendedor, pode ser reconhecida tanto na ação proposta pelo vendedor (art. 53 do Código de Defesa do Consumidor) como na de iniciativa do comprador, porque a restituição é inerente à resolução do contrato e meio de evitar o enriquecimento injustificado.

3. Porém, não viola a lei o acórdão que examina fatos e contratos à luz do Código de Defesa do Consumidor e nega a extinção do contrato de incorporação, afastando a aplicação da teoria da imprevisão e a alegação de culpa da empresa vendedora. Mantido o contrato, não há cuidar da devolução das prestações pagas".[105]

130 INCIDÊNCIA DO CÓDIGO DO CONSUMIDOR QUANTO À SEGURANÇA DA OBRA

Impõe-se agora ressaltar que a responsabilidade do incorporador/construtor não termina com a execução do contrato e a entrega da obra; pelo contrário, é aí que se inicia a parte mais relevante e grave da sua responsabilidade. É o que poderíamos chamar de *responsabilidade pela segurança e qualidade da obra*, à qual se aplica também, e principalmente, a disciplina do Código do Consumidor, que é muito mais avançada, abrangente e eficiente para o consumidor. Com efeito, tal como no art. 618 do Código Civil, é também objetiva a responsabilidade estabelecida no Código do Consumidor para todo e qualquer acidente de consumo, quer se trate de fato do produto, quer do serviço. Só que essa responsabilidade tem agora por fundamento, tem por fato gerador, não mais a conduta culposa, nem a relação jurídica contratual, mas o **defeito do produto ou serviço**, conforme texto expresso dos arts. 12 e 14 do Código de Defesa do Consumidor.

A lei, vale ressaltar, criou para o fornecedor um dever de segurança – o *dever* de não lançar no mercado produto com defeito –, de sorte que se o lançar, e ocorrer o acidente de consumo, por ele responderá independentemente de culpa. Trata-se, em

---

[104] REsp nº 85.182, *RSTJ* 99/273.
[105] STJ, REsp nº 80.036/SP, 4ª Turma, Rel. Min. Ruy Rosado de Aguiar.

última instância, de uma *garantia de idoneidade*, um dever especial de segurança do produto, legitimamente esperada.

Os defeitos da construção, via de regra, serão de concepção – projeto, cálculos – ou de construção – fundações, concretagem etc. –, defeitos que comprometem a estrutura da obra. Será irrelevante, entretanto, se o construtor tinha ou não conhecimento desse defeito, nem se o defeito era previsível ou evitável, porque o Código diz que, ocorrendo o acidente de consumo, o defeito será presumido. O fornecedor só excluirá a sua responsabilidade *se provar* – ônus seu – que o defeito não existiu.[106] Ora, se o fornecedor é que tem que provar a inexistência do defeito, logo, ele é presumido até prova em contrário.

Vê-se, assim, que enquanto pelo Código Civil[107] a vítima é que tem que provar o defeito da obra e suas consequências, pelo Código do Consumidor o defeito é presumido, o que em muito favorece a posição do consumidor. Ocorrendo o acidente, o consumidor terá apenas que provar o dano e o nexo causal. Convém ressaltar que mesmo em relação ao nexo causal não se exige da vítima uma prova robusta e definitiva, eis que essa prova é praticamente impossível em certos casos. Bastará, por isso, a chamada *prova de primeira aparência*, prova de verossimilhança, decorrente das regras da experiência comum, que permita um mero juízo de probabilidade. O prédio desabou? Então é porque a obra tinha defeito, até prova em contrário.

Tem ainda o Código do Consumidor a vantagem de permitir ao juiz desconsiderar a pessoa jurídica em favor do consumidor para responsabilizar também os dirigentes da empresa incorporadora, consoante o art. 28. Em tempos de crise de moralidade, que atravessamos, é comum encontrarmos empresas pobres e empresários riquíssimos. Será possível levantar o véu da pessoa jurídica sempre que ficar constatado que o patrimônio da empresa não é compatível com o vulto do empreendimento realizado, mormente quando envolve captação de poupança do consumidor. Confira-se:

> "Responsabilidade do incorporador/construtor – Defeitos da obra – Solidariedade passiva entre o incorporador e o construtor – Incidência do Código do Consumidor – **Desconsideração da personalidade jurídica.** Incorporador, consoante definição legal, é não somente o que compromissa ou efetiva a venda de frações ideais de terrenos objetivando a vinculação de tais frações a unidades autônomas, como também, e principalmente, o construtor e o proprietário do terreno destinado ao empreendimento. Essa vinculação legal entre todos os que participam da incorporação decorre do fato de ser a edificação o seu objeto final, de sorte que quando o incorporador celebra, posteriormente, contrato de empreitada com o construtor está, na realidade, se fazendo substituir por este. E quem se faz substituir é responsável, solidariamente com o substituído, pelos

---

[106] Art. 12, § 3º, II.
[107] Art. 618.

danos que este vier a causar. Em face do conceito claro e objetivo constante do art. 3º, § 1º, do Código do Consumidor, o incorporador é um fornecedor de produtos, pois quando vende e constrói unidades imobiliárias assume uma obrigação de dar coisa certa, e isso é a própria essência do conceito de produtos. E quando essa obrigação é assumida com alguém que se coloca no último elo do ciclo produtivo, alguém que adquire essa unidade para dela fazer a sua residência e da sua família, está fechada a relação de consumo, tornando-se impositiva a disciplina do Código de Defesa do Consumidor, cujas normas são de ordem pública. Sendo assim, nenhuma das partes – quer o incorporador, quer o comprador – pode invocar em seu favor cláusulas contratuais que, à luz do Código do Consumidor, são abusivas e nulas de pleno direito. *A desconsideração da personalidade jurídica*, à luz do art. 28 do Código de Defesa do Consumidor, pode ter lugar não apenas no caso de falência ou estado de insolvência da sociedade, mas também, e principalmente, quando esta estiver sendo utilizada abusivamente, em detrimento do consumidor, para infração da lei ou prática de ato ilícito. Configurados esses pressupostos, pode e deve o juiz desconsiderar a pessoa jurídica em qualquer fase do processo, em garantia da efetividade do provimento jurisdicional. Destarte, sendo público e notório que as empresas responsáveis pela *tragédia imobiliária do Palace II* integram um mesmo grupo, a propiciar a atuação do sócio principal no ramo da construção civil, que as utilizava para encobrir e mascarar os seus abusos, impõe-se a desconsideração da personalidade jurídica para buscar o verdadeiro e principal responsável pelos danos, como se a pessoa jurídica não existisse".[108]

130.1 Solidariedade entre incorporador e construtor

Dentro da filosofia da Lei de Incorporações, o incorporador é a chave do empreendimento, ao qual se vincula em caráter permanente. Incorporador, consoante definição legal, é não somente o que compromissa ou efetiva a venda de frações ideais de terrenos objetivando a vinculação de tais frações a unidades autônomas, como também e, principalmente, o construtor e o proprietário do terreno destinado ao empreendimento. Ocorrendo o malogro de empreendimento imobiliário, todos **respondem solidariamente pela inexecução**, por força do § 3º do art. 31 da Lei nº 4.591/64, do art. 942 do Código Civil, como também do § 1º do art. 25 do Código do Consumidor. Inaplicável a regra do art. 125, II, do CPC/2015, no caso de solidariedade. Ademais, o art. 88 do Código de Defesa do Consumidor veda expressamente a denunciação da lide nas ações que têm por suporte fático-jurídico as relações de consumo.

"Responsabilidade civil do incorporador – Falência da construtora – Paralisação da obra – Rescisão do contrato – Restituição das importâncias pagas

---

[108] TJRJ, Ap. Cível nº 21.725/2001, 2ª Câmara Cível, Rel. Des. Sergio Cavalieri Filho.

– *Solidariedade entre o incorporador e o construtor* – Descabimento da denunciação da lide à construtora falida.

Evidenciado que a construtora não cumprirá o contrato, mormente por se encontrar em notório estado de insolvência, o promissário comprador, além de paralisar os pagamentos, pode pedir a extinção da avença e a devolução das importâncias que pagou, com juros e correção monetária".[109]

Poderíamos ainda cogitar de outros benefícios do Código do Consumidor, como a ação coletiva em favor de todas as vítimas, antecipação parcial de tutela para cobrir despesas com habitação durante a ação, inversão do ônus da prova, solidariedade de todos os responsáveis etc.[110]

Na vigência do Código Civil de 1916 apresentava-se como desvantagem para o consumidor o fato de ser menor – de apenas 5 anos[111] – o prazo prescricional previsto no Código do Consumidor, enquanto que pelo Código Civil esse prazo era de 20 anos. A desvantagem era apenas aparente, porque existiam razões que a compensavam plenamente. Hoje essa questão deixou de ter relevância, porque, pelo Código Civil de 2002, a prescrição da reparação civil passou a ser de apenas três anos[112] – prazo inferior, portanto, ao estabelecido no art. 27 do Código de Defesa do Consumidor. Logo, o que podia ser uma desvantagem passou a ser mais uma vantagem. Ademais, o prazo prescricional do Código do Consumidor só começa a fluir a partir da ocorrência do acidente de consumo, nada importando que esse acidente tenha ocorrido durante ou depois dos cinco anos previstos no Código Civil. Em outras palavras, o prazo de garantia ou de segurança pelo Código do Consumidor não é mais de apenas cinco anos, mas sim por todo o *período de durabilidade* razoável da obra. A qualquer tempo em que o acidente ocorrer responde o incorporador/construtor, só afastando a sua responsabilidade se provar que a obra não tinha defeito, ou seja, que o acidente decorreu do tempo e do desgaste natural da obra por falta de conservação. O defeito do produto deverá ser examinado tendo em vista o tempo decorrido entre o momento em que foi colocado no mercado e a ocorrência do dano.

131 INCIDÊNCIA DO CÓDIGO DO CONSUMIDOR QUANTO À QUALIDADE DA OBRA

Felizmente, não é sempre que o prédio desaba, como aconteceu com o Palace II. O principal foco de litígio entre o construtor e o consumidor são os *vícios de qualidade* decorrentes da baixa qualidade dos materiais empregados e a má técnica utilizada, conforme já ressaltado. No momento da entrega, a obra está aparentemente perfeita;

---

[109] TJRJ, Ap. Cível nº 23.711/2000, 2ª Câmara, Rel. Des. Sergio Cavalieri Filho.
[110] Arts. 7º, parágrafo único, e 25, § 1º.
[111] Art. 27.
[112] Art. 206, § 3º, V.

tempos depois começam a aparecer infiltrações, vazamentos, rachaduras, defeitos nas instalações hidráulicas e elétricas.

O fato gerador da responsabilidade do construtor é agora o **vício do produto ou do serviço**, em conformidade com os arts. 18 e 20 do Código de Defesa do Consumidor. *Vício* é um defeito menos grave que, embora não comprometa a segurança da obra, afeta a sua utilidade e reduz o seu valor. A responsabilidade pelo vício do produto ou serviço decorre da falta de *conformidade* ou qualidade da coisa ou serviço com a sua perspectiva de durabilidade e utilidade. Enquanto na responsabilidade pelo *defeito* da obra, por sua gravidade, visa-se a proteger a integridade pessoal do consumidor e dos seus bens, na responsabilidade pelo **vício** protege-se a equivalência entre a prestação e a contraprestação.

Nesse ponto, a indagação que deve ser respondida é esta: no caso de **vício oculto**, até quando o fornecedor permanece responsável? Qual é o prazo da garantia de adequação? Diferentemente do Código Civil, o Código do Consumidor não estabeleceu prazos fixos dentro dos quais os vícios de construção devem se apresentar. Determina que a durabilidade, a qualidade e a utilidade do produto ou serviço devem corresponder às expectativas do consumidor criadas pelo fornecedor; devem corresponder ao *prazo normal e razoável de durabilidade* do produto ou serviço. Se o defeito se manifestar dentro desse período, e não for decorrente do seu mau uso ou desgaste normal do tempo, o fornecedor deve por ele responder.

Com efeito, embora a lei não preceitue o prazo da garantia de adequação, a toda evidência o fornecedor não pode ser responsável **ad aeternum** pelos produtos e serviços colocados em circulação, até porque, por mais duráveis que sejam, não são eternos. Por essas e outras razões, a doutrina consumerista tem entendido que, no caso de vício oculto, cujo prazo para reclamar só se inicia no momento em que fica evidenciado o defeito, deve ser adotado **o critério da vida útil do bem**.

A propósito, Claudia Lima Marques observa: *"Se o vício é oculto, porque se manifestou somente com o uso, experimentação do produto ou porque se evidenciará muito tempo após a tradição, o limite temporal da garantia legal está em aberto, seu termo inicial, segundo o § 3º do art. 26, é a descoberta do vício. Somente a partir da descoberta do vício (talvez meses ou anos após o contrato) é que passarão a correr os 30 ou 90 dias. Será, então, a nova garantia eterna? Não, os bens de consumo possuem uma durabilidade determinada. É a chamada vida útil do produto"*.[113]

Na mesma linha é a posição de Herman Benjamin, que sintetiza: *"Diante de um vício oculto qualquer juiz vai sempre atuar casuisticamente. Aliás, como faz em outros sistemas legislativos. A vida útil do produto ou serviço será um dado relevante na apreciação da garantia"*.[114] E, antes de concluir, observa com propriedade: *"O legislador, na disciplina desta matéria, não tinha, de fato, muitas opções. De um lado, poderia*

---

[113] *Contratos*, p. 1.196-1.197.
[114] *Comentários*, p. 134-135.

estabelecer um prazo totalmente arbitrário para a garantia, abrangendo todo e qualquer produto ou serviço. Por exemplo, seis meses (e por que não dez anos?) a contar da entrega do bem. De outro lado, poderia deixar – como deixou – que o prazo (trinta ou noventa dias) passasse a correr somente no momento em que o vício se manifestasse. Esta última hipótese, a adotada pelo legislador, tem prós e contras. Falta-lhe objetividade e pode dar ensejo a abusos. E estes podem encarecer desnecessariamente os produtos e serviços. Mas é ela a única realista, reconhecendo que muito pouco é uniforme entre os incontáveis produtos e serviços oferecidos no mercado".[115]

Em conclusão, **o prazo legal de garantia** inicia-se com a entrega do bem de consumo (produto ou serviço), e tem por limite a **vida útil** do produto ou serviço, entendendo-se como tal o **tempo razoável de durabilidade do bem de consumo**, considerando a sua qualidade, finalidade e tempo de utilização. Como os bens de consumo não são eternos, possuem durabilidade variada, a identificação da vida útil exigirá sempre uma apreciação concreta em cada caso, na qual o julgador tem certa flexibilidade, mas o fator tempo será sempre relevante.

É ainda preciso chamar atenção, neste ponto, para o fato de que muitos bens de consumo, como automóveis, construções, edificações etc., são *coisas compostas*, isto é, embora formem um todo homogêneo sob o prisma do atendimento de uma finalidade (o uso/habitação), são constituídas por partes, sistemas, unidos pelo engenho humano. Leciona Washington de Barros Monteiro: "*Coisas simples, em direito, são as que formam um todo homogêneo, cujas partes, unidas pela natureza ou pelo engenho humano, nenhuma determinação especial reclamam da lei [...] podem ser materiais (um cavalo, uma planta) ou imateriais (como um crédito).* <u>**Coisas compostas são as que se formam de várias partes ligadas pela arte humana**</u>*. Como as simples,* <u>**podem ser também materiais**</u> **(por exemplo, a construção de um edifício, com fornecimento de materiais e mão de obra)** *e imateriais (por exemplo, o fundo de negócio)*".[116]

Esses sistemas, partes integrantes da coisa composta, terão, naturalmente, prazos de vida útil distintos entre si, distintos também do prazo de vida útil da coisa composta considerada como um todo. Da mesma forma que a vida útil de um automóvel não se confunde com a vida útil da sua bateria, ou com a vida útil dos seus pneus, a vida útil de uma construção não se confunde com a vida útil dos seus sistemas (impermeabilização, pinturas, esquadrias, hidráulica, estruturas etc.).

A ninguém ocorreria responsabilizar o fabricante do automóvel que não dá partida pelo fato do não funcionamento da bateria cuja vida útil expirou. O mesmo raciocínio deve ser aplicado às construções e outras coisas compostas. **A vida útil a ser considerada, para efeitos de garantia e responsabilização do fornecedor, construtor etc. é a da parte ou do sistema alegadamente defeituoso.**

---

[115] *Comentários*, p. 134.
[116] *Curso de direito civil*: parte geral, 40. ed., Saraiva, 2005. v. I.

No caso de construções, por exemplo, é possível recorrer às normas técnicas, editadas por instituições idôneas, dentre as quais se destaca a Associação Brasileira de Normas Técnicas (ABNT), para estabelecer os **parâmetros de vida útil dos sistemas** que compõem a construção,[117] o que diminui sobremaneira as incertezas relativas ao tema. De forma a prevenir/minimizar, ainda mais, a possibilidade de divergências sobre os parâmetros de vida útil, a inclusão de dispositivos sobre o assunto no contrato de construção afigura-se de grande valia. Em nome da boa-fé objetiva, também embutida no dever de transparência para com o consumidor,[118] as referências contratuais aos prazos de vida útil dos principais sistemas da construção, assim como a indicação da manutenção necessária, a cargo do consumidor, e a remissão à norma técnica a ser utilizada na hipótese de controvérsia, contribuem em muito para o aumento da segurança jurídica do negócio.

Acrescente-se que também aqui a responsabilidade do construtor é objetiva, por ser irrelevante que ele tenha ou não conhecimento desse vício. Nesse sentido o texto expresso do art. 23 do Código de Defesa do Consumidor: *"A ignorância do fornecedor sobre os vícios de qualidade por inadequação dos produtos e serviços não o exime de responsabilidade".*

Quanto à inconveniência da exiguidade dos prazos para se reclamar desses vícios – prazos de decadência previstos no art. 26 do Código de Defesa do Consumidor (90 dias a contar do momento em que ficar evidenciado o defeito, § 3º) –, foi ela atenuada pela suspensão desse prazo (decadencial) durante o tempo em que o construtor, uma vez notificado, omitir-se em dar uma solução para o caso.

132 AS CONCLUSÕES DO 4º CONGRESSO BRASILEIRO DO CONSUMIDOR/BRASILCON

Bem sintetizam tudo que foi dito as conclusões do 4º Congresso Brasileiro do Consumidor/BRASILCON sobre o tema em exame: *"I. O contrato de incorporação, embora regido pelas normas e princípios que lhe são próprios (Lei nº 4.591/64), fica também subordinado à disciplina do CDC sempre que as unidades imobiliárias forem destinadas ao usuário final. II. A responsabilidade do incorporador/construtor pela ruína do prédio tem por fato gerador o defeito da obra, que é presumido à luz do art. 12, § 3º, II, do CDC. III. O prazo de garantia pela segurança da obra não é mais de apenas cinco anos, como previsto no Código Civil, mas sim por todo o período de durabilidade razoável da construção.*

---

[117] Confira-se, por exemplo, a ABNT NBR 15575-1, editada em 2013, que vem sendo utilizada em inúmeras perícias, devidamente chanceladas pelo Poder Judiciário, para dirimir controvérsias relacionadas a defeitos/vícios construtivos:*"Tendo como pressuposto a habitabilidade pela Norma ABNT NBR 15.575:2013 a habitabilidade deve ser atingida a partir de fatores (sendo estanqueidade, desempenho térmico, desempenho acústico, desempenho lumínico, saúde, higiene e qualidade do ar, funcionalidade e acessibilidade), a residência encontra-se habitável, porém com comprometimento em relação ao quesito saúde, higiene e qualidade do ar devido a umidade generalizada nas paredes internas da residência em sua área próxima ao piso"* (TRF-3, Apelação Cível nº 5000638-35.2019.4.03.6119, 1ª Turma, Rel. Des. Helio Egydio de Matos Nogueira, *e-DJF3* 11/11/2019).

[118] Cf. art. 6º, III, do CDC.

Nesse período, ocorrendo o acidente, o incorporador/construtor só afastará o seu dever de indenizar se provar que a obra não tinha defeito, ou seja, que o acidente decorreu do desgaste natural do tempo por falta de conservação do prédio. IV. A responsabilidade do incorporador/construtor pela falta de qualidade da obra tem por fato gerador os vícios de construção, que são defeitos menos graves que, embora não comprometam a segurança do prédio, afetam a qualidade e reduzem o valor. V. O prazo de garantia pela qualidade da obra não mais se limita aos vícios que ela apresenta nos cinco primeiros anos de existência, estendendo-se agora, à luz do CDC, por todo o período de durabilidade razoável do prédio".

133 HIPOTECA CONSTITUÍDA SOBRE IMÓVEL JÁ PROMETIDO À VENDA E QUITADO – INVALIDADE

Sem dúvida, o maior avanço da jurisprudência em relação ao direito do consumidor e os contratos imobiliários foi em relação à hipoteca constituída sobre imóvel já prometido à venda. Com base no princípio da boa-fé objetiva, que vem sendo utilizado pelos Tribunais como forma de assegurar o equilíbrio da relação contratual e evitar que o contratante mais forte se prevaleça da sua condição para tirar vantagem do outro, o Superior Tribunal de Justiça firmou entendimento no sentido da invalidade de hipoteca constituída sobre imóvel já prometido à venda e quitado. Confira-se:

"Direito civil. Recurso especial. SFH. Contrato de financiamento. Unidade de apartamentos. **Hipoteca constituída sobre imóvel já prometido à venda e quitado. Invalidade.** Princípio da boa-fé. Código de defesa do consumidor. Ofensa. Caracterização. Encol. Negligência da instituição financeira.

I. É nula a cláusula que prevê a instituição de ônus real sobre o imóvel, sem o consentimento do promitente-comprador, por ofensa ao **princípio da boa-fé objetiva**, previsto no Código de Defesa do Consumidor.

II. Não prevalece diante do terceiro adquirente de **boa-fé** a hipoteca constituída pela incorporadora junto ao agente financeiro, em garantia de empréstimo regido pelo Sistema Financeiro de Habitação. Destarte, o adquirente da unidade habitacional responde, tão somente, pelo pagamento do seu débito.

III. Consoante já decidiu esta Corte: 'é negligente a instituição financeira que não observa a situação do empreendimento ao conceder financiamento hipotecário para edificar um prédio de apartamentos'.

Da mesma forma, 'ao celebrar o contrato de financiamento, facilmente poderia o banco inteirar-se das condições dos imóveis, necessariamente destinados à venda, já oferecidos ao público e, no caso, com preço total ou parcialmente pago pelos terceiros adquirentes de **boa-fé**' (Precedentes: REsp 239.968/DF, DJ de 4/2/2002 e REsp 287.774/DF, *DJ* de 2/4/2001 e EDREsp 415.667/SP, de 21/6/04). Recurso especial não conhecido".[119]

---

[119] REsp nº 617.045/GO, 3ª Turma, Rel. Min. Castro Filho.

A matéria está hoje sumulada no Enunciado 308, do STJ, que diz: "*A hipoteca firmada entre a construtora e o agente financeiro, anterior ou posterior à celebração da promessa de compra e venda, não tem eficácia perante os adquirentes do imóvel*".

134 A CLÁUSULA DE DECAIMENTO

Ainda sobre o compromisso de compra e venda, merece destaque o firme entendimento do Superior Tribunal de Justiça no sentido de considerar inválida a cláusula de perda total das quantias pagas (cláusula de decaimento), caso o contrato venha a ser rescindido por inadimplemento do comprador/consumidor, em prestígio ao art. 53 do CDC. Admite-se, entretanto, a retenção de um percentual das parcelas pagas como ressarcimento de despesas, com o que se evita o enriquecimento sem causa:[120]

> "Civil. Promessa de compra e venda. Ação pretendendo a rescisão e restituição das importâncias pagas. Inadimplência da autora reconhecida. Posse do imóvel por longo tempo. Retenção de 50% em favor da vendedora, como ressarcimento de despesas. Código de defesa do consumidor, arts. 51, II, 53 e 54. Código civil, art. 924. Juros moratórios indevidos.
>
> I. A C. 2ª Seção do STJ, em posição adotada por maioria, admite a possibilidade de **resilição** do compromisso de compra e venda por iniciativa do devedor, se este não mais reúne condições econômicas para suportar o pagamento das prestações avençadas com a empresa vendedora do imóvel e, aqui, recaiu em inadimplência **contratual** (EREsp 59.870/SP, Rel. Min. Barros Monteiro, *DJU* de 9/12/2002).
>
> II. O desfazimento do contrato dá ao comprador o direito à restituição das parcelas pagas, porém não em sua integralidade, notadamente quando este recebeu as chaves e vem habitando o imóvel há vários anos, sob pena de proporcionar enriquecimento sem causa do autor, cuja inadimplência no pagamento de parcela intermediária foi reconhecida nos autos. Percentual de retenção fixado em 50%, em face da peculiaridade do caso.
>
> III. Incabível a condenação em juros moratórios da ré, se além de haver ensejado motivo à rescisão, o autor ainda retém o imóvel [...]".

Ainda em relação à restituição dos valores pagos pelo promitente comprador, no caso de resolução do contrato, merece destaque o entendimento firmado pela Segunda Seção do Superior Tribunal de Justiça no REsp nº 133418, julgado como recurso repetitivo:

> "Recurso especial representativo de controvérsia. Art. 543-C do CPC. Direito do consumidor. Contrato de compra de imóvel. Desfazimento. Devolução de parte do valor pago. Momento.

---

[120] REsp nº 615.300/MG, 4ª Turma, Rel. Min. Aldir Passarinho Junior.

Para efeitos do art. 543-C do CPC: em contratos submetidos ao Código de Defesa do Consumidor, *é abusiva a cláusula contratual que determina a restituição dos valores devidos somente ao término da obra ou de forma parcelada*, na hipótese de resolução de contrato de promessa de compra e venda de imóvel, por culpa de quaisquer contratantes. Em tais avenças, deve ocorrer a imediata restituição das parcelas pagas pelo promitente comprador – integralmente, em caso de culpa exclusiva do promitente vendedor/construtor, ou parcialmente, caso tenha sido o comprador quem deu causa ao desfazimento".

A questão está hoje sumulada – Súmula nº 543 do STJ, que dispõe: *"Na hipótese de resolução de contrato de promessa de compra e venda de imóvel submetido ao Código de Defesa do Consumidor, deve ocorrer a imediata restituição das parcelas pagas pelo promitente comprador – integralmente, em caso de culpa exclusiva do promitente vendedor/construtor, ou parcialmente, caso tenha sido o comprador quem deu causa ao desfazimento"*.

Correto, justo e oportuno o entendimento firmado pelo STJ uma vez que poderá o promitente vendedor revender o imóvel e, a um só tempo, auferir vantagem com os valores retidos e com a própria valorização do imóvel. A questão relativa à culpa pelo desfazimento da pactuação, resolve-se na calibragem do valor a ser restituído ao comprador, não pela forma ou prazo de devolução.

134.1 Cobrança de juros durante a construção do imóvel

Essa questão durante muito tempo foi controvertida. Parte da doutrina e da jurisprudência sustentava que a cobrança de juros antes da entrega das chaves, de imóvel em construção, representa cláusula abusiva, como, aliás, proclama o item 14 da Portaria 03/2001, da Secretaria de Direitos Econômicos do Ministério da Justiça, *verbis: "estabeleça, no contrato de compra e venda de imóvel, a incidência de juros antes da entrega das chaves"*. Sustentam os defensores da tese que a cobrança de juros antes da entrega das chaves importa em cumprimento de uma obrigação sem a correspondente contraprestação, pois o comprador, ao assinar o contrato relativo a um imóvel que ainda está sendo construído, nada recebe naquele momento, pelo que descabido o pagamento de juros por algo que não se recebeu. Ademais, até a entrega das chaves não haveria qualquer uso de capital do incorporador pelo adquirente a justificar a cobrança de juros. Durante a construção o adquirente estaria, na verdade, adiantando os valores necessários à finalização da obra.

Destacam, ainda, que os juros estipulados para o período anterior à entrega das chaves não integram o preço do imóvel, de maneira que acabam por significar um enriquecimento sem causa do promitente-vendedor. É que a unidade tem seu preço fixado em função do mercado, calcado na lei da oferta e da procura. Assim, o promitente-vendedor chega ao preço do imóvel, a ser construído, dividindo-o por um número determinado de parcelas, estipulando, ainda, a correção monetária. Por último, quem financia o imóvel é o próprio promitente-comprador, que está a adiantar parte do preço. Não são juros compensatórios, porquanto não traduzem a renda pela utilização de dinheiro da construtora que tivesse sido emprestado ao adquirente; tampouco moratórios, eis que inexistente atraso no cumprimento de obrigação.

Em sentido contrário, argumenta-se com o § 2º do art. 5º da Lei nº 9.514/97, que permite ao ente financiador, nas vendas parceladas de imóveis, bem como no arrendamento mercantil de imóveis e de financiamento imobiliário (conforme redação dada pela Lei nº 10.931/2004), efetuar a cobrança de juros compensatórios destinados a remunerar o capital emprestado. Sustenta-se que o pagamento feito pelo comprador durante a construção é inferior a 30% do custo do imóvel, razão pela qual o construtor tem que investir na obra recursos próprios ou obter financiamento para tal. Assim, não haveria nada de ilegal, nem de abusivo na cobrança de juros durante a construção; juros são a remuneração de um capital e são devidos a partir do momento em que o dinheiro sai das mãos do seu proprietário e é entregue, por empréstimo (ou mútuo), àquele que se beneficia do dinheiro.

Antigo precedente do Superior Tribunal de Justiça parece prestigiar esta segunda corrente: *"Contrato de compra e venda de imóvel. Pagamento parcelado. Juros legais da data da assinatura do contrato. Não é abusiva a cláusula do contrato de compra e venda de imóvel que considera acréscimo no valor das prestações, desde a data da celebração, como condição para o pagamento parcelado".*[121]

Contudo, da leitura do venerando voto não nos parece que seja possível aplicá-lo como paradigma para solução da questão. O julgamento trata de uma hipótese em que os réus fixaram o mesmo preço tanto para a compra com o pagamento de uma só vez como para pagamento parcelado e previram, apenas, os juros legais nesta última, ou seja, naquela hipótese os juros não incidiram durante a construção, mas na última prestação.

No Tribunal de Justiça do Rio de Janeiro, onde os casos foram mais recorrentes, prevaleceu o entendimento no sentido da abusividade da cláusula estipulando juros durante a obra, o que nos parece mais correto. Bem sintetiza esse entendimento acórdão da relatoria do Des. Luiz Felipe Salomão, quando ainda integrante da 6ª Câmara Cível do Tribunal de Justiça do Rio de Janeiro, antes de ser alçado a Ministro do Superior Tribunal de Justiça.

> "Contrato de financiamento. Onerosidade excessiva. Juros compensatórios. Retardo na entrega das chaves. Enriquecimento sem causa. Cláusula abusiva. Apelação Cível. Ação objetivando declaração de nulidade de cláusula contratual e repetição de indébito, em razão de financiamento de imóvel pela incorporadora. **Cobrança de juros compensatórios antes da entrega das chaves ao consumidor**. Rejeição das preliminares de ilegitimidade passiva e impossibilidade jurídica de revisão do contrato, na medida em que há pertinência subjetiva diante da aparência do contratante como representante da apelante, com expressa previsão legal a

---

[121] REsp nº 379.941/SP, Rel. Min. Carlos Alberto Menezes Direito.

permitir o exame de sua revisão. *Antes da conclusão da construção e entrega do imóvel aos autores, não há que falar em remuneração de capital.* Onerosidade excessiva para o consumidor. Os juros representam a remuneração do capital. Para sua incidência em caráter de retribuição, é necessário a contrapartida do tomador, *pena de enriquecimento sem causa*. Incabível, portanto, cobrança de juros compensatórios. Os juros aplicados tampouco têm natureza moratória, eis que inexistem qualquer inadimplemento. Abusividade da cláusula corretamente reconhecida pela sentença. *Precedentes jurisprudenciais*. Devolução em dobro do indébito. Com aplicação do disposto no artigo 42, parágrafo único do CDC. Recurso improvido".[122]

No Superior Tribunal de Justiça prevaleceu entendimento contrário, embora por maioria, conforme segue.

"Embargos de divergência. Direito civil. Incorporação imobiliária. Imóvel em fase de construção. *Cobrança de juros compensatórios antes da entrega das chaves. Legalidade.*

Na incorporação imobiliária, o pagamento pela compra de um imóvel em fase de produção, a rigor, deve ser à vista. Nada obstante, pode o incorporador oferecer prazo ao adquirente para pagamento, mediante parcelamento do preço. Afigura-se, nessa hipótese, legítima a cobrança de juros compensatórios.

Por isso, não se considera abusiva cláusula contratual que preveja a cobrança de juros antes da entrega das chaves, que, ademais, confere maior transparência ao contrato e vem ao encontro do direito à informação do consumidor (art. 6º, III, do CDC), abrindo a possibilidade de correção de eventuais abusos.

No caso concreto, a exclusão dos juros compensatórios convencionados entre as partes, correspondentes às parcelas pagas antes da efetiva entrega das chaves, altera o equilíbrio financeiro da operação e a comutatividade da avença. Precedentes: REsp 379.941/SP, Relator Ministro Carlos Alberto Menezes Direito, Terceira Turma, julgado em 3/10/2002, *DJ* 2/12/2002, p. 306, REsp 1.133.023/PE, REsp 662.822/DF, REsp 1.060.425/PE e REsp 738.988/DF, todos relatados pelo Ministro Aldir Passarinho Junior, REsp 681.724/DF, relatado pelo Ministro Paulo Furtado (Desembargador convocado do TJBA), e REsp 1.193.788/SP, relatado pelo Ministro Massami Uyeda.

Embargos de divergência providos, para reformar o acórdão embargado e reconhecer a legalidade da cláusula do contrato de promessa de compra e venda de imóvel que previu a cobrança de juros compensatórios de 1% (um por cento) a partir da assinatura do contrato".[123]

---

[122] Apelação Cível nº 2005.001.50280, 6ª Câmara Cível, Rel. Des. Luis Felipe Salomão, julgado em 8/8/2006.
[123] Embargos de Divergência no REsp nº 670.117.

135 CONTRATO DE LOCAÇÃO

No que diz respeito à locação comercial, *v.g.*, espaço em *shopping center*, lojas, escritórios, consultórios etc., não há nenhuma controvérsia quanto à não incidência do Código do Consumidor. Há divergência doutrinária apenas em se tratando de locação residencial. A Mestre Claudia Lima Marques mantém-se firme em seu entendimento de que a aplicação das normas protetivas do CDC deveria ser a regra na locação residencial. Em que pese a autoridade dos seus argumentos, a maioria da doutrina e da jurisprudência inclina-se pela não incidência do CDC nas locações residenciais. De regra, o locador não faz da locação uma atividade habitual, profissional, de modo a caracterizá-lo como fornecedor, salvo em se tratando de empresa proprietária de muitos imóveis destinados à locação. Mesmo quando a locação é efetivada através da administração de imobiliária, não será possível caracterizar a relação de consumo porque a administradora não será parte do contrato de locação.

Por essas e outras razões, o Superior Tribunal de Justiça vem entendendo:

> "*Civil. Locação. Fiança. Renúncia do direito a exoneração. Multa contratual. Redução. Código de Defesa do Consumidor. **Não se aplica às locações prediais urbanas reguladas pela Lei nº 8.245/91 o Código do Consumidor**. Recurso especial conhecido e provido*".[124]

> "*O Código de Defesa do Consumidor não se aplica às relações locatícias, descabendo na espécie, com apoio nesta norma, vindicar a redução da multa – contratualmente pactuada entre as partes – de 10% para 2%*".[125]

136 RELAÇÃO ENTRE CONDOMÍNIO E CONDÔMINOS

Convém registrar, como última observação, que doutrina e jurisprudência, unanimemente, consideram **não existir relação de consumo entre condôminos e condomínio**, mas relação civil. O condomínio, por sua natureza, não é fornecedor de serviços para os condôminos. Assim tem entendido o Superior Tribunal de Justiça: "*Não é relação de consumo a que se estabelece entre condôminos para efeitos de pagamento de despesa comum. O Código de Defesa do Consumidor não é aplicável no que se refere à multa pelo atraso no pagamento de aluguéis e de quotas condominiais*".[126]

137 CONTRATOS ELETRÔNICOS

A designação *contratos eletrônicos*, tal como a expressão *contratos de adesão*, não indica um novo tipo de contrato, ou categoria autônoma; refere-se ao novo meio ou

---

[124] STJ, REsp nº 266.625/GO, 5ª Turma, Rel. Min. Edson Vidigal.
[125] STJ, REsp nº 302.603/SP, 5ª Turma, Rel. Min. Gilson Dipp; REsp nº 239.578/SP, Rel. Min. Félix Fischer.
[126] REsp nº 239.578/SP, 5ª Turma, Rel. Min. Félix Fischer.

instrumento pelo qual é celebrado. São contratos comuns – compra e venda, prestação de serviços, locação de coisas e outros, celebrados por meio eletrônico, para o seu cumprimento ou para a sua execução. O objeto dos contratos eletrônicos, portanto, é o mesmo dos contratos tradicionais (produtos, serviços, transferência de numerário, compra de ações), diferindo apenas no que diz respeito à forma da contratação ou meio de entrega.

O meio eletrônico comumente utilizado é a internet, que é, como do conhecimento geral, uma rede mundial de computadores interligados. Sua origem remonta aos anos 1960, durante a Guerra Fria, quando o Governo norte-americano deu vida ao projeto ARPANET (*Advanced Research Projects Agency*), no sentido de uma ligação entre computadores para fins militares, por intermédio da rede telefônica, de modo a prevenir um possível ataque nuclear, inexistindo, em razão de tal preocupação, um centro de controle único a ser destruído.[127] O mesmo sistema de interligação de redes locais veio posteriormente a ser utilizado pelas universidades americanas e laboratórios de pesquisa e, a partir dos anos 1990, a internet passou a ser utilizada no mundo empresarial como meio à ampla disposição dos consumidores para a aquisição de bens e serviços no mundo todo.

Na definição legal até o momento existente no Brasil, a Internet é o "***nome genérico que designa o conjunto de redes, os meios de transmissão e comutação, roteadores, equipamentos e protocolos necessários à comunicação entre computadores, bem como o 'software' e os dados contidos nesses computadores***".[128]

Assim, observa Marcel Leonardi, "*cada computador conectado à Internet é parte de uma rede. Quando um usuário doméstico utiliza a rede através de seu provedor de acesso, seu computador conecta-se à rede daquele provedor. Esse, por sua vez, conecta-se a uma rede ainda maior e passa a fazer parte desta, e assim sucessivamente, possibilitando o acesso, dentro de certas condições, a qualquer outro computador conectado à internet*".[129] Dessa forma, as informações viajam em frações de segundo aos mais afastados pontos do planeta, propiciando condições para uma integração nunca antes vista.

Em menos de 20 anos a Internet criou um novo mundo. Um mundo que, embora virtual, frequentemente é mais importante para o trabalho e a vida pessoal do que o mundo real. Atribui-se a Bill Clinton, ex-presidente dos Estados Unidos, a seguinte observação: "*Quando cheguei à Presidência, somente físicos especializados tinham ouvido falar da Rede Mundial de Computadores. Hoje, até o meu gato tem uma página na Internet*".

Com efeito, hoje é difícil imaginar o planeta sem Internet. A vida, agora, é on-line. "A *Internet*", na feliz imagem do senador Aloizio Mercadante, "*é o território da liberdade. Viajamos nele para todos os rincões da Terra sem passaportes. Pela Internet, tornamo-nos cidadãos do mundo e membro da estratégica sociedade do conhecimento.*

---

[127] Guilherme Magalhães Martins, *Formação dos contratos eletrônicos de consumo via internet*, Forense, 2003, p. 33.
[128] Portaria nº 148, de 31/5/1995, do Ministério das Comunicações, Norma 4/95, item 3, alínea *a*.
[129] *Responsabilidade civil dos provedores de internet*, 2005.

O novo mundo virtual torna real o direito à informação e nos liberta. A liberdade, agora, é on-line. "Mas esse novo mundo, prossegue o senador," *para continuar a ser livre, precisa também ser seguro. Temos de nele proteger o direito à confidencialidade das informações pessoais e o direito à proteção contra vírus, o estelionato eletrônico, o furto cibernético, a pedofilia. Esses direitos, que prezamos tanto quanto a liberdade, precisam também ser* on-line".[130]

Para bem se compreender o mecanismo de funcionamento da Internet, é preciso conhecer alguns conceitos básicos. Os prestadores de serviços na Internet são chamados de *provedores*, cuja atuação engloba várias atividades na rede mundial. Temos, primeiramente, os *provedores de backbone*, que são as grandes empresas responsáveis pelo tráfego de informações na rede através de cabos de fibras óticas ou transmissão via satélite; garantem a disponibilização das estruturas materiais necessárias para o acesso à rede de computadores.

Provedor de acesso é aquele que recebe do *provedor de backbone* os meios físicos para a transmissão das informações na internet e os disponibiliza ao usuário. É através dos *provedores de acesso*, portanto, que os usuários se conectam à internet, havendo entre eles relação de consumo, uma vez que o serviço é prestado em caráter oneroso ao usuário final.

Existem, ainda, os *provedores de correio eletrônico (e-mails)*, responsáveis pela remessa e recebimento de correspondências dos usuários, os *provedores de informações ou conteúdo*, que colocam à disposição na internet páginas eletrônicas com informações e serviços *on-line*, e, finalmente, os *provedores de hospedagem*, que colocam à disposição do usuário – pessoa física ou *provedor de conteúdo* – espaço em equipamento de armazenagem, ou servidor, para divulgação das informações que esses usuários ou provedores queiram ver exibidos em seus *sites*.

O provedor de hospedagem atua como locador de espaço para o arquivamento das informações que lhe são remetidas pelos usuários, sobre as quais não tem qualquer ingerência. "*O site é como um cofre no qual o proprietário guarda o que lhe for conveniente ou útil; o provedor de hospedagem apenas o armazena. Como não tem acesso ao conteúdo do cofre, por ele não pode responsabilizar-se. Nisso, também se equipara o provedor de acesso. Aberto, contudo, o cofre e verificada a ilegalidade do conteúdo, assiste ao provedor o direito de imediata interrupção do serviço, sob pena de também ser corresponsabilizado*".[131]

No Brasil, durante o ano de 2007, cerca de dez milhões usaram a Internet para fazer compras. Os internautas gastaram cerca de 6,4 bilhões de reais no comércio eletrônico, sendo um bilhão só no Natal. Para os especialistas, o crescimento se deve ao aumento da confiança nas lojas virtuais, que somavam cerca de três mil na internet

---

[130] *O Globo*, 3/8/2008.
[131] Castro Filho, Da responsabilidade do provedor de internet nas relações de consumo, *Doutrina do STJ*, 2005, p. 167.

brasileira. Para 2008, esperava-se expansão entre 35% e 40% no faturamento do comércio eletrônico.[132]

De acordo com pesquisa da *e-bit* e do Movimento Internet Segura, o comércio eletrônico brasileiro foi aprovado por 86,3% das pessoas que compraram algum produto pela Internet. O setor faturou R$ 2,3 bilhões no primeiro trimestre de 2009. No entanto, a quantidade de vendas poderia ser ainda maior. Isso não ocorre porque o consumidor encontra vários entraves nos *sites* e muitas vezes não finaliza a compra. Os problemas mais recorrentes são: falta de destaque das informações mais relevantes para o usuário; navegação que não ajuda na compra; descaso na discriminação do produto; letras difíceis de ler; imagens que não ajudam a vender e botão para comprar escondido.[133]

Como se vê, os contratos eletrônicos são a superação da massificação dos contratos.

Dentre as muitas vantagens oferecidas pelo comércio eletrônico, merecem destaque a **comunicação em tempo real** com qualquer parte do mundo e a **drástica redução dos custos das transações**. Com efeito, a instalação de uma página permite que seja vista de qualquer parte do mundo, possibilitando um contrato rápido, com custo baixo e a negociação pode ser feita em tempo real. A publicidade chega à casa do consumidor, as condições gerais da contratação estão inseridas nas páginas *web* e a aceitação pode ser feita mediante um simples clique com o *mouse*.

138 LEGISLAÇÃO APLICÁVEL

Se o contrato eletrônico, como ressaltado no início, não indica um novo tipo de contrato, apenas o meio pelo qual é celebrado, então aplicam-se ao comércio eletrônico as normas do Código Civil pertinentes aos contratos em geral e a cada espécie, bem como os princípios e preceitos do Código do Consumidor sempre que houver relação de consumo. Desnecessário, portanto, repetir aqui tudo o que já ficou dito sobre a oferta e sua vinculação, a publicidade (enganosa ou abusiva), as cláusulas e práticas abusivas, a responsabilidade do fornecedor etc.

Cabe apenas ressaltar que no comércio eletrônico, além dos princípios, garantias, direitos e deveres estabelecidos na Lei nº 12.965/2014 – Marco Civil da Internet –, alguns princípios do CDC assumem maior dimensão, uma vez que a vulnerabilidade do consumidor é incrementada, como bem observa Ricardo L. Lorenzetti: "*A capacidade de o usuário contratar, por si mesmo, fica muito limitada por algumas características da rede. Os processos de identificação do mundo real são diferentes dos que estamos acostumados a utilizar: se alguém entra numa loja, existem exigências municipais que regulam o seu funcionamento, marcas registradas, elementos físicos, o que transmite uma certa segurança. Na Internet o indivíduo se pergunta: aquele que se apresenta como um banco, é um banco?; a página que diz*

---

[132] *O Globo*, 24/12/2007.
[133] *O Globo*, 21/6/2009.

ser de uma companhia de turismo pertence realmente a ela? A rede dilui a potencialidade dos processos de identificação e de autoria".[134]

Daí a maior relevância que passam a ter nos contratos eletrônicos os **princípios da confiança, da informação e da segurança**. Com efeito, o vertiginoso crescimento de consumidores eletrônicos, segundo os especialistas, se deve à **confiança nas lojas virtuais**. O **dever de informar** do ofertante eletrônico é maior por ser um profissional que possui específico grau de conhecimento do meio tecnológico utilizado, o que não ocorre com o fornecedor. Além de informações detalhadas sobre o produto ou serviço, abarcados pela oferta, deverá também oferecer informações precisas sobre o meio tecnológico utilizado; a identificação do ofertante e os aspectos legais, especialmente relacionados às condições gerais da contratação.

Por último, o **princípio da segurança**. A insegurança do meio eletrônico é um problema sério, cujo risco corre por conta do fornecedor. Cabe ao ofertante garantir um ambiente confiável e seguro, mesmo quando atua em redes abertas. O risco do empreendimento é do fornecedor, pelo que inaplicável, à luz do CDC, o entendimento daqueles que sustentam que esse risco deve ser repartido no comércio eletrônico.

139 PRAZO DE ARREPENDIMENTO

Prevalece na doutrina e na jurisprudência o entendimento no sentido de ser aplicável aos contratos celebrados via Internet o prazo de arrependimento (sete dias) previsto no art. 49 do CDC. As razões que justificam esse entendimento são as mesmas das contratações feitas por telefone, fax, porta a porta etc. O consumidor, nessas condições, possui menor possibilidade de avaliar o que está contratando.

No âmbito da União Europeia, a Diretiva 85/577 considerou aplicável aos contratos de consumo celebrados pela Internet a legislação correspondente aos contratos a distância ou fora do estabelecimento comercial.

---

[134] *Comércio eletrônico*, tradução de Fabiano Menke, Revista dos Tribunais, 2004, p. 46.

Capítulo XI
A RESPONSABILIDADE CIVIL NAS RELAÇÕES DE CONSUMO

140 A PROBLEMÁTICA DOS ACIDENTES DE CONSUMO

A responsabilidade civil passou por uma grande evolução ao longo do século XX. Talvez tenha sido a área do Direito que sofreu os maiores impactos decorrentes das profundas transformações sociais, políticas, científicas e econômicas verificadas no curso do século passado. Começando pela flexibilização do conceito e da prova da culpa, passamos pela culpa presumida, evoluímos para a culpa contratual, a culpa anônima, até chegarmos à responsabilidade objetiva. E nesta, em alguns casos, passamos a adotar a responsabilidade fundada no risco integral, na qual o próprio nexo causal fica profundamente diluído. Essas profundas transformações ensejaram, por sua vez, uma grande proliferação de normas legislativas sobre responsabilidade civil não só no plano da lei ordinária, mas até em nível constitucional, o que dificulta a atuação do operador do Direito no trato com essa matéria. Algumas áreas da responsabilidade civil estão constitucionalizadas, como a responsabilidade do Estado, dos prestadores de serviços públicos, dos danos ao meio ambiente, dano moral etc.

Por outro lado, o campo de incidência da responsabilidade civil ampliou-se enormemente, chegando a representar a grande maioria dos casos que chegam ao Judiciário, principalmente nos Juizados Especiais. Fala-se hoje numa *indústria da responsabilidade civil*, com o que não concordamos. Não há indústria sem matéria--prima, de sorte que se hoje os casos judiciais envolvendo responsabilidade civil são tão numerosos é porque ainda mais numerosos são os casos de danos injustos.

Temos como certo que a responsabilidade civil nas relações de consumo foi a última etapa dessa longa evolução da responsabilidade civil. Para enfrentar a nova realidade decorrente da revolução industrial e do desenvolvimento tecnológico e científico, o Código do Consumidor engendrou um **novo sistema de responsabilidade civil** para as relações de consumo, com fundamentos e princípios próprios, porquanto a responsabilidade civil tradicional revelara-se insuficiente para proteger o consumidor.

Tomemos como exemplo o caso de uma senhora julgado pela 9ª Câmara Cível do Tribunal de Justiça do Rio de Janeiro no final da década de 1990.[1] Ao abrir, no

---

[1] Ap. Cível nº 10.771/98.

recesso do seu lar, um litro de um determinado refrigerante, para servi-lo aos seus dois filhinhos, a tampa explodiu, atingiu com tal violência um dos seus olhos que a deixou cega daquela vista. À luz da responsabilidade tradicional, quem seria o causador do dano? A quem aquela senhora poderia responsabilizar? À garrafa que não seria, porque a coisa não responde por coisa alguma. Poderia responsabilizar o vendedor do refrigerante, o supermercado, digamos? De acordo com a responsabilidade tradicional este haveria de se defender com a máxima facilidade, alegando que não teve culpa, pois limitou-se a vender o refrigerante tal como o recebeu do fabricante – fechado, embalado, lacrado –, sem qualquer participação no processo de fabricação. Poderia a vítima responsabilizar o fabricante? Também este, de acordo com o direito tradicional, haveria de afastar qualquer responsabilidade de sua parte dizendo que nada vendeu para a vítima, que não havia nenhuma relação contratual entre eles, e que só responde pelo fato da coisa enquanto ela estiver sob a sua guarda, comando ou direção, jamais depois que saiu de sua fábrica. Essa é a própria essência da teoria da guarda. Como se vê, aquela senhora, pelo sistema tradicional de responsabilidade, estaria ao desamparo, não obstante agredida violentamente no recesso do seu lar.

Outro caso paradigma. *O Globo* de 14 de julho de 1999 estampou a seguinte manchete: **"Dinheiro desaparece da conta de poupança"**. Um cidadão vendeu a sua casinha e depositou o dinheiro na poupança – cerca de R$ 30.000,00 – enquanto procurava outro imóvel para comprar. Certo dia descobre estarrecido que o dinheiro evaporou de sua conta. O saldo foi transferido por alguma operação *on line* para uma conta fantasma. E agora, à luz da responsabilidade tradicional, a quem iria responsabilizar? Quem lhe teria causado o dano? Alguém anônimo, sem cara, sem nome, sem identidade.

Até o advento do Código do Consumidor não havia legislação eficiente para enfrentar a problemática dos acidentes de consumo e proteger os consumidores. Os riscos de consumo corriam por conta do consumidor, porquanto o fornecedor só respondia no caso de dolo ou culpa, cuja prova era praticamente impossível. O Código do Consumidor deu uma guinada de 180 graus na disciplina jurídica até então existente na medida em que transferiu os riscos do consumo do consumidor para o fornecedor. Estabeleceu, como dissemos, um sistema próprio de responsabilidade civil, com fundamento, princípios e conceitos novos, bem como campo definido de aplicação.

Devem ser destacadas, embora resumidamente, **cinco grandes modificações** introduzidas pelo Código de Defesa do Consumidor na sistemática da responsabilidade civil nas relações de consumo:

1. Responsabilidade pelo **defeito do produto ou do serviço – arts. 12 a 14 –**, que compreende os defeitos de segurança.

2. Responsabilidade pelo **vício do produto ou do serviço – arts. 18 a 20 –**, que abrange os vícios por inadequação.

3. Ação direta do consumidor prejudicado contra o fornecedor de produto ou de serviço, afastado nesta área o mecanismo da responsabilidade indireta.

4. Superação da dicotomia – responsabilidade contratual e extracontratual. O fundamento da responsabilidade civil do fornecedor deixa de ser a relação contratual, ou do fato ilícito, para se materializar na relação jurídica de consumo, contratual ou não.
5. Responsabilidade objetiva para o fornecedor de produtos ou serviços, vinculado que está a um dever de segurança.

141 FUNDAMENTO DA RESPONSABILIDADE DO FORNECEDOR – O RISCO DO EMPREENDIMENTO OU DA ATIVIDADE EMPRESARIAL

Pode-se dizer que o Código do Consumidor esposou a *teoria do risco do empreendimento* ou da atividade empresarial, que se contrapõe à *teoria do risco do consumo*.

Pela *teoria do risco do empreendimento*, todo aquele que se disponha a exercer alguma atividade no mercado de consumo tem o dever de responder pelos eventuais vícios ou defeitos dos bens e serviços fornecidos, independentemente de culpa. Este dever é imanente ao dever de obediência às normas técnicas e de segurança, bem como aos critérios de lealdade, quer perante os bens e serviços ofertados, quer perante os destinatários dessas ofertas. A responsabilidade decorre do simples fato de dispor-se alguém a realizar atividade de produzir, estocar, distribuir e comercializar produtos ou executar determinados serviços. O fornecedor passa a ser o garante dos produtos e serviços que oferece no mercado de consumo, respondendo pela qualidade e segurança dos mesmos.

O consumidor não pode assumir os riscos das relações de consumo, não pode arcar sozinho com os prejuízos decorrentes dos acidentes de consumo, ou ficar sem indenização. Tal como ocorre na responsabilidade do Estado, os riscos devem ser socializados, repartidos entre todos, já que os benefícios são também para todos. E cabe ao fornecedor, através dos mecanismos de preço, proceder a essa repartição de custos sociais dos danos. É a *justiça distributiva*, que reparte equitativamente os riscos inerentes à sociedade de consumo entre todos, através dos mecanismos de preços, repita-se, e dos seguros sociais, evitando, assim, despejar esses enormes riscos nos ombros do consumidor individual.

142 A SISTEMÁTICA DO CÓDIGO

Quando se aplica a sistemática de responsabilidade civil estabelecida no Código do Consumidor? A resposta é óbvia: quando houver relação de consumo entre a vítima e o causador do dano, ou seja, quando a vítima for consumidora e o fornecedor o causador do dano. Não havendo relação de consumo entre a vítima e o causador do dano, o sistema aplicável é o do Código Civil. Assim, o campo de incidência do sistema de responsabilidade civil previsto no Código do Consumidor é vastíssimo. Aplica-se o CDC sempre que ocorrer um acidente numa relação de consumo. E relação de consumo, como vimos, é a relação jurídica contratual ou extracontratual que tem num polo fornecedor de produtos e serviços e no outro o consumidor; é aquela realizada entre fornecedor e o consumidor tendo por objeto a circulação de produtos e serviços.

Tão amplo é o campo de aplicação do CDC que hoje todo o operador do direito, principalmente o magistrado, antes de decidir qualquer questão envolvendo responsabilidade civil, deverá verificar se está ou não em face de uma relação de consumo. Caracterizada a relação de consumo, terá que aplicar o Código do Consumidor. O que não será possível é misturar os dois sistemas, aplicando parte de um e parte do outro.

Nunca nos pareceu correta a utilização em favor do consumidor ora do CDC, ora do Código Civil, por ser uma prática incompatível com o sistema de interpretação e aplicação das leis. É assistemática a mesclagem de preceitos vindos de lá e de cá, pois acaba por formar um terceiro sistema, uma terceira norma em nome de uma proteção paternalista. Ou se aplica a lei especial em sua integralidade, ou se nega a sua aplicação.

142.1 Defeito e vício – distinção

Como ressaltado, o sistema de responsabilidade civil do CDC tem conceitos próprios. **Defeito**, **vício** e **fato** (do produto ou do serviço) são conceitos legais, distintos e de primordial importância na disciplina jurídica da responsabilidade do fornecedor de produtos e serviços. **Defeito** é vício grave de concepção, de projeto, de cálculos, de construção etc., capaz de comprometer a segurança do produto ou do serviço a ponto de causar um acidente. **Vício** é defeito menos grave, circunscrito ao produto ou serviço em si; um defeito que lhe é inerente ou intrínseco, que apenas causa o seu mau funcionamento ou não funcionamento. Não compromete a segurança do produto ou do serviço, mas compromete a sua qualidade, valor ou fruição. **Fato do produto ou do serviço** é acidente causado por um defeito do produto ou do serviço – **acidente do consumo** – , do qual decorre dano material ou moral para o consumidor.

Exemplifiquemos: se A, dirigindo seu automóvel zero-quilômetro, fica repentinamente sem freio, mas consegue parar sem maiores problemas, teremos aí o *vício do produto*; mas, se A não consegue parar, e acaba colidindo com outro veículo, sofrendo ferimentos físicos, além de danos nos dois automóveis, aí já será *fato do produto causado por defeito do produto*. Se alguém instala uma nova televisão em sua casa, mas esta não produz boa imagem, há vício do produto; mas, se o aparelho explodir e incendiar a casa, teremos um fato do produto.

143 FATO DO PRODUTO – ACIDENTE DE CONSUMO

A responsabilidade pelo **defeito do produto** (fato) está disciplinada no art. 12 do CDC, que diz: "*O fabricante, o produtor, o construtor, nacional ou estrangeiro, e o importador respondem,* **independentemente da existência de culpa**, *pela reparação dos danos causados aos consumidores por* **defeitos** *decorrentes de projeto, fabricação, construção, montagem, fórmulas, manipulação, apresentação ou acondicionamento de seus produtos, bem como por* **informações insuficientes** *ou inadequados sobre sua utilização e riscos*".

Depreende-se desse dispositivo que *fato do produto* é um acontecimento externo, que ocorre no mundo exterior, e causa dano material ou moral ao consumidor (ou ambos), mas que decorre de um *defeito do produto*. Seu fato gerador será sempre um defeito do produto; daí termos enfatizado que a palavra-chave é *defeito*. O legislador, insista-se, estabeleceu **o defeito** como critério único para caracterizar e delimitar o alcance da responsabilidade pelo fato do produto e do serviço, sem o qual (defeito) essa responsabilidade teria por fundamento o risco integral e faria do fornecedor um segurador universal do consumidor.

Esse defeito pode ser de *concepção* (criação, projeto, fórmula), de *produção* (fabricação, construção, montagem) e ainda de *comercialização* (informações insuficientes ou inadequadas etc.). São também chamados de **acidentes de consumo**, que se materializam através da repercussão externa do defeito do produto, atingindo a incolumidade físico-psíquica do consumidor e o seu patrimônio.

O fornecimento de produtos ou serviços nocivos à saúde ou comprometedores da segurança do consumidor é responsável pela grande maioria dos *acidentes de consumo*. Ora é um defeito de fabricação ou montagem em uma máquina de lavar, numa televisão, ou em qualquer outro aparelho eletrodoméstico, que provoca incêndio e destrói a casa; ora uma deficiência no sistema de freio do veículo que causa acidente com graves consequências; ora, ainda, é um erro na formulação de medicamento ou substância alimentícia que causa dano à saúde do consumidor, como câncer, aborto, esterilidade etc.

Inúmeros casos concretos, ocorridos no dia a dia, podem ser aqui relatados a título de exemplos de *fato do produto*. Uma senhora adquiriu um copo de geleia de mocotó de uma marca conhecida, abriu-o e, com uma colher, deu de comer a seus dois filhos, crianças de dois e três anos de idade. Horas depois as duas estavam mortas; a perícia constatou que havia raticida na geleia. Fato do produto; acidente de consumo; responsabilidade objetiva; art. 12 do Código de Defesa do Consumidor. Os pais das crianças entraram com ação de indenização contra o fabricante, que foi julgada procedente pelo 2º Grupo de Câmaras Cíveis do Tribunal de Justiça do Estado do Rio de Janeiro. Um motorista de táxi mandou instalar um aparelho antifurto em seu veículo, daqueles que, cortando a corrente elétrica, impede que o motor pegue. Em razão de algum defeito no aparelho, o carro incendiou-se. Fato do produto; art. 12 do Código de Defesa do Consumidor. O pai de família comprou um botijão de gás e o instalou em sua cozinha. O botijão estava com vazamento e, repentinamente, a explosão, causando a destruição da casa e a morte de membros de sua família e vizinhos. Fato do produto; acidente de consumo; art. 12 do Código de Defesa do Consumidor.

Portanto, tratando-se de danos decorrentes das relações de consumo, produzidos por produtos defeituosos, o Código Civil fica afastado. O fundamento desta responsabilidade deixa de ser a relação contratual para se materializar em função da existência de outro tipo de vínculo: o produto defeituoso lançado no mercado e que, numa relação de consumo, contratual ou não, dá causa a um acidente, consoante o art. 12 do Código do Consumidor.

144 O QUE É DEFEITO?

Pelo que acabamos de ver, o fato gerador da responsabilidade do fornecedor não é mais a conduta culposa, tampouco a relação jurídica contratual, mas o *defeito do produto*. Bastará o nexo causal entre o defeito do produto ou serviço e o acidente de consumo.

Mas o que é *defeito*? Quando se pode dizer que um produto (ou serviço) é defeituoso? Essa, sem dúvida, é a questão nodal em sede de responsabilidade do fornecedor, pelo que merece aprofundamento. **Um dos critérios utilizados na definição de *defeito* é a falta de capacidade do fabricante de eliminar os riscos de um produto sem prejudicar sua utilidade.** Quem fabrica um xampu, por exemplo, muito eficaz para a beleza e conservação dos cabelos, tem que evitar qualquer risco caso esse produto venha a atingir os olhos do consumidor na hora em que lavar a cabeça. É razoável que isso possa ocorrer no uso normal do produto – pelo que deve o fabricante prever e afastar esse risco, sob pena de lançar no mercado um produto com defeito. O fabricante de uma esferográfica ou de um brinquedo para crianças deverá prever que essa caneta ou esse brinquedo podem ser levados à boca inadvertidamente, e evitar os riscos daí decorrentes. Se a esferográfica causar intoxicação em alguém, ou se o brinquedo vier a matar engasgada alguma criança, como tem acontecido, o produto será defeituoso.

Buscando facilitar a **caracterização do defeito**, o § 1º do art. 12 do Código de Defesa do Consumidor diz que *o produto é defeituoso quando não oferece a segurança que dele legitimamente se espera*. Do ponto de vista legal, portanto, *produto defeituoso* é aquele que **não oferece a segurança legitimamente esperada ou esperável**. Quem lava a cabeça com um xampu pode legitimamente esperar que ele não fará mal algum caso atinja seus olhos. Quem leva inadvertidamente uma caneta à boca também pode esperar não ser intoxicado por ela. É legítimo a mãe esperar que nenhum mal causará ao seu filho o brinquedo de pelúcia que lhe comprou, ainda que ele o leve à boca. **A expectativa de segurança** é legítima quando, confrontada com o estágio técnico e as condições específicas do tipo do produto ou do serviço, mostra-se plausível, razoável, aceitável. Se o produto não corresponder a essa segurança legitimamente esperada, será defeituoso.

144.1 Tipos de defeitos

Os defeitos, segundo a tipologia apresentada no art. 12 do CDC, podem ser (i) de **concepção** – criação, projeto, fórmula, cálculos –, via de regra os mais graves porque o defeito se instala no momento em que o produto está sendo idealizado, na sua fonte de produção (verdadeira árvore envenenada), contaminando todos os seus frutos –; relembramos, a título de exemplo, o caso da Talidomida Contergam, um analgésico grandemente utilizado entre 1958 e 1962, principalmente por gestantes na Alemanha e na Inglaterra, medicamento esse retirado do mercado por ter provocado deformidade física em milhares de nascituros; (ii) de **produção** – fabricação, construção, montagem – que atinge os produtos de uma determinada série de fabricação e que, mais do que nunca, são objeto dos *recalls* promovidos principalmente pelos fabricantes de automóveis;

(iii) de **informação** – *"bem como por informações insuficientes ou inadequadas sobre sua utilização e riscos"*– comercialização, publicidade, apresentação etc. O defeito de informação pode levar o fornecedor a responder pelos riscos inerentes do produto, se esses riscos forem desconhecidos pela sociedade de consumo, como veremos a seguir, e não por defeito de segurança, como ocorre nos casos de defeito de concepção e de produção.

145 O DEVER DE SEGURANÇA

Tem-se afirmado que o fato gerador da responsabilidade do fornecedor é o *risco*, daí a teoria do *risco do empreendimento* ou *empresarial*. Mas o risco, por si só, não gera a obrigação de indenizar. Risco é perigo, é mera probabilidade de dano, e ninguém viola dever jurídico simplesmente porque fabrica um produto ou exerce uma atividade perigosa, mormente quando socialmente admitidos e necessários. Milhões fazem isso sem terem que responder por alguma coisa perante a ordem jurídica. **A responsabilidade só surge quando há violação do dever jurídico correspondente.**

Que dever jurídico é esse? Quando se fala em *risco*, o que a ele se contrapõe é a ideia de *segurança*. Deveras, dever jurídico que se contrapõe ao risco é o **dever de segurança**. Risco e segurança são dois elementos que atuam reciprocamente no meio do consumo. Onde houver risco, terá que haver segurança. Há um relacionamento entre essas duas palavras, como vasos comunicantes. Quanto maior o risco criado pela atividade empresarial, maior será o dever de segurança. E foi justamente esse dever que o Código do Consumidor estabeleceu no § 1º do seu art. 12. Criou o **dever de segurança** para o fornecedor, verdadeira cláusula geral – o dever de não lançar no mercado produto com defeito –, de sorte que se o lançar, e este der causa ao acidente de consumo, por ele responderá independentemente de culpa. A regra que fundamenta a responsabilidade do fornecedor na existência do **defeito** cria, *ipso facto*, o dever de produzir sem defeito. A produção de produto defeituoso é, portanto, a violação do dever jurídico de zelar pela segurança dos consumidores. Aí reside a contrariedade da conduta do fornecedor ao direito, e com isso fica caracterizada a **ilicitude** como elemento da responsabilidade civil do fornecedor.

Trata-se, em última instância, de uma *garantia de idoneidade*, um dever especial de segurança do produto legitimamente esperado. Para quem se propõe fornecer produtos e serviços no mercado de consumo, a lei impõe o *dever de segurança*; dever de fornecer produtos seguros, vale dizer, sem defeito, sob pena de responder independentemente de culpa (objetivamente) pelos danos que causar ao consumidor. Tudo quanto é necessário para a existência da responsabilidade é o produto ter defeito e causar um dano ao consumidor. Aí está, em nosso entender, o verdadeiro fundamento da responsabilidade do fornecedor.

145.1 A noção de segurança

Se o produto é defeituoso, como diz a lei, quando não oferece a segurança que dele legitimamente espera o consumidor, depreende-se que a noção de *segurança* depende do casamento de dois elementos: a desconformidade com uma expectativa legítima do consumidor e a capacidade de causar acidente de consumo. Resulta daí que a noção de *segurança* tem certa relatividade, pois não há produto ou serviço totalmente seguro. As regras da experiência comum evidenciam que os bens de consumo sempre têm um resíduo de insegurança, que pode não merecer a atenção do legislador. O Direito só atua quando a insegurança ultrapassar o patamar da *normalidade* e da *previsibilidade*.

Pondera o insigne Herman Benjamin que "*o Código não estabelece um sistema de segurança absoluta para os produtos e serviços. O que se quer é uma segurança dentro dos padrões da expectativa legítima dos consumidores. E esta não é aquela do consumidor--vítima. O padrão não é estabelecido tendo por base a concepção individual do consumidor, mas, muito ao contrário, a concepção coletiva da sociedade de consumo*".[2] Isso significa que existem produtos que oferecem um grau mais elevado de segurança que outros similares. Embora não se possa esperar de um carro popular a mesma segurança de um carro blindado, ou de outro de primeira linha, deverá oferecer, todavia, padrão normal de segurança, compatível com os demais veículos da sua categoria. Ainda que não tenha sistema de freios ABS, nem *air bag*, o sistema de freios do carro popular terá que funcionar normalmente, como os demais veículos, e seu cinto de segurança terá que ser suficientemente resistente para suportar eventual acidente. O mesmo se pode dizer da segurança de uma moto em relação a uma bicicleta, e assim por diante.

Segurança é, portanto, conceito jurídico de conteúdo indeterminado, cujo conteúdo deve ser dado pelo juiz nas circunstâncias do caso concreto. Por isso, "*deve o juiz, na determinação do caráter defeituoso, ser intérprete do sentimento geral de legítima segurança esperada do produto, atendendo não só ao uso ou consumo pretendido, mas à utilização que dele razoavelmente possa ser feita, à luz do conhecimento ordinário ou da opinião comum do grande público a que o mesmo se destina*".[3]

Outro ponto a ser destacado é que a *garantia de idoneidade* do produto ou dever de segurança tem natureza ambulatorial, vale dizer, não está circunscrita à relação contratual de compra e venda, mas, pelo contrário, acompanha o produto por onde circular durante toda a sua vida útil. Há um vínculo entre o fabricante e o produto em razão do qual o primeiro torna-se responsável pelo dano que o segundo vier a causar, de sorte que a garantia inerente ao produto abrange o fabricante e o último consumidor.

Exemplo eloquente disso são as trocas de peças, pneus e outros equipamentos defeituosos – *recalls* – promovidas pelos fabricantes de automóveis. A *Firestone* fez *recall* em 6,5 milhões de pneus que provocaram 270 acidentes, com 46 mortos e 80 feridos.[4] Quando rodavam em alta velocidade ou eram submetidos a altas temperaturas, os pneus defeituosos soltavam a banda de rodagem (a parte que fica em contato com o solo), fazendo com que o motorista perdesse o controle do veículo. A *Fiat* e a *GM*

---

[2] *Comentários ao Código de Defesa do Consumidor*, Saraiva, 1991, p. 60.
[3] João Calvão da Silva, *Responsabilidade civil do produto*, Almedina, 1990, p. 641.
[4] *O Globo*, 10/8/2000.

fizeram *recalls* para reforçar o cinto de segurança. Enfim, um festival de *recalls*; em dez anos, quatro milhões de carros saíram de fábrica com defeitos. E as empresas só estão convocando os consumidores porque o *dever de segurança* que têm em relação ao produto que fabricam é ambulatorial. Liga o fabricante e o último consumidor, independentemente de existir ou não entre eles relação contratual.

Na França, fala-se em *guardião* ou *garante da estrutura do produto*, o que faz com que o fabricante continue responsável pelos danos causados pelo produto mesmo depois de colocado em circulação, e ainda que o produto tenha sido transferido a terceiro. O fornecedor é o responsável pelo acidente de consumo porque permanece como garante da estrutura do produto.

Outra questão relevante. Cabe ao Poder Público, como sabido, o poder-dever de estabelecer critérios de segurança e qualidade dos produtos e serviços, o que faz mediante normas administrativas. Esses critérios, indaga-se, uma vez atendidos afastam a responsabilidade do fornecedor? Se embora atendidas as exigências da Administração, o produto ou serviço causar dano ao consumidor, poderá o fornecedor alegar a inexistência do defeito?

A resposta uníssona da doutrina e da jurisprudência é **não**. O simples fato de ter sido respeitado o padrão estabelecido pelo Poder Público não afasta a responsabilidade do fornecedor porque esse padrão estabelece apenas **os limites mínimos** de segurança e qualidade que os produtos e serviços devem ter. O dever de segurança dos bens de consumo é do fornecedor e não do Poder Público, atuando este apenas no controle mínimo necessário. Ao fornecedor, que tem o domínio do processo produtivo, cabe dar ao seu produto ou serviço a segurança legitimamente esperada pelo consumidor. Destarte, produtos e serviços podem ser considerados defeituosos ainda que estejam em conformidade com os padrões mínimos estabelecidos pela Administração.

146 O NEXO CAUSAL ENTRE O DEFEITO E O DANO

Conquanto objetiva a responsabilidade do fornecedor, essa responsabilidade não é fundada no risco integral. Para configurá-la é indispensável a relação de causalidade entre **o defeito do produto ou do serviço e o dano**, vale dizer, será preciso que a causa do acidente de consumo tenha sido **o defeito** do produto ou do serviço. Os arts. 12 e 14 do CDC são muito claros ao disporem que o fornecedor "*responde [...] pela reparação dos danos causados aos consumidores por defeitos*". E como não foi adotada pelo CDC qualquer das teorias do nexo causal, é de se aplicar às relações de consumo a teoria da causa adequada (direta, imediata, ou necessária) contemplada pelo Código Civil.[5]

Com base no art. 1.060 do Código de 1916, nossos melhores autores – a começar por Aguiar Dias – sustentam que a teoria da causa adequada prevalece na esfera civil. Esse art. 1.060 foi reproduzido no art. 403 do Código atual, que diz: "Ainda que

---

[5] CC, art. 403.

a inexecução resulte de dolo do devedor, as perdas e danos só incluem os prejuízos efetivos e os lucros cessantes por *efeito dela direto e imediato*".

Boa parte da doutrina e também da jurisprudência sustenta que a *teoria da causalidade adequada, denominada de direta ou imediata* no dispositivo acima citado, acabou positivada, teoria essa que, em sua formulação mais simples, considera como causa jurídica apenas o evento que se vincula diretamente ao dano, sem a interferência de outra condição antecedente ou sucessiva. De acordo com essa teoria, rompe-se o nexo causal quando causa superveniente rompe o nexo causal anterior e erige-se em causa direta e imediata do novo dano. Embora o art. 403 fale em *inexecução*, o que é próprio da responsabilidade contratual, está consolidado o entendimento de que também se aplica à responsabilidade delitual.

Mas as dificuldades não terminaram. Em que consiste a causalidade direta e imediata? Qual o sentido das expressões *direta* e *imediata*? São sinônimas ou têm sentido próprio? Por serem imprecisas deram azo a intermináveis discussões. Várias doutrinas, amparadas por grandes nomes (Mosca, Coviello, Giorgi, Chironi, Polacco e outros) tentaram descobrir a fórmula que resolva todas as hipóteses. No próprio âmbito da teoria da causa direta e imediata desenvolveu-se a subteoria chamada *da causalidade necessária*, que, por sua vez, sustenta que o dano deve ser consequência necessária da inexecução da obrigação.

Agostinho Alvim, em sua clássica obra *Da inexecução das obrigações e suas consequências*, em face do disposto no art. 1.060 do Código Civil de 1916 – *efeito direto e imediato* –, sustenta que, dentre as várias teorias sobre o nexo causal, o nosso Código adotou a do *dano direto e imediato* e que, das escolas que explicam o dano direto e imediato, a mais autorizada é a que se reporta à *necessariedade da causa*. De acordo com essa teoria, *rompe-se o nexo causal* não só quando o credor ou *terceiro é autor da causa próxima do novo dano*, mas, ainda, quando a causa próxima é fato natural.

Assim, exemplifica o insigne Autor, se o locatário é injustamente forçado a mudar-se e sobrevém, durante a mudança, uma tempestade que lhe estraga os móveis, não teria ele de quem haver o dano resultante desse fato. Isso é assim porque o *legislador não quis que o autor do dano respondesse senão pelas consequências diretas, imediatas, derivadas necessariamente* do inadimplemento.[6] A mesma conclusão impor-se-ia se a perda dos móveis decorresse de acidente causado pela imprudência do motorista do caminhão que fazia a mudança. Haverá, nesses casos, causa superveniente que, rompendo o nexo causal anterior, erige-se em causa direta e imediata do novo dano.

Da longa e exauriente discussão que se travou entre as várias doutrinas sobre o nexo causal, podem ser extraídas as seguintes conclusões:

a) A expressão legal "efeito direto e imediato" indica liame de necessariedade e não de simples proximidade; não se refere à causa cronologicamente mais

---

[6] Ob. cit., p. 371-372.

ligada ao evento, temporalmente mais próxima, mas sim àquela que foi a mais adequada, a mais determinante segundo o curso natural e ordinário das coisas.

b) A ideia central, enunciada e repetida pelos autores, não é a distância, mas sim a ocorrência de causa superveniente que rompa o nexo causal.

c) A responsabilidade do devedor pode ser afastada não por causa da distância entre a causa e o efeito, mas pelo aparecimento de causa (concausa) superveniente que interrompa o nexo causal e por si só produza o resultado, caso em que a causa próxima toma o lugar da remota.

d) As palavras *direta* e *imediata* não traduzem duas ideias distintas. Foram empregadas para reforço uma da outra, querendo o legislador, com essas expressões, traduzir o conceito de necessariedade.

e) Os danos indiretos ou remotos podem ser passíveis de ressarcimento desde que sejam consequência da conduta; só não são indenizáveis quando deixam de ser efeito necessário pelo aparecimento de causa superveniente (concausa) que por si só produz o resultado. Com frequência, a causa temporalmente mais próxima do evento não é a mais adequada, caso em que deverá ser desconsiderada, por se tratar de mera concausa.

A peculiaridade da lei de consumo em relação ao nexo causal, é que ela não exige da vítima a prova do **defeito** do produto ou serviço, **apenas a prova do acidente de consumo**, isto é, que houve um acidente e que este teve por causa um defeito do produto ou do serviço. Bastará para tanto a chamada *prova de primeira aparência*, prova de verossimilhança, decorrente das regras da experiência comum, que permita um juízo de probabilidade. Por isso, o Código do Consumidor, ocorrido o acidente, presume o defeito do produto ou do serviço, só permitindo ao fornecedor afastar o seu dever de indenizar se provar – ônus seu – **que o defeito não existe**.[7] Se cabe ao fornecedor provar que o defeito não existe, então ele é presumido, até prova em contrário.

Correta a posição do Código, porque se para a vítima é praticamente impossível produzir prova técnica ou científica do defeito, para o fornecedor isso é perfeitamente possível, ou pelo menos muito mais fácil. Ele que fabricou o produto, ele que tem o completo domínio do processo produtivo, tem também condições de provar que o seu produto não tem defeito. O que não se pode é transferir esse ônus para o consumidor.

147 RISCO INERENTE E RISCO ADQUIRIDO – DISTINÇÃO

Embora a perigosidade seja um elemento ligado a defeito, o CDC não proibiu nem sancionou a circulação de produto perigoso, pelo contrário, admitiu a existência e a sua normal fabricação, pela singela razão de que muitos dos bens colocados no mercado para satisfazer necessidades sociais oferecem, em maior ou menor grau, um

---

[7] Art. 12, § 3º, I, e art. 14, § 3º, I.

certo grau de perigosidade. Daí a distinção entre produtos com *perigosidade inerente*, assim entendido o risco intrinsecamente atado à própria natureza da coisa, à sua qualidade ou modo de funcionamento, e os com *perigosidade adquirida*, que se tornam perigosos em razão de algum defeito que não é da sua própria natureza.

Retornando ao insigne Antonio Herman Benjamin, colhe-se a seguinte lição sobre o *risco inerente* e o *risco adquirido*. **Risco inerente** ou periculosidade latente é o risco intrínseco, atado à sua própria natureza, qualidade da coisa, ou modo de funcionamento, como, por exemplo, uma arma, uma faca afiada de cozinha, um veículo potente e veloz, medicamentos com contraindicação, agrotóxicos etc. Embora se mostre capaz de causar acidentes, a periculosidade desses produtos ou serviços é normal e conhecida – previsível em decorrência de sua própria natureza –, em consonância com a expectativa legítima do consumidor. O risco ou periculosidade inerente tem primeiramente um requisito objetivo: deve estar de acordo com o tipo específico de produto ou serviço; o requisito subjetivo exige que o consumidor esteja total e perfeitamente apto a prevê-lo. Em suma, *normalidade* e *previsibilidade* são as características do risco inerente, pelo qual não responde o fornecedor por não ser defeituoso um bem ou serviço nessas condições. Cabe-lhe, entretanto, informar o consumidor a respeito desses riscos inevitáveis, podendo por eles responder caso não se desincumba desse dever, hipótese em que poderá resultar configurado o defeito de comercialização por informação deficiente quanto à periculosidade do produto ou serviço, ou quanto ao modo de utilizá-lo.[8]

Fala-se em *risco adquirido* quando produtos e serviços tornam-se perigosos em decorrência de um defeito. São bens e serviços que, sem o defeito, não seriam perigosos; não apresentam riscos superiores àqueles legitimamente esperados pelo consumidor. *Imprevisibilidade* e *anormalidade* são as características do risco adquirido.

147.1 Produto perigoso e produto defeituoso

Não há, portanto, correlação necessária entre produto perigoso e produto defeituoso. Nem todo produto perigoso é defeituoso (como ocorre com aqueles que têm risco inerente), assim como nem todo produto defeituoso é perigoso (como no caso de produto de risco adquirido). Os produtos de risco inerente não são defeituosos porque não violam o dever de segurança; os riscos que representam, por serem *normais* e *previsíveis*, estão em sintonia com as legítimas expectativas dos consumidores. *Normais* porque decorrem da natureza do produto; *previsíveis* porque são de conhecimento geral.

Defeituosos são os produtos de risco adquirido porque surpreendem o consumidor quanto à segurança legitimamente esperada. Só se tornam perigosos por um defeito de concepção ou de produção.

---

[8] *Comentários ao Código de Proteção do Consumidor*, Saraiva, 1991, p. 49-51.

147.2 Risco permitido e defeito

Embora o perigo ou risco seja elemento ligado a certos produtos e serviços, a lei não proíbe a sua produção ou fornecimento, pelo contrário, estimula-os por relevantes motivos sociais, políticos, econômicos e tributários. Se assim não fosse seria absolutamente impossível a produção de inúmeros medicamentos com inevitáveis efeitos colaterais, bem como a prestação de grande parte dos serviços e tratamentos médicos (*v.g.*, a quimioterapia), ainda que realizados com toda a técnica e segurança. Em se tratando de atividade de risco permitido, disciplinada por lei, não há que se falar, portanto, em violação de dever jurídico pelo seu exercício em si. Caso contrário a permissão legal seria um logro, um verdadeiro contrassenso.

Tenha-se em conta, todavia, que o eventual defeito de um produto ou serviço não será afastado pelas normas administrativas que permitem ou estabelecem requisitos para a sua fabricação ou fornecimento. Vale dizer, um produto ou serviço não deixa de ser defeituoso pelo fato de ter a Administração estabelecido regras para o seu fornecimento. E assim é porque o Poder Público estabelece *standards mínimos* de qualidade e segurança, razão pela qual nenhum fornecedor ficará imune ao dever de indenizar o consumidor pelo só fato de ter respeitado os padrões estabelecidos pelo Poder Público, se o seu produto ou serviço tiver algum defeito de concepção, fabricação ou de informação. Destarte, um produto ou serviço pode ser considerado defeituoso apesar de estar em absoluta conformidade com a regulamentação em vigor, mesmo porque cabe ao fornecedor, em última instância, saber se o seu produto ou serviço é seguro. Nem sempre a Administração terá conhecimento para tal.

147.3 Defeito de informação e o dever de informar

É nesse cenário que aparece a relevância do **defeito de informação**. "*A informação insuficiente ou inadequada sobre a utilização e os riscos desses produtos ou serviços*".

A regra é que o fornecedor não responde pelos danos decorrentes do risco inerente, conforme acima ressaltado, por não ser defeituoso um produto ou serviço nessas condições. Transferir as consequências dos riscos inerentes para o fornecedor seria ônus insuportável; acabaria por inviabilizar o próprio fornecimento. Tais riscos, entretanto, criam para o fornecedor outro dever jurídico – o de informar –, expressamente estabelecido no art. 9º do Código de Defesa do Consumidor: "*O fornecedor de produtos e serviços potencialmente nocivos ou perigosos à saúde ou segurança deverá informar, **de maneira ostensiva e adequada**, a respeito da sua nocividade ou periculosidade, sem prejuízo da adoção de outras medidas cabíveis em cada caso concreto*".

O *dever de informar*, portanto, também serve de fundamento para a responsabilidade do fornecedor, cuja violação pode levá-lo a ter que responder pelos riscos inerentes, não por defeito de segurança do produto ou do serviço, mas por *informações inadequadas ou insuficientes* sobre a utilização ou os riscos do produto. Nesse caso, a responsabilidade não decorre do defeito do produto ou do serviço, mas de defeito de informação – ilicitude na conduta do fornecedor que descumpre o **dever de informar**.

Assim como a regra sobre a responsabilidade fundada no defeito do produto cria o dever de produzir sem defeito, também a norma do CDC que dispõe sobre a responsabilidade baseada na insuficiência de informação (art. 12, *caput*, parte final) cria o dever de prestar informação suficiente e adequada. É por isso, por exemplo, que determinados medicamentos devem indicar na embalagem ou na bula todos os efeitos colaterais que podem causar, e só podem ser vendidos com prescrição médica. O dever de informar, como já ressaltado, tem graus, que vai desde o dever de esclarecer, passando pelo dever de aconselhar, podendo chegar ao dever de advertir. É o que se extrai do próprio texto legal. No inciso III do art. 6º, o Código fala em *informação adequada e clara*; no art. 8º, fala em *informações necessárias e adequadas*; no art. 9º, fala em informação *ostensiva e adequada*, exatamente quando se tratar de produtos e serviços **potencialmente** nocivos e perigosos à saúde ou à segurança (perigo inerente).

Vem a propósito o caso julgado pela 13ª Câmara Cível do Tribunal de Justiça do Rio de Janeiro,[9] de minha relatoria, envolvendo o dano sofrido por uma senhora que adquiriu amaciante e relaxante capilar, em cuja embalagem o produto era apresentado, com letras grandes e coloridas, como "**amaciante e relaxante capilar; forma suave totalmente sem cheiro, que não agride os cabelos**; dispensa-se o uso de neutralizante, estimula o crescimento; cabelos macios, soltos e naturais; os resultados da beleza você pode ver, tocar e sentir".

No entanto, ao utilizar esse milagroso produto, a consumidora sofreu uma grande irritação no couro cabeludo e a respectiva queda dos cabelos. A toda evidência, tratava-se de um produto com risco inerente e as instruções (informações) sobre o seu correto uso não atenderam o que dispõe o CDC.

> "Responsabilidade civil do fornecedor. Fato do Produto. Risco Inerente. Informação Insuficiente. Dever de Indenizar.
>
> Se o produto é potencialmente nocivo ou perigoso (risco inerente), o fornecedor tem o dever de informar de maneira ostensiva e adequada a respeito da sua nocividade ou periculosidade, sob pena de responder pelos danos que vier a causar ao consumidor. O produto, no caso, embora apresentado na embalagem, com letras grandes e coloridas, como amaciante e relaxante capilar; fórmula suave, totalmente sem cheiro, que não agride os cabelos, surpreendeu a consumidora, pois, após ser aplicado, causou-lhe queda dos cabelos e lesão semelhante à de uma queimadura.
>
> Para cumprir o dever de informar no caso de produto ou serviço com risco inerente, não basta a mera indicação genérica da possibilidade de danos ou riscos, contida nas instruções de uso do produto."

---

[9] Ap. Cív. nº 20.030/2008.

Nos Estados Unidos, onde o dever de informar o consumidor é observado com rigor, a Administração de Drogas e Alimentos (FDA) passou a exigir que o Botox e outras drogas contra rugas tenham, obrigatoriamente, **rótulo com advertência sobre os riscos para a saúde**. A FDA anunciou a medida logo após a aprovação de uma nova droga, chamada Dysport, que se acredita ser o primeiro competidor real do Botox. Como este, a Dysport é injetável e derivada do agente paralisante toxina botulínica.

A FDA disse que tais drogas precisam ter rótulos de advertência explicando que elas têm potencial para se espalhar do local da injeção para outras partes do corpo – com riscos de sérias complicações, como dificuldades para engolir e respirar. Obrigar um medicamento a imprimir o rótulo expressivo alertando para riscos – o chamado alerta para drogas de tarja preta – é uma das mais drásticas medidas de segurança que a FDA pode tomar.

Além do risco inerente e do risco adquirido, alguns autores ainda identificam o **risco exagerado**, que não deixa de ser o risco inerente agravado. Referem-se aos produtos e serviços que, por apresentarem uma **periculosidade inerente exagerada** para a saúde e segurança do consumidor, sequer podem ser colocados no mercado de consumo. O CDC, em nosso entender, alude ao risco exagerado no seu art. 10 ao dispor: "*O fornecedor não poderá colocar no mercado de consumo produto ou serviço que sabe ou deveria saber apresentar* **alto grau de nocividade ou periculosidade** *à saúde ou segurança*".

Cabe ao Poder Público, com auxílio técnico, impedir a comercialização de produtos de risco exagerado, ou retirá-los de circulação tão logo seja apurada essa periculosidade.

147.4 Limites do dever de informar

Até que ponto vai o dever de informar? Esta pergunta tem merecido a preocupação da doutrina e da jurisprudência. Quais são os seus limites? O que deve ser informado para que não haja ruptura desse dever? Em todos os casos deve o fornecedor de produtos ou serviços discorrer minuciosamente sobre todos os riscos possíveis e imaginários, próximos e remotos, mesmo que o percentual de chances de ocorrer seja mínimo?

Segundo a unanimidade da doutrina, o conteúdo do dever de informar compreende as informações necessárias e suficientes para o conhecimento do consumidor quanto aos aspectos relevantes para a formação de sua decisão. Resulta daí, em primeiro lugar, que **os fatos notórios**, amplamente conhecidos, não constituem objeto do dever de informar por não haver legítima expectativa frustrada a respeito deles. Quem já conhece um fato não pode ser enganado. Por que e para que informar ao consumidor algo que ele já conhece? **A partir do momento que o consumidor conhece a informação necessária para o seu consentimento informado, o dever de informar está satisfeito.**

Não se tratando de fatos notórios, temos como certo que três outros fatores deverão ser considerados: (a) a circunstância em que o fato ocorreu, principalmente em relação a serviços, pois em casos urgentes nem sempre é possível debaterem-se questões menores, como resultado de efeitos colaterais; (b) se os riscos são consideráveis ou se, estatisticamente, irrelevantes para a tomada de decisão do consumidor; (c) se, caso a informação fosse prestada, o consumidor não teria utilizado o produto ou teria recusado a prestação do serviço nos moldes em que o foi.

A síntese da doutrina internacional sobre os limites do dever de informar é esta: informam-se os riscos diretamente decorrentes do produto ou serviço, cujo conhecimento é indispensável para habilitar o consumidor a exercer escolhas conscientes – **consentimento informado**; os fatos notórios não são objeto do defeito de informação.

Muito extenso é o campo de incidência da responsabilidade pelo fato do produto; envolve desde acidentes domésticos, como o daquela senhora que foi atingida pela tampa de um litro de refrigerante no recesso do seu lar, até grandes acidentes com centenas de vítimas fatais, como a queda de um avião por defeito no reversor.

148 OS RESPONSÁVEIS

Vimos que o Código, ao conceituar o fornecedor em seu art. 3º, fê-lo de maneira bem abrangente, de modo a alcançar todos os partícipes do ciclo produtivo-distributivo.

Tem-se dito que o Código criou três modalidades de responsáveis: o *real* (fabricante, construtor, produtor); o *presumido* (importador); o *aparente* (comerciante).

Tratando-se de responsabilidade pelo *fato do produto*, todavia, o art. 12 do Código responsabiliza somente o *fabricante*, o *produtor*, o *construtor* e o *importador*. O *comerciante* foi excluído em via principal porque ele, nas relações de consumo em massa, não tem nenhum controle sobre a segurança e qualidade das mercadorias. Recebe os produtos fechados, embalados, enlatados, como ocorre, por exemplo, nos super e hipermercados, nas grandes lojas de departamentos e drogarias, e assim os transfere aos consumidores. Em suma, o comerciante não tem poder para alterar nem controlar técnicas de fabricação e produção.

Atente-se, portanto, para a advertência do douto Zelmo Denari: "*Ainda que o consumidor tenha adquirido o automóvel da concessionária; o eletrodoméstico da loja de departamento; o medicamento da drogaria; a vacina ou agrotóxico do comerciante, deverá postular seus direitos contra o fabricante do produto, operador econômico que, em via principal, é o responsável pela reparação dos danos causados aos consumidores*".[10]

E assim é, repita-se, porque o fabricante ou produtor é o sujeito mais importante das relações de consumo. É ele que domina o processo de produção e introduz coisa perigosa no mercado. Através dele os produtos chegam às mãos dos distribuidores já preparados, embalados etc. para o consumo. Cabe-lhe, portanto, assumir os riscos de todo o processo de produção e do ciclo do consumo.

---

[10] *Código Brasileiro de Defesa do Consumidor comentado*, 3. ed., Forense Universitária, p. 88.

149 A SOLIDARIEDADE PASSIVA NO CÓDIGO DE DEFESA DO CONSUMIDOR

Não obstante tenha o Código de Defesa do Consumidor uma disciplina própria de responsabilidade civil, essencialmente objetiva, no que respeita à solidariedade passiva na obrigação decorrente de ato ilícito seguiu a clássica disciplina consagrada no Código Civil – art. 942, parágrafo único: "*São solidariamente responsáveis com os autores os co-autores [...]*", e art. 264: "*Há solidariedade, quando na mesma obrigação concorre mais de um credor, ou mais de um devedor, cada um com direito, ou obrigado, à dívida toda*".

Essa é a correta lição do insigne Arruda Alvim sobre a solidariedade no Código do Consumidor:

> "A solidariedade, aqui resultante da lei, artigo 7º, parágrafo único, e artigo 25, parágrafo primeiro, todos do Código de Proteção e Defesa do Consumidor, **será aplicada tal como prevista pela lei civil**, desde que o Código de Proteção e Defesa do Consumidor não alterou os contornos jurídicos do instituto (artigos 904 a 915 do Código Civil/16 – artigos 275 a 285 do Código vigente –, com exceção do artigo 912 e do que pertine o artigo 914)".[11]

É também o que se depreende, primeiramente, da cláusula geral do art. 7º, parágrafo único, do CDC: "*Tendo mais de um autor a ofensa, todos responderão solidariamente pela reparação dos danos previstos nas normas de consumo*". O vocábulo **autor** indica quem pratica a atividade –ação ou omissão necessária para a realização do ato ilícito. Assim, quando a lei fala em mais de um autor está a indicar que também no Código do Consumidor a caracterização da solidariedade passiva decorre da **participação** na prática de ato ilícito. E assim é porque a lei não estabelece a solidariedade passiva arbitrariamente; é preciso causa jurídica.

Ainda mais enfático é o § 1º do art. 25: "*Havendo **mais de um responsável pela causação do dano**, todos responderão solidariamente pela reparação prevista nesta e nas seções anteriores*". Ora, **responsável** é aquele cuja conduta, violando dever jurídico preexistente, causa dano a outrem. Sem violação de dever jurídico ninguém pode ser responsabilizado, trate-se de responsabilidade subjetiva ou objetiva. Destarte, quando a lei fala "*Havendo **mais de um responsável pela causação do dano***" está a indicar que, para a caracterização da solidariedade prevista no § 1º do art. 25 do CDC, necessário será que a conduta dos agentes indicados como responsáveis solidários tenha efetivamente concorrido para a causação do dano, porque a lei não estabelece a solidariedade passiva arbitrariamente; exige causa jurídica.

Por último, o parágrafo único do art. 13 do CDC, ao tratar do direito de regresso na solidariedade passiva, dispõe: "*Aquele que efetivar o pagamento ao prejudicado poderá*

---

[11] Arruda Alvim, Thereza Alvim, Eduardo Alvim e James Marins, *Código do Consumidor Comentado*, 2. ed., v. 8, p. 171 (Biblioteca de Direito do Consumidor).

*exercer o direito de regresso contra os demais responsáveis, **segundo sua participação na causação do evento danoso**".* Maior clareza não seria possível. A lei fala expressamente em responsáveis (mais de um) e exige **participação de cada um na causação do evento danoso** para a caracterização da solidariedade passiva no CDC.

Em síntese, para ocorrer solidariedade passiva no CDC é preciso que os agentes tenham **concorrido** para a prática do ato danoso; que o dano sofrido pela vítima tenha também sido causado pela conduta ilícita do responsável solidário.

149.1 A solidariedade passiva na responsabilidade pelo fato do produto ou do serviço

A regra do § 1º do art. 25 do CDC é aplicável na caracterização da solidariedade passiva tanto na responsabilidade pelo fato do produto como na responsabilidade pelo fato do serviço. É o que se depreende da última parte do seu texto: *"todos responderão solidariamente pela reparação prevista **nesta e nas seções anteriores**"*. Vale dizer, Seção I, que trata "Da Proteção à Saúde e Segurança";[12] Seção II, que trata "Da Responsabilidade pelo Fato do Produto e do Serviço",[13] e Seção III, que trata "Da Responsabilidade por Vício do Produto e do Serviço".[14]

Portanto, ninguém pode ser solidariamente responsabilizado por um acidente de consumo, quer pelo fato do produto, quer pelo fato do serviço, sem ter concorrido para a sua causação. Não se está a falar de dolo ou culpa, mas sim de **nexo de causalidade**. Demasiado não será também repetir que mesmo na responsabilidade objetiva não se prescinde do nexo causal. Trata-se de uma regra universal, quase absoluta, só excepcionada nos raros casos em que a responsabilidade é fundada no risco integral, o que não ocorre na disciplina da responsabilidade civil estabelecida no Código do Consumidor. Inexistindo relação de causa e efeito não há responsabilidade.

E mais, já salientamos que no regime de responsabilidade objetiva do CDC **o defeito do produto ou do serviço** é o critério expressamente estabelecido pelo legislador para delimitar o alcance dessa responsabilidade, sem o qual ela seria fundada no risco integral, obrigando o fornecedor a responder sempre por qualquer dano sofrido pelo consumidor. O fornecedor passaria a ser o segurador universal do consumidor. Por isso, todo acidente de consumo tem por fato gerador um **defeito do produto ou do serviço**, resultando daí que o responsável solidário, para que seja assim considerado, há de ter concorrido para a ocorrência do defeito.

Nesse sentido a correta doutrina do douto Bruno Miragem:

> "No que se refere à responsabilidade civil de consumo, a teoria do dano direto e imediato responde de modo preciso a questão do *defeito* como

---

[12] Arts. 8 a 10.
[13] Arts. 12 a 17.
[14] Arts. 18 a 24.

pressuposto do dever de indenizar do fornecedor. Em outros termos, só há responsabilidade civil pelo fato do produto ou do serviço quando houver defeito, e este for a causa dos danos sofridos pelo consumidor.

[...]

Em matéria de responsabilidade civil pelo fato do produto ou do serviço, é de sustentar-se a relação de necessariedade lógica entre o defeito do produto e do serviço e do dano causado aos consumidores".[15]

No caso de um acidente de trânsito, por exemplo, causado por defeito do veículo, o fabricante de peça ou componente incorporado ao produto só será responsabilizado solidariamente se o defeito for da peça ou componente por ele fabricado. "*Sendo o dano causado por componente ou peça incorporada ao produto ou serviço, são responsáveis solidários seu fabricante, construtor ou importador e o que realizou a incorporação*".[16] O mesmo ocorre com a concessionária, revendedora do veículo. Embora tenha participado da introdução do veículo no mercado de consumo, não será responsabilizada pelo acidente porque o **defeito** do veículo era de fabricação, isto é, anterior à sua comercialização.

Bem por isso, considerado o momento do surgimento do defeito, anterior ao ingresso do comerciante no processo de comercialização, ele teve a sua responsabilidade (solidária) excluída em via principal, como veremos a seguir. O art. 13 do CDC atribui-lhe apenas responsabilidade subsidiária. Pode ser responsabilizado em via secundária quando o fabricante, o construtor, o produtor ou importador não puderem ser identificados; o produto for fornecido sem identificação clara do seu fabricante, produtor, construtor ou importador ou – hipótese mais comum – quando o comerciante não conservar adequadamente os produtos perecíveis. São casos, como se vê, nos quais a conduta do comerciante concorre para o acidente de consumo.

149.2 A solidariedade passiva nos serviços complexos, produzidos por cadeia de fornecedores

O art. 14 do CDC, ao disciplinar a responsabilidade pelo fato do serviço, fala em **fornecedor**, o que levou parte expressiva da doutrina a entender que o gênero – fornecedor – inclui todos os integrantes da cadeia produtiva, pelo que, tratando-se de dano causado por defeito do serviço (fato do serviço), **respondem solidariamente** todos os que participam da sua produção.

Nesse sentido o entendimento do douto Bruno Miragem:

"No caso de responsabilidade pelo fato do serviço, até pelas dificuldades eventuais em denominar com precisão todos os eventuais agentes da cadeia

---

[15] *Curso de Direito do Consumidor*, 3. ed., Revista dos Tribunais, p. 465.
[16] Art. 25, § 2º.

de fornecimento dos diferentes serviços ofertados no mercado de consumo, a norma do artigo 14 do CDC foi mais abrangente ao dispor: 'O fornecedor de serviços responde, independentemente de culpa, pela reparação dos danos causados aos consumidores [...].' Neste caso, à exclusão dos profissionais liberais, que terão regime de responsabilidade própria, de natureza subjetiva (art. 14, § 4º), os demais participantes da cadeia de serviços qualificam-se, nos termos da norma, como fornecedores de serviço, enquadrando-se na referência expressa prevista no artigo 14, *caput*, do CDC".[17]

Essa questão, não obstante de extrema relevância nos casos de serviços complexos – compostos de outros serviços e envolvendo a participação de terceiros, às vezes uma verdadeira cadeia de fornecedores –, **não tem merecido a necessária atenção** também da jurisprudência. Os precedentes do Egrégio Superior Tribunal de Justiça a respeito da solidariedade passiva entre os fornecedores de uma mesma cadeia de serviços **têm por fundamento o art. 14 do CDC**. Em face da complexidade da questão, reputam **solidariamente responsáveis** todos os participantes da produção do serviço, sem qualquer consideração sobre a efetiva participação (ou não) de cada um na ocorrência do **defeito do serviço que gerou o dano**, como se constata dos julgados transcritos a seguir.

"A melhor exegese dos arts. 14 e 18 do CDC indica *que todos aqueles que participam da introdução do produto ou serviço no mercado devem responder solidariamente por eventual defeito ou vício*, isto é, imputa-se a toda a cadeia de fornecimento a responsabilidade pela garantia de qualidade e adequação".[18]

"*Todos os que integram a cadeia de fornecedores do serviço de cartão de crédito respondem solidariamente em caso de fato ou vício do serviço*. Assim, cabe às administradoras do cartão, aos estabelecimentos comerciais, às instituições financeiras emitentes do cartão e até mesmo às proprietárias das bandeiras, verificar a idoneidade das compras realizadas com cartões magnéticos, utilizando-se de meios que dificultem ou impossibilitem fraudes e transações realizadas por estranhos em nome de seus clientes".[19]

"Segundo a orientação jurisprudencial desta Corte Superior, *o art. 14 do CDC estabelece regra de responsabilidade solidária entre os fornecedores de uma mesma cadeia de serviços*, razão pela qual as 'bandeiras'/marcas de cartão de crédito respondem solidariamente com os bancos e as administradoras de cartão de crédito pelos danos decorrentes da má prestação de serviços".[20]

---

[17] *Curso de Direito do Consumidor*, 3. ed., Revista dos Tribunais, p. 465.
[18] REsp nº 1.058.221/PR, 3ª Turma, Rel. Min. Nancy Andrighi, julgado em 4/10/2011.
[19] Pet no AgRg no REsp nº 1.391.029/SP, 3ª Turma, Rel. Min. Sidnei Beneti, julgado em 4/2/2014.
[20] REsp nº 596.236/SP, 3ª Turma, Rel. Min. Marco Aurélio Bellizze, julgado em 3/2/2015.

"*O art. 14 do CDC estabelece regra de responsabilidade solidária entre os fornecedores de uma mesma cadeia de serviços*, razão pela qual as 'bandeiras'/marcas de cartão de crédito respondem solidariamente com os bancos e as administradoras de cartão de crédito pelos danos decorrentes da má prestação de serviços".[21]

Não obstante o respeito de que são merecedores os que assim entendem, é preciso observar que **não há no art. 14 do CDC nenhuma regra específica de solidariedade passiva** entre os fornecedores de serviços; **há sim regra de responsabilidade objetiva para todos**, razão pela qual tal dispositivo não pode ser tomado por base legal para o entendimento doutrinário e jurisprudencial no sentido de haver solidariedade passiva entre todos os integrantes da cadeia de fornecimento de serviços. O que diz a norma? "*O fornecedor de serviços responde, independentemente da existência de culpa, pela reparação dos danos causados aos consumidores por defeitos relativos à prestação dos serviços*". **Não diz, com a máxima vênia, que todos têm responsabilidade solidária pelo fato de integrarem a cadeia**. Não há no art. 14 do CDC, insista-se, **nenhuma referência à solidariedade**, mesmo porque, como visto, a matéria foi disciplinada pela norma do § 1º do art. 25 do CDC.

Além disso, ao disciplinar a responsabilidade pelo fato do serviço, o CDC adotou os mesmos princípios estabelecidos no art. 12 para a responsabilidade pelo fato do produto: (i) responsabilidade objetiva – **independentemente de culpa**; (ii) reparação dos **danos causados** aos consumidores – **nexo causal**; (iii) **defeitos** dos serviços – **fato gerador**. Repita-se, a mesma disciplina, os mesmos princípios estabelecidos no art. 12, pelo que não há como nem por que inovar no que respeita à solidariedade passiva do fornecedor de serviços.

Consequentemente, assim como não se pode responsabilizar o **fornecedor de produto**, direta ou solidariamente, sem que haja **relação de causalidade** entre o **dano** sofrido pelo consumidor e o **defeito do produto que forneceu**, também não se pode responsabilizar **o fornecedor de serviço**, direta ou solidariamente, sem que haja **relação de causalidade** entre o **dano** sofrido pelo consumidor e o **defeito** do serviço que prestou. Noutras palavras, se embora integrando a cadeia de fornecimento do serviço, a atuação do suposto fornecedor solidário em nada concorreu para o surgimento do **defeito** que causou o dano, não há que falar em solidariedade. Tanto é assim que o inciso I do § 3º do referido art. 14 exclui expressamente a responsabilidade do fornecedor **se provar que o serviço não tem defeito** ou que para ele não concorreu.

Responsabilizar solidariamente o fornecedor sem a necessária base legal deforma o instituto da solidariedade na sua concepção clássica, atribuindo-lhe um alcance inadmissível. O risco integral passa a ser o fundamento da responsabilidade solidária passiva, o que subverte todos os fundamentos essenciais da responsabilidade civil, ensejando condenação por presunção e decisões inconsistentes. Insista-se, então,

---

[21] REsp nº 1.029.454/RJ, 3ª Turma, Rel. Min. Nancy Andrighi, julgado em 19/10/2009.

responsabilizar solidariamente alguém importa em imputar-lhe uma obrigação, e tratando-se de ato ilícito, a obrigação imposta é a de indenizar, de reparar o dano, o que não pode ser feito sem que esse alguém tenha lhe dado causa ou concorrido para ele.

Eventual dificuldade de estabelecer a relação de causalidade nos casos de serviços complexos, cujo fornecimento exige uma sequência de agentes, não justifica o descumprimento da lei, que não permite a desconsideração de um requisito essencial para a caracterização da solidariedade passiva decorrente de ato ilícito. O máximo que o CDC permite nessa questão é a **inversão do ônus da prova**, transferindo para o fornecedor o ônus de provar que o serviço prestado não tinha defeito, ou que não concorreu para ele,[22] o que é perfeitamente possível, até comum nos casos de **defeitos surgidos anterior ou posteriormente** ao ingresso do fornecedor na cadeia de fornecimento.

Com efeito, na própria jurisprudência do Egrégio Superior Tribunal de Justiça há inúmeros casos de serviços produzidos por cadeia de fornecimento cuja responsabilidade solidária entre os fornecedores não é reconhecida (é afastada), uma vez demonstrado que determinado integrante da cadeia não concorreu para o surgimento do defeito causador do dano.

Agências de Turismo são exemplo típico de serviços prestados por cadeia de fornecedores. Programam pacotes de viagem; providenciam transporte terrestre, aéreo e traslados; agendam hospedagem, programas, passeios, reuniões, conferências, enfim, eventos que podem ocorrer em vários estados e diferentes países. Ocorrendo um fato do serviço no curso da programação – *v.g.*, acidente aéreo, atraso ou desconexão de voos, hospedagem frustrada, não atendimento pelo seguro de saúde etc. –, responde a agência de turismo por toda e qualquer ocorrência durante a viagem? Por outro lado, todos os fornecedores dos serviços programados para a viagem são solidariamente responsáveis?

Há muito a jurisprudência do STJ reconheceu que **só haverá responsabilidade da agência de turismo quando o serviço no qual ocorreu o defeito era parte do preço do pacote turístico**, que o valor pago à agência incluía as despesas com passagens (*v.g.*, transporte fretado), diárias de hotel, guias e passeios, seguro de acidentes pessoais etc. Não sendo assim, a responsabilidade será do fornecedor em cuja prestação do serviço ocorreu o defeito, cada um respondendo pelo dano que causou: "*Responsabilidade civil. Agência de turismo. Se vendeu pacote turístico, **nele incluindo transporte aéreo por meio de voo fretado**, a agência de turismo responde pela má prestação desse serviço. Recurso especial não conhecido*".[23]

Serviços médicos hospitalares são também bom exemplo. Ninguém desconhece que os serviços hospitalares são prestados por uma cadeia de fornecedores, a começar pelos médicos que neles atuam, hotelaria, medicação, aparelhos, equipamentos especiais etc. Não há divergência também quanto a serem os hospitais prestadores de serviços e,

---

[22] Art. 14, § 3º, I e II.
[23] REsp nº 783016/SC, 1ª Turma, Rel. Min. Ari Pargendler, julgado em 16/5/2016.

como tais, se enquadrarem no Código do Consumidor; têm responsabilidade objetiva. Pois bem, a prevalecer a tese da **responsabilidade solidária abrangente de todos os partícipes da cadeia de fornecedores com base no art. 14 do CDC**, todos – hospital, médicos, fornecedores de medicamentos, de alimentos etc. – deveriam responder solidariamente pelos danos sofridos por pacientes em razão de defeito do serviço hospitalar. A tese, entretanto, encontra desde logo obstáculo legal intransponível. A responsabilidade do médico, como profissional liberal, é subjetiva,[24] enquanto a do hospital é objetiva. Como falar em solidariedade em casos tais? Se não bastasse, nem todos os médicos que atuam em determinado hospital são seus empregados ou prepostos. Antes pelo contrário, as melhores equipes médicas operam autonomamente, sem vínculo profissional com o hospital. A correta solução encontrada pela **jurisprudência do STJ foi a de só reconhecer solidariedade passiva entre hospital e médicos quando estes forem empregados ou prepostos daquele, mesmo assim reconhecendo responsabilidade subjetiva para ambos:** "*Erro médico. Negligência. 1. A doutrina tem afirmado que a responsabilidade médica empresarial, no caso de hospitais, é objetiva, indicando o parágrafo primeiro do **artigo 14 do Código de Defesa** do Consumidor como a norma sustentadora de tal entendimento. Contudo, a responsabilidade do hospital somente tem espaço quando o dano decorrer de falha de serviços cuja atribuição é afeta única e exclusivamente ao hospital. Nas hipóteses de dano decorrente de falha técnica restrita ao profissional médico, mormente quando este não tem nenhum vínculo com o hospital – seja de emprego ou de mera preposição –, não cabe atribuir ao nosocômio a obrigação de indenizar. [...] 3. O cadastro que os hospitais normalmente mantêm de médicos que utilizam suas instalações para a realização de cirurgias **não é suficiente para caracterizar relação de subordinação entre médico e hospital**. Na verdade, tal procedimento representa um mínimo de organização empresarial*";[25] "*Erro médico.* **Equipe médica integrante do hospital**. *Prova da culpa. Responsabilidade do hospital. A responsabilidade dos hospitais, no que tange à atuação dos médicos contratados que neles laboram, é subjetiva, dependendo da demonstração de culpa do preposto,* **não se podendo, portanto, excluir a culpa do médico e responsabilizar objetivamente o hospital**. *Na hipótese, o Tribunal de origem registrou que houve culpa por parte dos médicos (cirurgião chefe e anestesista) integrantes do corpo clínico do hospital, tanto pela imprudência na aplicação tardia da anestesia geral em paciente idosa e na sua intubação, quanto na imperícia em evitar o vômito e sua respectiva aspiração, que culminaram com o seu óbito*";[26] "**Responsabilidade do Hospital pelos Atos de sua Equipe Medica**. *A natureza da responsabilidade das instituições hospitalares por erros médicos deve ser examinada à luz da* **natureza do vínculo** *existente entre as referidas instituições e os profissionais a que se imputa o ato danoso*".[27]

---

[24] Art. 14, § 4º, do CDC.
[25] REsp nº 908359/SC, 2ª Seção, Rel. Min. Nancy Andrighi, Rel. p/Acórdão Min. João Otávio de Noronha, julgado em 27/8/2008.
[26] REsp nº 1707817/MS, 3ª Turma, Rel. Min. Nancy Andrighi, julgado em 5/12/2017.
[27] REsp nº 774963/RJ, 4ª Turma, Rel. Min. Maria Isabel Gallotti, julgado em 6/12/2012.

O mesmo entendimento consolidou-se no Egrégio Superior Tribunal de Justiça em relação aos **planos de saúde**. A solidariedade só é reconhecida quando os serviços são prestados por médicos e hospitais próprios e/ou credenciados: *"Quem se compromete a prestar assistência médica por meio de profissionais que indica, é responsável pelos serviços que estes prestam [...]. Se o contrato é fundado na prestação de **serviços médicos e hospitalares próprios e/ou credenciados**, no qual a operadora de plano de saúde mantém hospitais e emprega médicos ou indica um rol de conveniados, não há como afastar sua responsabilidade solidária pela má prestação do serviço".*[28]

Resulta do exposto que, mesmo nos casos de serviços complexos, **não haverá lugar para a solidariedade passiva** se ficar evidenciado que o defeito causador do dano ao consumidor surgiu em momento anterior ou posterior ao do ingresso de determinado fornecedor na cadeia produtiva, ou que **não há relação jurídica de preposição** entre os fornecedores.

Em acórdão do qual fui relator, prolatado nos idos de 2000, a 2ª Câmara Cível do Tribunal de Justiça do Rio de Janeiro decidiu:

> "Responsabilidade do fornecedor – Vício do produto – Veículo com defeito de fábrica – Inexistência de solidariedade entre o fabricante e a concessionária que não vendeu o veículo. Mesmo na responsabilidade objetiva consagrada pelo Código do Consumidor não se prescinde do nexo causal para ensejar a responsabilidade solidária. Esta só se configura, nos termos do § 1º do art. 25 do Código de Defesa do Consumidor, quando houver mais de um responsável pela causação do dano. Assim, se o defeito do veículo era de fabricação, preexistente ao conserto feito pela concessionária, não pode esta responder solidariamente com o fabricante simplesmente porque o vício é do produto e não do serviço que prestou. No caso de dano causado por componente ou peça incorporada ao produto, como na espécie dos autos, são responsáveis solidários seu fabricante, construtor ou importador e o que realizou a incorporação, consoante o § 2º do art. 25 do Código de Defesa do Consumidor, em cujas hipóteses não se enquadra a concessionária que não incorporou o componente defeituoso ao veículo".[29]

Para os **vícios de qualidade ou quantidade do produto**, o Código estabelece responsabilidade solidária (legal) entre todos os fornecedores do produto, consoante art. 18: *"Os fornecedores de produtos de consumo duráveis ou não duráveis **respondem solidariamente** pelos vícios de qualidade ou quantidade que os tornem impróprios ou inadequados ao consumo [...]".* Tem regra especial também para as **sociedades**

---

[28] REsp nº 866.371/RS, 4ª Turma, Rel. Min. Raul Araújo, julgado em 27/3/2012; REsp nº 138050/MG, 3ª Turma, Rel. Min. Ari Pargendler, julgado em 13/3/2001; REsp nº 1359156/SP, 3ª Turma, Rel. Min. Paulo de Tarso Sanseverino, julgado em 5/3/2015.
[29] Ap. Cível nº 9.437.

consorciadas, no § 3º do seu art. 28: "*As sociedades consorciadas são solidariamente responsáveis pelas obrigações decorrentes deste Código*".

150 RESPONSABILIDADE SUBSIDIÁRIA DO COMERCIANTE

Já dissemos que o comerciante, pelos acidentes de consumo, teve a sua responsabilidade excluída em via principal. O Código, em seu art. 13, atribui-lhe *responsabilidade subsidiária*. Pode ser responsabilizado em via secundária quando o fabricante, o construtor, o produtor ou importador não puderem ser identificados; o produto for fornecido sem identificação clara do seu fabricante, produtor, construtor ou importador ou – hipótese mais comum – quando o comerciante não conservar adequadamente os produtos perecíveis. São casos, como se vê, em que a conduta do comerciante concorre para o *acidente de consumo*, merecendo destaque os chamados "produtos anônimos" – legumes e verduras adquiridos no supermercado sem identificação da origem; os produtos mal identificados e aqueles outros produzidos por terceiros, mas comercializados com a marca do comerciante.

A inclusão do comerciante como responsável subsidiário favorece e reforça a posição do consumidor, pois não exclui o fornecedor; aumenta a cadeia dos coobrigados, não a diminui. Mesmo no caso de produto impróprio, por sua má conservação, entendemos, com a vênia dos respeitáveis entendimentos em contrário, que o fabricante ou produtor não fica excluído do dever de indenizar. O comerciante não é terceiro em relação ao fabricante (produtor ou importador), pois é ele que o escolhe para vender os seus produtos. Logo, responde também por qualquer defeito do produto ou serviço, mesmo que surja já no processo de comercialização. O dever jurídico do fabricante é duplo: colocar no mercado produtos sem vícios de qualidade e impedir que aqueles que os comercializam, em seu benefício, maculem sua qualidade original.

Nesse sentido a jurisprudência do Superior Tribunal de Justiça. Duas crianças (bebês) sofreram gastroenterite aguda e tiveram que ser hospitalizadas porque o produto alimentício utilizado no preparo de mingaus e papas foi adquirido do comerciante já com prazo de validade vencido há mais de um ano. Na ação indenizatória movida contra o fabricante, este alegou culpa exclusiva de terceiro, pois foi o comerciante que colocou a mercadoria à venda com o prazo de validade vencido. O STJ, entretanto, seguindo a melhor doutrina, decidiu que o comerciante não pode ser considerado um terceiro, estranho à relação de consumo. Na realidade, ele está inserido na cadeia de produção e distribuição, é um preposto ou *longa manus* do fabricante, pelo que este pode responder pelos danos causados pelo comerciante, cabendo, se for o caso, ação de regresso posterior.[30]

151 FATO DO SERVIÇO

A responsabilidade pelo fato do serviço vem disciplinada no art. 14 do Código, nos mesmos moldes da responsabilidade pelo fato do produto. "*O fornecedor de*

---

[30] REsp nº 980.860/SP, Rel. Min. Nancy Andrighi.

serviços responde, independentemente da existência de culpa, pela reparação dos danos causados aos consumidores por defeitos relativos à prestação dos serviços, bem como por informações insuficientes ou inadequadas sobre sua fruição e riscos." Também aqui teremos acidentes de consumo, acontecimentos externos que causam dano material ou moral ao consumidor, só que decorrentes de **defeitos do serviço**, aos quais serão aplicáveis, com o devido ajuste, os mesmos princípios emergentes do art. 12, pelo que dispensam maiores considerações.

O serviço é defeituoso quando não fornece a segurança que o consumidor dele pode esperar, levando-se em conta as circunstâncias relevantes, tais como o modo do seu fornecimento, o resultado e os riscos que razoavelmente dele se esperam e a época em que foi fornecido.[31] Como se vê, a responsabilidade do fornecedor de serviços tem também por fundamento o *dever de segurança*, do qual tratamos no item 145, pelo que a ele nos reportamos. Os defeitos do serviço podem ser de *concepção*, de *prestação* ou de *comercialização* (informações insuficientes ou inadequadas sobre seus riscos).

A principal diferença entre o art. 12 e o art. 14 do Código de Defesa do Consumidor está na designação dos *agentes responsáveis*. Ao tratar da *responsabilidade pelo fato do produto*,[32] o Código especificou os responsáveis – o fabricante, o produtor, o construtor e o incorporador, excluindo o comerciante em via principal. Mas, ao disciplinar a *responsabilidade pelo fato do serviço*, o art. 14 fala apenas em *fornecedor* – gênero que inclui todos os partícipes da cadeia produtiva. Logo, tratando-se de dano causado por defeito do serviço (fato do serviço), respondem *objetivamente* todos os participantes da sua prestação.

Há serviços prestados pelo próprio fornecedor, pessoa física ou jurídica que entrega a prestação (marcenaria, eletricista, consulta médica). Outros, entretanto – e em maior número –, são compostos de outros serviços, até com fornecimento de produtos (conserto de veículo com troca de peças), envolvem a participação de terceiros, às vezes uma verdadeira cadeia (serviço médico-hospitalar). Nesses casos, todos são responsáveis solidários, na medida de suas participações, conforme exposto no item 149.2.

Mais do que possa parecer numa primeira visão, o campo de aplicação do Código pela prestação de serviço é muito vasto, abarcando um grande número de atividades, tais como os serviços prestados pelos estabelecimentos de ensino, hotéis, estacionamentos (onde são frequentes os casos de furtos de veículos), cartões de crédito, bancos, seguros, hospitais e clínicas médicas. Basta lembrar que existem hoje no Brasil cerca de 60 milhões de segurados, 18,5 milhões de titulares de cartão de crédito, 15 milhões de proprietários de veículos que utilizam os estacionamentos, e assim por diante. Os serviços representam atualmente 65% do Produto Interno Bruto (PIB). Tiveram dois momentos de grande expansão: (a) setor financeiro na época da inflação alta (agências bancárias foram

---

[31] Art. 14, § 1º.
[32] Art. 12.

abertas por todo o País); (b) a privatização dos serviços públicos, principalmente nas áreas de energia e telefonia. Hoje, o número de celulares é igual ao número da população.

Um dos primeiros casos de responsabilidade pelo fato do serviço que chegaram à Justiça do Rio de Janeiro era de um paciente que, ao fazer hemodiálise em determinado hospital, foi contaminado por vírus da Hepatite B. A 5ª Câmara Cível do Tribunal de Justiça do Rio de Janeiro, dando correta aplicação ao art. 14 do CDC, decidiu: "*A contaminação ou infecção em serviços de hemodiálise caracteriza-se como falha do serviço e leva à indenização, independentemente de culpa. A aplicação, na hipótese, do art. 14, caput, do Código de Defesa do Consumidor*".

No corpo do acórdão, o seu eminente relator, fez as seguintes judiciosas considerações:

"Em realidade, estamos diante da responsabilidade pela prestação de um serviço defeituoso, onde o fornecedor do serviço, no caso o hospital, responde pela reparação do dano, independentemente da existência de culpa, à luz da regra estabelecida no art. 14 do Código de Defesa do Consumidor, já vigente à época dos fatos. Assim, a responsabilidade do hospital se aperfeiçoa, sem questionamento de culpa, mediante o concurso de três pressupostos: a) defeito do serviço; b) evento danoso; c) relação de causalidade [...]. A legislação aplicável à espécie acolheu para a hipótese os critérios da responsabilidade objetiva, pois desconsiderou, no plano probatório, quaisquer investigações relacionadas com a culpa do prestador dos serviços que é, assim, irrelevante, para a solução da controvérsia".[33]

Não se olvide, entretanto, que será sempre indispensável a relação de causalidade entre a transfusão de sangue e a doença adquirida pelo paciente para que o hospital venha a ser responsabilizado, como bem colocou o Ministro Luis Felipe Salomão em voto cuja leitura é imperiosa sobre o tema.

"Responsabilidade civil. Cirurgia e transfusão de sangue realizada pelo hospital recorrente em 1997. Vírus HCV (hepatite C) diagnosticado em 2004. Código de Defesa do Consumidor. Ação reparatória. ***Testes comprovaram que doadores não eram portadores da doença. Nexo causal indemonstrado.*** Teoria do dano direto e imediato (interrupção do nexo causal). Improcedência do pedido inicial.
[...]
2. Adotadas as cautelas possíveis pelo hospital e não tendo sido identificada a hepatite C no sangue doado, não é razoável afirmar que o só fato da existência do fenômeno 'janela imunológica' seria passível de tornar o serviço

---

[33] Ap. Cível nº 6.200/94.

defeituoso. No limite, a tese subverte todos os fundamentos essenciais da responsabilidade civil, ensejando condenações por presunções.

3. Não se pode eliminar, aqui, o risco de transfundir sangue contaminado a um paciente mesmo com a adoção das medidas adequadas à análise do sangue. Para minimizar essa possibilidade, adotam-se medidas de triagem do doador, que não são todas infalíveis, eis que dependentes da veracidade e precisão das informações por este prestadas. Trata-se, como se vê, de um risco reduzido, porém não eliminável. Parece correto sustentar, assim, que aquilo que o consumidor pode legitimamente esperar não é, infelizmente, que sangue contaminado jamais seja utilizado em transfusões sanguíneas, mas sim que todas as medidas necessárias à redução desse risco ao menor patamar possível sejam tomadas pelas pessoas ou entidades responsáveis pelo processamento do sangue (FERRAZ, Octávio Luiz Motta Ferraz. *Responsabilidade civil da atividade médica no Código de Defesa do Consumidor*. Rio de Janeiro: Elsevier, 2009. p. 156-159).

4. Reconhecendo-se a possibilidade de vários fatores contribuírem para o resultado, elege-se apenas aquele que se filia ao dano mediante uma relação de necessariedade, vale dizer, dentre os vários antecedentes causais, apenas aquele elevado à categoria de causa necessária do dano dará ensejo ao dever de indenizar.

5. Mesmo sem negar vigência aos princípios da verossimilhança das alegações e a hipossuficiência da vítima quanto à inversão do ônus da prova, não há como deferir qualquer pretensão indenizatória sem a comprovação, ao curso da instrução, do nexo de causalidade entre o contágio da doença e a cirurgia realizada sete anos antes do diagnóstico.

6. Não ficou comprovada nos autos a exclusão da possibilidade de quaisquer outras formas de contágio no decorrer dos quase sete anos entre a cirurgia pela qual passou o autor (ora recorrido) e o aparecimento dos sintomas da hepatite C.

7. *É evidente que não se exclui a possibilidade de ser reconhecida a responsabilidade objetiva do hospital em episódios semelhantes, porém o cabimento de indenização deve ser analisado casuisticamente e reconhecido, desde que estabelecido nexo causal baseado em relação de necessariedade entre a causa e o infortúnio*".[34]

No que diz respeito aos bancos e seguradoras, já registramos que ilustres pareceristas sustentaram não estarem incluídos no campo de incidência do Código de Defesa do Consumidor. Mas, conforme assinalado, à luz do conceito legal de serviços, constante do § 2º do art. 3º do Código de Defesa do Consumidor, não vemos nenhuma base jurídica para tal entendimento. O Código de Defesa do Consumidor, justamente

---

[34] REsp nº 1322387.

para afastar esse tipo de discussão, expressamente incluiu as atividades bancárias e securitárias no conceito legal de serviços, não havendo como afastar a sua incidência desses segmentos do mercado de consumo, a menos que se negue vigência à lei. Não há dúvida de que bancos e seguradoras têm as suas legislações próprias disciplinando o seu funcionamento; mas, no que for pertinente às relações de consumo, ficam também sujeitos à disciplina do Código de Defesa do Consumidor. A questão está sumulada no Superior Tribunal de Justiça no Verbete nº 297: "*O Código de Defesa do Consumidor é aplicável às instituições financeiras*".

O mesmo entendimento prevaleceu no Supremo Tribunal Federal no julgamento da ADI nº 2591-1 (item 33).

Na área dos serviços públicos, expressamente submetidos à disciplina do Código de Defesa do Consumidor pelo seu art. 22 e parágrafo único, vamos também encontrar vasto campo de ocorrência de relações de consumo: luz, gás, esgoto, telefone, transportes coletivos – terrestres e aéreos – e muitos outros. Somos hoje 39,8 milhões de consumidores de energia elétrica, 18 milhões de usuários de telefones – convencional e celular –, 40 milhões de passageiros-dia. Nesse sentido julgado da Terceira Turma do STJ: "*Recurso especial. Acidente em estrada. Animal na pista. Responsabilidade objetiva da concessionária de serviço público. Código de defesa do consumidor. Precedentes. Conforme jurisprudência desta Terceira Turma, as concessionárias de serviços públicos rodoviários, nas suas relações com os usuários, estão subordinadas à legislação consumerista. Portanto, respondem, objetivamente, por qualquer defeito na prestação do serviço, pela manutenção da rodovia em todos os aspectos, respondendo, inclusive, pelos acidentes provocados pela presença de animais na pista. Recurso especial provido*".[35]

Em outro precedente, a mesma Terceira Turma do STJ decidiu:

> "As concessionárias de serviços rodoviários, nas suas relações com os usuários da estrada, estão subordinadas ao Código de Defesa do Consumidor. Existe, sim, relação de consumo evidente. Entender de modo contrário causa conflito com a própria natureza do serviço de concessão, mediante o qual aquela que se investe como concessionária de serviço público tem a obrigação de responder pelos ilícitos que decorrem da má prestação do serviço. No caso, a concessão é, exatamente, para que seja a concessionária responsável pela manutenção da rodovia, assim, por exemplo, manter a pista sem a presença de animais mortos na estrada, zelando, portanto, para que os usuários trafeguem em tranquilidade e segurança. Entre o usuário da rodovia e a concessionária, há mesmo uma relação de consumo, com o que é de ser aplicado o art. 101, do Código de Defesa do Consumidor [...]".[36]

---

[35] REsp nº 647.710/RJ, 3ª Turma, Rel. Min. Castro Aguiar.
[36] REsp nº 467.883/RJ, Rel. Min. Carlos Alberto Menezes Direito.

152 EXCLUDENTES DE RESPONSABILIDADE DO FORNECEDOR

Mesmo na responsabilidade objetiva é indispensável o nexo causal. Esta é a regra universal, quase absoluta, só excepcionada nos raríssimos casos em que a responsabilidade é fundada no risco integral, o que não ocorre no Código do Consumidor. Inexistindo relação de causa e efeito, ocorre a exoneração da responsabilidade, conforme enfatizado em várias oportunidades. Essa é a razão das regras dos arts. 12, § 3º, e 14, § 3º, do Código do Consumidor, porquanto, em todas as hipóteses de exclusão de responsabilidade ali mencionadas, o fundamento é a inexistência do nexo causal entre o dano sofrido pelo consumidor e o defeito do produto ou do serviço.

O inciso I do § 3º do art. 12 é aparentemente inócuo ao dizer que não há responsabilidade do fornecedor do produto quando provar que **não o colocou no mercado**. Obviamente, não haverá, aí, nexo de causalidade entre o dano causado pelo produto, ainda que defeituoso, e a atividade do produtor ou fornecedor. A excludente, todavia, faz sentido em face da presunção de que, estando o produto no mercado de consumo, é porque foi introduzido pelo fornecedor. O que a lei quis dizer é que caberá ao fornecedor elidir essa presunção. Ocorre-nos como exemplo da hipótese em exame o caso de produto falsificado, ou que, ainda em fase de testes, é subtraído por alguém, ou através de outro meio criminoso, e colocado no mercado. Embora essa excludente só diga respeito ao fato do produto, nada impede, em nosso entender, que o fornecedor de serviço prove, para efeito de afastar a sua responsabilidade, que efetivamente não o prestou.

Como o Código não tem nenhuma regra estabelecendo o momento a partir do qual se considera o produto introduzido no mercado, coube essa tarefa à jurisprudência, em face dos casos concretos, com os subsídios colhidos na doutrina nacional e estrangeira. Firmou-se o entendimento no sentido de ser a partir do momento em que o produto é remetido ao distribuidor, ainda que a título experimental, de propaganda ou de teste, como se costumava fazer com certos medicamentos.

A excludente seguinte – **inexistência de defeito** – é a mais importante.[37] O fato gerador do acidente de consumo é o *defeito*, conforme já vimos. Mas se o produto ou serviço não é defeituoso, e o ônus dessa prova é do fornecedor, não haverá também relação de causalidade entre o dano e a atividade do fornecedor. O dano terá decorrido de outra causa não imputável ao fabricante do produto ou ao prestador do serviço. Há igualmente, aqui, uma presunção que milita contra o fornecedor, ao qual caberá elidi-la. A toda evidência, os defeitos a que alude a lei são os decorrentes de concepção, de produção, de prestação ou de informação,[38] todos anteriores à introdução do produto no mercado de consumo ou à conclusão do serviço. A ação deletéria do tempo é um bom exemplo de defeito não imputável ao fornecedor.

---

[37] Art. 12, § 3º, II – "que embora haja colocado o produto no mercado, o defeito inexiste".
[38] Itens 143 e 144.

A rigor, esta excludente prejudica as demais. Se o fato gerador da responsabilidade do fornecedor é o *defeito* do produto ou do serviço, logicamente sempre que não existir defeito não haverá que se falar em responsabilidade do fornecedor. Se ocorrer o acidente a causa terá sido outra, não imputável ao fornecedor. O Código, todavia, na busca de uma disciplina clara, espancadora de qualquer dúvida, explicitou outras causas de exclusão da responsabilidade do fornecedor que, na sua essência, decorrem da inexistência de defeito do produto ou do serviço.

A *culpa exclusiva do consumidor ou de terceiro* é, igualmente, causa de exclusão do nexo causal. Lamenta-se que o Código, que tão técnico foi ao falar em *fato do produto* e *fato do serviço*, tenha, aqui, falado em *culpa* exclusiva do consumidor ou de terceiro, em lugar de *fato* **exclusivo** dos mesmos. Em sede de responsabilidade objetiva, como a estabelecida no Código do Consumidor, tudo é resolvido no plano do nexo de causalidade, não se chegando a cuidar da culpa.

Fala-se em culpa exclusiva da vítima (na **realidade fato exclusivo**) quando a sua conduta se erige em causa direta e determinante do evento, de modo a não ser possível apontar qualquer defeito no produto ou no serviço como fato ensejador da sua ocorrência. Se o comportamento do consumidor é a única causa do acidente de consumo, não há como responsabilizar o produtor ou fornecedor por ausência de nexo de causalidade entre a sua atividade e o dano. É o caso do motorista que provoca acidente automobilístico por sua exclusiva imprudência ou negligência, do consumidor que faz uso do medicamento em doses inadequadas e contrariando prescrição médica e assim por diante. Não há como responsabilizar o fabricante de automóvel, nem o fornecedor do medicamento porque o dano não foi causado por defeito do produto. Inexiste nesses casos relação de causalidade entre o prejuízo sofrido pelo consumidor e a atividade do produtor ou fornecedor.

Se o comportamento do consumidor não é a causa única do acidente de consumo, mas concorre para ele, pode-se falar em **culpa concorrente**? Muitos autores não admitem a *culpa concorrente* nas relações de consumo por considerarem incompatível a concorrência de culpa na responsabilidade objetiva. Como falar em culpa concorrente onde não há culpa? Por esse fundamento, todavia, a tese é insustentável porque, na realidade, **o problema é de concorrência de causas e não de culpas**, e o nexo causal é pressuposto fundamental em qualquer espécie de responsabilidade. Entendemos, assim, que mesmo em sede de responsabilidade objetiva é possível a participação da vítima (fato concorrente) na produção do resultado, como, de resto, tem admitido a jurisprudência em casos de responsabilidade civil do Estado.

A questão, todavia, não está pacificada, havendo autores que admitem a concorrência de culpa nas relações de consumo como *causa minorante* da responsabilidade do fornecedor, a exemplo das legislações europeias;[39] outros, como Zelmo Denari, sustentam que, tendo a lei elegido a *culpa exclusiva* como causa extintiva de responsabilidade, como

---

[39] Arruda Alvim, *Código do Consumidor comentado*, 2. ed., Revista dos Tribunais, p. 126.

fez o Código do Consumidor, embora caracterizada a concorrência de culpa, persistirá a responsabilidade integral do fornecedor de produtos ou serviços.[40]

O egrégio Superior Tribunal de Justiça, quando teve a oportunidade de enfrentar a questão, inclinou-se pela admissão da culpa concorrente. No julgamento do REsp nº 287.849/SP, do qual foi relator o saudoso Min. Ruy Rosado de Aguiar, a Quarta Turma decidiu:

> "Código de Defesa do Consumidor – Responsabilidade do fornecedor – Culpa concorrente da vítima – Hotel – Piscina – Agência de viagens.
>
> Responsabilidade do hotel, que não sinaliza convenientemente a profundidade da piscina, de acesso livre aos hóspedes – Art. 14 do Código de Defesa do Consumidor.
>
> A culpa concorrente da vítima permite a redução da condenação imposta ao fornecedor – Art. 12, § 2º, III, do Código de Defesa do Consumidor.
>
> A agência de viagens responde pelo dano pessoal que decorreu do mau serviço do hotel contratado por ela para a hospedagem durante o pacote de turismo.
>
> Recursos conhecidos e providos em parte".

De nossa parte, temos sustentado que a **concorrência de culpas – na realidade de causas** – pode ter lugar na responsabilidade objetiva disciplinada pelo Código do Consumidor desde que o defeito do produto ou serviço não tenha sido a causa preponderante do acidente de consumo.

Se, embora culposo, o fato da vítima é inócuo para a produção do resultado, não pode ela atuar como minorante da responsabilidade do fornecedor. A culpa do consumidor perde toda a expressão desde que demonstrado que sem o defeito do produto ou serviço o dano não teria ocorrido. **Alguns exemplos** reais nos ajudarão a compreender melhor esta questão. O motorista descuidou-se e bateu com o carro num poste. A colisão em si não lhe causou qualquer lesão física, mas o para-brisa estilhaçou e um pedacinho de vidro atingiu um dos seus olhos, deixando-o cego daquela vista. A toda evidência, o fabricante nada tem a responder pelos danos materiais do automóvel. Mas é indiscutível que se não fosse o defeito do para-brisa (que não pode estilhaçar) o motorista não teria perdido uma de suas vistas, não obstante o acidente. Logo, o defeito do produto foi a causa adequada da cegueira, pela qual responde exclusivamente o fornecedor. Outros exemplos: o veículo capotou porque estava em excesso de velocidade, mas como o *air bag* não abriu o motorista ficou gravemente ferido; na colisão de dois veículos o motorista de um deles morreu porque o cinto de segurança rompeu-se. Estes e outros fatos idênticos levaram as montadoras a fazerem grandes *recalls*. Evidenciado que o defeito do produto – *air bag* ou o cinto de segurança – foi a causa determinante da morte ou graves lesões do motorista, por elas responderá exclusivamente o fabricante do veículo,

---

[40] *Código Brasileiro de Defesa do Consumidor*, 2. ed., Forense, p. 90.

ainda que não tenha dado causa ao acidente. Em todos esses casos não haverá que se falar em culpa concorrente do consumidor. O produto não ofereceu a segurança legitimamente esperada.

Mutatis mutandis, esses princípios são aplicáveis ao *fato exclusivo de terceiro*. Também aqui será preciso que o fornecedor prove que o acidente de consumo não decorreu de nenhum defeito do produto ou serviço. A conduta exclusiva do terceiro faz desaparecer a relação de causalidade entre o defeito do produto e o evento danoso, erigindo-se em causa superveniente que por si só produz o resultado. Por outras palavras, o fato de terceiro que exclui a responsabilidade é aquele que rompe o nexo de causalidade entre o agente e o dano sofrido pela vítima e, por si só, produz o resultado. É preciso que o fato de terceiro destrua a relação jurídica de consumo, que seja algo irresistível e desligado do ambiente operacional da empresa.

Quem é terceiro? É alguém que não integra a relação de consumo; estranho ao vínculo entre o fornecedor e o consumidor; alheio à cadeia de fornecimento. Assim, se a enfermeira, por descuido ou intencionalmente, aplica medicamento errado no paciente – ou em dose excessiva – causando-lhe a morte, não haverá nenhuma responsabilidade do fornecedor do medicamento.

Bem elucidativo o lamentável caso ocorrido em São Paulo e noticiado pela mídia:[41] "*Menina morre ao receber vaselina na veia em hospital*". Estela, 12 anos, foi internada com quadro de virose, diarreia, febre e dores abdominais. O médico lhe receitou medicamentos e soro na veia. Após receber duas bolsas de soro, Estela começou a passar mal na terceira. Só então foi constatado que em lugar de soro estava sendo injetada vaselina na sua veia. A enfermeira responsável pelo atendimento da menina se enganou porque os frascos usados para guardar soro e vaselina eram semelhantes. O acidente não decorreu de defeito do produto, mas da exclusiva conduta da enfermeira, caso em que deverá responder o hospital por defeito do serviço.

Terceiro que integra a corrente produtiva não é terceiro. O comerciante não pode ser considerado terceiro porque é parte fundamental da relação de consumo. Só não responde solidariamente com o fabricante, produtor, construtor ou importador porque há norma especial,[42] como já vimos, excluindo-o como responsável principal.

A 2ª Câmara Cível do Tribunal de Justiça do Rio de Janeiro julgou típico caso de exclusão de responsabilidade do banco por *fato exclusivo de terceiro*. A ex-esposa, utilizando-se de CPF comum a ela e ao marido, abriu conta-corrente na instituição financeira e teve cheques devolvidos por insuficiência de fundos, resultando daí a negativação do nome do ex-marido. A Câmara exonerou o banco de qualquer responsabilidade por ter a restrição creditícia do autor da ação indenizatória decorrido do fato exclusivo de terceiro (ex-mulher), que usou documento verdadeiro para a abertura da conta – uma carteira de identidade emitida pelo Ministério da Marinha

---

[41] *O Globo*, 7/12/2010.
[42] Art. 13 do CDC.

na qual constava o CPF comum ao marido e à mulher –, pelo que não houve defeito do serviço.[43]

Outro exemplo. Uma menina de 10 anos de idade nadava na piscina do Condomínio onde morara quando, ao mergulhar, ficou presa pelos cabelos, sugados que foram pelo equipamento de drenagem e filtragem instalado no fundo da piscina. Houve um tempo de demora até que fosse socorrida (ninguém esperava por aquilo), o que fez com que a menina sofresse afogamento que lhe deixou graves sequelas – vida vegetativa permanente. Na ação indenizatória movida contra o condomínio e o fabricante do equipamento de drenagem e filtragem, o Superior Tribunal de Justiça afastou a responsabilidade do fabricante do produto porque restou provado que os seus manuais traziam informações claras e suficientes à demonstração do perigo pela sua utilização inadequada, sendo expressos, ainda, ao alertar sobre a necessidade de que pessoas de cabelos longos os prendessem à altura da nuca ou fizessem uso de toucas para natação. Reconheceu, todavia, o Tribunal a responsabilidade do condomínio (fato de terceiro) porque substituiu o equipamento de dreno/filtragem por outro superdimensionado e indevidamente instalado, e ainda pelo fato de permitir o funcionamento do mencionado equipamento quando havia pessoas na piscina, sem as advertir sobre a necessidade de prenderem os cabelos.[44]

Se o fato culposo de terceiro exclui a responsabilidade do fornecedor, por mais forte razão também a exclui o fato doloso, como assalto, roubo e outros crimes praticados com violência ou grave ameaça, equiparados que são à força maior pela irresistibilidade. A Quarta Turma do STJ prestigiou esse entendimento.

> "Responsabilidade civil. Roubo de veículo. Manobrista de restaurante (valet). Ruptura do nexo causal. Fato exclusivo de terceiro […]
>
> […]
>
> 5. O fato de terceiro, como excludente da responsabilidade pelo fato do serviço (art. 14, § 3º, II, do CDC), deve surgir como causa exclusiva do evento danoso para ensejar o rompimento do nexo causal.
>
> 6. No serviço de manobristas de rua (valets), **as hipóteses de roubo constituem, em princípio, fato exclusivo de terceiro**, não havendo prova da concorrência do fornecedor, mediante defeito na prestação do serviço, para o evento danoso.
>
> 7. Reconhecimento pelo acórdão recorrido do rompimento do nexo causal pelo roubo praticado por terceiro, excluindo a responsabilidade civil do restaurante fornecedor do serviço do manobrista (art. 14, § 3º, II, do CDC)".[45]

Tal como se põe para o fato exclusivo do consumidor, só haverá a exclusão de responsabilidade do fornecedor se o acidente de consumo tiver por causa o fato exclusivo

---

[43] Ap. Cível nº 7.945/2000, Rel. Des. Gustavo Kuhl Leite.
[44] REsp nº 1.081.432/SP.
[45] REsp nº 1321739, Rel. Min. Paulo de Tarso Sanseverino.

de terceiro, não concorrendo qualquer defeito do produto ou do serviço. A culpa de terceiro, repita-se, perde toda e qualquer relevância desde que evidenciado que sem o defeito do produto ou serviço o dano não teria ocorrido. Bom exemplo disto encontramos em grave acidente ocorrido na véspera do Natal de 1993 na Califórnia, nos Estados Unidos. A família Anderson viajava numa picape *Chevrolet Malibu* quando o veículo, ao reduzir a velocidade para parar num sinal, foi violentamente abalroado na traseira por outro veículo dirigido por um bêbado. Até aí o único responsável pelo acidente seria o motorista do segundo veículo, contra o qual milita até uma presunção de culpa. Acontece que a picape explodiu e todos os seis membros da família Anderson – os pais e quatro filhos – sofreram gravíssimas queimaduras. Quem responde por estes resultados? A Justiça americana concedeu aos seis a maior indenização já estipulada em favor de uma pessoa ou família nos Estados Unidos porque reconheceu que a picape explodiu porque havia defeito no produto. O tanque de gasolina fora colocado em lugar inadequado, de sorte que uma simples batida na traseira, que a rigor não traria outras consequências além de danos materiais no veículo, acabou dando causa a uma verdadeira tragédia.[46] A picape não oferecia a segurança legitimamente esperada, pois ninguém, em são juízo, haveria de adquirir um veículo sabendo que era uma verdadeira bomba ambulante, pronta a explodir à primeira batida na traseira. Em casos tais, repita-se, não há que se falar em *culpa exclusiva* de terceiros, sequer concorrente, porque a causa determinante do dano é o defeito do produto.

Em conclusão, a culpa (leia-se fato) exclusiva do consumidor ou de terceiro como causa de exclusão da responsabilidade do fornecedor, a rigor, nos remete à *inexistência de defeito* do produto ou serviço, como argutamente observa Arruda Alvim: "havendo culpa exclusiva do consumidor ou de terceiro, por óbvio, não há defeito no produto".[47]

Lembre-se, ainda, que o *terceiro* de que fala a lei é alguém sem qualquer vínculo com o fornecedor, completamente estranho à cadeia de consumo. Não será o comerciante, porque este é escolhido pelo fornecedor para distribuir os seus produtos. Com relação ao preposto, empregado e representante, os riscos da atividade econômica são do fornecedor, por eles respondendo solidariamente, nos termos do art. 34 do Código.

O *caso fortuito* e a *força maior*, por não terem sido inseridos no rol das excludentes de responsabilidade do fornecedor, são afastados por alguns autores. Entretanto, essa é uma maneira muito simplista de resolver o problema, como o é, também, aquela de dizer que o caso fortuito e a força maior excluem a responsabilidade do fornecedor porque a regra é tradicional no nosso Direito.

Cremos que a distinção entre **fortuito interno e externo** é totalmente pertinente no que respeita aos acidentes de consumo. O **fortuito interno**, assim entendido o fato imprevisível e, por isso, inevitável ocorrido no momento da fabricação do produto ou da realização do serviço, não exclui a responsabilidade do fornecedor porque faz parte da sua

---

[46] Revista *Veja*, 21 jun. 1999.
[47] Ob. cit., p. 26.

atividade, liga-se aos riscos do empreendimento, submetendo-se à noção geral de defeito de concepção do produto ou de formulação do serviço. Vale dizer, se o defeito ocorreu antes da introdução do produto no mercado de consumo ou durante a prestação do serviço, não importa saber o motivo que determinou o defeito; o fornecedor é sempre responsável pelas suas consequências, ainda que decorrente de fato imprevisível e inevitável.

O mesmo já não ocorre com o ***fortuito externo***, assim entendido aquele fato que não guarda nenhuma relação com a atividade do fornecedor, absolutamente estranho ao produto ou serviço, via de regra ocorrido em momento posterior ao da sua fabricação ou formulação. Em caso tal, nem se pode falar em defeito do produto ou do serviço, o que, a rigor, já estaria abrangido pela primeira excludente examinada – *inexistência de defeito*.[48]

Na excelente obra *Código do Consumidor comentado*, de autoria de Arruda Alvim, Tereza Alvim, Eduardo Arruda Alvim e James Martins, encontramos perfeito equacionamento do problema. Após distinguir os dois momentos em que o caso fortuito pode ocorrer, o autor dos comentários desta parte do Código faz a seguinte colocação: "*a ação da força maior, quando ainda dentro do ciclo produtivo, não tem a virtude de descaracterizar a existência de defeito juridicamente relevante (possivelmente defeito de produção, consoante a classificação que adotamos). Diversamente ocorre com a força maior quando verificada após a introdução do produto no mercado de consumo. Isto porque após o ingresso do produto em circulação não se pode falar em defeitos de criação, produção ou informação, que são sempre anteriores à inserção do produto no mercado de consumo [...]*".[49]

No REsp nº 120.647-SP, de relatoria do eminente Min. Eduardo Ribeiro, a Terceira Turma do Superior Tribunal de Justiça decidiu:

> "O fato de o art. 14, § 3º, do Código de Defesa do Consumidor não se referir ao caso fortuito e à força maior, ao arrolar as causas de isenção de responsabilidade do fornecedor de serviços, não significa que, no sistema por ele instituído, não possam ser invocados. Aplicação do art. 1.058 do Código Civil [de 1916]. Tratava-se de roubo de veículo ocorrido em posto de lavagem, tendo o Tribunal entendido que houve quebra do vínculo de causalidade, exonerativa da responsabilidade do fornecedor de serviço. Se culpa exclusiva de terceiro é bastante para fazer não responsável tal fornecedor, seria verdadeiramente paradoxal que subsistisse em caso de força maior, quando essa se conceitua, conforme Hul, em citação de Clóvis, como o 'fato de terceiro, que criou, para a inexecução da obrigação, um obstáculo que a boa vontade do devedor não pode vencer'".[50]

---

[48] Art. 14, § 3º, I.
[49] Ob. cit., 2. ed., Revista dos Tribunais, p. 127-128.
[50] *RSTJ* 132/311-313.

Em conclusão, o **fortuito externo**, em nosso entender verdadeira força maior, não guarda relação alguma com o produto, nem com o serviço, sendo, pois, imperioso admiti-lo como excludente da responsabilidade do fornecedor, sob pena de lhe impor uma responsabilidade objetiva fundada no risco integral, da qual o Código não cogitou.

153 O RISCO DO DESENVOLVIMENTO

Outra questão que se coloca no tema da exclusão de responsabilidade do fornecedor de produtos e serviços, é a que diz respeito ao *risco de desenvolvimento*, definido por Antonio Herman de Vasconcellos e Benjamin como "*o risco que não pode ser cientificamente conhecido no momento do lançamento do produto no mercado, vindo a ser descoberto somente após um certo período de uso do produto e do serviço. É defeito que, em face do estado da ciência e da técnica à época da colocação do produto ou serviço em circulação, era desconhecido e imprevisível*".[51]

Os danos causados por certos medicamentos são típicos exemplos de risco do desenvolvimento. *O Globo* do dia 6 de maio de 2000 noticiou que medicamento genérico contra o câncer matou 15 mulheres nos Estados Unidos; outras 47 pacientes sofreram efeitos colaterais após tomar *Herceptina*, uma das mais sofisticadas drogas contra câncer de mama. Outra notícia de O Globo de 9 de agosto de 2001: "*Droga anticolesterol mata 31 nos Estados Unidos. Seis brasileiros reagiram mal ao mesmo medicamento, que foi retirado ontem do mercado. A droga era vendida nos EUA desde 1997 e no Brasil desde 1998. O laboratório que a fabrica decidiu voluntariamente retirá-la do mercado*".

Quem deve arcar com os riscos de desenvolvimento? Responde o fornecedor por esses riscos ou devem ser despejados nos ombros do consumidor? A questão ainda é controvertida, havendo ponderáveis argumentos nos dois sentidos. Tem-se sustentado que fazer o fornecedor responder pelos riscos de desenvolvimento pode tornar-se insuportável para o setor produtivo da sociedade, a ponto de inviabilizar a pesquisa e o progresso científico-tecnológico, frustrando o lançamento de novos produtos. Sem conhecer esses riscos, o fabricante não teria como incluí-los nos seus custos e assim reparti-los com os seus consumidores.

Em contrapartida, seria extremamente injusto financiar o progresso às custas do consumidor individual, debitar na sua cota social de sacrifícios os enormes riscos do desenvolvimento. Isso importaria em retrocesso de 180 graus na responsabilidade objetiva, que, por sua vez, tem por objetivo a socialização do risco – repartir o dano entre todos já que os benefícios do desenvolvimento são para todos. A fim de se preparar para essa nova realidade, o setor produtivo tem condições de se valer de mecanismos de preços e seguros – o consumidor não –, ainda que isso venha a se refletir no custo final do produto. Mas, se a inovação é benéfica ao consumo em geral, nada impede que todos tenhamos que pagar o preço do progresso.

---

[51] *Comentários ao Código de Proteção do Consumidor*, Saraiva, 1991, p. 67.

A razão neste ponto está com Antonio Herman de Vasconcellos e Benjamin quando sustenta que o Código de Defesa do Consumidor não incluiu os riscos de desenvolvimento entre as causas exonerativas da responsabilidade do fornecedor, riscos estes que nada mais são do que espécie do gênero *defeito de concepção*. Só que aqui o defeito decorre da carência de informações científicas, à época da concepção, sobre os riscos inerentes à adoção de uma determinada tecnologia.[52]

Em nosso entender, os riscos de desenvolvimento devem ser enquadrados como *fortuito interno* – risco integrante da atividade do fornecedor –, pelo que não exonerativo da sua responsabilidade.

Com efeito, o CDC só afasta a responsabilidade do fornecedor quando provar que o **defeito inexiste**, consoante os arts. 12, § 3º, e 14, § 3º, I. Logo, havendo *defeito de concepção*, ainda que decorrente de carência de informações científicas à época da concepção, não há que se falar em exclusão da responsabilidade do fornecedor. O Código não cogitou do risco do desenvolvimento entre as causas exonerativas da responsabilidade do fornecedor porque este, repita-se, como espécie do gênero *defeito de concepção*, é defeito e, como tal, fato gerador da responsabilidade do fornecedor. Assim, pela sistemática do CDC, o risco do desenvolvimento só excluiria a responsabilidade do fornecedor se estivesse expressamente prevista como causa exonerativa.

Sobre o ponto, importante o entendimento de Paulo de Tarso Vieira Sanseverino: *"Em princípio, os riscos de desenvolvimento constituem modalidade de defeito de projeto ou concepção do produto ou do serviço estando perfeitamente enquadrados nos arts. 12, caput, e 14, caput do CDC. Desse modo, a exclusão da responsabilidade do fornecedor, nessa hipótese, deveria ter constado de maneira expressa do rol de causas de exclusão da responsabilidade do fornecedor, como ocorreu no direito comunitário europeu".*[53]

Registre-se, para encerrar este item, que o risco do desenvolvimento nada tem a ver com a situação descrita no § 2º do art. 12 do Código de Defesa do Consumidor: *"O produto não é considerado defeituoso pelo fato de outro de melhor qualidade ter sido colocado no mercado".* Aqui não se trata de defeito do produto, mas de **produto de melhor qualidade**. O risco do desenvolvimento diz respeito a um defeito de concepção, que, por sua vez, dá causa a um acidente de consumo por falta de segurança. Irrelevante saber, como já demonstrado, se esse defeito era ou não previsível e, consequentemente, evitável. Por ele responde o fornecedor independentemente de culpa. A norma do § 2º do art. 12 trata de **produto de *melhor qualidade*** lançado no mercado, como, por exemplo, veículos dotados de freios que garantem maior eficiência nas frenagens (sistema ABS), maior proteção para os passageiros (sistema *air bag*) etc. Tais avanços tecnológicos não tornam defeituosos os veículos fabricados sem esses equipamentos de segurança. Este também é o sentido do § 2º do art. 14 do Código de Defesa do Consumidor: *"O serviço não é considerado defeituoso pela adoção de novas técnicas".*

---

[52] Ob. cit., p. 67.
[53] *Responsabilidade civil no Código do Consumidor e a defesa do fornecedor*, 2. ed. Saraiva, 2007, p. 335.

Em suma, produtos e serviços mais simples, de menor qualidade, não são defeituosos só por isso, desde que respeitem os padrões de segurança legitimamente esperados.

154 INVERSÃO DO ÔNUS DA PROVA *OPE LEGIS*

Dispõe o inciso II do § 3º do art. 12 do Código de Defesa do Consumidor: *"O fabricante, o construtor, o produtor ou importador só não será responsabilizado quando provar:* [...] II – que [...] *o defeito inexiste".* No mesmo sentido o inciso I do § 3º do art. 14: *"O fornecedor de serviços só não será responsabilizado quando provar:* I – que [...] *o defeito inexiste".* Temos aí, induvidosamente, uma inversão do ônus da prova quanto ao **defeito** do produto ou do serviço, porquanto, em face da ocorrência do acidente de consumo (fato do produto ou do serviço), caberá ao fornecedor provar que o *defeito inexiste*, ou a ocorrência de qualquer outra causa de exclusão de responsabilidade. Essa inversão do ônus da prova – cumpre ressaltar – não é igual àquela que está prevista no art. 6º, VIII. Aqui **a inversão é** *ope legis*, isto é, por força da lei; ao passo que ali a inversão é *ope iudicis*, que, a critério do juiz, poderá ser feita quando a alegação for verossímil ou quando o consumidor for hipossuficiente, segundo as regras ordinárias de experiência. O insigne jurista Carlos Roberto Barbosa Moreira, em suas Notas sobre a inversão do ônus da prova em benefício do consumidor, coloca a questão com maestria: *"Permite a lei que se atribua ao consumidor a vantagem processual, consubstanciada na dispensa do ônus da prova de determinado fato, o qual, sem a inversão, lhe tocaria demonstrar, à luz das disposições do processo civil comum; e se, de um lado, a inversão exime o consumidor daquele ônus, de outro, transfere ao fornecedor o encargo de provar que o fato – apenas afirmado, mas não provado pelo consumidor – não aconteceu. Portanto, no tocante ao consumidor, a inversão representa a isenção de um ônus; quanto à parte contrária, a criação de novo ônus probatório, que se acrescenta aos demais, existentes desde o início do processo e oriundos do art. 333 do Código de Processo Civil".*[54]

Na hipótese de inversão por obra do juiz[55] – *ope iudicis* –, existe a necessidade de uma decisão judicial, que deverá ocorrer quando *verossímil* a alegação do consumidor e/ou em face da sua *hipossuficiência*. Verossímil é aquilo que é crível ou aceitável em face de uma realidade fática. Nas hipóteses de inversão legal – *ope legis* –, basta a prova do acidente de consumo, invertendo a lei a prova quanto ao defeito do produto ou do serviço. Em outras palavras, ocorrido o acidente de consumo, a lei inverte a prova quanto ao defeito do produto ou do serviço desde que exista a chamada *prova de primeira aparência* de que o acidente de consumo foi causado por defeito do produto ou do serviço. Prova de primeira aparência é aquela cujos termos e condições do fato ilícito tornam provável a causalidade, segundo a comum experiência (ordem ou andamento normal das coisas).

---

[54] *Estudos de direito processual em memória de Luiz Machado Guimarães*, Forense, 1997, p. 124.
[55] Art. 6º, VIII.

Tenha-se em conta, entretanto, que a inversão do ônus da prova *ope legis* não é uma varinha de condão capaz de transformar, num passe de mágica, o irreal em real. O consumidor não fica dispensado de produzir prova em juízo. Embora objetiva a responsabilidade do fornecedor, é indispensável para configurá-la a prova do fato do produto ou do serviço, ônus do consumidor. O que a lei inverte (inversão *ope legis*), repita-se, é a prova quanto ao **defeito do produto ou do serviço**. Ocorrido o acidente de consumo (fato do produto ou do serviço) e havendo a chamada prova de primeira aparência, o CDC **presume o defeito do produto**, cabendo ao fornecedor provar (ônus seu) que o **defeito não existe** para afastar o seu dever de indenizar.

Não basta, portanto, ao consumidor simplesmente alegar a existência de um acidente de consumo sem fazer prova de sua ocorrência, mesmo porque não cabe ao fornecedor nem a ninguém fazer prova de fato negativo. Precisa a observação de Paulo de Tarso Vieira Sanseverino neste ponto: *"Deve ficar claro que o ônus de provar a ocorrência dos danos e da sua relação de causalidade com determinado produto ou serviço é do consumidor. Em relação a esses dois pressupostos da responsabilidade civil do fornecedor (dano e nexo causal), não houve alteração da norma de distribuição do encargo probatório do art. 333 do CPC".*[56]

A contrario sensu, sem a prova da ocorrência do fato do produto ou do serviço, vale dizer, do acidente de consumo, não haverá lugar para a presunção do defeito. Não cabe ao fornecedor provar a não ocorrência do acidente de consumo por não lhe ser exigível fazer prova de fato negativo. De regra, só se pode superar a alegação de prova negativa quando for possível provar uma afirmativa ou fato contrário àquele deduzido pela outra parte. Em outras palavras, quando for possível transformar a proposição negativa em uma afirmativa contrária, demonstrando-se o fato positivo do qual se extrai a verdade do fato negativo. É como ensina Humberto Theodoro Junior: *"para que se admita esse tipo de prova negativa é indispensável que o fato a ser negado seja especificado convenientemente, pois se vier a ser enunciado em termos genéricos, a exigência de sua comprovação de veracidade tornar-se-á quase sempre tarefa inexequível ou impossível"*.[57]

Correta a posição do Código ao transferir para o fornecedor o ônus da prova quanto à inexistência do defeito do produto ou do serviço. Se para a vítima, é praticamente impossível produzir prova técnica ou científica do defeito, para o fornecedor isso é possível, ou pelo menos muito mais fácil. Ele que fabricou o produto, ele que tem o completo domínio do processo produtivo, tem também condições de provar que o seu produto não tem defeito. O que não se pode é transferir esse ônus para o consumidor.

155 RESPONSABILIDADE DOS PROFISSIONAIS LIBERAIS

Em seu sistema de responsabilidade objetiva, o Código do Consumidor abre exceção em favor dos profissionais liberais no § 4º do seu art. 14: *"A responsabilidade pessoal*

---

[56] *Responsabilidade civil no Código do Consumidor e a defesa do fornecedor*, 2. ed., Saraiva, p. 344.
[57] *Direitos do consumidor*, 5. ed., Forense, p. 183.

dos profissionais liberais será apurada mediante a verificação de culpa". Vale dizer, os profissionais liberais, embora prestadores de serviço, **respondem subjetivamente**. No mais, submetem-se aos princípios do Código – informação, transparência, boa-fé etc.

Quem é *profissional liberal*? É preciso ser portador de diploma superior (médico, advogado, dentista, engenheiro etc.) para ser considerado profissional liberal? Parte da doutrina inclina-se por um **conceito restritivo**, para o qual os profissionais liberais têm como marca característica o labor relacionado ao conhecimento técnico e intelectual, como definido no art. 1º, § 2º, do Estatuto da Confederação Nacional das Profissões Liberais (CNPL): "*Profissional Liberal é aquele legalmente habilitado a prestar serviços de natureza técnico-científica de cunho profissional com a liberdade de execução que lhe é assegurada pelos princípios normativos de sua profissão, independentemente do vínculo da prestação de serviço*".

Nesse sentido o entendimento do insigne Paulo de Tarso Sanseverino:

> "Considera-se profissional liberal aquela pessoa que exerce atividade especializada de prestação de serviços de natureza predominantemente intelectual e técnica, normalmente com formação universitária, em caráter permanente e autônomo, sem qualquer vínculo de subordinação.
>
> [...]
>
> Na categoria dos profissionais liberais, incluem-se médicos, dentistas, advogados, engenheiros, arquitetos, psicólogos, veterinários, agrônomos, farmacêuticos, fisioterapeutas, fonoaudiólogos, economistas, contabilistas, administradores, enfermeiros, professores etc.
>
> Dessa forma, guardadas as peculiaridades de cada atividade, podem-se apontar as características comuns das profissões liberais: (i) prestação de serviço técnico ou científico especializados; (ii) formação técnica especializada, normalmente, em nível universitário; (iii) vínculo de confiança com o cliente ('intuitu personae'); (iv) ausência de vínculo de subordinação com o cliente ou com terceiro; (v) exercício permanente da profissão".[58]

Corrente mais liberal, entretanto, na qual nos posicionamos, não exige formação universitária do profissional liberal. Profissional liberal, como o próprio nome indica, é aquele que exerce uma profissão livremente, com autonomia, sem subordinação. Em outras palavras, presta serviço pessoalmente, em caráter permanente e autônomo, por conta própria e sem vínculo de subordinação, independentemente do grau de intelectualidade ou escolaridade. Não só o médico, o advogado, o engenheiro, o psicólogo, o dentista, o economista, o professor, o enfermeiro, o consultor podem ser profissionais liberais, mas também o eletricista, o pintor, o sapateiro, o carpinteiro, o marceneiro, o mecânico, a costureira, desde que prestem serviço com autonomia, sem

---

[58] *Responsabilidade Civil no Código do Consumidor e a Defesa do Fornecedor*, São Paulo, Saraiva, 2002, p. 279.

subordinação – enfim, por conta própria. Pela ótica do Código, o melhor caminho é definir o profissional liberal pelas características de sua prestação de serviços, e não pelo seu grau de escolaridade, ou pelo enquadramento na regulação legal.

Predomina na doutrina e na jurisprudência entendimento no sentido de serem **traços essenciais da atividade do profissional liberal**: (i) ausência de vínculo de subordinação com o cliente ou com terceiro; (ii) exercício permanente de atividade profissional, em geral vinculada a conhecimentos técnicos; (iii) reconhecimento social da atividade, mesmo sem exigência de formação universitária.[59]

A lição de Rizzatto Nunes bem sintetiza a questão: "*As características do trabalho desse profissional são: autonomia profissional, com decisões tomadas por conta própria, sem subordinação; prestação do serviço feita pessoalmente, pelo menos nos seus aspectos mais relevantes e principais; feitura de suas próprias regras de atendimento profissional, o que ele repassa ao cliente, tudo dentro do permitido pelas leis e em especial da legislação de sua categoria profissional*".[60]

Disso resulta que a confiança recíproca está na base da atividade dos profissionais liberais, que exige seja ela exercida pessoalmente a determinadas pessoas – *intuitu personae* –, pelo que se trata de serviço negociado e não contratado por adesão.

155.1 Sociedades empresárias prestadoras de serviços não se enquadram na regra prescricional destinada aos profissionais liberais

Por essas e outras razões, resultou também assente que a atividade própria do profissional liberal, qualquer que seja ela, fica descaracterizada quando exercida empresarialmente. Clínicas médicas, hospitais, sociedades de advogados, empresas de engenharia, de consultoria etc. não são profissionais liberais quando exploram atividades que são próprias (ou seriam) de profissionais liberais.

Não se está a dizer, com isso, que a existência de pessoa jurídica, por si só, é o critério decisivo; o aspecto determinante nesta questão será tratar-se ou não de **exploração empresarial de atividade liberal**. Como lembra Antônio Rizzatto, "*o profissional liberal pode muito bem constituir uma sociedade profissional, como, por exemplo, uma sociedade de advogados, apenas e tão somente no intuito de efetuar uma melhor organização fiscal de receitas e despesas, sem nenhuma intenção de deixar de ser profissional liberal*",[61] como se depreende do art. 15 da Lei nº 8.906/94 e seus parágrafos. Mas, para não descaracterizar a sua condição de profissional liberal, terá o advogado ou outro profissional qualquer, mesmo integrando uma sociedade, que continuar prestando serviços a seus clientes de forma autônoma, pessoalmente, em seu próprio nome, e não da sociedade.

---

[59] Bruno Miragem, *Curso de Direito do Consumidor*, 3. ed., Revista dos Tribunais, p. 471-472; Paulo Luiz Netto Lobo, Responsabilidade civil dos profissionais liberais e o ônus da prova. *Revista da Ajuris*, Porto Alegre, edição especial, t. II, p. 541-550, mar. 1998.
[60] *Comentários ao Código de Defesa do Consumidor*, Saraiva, 2000, p. 206.
[61] Ob. cit., p. 204.

Este é também o entendimento consagrado pela doutrina e pela jurisprudência. Por todos, Herman Benjamin, a nossa maior autoridade no Direito do Consumidor:

> "Por profissional liberal há de se entender o prestador de serviço solitário, que faz do seu conhecimento uma ferramenta de sobrevivência. É o médico, o engenheiro, o arquiteto, o dentista, o advogado. Trata-se, por outro lado, de categorias em franco declínio, na exata proporção em que, mais e mais, **tais profissionais tendem a se agrupar em torno de empresas prestadoras de serviços**: os hospitais, os grupos de saúde, as empresas de engenharia e de consultoria, as sociedades de advogados.
>
> A exceção aplica-se, por conseguinte, apenas ao próprio profissional liberal, **não se estendendo às pessoas jurídicas que integre ou para as quais preste serviços**".[62]

Por que o profissional liberal foi excluído do sistema geral da responsabilidade objetiva? Essa é outra questão que suscitou controvérsia, mas hoje está pacificada. A atividade dos profissionais liberais é exercida pessoalmente, a determinadas pessoas (clientes), *intuitu personae*, na maioria das vezes com base na confiança recíproca. Trata-se, portanto, de serviços negociados, e não contratados por adesão. Sendo assim, não seria razoável submeter os profissionais liberais à mesma responsabilidade dos prestadores de serviço em massa, empresarialmente, mediante planejamento e fornecimento em série. Em suma, não se fazem presentes na atividade do profissional liberal os motivos que justificam a responsabilidade objetiva dos prestadores de serviços em massa.

Ressalte-se, entretanto, que o Código do Consumidor não criou para os profissionais liberais nenhum regime especial. A única exceção que se lhes abriu foi quanto à responsabilidade objetiva. E se foi preciso estabelecer essa exceção é porque estão subordinados aos demais princípios do CDC. Assim, o médico, o advogado, o mecânico, o marceneiro, o costureiro, todos estão subordinados aos princípios da boa-fé, da informação, da transparência, da inversão do ônus da prova etc.

No que diz respeito à prova da culpa, será preciso verificar se o profissional liberal assumiu obrigação de **meio** ou de **resultado** com seu cliente.

Entende-se por *obrigação de resultado* aquela em que o profissional liberal assume a obrigação de conseguir um resultado certo e determinado, sem o que haverá inadimplemento. Difere da *obrigação de meio* porque nesta o profissional apenas se obriga a colocar sua atividade técnica, habilidade, diligência e prudência no sentido de atingir um resultado, sem, contudo, se vincular a obtê-lo. Enquanto o conteúdo da obrigação de resultado é o resultado em si mesmo, o conteúdo da obrigação de meio é a atividade do devedor.

---

[62] Antonio Herman Benjamin e outros, *Comentários ao Código de Proteção do Consumidor*, coordenador Juarez de Oliveira, Saraiva, 1991, p. 79-80.

Devemos a René Demongue esta distinção entre obrigação de meio e de resultado, e embora não tenha merecido o prestígio de muitos civilistas, continua de extrema utilidade prática na verificação da responsabilidade subjetiva dos profissionais liberais. Com efeito, o CDC não criou para eles nenhum regime especial, como já destacado. Limitou-se a afirmar que a apuração de suas responsabilidades continuará a ser feita de acordo com o sistema tradicional, baseado na culpa. E como a doutrina e a jurisprudência admitem pacificamente que no caso de **obrigação de meio** é preciso provar a culpa do agente (caberá à vítima o ônus da prova também quanto à culpa), e, no caso de **obrigação de resultado**, a culpa é presumida, continuam aplicáveis aos profissionais liberais essas mesmas regras: culpa provada quando assumem obrigação de meio e culpa presumida quando assumem obrigação de resultado.

O médico, por exemplo, como profissional liberal assume normalmente obrigação de meio. Por mais competente que seja, não pode assumir a obrigação de curar o doente ou salvá-lo, mormente quando em estado grave ou terminal. A ciência médica, apesar de todo o seu desenvolvimento, tem inúmeras limitações, que só os poderes divinos poderão suprir. A obrigação que o médico assume, a toda evidência, é a de proporcionar ao paciente todos os cuidados conscienciosos e atentos, de acordo com as aquisições da ciência. Não se compromete a curar, mas a prestar os seus serviços de acordo com as regras e os métodos da profissão, incluindo aí os cuidados e conselhos. Se o tratamento realizado não produzir o efeito esperado, não se poderá, só por isso, responsabilizar o médico. A sua responsabilidade é subjetiva e, nesse caso, com culpa provada. Não bastará o mero insucesso no tratamento, seja clínico ou cirúrgico; será preciso provar a culpa do médico.

Há hipóteses, entretanto, em que o médico assume **obrigação de resultado**, como no caso de cirurgia plástica estética. Embora haja quem conteste assumir o médico obrigação de resultado na cirurgia estética, trata-se de uma posição minoritária na doutrina e na jurisprudência. O objetivo do paciente é melhorar a aparência, corrigir alguma imperfeição física – afinar o nariz, eliminar as rugas do rosto, e algo mais. Ninguém assume os riscos e os gastos de uma cirurgia estética para ficar igual ou pior do que estava. Nesse caso, não há dúvida, o médico assume obrigação de resultado, pois se compromete a proporcionar ao paciente o resultado pretendido. Se esse resultado não é possível, deve desde logo informar. Eis a relevância do dever de informar. O ponto nodal para a solução de uma eventual questão será o que foi informado ao paciente quanto ao resultado esperável. O profissional liberal poderá ser responsabilizado, embora tenha atuado com a diligência esperada, por não ter informado de modo correto e adequado o seu cliente sobre os riscos e o resultado do tratamento. A responsabilidade do médico no caso de obrigação de resultado é também subjetiva, mas com **culpa presumida**.

Em conclusão, no caso de insucesso na cirurgia plástica estética, por se tratar de obrigação de resultado, haverá presunção de culpa do médico que a realizou, cabendo-lhe elidir essa presunção mediante prova da ocorrência de fator imponderável capaz de afastar o seu dever de indenizar.

A jurisprudência do Superior Tribunal de Justiça, após algumas divergências, firmou-se nesse sentido.

"Responsabilidade Civil. *Cirurgia Plástica Estética. Obrigação de Resultado.* Dano Comprovado. Presunção de Culpa do Médico Não Afastada. Precedentes.

A obrigação assumida pelo médico, normalmente, é obrigação de meios, posto que objeto do contrato estabelecido com o paciente não é a cura assegurada, mas sim o compromisso do profissional no sentido de uma prestação de cuidados precisos e em consonância com a ciência médica na busca pela cura.

Apesar de abalizada doutrina em sentido contrário, este Superior Tribunal de Justiça tem entendido que a situação é distinta, todavia, quando o médico se compromete com o paciente a alcançar um determinado resultado, o que ocorre no caso da cirurgia plástica meramente estética. Nesta hipótese, segundo o entendimento nesta Corte Superior, o que se tem é uma obrigação de resultados e não de meios.

No caso das obrigações de meio, à vítima incumbe, mais do que demonstrar o dano, provar que este decorreu de culpa por parte do médico. Já nas obrigações de resultado, como a que serviu de origem à controvérsia, basta que a vítima demonstre, como fez, o dano (que o médico não alcançou o resultado prometido e contratado) para que a culpa se presuma, havendo, destarte, a inversão do ônus da prova.

Não se priva, assim, o médico da possibilidade de demonstrar, pelos meios de prova admissíveis, que o evento danoso tenha decorrido, por exemplo, de motivo de força maior, caso fortuito ou mesmo de culpa exclusiva da vítima".[63]

Em linhas gerais, os princípios pertinentes à responsabilidade médica aplicam-se às profissões assemelhadas ou afins, como a do farmacêutico, do veterinário, do enfermeiro e outras mais.

Com relação **ao dentista**, a regra é a obrigação de resultado. E assim é porque os processos de tratamento dentário são mais regulares, específicos e os problemas menos complexos. A obturação de uma cárie, o tratamento de um canal, a extração de um dente, embora exijam técnica específica, permitem assegurar a obtenção do resultado esperado.

Por outro lado, é mais frequente nessa área de atividade profissional a preocupação com a estética. A boca é uma das partes do corpo mais visíveis, e, na boca, os dentes. Consequentemente, quando o cliente manifesta interesse pela colocação de aparelho corretivo dos dentes, jaquetas de porcelana e implantes está em busca de um resultado, não lhe bastando mera obrigação de meio.

O advogado, quando trabalha autonomamente em seu escritório, atendendo os seus clientes, é o típico profissional liberal. Presta serviço de advocacia ao consumidor

---

[63] REsp nº 236.708/MG, 4ª Turma, Rel. Min. Carlos Fernando Mathias.

final, pelo que se enquadra no CDC, muito embora se empenhe o Órgão de classe em sustentar o contrário. Assume **obrigação de meio** com o seu cliente, e não de resultado, já que não se compromete a ganhar a causa, nem a absolver o acusado. A obrigação é de defendê-lo com a máxima diligência e técnica jurídica, sem qualquer responsabilidade pelo sucesso da causa. A responsabilidade do advogado, portanto, é subjetiva e com culpa provada. O cliente só poderá responsabilizá-lo pelo insucesso da demanda provando ter ele obrado com dolo ou culpa. A Lei nº 8.906/94 (Estatuto da Ordem dos Advogados), em seu art. 32, é também expressa nesse sentido. Os casos mais comuns de responsabilidade do advogado envolvem erros grosseiros de fato ou de direito, omissão negligente no desempenho do mandato, como perda do prazo para contestar, para recorrer ou para fazer o preparo do recurso.

Cumpre registrar que a jurisprudência do Superior Tribunal de Justiça inicialmente se inclinou no sentido da aplicabilidade do CDC à prestação de serviços de advocacia. Posteriormente, entretanto, firmou-se em sentido contrário como demonstram os precedentes que seguem.

> "Processual – Ação de arbitramento de honorários – Prestação de serviços advocatícios – Código de Defesa do Consumidor – Não aplicação – Cláusula abusiva – Pacta sunt servanda.
>
> Não incide o CDC nos contratos de prestação de serviços advocatícios. Portanto, não se pode considerar, simplesmente, abusiva a cláusula contratual que prevê honorários advocatícios em percentual superior ao usual. Prevalece a regra do *pacta sunt servanda*".[64]

> "Recurso especial. Contrato de prestação de serviços advocatícios. Código de Defesa do Consumidor. Inaplicabilidade. Legitimidade do negócio jurídico. Reconhecimento.
>
> 1. As normas protetivas dos direitos do consumidor não se prestam a regular as relações derivadas de contrato de prestação de serviços de advocacia, regidas por legislação própria. Precedentes.
>
> 2. O contrato foi firmado por pessoa maior e capaz, estando os honorários advocatícios estabelecidos dentro de parâmetros razoáveis, tudo a indicar a validade do negócio jurídico".[65]

> "Processo civil. Ação de conhecimento proposta por detentor de título executivo. Admissibilidade. Prestação de serviços advocatícios. Inaplicabilidade do Código de Defesa do Consumidor.

---

[64] REsp nº 757.867/RS, Rel. Min. Humberto Gomes de Barros.
[65] REsp nº 914.105/GO, Rel. Min. Fernando Gonçalves.

O detentor de título executivo extrajudicial tem interesse para cobrá-lo pela via ordinária, o que enseja até situação menos gravosa para o devedor, pois dispensada a penhora, além de sua defesa poder ser exercida com maior amplitude.

Não há relação de consumo nos serviços prestados por advogados, seja por incidência de norma específica, no caso a Lei nº 8.906/94, seja por não ser atividade fornecida no mercado de consumo.

As prerrogativas e obrigações impostas aos advogados – como, v. g., a necessidade de manter sua independência em qualquer circunstância e a vedação à captação de causas ou à utilização de agenciador (arts. 31/§ 1º e 34/III e IV, da Lei nº 8.906) evidenciam natureza incompatível com a atividade de consumo".[66]

Em conclusão, continua firme a jurisprudência do Superior Tribunal de Justiça no sentido de que o Código de Defesa do Consumidor não se aplica às relações decorrentes de contrato de prestação de serviços advocatícios.

156 CONSUMIDOR POR EQUIPARAÇÃO

No propósito de dar a maior amplitude possível à responsabilidade pelo fato do produto e do serviço, o art. 17 do Código equipara ao *consumidor* todas as vítimas do acidente de consumo. Esse dispositivo não repete o requisito da *destinação final*, informador do conceito geral de consumidor, importando dizer que a definição do art. 2º é, aqui, ampliada, para estender a proteção do Código a qualquer pessoa eventualmente atingida pelo acidente de consumo, ainda que nada tenha adquirido do fornecedor, do fabricante ou de outro qualquer responsável.

Assim, por exemplo, se o veículo desgovernado em razão de defeito mecânico atropela e fere um transeunte, poderá ele acionar o fabricante do veículo com fundamento no Código do Consumidor; se o botijão de gás com vazamento explode e, além de ferir os moradores da casa onde estava instalado, atinge também outras pessoas, vizinhos ou visitas, todos terão legitimidade para acionar o fornecedor em busca de indenização pelos danos sofridos. Em suma, tratando-se de acidente de consumo, o Código protege não só o *consumidor direto*, aquele que adquiriu o produto ou serviço defeituoso e sofreu danos, como também o *consumidor indireto* ou *por equiparação* – terceiro vítima do mesmo acidente de consumo.

A jurisprudência do Superior Tribunal de Justiça é firme nesse sentido:

"Código de Defesa do Consumidor. Acidente aéreo. Transporte de malotes. Relação de consumo. Caracterização. Responsabilidade pelo fato do serviço. Vítimas do evento. Equiparação a consumidores. Artigo 17 do CDC.

---

[66] REsp nº 532.377/RJ, Rel. Min. César Asfor Rocha.

I – Resta caracterizada relação de consumo se a aeronave que caiu sobre a casa das vítimas realizava serviço de transporte de malotes para um destinatário final, ainda que pessoa jurídica, uma vez que o artigo 2º do Código de Defesa do Consumidor não faz tal distinção, definindo como consumidor, para os fins protetivos da lei, '... toda pessoa física ou jurídica que adquire ou utiliza produto ou serviço como destinatário final'. Abrandamento do rigor técnico do critério finalista. II – Em decorrência, pela aplicação conjugada com o artigo 17 do mesmo diploma legal, cabível, por equiparação, o enquadramento dos autores, atingidos em terra, no conceito de consumidores. Logo, em tese, admissível a inversão do ônus da prova em seu favor. Recurso especial provido".[67]

Indispensável, todavia, que haja um acidente de consumo causado por defeito do produto ou do serviço. Terceiros são equiparados a consumidores, para efeitos de proteção do CDC, quando vítimas de acidente de consumo; quando o dano por eles sofrido seja desdobramento lógico e imediato de um mesmo acidente de consumo. "Afasta-se peremptoriamente a pretendida aplicação do Código de Defesa do Consumidor à espécie, a pretexto de à demandante ser atribuída a condição de consumidora por equiparação. Em se interpretando o artigo 17 do CDC, reputa-se consumidor por equiparação o terceiro, estranho à relação de consumo, que experimenta prejuízos ocasionados diretamente pelo acidente de consumo. Na espécie, para além da inexistência de vulnerabilidade fática – requisito, é certo, que boa parte da doutrina reputa irrelevante para efeito de definição de consumidor (inclusive) *stricto sensu*, seja pessoa física ou jurídica –, constata-se que os prejuízos alegados pela recorrente não decorrem, como desdobramento lógico e imediato, do defeito do serviço prestado pela instituição financeira aos seus clientes (roubo de talonário, quando do envio aos seus correntistas), não se podendo, pois, atribuir-lhe a qualidade de consumidor por equiparação".[68] Se assim não se entender, o CDC passará a ser aplicável em praticamente todas as hipóteses de responsabilidade civil.

Nesse sentido julgado da 13ª Câmara Cível do Tribunal de Justiça do Rio de Janeiro, de minha relatoria: "*Consumidor por equiparação. Hipótese que só se configura quando há acidente de consumo. Terceiros só podem ser equiparados a consumidores (art. 17 do CDC) quando vítimas de acidente de consumo pelo fato do produto ou do serviço. Portão de uma sorveteria que cai sobre transeunte que passava pela calçada não configura acidente de consumo e sim acidente comum pelo fato da coisa. Sendo inaplicável à espécie o CDC, admissível a denunciação da lide à seguradora com base no art. 70, III, do CDC*".[69]

---

[67] STJ, REsp nº 772.248/SP, 3ª Turma, Rel. Min. Castro Filho, julgado em 7/2/2006.
[68] REsp nº 1324125.
[69] Agravo de Instrumento 2.241/2007.

Depreende-se também do art. 17 do CDC que a clássica dicotomia entre responsabilidade contratual e extracontratual foi superada, ficando o assunto submetido a um tratamento unitário, tendo em vista que o fundamento da responsabilidade do fornecedor é o defeito do produto ou do serviço lançado no mercado e que, numa relação de consumo, contratual ou não, dá causa a um acidente de consumo.

O alcance e a importância do art. 17 do CDC ficaram evidenciados no grave acidente do Osasco Plaza Shopping/SP, em 11/6/1996, consistente em explosão por acúmulo de gás em espaço livre entre o piso e o solo, acarretando a morte de 40 pessoas, ferimentos em mais de 300 e a destruição de 40 lojas e locais de circulação.

No julgamento do rumoroso caso, o Superior Tribunal de Justiça, por sua Terceira Turma, aplicou o art. 17 do CDC, estendendo a todas as vítimas do acidente (consumidores diretos e por equiparação) a mesma cobertura indenizatória.[70]

157 O DIREITO DE REGRESSO

Aquele que paga a indenização nem sempre é o único causador do dano, razão pela qual o Código lhe assegura o direito de regresso contra os demais responsáveis, segundo sua participação na causação do evento danoso.[71] É uma consequência natural da solidariedade passiva e da sub-rogação legal que se opera em favor do devedor que paga a dívida dos outros.

O fato de ter o legislador, talvez por desatenção, inserido o dispositivo que trata do direito de regresso como parágrafo único do artigo que cuida da responsabilidade subsidiária do comerciante[72] não deve levar ao entendimento de que a sua aplicação fica limitada aos casos de solidariedade entre o comerciante e o fabricante, produtor ou importador. Neste ponto há consenso entre todos os comentaristas do Código no sentido de ter sido infeliz a localização do dispositivo. Na realidade, é ele aplicável a qualquer caso de solidariedade, possibilitando ao devedor que satisfaz a obrigação voltar-se contra os coobrigados.

Lembre-se, entretanto, de que o Código, na parte final do seu art. 88, veda a denunciação da lide, de sorte que o direito de regresso deverá ser exercido em ação autônoma ou nos próprios autos da ação de indenização, uma vez findo aquele processo.

---

[70] REsp nº 279.273/SP.
[71] Art. 13, parágrafo único.
[72] Art. 13.

Capítulo XII
RESPONSABILIDADE PELO VÍCIO DO PRODUTO E DO SERVIÇO

158 VÍCIO E DEFEITO – DISTINÇÃO

Vimos, quando examinamos a responsabilidade pelo fato do produto e do serviço, que aquela responsabilidade tem por fato gerador o *defeito*, enquanto o *vício* é o fato gerador da responsabilidade pelo vício do produto e do serviço. Ao fazermos a distinção entre *defeito* e *vício* – item 142.1, dissemos que o primeiro (**defeito**) é vício grave que compromete a segurança do produto ou do serviço e causa um acidente, do qual decorre dano ao consumidor, como o automóvel que colide com outro por falta de freio e fere os ocupantes de ambos os veículos; o segundo (**vício**) é defeito menos grave, circunscrito ao produto ou serviço, que apenas causa o seu mau funcionamento, como a televisão que não funciona ou que não produz boa imagem, a geladeira que não gela etc. Como bem observa Luiz Antônio Rizzatto Nunes, *"há vício sem defeito, mas não há defeito sem vício; o defeito pressupõe o vício. O defeito é o vício acrescido de um problema extra, alguma coisa extrínseca ao produto ou ao serviço, que causa um dano maior que simplesmente o mau funcionamento ou não funcionamento".*[1]

Cuida-se, portanto, na responsabilidade por vício do produto e do serviço de defeitos inerentes aos produtos e serviços, vícios *in re ipsa*, e não de danos por eles causados.

159 RESPONSABILIDADE OBJETIVA

Conquanto não tenha o CDC repetido nos arts. 18 e 20 a locução **independentemente da existência de culpa**, inserida nos arts. 12 e 14, não há dúvida de que se trata de responsabilidade objetiva, tendo em vista que o texto dos citados arts. 18 e 20 não faz nenhuma referência à culpa (negligência ou imprudência), necessária para a caracterização da responsabilidade subjetiva. Ademais, se nem o Código Civil exige culpa tratando-se de vícios redibitórios, seria um retrocesso exigi-la pelos vícios do

---

[1] *Comentários ao Código de Defesa do Consumidor*, Saraiva, 2000, p. 214.

produto e do serviço disciplinados no Código do Consumidor, cujo sistema adotado é o da responsabilidade objetiva.

O art. 23 do CDC, por sua vez, reforça a responsabilidade objetiva ao dispor: "*A ignorância do fornecedor sobre os vícios de qualidade por inadequação dos produtos e serviços não o exime de responsabilidade*". A **ignorância** mencionada neste dispositivo é o desconhecimento do vício de qualidade do produto ou do serviço, e que não exime de responsabilidade o fornecedor por nenhum motivo. Essa responsabilidade só poderá ser afastada por causa alheia, como o mau uso do produto, culpa exclusiva de terceiro, fortuito externo à atividade do fornecedor e posterior à entrega do bem ao consumidor.

160 VÍCIO DO PRODUTO E VÍCIO REDIBITÓRIO – DISTINÇÃO

Grande foi a inovação introduzida pelo Código do Consumidor nesta matéria. A garantia assegurada por essa lei é bem mais ampla que aquela prevista no Código Civil de 1916, o que ficou minorado com a disciplina dos vícios redibitórios no Código Civil vigente.[2] Enquanto os *vícios redibitórios* pelo Código Civil dizem respeito aos *defeitos ocultos da coisa*,[3] os *vícios de qualidade ou de quantidade* de bens e serviços podem ser *ocultos* ou *aparentes*.

Para que se configure o vício redibitório é ainda necessário que a coisa seja recebida em virtude de relação contratual, que o defeito seja grave e contemporâneo à celebração do contrato; defeito de pequena monta ou superveniente à realização do negócio não afeta o princípio da garantia, segundo tranquilo entendimento doutrinário.

Esses requisitos são irrelevantes para a configuração do vício do produto, uma vez que o CDC não faz qualquer distinção quanto à gravidade do vício, quanto a ser ele anterior, contemporâneo ou posterior a entrega do bem, e nem se esta se deu em razão de contrato.

Ademais, os mecanismos reparatórios são, também, muito mais abrangentes e satisfatórios do que aqueles previstos no Código Civil. Permitem ao consumidor, não sendo o vício sanado no prazo máximo de 30 dias, exigir, alternativamente e à sua escolha: a substituição do produto por outro da mesma espécie, em perfeitas condições de uso; a restituição imediata da quantia paga, monetariamente atualizada, sem prejuízo de eventuais perdas e danos; o abatimento proporcional do preço; a complementação do peso ou medida, no caso de vício de quantidade; a reexecução dos serviços, sem custo adicional e quando cabível.

161 OS RESPONSÁVEIS

Diferentemente da responsabilidade pelo fato do produto, há *responsabilidade solidária* entre todos os fornecedores, inclusive o comerciante, no caso de vício do produto.

---

[2] CC, arts. 441 a 446.
[3] Art. 441.

Dispõe o art. 18 do CDC: "*Os fornecedores de produtos de consumo duráveis ou não duráveis* **respondem solidariamente** *pelos vícios de qualidade ou quantidade que os tornem impróprios ou inadequados ao consumo a que se destinam*". No mesmo sentido o art. 19: "*Os fornecedores respondem solidariamente pelos vícios de qualidade do produto* [...]".

Consequentemente, pode o consumidor, à sua escolha, exercitar sua pretensão contra aquele que mais lhe for conveniente. Nesse sentido a jurisprudência do Superior Tribunal de Justiça:

> "Código de Defesa do Consumidor. Compra de veículo novo com defeito. Incidência do art. 18 do Código de Defesa do Consumidor. Responsabilidade solidária do fabricante e do fornecedor. Indenização por danos materiais e morais. Precedentes da Corte.
>
> 1. Comprado veículo novo com defeito, aplica-se o art. 18 do Código de Defesa do Consumidor e não os artigos 12 e 13 do mesmo Código, na linha de precedentes da Corte. Em tal cenário, não há falar em ilegitimidade passiva do fornecedor.
>
> 2. Afastada a ilegitimidade passiva e considerando que as instâncias ordinárias reconheceram a existência dos danos, é possível passar ao julgamento do mérito, estando a causa madura.
>
> 3. A indenização por danos materiais nos casos do art. 18 do Código de Defesa do Consumidor esgota-se nas modalidades do respectivo § 1º.
>
> 4. Se a descrição dos fatos para justificar o pedido de danos morais está no âmbito de dissabores, sem abalo à honra e ausente situação que produza no consumidor humilhação ou sofrimento na esfera de sua dignidade, o dano moral não é pertinente.
>
> 5. Recurso especial conhecido e provido, em parte".[4]

A *solidariedade* só se rompe nas hipóteses dos arts. 18, § 5º, e 19, § 2º, do CDC. A primeira trata de produto *in natura*, isto é, colocado no mercado de consumo sem passar por qualquer processo de industrialização, caso em que o responsável perante o consumidor será só o fornecedor imediato, exceto quando identificado claramente seu produtor. Responde, também, somente o fornecedor imediato na segunda hipótese – vício de quantidade decorrente de produtos pesados ou medidos na presença do consumidor – se o instrumento utilizado (balança etc.) não estiver aferido segundo os padrões oficiais.

162 VÍCIO DE QUALIDADE

O art. 18 do CDC prevê **dois tipos de vícios do produto**: de **qualidade** e de **quantidade**.

Vícios de qualidade, de acordo com a definição do referido dispositivo, são aqueles que tornam os produtos (duráveis ou não duráveis) "*impróprios ao consumo a que*

---

[4] REsp nº 554.876/RJ, 3ª Turma, Rel. Min. Carlos Alberto Menezes Direito.

se destinam ou lhes diminuam o valor, assim como aqueles decorrentes da disparidade, com as indicações constantes do recipiente, da embalagem, rotulagem ou mensagem publicitária [...]". Repetindo os exemplos já formulados, problema no motor, o ferro elétrico que não esquenta, a geladeira que não gela, o medicamento com data vencida ou inadequado para o tratamento a que destina, o produto alimentício estragado, e assim por diante. Há inúmeros precedentes do Superior Tribunal de Justiça relacionando a *vícios de qualidade* os defeitos apresentados por carros novos, como vazamento de óleo, de motor, câmbio, capota, pintura etc.,[5] nos quais foi reconhecida a **solidariedade** entre fabricantes e fornecedores.

Como se vê, o CDC estabeleceu no seu art. 18 um novo dever jurídico para o fornecedor – **o dever de qualidade**, isto é, de só introduzir no mercado produtos inteiramente adequados ao consumo a que se destinam. No § 6º desse mesmo dispositivo vamos encontrar um rol exemplificativo de vícios de qualidade que tornam os produtos impróprios ao uso e consumo: produtos cujos prazos de validade estejam vencidos; produtos deteriorados, alterados, adulterados, avariados, falsificados, corrompidos, fraudados, nocivos à vida ou à saúde, perigosos ou, ainda, aqueles em desacordo com as normas regulamentares de fabricação, distribuição ou apresentação; produtos que, por qualquer motivo, ser revelem inadequados ao fim a que se destinam.

163 MECANISMOS REPARATÓRIOS

Enquanto a responsabilidade pelo fato do produto enseja ampla reparação dos danos, a responsabilidade por vício do produto acarreta tão somente o ressarcimento segundo as alternativas previstas nos incisos I a III do § 1º do art. 18 do CDC. O consumidor poderá, em primeiro lugar, exigir a substituição das partes viciadas. Não sendo o vício sanado no prazo máximo de 30 dias, poderá exigir, alternativamente e à sua escolha:

I. a substituição do produto por outro da mesma espécie, em perfeitas condições de uso;

II. a restituição imediata da quantia paga, monetariamente atualizada, sem prejuízo de eventuais perdas e danos;

III. o arbitramento proporcional do preço.

Duas recomendações, neste ponto, fazem-se necessárias: 1. O consumidor deve exigir, por escrito, a substituição das partes viciadas, ou por outro meio que possa comprovar que o vício não foi sanado no prazo legal. Essa providência será também indispensável para obstar a decadência, como oportunamente veremos. 2. Só deverá pleitear a substituição do produto por outro da mesma espécie, depois de feita a exigência de reparação e escoado o prazo do fornecedor.

---

[5] REsp nº 185.386/SP, nº 195.659/SP, nº 445.804/RJ, e nº 554.876/RJ.

Nesse sentido firmou-se a jurisprudência do Superior Tribunal de Justiça em reiterados precedentes, *verbis*: "*Código de Defesa do Consumidor. Vício de qualidade. Automóvel. Não sanado o vício de qualidade, cabe ao consumidor a escolha de uma das alternativas previstas no art. 18, § 1º, do CDC. Recurso conhecido e provido para restabelecer a sentença que dera pela procedência da ação, condenada a fabricante a substituir o automóvel*".[6]

O **pleito imediato de substituição do produto**, antes do pedido de reparação, só é admissível quando, em razão da extensão do vício, a substituição das partes viciadas for inócua ou impossível, por comprometer a qualidade ou características do produto, diminuir-lhe o valor ou se tratar de produto essencial.[7]

Além da clareza do texto, esse é também o entendimento do Superior Tribunal de Justiça:

> "Administrativo. Código de defesa do consumidor. Procon. Representação do consumidor pelo estado. Vício de qualidade no produto. Responsabilidade do fornecedor. Exegese do Artigo 18, § 1º, I, do CDC.
>
> 1. O § 1º e incisos do artigo 18 do Código de Defesa do Consumidor prescrevem que, se o vício do produto não for sanado no prazo máximo de trinta dias pelo fornecedor, o consumidor poderá exigir, alternativamente e ao seu arbítrio, as seguintes opções: (a) substituição do produto por outro da mesma espécie, em perfeitas condições de uso; (b) a restituição imediata da quantia paga, monetariamente atualizada, sem prejuízo de eventuais perdas e danos; (c) o abatimento proporcional do preço.
>
> 2. A exegese do dispositivo é clara. Constatado o defeito, concede-se ao fornecedor a oportunidade de sanar o vício no prazo máximo de trinta dias. Não sendo reparado o vício, o consumidor poderá exigir, à sua escolha, as três alternativas constantes dos incisos I, II e III do § 1º do artigo 18 do CDC.
>
> 3. No caso dos autos, inexiste ofensa ao disposto no art. 18 do CDC, pois imediatamente após a reclamação, o fornecedor prontificou-se a reparar o produto – veículo automotor. Não aceita a oferta pelo consumidor, propôs a substituição do bem por outro nas mesmas condições e em perfeitas condições de uso ou a compra pelo preço de mercado. Ainda assim, o consumidor manteve-se renitente.
>
> 4. 'A primeira solução que o Código apresenta ao consumidor é a substituição das partes viciadas do produto. Não se está diante de uma 'opção' propriamente dita, de vez que, como regra, o consumidor não tem outra alternativa a não ser aceitar tal substituição' (Antonio Herman de Vasconcellos Benjamin,

---

[6] REsp nº 185.836/SP, 4ª Turma, Rel. Min. Ruy Rosado de Aguiar.
[7] Conforme § 3º do art. 18 do CDC.

in *Comentários ao Código de Defesa do Consumidor*, coordenador Juarez de Oliveira, São Paulo, Saraiva, 1991).

5. 'Vício de qualidade. Automóvel. Não sanado o vício de qualidade, cabe ao consumidor a escolha de uma das alternativas previstas no art. 18, § 1º, do CDC' (REsp 185.836/SP, Rel. Min. Ruy Rosado de Aguiar, *DJU* de 22/03/99).

6. O dispositivo em comento não confere ao consumidor o direito à troca do bem por outro novo, determina apenas que, 'não sendo o vício sanado no prazo máximo de trinta dias, pode o consumidor exigir, alternativamente e à sua escolha: I – a substituição do produto por outro da mesma espécie, em perfeitas condições de uso [...]'".[8]

Por outro lado, o fornecedor possui uma única possibilidade de correção do vício no prazo de 30 dias. Se o vício ressurgir após o conserto, não terá o fornecedor a possibilidade de invocar novo prazo de 30 dias. O consumidor poderá exigir a imediata substituição do produto, a restituição da quantia paga ou o abatimento proporcional do preço.

Típico caso de vício do produto foi julgado pela Terceira Turma do Superior Tribunal de Justiça, do qual foi relator o saudoso Min. Carlos Alberto Menezes Direito. O comprador retirou seu carro novo da revendedora; em seguida, constatou severo defeito, assim um vazamento de óleo, configurando, portanto, um defeito de fabricação; procurou diversas revendedoras, sem que o problema fosse resolvido; o fabricante, igualmente, não tomou providência alguma. O Tribunal decidiu: "*Comprado veículo novo com defeito de fábrica, é responsabilidade do fabricante entregar outro do mesmo modelo, a teor do art. 18, § 1º, do Código de Defesa do Consumidor [...]. Se demorou a cumprir com o seu dever, não pode o fabricante alegar que não há como efetuar a substituição. Nesse caso, o carro novo do mesmo modelo e com as mesmas características corresponderá ao ano em que efetivada a substituição, sob pena de impor-se, por culpa do fabricante, severo prejuízo ao consumidor, que foi obrigado a recorrer ao Poder Judiciário*".[9]

164 DANO *CIRCA REM* E *EXTRA REM*

Sempre constituiu motivo de controvérsia na doutrina a possibilidade de os vícios redibitórios permitirem a formulação de pedidos autônomos (perdas e danos), além dos específicos à ação redibitória. Pontes de Miranda preconiza a autonomia dos pedidos indenizatórios oriundos do defeito oculto, ao proclamar que eles "*nada têm com a preclusão que a lei fixa para a redibição. É preciso que não se confunda prazo preclusivo para a pretensão à responsabilidade por vício do objeto com as pretensões que se irradiam do exercício daquela pretensão*".

---

[8] REsp nº 991.985/PR, 2ª Turma, Rel. Min. Castro Meira.
[9] REsp nº 195.659/SP. No REsp nº 611.872, Rel. Min. Antonio Carlos Ferreira, a Quarta Turma do STJ prestigiou esse entendimento.

A mesma questão vem se tornando recorrente no que diz respeito aos *vícios do produto ou do serviço*. Pedidos de danos materiais e morais decorrentes desses vícios chegam com frequência ao Judiciário. Surge então a questão: o vício do produto ou do serviço pode gerar dupla indenização? Vale dizer, além da reparação do vício em si, ainda cabe indenização por perdas e danos?

Tomemos como exemplo o caso de um veículo zero-quilômetro, que apresenta defeitos. A concessionária, instada várias vezes para corrigir os defeitos, leva meses para atender às solicitações do consumidor, causando-lhe inúmeros aborrecimentos. Pode esse consumidor pleitear também danos morais?

Para o correto enfrentamento da questão, há que se proceder à distinção entre *dano circa rem* e *dano extra rem*. A expressão latina *circa rem* significa "próximo", "ao redor", "ligado diretamente à coisa, de modo que não pode dela desgarrar-se". Assim, *dano circa rem* é aquele que é inerente ao vício do produto ou do serviço, que está diretamente ligado a ele, não podendo dele desgarrar-se.

A expressão latina *extra rem* indica vínculo indireto, distante, remoto; tem sentido de *fora de, além de, à exceção de*. Consequentemente, o dano *extra rem* é aquele que apenas indiretamente está ligado ao vício do produto ou do serviço porque, na realidade, decorre de causa superveniente, relativamente independente, e que por si só produz o resultado. A rigor, não é o vício do produto ou do serviço que causa o dano *extra rem* – dano material ou moral –, mas sim a conduta do fornecedor, posterior ao vício, por não dar ao caso a atenção e solução devidas. O dano moral, o desgosto íntimo, está dissociado do defeito, a ele jungido apenas pela origem. Na realidade, repita-se, decorre de causa superveniente (o não atendimento pronto e eficiente ao consumidor, a demora injustificável na reparação do vício). Tem caráter autônomo.

Em suma, o dano *circa rem*, por ser imanente ao vício do produto ou do serviço, não gera pretensão autônoma. Todas as pretensões de ressarcimento decorrentes do vício do produto ou do serviço estão limitadas aos arts. 18 a 20 do CDC. Não podem dele desgarrar-se para constituir pretensão autônoma. O prazo para exercer o direito reparatório será, como veremos, decadencial. Já no ressarcimento do dano *extra rem*, cujo fato gerador é a conduta do fornecedor posterior ao vício, com este mantendo apenas vínculo indireto, a pretensão indenizatória é dotada de autonomia, pelo que o prazo para exercê-la será prescricional.

Temos como certo que o CDC refere-se expressamente ao dano *extra rem* em seu art. 18, § 1º, II, ao dispor: *"Não sendo o vício sanado no prazo máximo de trinta dias, pode o consumidor exigir, alternativamente e à sua escolha: [...] II – a restituição imediata da quantia paga, monetariamente atualizada,* **sem prejuízo de eventuais perdas e danos**". O mesmo ocorre no final do inciso IV do art. 19 do CDC.

A Quarta Turma do STJ adotou esse entendimento em julgamento relatado pelo Ministro Antonio Carlos Ferreira, que muito nos honrou citando a nossa doutrina na motivação do seu douto voto: *"No âmbito do vício do produto, é importante distinguir o dano* circa rem *(inerente ao vício do produto ou serviço e diretamente ligado a ele) do dano* extra rem *(dano indiretamente ligado ao vício do produto ou do* serviço porque, na realidade, decorre de causa superveniente, relativamente independente, e que por si só produz o resultado). Essa distinção assume relevo, mormente no que se refere à possibilidade de ressarcimento de danos morais e materiais, além da reparação do vício".[10]

165 VÍCIO DE QUANTIDADE

Vícios de quantidade são aqueles decorrentes da disparidade com as indicações constantes do recipiente, embalagem, rotulagem ou mensagem publicitária. Por eles respondem também solidariamente os fornecedores, consoante art. 19, **respeitadas as variações decorrentes de sua natureza**. O que isso significa? Há produtos que podem apresentar, durante o processo distributivo, sensível perda de conteúdo líquido, como, v. g., o gás liquefeito de petróleo engarrafado, casos em que o vício de quantidade somente se configurará se forem apuradas variações quantitativas superiores aos índices-padrão normativamente fixados (Instituto de Pesos e Medidas).

As medidas reparatórias dos vícios de quantidade, à escolha do consumidor, estão especificadas no art. 19 – abatimento proporcional do preço; complementação do peso ou medida; substituição do produto por outro da mesma espécie, marca ou modelo; restituição imediata da quantia paga, monetariamente atualizada, sem prejuízo de eventuais perdas e danos.

165.1 Vício conhecido

Pequenos defeitos de produtos vendidos em promoções e liquidações, *as pontas de estoque*, podem ser considerados vícios do produto? Em princípio não, desde que o defeito não comprometa substancialmente a utilidade do produto, não aumente os riscos dos acidentes de consumo, tenha sido amplamente divulgado, de modo a dar pleno conhecimento ao consumidor e, ainda, que haja efetiva vantagem para o consumidor pela redução do preço.

166 VÍCIOS DO SERVIÇO

O art. 20 do CDC disciplina a responsabilidade do fornecedor por vícios do serviço, que também podem ser de **qualidade** e de **quantidade**. Os primeiros tornam o serviço impróprio ao consumo ou lhe diminuem o valor. Impróprios são os serviços que se mostram inadequados para os fins que razoavelmente deles se esperam, bem como aqueles que não atendam as normas regulamentares de prestabilidade, conforme § 2º. Vícios de quantidade, ainda que assim não denominados pelo art. 20, são aqueles que apresentam disparidade com as indicações constantes da oferta ou mensagem publicitária.

---

[10] REsp nº 611.872.

As medidas reparatórias para os vícios do serviço, à escolha do consumidor, estão previstas nos incisos I a III do art. 20:

"*I. a reexecução dos serviços, sem custo adicional e quando cabível;*
II. a restituição imediata da quantia paga, monetariamente atualizada, sem prejuízo de eventuais perdas e danos;
III. o abatimento proporcional do preço".

A reexecução dos serviços por terceiros devidamente capacitados, por conta e risco do fornecedor, é outra medida permitida pelo § 1º do mesmo artigo, medida esta que tem se revelado eficiente em inúmeros casos em que a capacidade técnica do fornecedor revelou-se insatisfatória. Seria pura perda de tempo exigir a reexecução do serviço pelo fornecedor se já ficou evidenciado não ter ele capacidade técnica para executá-lo de modo adequado.

Responsável pela reparação "*é o fornecedor do serviço*", inclusive o comerciante, desde que tenha concorrido para a ocorrência do vício. Tal como ocorre na responsabilidade pelo fato do serviço, o número de casos de vício do serviço é muito superior ao do vício do produto; o campo de incidência daquele é bem mais amplo: serviços públicos (luz, telefonia, gás), serviços profissionais de todo gênero, serviços bancários, financeiros, securitários, médico-hospitalares, transportes, estacionamentos etc. Basta abrir diariamente os jornais, nas colunas ou páginas que tratam da defesa do consumidor, para termos uma visão da quantidade e variedade de casos relacionados com o vício do serviço.

Capítulo XIII
PRESCRIÇÃO E DECADÊNCIA NO CÓDIGO DO CONSUMIDOR

167 PRESCRIÇÃO E DECADÊNCIA – DISTINÇÃO

Na sistemática do Código Civil anterior, os casos de prescrição e de decadência foram tratados sob o *nomen iuris* de prescrição, o que exigia do intérprete esforço injustificável para distingui-los. Bem superior é a disciplina do Código de 2002, na medida em que, além de conceituar a prescrição,[1] separou os prazos prescricionais e decadenciais. Todos os prazos relacionados nos arts. 205 e 206 são de prescrição; os prazos decadenciais estão previstos junto a cada instituto, por exemplo, arts. 45, parágrafo único; 119, parágrafo único; 178; 618, parágrafo único e outros.

Coube à doutrina e à jurisprudência fazerem a distinção entre prescrição e decadência. A primeira está ligada à *lesão* do direito, cuja ocorrência faz surgir novo dever jurídico para o transgressor – a responsabilidade – e novo poder jurídico para aquele que sofreu a lesão – a *pretensão*, devendo esta ser entendida como o **poder de exigir a reparação do dano ou a prestação que irá reparar o direito violado**. Se essa *pretensão* não for exercida no prazo legal, ocorre a prescrição.

Em doutrina define-se a prescrição como sendo a convalescença de uma lesão de direito pela inércia do seu titular e o decurso do tempo. De onde se depreende haver íntima relação entre prescrição e responsabilidade, como já prelecionava o Mestre San Tiago Dantas em suas memoráveis aulas:

> "A lesão do direito é aquele momento em que o direito subjetivo vem a ser negado pelo não cumprimento do dever jurídico que a ele corresponde. Sabe-se que da lesão nascem dois efeitos: em primeiro lugar, um novo dever jurídico, que é a responsabilidade, o dever de ressarcir o dano e, em segundo, a pretensão, o direito de invocar a tutela do Estado para corrigir a lesão do direito. **Não surge o problema da prescrição enquanto não há lesão do direito. No momento**

---
[1] O Código optou pelo modelo do direito alemão.

em que surge tal lesão e com ela sua primeira consequência, que é o dever de ressarcir o dano, aí é que se coloca, pela primeira vez, o problema da prescrição [...]. Se o tempo decorrer longamente, sem que o dever secundário, a responsabilidade seja cumprida, então não será mais possível invocar a proteção do Estado, porque a lesão do direito estaria curada. A prescrição nada mais é do que a convalescença da lesão do direito pelo não exercício da pretensão".[2]

Em outras palavras, com a violação do direito subjetivo surge a pretensão do seu titular de buscar a tutela do Estado, visando ao cumprimento coercitivo do dever violado, mediante o ajuizamento de demanda. Por isso, a inércia do lesado implica a extinção da pretensão, ou seja, impede a exigência coercitiva do dever jurídico violado.

O Código Civil de 2002, com apurada técnica científica, conceitua a prescrição no seu art. 189: *"Violado o direito, nasce para o titular a pretensão, a qual se extingue pela prescrição, nos prazos a que aludem os arts. 205 e 206"*. Daí resulta que não há falar em prescrição enquanto não ocorrer a lesão do direito, e só a partir dela começará a correr o prazo prescricional – *actio nata*.

Nisso, portanto, consiste a prescrição: perda ou extinção da pretensão (**poder de reagir contra a violação do direito**) e não do próprio direito subjetivo. Não é o direito subjetivo material, nem o direito processual de ação que a prescrição atinge, mas sim a pretensão – **poder de exigir a reparação do dano ou a prestação que irá reparar o direito violado**. *"Quando se diz que prescreveu o direito"*, pontifica Pontes de Miranda, *"emprega-se elipse reprovável, porque em verdade se quis dizer que o direito teve prescrita a pretensão, que dele se irradiava, ou teve prescritas todas as pretensões que dele se irradiavam. Quando se diz dívida prescrita elipticamente se exprime dívida com pretensão prescrita; portanto, dívida com pretensão encobrível (ou já coberta) por exceção de prescrição. [...] O direito não se cobre por exceção de prescrição; o que se cobre é a pretensão, ou são as pretensões que dele se irradiam"*.[3]

No mesmo sentido a lição de Humberto Theodoro Júnior, trazendo mais luz sobre a matéria:

> "Não é o direito subjetivo descumprido pelo sujeito passivo que a inércia do titular faz desaparecer, mas o direito de exigir em juízo a prestação inadimplida que fica comprometida pela prescrição. O direito subjetivo, embora desguarnecido da pretensão, subsiste, ainda que de maneira débil (porque não amparado pelo direito de forçar o seu cumprimento pelas vias judiciais), tanto que, se o devedor se dispuser a cumpri-lo, o pagamento será válido e eficaz, não autorizando repetição do indébito (art. 882), e se, demandado em juízo, o devedor não arguir prescrição, o juiz não poderá reconhecê-la de ofício (art. 194)".[4]

---

[2] *Programa de direito civil*: parte geral, Editora Rio, 1977, p. 399.
[3] *Tratado de direito privado*, Bookseller, t. 6, p. 138-139.
[4] *Comentários ao novo Código Civil*, arts. 185 a 232, Forense, 2003, v. III, t. II, p. 152.

"O efeito da prescrição é uma exceção que, quando exercida, neutraliza a pretensão, sem, entretanto, extinguir propriamente o direito subjetivo material do credor".[5]

Fixada a noção de que violação do direito e nascimento da pretensão são fatos correlatos, que se correspondem como causa e efeito, depreende-se que só os direitos passíveis de lesão – que são aqueles que têm por objeto uma prestação – conduzem à prescrição.

Com efeito, nem todos os direitos subjetivos conduzem às pretensões; muitos conferem apenas faculdades, cujo exercício depende da vontade do titular. São os **direitos potestativos, também chamados formativos** (por serem direitos a formar direitos) que conferem aos seus titulares a faculdade de formarem relações jurídicas – criar, modificar ou extinguir. Desses direitos decorre apenas uma **sujeição** de quem deve suportar os efeitos do exercício da faculdade.

Em síntese, o titular do direito potestativo não reclama prestação alguma da contraparte. Impõe-lhe simplesmente o seu poder de criar uma nova situação jurídica. Diversamente do que ocorre com os outros direitos subjetivos, são desprovidos de pretensão; não correspondem a deveres. Neles não se contém o poder de exigir uma ação ou omissão, um fazer ou não fazer de outrem. Nem mesmo é de admitir-se a existência do dever de tolerar o exercício de direito formativo, uma vez que não há dever de tolerância com relação ao que de nenhum modo se pode evitar. Há apenas submissão pura e simples aos efeitos que dele se irradiam por parte do outro sujeito da relação jurídica.

Pois bem, da inexistência de pretensão decorre a importante consequência de que direitos formativos (potestativos) não podem ser atingidos pela prescrição. Em relação a eles pode ocorrer a **decadência**.

Noutras palavras, na *decadência* o que se atinge é uma faculdade jurídica, modernamente denominada de direito potestativo, quando o seu exercício está subordinado a um prazo fatal estipulado pela lei. Importa dizer que há direitos potestativos que trazem, em si, o germe da própria destruição. São faculdades cujo exercício está condicionado ao tempo. É como se fosse um direito a termo resolutivo imposto pela própria lei. Durante aquele prazo pode ser exercido, depois dele não mais: é a decadência. Seu fundamento, assim, é não ter o sujeito utilizado um direito potestativo dentro dos limites temporais estabelecidos pela lei.

Não divergem substancialmente as conclusões de Clélio Erthal:

> "***A prescrição*** atinge a exigibilidade dos direitos subjetivos; ***a decadência***, os direitos potestativos (e não quaisquer direitos), de modo que aquela impede que o credor cobre do devedor o seu crédito e a última inibe o titular de

---

[5] Ob. cit., p. 162.

praticar um ato de vontade. Como a lei sempre fixa o prazo para o exercício dos direitos subjetivos e só eventualmente para os direitos potestativos, podemos definir a prescrição como a perda da exigibilidade (pretensão) de um direito subjetivo, pela inação do respectivo titular durante o prazo fixado em lei; e decadência como a perda do direito potestativo, quando temporário, pelo não exercício do mesmo durante o prazo estabelecido. Dessa forma, se deparamos com um prazo delimitando o exercício de um direito exigível de outrem (subjetivo), sabemos tratar-se de prazo prescricional. Entretanto, se o prazo se refere a um direito exercitável por mero ato de vontade (potestativo), independentemente da atuação de terceiro, é de caducidade que se trata".[6]

De se concluir, portanto, que só há prescrição de direito subjetivo, isto é, quando ao direito do titular corresponde um dever jurídico para que, pela violação deste, surja a lesão e, consequentemente, a prescrição. Onde não se tiver um direito subjetivo, mas tão somente uma faculdade jurídica (ou direito potestativo) à qual não corresponda um dever de outrem, não se pode ter lesão de direito e nem prescrição. Aí só pode ocorrer decadência.

Os institutos da prescrição, da decadência, da preclusão e outros têm por fundamento o **princípio da segurança jurídica**. Princípio, antes de tudo, quer dizer início, começo, base da ordem jurídica, e o princípio da segurança é a própria razão de ser do Direito. A Constituição Federal considera cláusula pétrea a intangibilidade da coisa julgada em homenagem ao princípio da segurança jurídica. Essa é também a razão pela qual a Carta Magna veda a retroatividade da lei e assegura o direito adquirido. Sem segurança jurídica não se preserva o próprio princípio da dignidade da pessoa humana.

Situações de inércia do titular de um direito, que permitem a constituição de situações de fato revestidas de forte aparência de legalidade, gerando nos espíritos convicção de legitimidade, acarretam a extinção da pretensão em nome do princípio da segurança jurídica.

168 A SISTEMÁTICA DO CDC

O Código do Consumidor tem disciplina própria no que tange à prescrição e à decadência. Haverá prescrição sempre que se tratar de **fato (defeito) do produto ou do serviço**, vale dizer, acidente de consumo,[7] e decadência no caso de **vício do produto ou do serviço**, quer seja de qualidade quer de quantidade.[8] Isso coloca em relevo, uma vez mais, a importância dos conceitos estabelecidos no Código do Consumidor.

---

[6] Prescrição e decadência, *Justitia* 93/181.
[7] Art. 27.
[8] Art. 26.

169 PRESCRIÇÃO

Dispõe o art. 27 do CDC: *"Prescreve em cinco anos a **pretensão à reparação pelos danos causados por fato do produto ou do serviço** [...]"*. Depreende-se desse dispositivo que o CDC, afastando-se dos critérios doutrinários tradicionais para distinguir prescrição e decadência – prescrição para o caso de violação de direito subjetivo e decadência quando se tratar de direito potestativo; prescrição quando for caso de ação condenatória e decadência em se tratando de ação constitutiva (positiva ou negativa) –, estabeleceu critérios próprios para caracterizar uma e outra – **prescrição quando for caso de fato do produto ou do serviço, acidente causado por defeito (art. 27); decadência quando se tratar de vício do produto ou do serviço (art. 26)**. O CDC, entretanto, não se afastou, como não poderia deixar de ser, da disciplina geral da prescrição, pelo que está em plena harmonia com o Código Civil. O que prescreve não é o direito subjetivo do consumidor, mas a **pretensão** à reparação pelos danos que lhe causou o fato do produto ou do serviço. Também aqui a prescrição está ligada a uma **lesão** do direito do consumidor e à consequente **pretensão** à reparação do dano.

Outra conclusão que se extrai da parte final desse art. 27 é que o CDC estabeleceu **prazo prescricional único para todos os casos de acidentes de consumo – cinco anos** – prazo esse que só começa a correr *a partir do conhecimento do dano e de sua autoria –*, "iniciando-se a contagem do prazo a partir do conhecimento do dano e de sua autoria". Assim, por exemplo, se determinada doença manifestar-se em um consumidor anos após ter utilizado algum medicamento, e ficar demonstrado que a doença tem por causa esse medicamento, somente a partir daí começará a correr o prazo prescricional de cinco anos.

Quando o Código do Consumidor fixou em cinco anos o prazo prescricional para a reparação dos danos causados por acidente de consumo, o Código Civil de 1916, ainda em vigor, estabelecia em 20 anos o prazo prescricional para a pretensão de reparação civil. Na época foi questionada a inovação do CDC. Como poderia um Código protetivo reduzir drasticamente o prazo prescricional do consumidor? Houve julgados no sentido de admitir a utilização de ambos os prazos em favor do consumidor – cinco anos no caso de responsabilidade objetiva e 20 anos no caso de responsabilidade subjetiva.

Nunca nos pareceu correta a utilização de prazos prescricionais diferentes em favor do consumidor, ora do CDC, ora do Código Civil, por ser uma prática incompatível com o sistema de interpretação e aplicação das leis. É assistemática a mesclagem de preceitos vindos de lá e de cá, pois acaba por formar um terceiro sistema, uma terceira norma em nome de uma proteção paternalista. Ou se aplica a lei especial em sua integralidade, ou nega-se a sua aplicação. Se o prazo prescricional estabelecido no CDC era mais breve, isso era compensado pelo diferimento do *dies a quo*, o qual não é o da ocorrência do dano, mas o do efetivo conhecimento do lesado.

Hoje os papéis se inverteram, porque o Código Civil de 2002 reduziu de vinte para três anos o prazo prescricional da pretensão reparatória cível, consoante art. 206, § 3º, V. A questão que agora se coloca é se deve prevalecer nas relações de consumo o prazo de cinco ou de três anos. Sendo o Código Civil posterior (lei mais nova) teria revogado o art. 27 do CDC?

Em nosso entender, o prazo prescricional de três anos estabelecido no Código Civil em nada afeta o prazo prescricional previsto no Código do Consumidor. Este Código, como já vimos, é lei especial em relação ao Código Civil, e pelo princípio da especialidade a lei geral não derroga a especial. Logo, continua sendo de cinco anos a prescrição pelo fato do produto ou do serviço (acidente de consumo), conforme art. 27 do CDC.

170 CAUSAS QUE SUSPENDEM OU INTERROMPEM A PRESCRIÇÃO

A prescrição, como do conhecimento geral, pode ser suspensa ou interrompida nos casos previstos em lei. Enquanto as primeiras (causas suspensivas) impedem que a prescrição comece a correr ou paralisam o seu andamento caso já iniciado, sem, entretanto, anular o tempo eventualmente transcorrido, as causas interruptivas eliminam totalmente o lapso de tempo já vencido. *"Na suspensão nada se conta enquanto perdurar os efeitos da causa impeditiva, mas uma vez cessados estes, a marcha do prazo é retomada a partir do momento em que ocorreu a paralisação. Não se despreza o tempo ocorrido e conta-se, depois de cessada a suspensão, apenas o saldo do tempo da prescrição. Na interrupção, o passado extingue-se, de sorte que, após ela, começa-se do zero a nova contagem da prescrição"*.[9]

O parágrafo único do art. 27 do CDC previa a interrupção da prescrição nas hipóteses previstas no § 1º do art. 26 (na realidade, seria o § 2º). Mas como esse dispositivo foi vetado, é de se entender aplicáveis ao CDC, naquilo que for possível, as causas suspensivas e interruptivas da prescrição previstas nos arts. 198, 199 e 202 do Código Civil.

Inteiramente pertinente também o entendimento de Zelmo Denari, para quem *"a reclamação formulada perante o fornecedor bem como a instauração de inquérito civil previsto no § 2º do art. 26, alinham-se entre as causas suspensivas da prescrição nas ações que envolvem a responsabilidade por danos causados aos consumidores"*.[10]

171 A PRESCRIÇÃO NO SEGURO

O Código do Consumidor, no seu art. 27, estabeleceu prazo prescricional único de cinco anos para todos os casos de pretensão à reparação de danos causados por fato do produto e do serviço. E como esse Código se aplica à atividade securitária, parte da doutrina inicialmente sustentou que o prazo para o segurado exercer a sua pretensão contra o segurador, tratando-se de relação de consumo, não seria mais de um ano, como estabelecido no art. 178, § 6º, II, do Código Civil de 1916 (art. 206, §

---

[9] Humberto Theodoro Júnior, ob. cit., p. 223.
[10] *Código Brasileiro de Defesa do Consumidor comentado pelos autores do anteprojeto*, 8. ed., Forense Universitária, p. 232.

1º, II, do Código de 2002), mas sim de cinco anos. Esse entendimento, entretanto, não mereceu a aprovação da jurisprudência do Superior Tribunal de Justiça.

A Quarta Turma do Superior Tribunal de Justiça decidiu que a ação de indenização do segurado contra o segurador prescreve em um ano, tal como estava previsto no art. 178, § 6º, II, do Código Civil (de 1916), **não lhe sendo aplicável o prazo prescricional de cinco anos porque a norma do art. 27 do Código de Defesa do Consumidor dispõe sobre prescrição nas ações de reparação de danos por *fato do serviço*, que não guarda relação com a responsabilidade civil decorrente de *inadimplemento contratual*.**[11] Em síntese, prevaleceu no STJ o entendimento de que *"a ação de responsabilidade civil por fato de serviço, de que cuida o Código de Defesa do Consumidor, não se identifica com a responsabilidade decorrente do inadimplemento contratual no seguro".* Logo, a prescrição, em relação ao seguro, continuava disciplinada pela norma específica do Código Civil.

A leitura do art. 206, § 1º, II, entretanto, deixa evidenciado que a sua aplicação concerne apenas às pretensões do segurado contra o segurador, e vice-versa, relativas, materialmente, ao contrato de seguro, ao seu objeto, ou seja, ao risco segurado e ao prêmio devido. As normas de prescrição devem ser interpretadas restritivamente, sendo-lhes vedada a aplicação analógica.

O terceiro, beneficiário do seguro de vida, também não se sujeita ao prazo ânuo da prescrição, de acordo com o entendimento do mesmo Superior Tribunal de Justiça: *"Seguro de vida em grupo. Prescrição.* **Terceiro beneficiário.** *Art. 178, § 6º, II do CC (1916). O terceiro beneficiário do seguro de vida em grupo não sujeita ao prazo ânuo da prescrição (art. 178, § 6º, II, do CC), uma vez que não se confunde ele com a figura do segurado. Interpretam-se restritivamente as regras concernentes à prescrição. Precedentes da 4ª Turma".*[12]

De ser lembrada, por derradeiro, a Súmula nº 229 do Superior Tribunal de Justiça: *"O pedido do pagamento de indenização à seguradora suspende o prazo de prescrição até que o segurado tenha ciência da decisão".* Vale dizer, o tempo que a seguradora levar para apreciar o pedido de indenização não será computado no prazo prescricional, que recomeçará a correr, pelo restante, a partir da efetiva ciência da decisão pelo segurado.

172 DECADÊNCIA

Quando se tratar de **vício do produto ou do serviço**, não será caso de prescrição mas de *decadência*. O consumidor dispõe de prazos para exigir que os vícios (de qualidade ou de quantidade) sejam sanados mediante uma das alternativas contempladas nos arts. 18, § 1º, e 20. De acordo com o art. 26, I e II, do Código de Defesa do Consumidor, o prazo decadencial será de 30 dias tratando-se de vício de produto ou serviço *não durável*, e de 90 dias tratando-se de produto ou serviço *durável*. A toda evidência, não duráveis são aqueles produtos de vida útil efêmera, consumidos com

---

[11] REsp nº 232.483/RJ, Rel. Min. Sálvio de Figueiredo Teixeira.
[12] REsp nº 525.881/RS, 4ª Turma, Rel. Min. Barros Monteiro.

pouco tempo de uso, como os produtos alimentares, medicamentos, de higiene, limpeza etc. A *contrario sensu*, duráveis serão aqueles que têm vida útil mais duradoura, como veículos, eletrodomésticos, móveis, imóveis etc.

O art. 26 do CDC faz também distinção entre *vício aparente* e *vício oculto*. O primeiro, como o próprio nome indica, é o vício de fácil constatação, visível ou percebível tão logo o produto é recebido ou o serviço prestado. O vício oculto é aquele que não pode ser percebido desde logo, que só vem a se manifestar depois de um certo tempo de uso do produto ou de fruição do serviço, mas dentro do seu período de vida útil.

O prazo decadencial será de 30 dias tratando-se de vício de produto ou serviço *não durável*, e de 90 dias tratando-se de produto ou serviço *durável*. Outra diferença está no **dies a quo**, isto é, o momento em que o prazo começa a fluir. No caso de *vício aparente* ou de fácil constatação, conta-se o prazo decadencial a partir da entrega efetiva do produto ou do término da execução do serviço (art. 26, § 1º). Se o *vício é oculto*, o prazo só começa a correr a partir do momento em que ficar evidenciado o defeito.

O art. 26 do CDC, como se vê, não estabelece um prazo de garantia legal para que o fornecedor responda pelos vícios do produto ou do serviço. Há apenas um prazo para que o consumidor, tomando conhecimento do vício (aparente ou oculto), possa reclamar a reparação.

Nesse ponto, a indagação que deve ser respondida é esta: no caso de vício oculto, até quando o fornecedor permanece responsável? A toda evidência, o fornecedor não pode ser responsável **ad aeternum** pelos produtos e serviços colocados em circulação, até porque, por mais duráveis que sejam, não são eternos.

Por essas e outras razões, a doutrina consumerista tem entendido que, no caso de vício oculto, cujo prazo para reclamar só se inicia no momento em que fica evidenciado o defeito (§ 3º do art. 26), deve ser adotado **o critério da vida útil do bem**.

A propósito, Claudia Lima Marques observa:

> "Se o vício é oculto, porque se manifestou somente com o uso, experimentação do produto ou porque se evidenciará muito tempo após a tradição, o limite temporal da garantia legal está em aberto, seu termo inicial, segundo o § 3º do art. 26, é a descoberta do vício. Somente a partir da descoberta do vício (talvez meses ou anos após o contrato) é que passarão a correr os 30 ou 90 dias. Será, então, a nova garantia eterna? Não, os bens de consumo possuem uma durabilidade determinada. É a chamada **vida útil** do produto".[13]

Na mesma linha é a posição de Herman Benjamin, que sintetiza: "*Diante de um vício oculto qualquer juiz vai sempre atuar casuisticamente. Aliás, como faz em outros*

---

[13] *Contratos*, p. 1.196-1.197.

*sistemas legislativos. **A vida útil do produto** ou serviço será um dado relevante na apreciação da garantia".*[14]

Conforme anteriormente ressaltado, entende-se por **vida útil** do produto ou do serviço o **tempo razoável de durabilidade do bem de consumo**, considerando sua qualidade, finalidade e tempo de utilização. Como os bens de consumo não são eternos, possuem durabilidade variada, a identificação da vida útil exigirá sempre uma apreciação concreta em cada caso, na qual o julgador tem certa flexibilidade, mas o fator tempo será sempre relevante.

É ainda preciso chamar atenção, neste ponto, para o fato de que muitos bens de consumo, como automóveis, construções, edificações etc. são *coisas compostas*, isto é, embora formem um todo homogêneo sob o prisma do atendimento de uma finalidade (o uso/habitação), são constituídas por partes, sistemas, unidos pelo engenho humano. Leciona Washington de Barros Monteiro: "*Coisas simples, em direito, são as que formam um todo homogêneo, cujas partes, unidas pela natureza ou pelo engenho humano, nenhuma determinação especial reclamam da lei [...] podem ser materiais (um cavalo, uma planta) ou imateriais (como um crédito)*. <u>*Coisas compostas são as que se formam de várias partes ligadas pela arte humana*</u>. *Como as simples,* <u>*podem ser também materiais (por exemplo, a construção de um edifício, com fornecimento de materiais e mão de obra)*</u> *e imateriais (por exemplo, o fundo de negócio)*".[15]

Esses sistemas, partes integrantes da coisa composta, terão, naturalmente, prazos de vida útil distintos entre si, distintos também do prazo de vida útil da coisa composta considerada como um todo. Da mesma forma que a vida útil de um automóvel não se confunde com a vida útil da sua bateria, ou com a vida útil dos seus pneus, a vida útil de uma construção não se confunde com a vida útil dos seus sistemas (impermeabilização, pinturas, esquadrias, hidráulica, estruturas etc.).

A ninguém ocorreria responsabilizar o fabricante do automóvel que não dá partida pelo fato do não funcionamento da bateria cuja vida útil expirou. O mesmo raciocínio deve ser aplicado às construções e outras coisas compostas. **A vida útil a ser considerada, para efeitos de garantia e responsabilização do fornecedor, construtor etc. é a da parte ou do sistema alegadamente defeituoso**.

No caso de construções, por exemplo, é possível recorrer às normas técnicas, editadas por instituições idôneas, dentre as quais se destaca a Associação Brasileira de Normas Técnicas (ABNT), para estabelecer os **parâmetros de vida útil dos sistemas** que compõem a construção,[16] o que diminui sobremaneira as incertezas relativas ao

---

[14] *Comentários*, p. 134-135.
[15] *Curso de direito civil*: parte geral, 40. ed., Saraiva, 2005.
[16] Confira-se, por exemplo, a ABNT NBR 15575-1, editada em 2013, que vem sendo utilizada em inúmeras perícias, devidamente chanceladas pelo Poder Judiciário, para dirimir controvérsias relacionadas a defeitos/vícios construtivos:"*Tendo como pressuposto a habitabilidade pela Norma ABNT NBR 15.575:2013 a habitabilidade deve ser atingida a partir de fatores (sendo estanqueidade, desempenho térmico, desempenho acústico, desempenho lumínico, saúde, higiene e qualidade do*

tema. De forma a prevenir/minimizar, ainda mais, a possibilidade de divergências sobre os parâmetros de vida útil, a inclusão de dispositivos sobre o assunto no contrato de construção afigura-se de grande valia. Em nome da boa-fé objetiva, também embutida no dever de transparência para com o consumidor,[17] as referências contratuais aos prazos de vida útil dos principais sistemas da construção, assim como a indicação da manutenção necessária, a cargo do consumidor, e a remissão à norma técnica a ser utilizada na hipótese de controvérsia, contribuem em muito para o aumento da segurança jurídica do negócio.

No tema da decadência, impende ainda distinguir o **vício** do produto ou do serviço do **defeito que decorre do desgaste natural**. O primeiro relaciona-se com defeito de fabricação, de projeto, da resistência de materiais etc. – defeito intrínseco, existente desde a fabricação –, ao passo que o segundo – desgaste natural do produto – decorre da fruição do bem, posto que, não sendo eterno nenhum produto, é inevitável que algum desgaste venha ocorrer depois de tempo razoável do uso normal.

Pois bem, o prazo de garantia legal tem por finalidade proteger o consumidor dos defeitos relacionados aos vícios do produto ou serviço (defeito intrínseco, existente desde a sua fabricação ou prestação), quer sejam eles aparentes quer ocultos, pelo que não estão cobertos pela garantia os defeitos decorrentes do desgaste natural do produto ou de sua má conservação.

Neste ponto, enfrenta a Justiça certa dificuldade para verificar se o vício é de qualidade ou decorrente do desgaste normal do produto, mormente quando o defeito se apresentar muito tempo depois de sua aquisição. Um produto, embora antigo, pode estar bem conservado, servir ao fim a que se destina, e apresentar um defeito que comprometa a sua utilização. Se ficar demonstrado que é um vício de qualidade, decorrente de um defeito de fabricação, e não decorrente do desgaste normal, não haverá motivo para negar-se ao consumidor o direito à reparação.

No entanto, se o vício oculto se exteriorizar quando o produto estiver na fase de degradação do consumo, não pode o fornecedor ser compelido a substituir o produto defeituoso sem efetiva apuração da origem do defeito.

O critério para delimitação do prazo máximo de aparecimento do vício oculto será o da **vida útil**, uma vez que não há expressa indicação legal desse prazo máximo. Atentando-se para a vida útil do produto, ter-se-á que apurar, em cada caso, se necessário através de perícia, qual é a verdadeira causa do defeito. Em princípio, quanto mais novo o produto (mais distante estiver do final de sua vida útil), maior será a possibilidade de se tratar de um vício de qualidade. Se o bem é novo ou recém-adquirido, pode-se, até, falar em presunção relativa da anterioridade do vício.

---

ar, funcionalidade e acessibilidade), a residência encontra-se habitável, porém com comprometimento em relação ao quesito saúde, higiene e qualidade do ar devido a umidade generalizada nas paredes internas da residência em sua área próxima ao piso" (TRF-3, Apelação Cível nº 5000638-35.2019.4.03.6119, 1ª Turma, Rel. Des. Helio Egydio de Matos Nogueira, e-DJF3 11/11/2019).

[17] Cf. art. 6º, III, do CDC.

Em resumo: quando o bem for novo, haverá uma presunção relativa de que o vício é de origem, podendo o ônus da prova ser invertido pelo juiz; quando o bem não for novo, deve-se atentar para a vida útil do produto ou serviço, e a prova da anterioridade do vício deve ser feita mediante perícia.

Emblemático neste tema é o caso julgado pela 13ª Câmara Cível do TJRJ. O proprietário de um veículo tipo *van*, utilizado no transporte alternativo de passageiros, reclamou perdas e danos por vícios do produto. O veículo necessitava de alguns reparos. Só que em menos de seis meses de uso o veículo já havia rodado quase 50 mil quilômetros (mais de oito mil quilômetros por mês).

A toda evidência, não foi reconhecido nenhum vício do produto. Embora deva o veículo ter padrões mínimos de qualidade, é inquestionável que o modo de uso implicará diretamente a vida útil do bem; quanto mais intensa e severa a utilização, maior o desgaste de peças e outros elementos e, pois, menor o tempo de vida útil do produto.

A Câmara decidiu:

> "***Responsabilidade do Fornecedor***. Vício do Produto. Veículo de Transporte Alternativo. Desgaste de Peças pela Intensa Utilização. Inexistência de Vício do Produto.
>
> ***Vício*** é defeito de fabricação circunscrito à qualidade ou quantidade do produto e que o torna impróprio ou inadequado ao consumo a que se destina, ou lhe diminua o valor (CDC, art. 18). Assim, não pode ser considerado vício do produto o desgaste de peças decorrente da intensa utilização do veículo no transporte alternativo, que em menos de seis meses rodou quase cinquenta mil quilômetros. A boa-fé é princípio cardeal do Código do Consumidor de mão dupla, isto é, exigível não só do fornecedor mas também do consumidor".[18]

172.1 Suspensão da decadência

Diferentemente da doutrina tradicional e majoritária, que não admite a interrupção nem a suspensão do prazo decadencial, o Código do Consumidor prevê duas causas de suspensão. Obstam à decadência[19] **a reclamação comprovadamente formulada** pelo consumidor perante o fornecedor de produtos e serviços até a resposta negativa correspondente, que deve ser transmitida de forma inequívoca, e **a instauração do inquérito civil**, até seu encerramento. Confira-se:

> "Código de Defesa do Consumidor. Automóvel. Denunciação da lide. Concessionária. Legitimidade passiva. ***Decadência***. Dano moral.

---

[18] Ap. Cível nº 13.028/2009, 13ª Câmara Cível, Rel. Des. Sergio Cavalieri Filho.
[19] Art. 26, § 2º.

– Não requerida a denunciação da lide pela ré, no momento próprio, não cabe anular o processo depois de julgado pelas instâncias ordinárias apenas para permitir a intervenção da fabricante do automóvel.

– Legitimidade passiva da concessionária, pela peculiaridade da comercialização que pratica e porque a ação foi intentada também com base no art. 18 do CDC.

– **Decadência** não reconhecida pelas instâncias ordinárias em razão das diversas tentativas do comprador, junto à fábrica e suas concessionárias, para sanar os defeitos apresentados pelo veículo".[20]

Alerte-se, por derradeiro, que, em determinadas situações, encontra o intérprete alguma dificuldade para definir se o caso é de **fato** ou **vício** do serviço (ou produto), podendo resultar daí confusão entre prescrição e decadência. Para esses casos temos como certo que o critério diferenciador será verificar se se trata de dano *circa rem* ou dano *extra rem*, dos quais tratamos no item 164. Vejamos alguns precedentes.

"Consumidor. Recurso especial. Danos decorrentes de falha na prestação do serviço. Publicação incorreta de nome e número de assinante em listas telefônicas. Ação de indenização. Prazo. Prescrição. Incidência do art. 27 do CDC e não do art. 26 do mesmo código.

– O prazo prescricional para o consumidor pleitear o recebimento de indenização por danos decorrentes de falha na prestação do serviço é de 5 (cinco) anos, conforme prevê o art. 27 do CDC, não sendo aplicável, por consequência, os prazos de decadência, previstos no art. 26 do CDC.

– A ação de indenização movida pelo consumidor contra a prestadora de serviço, por danos decorrentes de publicação incorreta de seu nome e/ou número de telefone em lista telefônica, prescreve em cinco anos, conforme o art. 27 do CDC. Recurso especial não conhecido".[21]

"Civil e Processual. Ação de indenização. Publicação de anúncio incorretamente nas listas telefônicas, com número trocado. Restaurante. Dano moral, em face de a clientela ficar frustrada e ser destratada ao ser atendida ao telefone. Discussão na via especial sobre o prazo decadencial e a data inicial de sua fluição. Situação que recai, na verdade, na hipótese do art. 27 do CDC e não na do art. 26, II, e § 1º. Prazo quinquenal.

I. A ação de indenização movida pelo consumidor contra a prestadora de serviço por defeito relativo à prestação do serviço prescreve em cinco anos, ao teor do art. 27 c/c art. 14, caput, do CDC.

II. Em tal situação se insere o pedido de reparação de danos materiais e morais dirigido contra a empresa editora das Listas Telefônicas em face de haver sido

---

[20] STJ, REsp nº 286.202/RJ, 4ª Turma, Rel. Min. Ruy Rosado de Aguiar.
[21] STJ, REsp nº 772.510/RJ, 3ª Turma, Rel. Min. Nancy Andrighi.

publicado erroneamente o número de telefone do restaurante anunciante, o que direcionou pedido de fornecimento de alimentos a terceira pessoa, que destratou a clientela da pizzaria, causando-lhe desgaste de imagem.

III. Acórdão estadual que ao confirmar sentença que deferira os danos morais, enquadrou a hipótese no prazo decadencial do art. 26, II, do CDC, que, todavia, não aplicável à espécie, por se direcionar, em verdade, à ação que objetiva a rescisão ou alteração do negócio avençado, o que não é o caso dos autos.

IV. Ainda que se cuidasse de incidência, mesmo, do art. 26, II, estaria correta a interpretação dada pelo Tribunal a quo, de que a contagem teria início apenas com o fim do período de circulação das listas telefônicas, porquanto compreende-se, aí, que a prestação do serviço foi contínua durante todo esse tempo.

V. Destarte, seja pela aplicação do prazo quinquenal do art. 27, seja pela do art. 26, II, parágrafo único, na exegese dada à espécie, foi atempado o ajuizamento da ação indenizatória.

VI. Recurso especial conhecido e improvido".[22]

Como se vê, o ponto de partida para se fazer correta distinção entre prescrição e decadência, e bem aplicar a lei, é aquele estabelecido pelo CDC. Em se tratando de **fato** do produto ou do serviço, o caso será de **prescrição**; em se tratando de **vício** do produto ou do serviço, será caso de decadência.

---

[22] STJ, REsp nº 511.558/MS, 4ª Turma, Rel. Min. Aldir Passarinho Junior.

Capítulo XIV
A DEFESA DO CONSUMIDOR EM JUÍZO – TUTELA INDIVIDUAL

173 IMPORTÂNCIA DAS GARANTIAS PROCESSUAIS

É universalmente consagrado o entendimento de que aos direitos materiais básicos do consumidor devem corresponder as garantias processuais indispensáveis à sua efetivação. Sem essas garantias processuais, os direitos materiais tornam-se normas programáticas sem maior contato com a realidade e o cotidiano dos cidadãos. Não basta, portanto, garantir a defesa do consumidor no plano material; é preciso garanti-la também no plano processual.

Com efeito, se um consumidor, quando tem os seus direitos violados ou ameaçados, não tiver a quem reclamar, não tiver acesso efetivo a uma justiça que lhe garanta a devida e necessária tutela, de que lhe adiantarão as leis democráticas? Serão leis maravilhosas, mas inoperantes. Não passarão de promessas não cumpridas, normas programáticas, sem efetividade. Por isso é que se diz que não basta proclamar direitos; é preciso efetivá-los. Sim, porque se as portas da Justiça não estiverem abertas para todos, a estrutura jurídica democrática existente na Constituição e nas leis, por mais maravilhosa que seja, não passará de um logro. Será como o paraíso perdido – o Jardim do Éden – após a expulsão de Adão e Eva. Segundo o relato bíblico, um anjo passou a guardá-lo com uma espada flamejante, impedindo a entrada dos mortais. Jardim maravilhoso, mas a porta de entrada estava fechada; só podia ser visto de longe. Ordem jurídica democrática maravilhosa, mas inútil, se as portas da Justiça estiverem fechadas para o povo.

Mauro Cappelletti, grande jurista italiano, foi quem melhor estudou e se aprofundou no tema do acesso à justiça, sendo dele a seguinte lição: "*O direito ao acesso efetivo à Justiça tem sido progressivamente reconhecido como sendo de importância capital entre os novos direitos individuais e sociais, uma vez que a* **titularidade de direitos é destituída de sentido, na ausência de mecanismos para sua efetiva reivindicação.** *O acesso à justiça pode, portanto, ser encarado como requisito fundamental – o mais* *básico dos direitos humanos – de um sistema jurídico moderno e igualitário que pretenda garantir, e não apenas proclamar os direitos de todos".*[1]

Com relação ao consumidor, a problemática do acesso à justiça é mais grave em razão da enorme desigualdade existente entre os litigantes – eventuais × habituais. Voltemos a Mauro Cappelletti: *"Enquanto o produtor é de regra organizado, juridicamente bem informado e tipicamente um litigante habitual (no sentido de que o confronto judiciário não representará para ele episódio solitário, que o encontre desprovido de informação e experiência), o consumidor, ao contrário, está isolado; é um litigante ocasional e naturalmente relutante em defrontar-se com o poderoso adversário. E as maiores vítimas desse desequilíbrio são os cidadãos das classes sociais menos abastadas e culturalmente desaparelhados, por ficarem mais expostos às políticas agressivas da empresa moderna".*[2]

Atento a essa grave realidade, o legislador dedicou-lhe um título inteiro do CDC,[3] no qual foram conferidas ao consumidor as garantias processuais necessárias para tornar efetiva a sua defesa também no plano processual, garantindo o seu amplo acesso à Justiça e assegurando a real igualdade entre as partes em litígio.

Nesse sentido a lição de Ada Pellegrini Grinover:

> "Justamente por isso, a preocupação do legislador, nesse passo, é com a efetividade do processo destinado à proteção do consumidor e com a facilitação de seu acesso à Justiça. Isso demandava, de um lado, o fortalecimento da posição do consumidor em juízo – até agora pulverizada, isolada, enfraquecida perante a parte contrária que não é, como ele, um litigante meramente eventual – postulando um novo enfoque da par conditio e do equilíbrio das partes, que não fossem garantidos no plano meramente formal; e, de outro lado, exigia a criação de novas técnicas que, ampliando o arsenal de ações coletivas previstas pelo ordenamento, realmente representassem a desobstrução do acesso à Justiça e o tratamento coletivo de pretensões individuais que isolada e fragmentariamente poucas condições teriam de adequada condução. Isso tudo, sem jamais olvidar as garantias do devido processo legal".[4]

A parte processual do CDC atua em duas vertentes: nas ações individuais e nas ações coletivas. Vamos primeiramente examinar as principais normas que operam nas ações individuais, reservando para um segundo momento o exame das normas que operam nas ações coletivas.

---

[1] *Acesso à justiça*, Sergio Antonio Fabris Editor, 1988, p. 11-12.
[2] Palestra sobre o "Acesso dos Consumidores à Justiça".
[3] Arts. 81 a 104.
[4] *Código Brasileiro de Defesa do Consumidor comentado pelos autores do anteprojeto*, 8. ed., Forense Universitária, p. 777-778.

174 COMPETÊNCIA PELO DOMICÍLIO DO CONSUMIDOR

No campo das ações individuais merece destaque, em primeiro lugar, a norma do art. 101, I, do CDC, que permite o ajuizamento da ação de responsabilidade civil do fornecedor de produtos e serviços no **foro do domicílio do consumidor** autor.

O claro objetivo da norma é facilitar o acesso do consumidor à justiça, que pela regra do Código de Processo Civil (foro do domicílio do réu) teria que acionar o fornecedor, na maioria das vezes, na justiça de outro Estado ou cidade muito distante, *v.g.*, consumidor domiciliado no Rio de Janeiro e fornecedor com sede em Porto Alegre.

A regra tem aplicação quer se trate de responsabilidade contratual quer extracontratual, mesmo porque, como vimos, o CDC superou essa clássica dicotomia da responsabilidade civil.

Por força da regra do art. 101, I, do CDC (foro do domicílio do consumidor), a jurisprudência, da primeira à mais elevada instância, não admite o **foro de eleição** nos contratos de consumo quando este, de alguma forma, dificulte o acesso à Justiça do consumidor. Merece transcrição, a título de exemplo, precedente do Superior Tribunal de Justiça em Conflito de Competência:

> "Conflito Negativo de Competência. Ação Monitória. Mútuo Concedido por Entidade de Previdência Complementar. Foro de Eleição em Belo Horizonte. Contrato Celebrado em Brasília. Local do Domicílio dos Réus. Código de Defesa do Consumidor. Serviço. Facilidade da Defesa.
>
> Não prevalece o foro contratual de eleição, se configurada que tal indicação, longe de constituir-se mera adesão a cláusula preestabelecida pela instituição mutuante, implicar em dificultar a defesa da parte mais fraca, em face dos ônus que terá para acompanhar o processo em local distante daquele em que reside e, também, onde foi celebrado o mútuo".[5]

Outra consequência que a jurisprudência tem extraído da norma que estabelece o foro de domicílio do consumidor é a de que a nulidade da cláusula do foro de eleição pode ser declarada de ofício pelo juiz por se tratar de matéria de ordem pública. Confira-se:

> "Competência. Relação de Consumo. *Foro de Eleição. Nulidade da Cláusula. Declaração de Ofício. Possibilidade.*
>
> Por serem de ordem pública e interesse social as normas do Código do Consumidor, vale dizer, de observância necessária, deve o juiz aplicá-las de ofício, decretando a nulidade das cláusulas contratuais que dificultem a defesa do

---

[5] Conflito de Competência nº 23.968/DF, Rel. Min. Aldir Passarinho Junior, *RSTJ* 129/212-215.

consumidor, independentemente de provocação, estando aí incluído o foro de eleição previsto no contrato de adesão, porquanto significa dificuldade de acesso à Justiça.

Reconhecida a invalidade da cláusula, o processo deve ser encaminhado ao foro do domicílio do consumidor, o único competente para dirimir o conflito. Desprovimento do recurso".[6]

No mesmo sentido a jurisprudência do STJ:[7]

"Processual Civil – Foro de eleição previsto em contrato de adesão – nulidade de cláusula. Código de Defesa do Consumidor. Competência territorial absoluta. **Possibilidade na hipótese de declinação de ofício**. A nulidade da cláusula eletiva de foro em contrato de adesão que coloque o consumidor em desvantagem exagerada, causando prejuízo para a sua defesa, por tratar-se de questão de ordem pública, torna absoluta a competência, donde a possibilidade de declinação de ofício".

O que enseja alguma dificuldade não é a invalidade da cláusula de eleição do foro nos contratos de consumo, mas sim se em determinados casos está ou não caracterizada a relação de consumo. A toda evidência, se não houver relação de consumo (pressuposto básico para a invalidade), a cláusula será válida e eficaz. Confira-se, uma vez mais, o entendimento do Superior Tribunal de Justiça.

"Conflito Positivo de Competência – Contrato de Venda com Reserva de Domínio – Equipamentos Médicos – **Relação de Consumo Não Caracterizada** – Hipossuficiência Inexistente – **Foro de Eleição – Prevalência** – Aditamento ao Incidente – Autoridade Judicial Diversa – Inadmissibilidade.

1. A Segunda Seção deste Colegiado pacificou entendimento acerca da não abusividade da cláusula de eleição de foro constante de contrato referente à aquisição de equipamentos médicos de vultoso valor. Conclui-se que, mesmo em se cogitando da configuração de relação de consumo, não se haveria falar na hipossuficiência da adquirente de tais equipamentos, presumindo-se, ao revés, a ausência de dificuldades ao respectivo acesso à Justiça e ao exercício do direito de defesa perante o foro livremente eleito. Precedentes.

2. Na assentada do dia 10/11/2004, porém, ao julgar o REsp 541.867/BA, a Segunda Seção, quanto à conceituação de consumidor e, pois, à caracterização de relação de consumo, adotou a interpretação finalista, consoante a qual reputa-se imprescindível que a destinação final a ser dada a um produto/serviço seja entendida como econômica, é dizer que a aquisição de um bem

---

[6] TJRJ, Ag. Inst. nº 10.813/2004, 2ª Câmara Cível, Rel. Des. Sergio Cavalieri Filho.
[7] REsp nº 190.875/MG, Rel. Min. César Asfor Rocha, *RSTJ* 119/499-506.

ou a utilização de um serviço satisfaça uma necessidade pessoal do adquirente ou utente, pessoa física ou jurídica, e não objetive a incrementação de atividade profissional lucrativa.

3. *In casu*, o hospital adquirente do equipamento médico não se utiliza do mesmo como destinatário final, mas para desenvolvimento de sua própria atividade negocial; não se caracteriza, tampouco, como hipossuficiente na relação contratual travada, pelo que, ausente a presença do consumidor, não se há falar em relação merecedora de tutela legal especial. Em outros termos, **ausente a relação de consumo, afasta-se a incidência do CDC, não se havendo falar em abusividade de cláusula de eleição de foro livremente pactuada pelas partes, em atenção ao princípio da autonomia volitiva dos contratantes.**

[...]

5. Conflito conhecido, para declarar a competência do d. Juízo de Direito da 10ª Vara Cível da Comarca de São Paulo/SP".[8]

175 TUTELA ESPECÍFICA NAS OBRIGAÇÕES DE FAZER E NÃO FAZER

O art. 84 do CDC atribui ao juiz poderes para conferir ao processo de consumo praticidade e aderência às peculiaridades do caso concreto. *"Na ação que tenha por objeto o cumprimento da obrigação de fazer ou não fazer, o juiz concederá a tutela específica da obrigação ou determinará providências que assegurem o resultado prático equivalente ao do adimplemento."* Como se vê, além de conceder a tutela específica da obrigação, poderá o juiz determinar providências que assegurem o resultado prático equivalente ao adimplemento.

A tutela específica, isto é, aquilo que efetivamente foi pleiteado pelo consumidor, deverá ser o resultado prático a ser alcançado, podendo e devendo o juiz determinar todas as providências necessárias e adequadas à efetivação desse objetivo. Não mais se satisfaz a lei em conferir um prêmio de consolação ao consumidor com a conversão da obrigação específica em perdas e danos. A conversão só será admissível se com ela concordar o autor (consumidor) ou se impossível a tutela específica ou a obtenção do resultado prático correspondente.

Para compelir o réu ao cumprimento da obrigação específica de fazer ou não fazer, poderá o juiz impor-lhe multa diária, liminarmente ou na sentença, independentemente de pedido do autor, se esta for suficiente ou compatível com a obrigação. Essa medida coercitiva, insista-se, não tem caráter reparatório. Vale dizer, sua imposição não prejudica o direito do credor à realização da obrigação específica ou ao recebimento do equivalente monetário, tampouco à postulação de eventuais perdas e danos. A multa, em suma, tem função puramente coercitiva.

---

[8] Conflito de Competência nº 46.747/SP, Rel. Min. Jorge Scartezzini.

Há divergência doutrinária e jurisprudencial quanto ao cabimento da multa cominatória no caso de descumprimento de obrigação de fazer ou não fazer infungível. A questão já chegou ao Superior Tribunal de Justiça, em cuja Terceira Turma prevaleceu, por maioria, o entendimento de que é perfeitamente legal a imposição da multa. O art. 84 do CDC, bem como o art. 497 do Código de Processo Civil de 2015, não distinguem as obrigações fungíveis das obrigações infungíveis; os três dispositivos se referem às obrigações, de fazer ou não fazer. A intenção do legislador foi outorgar ao credor, consumidor de ambos os tipos de obrigações, meios capazes de convencer o devedor a adimplir o que pactuara. Esse convencimento deve ser tanto mais duro quanto seja a possibilidade de resistência do devedor.

O legislador não estipulou percentuais ou patamares que vinculassem o juiz na fixação da multa diária cominatória. Ao revés, o § 1º do art. 537 do CPC/2015, autoriza o julgador a elevar ou diminuir o valor da multa diária, em razão da peculiaridade do caso concreto, verificando que se tornou insuficiente ou excessiva, sempre com o objetivo de compelir o devedor a realizar a prestação devida.

O valor da multa cominatória pode ultrapassar o valor da obrigação a ser prestada, porque a sua natureza não é compensatória, porquanto visa persuadir o devedor a realizar a prestação devida.

Advirta-se que a coerção exercida pela multa é tanto maior se não houver compromisso quantitativo com a obrigação principal, obtemperando-se os rigores com a percepção lógica de que o meio executivo deve conduzir ao cumprimento da obrigação e não inviabilizar pela bancarrota patrimonial do devedor.[9]

A respeito da multa cabe ainda lembrar que, diante do poder concedido ao juiz de impô-la independentemente do pedido da parte, não haverá ofensa ao princípio da congruência entre o pedido e a sentença. É o próprio legislador federal, competente para legislar em matéria processual, que está excepcionando o princípio geral.

Ampliados foram também os poderes do juiz para conceder a antecipação da tutela, desde que relevante o fundamento da demanda (verossimilhança, plausibilidade) e havendo justificado receio de ineficácia do provimento final. A tutela poderá ser liminarmente antecipada ou, após justificação prévia, citado o réu.

176 VEDAÇÃO DE DENUNCIAÇÃO DA LIDE E UM NOVO TIPO DE CHAMAMENTO AO PROCESSO

A disciplina da denunciação da lide encontra-se nos arts. 125 a 129 do Código de Processo Civil de 2015. Na sua hipótese mais recorrente,[10] é uma ação condenatória regressiva movida pelo réu/denunciante contra o denunciado no mesmo processo da ação principal (incidente) movida pelo autor contra o réu. A finalidade da denunciação é introduzir no processo uma nova lide, envolvendo o direito de

---

[9] REsp nº 770.753/RS, 1ª Turma, Rel. Min. Luiz Fux.
[10] Art. 125, II, do CPC/2015.

garantia ou de regresso, que o denunciante pretende exercer contra o denunciado. Em outras palavras, o réu de uma ação aproveita o processo da ação que lhe move o autor ("pega uma carona") e, por sua vez, move outra ação contra o denunciado.

A denunciação da lide, como se vê, provoca uma verdadeira cumulação de ações, possibilitando o julgamento conjunto das duas ações. A economia processual seria a principal justificativa da denunciação, pois, se o denunciante perder a causa originária, já obterá também sentença sobre sua relação jurídica perante o denunciado e estará, por isso, dispensado de propor nova demanda para reclamar a garantia da evicção ou a indenização por perdas e danos devida pelo denunciado.

Em nosso entender, a denunciação da lide não oferece os benefícios proclamados pelos processualistas. Se, por um lado, oferece economia processual para o denunciante, ao "pegar uma carona" no processo do autor, para este produz efeito contrário, pois retarda significativamente o andamento do seu processo, aumenta a complexidade probatória, além de outros inconvenientes.

Não por outras razões a jurisprudência e a própria lei fazem restrições à denunciação da lide. Os Tribunais, por exemplo, não admitem a denunciação que introduz na lide novo fundamento, não constante da ação original. Em voto paradigma do Ministro Sálvio de Figueiredo, a Terceira Turma do Superior Tribunal de Justiça decidiu: "*Denunciação da Lide. Introdução de fundamento jurídico novo. Necessidade de complexa dilação probatória para a demonstração de culpa. CPC [1973], art. 70, III. Em relação à exegese do art. 70, III, do CPC [1973], melhor se recomenda a corrente que não permite a denunciação nos simples casos de alegado direito de regresso cujo reconhecimento **requeira análise de fundamento novo não constante da lide originária**. A denunciação da lide, como modalidade de intervenção de terceiros, busca atender os princípios da economia e da presteza jurisdicional, **não devendo ser prestigiada quando susceptível de pôr em risco tais princípios**".[11]

Nas relações de consumo, a denunciação, além de retardar o andamento do processo do consumidor, aumenta a complexidade probatória com a introdução de novo fundamento na lide (a ação indenizatória do consumidor contra o fornecedor é sempre fundada na responsabilidade objetiva e a do fornecedor contra o denunciante tem por fundamento a culpa).

O art. 280 do CPC de 1973 vedava expressamente a denunciação da lide no procedimento sumário, o mesmo ocorrendo nos procedimentos dos Juizados Especiais Cíveis. Por sua vez, o Código do Consumidor veda a denunciação da lide no seu art. 88, *in fine*: "*Na hipótese do art. 13, parágrafo único, deste Código, a ação de regresso poderá ser ajuizada em processo autônomo, facultada a possibilidade de prosseguir-se nos mesmos autos, **vedada a denunciação da lide**".*

Em nosso entender, a vedação é expressa e abrangente de qualquer caso de ação indenizatória movida pelo consumidor contra o fornecedor, quer pelo fato do

---

[11] REsp nº 28.937/SP.

produto ou do serviço, quer pelo vício do produto ou do serviço. E as razões são aquelas mesmas já apresentadas. A jurisprudência do Superior Tribunal de Justiça inicialmente inclinou-se no sentido de não admitir a denunciação da lide amplamente, como se vê no precedente que segue: *"Denunciação da lide. Descabimento. Denunciação da lide rejeitada, seja por se cuidar de demanda provida com base no Código de Defesa do Consumidor, cujo art. 88 veda tal instituto, seja por pretender a ré inserir discussão jurídica alheia ao direito do autor, cuja relação contratual é direta e exclusiva com a operadora de pacote turístico em cujo transcurso deu-se o sinistro com ônibus de transportadora terceirizada".*[12]

Posteriormente, entretanto, o STJ passou a fazer uma interpretação literal do art. 88 do CDC, e, em consequência, a não admitir a denunciação somente nas hipóteses de fato do produto,[13] admitindo-a nos casos de fato do serviço.[14] Confira-se:

> "Processo Civil. Denunciação da lide. Ação em que se discute defeito na prestação de serviços a consumidor. Possibilidade de litisdenunciação.
>
> A restrição à denunciação da lide imposta pelo art. 88 do CDC, refere-se apenas às hipóteses de defeitos em produtos comercializados com consumidores, de que trata o art. 13 do CDC. Na hipótese de defeito na prestação de serviços (art. 14 do CDC), tal restrição não se aplica. Precedente".[15]

O principal fundamento do entendimento firmado pelo STJ é que o art. 88 do CDC, que veda a denunciação da lide, refere-se de maneira expressa às hipóteses do art. 13 do CDC, não fazendo qualquer menção às hipóteses do art. 14. Assim, não havendo disposição equivalente para o art. 14 do CDC, às ações propostas com fundamento nessa norma não há restrição à litisdenunciação.

Com a máxima vênia, outra nos parece é a razão de não haver para o art. 14 do CDC disposição equivalente ao art. 13. No caso de fato do produto (art. 12 do CDC), não **há solidariedade** entre o comerciante e o fabricante, o produtor, o construtor etc., hipótese em que é cabível a ação regressiva. Já no caso de fato do serviço (art. 14 do CDC), pode haver **solidariedade** entre os fornecedores da cadeia de consumo, hipótese em que não cabe a denunciação da lide, mas sim o chamamento ao processo. Basta conferir as hipóteses de chamamento ao processo previstas no art. 130 do Código de Processo Civil de 2015. Nesse sentido a lição de Ernane Fidelis dos Santos: *"Existe ponto comum entre a previsão do art. 70, III [CPC de 1973], e os casos de chamamento ao processo. Em ambos, há a tônica do direito de regresso, exercido por aquele que pagou contra o devedor principal ou corresponsável. Mas,* **na denunciação da lide, não há**

---

[12] REsp nº 605.120/SP, Rel. Min. Aldir Passarinho Junior.
[13] Art. 12 do CDC.
[14] Art. 14 do CDC.
[15] REsp nº 741.898/RJ, 3ª Turma, Rel. Min. Nancy Andrighi. No mesmo sentido REsp nº 1.123.195, nº 1.024.791, e nº 741.898.

previsão de solidariedade passiva, enquanto, no chamamento ao processo, todas as hipóteses são formas de solidariedade".[16]

Portanto, tratando-se de obrigação solidária, nascida de um mesmo acidente de consumo, qualquer um dos responsáveis pode ser demandado isoladamente pela totalidade dos prejuízos ensejados pelo fato, ainda que a sua participação na causação do resultado não tenha sido a mais expressiva. Entretanto, esse fornecedor que foi responsabilizado isoladamente na ação indenizatória pelos danos sofridos pelo consumidor, poderá exercer o seu direito de regresso contra os demais responsáveis solidários.

Em boa hora, a orientação dominante no STJ foi revista a partir do REsp nº 1.165.279, da relatoria do Ministro Paulo de Tarso Sanseverino, como segue:

"Recurso especial. Responsabilidade civil. Indenização por danos morais. Defeito na prestação do serviço a consumidor. **Denunciação da lide. Interpretação do art. 88 do CDC. Impossibilidade.**

1. A vedação à denunciação da lide prevista no art. 88 do CDC não se restringe à responsabilidade de comerciante por fato do produto (art. 13 do CDC), sendo aplicável também nas demais hipóteses de responsabilidade civil por acidentes de consumo (arts. 12 e 14 do CDC).

2. Revisão da jurisprudência desta Corte".

Embora não admita a denunciação da lide, tratando-se de seguro o Código do Consumidor permite que o segurador seja *chamado ao processo*. "*Na ação de responsabilidade civil do fornecedor de produtos e serviços* – diz o art. 101, II – *o réu que houver contratado seguro de responsabilidade poderá chamar ao processo o segurador* [...]".* Assim fazendo, o Código do Consumidor inovou propositadamente na matéria, criando entre segurado e segurador uma solidariedade legal em favor do consumidor. A inovação tem por consequência processual, conforme previsto no mesmo dispositivo, que a sentença, ao julgar procedente o pedido, condene a ambos nos termos do art. 132 do Código de Processo Civil de 2015, vale dizer, o *decisum* constituirá título executivo em favor do consumidor tanto contra o segurado como contra o segurador.

Na denunciação da lide, como vimos, por se tratar de ação do réu denunciante contra o denunciado, não pode o autor executar diretamente o denunciado, ainda que a sentença tenha acolhido a pretensão deduzida na denunciação. Não há relação jurídica entre o autor e o denunciado.

Na sistemática do Código de Defesa do Consumidor, entretanto, o consumidor que venceu a demanda pode executar a sentença diretamente contra o segurador se este tiver sido chamado ao processo, até o limite do contrato, pois o objetivo do legislador foi criar uma hipótese de solidariedade legal entre o segurado e o segurador, a fim de garantir a reparação do dano causado ao consumidor.

---

[16] *Manual de direito processual*, 3. ed., Saraiva, v. I, p. 90.

Em seu excelente *Código do Consumidor comentado*, o insigne Arruda Alvim faz as seguintes colocações:

> "O art. 101, inciso II, dispõe, na hipótese de sua primeira parte, que o réu será condenado, nos termos do art. 80 do Código de Processo Civil [art. 132 do CPC/2015], o que quer significar, na verdade, que tanto o fornecedor quanto o segurador poderão vir a ser condenados, pois que, ademais, o art. 78 do Código de Processo Civil dispõe que o juiz declarará as responsabilidades dos obrigados, que são, justamente, o fornecedor e o segurador (este, porém, nos exatos termos do contrato de seguro de responsabilidade), ambos obrigados em face do consumidor [...]. Com isto, evidencia-se que, conquanto servindo-se o legislador do **chamamento ao processo**, em verdade, por ato do réu (fornecedor), logra colocar, perante o consumidor, mais um responsável à disposição deste último, o que, sob este ângulo, condiz com os propósitos do Código. Na realidade, o sistema adotado pelo Código de Proteção e Defesa do Consumidor, no particular, implica **colocar o segurador como devedor solidário**, em relação ao consumidor. É certo, todavia, que a extensão do possível benefício econômico, decorrente do chamamento do segurador, fica limitada pelo valor do seguro.
>
> [...]
>
> Fosse a matéria regulada pelo processo civil, essa seria hipótese de denunciação da lide, não de chamamento ao processo. Entretanto, na denunciação nunca o denunciado pelo réu poderia ficar diretamente responsável perante o autor. Assim, o instituto do **chamamento ao processo** foi usado pelo Código de Proteção e Defesa do Consumidor, mas com contornos diversos dos traçados pelo Código de Processo Civil, para maior garantia do consumidor, vítimas ou sucessores".[17]

A jurisprudência do STJ vem prestigiando esse entendimento, embora ainda falando em denunciação da lide, como se vê de procedente que segue:

> "Civil e processual civil. Denunciação da lide. Condenação solidária do réu e do denunciado. Aceitação da denunciação e contestação do mérito. Litisconsortes passivos. Possibilidade.
>
> 1. A jurisprudência dessa Corte preconiza que, uma vez aceita a denunciação da lide e apresentada contestação quanto ao mérito da causa principal, como no caso dos autos, o denunciado integra o polo passivo na qualidade de litisconsorte do réu, podendo, até mesmo, ser condenado direta e solidariamente. Precedentes.

---

[17] Ob. cit., 2. ed., Revista dos Tribunais, p. 455-456.

2. Se o denunciado poderia ser demandado diretamente pelo autor, não resta dúvida de que, ao ingressar no feito por denunciação e contestar o pedido inicial ao lado do réu, assume a condição de litisconsorte".[18]

A questão da **condenação direta da seguradora uma vez denunciada à lide pelo segurado** (na realidade chamamento ao processo) na ação indenizatória que lhe move a vítima, restou pacificada no REsp nº 925.130 a nível de recurso repetitivo: *"Processual civil. Recurso especial representativo de controvérsia. Art. 543-C do CPC. Seguradora litisdenunciada em ação de reparação de danos movida em face do segurado. Condenação direta e solidária. Possibilidade. Para fins do art. 543-C do CPC: Em ação de reparação de danos movida em face do segurado, a Seguradora denunciada pode ser condenada direta e solidariamente junto com este a pagar a indenização devida à vítima, nos limites contratados na apólice".*

Outras regras, situadas fora do Título da Defesa do Consumidor em Juízo, complementam esse esforço de tutela do CDC, como ocorre, por exemplo, com a inversão do ônus da prova em favor do consumidor (art. 6º, VIII) e com a desconsideração da pessoa jurídica (art. 28), que examinaremos a seguir.

177 INVERSÃO DO ÔNUS DA PROVA

É no campo da prova que o consumidor encontra as maiores dificuldades para fazer valer os seus direitos em juízo. A inversão do ônus da prova em favor do consumidor, expressamente prevista no art. 6º, VIII, do CDC – *"a facilitação da defesa de seus direitos, inclusive com a **inversão do ônus da prova**, a seu favor, no processo civil, quando, a critério do juiz, for verossímil a alegação ou quando for ele hipossuficiente, segundo as regras ordinárias de experiência"* –, é a mais importante técnica que possibilita vencer essas dificuldades no caso concreto, de modo a permitir a igualdade substancial também no plano processual.

Vejamos como isso ocorre.

177.1 Ônus e obrigação – distinção

Comecemos por relembrar a distinção entre ônus e obrigação.

Ônus é uma conduta prevista pela norma no interesse do próprio onerado, que tem a faculdade de adotá-la. O não exercício de um ônus não configura ato ilícito, podendo apenas prejudicar o próprio sujeito onerado.

Obrigação é um dever jurídico prescrito pela norma em favor de outrem, cujo descumprimento configura ato ilícito. A principal diferença entre *ônus* e *obrigação*, portanto, consiste na existência de sanção para o caso de descumprimento da obrigação,

---

[18] REsp nº 704.983/PR, Rel. Min. Luis Felipe Salomão.

o que não ocorre com o ônus, cujo descumprimento acarreta apenas eventual prejuízo da parte titular de um interesse.

Ônus da prova ou *onus probandi* não foge dessa ideia. A parte que deduz uma pretensão em juízo tem o ônus da prova, não a obrigação. Vale dizer, não há nenhuma sanção para a parte que permanecer inerte com relação à prova dos fatos que servem de suporte para a sua pretensão. Apenas poderá sofrer consequências desfavoráveis ao seu interesse caso o juiz não encontre nos autos elementos suficientes para formar a sua convicção.

A lição de Cândido Dinamarco nesse ponto é precisa: "*ônus da prova é o encargo atribuído pela lei a cada uma das partes, de demonstrar a ocorrência dos fatos de seu próprio interesse para as decisões a serem proferidas no processo*".[19]

178 REPARTIÇÃO DO ÔNUS DA PROVA

O Código de Processo Civil enuncia a regra geral de repartição do ônus da prova no seu art. 373:

"*O ônus da prova incumbe:*

I. *ao autor, quanto ao fato constitutivo do seu direito;*

II. *ao réu, quanto à existência de fato impeditivo, modificativo ou extintivo do direito do autor*".

A fórmula consagrada nesse dispositivo tem por pressuposto a **igualdade** das partes no interesse que cada uma tem na formação do convencimento do juiz.

A síntese das disposições contidas no art. 373 do CPC/2015 consiste "*na regra de que ônus da prova incumbe à parte que tiver interesse no reconhecimento do fato a ser provado [...] A alegação do fato deve ser provado pela parte a quem interessa, sob pena deste ser considerado inexistente*" (Dinamarco, ob. cit., p. 72 e 248).

No mesmo sentido, Ovídio Baptista da Silva: "*Pode-se, portanto, estabelecer como regra geral dominante de nosso sistema probatório o princípio segundo o qual à parte que alega a existência de algum direito incumbe o ônus de provar a sua existência*".[20] Em conclusão, o ônus da prova incumbe a quem alega.

179 ÔNUS DA PROVA NO CDC

A regra geral de repartição do ônus da prova, tal como estabelecida no art. 373 do CPC/2015, se bem funciona entre partes iguais, deixa muito a desejar no caso de partes desiguais. Daí a disposição do art. 6º, VIII, do CDC, que flexibiliza as regras sobre distribuição do ônus da prova nas lides de consumo em face da vulnerabilidade do consumidor.

---

[19] *Instituições de direito processual civil*, Malheiros, 2001, v. III, p. 71.
[20] *Curso de processo civil*, 6. ed., Revista dos Tribunais, v. I, p. 342.

A vulnerabilidade é de fato a principal justificativa para a inversão do ônus da prova em favor do consumidor em face das suas naturais dificuldades em produzi-la. Como produzir provas sobre fatos técnicos (defeito do produto ou do serviço) que lhe são absolutamente desconhecidos? Quem tem o domínio do processo produtivo (fórmulas, cálculos, projetos etc.) é que pode produzi-las. Como impor ao consumidor os pesados custos dessa prova? Como se vê, a situação de desigualdade fática, econômica e jurídica entre consumidores e fornecedores projeta-se também no plano processual, exigindo mecanismos processuais para corrigir esse desequilíbrio entre as partes em litígio.

A inversão do ônus da prova consiste, em última instância, em retirar dos ombros do consumidor a carga da prova referente aos fatos do seu interesse. Presumem-se verdadeiros os fatos por ele alegados, cabendo ao fornecedor a prova em sentido contrário. Nesse sentido a jurisprudência:

> "Prova. Inversão do Ônus. Efeitos. A inversão do *onus probandi*, a critério do juiz, é princípio do Código do Consumidor que tem por finalidade equilibrar a posição das partes no processo, atendendo aos critérios da verossimilhança, ou da hipossuficiência. *Estabelecida a inversão pelo juiz, a prova a ser produzida passa a ser do interesse do fornecedor sob pena de não elidir a presunção que milita em favor do consumidor em face da plausibilidade de sua alegação*".[21]

180 INVERSÃO *OPE JUDICIS*. PRESSUPOSTOS

O Código do Consumidor prevê duas espécies de inversão do ônus da prova: *ope judicis* e *ope legis*. A primeira tem lugar quando a inversão decorre de ato do juiz por estarem presentes os requisitos previstos no inciso VIII do art. 6º do CDC. Reza o dispositivo que a inversão poderá ser feita quando, a critério do juiz, for **verossímil** a alegação do consumidor ou quando for ele **hipossuficiente**, segundo as regras ordinárias de experiência.

Assim, a verossimilhança das alegações e a hipossuficiência do consumidor são os pressupostos para a inversão do ônus da prova *ope judicis*.

> "Inversão do ônus da Prova. Cartão de Crédito. A inversão do ônus da prova, como já decidiu a Terceira Turma, está no contexto da facilitação da defesa dos direitos do consumidor, ficando subordinada ao 'critério do juiz, quando for verossímil a alegação, ou quando for ele hipossuficiente, segundo as regras ordinárias de experiência' (art. 6º, VIII). *Isso quer dizer que não é automática a inversão do ônus da prova*. Ela depende de circunstâncias

---

[21] TJRJ, Ag. Inst. nº 9.403/2001, 2ª Câmara Cível, Rel. Des. Sergio Cavalieri Filho.

concretas que serão apuradas pelo juiz no contexto da 'facilitação da defesa' dos direitos do consumidor".[22]

Muito já se discutiu se esses pressupostos são cumulativos ou alternativos, mas hoje a questão está pacificada no sentido da alternatividade. A própria conjunção alternativa **ou** empregada pelo legislador no texto está a apontar nesse sentido. Nelson Nery Junior, com a sua indiscutível autoridade, assevera que *"não há necessidade de ambas as circunstâncias estarem presentes para que o Juiz possa assim fazer: basta que uma delas exista"*.[23]

No caso de **verossimilhança**, não há dúvida quanto à dispensabilidade de qualquer outro requisito. O mesmo já não ocorre, entretanto, com a **hipossuficiência.** Em nosso entender, não bastará que alguém alegue a ocorrência de um fato inverossímil, sem nenhuma probabilidade de ser verdadeiro, e mesmo assim tenha o ônus da prova invertido em seu favor por ser hipossuficiente.

Caberá ao juiz avaliar a situação concreta antes de deferir a inversão, tendo em vista que o CDC não dispensa o consumidor de produzir provas em juízo. Será sempre recomendável adotar-se um juízo de verossimilhança em relação aos fatos afirmados pelo consumidor nos casos de hipossuficiência, mesmo porque não cabe ao fornecedor fazer prova de fato negativo.

Verossimilhança é a aparência de veracidade que resulta de uma situação fática com base naquilo que normalmente acontece, ou, ainda, porque um fato é ordinariamente a consequência de outro, de sorte que, existente este, admite-se a existência daquele, a menos que a outra parte demonstre o contrário.

Trata-se, como se vê, de conceito jurídico indeterminado, cujo conteúdo há de ser fixado pelo juiz, segundo as regras ordinárias de experiência, em face do caso concreto. No entender dos autores, *verossímil é fato provavelmente verdadeiro, que tem probabilidade de ser verdadeiro*, que parece *verdadeiro*. Em suma, verossímil é aquilo que é crível ou aceitável em face de uma realidade fática. Não se trata de prova robusta ou definitiva, mas da chamada *prova de primeira aparência*, prova de verossimilhança, decorrente das regras da experiência comum, que permite um juízo de probabilidade.

Para Kazuo Watanabe não há verdadeira inversão do ônus da prova no caso de verossimilhança:

> "O que ocorre é que o magistrado, com a ajuda das máximas de experiência e das regras de vida, considera produzida a prova que incumbe a uma das partes. Examinando as condições de fato com base em máximas de experiência, o magistrado parte de um curso normal dos acontecimentos, e, porque o fato é ordinariamente a consequência ou o pressuposto de um outro fato, em caso de

---

[22] STJ, REsp n° 332869/RJ, 3ª Turma, Rel. Min. Carlos Alberto Menezes Direito.
[23] *Princípios do processo civil na Constituição Federal*, 5. ed., Revista dos Tribunais, 1999, p. 56.

existência deste admite também aquele como existente, a menos que a outra parte demonstre o contrário. Assim, não se trata de uma autêntica hipótese de inversão do ônus da prova".[24]

Hipossuficiência é também um conceito jurídico indeterminado cujo conteúdo há de ser fixado pelo juiz em face do caso concreto. Não se confunde com **vulnerabilidade**, embora integre suas características. Todo consumidor é vulnerável, mas nem todo consumidor será hipossuficiente.

O Código utilizou aqui o conceito de hipossuficiência em seu sentido mais amplo para indicar qualquer situação de superioridade do fornecedor que reduz a capacidade do consumidor – de informação, de educação, de participação, de conhecimentos técnicos e de recursos econômicos.

Convém enfatizar o que anteriormente já foi afirmado. Nas relações de consumo, a situação do fornecedor é evidentemente de vantagem, pois somente ele detém o pleno conhecimento do projeto, da técnica e do processo de fabricação, enfim, o domínio do conhecimento técnico especializado. A prova, não raro, além de onerosa, é extremamente difícil, encontrando-se em poder do fornecedor os documentos técnicos, científicos ou contábeis – registros, documentos, contratos, extratos bancários, bancos de dados etc. Como poderia o consumidor provar o defeito de um determinado produto – *v.g.*, que um medicamento lhe causou um mal – se não tem o menor conhecimento técnico ou científico para isso? Se para o consumidor essa prova é impossível, para o fornecedor do medicamento ela é perfeitamente possível ou, pelo menos, muito mais fácil. Quem fabricou o produto tem o completo domínio do processo produtivo, pelo que tem também condições de provar que o seu produto não tem defeito. O que não se pode é transferir esse ônus para o consumidor.

A expressão legal *a critério do juiz* não significa arbítrio, nem discricionariedade do magistrado. **Critério** é aquilo que serve de base para uma tomada de posição ou apreciação. No caso, será o critério a ser utilizado pelo juiz na constatação da verossimilhança das alegações ou da hipossuficiência do consumidor. Vale dizer, é o juiz que, de forma prudente e fundamentada, deve vislumbrar no caso concreto a hipótese da redistribuição da carga probatória.

Nesse sentido a melhor doutrina e a mais atual jurisprudência:

> "A inversão do ônus da prova regida pelo art. 6º, VIII, do CDC, está ancorada na assimetria técnica e informacional existente entre as partes em litígio. Ou seja, somente pelo fato de ser o consumidor vulnerável, constituindo tal circunstância um obstáculo à comprovação dos fatos por ele narrados, e que a parte contrária possui informação e os meios técnicos aptos à produção da prova, é que se excepciona a distribuição ordinária do ônus.

---

[24] *Código Brasileiro de Defesa do Consumidor comentado pelos autores do anteprojeto*, 8. ed., Forense Universitária, p. 793-794.

Com efeito, ainda que se trate de relação regida pelo Código de Defesa do Consumidor, não se concebe inverter-se o ônus da prova para, retirando tal incumbência de quem poderia fazê-lo mais facilmente, atribuí-la a quem, por impossibilidade lógica e natural, não o conseguiria. Assim, diante da não comprovação da ingestão dos aludidos placebos pela autora – quando lhe era, em tese, possível provar –, bem como levando em conta a inviabilidade de a ré produzir prova impossível, a celeuma deve se resolver com a improcedência do pedido".[25]

181 MOMENTO DA INVERSÃO

Ainda há alguma controvérsia quanto ao momento em que deve se dar a inversão do ônus da prova. Alguns entendem que deve ser por ocasião do despacho liminar de conteúdo positivo; outros, na fase do saneamento do processo; outros, ainda, na sentença. As duas primeiras posições homenageiam o princípio do contraditório e da ampla defesa afirmando que, se for invertido o ônus da prova, terá que ser assegurada ao fornecedor a oportunidade de desincumbir-se do novo encargo, sob pena de violação do art. 5º, LV, da Constituição Federal.

Não nos parece o melhor posicionamento pelas seguintes razões: 1. por ocasião do despacho liminar de conteúdo positivo, ainda não se definiram os pontos controvertidos sobre os quais se desenvolverá a instrução probatória; 2. em muitos procedimentos (juizados especiais e rito sumário), não há a fase de saneamento do processo; 3. a inversão do ônus da prova não atribui ao fornecedor um novo *onus probandi*, como já assinalado. O ônus da prova que recai sobre o fornecedor sempre foi do seu conhecimento e versará sobre fatos constitutivos do seu direito quando autor, ou, quando réu, sobre fatos impeditivos, modificativos ou extintivos do direito do consumidor. "*O fornecedor tem conhecimento de que, em se tratando de lides de consumo, a norma do art. 6º, inciso VIII, do CDC, autoriza o juiz a presumir como provadas as alegações do consumidor. Assim, deve o fornecedor, para não ser surpreendido na sentença, envidar todos os esforços para a produção da prova das alegações sobre os fatos do seu interesse ou a demonstração da efetiva impossibilidade de sua produção, sob pena de sucumbir na demanda com o consumidor*".[26]

Prossegue o citado autor: "*Não é crível que o fornecedor, litigante habitual, desconheça as regras de distribuição do ônus da prova estabelecida pelo legislador processual e que o alerta a ser dado pelo juiz seja condição para o efetivo exercício da garantia da ampla defesa e do contraditório*".[27]

Temos assim como correta a posição daqueles que entendem ser o **momento da sentença** o mais adequado à inversão do ônus da prova. Tal critério, além de aplicável em qualquer tipo de procedimento – ordinário, especial, sumário e juizados especiais –,

---

[25] REsp nº 720.930/RS, Rel. Min. Luis Felipe Salomão.
[26] Fábio Costa Soares, *Acesso do consumidor à justiça*, Lumen Juris, 2006, p. 273-274.
[27] Ob. cit., p. 230.

coloca em destaque a verdadeira natureza das regras de distribuição do ônus da prova – **são regras de julgamento e não de procedimento**.

Nesse sentido a autorizada lição de Kazuo Watanabe:

> "Quanto ao momento da aplicação da regra de inversão do ônus da prova, mantemos o mesmo entendimento sustentado nas edições anteriores: é o do julgamento da causa. É que as regras de distribuição do ônus da prova são regras de juízo, e orientam o juiz, quando há um non liquet em matéria de fato, a respeito da solução a ser dada à causa. Constituem, por igual, uma indicação às partes quanto à sua atividade probatória. Com o juízo de verossimilhança, decorrente da aplicação das regras de experiência, deixa de existir o non liquet (considera-se demonstrado o fato afirmado pelo consumidor) e, consequentemente, motivo algum há para aplicação de qualquer regra de distribuição do ônus da prova. Por isso mesmo, como ficou anotado, não se tem verdadeiramente uma inversão do ônus da prova em semelhante hipótese".[28]

No Superior Tribunal de Justiça ainda há divergência sobre o tema. No já citado REsp nº 720.930/RS[29] prevaleceu o entendimento no sentido de ser inadmissível a inversão do ônus da prova em sede de apelação, como segue: *"De outra sorte, é de se ressaltar que a distribuição do ônus da prova, em realidade, determina o agir processual de cada parte, de sorte que nenhuma delas pode ser surpreendida com a inovação de um ônus que, antes de uma decisão judicial fundamentada, não lhe era imputado. Por isso que não poderia o Tribunal a quo inverter o ônus da prova, com surpresa para as partes, quando do julgamento da apelação".*

Há, todavia, vários precedentes no sentido de ser a inversão do ônus da prova **regra de julgamento**: *"A inversão do ônus da prova prevista no inciso VIII do artigo 6º da Lei nº 8.078/90 não é obrigatória, **mas regra de julgamento**"*;[30] *"Conforme posicionamento dominante da doutrina e da jurisprudência, a inversão do ônus da prova, prevista no inc. VIII, do art. 6º do CDC é **regra de julgamento**".*[31] Em seu voto, a douta Ministra enfrenta a questão da prova dos fatos negativos, demonstrando ser ela possível em certas hipóteses (quando uma alegação negativa traz, inerente, uma afirmativa que pode ser provada), trazendo à colação preciosas lições de Nelson Nery Jr., Cecília Matos, João Batista Lopes e Luiz Eduardo Boaventura Pacífico.

Por último, o tema foi pacificado no âmbito da Segunda Seção do Superior Tribunal de Justiça que, no julgamento dos REsps nº 802.832/MG e nº 422.778 consolidou o entendimento de que a inversão do ônus da prova de que trata o art. 6º, VIII, do CDC **é regra de instrução**, devendo a decisão judicial que a determinar ser proferida

---

[28] Ob. cit., p. 796.
[29] Rel. Min. Luis Felipe Salomão.
[30] REsp nº 241.831/RJ, 3ª Turma, Rel. Min. Castro Filho.
[31] REsp nº 422.778/SP, 3ª Turma, Rel. para Acórdão Min. Nancy Andrighi.

"*preferencialmente na fase de saneamento do processo ou, pelo menos, assegurando-se à parte a quem não incumbia inicialmente o encargo, a reabertura de oportunidade*". E assim deve ser porque na hipótese de inversão por obra do juiz (*ope iudicis*), existe a necessidade de uma decisão judicial, pelo que não pode o juiz utilizar a regra de distribuição do ônus da prova como regra de julgamento. As partes não podem ser surpreendidas por uma decisão do juiz ao final da lide.

Nas hipóteses de inversão legal (*ope legis*), entretanto, é absolutamente impertinente a indagação acerca do momento que a inversão do ônus da prova deve ser feita, uma vez que a inversão já foi feita pela própria lei, e, consequentemente, as partes, antes mesmo da formação da relação processual, já devem conhecer o ônus probatório que lhes foi atribuído por lei.

Mas nada impede – pelo contrário, é recomendável – que o juiz no despacho saneador, na fase instrutória da causa, ou em qualquer outro momento que se tornar possível, inverta o ônus da prova ou advirta às partes que isso poderá ser feito no momento do julgamento final da causa, com o que afastará qualquer alegação de cerceamento de defesa.

182 EFEITOS DA INVERSÃO

Conforme destacado anteriormente, o juiz não cria novo encargo probatório para o fornecedor ao inverter o ônus da prova. Constatada a verossimilhança das alegações do consumidor ou a sua hipossuficiência, apenas admite como verdadeiros os fatos por ele alegados e o libera da produção da prova sobre os fatos constitutivos do seu direito, sem que sobre ele recaia a consequência da inexistência dos fatos alegados. A partir daí cabe ao fornecedor provar os fatos impeditivos, modificativos ou extintivos do direito do consumidor.

Não se trata, portanto, de transferir para o fornecedor o encargo de provar a veracidade das alegações do consumidor – o que importaria em obrigá-lo a produzir prova contra si mesmo –, mas de ter o fornecedor que provar a ocorrência de fatos impeditivos, modificativos ou extintivos do direito do consumidor.

Em suma, admitidos como verdadeiros os fatos alegados pelo consumidor – presunção juris tantum –, cabe ao fornecedor desfazer essa presunção mediante prova da ocorrência de fatos impeditivos, modificativos ou extintivos daqueles que foram alegados pelo consumidor. Esse tem sido o entendimento do Tribunal de Justiça do Rio de Janeiro desde os idos de 2001. Confira-se:

> "Prova. Inversão do Ônus. Efeitos. Estabelecida a inversão do ônus da prova pelo juiz, passa a ser do interesse do fornecedor a produção da prova sob pena de não elidir a presunção que milita em favor do consumidor. Caso entenda o juiz necessária a prova técnica, caberá a sua produção àquele que passou a ter o ônus de produzi-la. Recurso provido".[32]

---

[32] Ags. de Inst. n° 3.094/2001, n° 9.403/2001, e n° 5.098/2003, 2ª Câmara Cível, Rel. Des. Sergio Cavalieri Filho.

183 CUSTEIO DE PRODUÇÃO DA PROVA

A questão do custeio da produção da prova, mormente a pericial quando necessária, ainda hoje é controvertida. Entre os autores, Kazuo Watanabe entendeu que a inversão, na hipótese de hipossuficiência do consumidor, importará também em transferir para o fornecedor as despesas com as provas. *"Sendo o consumidor, em tais situações, economicamente hipossuficiente, será ele dispensado dos gastos com as provas. O mais que o magistrado poderá fazer, tal seja o custo da prova a ser colhida, por exemplo, uma perícia especializada e sua impossibilidade prática de realização gratuita, é determinar que o fornecedor suporte as despesas com a prova. O texto legal em análise permite semelhante interpretação, que conduzirá a uma solução menos rigorosa que a de inversão do ônus da prova".*[33] Esse entendimento foi inicialmente esposado pelo Superior Tribunal de Justiça, conforme se depreende dos seguintes julgados:

> "Inversão do ônus da Prova. Cartão de Crédito. A inversão do ônus da prova em ação revisional ajuizada contra administradora de cartão de crédito autoriza o juiz a determinar à ré a antecipação dos honorários do perito, em perícia requerida pelo autor. Recurso conhecido e provido".[34]

> "Código de Defesa do Consumidor. Leasing. Inversão do ônus da prova. Perícia. Antecipação de despesas. Aplica-se o CDC às operações de leasing. A inversão do ônus da prova significa também transferir ao réu o ônus de antecipar as despesas de perícia tida por imprescindível ao julgamento da causa. Recurso não conhecido".[35]

Quando assim não se entender a inversão do ônus da prova em favor do consumidor, poderá se tornar uma falsa promessa do legislador, e o princípio estabelecido no art. 6º, VIII, do CDC resultará frustrado, posto que, na maioria dos casos, o consumidor é hipossuficiente econômico, sem recursos para produzir a prova técnica.

Posteriormente, entretanto, a jurisprudência se firmou no sentido de que a *inversão do ônus da prova não se confunde com o custeio da produção da prova*. O I Encontro de Desembargadores do Tribunal de Justiça do Estado do Rio de Janeiro assentou que *"constitui direito básico do consumidor a inversão do ônus da prova, respeitados os pressupostos previstos no art. 6º, inciso VIII, do CDC, sem implicar a reversão do custeio, em especial quanto aos honorários do perito".*

---

[33] Kazuo Watanabe, ob. cit., p. 795-796.
[34] REsp nº 436731/RJ, 4ª Turma, Rel. Min. Ruy Rosado de Aguiar.
[35] REsp nº 383276/RJ, 4ª Turma, Rel. Min. Ruy Rosado de Aguiar.

O Superior Tribunal de Justiça, por sua Terceira Turma, vem decidindo no sentido de que a inversão do ônus da prova não tem o efeito de obrigar a parte contrária a arcar com as custas da prova requerida pelo consumidor, conforme segue:

> "Processo Civil. Relação de Consumo. Inversão do Ônus da Prova. A regra probatória, quando a demanda versa sobre relação de consumo, é a da inversão do respectivo ônus. Daí não se segue que o réu esteja obrigado a antecipar os honorários do perito; efetivamente não está, mas, se não o fizer, presumir-se-ão verdadeiros os fatos afirmados pelo autor. Recurso especial conhecido e parcialmente provido".[36]

> "A inversão do ônus da prova não tem o efeito de obrigar a parte contrária a arcar com as custas da prova requerida pelo consumidor. No entanto, o fornecedor sofre as consequências processuais advindas de sua não produção. Precedentes. Recurso não provido".[37]

Como conciliar a inversão do ônus da prova em favor do consumidor com o custeio da prova nos casos em que esta se faz necessária? Essa é a questão nodal. A toda evidência, ordenar a inversão do ônus de provar, sem se impor qualquer ônus processual à parte economicamente mais forte quanto à produção da prova, tornaria inócua a garantia da defesa do consumidor em juízo, instituída pelo CDC em cumprimento à Constituição. E mais, se a defesa do consumidor hipossuficiente depender da produção de prova técnica, que requereu, e a parte mais forte da relação de consumo se recusa a custear-lhe a produção, sem qualquer consequência processual, estar-se-ia a acentuar, e não a remover a desigualdade que as distancia, em prejuízo do consumidor, que permaneceria, então, indefeso diante do polo passivo da relação.

É possível e devida a conciliação entre a inversão do ônus de provar e o direito da parte, que não requereu a prova, de não ser compelida ao pagamento das despesas da respectiva produção. Tal conciliação é o ônus processual que deve acompanhar a inversão.

Se, decidida a inversão, a parte adversa não se dispuser a custear a produção da prova, sofrerá as consequências processuais de sua cômoda resistência, quanto ao peso que se atribuirá aos fatos verossímeis afirmados pelo consumidor, ainda que carentes de comprovação pelos meios de prova cujo manejo a recusa do produtor ou fornecedor inviabilizou.

Bem examinados, essa é a essência dos precedentes da Terceira Turma do STJ transcritos anteriormente, uma vez que falam: "**No entanto, o fornecedor sofre as consequências processuais advindas de sua não produção**".

---

[36] REsp nº 466604/RJ, 3ª Turma, Rel. Min. Ari Pargendler.
[37] AGREsp nº 542281/RJ, 3ª Turma, Rel. Min. Nancy Andrighi.

Em termos práticos: a partir do momento em que se der a inversão do ônus da prova, caberá à outra parte (o fornecedor) produzir prova capaz de elidir a presunção de veracidade que milita em favor do consumidor em face da plausibilidade da sua pretensão. Não se trata de impor ao fornecedor o custeio da prova (honorários periciais), mas de transferir-lhe o *onus probandi* em sentido contrário. Se não quiser arcar com esse ônus, bastará deixar de realizar a prova. Nesse caso, entretanto, terá contra si a presunção de veracidade que milita em favor do consumidor. A prova passou a ser do interesse do fornecedor, pois é a oportunidade que tem de provar que os fatos alegados pelo consumidor não são verdadeiros. A questão pertinente à despesa processual é meramente acessória, seguindo a regra de que deve ser custeada pela parte a quem aproveitará. Assim, se o fornecedor não arcar com os custos da produção de tais provas, não afastará a presunção relativa que milita em favor do consumidor.

184 INVERSÃO *OPE LEGIS*

Esta inversão tem lugar, como o nome já o diz, nos casos em que a própria lei altera as regras do ônus da prova, independentemente de qualquer decisão do juiz ou ato das partes. Trata-se, portanto, de inversão obrigatória, por força de lei, que não está na esfera da discricionariedade do juiz.

O Código do Consumidor prevê duas hipóteses de inversão *ope legis*: na responsabilidade civil do fornecedor pelo fato do produto e do serviço[38] e na informação ou comunicação publicitária.[39]

No caso de responsabilidade civil por acidente de consumo, o CDC atribui expressamente ao fornecedor o ônus da prova quanto às causas de exclusão de responsabilidade elencadas no § 3º dos arts. 12 e 14. "*O fabricante, o construtor, o produtor ou importador só não será responsabilizado quando provar [...] que, embora haja colocado o produto no mercado, o defeito inexiste*".[40] "*O fornecedor de serviços só não será responsabilizado quando provar [...] que, tendo prestado o serviço, o defeito inexiste*".[41]

Temos aí, induvidosamente, uma inversão do ônus da prova *ope legis*, isto é, por força da lei, que não se confunde com aquela prevista no art. 6º, VIII (*ope judicis*), que já foi objeto do nosso exame.

Mas, em qualquer de suas modalidades, a inversão do ônus da prova não importa dizer que o consumidor fica dispensado de produzir provas em juízo. Mesmo no caso de inversão *ope legis* (pelo fato do produto ou do serviço), como autor da ação indenizatória deverá provar a ocorrência do acidente de consumo e o respectivo dano. O que a lei inverte, na inversão *ope legis*, é a prova quanto ao defeito do produto ou do serviço, e não a prova da própria ocorrência do acidente de consumo, ônus esse do consumidor.

---

[38] Arts. 12, § 3º, e 14, § 3º.
[39] Art. 38.
[40] § 3º, II, do art. 12.
[41] § 3º, I, do art. 14.

Precisa e oportuna a observação de Paulo de Tarso Vieira Sanseverino neste ponto: "*Deve ficar claro que o ônus de provar a ocorrência dos danos e da sua relação de causalidade com determinado produto ou serviço é do consumidor. Em relação a esses dois pressupostos da responsabilidade civil do fornecedor (dano e nexo causal), não houve alteração da norma de distribuição do encargo probatório do art. 333 do CPC*".[42]

Entre outras palavras, ocorrido o acidente de consumo e havendo a chamada prova de primeira aparência, prova de verossimilhança, decorrente das regras da experiência comum, que permita um juízo de probabilidade, o Código do Consumidor presume o defeito do produto ou serviço, só permitindo ao fornecedor afastar o seu dever de indenizar se provar – ônus seu – **que o defeito não existe**, ou a ocorrência de qualquer outra causa de exclusão de responsabilidade. Se cabe ao fornecedor provar **que o defeito não existe**, então ele é presumido (presunção *juris tantum*) até prova em contrário.

A contrario sensu, sem a prova da ocorrência do fato do produto ou do serviço, não haverá lugar para a presunção do defeito. Não cabe ao fornecedor fazer prova da não ocorrência do acidente de consumo por não lhe ser possível fazer prova de fato negativo. De regra, só se pode superar a alegação de prova negativa quando for possível provar uma afirmativa ou fato contrário àquele deduzido pela outra parte. Em outras palavras, quando for possível transformar a proposição negativa em uma afirmativa contrária, demonstrando-se o fato positivo do qual se extrai a verdade do fato negativo. É como ensina Humberto Theodoro Junior: "*para que se admita esse tipo de prova negativa é indispensável que o fato a ser negado seja especificado convenientemente, pois se vier a ser enunciado em termos genéricos, a exigência de sua comprovação de veracidade tornar-se-á quase sempre tarefa inexequível ou impossível*".[43]

Nesse sentido vem se formando a jurisprudência:

> "Responsabilidade do fornecedor. Ônus da Prova. Distribuição do Encargo pelo CDC. Inversão Ope Legis.
>
> Embora objetiva a responsabilidade do fornecedor, é indispensável para configurá-la a prova do fato do serviço ou do produto, ônus do consumidor. O que a lei inverte (inversão ope legis) é a prova quanto ao **defeito do produto ou do serviço**. Em outras palavras, ocorrido o acidente de consumo (fato do produto ou do serviço) e havendo a chamada prova de primeira aparência (ônus do consumidor), prova de verossimilhança que permita um juízo de probabilidade, o CDC **presume o defeito do produto ou do serviço**, só permitindo ao fornecedor afastar o seu dever de indenizar se provar (ônus seu) que o **defeito não existe**. A contrario sensu, sem a prova da ocorrência do fato do produto ou do serviço não há lugar para a presunção do defeito.

---

[42] *Responsabilidade Civil no Código do consumidor e a defesa do fornecedor*, 2. ed., Saraiva, p. 344.
[43] *Direitos do consumidor*, 5. ed., Forense, p. 183.

No caso, cabia ao autor provar ter requerido a ligação (ou religação) da energia elétrica de sua residência em maio de 2005, fato que não pode ser presumido e nem ter a sua prova transferida para a ré por não lhe caber fazer prova de fato negativo. Na ausência dessa prova, não pode a concessionária responder por desídia e nem pelos eventuais danos materiais e morais que daí decorreriam. Provimento do recurso".[44]

Correta a posição do Código ao transferir para o fornecedor o ônus da prova quanto à inexistência do defeito do produto ou do serviço. Se para a vítima é praticamente impossível produzir prova técnica ou científica do defeito, para o fornecedor, como já assinalado, é perfeitamente possível ou pelo menos muito mais fácil. Ele que fabricou o produto, ele que tem o completo domínio do processo produtivo, tem também condições de provar que o seu produto ou serviço não tem defeito. O que não se pode é transferir esse ônus para o consumidor.

O art. 38 do CDC, por sua vez, dispõe que o *"o ônus da prova da veracidade e correção da informação ou comunicação publicitária cabe a quem as patrocina"*. A regra decorre do dever inscrito no parágrafo único do art. 36, no sentido de que *"o fornecedor, na publicidade de seus produtos ou serviços, manterá, em seu poder, para informação dos legítimos interessados, os dados fáticos, técnicos e científicos que dão sustentação à mensagem"*.

Caberá, portanto, ao fornecedor provar que a sua informação ou publicidade é verdadeira e correta em face da afirmativa do consumidor de inveracidade ou incorreção da informação ou comunicação publicitária, independentemente de qualquer decisão do juiz nesse sentido.

185 DESCONSIDERAÇÃO DA PESSOA JURÍDICA

A desconsideração da pessoa jurídica (*disregard doctrine*) é outro importante instrumento utilizado pelo CDC para assegurar o pleno ressarcimento dos danos causados aos consumidores por fornecedores – pessoas jurídicas. Através dele busca-se o verdadeiro responsável pelos danos, como se a pessoa jurídica não existisse.

No direito brasileiro, o instituto nasceu para flexibilizar a regra do art. 20 do Código Civil de 1916, que assim dispunha: *"As pessoas jurídicas têm existência distinta da dos seus membros"*. Foram tantas as fraudes perpetradas por diretores e acionistas através da sociedade para obter vantagens pessoais, tantas as formas de prejudicar credores ocultando-se atrás da pessoa jurídica, tantas as vezes que a lei foi burlada e a obrigação descumprida com a ajuda da empresa em prejuízo de terceiros, que a doutrina e a jurisprudência construíram esse extraordinário instituto.

Rubens Requião, o jurista pioneiro na defesa da teoria da desconsideração da personalidade jurídica em nosso país, lançou as bases desse instituto em célebre artigo

---

[44] TJRJ, Ap. Cível nº 4.184/2008, 13ª Câmara Cível, Rel. Des. Sergio Cavalieri Filho.

intitulado *Abuso de direito e fraude através da personalidade jurídica*.[45] Supera-se por meio desse instituto a forma externa da pessoa jurídica, para alcançar as pessoas e bens que sob seu manto se escondem. Em face da exaltação da pessoa jurídica como forma de organização, ganhou terreno a ideia de que é necessário impor-lhe limitações de ordem moral e ética, como freio, ante efetivos desvios em sua utilização. Não se trata de considerar ou declarar nula a personalidade jurídica, enfatiza o mesmo Rubens Requião, mas torná-la ineficaz para determinados atos.[46]

O objetivo da teoria da desconsideração da pessoa jurídica, portanto, é o de evitar o abuso ou a fraude, sem comprometer o instituto da pessoa jurídica, isto é, sem questionar a regra da separação de sua personalidade e patrimônio em relação a seus membros. Nas palavras de Fábio Ulhoa Coelho: "*A teoria tem o intuito de preservar a pessoa jurídica e sua economia, enquanto instrumentos jurídicos indispensáveis à organização da atividade econômica, sem deixar ao desabrigo terceiros vítimas da fraude*".[47]

185.1 O art. 28 do CDC

Acolhido inicialmente pela doutrina e a jurisprudência, o instituto foi sendo consagrado em vários diplomas legais – art. 2º, § 2º, da Consolidação das Leis do Trabalho; art. 135, II, do Código Tributário Nacional; art. 4º da Lei nº 9.605/98 (Lei do Meio Ambiente); art. 50 do Código Civil. No Código de Defesa do Consumidor recebeu disciplina bem mais abrangente, como se vê do seu art. 28, *verbis*: "*O juiz poderá desconsiderar a personalidade jurídica da sociedade quando, em detrimento do consumidor, houver abuso de direito, excesso de poder, infração da lei, fato ou ato ilícito ou violação dos estatutos ou contrato social. A desconsideração também será efetivada quando houver falência, estado de insolvência, encerramento ou inatividade da pessoa jurídica provocados por má administração*".

A primeira parte desse dispositivo reproduz as hipóteses tradicionais de desconsideração da pessoa jurídica, a saber: (a) **Abuso do direito** – que ocorre quando "*o **titular** de um direito que, ao exercê-lo, excede manifestamente os limites impostos pelo seu fim econômico ou social, pela boa-fé ou pelos bons costumes*", consoante art. 187 do Código Civil. Os direitos são concedidos aos seus titulares para serem exercidos de maneira justa, social, legítima, e não para que façam uso deles arbitrariamente. O fundamento principal do abuso do direito é impedir que o direito sirva como forma de opressão, exploração, fraude, enfim, evitar que o titular do direito utilize seu poder com finalidade distinta daquela a que se destina; (b) **Excesso de poder** – aqui deve ser também entendido como **desvio de finalidade**, tal como previsto no art. 50, *caput* e §§ 1.º e 5.º, do Código Civil. O ato é formalmente legal, mas o titular do direito se desvia ou vai além da finalidade da norma,

---
[45] *RT* 410/11, nº 12.
[46] *Curso*, 21. ed., Saraiva, p. 283.
[47] *Curso de direito comercial*, Saraiva, 1999, p. 35.

dos estatutos ou do contrato social, transformando-o em ato substancialmente ilícito. A conduta está em harmonia com a letra da lei, mas em rota de colisão com os seus valores éticos, sociais e econômicos; (c) **Infração da lei ou prática de ato ilícito** – aqui o ato será formalmente contrário à disposição legal de qualquer ordem, violador de dever jurídico contratual ou extracontratual; (d) **Violação dos estatutos ou contrato social** – hipótese essa já abrangida pelas duas anteriores, uma vez que a violação dos estatutos ou do contrato social é perpetrada através do excesso de poder ou desvio de finalidade. Há quem sustente que nesses casos não haverá desconsideração da pessoa jurídica, mas responsabilidade pessoal do sócio, controlador ou representante legal da pessoa jurídica.

186 DESCONSIDERAÇÃO PELA MÁ ADMINISTRAÇÃO

A segunda parte do art. 28 do CDC introduziu uma novidade no instituto da desconsideração da pessoa jurídica. Pela primeira vez, observam os autores, o nosso direito acolheu a desconsideração **independentemente da fraude ou abuso do direito**, só pela **má administração** que leve a pessoa jurídica à falência, ao estado de insolvência, ao encerramento ou à inatividade, que possa impedir que o consumidor seja integralmente ressarcido. Nesse caso, bastará que o consumidor esteja sendo violado por simples responsabilidade objetiva dos atos praticados pelo fornecedor.

186.1 O § 5º do art. 28 do CDC. Divergências

O § 5º do art. 28 do CDC introduziu novidade ainda maior: "*Também poderá ser desconsiderada a pessoa jurídica sempre que sua personalidade for, de alguma forma, obstáculo ao ressarcimento de prejuízos causados aos consumidores*".

Temos aqui, como se vê, um texto normativo aberto que permite a desconsideração da pessoa jurídica sempre que a sua personalidade for, **de alguma forma, obstáculo ao ressarcimento de prejuízos causados aos consumidores**.

Esse dispositivo, como era de se esperar, gerou grande divergência na doutrina e na jurisprudência. De um lado (Fábio Ulhoa Coelho, Genacéia da Silva Alberton, Zelmo Denari), há os que sustentam deva ser ele aplicado em consonância com o disposto no *caput* do art. 28, isto é, quando ficar configurada a fraude, o abuso do direito, o excesso de poder etc. Os consumeristas, do outro lado, sustentam que o § 5º do art. 28 do CDC não guarda relação de dependência com o *caput* do seu artigo, o que, por si só, não gera incompatibilidade legal, constitucional ou com os postulados da ordem jurídica.

É certo que, de ordinário, o parágrafo está subordinado ao *caput*. Essa regra de interpretação, entretanto, não é absoluta. Em muitas hipóteses, o legislador coloca como parágrafo dispositivo cujo conteúdo deveria ser autônomo. A forma pode influenciar a interpretação da norma, mas nem sempre define o conteúdo da lei.

A independência do § 5º com relação ao *caput* fica evidenciada pela expressão que o introduz: "***também poderá ser desconsiderada***". O advérbio *também* indica expressa condição de equivalência ou similitude em relação ao *caput*, a fim de facultar ao julgador, mesmo fora das situações ali descritas, desconsiderar a pessoa jurídica a partir de um critério objetivo – quando sua existência constituir obstáculo ao ressarcimento dos prejuízos causados aos consumidores.

Assim, repetimos, mesmo não ocorrendo as hipóteses enumeradas no *caput*, pode o julgador desconsiderar a pessoa jurídica quando sua personalidade constituir obstáculo ao ressarcimento dos consumidores lesados. De outra forma, seria indiscutível a inutilidade do § 5º, pois é óbvio que, ocorrendo alguma das hipóteses do *caput*, poderia ser desconsiderada a personalidade jurídica da empresa, independentemente de haver ou não obstáculo à reparação.

Adepto da corrente clássica, que admite a desconsideração apenas naquelas situações que caracterizam um desvio de função através do uso da personalidade jurídica, seja em razão de condutas pessoais dos sócios (teoria subjetivista), seja pela confusão patrimonial (teoria objetiva), Gustavo Bandeira sustenta, com originalidade, não haver tecnicamente, na hipótese do § 5º do art. 28 do CDC, "*desconsideração da personalidade jurídica, porque não há qualquer desvio no uso da pessoa jurídica decorrente de ato praticado pelo sócio, apenas há responsabilidade patrimonial por dívida alheia, tendo por pressuposto a falta, inadequação ou insuficiência patrimonial da pessoa jurídica. Há nestes casos, relativização da pessoa jurídica, fundada na violação de sua função social, de forma a garantir a reparação dos danos causados ao consumidor ou ao meio ambiente, independentemente do fato de a pessoa jurídica ser a causadora dos danos*".[48]

187 AS TEORIAS MAIOR E MENOR

A controvérsia acerca dos pressupostos de incidência da teoria da desconsideração da pessoa jurídica acabou por ensejar duas subteorias: teoria maior e teoria menor da desconsideração.

A teoria maior condiciona o afastamento episódico da autonomia patrimonial das pessoas jurídicas à caracterização da manipulação fraudulenta ou abusiva do instituto. Não admite a desconsideração com a mera demonstração de estar a pessoa jurídica insolvente para o cumprimento de suas obrigações. Exige-se, aqui, para além da prova de insolvência, a demonstração de desvio de finalidade, ou a demonstração de confusão patrimonial.

A prova do desvio de finalidade faz incidir a **teoria maior subjetiva da desconsideração**. O desvio de finalidade, como já ressaltamos, é caracterizado pelo ato intencional dos sócios em fraudar terceiros com o uso abusivo da personalidade jurídica. A demonstração da confusão patrimonial, por sua vez, faz incidir a **teoria maior objetiva da desconsideração**. A confusão patrimonial caracteriza-se pela inexistência, no campo dos fatos, de separação do patrimônio da pessoa jurídica e dos seus sócios.

---

[48] *Relativização da pessoa jurídica*, Impetus, 2004, p. 195.

A **teoria maior** da desconsideração, seja a subjetiva, seja a objetiva, constitui a regra geral do sistema jurídico brasileiro, positivada no art. 50 do Código Civil atual.

A **teoria menor** é aquela que se refere à desconsideração em toda e qualquer hipótese de execução do patrimônio do sócio por obrigação social. Como se vê, a sua incidência parte de premissas distintas da teoria maior: bastará a prova da insolvência da pessoa jurídica para o pagamento de suas obrigações, independentemente da existência de desvio de finalidade ou de confusão patrimonial. Para esta teoria, o risco empresarial, normal às atividades econômicas, não pode ser suportado pelo terceiro que contratou com a pessoa jurídica, mas pelos sócios e/ou administradores desta, ainda que estes demonstrem conduta administrativa proba, isto é, mesmo que não exista qualquer prova capaz de identificar conduta culposa ou dolosa por parte dos sócios, ou administradores da pessoa jurídica.

A **teoria menor da desconsideração** foi a adotada no art. 28, § 5º, do Código de Defesa do Consumidor. Esse entendimento prevaleceu, por maioria, no Superior Tribunal de Justiça no julgamento do rumoroso caso da explosão do *Shopping Center* de Osasco, como segue:

> "Responsabilidade Civil e Direito do Consumidor. Danos materiais. Ministério Público. Legitimidade ativa. Pessoa jurídica. Desconsideração. Teoria maior e teoria menor. Limite de responsabilização dos sócios. Código de Defesa do Consumidor. Requisitos. Obstáculo ao ressarcimento de prejuízos causados aos consumidores. Art. 28, § 5º.
>
> Considerada a proteção do consumidor um dos pilares da ordem econômica, e incumbindo ao Ministério Público a defesa da ordem jurídica, do regime democrático e dos interesses sociais e individuais indisponíveis, possui o Órgão Ministerial legitimidade para atuar em defesa de interesses individuais homogêneos de consumidores, decorrentes de origem comum.
>
> A teoria maior da desconsideração, regra geral no sistema jurídico brasileiro, não pode ser aplicada com a mera demonstração de estar a pessoa jurídica insolvente para o cumprimento de suas obrigações. Exige-se, aqui, para além da prova de insolvência, ou a demonstração de desvio de finalidade (teoria subjetiva da desconsideração), ou a demonstração de confusão patrimonial (teoria objetiva da desconsideração).
>
> A teoria menor da desconsideração, acolhida em nosso ordenamento jurídico excepcionalmente no Direito do Consumidor e no Direito Ambiental, incide com a mera prova de insolvência da pessoa jurídica para o pagamento de suas obrigações, independentemente da existência de desvio de finalidade ou de confusão patrimonial.
>
> Para a teoria menor, o risco empresarial normal às atividades econômicas não pode ser suportado pelo terceiro que contratou com a pessoa jurídica, mas pelos sócios e/ou administradores desta, ainda que estes demonstrem conduta administrativa proba, isto é, mesmo que não exista qualquer prova

capaz de identificar conduta culposa ou dolosa por parte dos sócios e/ou administradores da pessoa jurídica.

A aplicação da teoria menor da desconsideração às relações de consumo está calcada na exegese autônoma do § 5º do art. 28, do CDC, porquanto a incidência desse dispositivo não se subordina à demonstração dos requisitos previstos no *caput* do artigo indicado, mas apenas à prova de causar, a mera existência da pessoa jurídica, obstáculo ao ressarcimento de prejuízos causados aos consumidores.

Recursos especiais não conhecidos".[49]

O fundamento constitucional da defesa do consumidor justifica plenamente a aplicação da teoria menor da desconsideração prevista no CDC. Como visto, o art. 170, V, da Constituição, inseriu a defesa do consumidor entre os princípios gerais da ordem econômica, de sorte que os danos a ele causados devem ser efetivamente reparados, independentemente de outros valores ou dogmas. *"É sob este enfoque"*, pondera Gustavo Bandeira, *"que se justifica o atingimento dos bens dos sócios por dívidas da pessoa jurídica, sempre que a falta, insuficiência ou inadequação do seu patrimônio torne-se óbice à efetiva reparação dos danos causados ao consumidor e ao meio ambiente. Há que se valorar, no caso, os princípios em conflito, devendo prevalecer aquele que para a Constituição revela-se mais importante, segundo um juízo de proporcionalidade. Nesse sentido, o instituto da pessoa jurídica não pode prevalecer sobre um princípio maior, de ordem constitucional, que é a defesa do consumidor e do meio ambiente, aos quais deve obediência toda e qualquer atividade econômica, nos termos do art. 170, V e VI da CF".*[50]

188 DESCONSIDERAÇÃO INVERSA

Resulta do exposto que a desconsideração da pessoa jurídica é de regra empregada para responsabilizar o sócio por obrigações da sociedade quando esta é utilizada como biombo para ocultar o verdadeiro responsável. A sociedade é apenas um *alter ego* do seu controlador. São os casos de sociedades pobres (às vezes falidas) e sócios ricos. Fala-se então em **desconsideração direta**.

Não raro, entretanto, ocorre o inverso. Em vez do sócio se esconder atrás da sociedade, é esta que oculta aquele. O sócio se utiliza da sociedade como escudo protetivo e passa a ocultar seus bens pessoais no patrimônio da sociedade para prejudicar terceiros. Teremos então a **desconsideração inversa**, que consiste em alcançar os bens da própria sociedade para reparar ato fraudulento praticado pelo sócio.

Sobre o tema o seguinte precedente: *"Desconsideração da personalidade jurídica inversa. Possibilidade. [...]* **A desconsideração inversa** *da personalidade jurídica caracteriza-se pelo afastamento da autonomia patrimonial da sociedade, para, contrariamente*

---

[49] REsp nº 279273/SP, 3ª Turma, Rel. Min. Ari Pargendler, Rel. para o Acórdão Min. Nancy Andrighi.
[50] Ob. cit., p. 196.

do que ocorre na desconsideração da personalidade propriamente dita, atingir o ente coletivo e seu patrimônio social, de modo a responsabilizar a pessoa jurídica por obrigações do sócio controlador".[51]

Considerando-se que a finalidade da *disregard doctrine* é combater a utilização indevida do ente societário por seu sócio, o que pode ocorrer também nos casos em que o sócio controlador esvazia o seu patrimônio pessoal e o integraliza na pessoa jurídica, conclui-se, de uma interpretação teleológica do art. 50 do CC/2002, ser possível a desconsideração inversa da personalidade jurídica, de modo a atingir bens da sociedade em razão de dívidas contraídas pelo sócio controlador, conquanto preenchidos os requisitos previstos na norma.

O caso mais recorrente é o do cônjuge que, pretendendo se separar do outro, se empenha no esvaziamento do patrimônio do casal. Transfere paulatinamente os bens comuns para uma sociedade, de sorte que, quando do desfecho do casamento, a meação do cônjuge enganado estará reduzida a praticamente nada.

189 EFEITOS DA DESCONSIDERAÇÃO

A desconsideração da pessoa jurídica, como já alertava Rubens Requião, não importa em **considerar ou declarar nula a personalização, mas torná-la ineficaz para determinados atos**. Importa dizer que a desconsideração é **momentânea** e para o **caso concreto**; retira-se o véu, alcança-se o patrimônio daquele que perpetrou o ato e, novamente, retorna-se o véu à origem. A pessoa jurídica continuará existindo normalmente.

---

[51] REsp nº 948.117/MS, Rel. Min. Nancy Andrighi.

Capítulo XV
A DEFESA DO CONSUMIDOR EM JUÍZO – TUTELA COLETIVA

190 INTERESSES E DIREITOS COLETIVOS

Os interesses e direitos coletivos, na correta observação de Hugo Nigro Mazzili, na realidade sempre existiram; não são novidade de algumas poucas décadas. Nos últimos anos apenas se acentuou a preocupação doutrinária e legislativa em identificá-los e protegê-los jurisdicionalmente, agora sob o processo coletivo.[1] Devemos aos movimentos sociais que eclodiram nas décadas de 1950 e 1960, principalmente os movimentos ecológicos, o despertamento pelos direitos difusos e coletivos.

O estudo desses direitos teve início na Itália nos anos 1970 e foi aprofundado no Brasil por Ada Pellegrini Grinover, Kazuo Watanabe, José Carlos Barbosa Moreira e outros doutos juristas.

Entre as características dos interesses e direitos coletivos destacam-se, como haveremos de ver, a **indeterminação** de titulares e a **indivisibilidade** de objeto, como ocorre, por exemplo, nos interesses relacionados ao meio ambiente, à saúde, à educação, aos serviços públicos em geral. Integram os chamados *direitos de terceira geração,* que assistem, de modo subjetivamente indeterminado, a todo o gênero humano.

Direitos de primeira geração são os direitos civis e políticos, que compreendem as liberdades clássicas, próprios do Estado Liberal, com o correspondente **dever de abstenção** por parte do Poder Público; esses direitos realçam o *princípio da liberdade.*

Direitos de segunda geração são os direitos sociais, econômicos e culturais, compostos por **liberdades positivas,** com o correlato dever do Estado a uma obrigação de *dare, facere* ou *prestare;* esses direitos acentuam o *princípio da igualdade.*

Direitos de terceira geração materializam poderes de titularidade coletiva, atribuídos genericamente a todas as formações sociais; tais direitos são fundados no *princípio da solidariedade universal.*

---
[1] *A defesa dos interesses difusos em juízo,* p. 58.

Os interesses ou direitos coletivos situam-se entre o *interesse público* e o *interesse estritamente privado*. Todos sabemos que a noção última de *interesse público* está ligada ao **interesse da coletividade como um todo**, uma vez que visa o bem geral, ao passo que o interesse privado diz respeito ao interesse individual, estritamente particular, de cada um. Para preencher o espaço entre o interesse estritamente individual e o interesse público (da coletividade como um todo) é que foi concebida uma categoria intermediária, na qual se compreendem os *interesses coletivos*, ou seja, aqueles referentes a toda uma categoria ou grupo de pessoas que têm algo em comum.

É por isso que se diz que os direitos ou interesses difusos e coletivos não são públicos e nem privados; pertencem, ao mesmo tempo, a todos e a ninguém; dizem respeito a valores da comunidade como um todo, valores que não se confundem com os de cada pessoa. Com efeito, assim como o indivíduo, isoladamente, é dotado de determinado padrão ético, também o são os grupos sociais, ou seja, as coletividades que titularizam direitos.

Na oportuna e correta lição de Marco Antônio Marcondes Pereira, "*da mesma forma como é detectável um patrimônio mínimo da pessoa humana individualmente considerada, pode-se afirmar ser detectável um patrimônio mínimo a ser protegido para toda a coletividade. Esse patrimônio é representado pelo acervo de interesses difusos e coletivos, em especial os bens ambientais, culturais, artísticos, paisagísticos e urbanísticos, que não pertencem a uma só pessoa, mas a toda a comunidade diretamente afetada, que se faz representar pelas figuras legítimas à ação civil pública, ou ação civil coletiva. E a existência de um patrimônio mínimo coletivo, não suscetível de disposição negocial ou renúncia, desemboca na aceitação de que há direitos coletivos fora da esfera econômica que, embora não se possam designar direitos da personalidade, merecem ser tratados como tal, a ponto de serem reparados moralmente*".[2]

Em face da **indeterminação** de titulares e da ausência de alguém legitimado para levá-los à Justiça, os direitos difusos ficavam carentes de proteção jurisdicional, o que tornou evidente a extrema necessidade de serem criados instrumentos processuais eficazes para a tutela das lesões coletivas de direitos. Impunha-se também o surgimento de um **macroprocesso** para evitar a proliferação de causas decorrentes da atuação individual, bem como a repetição de processos iguais e decisões contraditórias.[3]

O primeiro passo importante da legislação brasileira no sentido da tutela dos interesses e direitos coletivos foi dado em 1985, com a edição da Lei da Ação Civil Pública,[4] destinada à proteção do meio ambiente e do consumidor na dimensão dos bens indivisivelmente considerados. Posteriormente, a Constituição de 1988 sublinhou em diversos dispositivos a importância dos interesses coletivos. Mas, na realidade, a tutela efetiva dos interesses e direitos coletivos só se tornou possível a partir do momento

---

[2] *Apud* Xisto Tiago de Medeiros Neto, *Dano moral coletivo*, 3. ed., LTr, 2012, p. 157.
[3] STF, RE nº 441.318, Rel. Min. Marco Aurélio.
[4] Lei nº 7.347.

em que o nosso ordenamento jurídico reconheceu a **coletividade de pessoas** como sujeito de direito, mesmo não sendo pessoa jurídica nos moldes clássicos concebidos pelo Direito. Foi pioneiro nessa evolução o Código de Defesa do Consumidor que, no parágrafo único do seu art. 2º, equiparou *"a consumidor a coletividade de pessoas, ainda que indetermináveis, que haja intervindo nas relações de consumo"*. A seguir, a Lei nº 12.529, de 30 de novembro de 2011,[5] no parágrafo único do seu art. 1º, dispõe expressamente que: *"A coletividade é a titular dos bens jurídicos protegidos por esta lei"*.

Destarte, por expressa determinação legal, a coletividade – globalmente considerada ou em qualquer de seus segmentos (grupos, categorias ou classes) – passou à condição de titular de direitos ou interesses jurídicos. O Superior Tribunal de Justiça, por sua vez, firmou o entendimento jurisprudencial sobre o tema: *"O art. 81, CDC, rompe, portanto, com a tradição jurídica clássica, onde só indivíduos haveriam de ser titulares de um interesse juridicamente tutelado ou de uma vontade protegida pelo ordenamento.* ***Criam-se direitos cujo sujeito é uma coletividade difusa, indeterminada, que não goza de personalidade jurídica*** *e cuja pretensão só pode ser satisfeita quando deduzida em juízo por representantes adequados"*.[6]

Foi o Código do Consumidor, portanto, que completou todo esse trabalho legislativo ao ampliar o âmbito de incidência da Lei da Ação Civil Pública, de modo a abranger todos os interesses difusos e coletivos, e ainda criando uma nova categoria de direitos ou interesses, individuais por natureza e tradicionalmente tratados apenas a título pessoal, mas conduzíveis coletivamente perante a justiça civil, em função da origem comum, que denominou *direitos individuais homogêneos*.[7]

Hoje a ação coletiva pode ter por objeto qualquer espécie de matéria – meio ambiente, consumidor, moralidade administrativa, saúde, educação, direitos dos idosos, das crianças e dos adolescentes, desde que se caracterize tutela de interesse difuso, coletivo ou individual homogêneo.

Antes de passarmos ao exame das categorias dos interesses ou direitos coletivos, devemos lembrar que o legislador consumerista utilizou os termos **interesses e direitos** como sinônimos. Com efeito, a partir do momento em que *os interesses* passam a ser tutelados pelo direito assumem o mesmo *status* de direitos. Por outro lado, a concepção moderna de direito subjetivo abrange também o que outrora se tinha como mero interesse. Agora é a própria Constituição Federal que, seguindo a evolução da doutrina e da jurisprudência, usa os termos *direitos* e *interesses coletivos* (art. 129, III) como categorias amparadas pelo Direito.[8]

O Código do Consumidor divide os interesses e direitos coletivos em três categorias: 1. *direitos difusos,* que são os essencialmente coletivos; 2. *direitos coletivos stricto*

---

[5] Estrutura o Sistema Brasileiro de Defesa da Concorrência.
[6] REsp nº 636.021, Rel. Min. Nancy Andrighi.
[7] Kazuo Watanabe, ob. cit., p. 785.
[8] Kazuo Watanabe, ob. cit., p. 801.

sensu, que são os coletivos propriamente ditos; 3. *direitos individuais homogêneos*, que são de natureza coletiva apenas na forma em que são tutelados.

Por não haver consenso doutrinário sobre os conceitos desses direitos, o legislador preferiu adotar os conceitos que lhe pareceram mais adequados no plano da defesa do consumidor, até para evitar dúvida e infindáveis discussões. Temos então aí típico caso de interpretação autêntica.

191 INTERESSES E DIREITOS DIFUSOS

O que se deve entender por interesses ou direitos difusos? A resposta está no art. 81, parágrafo único, I, do CDC.

"I – *interesses ou direitos difusos, assim entendidos, para efeitos deste Código, os transindividuais, de natureza indivisível, de que sejam titulares pessoas indeterminadas e ligadas por circunstâncias de fato.*"

Depreende-se desse conceito legal que são quatro as características dos interesses ou direitos difusos: (a) **natureza indisponível, transindividual**; (b) **objeto indivisível**; (c) **sujeitos indeterminados**; (d) **origem, circunstância de fato**. Analisemos cada uma dessas características.

Em primeiro lugar, são *transindividuais*, também chamados de metaindividuais, vale dizer, são interesses coletivos, que vão além dos interesses individuais (**supraindividuais**) e por isso **indisponíveis**. Não admitem **transação** porque, indo além do interesse individual, pertencem a todos.

José dos Santos Carvalho assim se manifesta sobre a compreensão de direito disponível e indisponível:

> "De nossa parte, entendemos que o direito é disponível quando o indivíduo possa dele dispor a seu alvedrio, exercendo-o ou a ele renunciando, de modo que a sua vontade não possa ser substituída pela de qualquer outra pessoa ou órgão. Em consequência, só será ***indisponível*** o direito quando: 1) o titular não puder decidir, por si só, se deve, ou não, adotar as providências necessárias para sua defesa, e isso porque, queira ou não, haverá outra pessoa ou órgão a quem a ordem jurídica confere legitimação para fazê-lo; 2) tiver a qualificação transindividual, porque, sendo indivisível, não há como identificar a dimensão jurídica parcial pertencente a cada integrante do grupo tornando-se, pois, irrelevante a vontade individual".[9]

A segunda característica é a *indivisibilidade* no que diz respeito ao objeto. Não é possível dividir o seu objeto por impossibilidade fática. Ele é absolutamente indivisível.

---

[9] *Ação civil pública*, 3. ed., Lumen Juris, p. 115-116.

Dessa forma, resolvendo-se o problema de uma pessoa, automaticamente resolve-se o problema de todos.

A terceira característica é a *indeterminação* de titulares do direito difuso. Não é possível estabelecer o número de pessoas as quais pertence esse direito; seu número de sujeitos é absolutamente indeterminável.

A quarta característica, da qual decorrem as três primeiras, é que os titulares desses direitos (pessoas) estão **ligados por circunstâncias de fato.** Circunstâncias de fato têm a ver com a realidade fática e não jurídica. Referem-se a pessoas que residem em uma mesma cidade, mesma região ou estado; que estão expostas aos mesmos riscos; que necessitam de idêntica proteção jurídica etc.

São exemplos de tutela judicial de interesses difusos, lembrados pelos autores, a ação coletiva destinada a impedir a comercialização de produto de alto grau de nocividade ou periculosidade; para compelir o Poder Público a tomar medidas destinadas a evitar a epidemia de dengue;[10] para obrigar o fabricante de determinada marca de veículo a fazer *recall* em razão de defeito apresentado no sistema de segurança etc. Kazuo Watanabe e Rodolfo de Camargo Mancuso ressaltam a **publicidade enganosa ou abusiva** veiculada por meio de imprensa falada, escrita ou televisionada. Essa publicidade afetará todos os consumidores que forem alcançados pelos veículos de comunicação, onde quer que estiverem. Eis aí as circunstâncias de fato de que fala a lei. Um número indeterminável de pessoas, sem que entre elas exista qualquer vínculo jurídico, mas que estão ligadas por circunstâncias de fato – ouvintes dos meios de comunicação.[11]

O bem jurídico que essa publicidade pode ofender – a credibilidade, a boa-fé, a segurança, o patrimônio, a integridade física ou moral dos consumidores – é absolutamente indivisível, pertence a todos. Bastará uma ofensa para que todos os consumidores sejam atingidos. Da mesma forma, a satisfação de um deles, pela cessação da publicidade ilegal, importará na satisfação de todos. Resolvendo-se o problema de uma pessoa, resolve-se, automaticamente, o problema de todos.

Por fim, o interesse na cessação da publicidade é transindividual porque vai além dos interesses de um ou alguns consumidores; pertence a todos, pelo que indisponível; não pode ser objeto de transação.

192 INTERESSES OU DIREITOS COLETIVOS

Os interesses ou direitos coletivos estão definidos no mesmo art. 81 do CDC, parágrafo único, II:

> "II – interesses ou direitos coletivos, assim entendidos, para os efeitos deste Código, os transindividuais, de natureza indivisível de que seja titular grupo,

---

[10] REsp nº 703.471/RN.
[11] Ob. cit., p. 802.

categoria ou classe de pessoas ligadas entre si ou com a parte contrária por uma relação jurídica base".

Quatro são também as características dos interesses ou direitos coletivos: (a) **natureza indisponível, transindividuais**, estão acima dos interesses individuais e não podem ser objeto de transação; (b) **objeto indivisível** por impossibilidade fática, de sorte que, resolvendo o problema de um consumidor, resolve-se também, autonomamente, o problema de todos; (c) **sujeitos determináveis** – grupo, categoria ou classe; (d) **origem, relação jurídica base**.

Como se vê, a principal diferença entre os direitos difusos e os coletivos está no elemento integrador dos titulares desse direito. Aqui serão pessoas do mesmo grupo, categoria ou classe ligadas entre si ou com a parte contrária por **uma relação jurídica base**. Em razão dessa relação jurídica base, os sujeitos do direito coletivo são **determinados** ou **determináveis**.

Em suma, enquanto nos direitos difusos os sujeitos estão ligados por **circunstâncias de fato** e por isso são **indetermináveis**, nos direitos coletivos os sujeitos estão ligados por um **vínculo jurídico**, uma **relação jurídica base**, por exemplo, consumidores de um contrato de massa, sócios ou acionistas de uma empresa, membros de uma sociedade esportiva, condôminos de um edifício etc. Por isso os titulares desses direitos são **determinados** ou **determináveis**.

Bons exemplos de direitos coletivos, lembrados pelos autores, são os contribuintes de um mesmo imposto considerado ilegal ou abusivo; pais e alunos contestando o aumento abusivo da mensalidade escolar; titulares e beneficiários de seguro ou planos de saúde questionando o reajuste das prestações e assim por diante.

Em todos esses casos o interesse discutido pertence a todos os integrantes da relação jurídica base e o objeto é indivisível porque não se pode atender um sem atender todos. Mas o universo das pessoas beneficiadas está limitado aos integrantes da relação jurídica base – grupo, categoria ou classe.

193 INTERESSES OU DIREITOS INDIVIDUAIS HOMOGÊNEOS

A grande novidade do Código do Consumidor, em termos de tutela jurisdicional, foi a criação de uma terceira categoria de direitos coletivos, aos quais chamou *de interesses ou direitos individuais homogêneos, assim entendidos os decorrentes de origem comum*.[12] São características desses direitos: (a) **objeto divisível**; (b) **sujeitos determinados**; (c) **natureza disponível**; (d) **origem comum fática ou jurídica**. Na verdade, não são direitos coletivos; são individuais por natureza, tanto assim que seus titulares podem ser determinados (singularizados) e o seu objeto é divisível. Recebem, no entanto, tratamento jurídico equivalente aos interesses e direitos coletivos em função da origem comum.

---

[12] Art. 81, parágrafo único, III, do CDC.

Em comentário ao art. 81 do CDC, Nelson Nery Junior assim caracteriza os **direitos individuais homogêneos**:

> "São direitos individuais cujo titular é perfeitamente identificável e cujo objeto é divisível e cindível. O que caracteriza um direito individual comum como homogêneo é a sua origem comum. A grande novidade trazida pelo CDC no particular foi permitir que esses direitos individuais pudessem ser defendidos coletivamente em juízo. Não se trata de pluralidade subjetiva de demandas (litisconsórcio), mas de uma única demanda, coletiva, objetivando a tutela dos titulares dos direitos individuais homogêneos. A ação coletiva para a defesa de direitos individuais homogêneos é, grosso modo, a *class action* brasileira".[13]

A homogeneidade e a origem comum são, portanto, os requisitos para o tratamento coletivo dos direitos individuais. A origem comum pode ser: (a) **fática**: dezenas de vítimas de um mesmo acidente de consumo – explosão do Osasco Plaza Shopping/SP;[14] de um mesmo acidente aéreo; vítimas do mesmo defeito do produto; (b) **jurídica**: assinantes de televisão por assinatura;[15] proteção do direito de cidadãos de transitar livremente por rodovia, sem pagar pedágio;[16] cobrança abusiva de tarifa por emissão de boleto bancário;[17] (c) ou **fática e jurídica** ao mesmo tempo. Em regra, os direitos serão homogêneos sempre que tiverem origem comum.

As principais consequências do tratamento comum dos direitos individuais homogêneos são: (a) condenação genérica em caso de procedência do pedido, quando o juiz apenas fixará o dever de indenizar;[18] (b) a sentença fará coisa julgada *erga omnes* apenas se procedente o pedido para beneficiar todas as vítimas e seus sucessores.[19]

194 O PEDIDO COMO FATOR DETERMINANTE DOS INTERESSES EM DEMANDA

Uma vez examinados os conceitos e características das três categorias dos chamados direitos coletivos, veremos agora ser possível, em um mesmo caso concreto, ter a proteção simultânea, em ação coletiva, para os direitos difusos, coletivos e individuais homogêneos, dependendo do pedido ou pedidos formulados.

Tomemos para exemplo o caso de um contrato bancário que tenha cláusula de eleição de foro, considerada abusiva por excessiva onerosidade. Chegando esse contrato ao Ministério Público, o pedido a ser formulado é para que seja declarada a

---

[13] *Código de Processo Civil e legislação extravagante em vigor*, 3. ed., Revista dos Tribunais, p. 1.394.
[14] REsp nº 279.273/SP.
[15] REsp nº 308.486/MG.
[16] REsp nº 413.864/PR.
[17] TJRJ, Ag. Inst. nº 22.503/2005.
[18] CDC, art. 95.
[19] CDC, art. 103, III.

ilegalidade da dita cláusula e determinada a sua exclusão de todos os contratos e não apenas daquele que o banco venha oferecer para o consumidor. Se a cláusula é ilegal, não deixará de ser em outro contrato. Logo, por força de um dos principais objetivos do CDC, que é a prevenção, é possível pedir ao Juiz que a cláusula abusiva não seja inclusa em nenhum contrato. Aqui verifica-se um interesse difuso, pois a proteção é para um grupo difuso, isto é, de pessoas indeterminadas – todos que poderão vir a assinar o contrato, já que hoje as pessoas contratam não só porque querem, mas porque precisam. O fundamento encontra-se no art. 29 do CDC.

No caso do **interesse coletivo** *stricto sensu*, o pedido seria para obrigar o banco a fazer um aditamento, alterando a cláusula de eleição de foro, no sentido de ficar eleito, para dirimir qualquer controvérsia, o foro onde for assinado o contrato, além disso, remeter o aditamento para cada um dos consumidores que já tenham contratado com o banco, uma vez que ficou reconhecida judicialmente a abusividade da cláusula, quando na tutela dos interesses difusos.

Observa-se que nesse caso as pessoas são determinadas, porque estão ligadas entre si por uma relação jurídica base – o contrato.

Por fim, a proteção dos interesses individuais homogêneos. O pedido seria a condenação genérica em favor de todos que tenham sido lesados por causa da cláusula de eleição de foro imposta pelo banco. Procedente o pedido, cada um teria que – a nível individual – promover ação de liquidação da sentença, a fim de fixar o *quantum* a ser indenizado, já que a sentença apenas fixará o dever de indenizar.

Disso depreende-se, como já ressaltado, que é o pedido que irá definir quando a causa terá por objeto um interesse difuso, coletivo *stricto sensu* ou individual homogêneo.

Outro exemplo – medicamento que causa riscos para a gestante. Se o pedido for para retirá-lo do mercado, até que seja feita a advertência quanto aos riscos, tratar-se-á de um interesse difuso, pois atinge a todos. A origem será uma situação fática. Se o pedido for para inclusão dos riscos na bula, tratar-se-á de interesse coletivo, porque o titular é determinado. A origem será uma relação jurídica – compra do remédio. Se o pedido for ressarcimento pelos danos causados pelo remédio, tratar-se-á de interesse individual homogêneo. Logo, o fator determinante dos interesses em demanda será o pedido.

195 LEGITIMAÇÃO PARA AS AÇÕES COLETIVAS

O propósito do legislador, ao tratar da defesa do consumidor em juízo, é a facilitação do seu acesso à Justiça e a efetividade do processo, conforme amplamente demonstrado. Na busca da realização desse propósito consagrou a legitimação *ad causam* ativa da maneira mais ampla possível para o aforamento das ações coletivas, conforme se depreende do art. 82 do CDC. Têm legitimação para agir o Ministério Público, a União, os Estados, os Municípios, o Distrito Federal, as Entidades e Órgãos da Administração Pública e as Associações legalmente constituídas.

Como se vê, a amplitude não poderia ser maior. Apenas o consumidor individual não tem legitimação para as ações coletivas; limitou o legislador a legitimação individual à busca da tutela dos interesses e direitos a título individual.

Vejamos, com a necessária brevidade, cada uma dessas legitimações.

195.1 Legitimação do Ministério Público

A legitimidade do Ministério Público para as ações coletivas começa a ser desenhada na própria Constituição Federal que, no art. 129, III, dispõe:

> "Art. 129. São funções institucionais do Ministério Público:
> [...]
> III – promover o inquérito civil e a ação civil pública, para a proteção do patrimônio público e social, do meio ambiente e *de outros interesses difusos e coletivos*".

Disso resulta que a legitimação do Ministério Público é ampla e irrestrita em relação aos **interesses difusos e coletivos**, de modo a garantir a tutela jurisdicional compatível com a natureza e a magnitude da lesão ou da ameaça aos bens e valores tutelados. Indispensável será, entretanto, aferir no caso concreto se o interesse ou direito alegado realmente satisfaz os requisitos legais dos direitos e interesses difusos ou coletivos. Noutras palavras, não será suficiente alegar a existência de direitos difusos ou coletivos, será necessário demonstrá-los.

Em consonância com o preceito constitucional, o legislador editou a Lei Orgânica Nacional do Ministério Público, Lei nº 8.625, de 12/2/1993, cujo art. 25, IV, alínea *a*, estabelece:

> "Art. 25. Além das funções previstas nas Constituições Federal e Estadual, na Lei Orgânica e em outras leis, incumbe, ainda, ao Ministério Público:
> [...]
> IV – promover o inquérito civil e a ação civil pública, na forma da lei:
> a) para a proteção, prevenção e reparação dos danos causados ao meio ambiente, *ao consumidor*, aos bens e direitos de valor artístico, estético, histórico, turístico e paisagístico, e a outros interesses *difusos, coletivos e individuais indisponíveis e homogêneos*".

Depreende-se desse dispositivo não haver também dúvida quanto à legitimação do Ministério Público em relação aos **interesses individuais indisponíveis**, mesmo não se tratando de direitos homogêneos. Essa legitimação é também ampla e irrestrita para todos os direitos indisponíveis.

A contrario sensu, depreende-se do mesmo dispositivo que **os direitos disponíveis**, ainda que homogêneos, em princípio não se encontram no âmbito da tutela do Ministério

Público, razão pela qual a legitimação do *Parquet* em relação à tutela jurisdicional dos **interesses e direitos individuais homogêneos disponíveis** foi muito debatida. Uma vez mais, coube à doutrina e à jurisprudência encontrar resposta satisfatória para essa questão, o que foi feito com base na expressão "**defesa [...] dos interesses sociais**" constante do art. 127 da Constituição Federal, que atribui ao Ministério Público, entre outras incumbências, "**a defesa [...] dos interesses sociais e individuais indisponíveis**".[20]

Portanto, o fundamento da legitimidade do Ministério Público para a tutela dos direitos individuais homogêneos se encontra na expressão "**defesa dos interesses sociais**", o que levou o consenso doutrinário e jurisprudencial a firmar-se no sentido **de não ser suficiente para essa legitimação a homogeneidade de interesses individuais** de certo número de sujeitos; indispensável será também *a relevância social desses interesses*.

A questão seguinte consistiu em saber quando os direitos individuais homogêneos, embora disponíveis, identificam-se com o *interesse social*. Também neste ponto, e principalmente neste, não bastará ao Ministério Público alegar que os direitos individuais homogêneos objeto da ação são de *interesse social*; será preciso demonstrar isso em face do caso concreto. Não se figura sustentável que essa legitimação extraordinária do Ministério Público possa prodigalizar, em nome do interesse social, a defesa de qualquer interesse individual homogêneo. Na correta observação crítica de Miguel Reale, a legitimação sem limites do Ministério Público para a proteção de direitos individuais homogêneos "*alberga o risco de transformar a comunidade em um conglomerado de incapazes*".[21]

Também aqui a questão se revela trabalhosa porque *interesse social* é conceito aberto, impreciso, indeterminado, a exigir do aplicador o exame do caso em conformidade com determinados parâmetros estabelecidos pela Constituição, pela doutrina e pela jurisprudência.

Em voto paradigma, o insigne Ministro Sepúlveda Pertence já chamava a atenção para a relatividade e a não neutralidade axiológica do conceito de **interesse social:**

> "De outro lado, é preciso ter em conta que o *interesse social* não é um conceito axiologicamente neutro, mas, ao contrário – e dado o permanente conflito de interesses parciais à vida em sociedade –, é ideia carregada de ideologia e valor e, por isso, relativa e condicionada ao tempo e ao espaço em que se deva afirmar. Donde, de igual modo, ser de repelir que o reconhecimento da presença do *interesse social* na tutela de determinada pretensão de uma parcela da coletividade possa ser confiada à livre avaliação subjetiva – inevitavelmente carregada de valores pessoais –, quer do agente do Ministério Público que a veicule em juízo, quer do órgão jurisdicional a que toque verificar-lhe a

---

[20] "Art. 127. O Ministério Público é instituição permanente, essencial à função jurisdicional do Estado, incumbindo-lhe a defesa da ordem jurídica, do regime democrático **e dos interesses sociais e individuais indisponíveis.**"

[21] *Da ação civil pública em questões de direito público*, Saraiva, 1997, p. 130.

legitimação para a ação coletiva: para obviar esse risco de arbitrariedade, a solução há de fundar-se em critérios dotados de um mínimo de objetividade".[22]

Com efeito, embora os interesses sociais constituam categoria jurídica de conteúdo aberto, seus contornos podem ser genericamente identificados no plano teórico, pelo menos para estabelecer os limites entre o que, com certeza, constitui e o que não constitui **interesse social**.

Em outro voto paradigma, agora proferido pelo saudoso Ministro Teori Zavascki, sua excelência traçou os parâmetros para aquilo que chamou de **interesse social qualificado**:

"No entanto, há certos interesses individuais que, quando visualizados em seu conjunto, em forma coletiva e impessoal, têm a força de transcender a esfera de interesses puramente particulares, passando a representar, mais que a soma de interesses dos respectivos titulares, verdadeiros interesses da comunidade. Nessa perspectiva, a lesão desses interesses individuais acaba não apenas atingindo a esfera jurídica dos titulares do direito individualmente considerados, mas também comprometendo bens, institutos ou valores jurídicos superiores, cuja preservação é cara a uma comunidade maior de pessoas. Em casos tais, a tutela jurisdicional desses direitos se reveste de *interesse social qualificado*, o que legitima a propositura da ação pelo Ministério Público com base no art. 127 da Constituição Federal. Mesmo nessa hipótese, todavia, a legitimação ativa do Ministério Público se limita à ação civil coletiva destinada a obter sentença genérica sobre o núcleo de homogeneidade dos direitos individuais homogêneos. Cumpre ao Ministério Público, no exercício de suas funções institucionais, identificar situações em que a ofensa a direitos individuais homogêneos compromete também interesses sociais qualificados, sem prejuízo do posterior controle jurisdicional a respeito. Cabe ao Judiciário, com efeito, a palavra final sobre a adequada legitimação para a causa, sendo que, por se tratar de matéria de ordem pública, dela pode o juiz conhecer até mesmo de ofício (CPC, art. 267, VI e § 3º, e art. 301, VIII e § 4º).

[...]

É certo que não constituem interesses sociais os meros interesses particulares e mesmo os interesses da Administração Pública. Numa definição genérica, ***são interesses sociais*** aqueles cuja preservação e tutela o ordenamento jurídico consagra como importantes e indispensáveis não para pessoas ou entidades individualmente consideradas, mas para a sociedade como um todo, para o seu progresso material, institucional ou moral".[23]

---

[22] Trecho do voto do Min. Sepúlveda Pertence no RE nº 195.056-1, Tribunal Pleno, Rel. Min. Carlos Velloso, julgado em 9/12/1999, *DJ* 30/5/2003.
[23] RE nº 631.111, Tribunal Pleno, Rel. Min. Teori Zavascki, julgado em 7/8/2014.

Em suma, **direitos individuais homogêneos de interesse social são aqueles que representam verdadeiros interesses da comunidade e não apenas a soma de interesses dos respectivos titulares; que têm a força de transcender a esfera de interesses puramente particulares quando visualizados em seu conjunto, em forma coletiva e impessoal.** Somente nessa perspectiva a lesão de interesses individuais acaba por atingir também bens, institutos e valores jurídicos superiores, cuja preservação é cara a uma comunidade maior de pessoas.

Essa é também a nossa melhor doutrina:

> "A atuação do Ministério Público sempre é cabível em defesa de interesse difuso, em vista de sua larga abrangência. Já em defesa de interesses coletivos individuais homogêneos, atuará sempre que: a) *há manifesto interesse social evidenciado pela dimensão ou pelas características do dano, ainda que potencial;* b) seja acentuada a relevância social do bem jurídico a ser defendido; c) esteja em questão a estabilidade de um sistema social, jurídico ou econômico, cuja preservação aproveite à coletividade como um todo. [...]
>
> Assim, se a defesa de interesse coletivo ou individual homogêneo convier à coletividade como um todo, deve o Ministério Público assumir sua tutela. *Mas, nos casos de interesse de pequenos grupos, sem características de indisponibilidade ou sem suficiente expressão ou abrangência social, não se justificará a iniciativa ou a intervenção do Ministério Público".*[24]
>
> "Em linha de princípio, somente os interesses individuais indisponíveis estão sob a proteção do parquet. Foi a relevância social da tutela a título coletivo dos interesses ou direitos individuais homogêneos que levou o legislador a atribuir ao Ministério Público e a outros entes públicos a legitimação para agir nessa modalidade de demanda molecular".[25]

Bons exemplos de direitos individuais homogêneos de interesse social fornecidos pela doutrina e pela jurisprudência são os casos de reajuste de mensalidades escolares e planos de saúde; cláusulas abusivas de contratos bancários; inúmeras vítimas de um mesmo acidente – por exemplo, explosão do Osasco Plaza Shopping/SP (REsp nº 279.273/SP); vítimas de um mesmo acidente aéreo; vítimas do mesmo defeito do produto; assinantes de televisão por assinatura (REsp nº 308.486/MG); proteção do direito de cidadãos de transitar livremente por rodovia, sem pagar pedágio (REsp nº 413.864/PR); e assim por diante.

Portanto, "*a afirmação do interesse social, para o fim de conferir ao Ministério Público legitimação para a tutela dos direitos individuais homogêneos, há de partir da*

---

[24] Hugo Nigro Mazzilli, *A defesa dos interesses difusos em juízo*, 17. ed., Saraiva, 2004, p. 157-158.
[25] Kazuo Watanabe, ob. cit., p. 818.

*identificação do seu assentamento nos pilares da ordem social projetada pela Constituição e na sua correspondência à persecução dos objetivos fundamentais da República, nela consagrados. Esse critério [...] se poderia denominar de **interesse social** segundo a Constituição".*[26]

Nesse sentido, firmou-se o entendimento do e. Superior Tribunal de Justiça:

"Não cabe o ajuizamento de ação civil pública para a postulação de direito individual que seja destituído do requisito da homogeneidade, **indicativo da dimensão coletiva que deve caracterizar os interesses tutelados por meio de tais ações**".[27]

"A falta de configuração de real interesse coletivo afasta a legitimidade do Ministério Público para promover ação civil pública objetivando declarar nulidade de cláusula contratual de adesão para aquisição de imóvel tida como ilegal. **Não sendo divisado direito coletivo na espécie, carece de legitimidade o Ministério Público para propor ação civil pública**, uma vez que sua atuação não pode ser confundida com a da Defensoria Pública, mesmo porque, para tal desiderato, existem vários outros órgãos que o Estado oferece ou deveria oferecer".[28]

Conclui-se do exposto que a questão relevante para se saber se o Ministério Público, no caso concreto, terá ou não legitimidade para defender em juízo interesses ou direitos individuais homogêneos, consistirá em apurar se o interesse tem relevância social. Não se trata, obviamente, da proteção individual, pessoal, particular, deste ou daquele consumidor lesado, mas da proteção coletiva dos consumidores, considerada em sua dimensão comunitária e impessoal. É de interesse social a defesa desses direitos individuais, não pelo significado particular de cada um, mas pelo que a lesão deles, globalmente considerada, representa em relação ao adequado funcionamento do sistema social, econômico ou jurídico, que, como se sabe, deve sempre estar voltado às suas finalidades constitucionais na coletividade. Na defesa de interesses estritamente individuais, de consumidores, raramente se justificará a iniciativa da instituição.

195.2 Legitimação dos entes políticos e dos órgãos da administração

A legitimação ativa da União, Estados, Municípios e Distrito Federal para as ações coletivas em defesa dos consumidores decorre de dois conhecidos preceitos constitucionais: o art. 5º, XXXII, da Constituição Federal, que incumbe ao Estado (em sentido amplo) promover, na forma da lei, a defesa do consumidor, e o art. 170,

---

[26] Trecho do voto do Min. Pertence no RE nº 195.056.
[27] STJ, REsp nº 184.986/SP, 4ª Turma, Rel. p/ Acórdão Min. João Otávio de Noronha, julgado em 17/11/2009.
[28] STJ, REsp nº 294.759/RJ, 4ª Turma, Rel. p/ Acórdão Min. Carlos Fernando Mathias, *DJe* 9/12/2008.

V, que estabeleceu a defesa do consumidor como um dos princípios fundamentais da ordem econômica e financeira.

Em linha de princípio, observa Kazuo Watanabe, a União deverá se preocupar com os interesses de âmbito nacional;[29] os Estados com os interesses regionais ou estaduais, o mesmo devendo ocorrer com os Municípios. A toda evidência, não terá legitimação o Estado ou Município cujos consumidores pertencem a outro estado ou município, salvo se os interesses ameaçados ou lesados guardem ligação com vários municípios ou estados, caso em que qualquer deles poderá tomar a iniciativa da demanda.

Entre os legitimados para as ações coletivas estão também os **Órgãos da Administração Pública** direta e indireta, ainda que sem personalidade jurídica, desde que especificamente *destinados à defesa dos interesses e direitos dos consumidores*.

Aqui está o ponto nodal. É preciso que essa destinação específica, embora não se exija a exclusividade, seja estabelecida por lei, posto que, se assim não for, todo e qualquer órgão da Administração, sem uma nem outra, poderá levantar a bandeira da defesa dos consumidores, atribuindo-se legitimidade para promover qualquer tipo de ação. Deverá, ainda, haver correlação entre os interesses ou direitos coletivos em discussão e os fins institucionais do órgão administrativo ou entidade (pertinência temática).

O PROCON – Coordenadoria de Proteção e Defesa do Consumidor – é um bom exemplo de órgão da Administração Pública legitimado para a defesa dos interesses e direitos coletivos do consumidor em juízo, como já reconhecido pelo Superior Tribunal de Justiça.[30]

195.3 Legitimação da Defensoria Pública

A Defensoria Pública, como órgão da Administração Direta do Estado, não foge dessa regra. A sua legitimação ativa para promover ação civil pública coletiva dependerá também de previsão legal expressa e destinação específica.

Existe essa previsão legal expressa? Essa questão foi controvertida. Com efeito, no REsp nº 734.176 7/RJ, do qual foi relator o Min. Francisco Falcão, a Primeira Turma do Superior Tribunal de Justiça, por unanimidade, não reconheceu legitimidade à Defensoria Pública do Estado do Rio de Janeiro para propor ação civil pública coletiva, em nome próprio, na defesa do direito dos consumidores. Confira-se:

> "Constitucional e Processual. Ação Civil Pública. Defesa dos Interesses dos Consumidores de Energia Elétrica. Ilegitimidade Ativa da Defensoria Pública. Código de Defesa do Consumidor. Inaplicabilidade. Nulidade do Acórdão Recorrido. Inocorrência.

---

[29] Ob. cit., p. 821.
[30] REsp nº 200.827/SP, 3ª Turma, Rel. Min. Carlos Alberto Menezes Direito.

I. O Tribunal a quo julgou satisfatoriamente a lide, pronunciando-se sobre o tema proposto, tecendo considerações acerca da demanda, tendo apreciado a questão afeita à tempestividade da apelação interposta pelo ora recorrido, entendendo que lhe é assegurado o prazo em dobro para recorrer, não havendo, portanto, que se falar em nulidade do acórdão hostilizado.

II. A hipótese em tela diz respeito a ação civil coletiva, ajuizada pelo Núcleo de Defesa do Consumidor da Defensoria Pública do Estado do Rio de Janeiro – NUDECON, em defesa dos consumidores de energia elétrica daquele Estado, contra Light Serviços de Eletricidade S/A e CERJ – Companhia de Eletricidade do Rio de Janeiro, em que postula a ilegalidade de artigos da Portaria nº 466/97 do DNAEE, com a abstenção das rés em suspender o fornecimento de energia elétrica, bem como em calcular a dívida dos consumidores com base em tal regramento legal, condenando aquelas na repetição de valores pagos indevidamente.

III. A Defensoria Pública não possui legitimidade para propor ação coletiva, em nome próprio, na defesa do direito de consumidores, porquanto, nos moldes do art. 82, inciso II, do Código de Defesa do Consumidor, não foi especificamente destinada para tanto, sendo que sua finalidade institucional é a tutela dos necessitados.

IV. O Supremo Tribunal Federal, reforçando o entendimento sufragado, por meio da ADIN nº 558-8/MC, exarou entendimento no sentido da legitimidade da Defensoria Pública para intentar ação coletiva tão somente para representar judicialmente associação desprovida dos meios necessários para tanto, não possibilitando a atuação do referido órgão como substituto processual, mesmo porque desprovido de autorização legal, a teor do art. 6º, do CPC.

V. Recursos especiais providos, para determinar a *ilegitimidade ativa ad causam do NUDECON*, com a consequente extinção do processo sem julgamento de mérito, restando prejudicada a apreciação acerca do prazo em dobro para o recorrido apelar".

Posteriormente, o mesmo Superior Tribunal de Justiça, agora por sua Terceira Turma, julgou por maioria em sentido contrário, conforme segue:

"Processual Civil. Embargos de Declaração. Omissão no Julgado. Inexistência. Ação Civil Pública. Defesa Coletiva dos Consumidores. Contratos de Arrendamento Mercantil Atrelados a Moeda Estrangeira. Maxidesvalorização do Real Frente ao Dólar Norte-Americano. Interesses Individuais Homogêneos. *Legitimidade Ativa do Órgão Especializado Vinculado à Defensoria Pública.*

I. O NUDECON, órgão especializado, vinculado à Defensoria Pública do Estado do Rio de Janeiro, *tem legitimidade ativa* para propor ação civil pública objetivando a defesa dos interesses da coletividade de consumidores que assumiram contratos de arrendamento mercantil, para aquisição de veículos automotores, com cláusula de indexação monetária atrelada à variação cambial.

II. No que se refere à defesa dos interesses do consumidor por meio de ações coletivas, a intenção do legislador pátrio foi ampliar o campo da legitimação ativa, conforme se depreende do art. 82 e incisos do CDC, bem assim do art. 5º, inciso XXXII, da Constituição Federal, ao dispor, expressamente, que incumbe ao Estado promover, na forma da lei, a defesa do consumidor.

III. Reconhecida a relevância social, ainda que se trate de direitos essencialmente individuais, vislumbra-se o interesse da sociedade na solução coletiva do litígio, seja como forma de atender às políticas judiciárias no sentido de se propiciar a defesa plena do consumidor, com a consequente facilitação ao acesso à Justiça, seja para garantir a segurança jurídica em tema de extrema relevância, evitando-se a existência de decisões conflitantes. Recurso especial provido".[31]

A controvérsia sobre a **Legitimação da Defensoria Pública** ficou superada pela Lei nº 11.448, de 15 de janeiro de 2007, que alterou o art. 5º da Lei nº 7.347, de 24 de julho de 1985, para nele incluir a Defensoria Pública entre os legitimados para a propositura da ação civil pública (principal e cautelar), ao lado do Ministério Público, da União, dos Estados, do Distrito Federal, dos Municípios etc. A partir daí não mais poderá ser invocada a falta de previsão legal expressa para não se reconhecer a legitimação da Defensoria Pública.

195.4 Legitimação das associações

Acerca da legitimação das associações, cabem algumas poucas observações. "*A alusão às associações, contida no inciso IV do art. 82 do CDC, é abrangente de sindicatos, cooperativas e todas as demais formas de associativismo (art. 174, § 2º, CF), desde que os requisitos preestabelecidos na lei sejam devidamente preenchidos*".[32]

A legitimação para agir das associações civis tem por finalidade estimular a sociedade civil a se organizar para participar ativamente da defesa dos interesses de seus membros. Principalmente os consumidores não podem depender indefinidamente do paternalismo do Estado.

Deverá haver correlação entre os fins institucionais e os interesses ou direitos coletivos em discussão, vale dizer, pertinência temática. A lei é clara ao dizer que a defesa dos interesses e direitos protegidos pelo CDC deve estar incluída entre os fins institucionais da sociedade.[33] São exemplos a Associação das Vítimas do Palace II (edifício de mais de 20 andares que desabou no Rio de Janeiro, fazendo dezenas de vítimas); Associação das Vítimas de Amianto, das Vítimas do Cofre do Banco do Brasil. Recentemente, as vítimas do acidente aéreo da Air France criaram também uma associação.

---

[31] REsp nº 555.111/RJ, Rel. Min. Castro Filho.
[32] Kazuo Watanabe, ob. cit., p. 821.
[33] CDC, art. 82, IV.

A associação deverá estar legalmente constituída há pelo menos um ano antes do ajuizamento da ação.[34] Esse requisito, a toda evidência, visa evitar o abuso; que associações fantasmas, sem seriedade e precária base associativa, se constituam apenas para o ajuizamento de determinada ação, muitas vezes com fins eleitoreiros, escusos, sem qualquer parcela de responsabilidade.

O requisito da pré-constituição, entretanto, poderá ser dispensado pelo juiz quando houver manifesto interesse social evidenciado pela dimensão **ou** característica do dano, ou pela relevância do bem jurídico a ser protegido. Pode também o juiz, em nosso entender, dispensar a exigência quando constatar que se trata de associação séria, com expressiva base associativa e finalidade autêntica. Há precedente do STJ nesse sentido: *"Presente o interesse social da dimensão do dano e sendo relevante o bem jurídico a ser protegido, como na hipótese, pode o juiz dispensar o requisito da pré-constituição superior a um ano da associação autora de que trata o inciso III do parágrafo único do art. 82 do Código de Defesa do Consumidor, que cuida da defesa coletiva dos interesses ou direitos individuais homogêneos".*[35]

196 COMPETÊNCIA PARA AS AÇÕES COLETIVAS

A competência para as ações coletivas envolve algumas questões relevantes que serão enfrentadas de forma direta e resumida. A primeira diz respeito ao **alcance do art. 93**, no qual o CDC disciplina a matéria em exame.

Esse dispositivo está inserido no capítulo atinente às ações coletivas em defesa dos *interesses individuais homogêneos,* mas a doutrina e a jurisprudência entendem ser ele aplicável também às ações em defesa dos *interesses difusos e coletivos.* Bem observa Ada Pellegrini Grinover: *"Não há como não utilizar aqui, o método integrativo, destinado ao preenchimento da lacuna da lei, tanto pela interpretação extensiva (extensiva do significado da norma) como pela analogia (extensiva pela intenção do legislador)".*

Prossegue a saudosa Mestre: *"Se o art. 93 do CDC fosse aplicável apenas aos interesses individuais homogêneos, o resultado seria a regra da competência territorial de âmbito nacional ou regional só para as ações em defesa dos aludidos direitos, enquanto nos processos coletivos para a tutela de interesses difusos e coletivos a competência nacional ou regional ficaria fora do alcance da lei".*[36] Em poucas palavras, não haveria regra legal de competência para as ações coletivas em defesa dos interesses difusos e coletivos, o que seria um absurdo.

A segunda questão é relativa à **competência da justiça federal e estadual**, a denominada *competência de jurisdição.* Na dicção do aludido art. 93, *caput,* a competência material é da justiça local – estadual – ressalvada a competência da **justiça federal**, vale dizer, a competência será da justiça federal nas causas em que a **União, entidade**

---

[34] CDC, art. 82, IV.
[35] REsp nº 140.097/SP, Rel. Min. César Asfor Rocha.
[36] Ob. cit., p. 874.

autárquica ou empresa pública federal forem interessadas na condição de autoras, rés, assistentes ou oponentes, consoante art. 109 da Constituição Federal.

Quanto à **competência territorial**, o Código elegeu o critério do local do dano, distinguindo duas situações: 1. **dano de âmbito local**, caso em que o inciso I, do **art. 93, atribui competência ao foro do lugar onde ocorreu ou deva ocorrer o dano;** 2. **dano de âmbito nacional ou regional,** caso em que o inciso II do aludido dispositivo atribui competência ao foro da Capital do Estado ou do Distrito Federal, aplicando-se as regras do Código de Processo Civil aos casos de competência concorrente.

Como se vê, *"o legislador guiou-se abertamente pelo critério do local do resultado, que vai coincidir, em muitos casos, com o domicílio das vítimas e da sede dos entes e pessoas legitimadas, facilitando o acesso à Justiça e à produção da prova"*.[37]

Embora se trate de competência territorial, via de regra relativa, no caso ela é absoluta, conforme uníssono entendimento da doutrina e da jurisprudência, pelo que inderrogável e improrrogável pela vontade das partes.

Teoricamente, as regras de competência do CDC são claras e de fácil compreensão. Todos entendem que dano de *âmbito local* é aquele cuja extensão está circunscrita aos limites do Município ou Comarca; dano de *âmbito regional* alcança mais de um Município (ou Comarca) de um mesmo Estado, e dano de *âmbito nacional* estende-se a mais de um Estado **ou municípios** de diferentes Estados.

Na prática, todavia, a questão não é tão simples, o que tem ensejado inúmeros conflitos de competência. Exemplo: estendendo-se o dano por duas ou mais comarcas, ou estados, qual deles será competente? Tem-se entendido que a competência concorrente é de qualquer um deles. Outra questão: sendo o dano de âmbito nacional, a competência será exclusivamente do Distrito Federal? Embora controvertido, tem prevalecido o entendimento no sentido de ser competente o foro da capital dos Estados ou do Distrito Federal, concorrentemente.

Nesse sentido vem se firmando a jurisprudência do Superior Tribunal de Justiça:

> "Ação civil pública. **Dano de Âmbito Nacional**. General Motors do Brasil Ltda. Compra de Veículos – Termos de Garantia – **Cláusula Contratual** – Anulação – Competência – Código do Consumidor. Art. 93. II – Foro da Capital do Estado do Espírito Santo – Precedente. Esta Egrégia Corte já se manifestou no sentido de que não há exclusividade do foro do Distrito Federal para o julgamento de ação civil pública de âmbito nacional. Tratando-se de ação civil pública proposta com o objetivo de ver reparado possível prejuízo de âmbito nacional, a competência para julgamento da lide deve observar o disposto no art. 93, II do Código de Defesa do Consumidor, que possibilita

---

[37] Ada Pellegrini Grinover, ob. cit., p. 877.

o ingresso no juízo estadual da Capital ou do Juízo Federal do Distrito Federal, competências territoriais concorrentes, colocadas em planos iguais".[38]

De igual forma se pronunciou a Segunda Seção do Superior Tribunal de Justiça:

"Conflito de Competência. Ação Civil Pública. Código de Defesa do Consumidor. Interpretando o artigo 93, II, do Código de Defesa do Consumidor, já se manifestou esta Corte no sentido de que não há exclusividade do foro do Distrito Federal para o julgamento de *ação civil pública de âmbito nacional*. Isto porque o referido artigo, ao se referir à Capital do Estado e ao Distrito Federal, invoca competências territoriais concorrentes, devendo ser analisada a questão estando a Capital do Estado e o Distrito Federal em planos iguais, sem conotação específica para o Distrito Federal. Conflito conhecido para declarar a competência do Primeiro Tribunal de Alçada Cível do Estado de São Paulo para prosseguir no julgamento do feito" (acórdão unânime).[39]

Em julgado mais recente, a Quarta Turma do STJ foi ainda mais explícita.

"Direito do consumidor e processual civil. Ação civil pública, *dano ao consumidor em escala nacional*. Foro competente. Exegese no art. 93, inciso II, do CDC.

1. O alegado dano ao consumidor que compra veículo automotor, com cláusula de garantia supostamente abusiva, é de âmbito nacional, porquanto a garantia de que se cogita é a fornecida pela fábrica, não por concessionária específica, atingindo um número indeterminado de consumidores em todos os Estados da Federação.

2. No caso, inexiste competência exclusiva do Distrito Federal para julgamento de ações civis públicas cuja controvérsia gravite em torno do *dano ao consumidor em escala nacional*, podendo a demanda também ser proposta na capital dos Estados da Federação, cabendo ao autor a escolha do foro que melhor lhe convier.

3. Cumpre notar que, muito embora o inciso II do art. 93 do CDC tenha criado uma vedação específica, de natureza absoluta – não podendo o autor da ação civil pública ajuizá-la em uma comarca do interior, por exemplo –, a verdade é que, entre os foros absolutamente competentes, como entre o foro da capital do Estado e do Distrito Federal, há concorrência de competência, cuidando-se, portanto, de competência relativa.

---

[38] REsp nº 218.492/ES, 2ª Turma, Rel. Min. Francisco Peçanha Martins.
[39] Conflito de Competência nº 17.533/DF, Rel. Min. Carlos Alberto Menezes Direito.

4. Com efeito, tendo sido a ação distribuída a uma vara cível do Distrito Federal, obtendo inclusive sentença de mérito, não poderia o Tribunal a quo, de ofício, por ocasião do julgamento da apelação, declinar da competência para a comarca de Vitória/ES, porque, a um só tempo, o autor, a quem cabia a escolha do foro, conformou-se com a tramitação do processo no Distrito Federal, e porque entre Vitória/ES e o Distrito Federal há competência concorrente para o julgamento da ação, nos termos do art. 93, II, do CDC, não podendo haver tal providência sem a manifestação de exceção de incompetência".[40]

197 A COISA JULGADA NAS AÇÕES COLETIVAS

197.1 Efeitos

Tempos atrás, quando ainda era permitido fumar a bordo de aeronaves, um juiz do Rio Grande do Sul prolatou uma decisão proibindo tal prática. Que efeitos produziu essa sentença? A quantos atingiu e em que área? Esse caso bem dimensiona a questão dos efeitos da coisa julgada nas ações coletivas em defesa dos interesses ou direitos difusos.

As principais características desses direitos, como vimos,[41] são a indeterminação dos sujeitos e a indivisibilidade do objeto. Logo, não é possível conceder ou negar o bem pretendido para um sem concedê-lo ou negá-lo para todos. Os efeitos da decisão necessariamente serão iguais para todos. O mesmo ocorrerá nas ações coletivas propriamente ditas, cujo objeto é também indivisível.

Essas peculiaridades dos interesses ou direitos difusos e coletivos levaram os processualistas a repensar os efeitos da coisa julgada nas ações coletivas.

De acordo com o art. 506 do Código de Processo Civil de 2015, "*a sentença faz coisa julgada* **às partes entre as quais é dada, não prejudicando terceiros**". A toda evidência, esses limites subjetivos da coisa julgada não atendiam à eficácia da sentença nas ações coletivas.

Para atender as peculiaridades dos direitos difusos e coletivos, desde a ação popular e, posteriormente, na ação civil pública, os limites da coisa julgada foram estendidos *erga omnes* ou *ultra partes*, salvo quando o pedido é rejeitado por insuficiência de provas. É o que se tem chamado de coisa julgada *secundum eventum litis*.

197.2 Efeitos *erga omnes* nos direitos difusos

Essa técnica foi também adotada no art. 103 do CDC para disciplinar os efeitos da coisa julgada nas ações em defesa dos interesses ou direitos coletivos dos consumidores. O inciso I desse dispositivo disciplina a coisa julgada nas ações coletivas em

---

[40] REsp nº 712.006/DF, Rel. Min. Luis Felipe Salomão.
[41] CDC, art. 81, parágrafo único, I.

defesa de *interesses ou direitos difusos*. Será *"erga omnes, exceto se o pedido for julgado improcedente por insuficiência de provas".*

A regra, como se vê, é da coisa julgada *erga omnes* em razão da própria natureza desses interesses: *indivisíveis* e *transindividuais*. Não seria razoável, no exemplo lembrado no início, que a proibição de fumar em aeronave ficasse restrita apenas a uma determinada região quando as aeronaves circulam por todo o país e exterior, e todos os passageiros, em todos os lugares, ficam expostos aos mesmos males do cigarro.

O mesmo ocorrerá se determinada cláusula de contrato bancário por adesão, de âmbito nacional, for declarada nula; se um remédio com defeito (ou falso), distribuído em todo o país, for retirado do mercado; se uma publicidade enganosa, veiculada em todos os estados, for proibida. O provimento judicial, necessariamente, beneficiará a todos os consumidores que tenham sido ou venham a ser lesados, em qualquer parte do país, sob pena de restar inócuo o requisito da indivisibilidade.

Não se formará a coisa julgada *erga omnes*, entretanto, se o pedido for **julgado improcedente por insuficiência de provas**, hipótese em que qualquer legitimado poderá intentar outra ação, com idêntico fundamento, valendo-se de nova prova. A toda evidência, para que não ocorra a coisa julgada, deverá o juiz declarar, explícita ou implicitamente, na motivação ou no dispositivo da sentença, que a demanda está sendo rejeitada por insuficiência de provas.

197.3 Efeitos *ultra partes* nos direitos coletivos

O inciso II, do art. 103, do CDC contém a regra da coisa julgada no caso de *direitos coletivos* propriamente dito, cujo objeto é também indivisível. Será *"ultra partes, mas limitadamente ao grupo, categoria ou classe, salvo improcedência por insuficiência de provas".*

Como se vê, a coisa julgada aqui é *ultra partes* e não *erga omnes* como no regime anterior. No caso de interesses difusos, a coisa julgada se estende a todos da coletividade, sem exceção, porque estão ligados por circunstâncias de fato. Em se tratando de interesses coletivos, cujos titulares estão ligados por uma relação jurídica base, os efeitos da sentença estão limitados aos membros do grupo, categoria ou classe.

Assim, por exemplo, se a sentença decretar a nulidade, por abusividade, de uma cláusula de determinado contrato bancário, apenas os consumidores que celebraram esse contrato serão beneficiados pela coisa julgada. O mesmo ocorrerá no caso de aumento abusivo de mensalidades escolares, reajuste das prestações do seguro ou planos de saúde etc. A coisa julgada será *ultra partes*, isto é, apenas para os pais, alunos, titulares e beneficiários que, por força do contrato escolar ou de saúde, estavam submetidos a reajustes ou aumentos abusivos. No caso de ser a ação julgada improcedente por falta de provas o efeito *ultra partes* não impede o ajuizamento de nova ação coletiva e de ações individuais.

O Código do Consumidor adotou a expressão *ultra partes* exatamente para caracterizar que o interesse defendido na ação coletiva é restrito ao grupo, não se confundindo com o interesse difuso que se espalha por toda a coletividade.

197.4 Efeitos *erga omnes* nos direitos individuais homogêneos

A regra da coisa julgada para os interesses ou direitos individuais homogêneos está no inciso III, do art. 103, do CDC, *verbis*: "***erga omnes***, *apenas no caso de procedência do pedido, para beneficiar todas as vítimas e seus sucessores*". Ou seja, a coisa julgada só será *erga omnes* no caso de procedência do pedido (não no caso de improcedência por qualquer motivo), sem prejudicar os terceiros que não tenham intervindo no processo como litisconsortes (art. 103, § 2º, do CDC).

A lição de Ada Pellegrini Grinover, por sua precisão, merece ser relembrada: "*Julgada procedente a ação coletiva de responsabilidade pelos danos individualmente sofridos, proposta nos termos do art. 91 do Código, a sentença beneficiará todas as vítimas e seus sucessores, que poderão proceder à liquidação da sentença e à posterior execução (coletiva ou individual), na conformidade do disposto nos arts. 97 ss. do Código. Mas na hipótese de improcedência da ação coletiva, as pessoas lesadas, que não tiverem participado da relação processual como litisconsortes do autor coletivo, ainda poderão propor ação indenizatória a título individual. A decisão desfavorável proferida na ação coletiva constituirá um simples precedente, mais ou menos robusto conforme o caso, mas não será o fenômeno da coisa julgada que impedirá o ajuizamento de ações individuais*".[42]

198 APROVEITAMENTO DA COISA JULGADA FAVORÁVEL DA AÇÃO COLETIVA NAS AÇÕES INDIVIDUAIS

Vamos encerrar este estudo das ações coletivas destacando mais algumas disposições do CDC. Em primeiro lugar, o § 3º do art. 103, que assim dispõe: "*Os efeitos da coisa julgada de que cuida o art. 16, combinado com o art. 13 da Lei nº 7.347, de 24 de julho de 1985, não prejudicarão as ações de indenização por danos pessoalmente sofridos, propostas individualmente ou na forma prevista neste Código, mas, se* **procedente o pedido, beneficiarão as vítimas e seus sucessores, que poderão proceder à liquidação e à execução, nos termos dos arts. 96 a 99*".

Esse dispositivo, observa Ada Pellegrini Grinover, inspirado no princípio de economia processual e nos critérios da **coisa julgada *secundum eventum litis***, expressamente autoriza o transporte, *in utilibus*, da coisa julgada resultante de sentença proferida na ação civil pública para as ações individuais de indenização por danos pessoalmente sofridos.[43] Se a ação civil pública for julgada procedente, o Código prevê o aproveitamento da coisa julgada favorável oriunda da ação civil pública, possibilitando às vítimas e seus sucessores serem por ela beneficiados, sem necessidade de nova sentença condenatória. Terão apenas que proceder à liquidação da sentença, consoante art. 97 do CDC. No caso de improcedência da ação civil pública, os terceiros, titulares de pretensões indenizatórias a título de ressarcimento de danos pessoalmente sofridos, são imunes à coisa julgada, podendo ajuizar suas próprias ações reparatórias.

---

[42] Ob. cit., p. 933-934.
[43] Ob. cit., p. 934.

199 LIQUIDAÇÃO E EXECUÇÃO DA SENTENÇA

Temos a seguir o art. 95, que diz: "*Em caso de procedência do pedido, a **condenação será genérica**, fixando a responsabilidade do réu pelos danos causados*". Vale dizer, a sentença condenatória apenas tornará certo o dever de indenizar (*an debeatur*); reconhece a existência do dano genérico e o dever de indenizar, tal como ocorre com a condenação penal, que torna certo o dever de indenizar.[44] Deverá, todavia, ser liquidada e executada em processo próprio, como dispõe o art. 97: "*A liquidação e a execução da sentença poderão ser promovidas pela vítima e seus sucessores, assim como pelos legitimados de que trata o art. 82*".

A liquidação da sentença caberá a cada beneficiário, na qual deverá ser provado o dano pessoal, o nexo causal com o dano geral reconhecido na sentença, e o montante da condenação (*quantum debeatur*). Assim, por exemplo, se a sentença condenou determinada indústria pela poluição de certo rio ou baía, caberá a cada pescador prejudicado pelo acidente poluidor a liquidação da sentença, na qual deverá fazer prova do seu dano pessoal (material ou moral).

Se na propositura da ação coletiva, por substituição processual, não era necessária a nominação das vítimas atingidas pelo dano, na fase de liquidação e execução da sentença condenatória tal procedimento se torna imperioso, pois será praticamente inviável a liquidação ou execução do julgado sem a relação das mesmas devendo ainda, nesta fase, cada interessado comprovar sua perfeita adequação ao caso proposto inicialmente. Por isso, "*A ação individual destinada à satisfação do direito reconhecido em sentença condenatória genérica, proferida em ação civil coletiva, não é uma ação de execução comum. É ação de elevada carga cognitiva, pois nela se promove, além da individualização e liquidação do valor devido, também juízo sobre a titularidade do exequente em relação ao direito material. O elevado grau de cognição necessário para o cumprimento de sentença condenatória genérica implica seja seguido o procedimento comum, semelhante ao da liquidação por artigos*".[45]

Outra questão: qual será o foro competente para a liquidação e execução da sentença prolatada em ação coletiva? Aplica-se aqui o disposto no art. 516, II, do Código de Processo Civil de 2015? Nos termos do art. 516, II, do CPC, o cumprimento da sentença efetuar-se-á perante o juízo que decidiu a causa no primeiro grau de jurisdição. Como concentrar todas as execuções no juízo que decidiu a causa, tratando-se de sentença coletiva com repercussão nacional, com milhares de beneficiados espalhados por todo o país? Além de sobrecarregar o juízo que julgou a ação coletiva, inviabilizaria o acesso à Justiça dos beneficiários. Literalmente, a lei tiraria com uma mão o que deu com a outra.

---

[44] Código Penal, art. 91, I; Código de Processo Penal, art. 63; e Código de Processo Civil de 2015, art. 515, VI.
[45] EREsp nº 475566/PR, 1ª Seção, Rel. Min. Teori Albino Zavascki, julgado em 25/8/2004.

Uma vez mais, a disciplina do CPC para as ações individuais se revela insuficiente nas ações coletivas, impondo-se uma nova visão sobre a questão, conforme ressaltou o Ministro Teori Albino Zavascki em sede doutrinária:

> "No que se refere à competência, a ação de cumprimento não está subordinada ao princípio geral, inspirador do sistema do CPC (art. 475-P), segundo o qual o juízo da ação é também juízo para a execução. Esse princípio tem sua razão de ser ligada ao que geralmente ocorre no processo comum, em que o juízo da ação promove a atividade cognitiva em sua integralidade. Para esses casos o princípio se justifica. Conforme escreveu Pontes de Miranda, 'o juízo que julgara está em posição de melhor executar o que decidira', razão pela qual 'a regra jurídica do art. 575, I, como a do art. 575, II, atende a isso, à prioridade decorrente da ligação entre o processo de cognição e o de execução' (Pontes de Miranda, F. C. *Comentários ao Código de Processo Civil*. Rio de Janeiro: Forense, 1974, t. IX, p. 160. Os artigos citados correspondem, após a Lei 11.232/2005, aos arts. 475-P, I, e 475-P, II.) Assim, fundado no pressuposto da conexidade sucessiva dessas ações, o princípio busca atender o interesse público de melhor desempenho da função jurisdicional.
>
> Relativamente às ações de cumprimento das sentenças genéricas das ações coletivas, não se fazem presentes os pressupostos orientadores do citado princípio. O juízo da sentença primitiva foi limitado quanto à cognição, que ficou restrita ao núcleo de homogeneidade dos direitos. A especificação da matéria, a sua individualização em situações concretas, dar-se-á, na verdade, justamente nessa segunda etapa da atividade cognitiva. Assim, a relação entre cognição da primeira fase e liquidação não se dá, aqui, com o grau de profundidade existente em outras situações. Por outro lado, a adoção do princípio antes referido certamente não contribuiria para alcançar os objetivos a que se destina. Pelo contrário, a concentração de todas as ações de cumprimento num único juízo acarretaria não um melhor desempenho, e sim o emperramento da função jurisdicional. Ademais, dependendo das circunstâncias de fato, sua adoção deixa o titular do direito subjetivo em condições piores do que se tivesse promovido desde logo sua demanda individual. É o que ocorre, por exemplo, com os demandantes cujo domicílio é outro que não o do juízo da ação coletiva. Por tais razões, não faz sentido aplicar aqui o princípio da vinculação necessária entre juízo da ação e juízo da execução. A competência para a ação de cumprimento será determinada pelas regras gerais do CPC, mais especificamente no seu Livro I, Título IV, como ocorre com a liquidação e execução da sentença penal condenatória, da sentença estrangeira, da sentença arbitral (CPC, art. 475-P, III) e dos títulos executivos extrajudiciais".[46]

---

[46] *Processo coletivo: tutela de direitos coletivos e tutela coletiva de direitos*, 5. ed., Revista dos Tribunais, 2011, p. 179-180. Nesse sentido formou-se o entendimento do STJ nos seguintes precedentes:

Por fim, a Corte Especial uniformizou o entendimento no sentido de que a liquidação e execução da sentença possam ser feitas no domicílio do consumidor.

"Direito processual. Recurso representativo de controvérsia (art. 543-C, CPC). Direitos metaindividuais. Ação civil pública. Apadeco x Banestado. Expurgos inflacionários. *Execução/liquidação individual. Foro competente.* Alcance objetivo e subjetivo dos efeitos da sentença coletiva. Limitação territorial. Impropriedade. Revisão jurisprudencial. Limitação aos associados. Inviabilidade. Ofensa à coisa julgada.

1. Para efeitos do art. 543-C do CPC:

1.1. A liquidação e a execução individual de sentença genérica proferida em ação civil coletiva pode ser ajuizada no foro do domicílio do beneficiário, porquanto os efeitos e a eficácia da sentença não estão circunscritos a lindes geográficos, mas aos limites objetivos e subjetivos do que foi decidido, levando-se em conta, para tanto, sempre a extensão do dano e a qualidade dos interesses metaindividuais postos em juízo (arts. 468, 472 e 474, CPC e 93 e 103, CDC)".[47]

199.1 O art. 100 do CDC

Não sendo conhecidos os consumidores lesados, titulares da indenização, e não tendo eles se apresentado pleiteando a execução da sentença coletiva no prazo legal, a liquidação e a execução da indenização podem ser promovidas pelos legitimados do art. 82, consoante art. 100 do CDC:

"Art. 100. Decorrido o prazo de um ano sem habilitação de interessados em número compatível com a gravidade do dano, poderão os legitimados do art. 82 promover a liquidação e execução da indenização devida.

Parágrafo único. O produto da indenização devida reverterá para o fundo criado pela Lei nº 7.347, de 24 de julho de 1985".

É a chamada reparação fluida (*fluid recovery*) utilizada em situações nas quais os beneficiários do dano não são identificáveis, o prejuízo é individualmente irrelevante mas globalmente relevante e, subsidiariamente, caso não haja habilitação dos beneficiários. A fonte de inspiração direta da "fluid recovery *do direito brasileiro são as* class actions *do direito norte-americano*",[48] e tem como pressuposto "*básico a impossibilidade*

EREsp nº 691563/RS (Corte Especial, Rel. Min. Ari Pargendler, *DJ* 26/6/2006, p. 82; *RDDP*, v. 42 p. 162) e EREsp nº 475566/PR (1ª Seção, Rel. Min. Teori Albino Zavascki, *DJ* 13/9/2004, p. 168).

[47] REsp nº 1.243.887, Rel. Min. Luis Felipe Salomão (decisão tomada em recurso repetitivo).

[48] Antonio Herman Benjamin, V. *Comentários ao Código de Defesa do Consumidor*, 2. ed., Revista dos Tribunais, 2006, p. 1.052.

de reunião de todas as vítimas de uma determinada lesão a direito e indicando ao juiz da causa a possibilidade de controle do que se convencionou denominar 'representatividade adequada', assim como da efetiva existência de um interesse comum entre os diversos integrantes".[49]

Tal providência, embora não diretamente ressarcitória aos lesados, virá em proveito da generalidade dos consumidores, na medida em que propiciará recursos para medidas em defesa do sistema de tutela dos consumidores, tendo, por outro lado, caráter inibitório da prática de futuros atos ilegais pelo vencido. A reparação fluida, na maioria das vezes, ostenta peculiar natureza punitiva e não meramente ressarcitória, com o escopo precípuo de assegurar os interesses da coletividade, de modo a impedir que a sentença seja inócua.

A hipótese é comum no campo das relações de consumo, quando se trata de danos insignificantes em sua individualidade, mas ponderáveis no conjunto. Imagine-se, por exemplo, o caso de venda de produto cujo peso ou quantidade não corresponda ao equivalente ao preço cobrado. O dano globalmente causado pode ser considerável, mas de pouca ou nenhuma importância o prejuízo sofrido por cada consumidor lesado. Foi para casos como esses que o *caput* do art. 100 previu a *fluid recovery*.

Reitere-se que a indenização destinada ao Fundo criado pela LACP, nos termos do parágrafo único do art. 100, é residual no sistema brasileiro, só podendo destinar-se ao referido Fundo se não houver habilitantes em número compatível com a gravidade do dano.

A liquidação promovida pelos legitimados após o decurso do prazo legal, quando não haja habilitações dos prejudicados ou quando essas não forem em número compatível com a gravidade do dano, terá por objeto a apuração do prejuízo globalmente causado. A toda evidência, a liquidação e execução somente acontecerá na parte em que a sentença condenatória for passível de liquidação sem a participação necessária das vítimas, em especial no que diz respeito às multas, custas e verbas honorárias.

O Ministério Público tem legitimação ativa (extraordinária) para promover a liquidação e execução da sentença coletiva, quando não houver execução individual do julgado por número considerável de consumidores prejudicados, eis que se objetiva conferir efetividade à indenização pelo ato abusivo praticado em relação de consumo.

200 INOCORRÊNCIA DE LITISPENDÊNCIA

Merece ainda destaque o art. 104 do CDC, que dispõe: "*As ações coletivas, previstas nos incisos I e II e parágrafo único do art. 81, não induzem litispendência para as ações individuais, mas os efeitos da coisa julgada* erga omnes *ou* ultra partes *a que aludem os incisos II e III do artigo anterior não beneficiarão os autores das ações individuais, se não for requerida sua suspensão no prazo de trinta dias, a contar da ciência*

---

[49] Ob. cit., p. 1.052.

nos autos do ajuizamento da ação coletiva". Não haverá, portanto, litispendência entre as ações coletivas em defesa dos interesses difusos e as ações individuais, até porque não existirá na hipótese a tríplice identidade – de partes, de objeto e de causa de pedir. As ações coletivas têm por objeto a reparação do bem indivisivelmente considerado, ou a obrigação de fazer ou não fazer, ao passo que nas ações individuais o objeto é a indenização pessoal.

O dispositivo oferece duas opções ao autor da ação individual: (a) prosseguir na demanda, caso em que ficará excluído da extensão subjetiva do julgado; (b) requerer a suspensão do processo individual, no prazo de 30 dias a contar da ciência, nos autos do ajuizamento da ação coletiva, caso em que será beneficiado pela coisa julgada favorável que se formar na ação coletiva. Se a ação coletiva for julgada improcedente, o processo individual retomará o seu curso, podendo ainda o autor ver acolhida sua pretensão.

Síntese conclusiva. Uma das principais características da ação coletiva é a sua autonomia em relação à ação individual. Assim, em qualquer caso: (a) a ação coletiva não inibe nem prejudica a propositura da ação individual com o mesmo objeto, ficando o autor individual vinculado ao resultado da sua própria demanda, ainda que improcedente essa e procedente a coletiva; (b) quanto aos demais titulares individuais, a sentença da ação coletiva fará coisa julgada *erga omnes*, mas somente em caso de procedência do pedido; (c) a sentença genérica de procedência servirá de título para a propositura da ação individual de cumprimento, pelo regime de representação, consistente de atividade cognitiva de liquidação por artigos, seguida de atividade executória desenvolvida pelo procedimento comum do CPC e em conformidade com a natureza da prestação devida.

201 LIMITAÇÃO TERRITORIAL DOS EFEITOS DAS AÇÕES COLETIVAS

A Medida Provisória nº 1.570/97, convertida na Lei nº 9.494/97, alterou a redação do art. 16 da Lei nº 7.347/85 para restringir os efeitos da coisa julgada nas ações coletivas. "*A sentença civil fará coisa julgada erga omnes, nos limites da competência territorial do órgão prolator*." Assim, uma ação coletiva julgada procedente no Rio de Janeiro, contra um Banco com agências e clientes em todo o país, teria eficácia apenas no Rio de Janeiro; no resto do país o Banco continuaria aplicando o mesmo contrato com cláusula abusiva.

O dispositivo contraria a ideia central do processo civil coletivo, razão pela qual recebeu a mais veemente crítica da doutrina. A Lei nº 7.347/85, que é lei geral em relação a ação civil pública, não tem o condão de alterar o Código do Consumidor (Lei nº 8.078/90), que é lei especial em relação a ação civil pública. Ademais, a própria Lei da Ação Civil Pública, em seu art. 21, determina a aplicação das normas constantes do CDC, no que cabível. E este, ao regular os efeitos da coisa julgada nas ações coletivas (art. 103, I e III), não fez qualquer distinção ou limitação quanto aos efeitos do julgado proferido em ação coletiva de âmbito nacional. Se o dano é de âmbito nacional, o limite territorial de abrangência da decisão será nacional. Ou a demanda é coletiva, ou não o é; ou a coisa julgada é *erga omnes*, ou não o é. E se o pedido for efetivamente coletivo, haverá uma clara relação de litispendência entre as várias ações ajuizadas nos diversos Estados da Federação. Logo, a modificação contida no art. 16, da Lei de Ação Civil Pública, não atinge as ações coletivas fundadas no Código do Consumidor, porque este não foi alterado.

Nesse sentido vinha se inclinando a jurisprudência do STJ por sua Terceira Turma, como segue:

> "Processo Civil e Direito do Consumidor. Ação coletiva ajuizada por associação civil em defesa de direitos individuais homogêneos. Expurgos inflacionários devidos em caderneta de poupança em janeiro de 1989. Distinção entre eficácia da sentença e coisa julgada. Eficácia nacional da decisão.
>
> A Lei da Ação Civil Pública, originariamente, foi criada para regular a defesa em juízo de direito difusos e coletivos. A figura dos direitos individuais homogêneos surgiu a partir do Código de Defesa do Consumidor, como uma terceira categoria equiparada aos primeiros, porém ontologicamente diversa.
>
> Distinguem-se os conceitos de eficácia e de coisa julgada. A coisa julgada é meramente a imutabilidade dos efeitos da sentença. ***O art. 16 da LAP, ao impor limitação territorial à coisa julgada, não alcança os efeitos que propriamente emanam da sentença.***
>
> Os efeitos da sentença produzem-se 'erga omnes', para além dos limites da competência territorial do órgão julgador".[50]

Entretanto, em face do dissídio em relação a acórdãos da Quarta Turma,[51] a Segunda Seção do Superior Tribunal de Justiça, nos Embargos de Divergência interpostos no REsp nº 399.357/SP, decidiu que, "*nos casos de sentença civil proferida em ação de caráter coletivo,* ***cabe apenas a aplicação da Lei da Ação Civil Pública (LACP), que limita os efeitos da sentença à competência territorial do órgão que proferiu a decisão***". O relator dos embargos, Ministro Fernando Gonçalves, ressaltou que a decisão seguiu entendimento da Corte Especial do STJ, segundo a qual "*a sentença proferida em ação civil pública fará coisa julgada erga omnes nos limites da competência territorial do órgão prolator da decisão, conforme dispõe o art. 16 da Lei nº 7.347/85, alterado pela Lei nº 9.494/97*".

Esse entendimento, felizmente, foi revisto pela Corte Especial do STJ no julgamento do REsp nº 1243887 (decisão tomada em recurso repetitivo), Relator o Ministro Luis Felipe Salomão, cujo voto merece transcrição pela sua erudição e robustez jurídica:

> "Tal interpretação, uma vez mais, esvazia a utilidade prática da ação coletiva, mesmo porque, cuidando-se de dano de escala nacional ou regional, a ação somente pode ser proposta na capital dos Estados ou no Distrito Federal

---

[50] REsp nº 399.357/SP, Rel. Min. Nancy Andrighi.
[51] REsp nº 253.589/SP e REsp nº 293.407/SP.

(art. 93, inciso II, CDC). Assim, a prosperar a tese do recorrente, o efeito erga omnes próprio da sentença estaria restrito às capitais, excluindo todos os demais potencialmente beneficiários da decisão.

A bem da verdade, o art. 16 da LACP baralha conceitos heterogêneos – como coisa julgada e competência territorial – e induz a interpretação, para os mais apressados, no sentido de que os 'efeitos' ou a 'eficácia' da sentença podem ser limitados territorialmente, quando se sabe, a mais não poder, que coisa julgada – a despeito da atecnia do art. 467 do CPC – não é 'efeito' ou 'eficácia' da sentença, mas **qualidade** que a ela se agrega de modo a torná-la 'imutável e indiscutível'.

É certo também que a competência territorial limita o exercício da jurisdição e não os efeitos ou a eficácia da sentença, os quais, como é de conhecimento comum, correlacionam-se com os 'limites da lide e das questões decididas' (art. 468, CPC) e com as que o poderiam ter sido (art. 474, CPC) – *tantum judicatum, quantum disputatum vel disputari debebat*.

A apontada limitação territorial dos efeitos da sentença não ocorre nem no processo singular, e também, com mais razão, não pode ocorrer no processo coletivo, sob pena de desnaturação desse salutar mecanismo de solução plural das lides.

A prosperar tese contrária, um contrato declarado nulo pela justiça estadual de São Paulo, por exemplo, poderia ser considerado válido no Paraná; a sentença que determina a reintegração de posse de um imóvel que se estende a território de mais de uma unidade federativa (art. 107, CPC) não teria eficácia em relação a parte dele; ou uma sentença de divórcio proferida em Brasília poderia não valer para o judiciário mineiro, de modo que ali as partes pudessem ser consideradas ainda casadas, soluções, todas elas, teratológicas.

A questão principal, portanto, é de alcance objetivo ('o que' se decidiu) e subjetivo (em relação 'a quem' se decidiu), mas não de competência territorial.

Pode-se afirmar, com propriedade, que determinada sentença atinge ou não esses ou aqueles sujeitos (alcance subjetivo), ou que atinge ou não essa ou aquela questão fático-jurídica (alcance objetivo), mas é errôneo cogitar-se de sentença cujos efeitos não são verificados, a depender do território analisado.

Nesse sentido é o magistério de Rodolfo de Camargo Mancuso, alinhando-se às ácidas críticas de Nelson Nery e José Marcelo Menezes Vigilar:

'Qualquer sentença proferida por órgão do Poder Judiciário pode ter eficácia para além de seu território. Até a sentença estrangeira pode produzir efeitos no Brasil, bastando para tanto que seja homologada pelo STF [agora STJ]. Assim, as partes entre as quais foi dada a sentença estrangeira são atingidas por seus efeitos onde quer que estejam no planeta Terra. Confundir jurisdição e competência com limites subjetivos da coisa julgada é, no mínimo, desconhecer a ciência do direito.

Com efeito, o problema atinente a saber quais pessoas ficam atingidas pela imutabilidade do comando judicial insere-se na rubrica dos limites subjetivos desse instituto processual dito 'coisa julgada', e não sob a óptica de categorias outras, como a jurisdição, a competência, a organização judiciária' (MANCUSO, Rodolfo de Camargo. Ação civil pública: em defesa do meio ambiente, do patrimônio cultural e dos consumidores. 11. ed. São Paulo: Revista dos Tribunais, 2009, p. 322-323)

A antiga jurisprudência do STJ, segundo a qual 'a eficácia *erga omnes* circunscreve-se aos limites da jurisdição do tribunal competente para julgar o recurso ordinário' (REsp 293.407/SP, Quarta Turma, confirmado nos EREsp n. 293.407/SP, Corte Especial), em hora mais que ansiada pela sociedade e pela comunidade jurídica, deve ser revista para atender ao real e legítimo propósito das ações coletivas, que é viabilizar um comando judicial célere e uniforme – em atenção à extensão do interesse metaindividual objetivado na lide.

Caso contrário, 'esse diferenciado regime processual não se justificaria, nem seria eficaz, e o citado interesse acabaria privado de tutela judicial em sua dimensão coletiva, reconvertido e pulverizado em multifárias demandas individuais' (MANCUSO, Rodolfo de Camargo. Op. cit. p. 325), 'atomizando' as lides na contramão do moderno processo de 'molecularização' das demandas.

Com efeito, como se disse anteriormente, por força do art. 21 da Lei nº 7.347/85, o Capítulo II do Título III do CDC e a Lei das Ações Civis Públicas formam, em conjunto, um microssistema próprio do processo coletivo, seja qual for a sua natureza, consumerista, ambiental ou administrativa.

Assim, com o propósito também de contornar a impropriedade técnico--processual cometida pelo art. 16 da LACP, a questão relativa ao alcance da sentença proferida em ações coletivas deve ser equacionada de modo a harmonizar os vários dispositivos aplicáveis ao tema.

Nessa linha, o alcance da sentença proferida em ação civil pública deve levar em consideração o que dispõe o Código de Defesa do Consumidor acerca da extensão do dano e da qualidade dos interesses metaindividuais postos em juízo.

Portanto, se o dano é de escala local, regional ou nacional, o juízo competente para proferir sentença, certamente, sob pena de ser inócuo o provimento, lançará mão de comando capaz de recompor ou indenizar os danos local, regional ou nacionalmente, levados em consideração, para tanto, os beneficiários do comando, independentemente de limitação territorial".

202 DESCABIMENTO DA ASSISTÊNCIA EM CAUSAS COLETIVAS

A questão, pouco versada na doutrina, foi enfrentada com correção por Fredie Didier Jr.: "*Não pode o particular intervir como assistente em causas coletivas. Essa intervenção, que só poderia ser aceita na qualidade de assistência simples, além de problemas de ordem prática, não se justifica pela absoluta falta de interesse, pois o resultado do processo jamais poderia prejudicar-lhe: a coisa coletiva só é transportada para a esfera particular in utilibus".*[52]

Ademais, como bem observa Antonio Gidi, essa intervenção do particular subverteria a própria essência das ações coletivas:

> "Acontece que, a ser admitida a intervenção assistencial de particulares nas ações coletivas, estar-se-ia negando a própria razão de ser das ações coletivas no direito brasileiro. Enfim, tanto razões de caráter dogmático como de caráter pragmático convergem para a vedação à possibilidade de um particular intervir numa ação coletiva como assistente.
>
> O primeiro argumento a ser levantado é de ordem pragmática. Ao feito poderiam acorrer tantos particulares como assistentes que inviabilizariam completamente a condução regular do processo, comprometendo o pleno exercício da jurisdição, da ação e da defesa. E é exatamente isso, entre outras coisas, que a ação coletiva visa evitar.
>
> Outros argumentos, estes de caráter dogmático, contrários à admissão de assistência por particulares em ação coletiva podem ser elencados. Por exemplo: (a) se o indivíduo não tem legitimidade ad causam para propor, não a terá para intervir em ação coletiva; (b) o interessado não teria interesse processual para intervir; (c) não há relação do interessado com a pessoa a quem assiste etc."

203 CUSTAS PROCESSUAIS E HONORÁRIOS

Por derradeiro, merece lembrança o art. 87 do CDC: *"Nas ações coletivas de que trata este Código **não haverá** adiantamento de custas, emolumentos, honorários periciais e quaisquer outras despesas, nem condenação da associação autora, salvo comprovada má-fé, em honorários de advogado, custas e despesas processuais".* Por sua clareza, o dispositivo dispensa comentários. Em face da natural hipossuficiência econômica do consumidor, a norma visa facilitar o máximo o seu acesso à Justiça, afastando qualquer empecilho de ordem financeira.

Nesse sentido a lição de Rodolfo de Camargo Mancuso:

> "Na Ação Civil Pública (arts. 17 e 18), tanto quanto na ação popular, [...] como nas ações em defesa dos consumidores [...] o legislador parte da premissa comum de que tais ações são presumivelmente propostas: 1) em prol do interesse social relevante, ou ao menos, de um interesse coletivo; e 2) por um legitimado ativo que se apresenta como representante idôneo

---

[52] *Aspectos polêmicos e atuais sobre os terceiros no Processo Civil e assuntos afins*, coord. Fredie Didier Jr. e Teresa Arruda Alvim Wambier, Revista dos Tribunais, 2004, p. 415-416.

do interesse objetivado. É por isso que os dispositivos legais seguem uma linha diferenciada, em contraste com a regra de sucumbência prevista, genericamente, no CPC (artigo 20); dado o princípio de hermenêutica segundo o qual o especial prefere ao geral, aquelas normas especiais previstas naquelas leis extravagantes, são derrogatórias do direito comum".[53]

204 A INVERSÃO DO ÔNUS DA PROVA EM AÇÃO COLETIVA

Caminha-se para a pacificação de entendimento a questão sobre o cabimento, em ação civil pública de índole consumerista, da inversão do ônus da prova em favor do Ministério Público. De nossa parte, o entendimento foi sempre favorável pelas seguintes razões.

O parágrafo único do art. 2º do Código do Consumidor **equipara a consumidor a coletividade de pessoas**, ainda que indeterminadas, que haja intervindo nas relações de consumo. Por sua vez, a inversão do ônus da prova, conforme prevista no art. 6º, VIII, do CDC, **é em benefício do consumidor**, como instrumento processual vocacionado à realização da opção constitucional da proteção ao consumidor pelo Estado (art. 5º, XXXII, da CF/88). Por último, a defesa do consumidor é realizada não só através de ações individuais, mas também, e principalmente, por meio de ações coletivas.

Logo, é de se concluir que o mecanismo processual da inversão do ônus da prova deve ser utilizado em favor do consumidor em sentido amplo, vale dizer, não só em favor do consumidor individual, mas também, e até por mais forte razão, em favor do consumidor coletivo.

Nesse sentido, a melhor doutrina: "*a inversão do ônus da prova também pode ocorrer nas ações que visem à defesa de interesses difusos, coletivos e individuais homogêneos (aforadas pelo Ministério Público ou pelos demais colegitimados), quando evidenciados os requisitos exigidos por lei (verossimilhança das alegações ou hipossuficiência cultural ou processual), máxime quando o inquérito civil ou procedimento investigatório prévio indicar elementos para a convicção do magistrado*".[54]

O Superior Tribunal de Justiça já teve também oportunidade de se manifestar acerca da matéria em mais de uma ocasião. Confira-se:

"Consumidor e processual civil. Julgamento monocrático. Legalidade. Art. 557 do CPC. Possibilidade de agravo interno. **Ação civil pública. Ministério público. Inversão do ônus da prova. Possibilidade.**

---

[53] *Ação civil pública*, 7. ed., Revista dos Tribunais, p. 349-350.
[54] Cristiano Chaves Farias, A inversão do ônus da prova nas ações coletivas: o verso e o reverso da moeda, in *Estudos de direito do consumidor*: tutela coletiva (homenagem aos 20 anos da Lei da Ação Civil Pública), Lumen Juris, 2005, p. 221.

1. Não há óbice a que seja invertido o ônus da prova em ação coletiva – providência que, em realidade, beneficia a coletividade consumidora –, ainda que se cuide de ação civil pública ajuizada pelo Ministério Público.

2. Deveras, 'a defesa dos interesses e direitos dos consumidores e das vítimas' – a qual deverá sempre ser facilitada, por exemplo, com a inversão do ônus da prova – 'poderá ser exercida em juízo individualmente, ou a título coletivo' (art. 81 do CDC)".[55]

---

[55] REsp nº 951.785, Rel. Min. Luis Felipe Salomão.

BIBLIOGRAFIA

AGUIAR, Ruy Rosado de. *Revista EMERJ*, v. 6, nº 24, 2003.

AGUIAR, Ruy Rosado de. *Comentários ao novo Código Civil*: arts. 472 a 480. Rio de Janeiro: GEN/Forense, 2011. t. II, v. II.

ALMEIDA, João Batista de. *A proteção jurídica do consumidor*. 2. ed. São Paulo: Revista dos Tribunais, 2000.

ALMEIDA, Luiz Cláudio Carvalho de. *Revista do Direito do Consumidor*, São Paulo, n. 54, 2005.

ALVES, José Carlos Moreira. *Direito romano*. 7. ed. Rio de Janeiro: Forense, 1990. v. 1.

ALVIM, Arruda et al. *Código do Consumidor comentado*. 2. ed. São Paulo: Revista dos Tribunais, 1995.

AMARAL NETO, Francisco dos Santos. *A equidade no Código Civil Brasileiro*. Revista CEJ, Brasília, n. 25, p. 17, abr./jun. 2004.

ANDRADE, Manoel Domingos de. *Teoria geral da relação jurídica*. Coimbra: Almedina, 1997.

ATALIBA, Geraldo. *República e Constituição*. São Paulo: Revista dos Tribunais, 1985.

ÁVILA, Humberto. *Teoria dos princípios*. 13. ed. São Paulo: Malheiros, 2012.

BANDEIRA, Gustavo. *Relativização da pessoa jurídica*. Rio de Janeiro: Impetus, 2004.

BARROSO, Luís Roberto. *A nova interpretação constitucional*. Rio de Janeiro: Renovar, 2003.

BARROSO, Luís Roberto. *Temas de direito constitucional*. Rio de Janeiro: Renovar, 2005. t. III.

BENJAMIN, Antonio Herman de Vasconcellos e. O direito do consumidor. *RT*, n. 670, p. 50.

BENJAMIN, Antonio Herman de Vasconcellos e. *Código Brasileiro de Defesa do Consumidor comentado pelos autores do anteprojeto*. 8. ed. Rio de Janeiro: Forense Universitária, 2004.

BENJAMIN, Antonio Herman de Vasconcellos e. *Comentários ao Código de Defesa do Consumidor*. São Paulo: Saraiva, 1991.

BENJAMIN, Antonio Herman de Vasconcellos e. O conceito jurídico do consumidor. *RT*, v. 628, fev. 1988.

BENJAMIN, Antonio Herman de Vasconcellos; e MARQUES, Claudia Lima; BESSA, Leonardo Roscoe. *Manual de Direito do Consumidor*. São Paulo: Revista dos Tribunais, 2008.

CAPPELLETTI, Mauro. *Acesso à justiça*. Porto Alegre: Sergio Antonio Fabris Editor, 1988.

CARVALHO, José dos Santos. *Ação civil pública*. 3. ed. Rio de Janeiro: Lumen Juris, 2001.

COELHO, Fábio Ulhoa. *Manual de direito comercial*. 14. ed. São Paulo: Saraiva, 2003.

COELHO, Fábio Ulhoa. A publicidade enganosa no Código de Defesa do Consumidor. *Revista do Consumidor*, São Paulo, n. 8.

COELHO, Fábio Ulhoa. *Curso de direito civil*. São Paulo: Saraiva, 2005. 3 v.

COELHO, Fábio Ulhoa. *Curso de direito comercial*. São Paulo: Saraiva, 1999.

COMPARATO, Fábio Konder. A proteção do consumidor: importante capítulo do direito econômico. *Revista de Direito Mercantil – Industrial, Econômico e Financeiro*, São Paulo, v. 15-16, 1974.

DANTAS, San Tiago. *Conflito de vizinhança e sua composição*. 2. ed. Rio de Janeiro: Forense, 1972.

DANTAS, San Tiago. *Programa de direito civil*, Parte Geral, Rio de Janeiro: Rio, 1997.

DELGADO, José Augusto. Interpretação dos contratos regulados pelo Código de Proteção ao Consumidor. *Informativo Jurídico da Biblioteca Oscar Saraiva*, v. 8, n. 2, 1996.

DENARI, Zelmo. *Código Brasileiro de Defesa do Consumidor comentado pelos autores do anteprojeto*. 8. ed. Rio de Janeiro: Forense Universitária, 2004.

DIAS, Aguiar. *Cláusula de não indenizar*. 4. ed. Rio de Janeiro: Forense, 1980.

DIAS, Aguiar. *Responsabilidade civil em debate*. Rio de Janeiro: Forense, 1983.

DINAMARCO, Cândido. *Instituições de direito processual civil*. São Paulo: Malheiros, 2001.

ERTHAL, Clélio. Prescrição e decadência. *Justitia*, n. 93.

FARENA, Duciran Van Marsen. Notas sobre o consumo e o conceito de consumidor. *Boletim Científico – Escola Superior do Ministério Público da União*, Brasília, n. 2, jan./mar. 2002.

FERRERA, Francesco. Condizione Potestativa, *Riv. Di Diritto Comm*. v. I, 1931.

FRANTZ, Laura Coradini. *Revisão dos contratos*. São Paulo: Saraiva, 2007.

GOMES, Orlando. *Introdução ao direito civil*. 3. ed. Rio de Janeiro: Forense, 1971.

GONÇALVES, Carlos Roberto. *Direito civil brasileiro*. 2. ed. São Paulo: Saraiva, 2006.

GRAU, Eros Roberto. Direito do consumidor: fundamentos do direito do consumidor. In. MARQUES, Claudia Lima; MIRAGEM, Bruno (Org.). *Direito do consumidor*. São Paulo: Revista dos Tribunais, 2011, v. I. (Coleção Doutrinas Essenciais.)

GRINOVER, Ada Pellegrini. *Código Brasileiro de Defesa do Consumidor comentado pelos autores do anteprojeto*. 7. ed. Rio de Janeiro: Forense Universitária, 2001.

GRINOVER, Ada Pellegrini. *Código Brasileiro de Defesa do Consumidor comentado pelos autores do anteprojeto*. 8. ed. Rio de Janeiro: Forense Universitária, 2004.

LARENZ, Karl. *Derecho de obligaciones*. Madrid: Editorial Revista de Derecho Privado, 1958. t. I.

LEONARDI, Marcel. *Responsabilidade civil dos provedores de serviços na Internet*. São Paulo: Juarez de Oliveira, 2005.

LIMA, Alvino. *Culpa e risco*. 2. ed. São Paulo: Revista dos Tribunais, 1998.

LOBO, Paulo Luiz Netto. Responsabilidade civil dos profissionais liberais e o ônus da prova. *Revista da Ajuris*, Porto Alegre, edição especial, t. II, mar. 1998.

LOPES, José Reinaldo de Lima. *Responsabilidade civil do fabricante e a defesa do consumidor*. São Paulo: Revista dos Tribunais, 1992.

LOPES, Miguel Maria de Serpa. *Curso de direito civil*. 6. ed. Rio de Janeiro: Freitas Bastos, 1995. v. II.

LOPES, Miguel Maria de Serpa. *Curso de direito civil*. 6. ed. rev. e atual. por José Serpa de Santa Maria. Rio de Janeiro: Freitas Bastos, 2001. v. III.

LORENZETTI, Ricardo L. *Comércio eletrônico*. Tradução de Fabiano Menke. São Paulo: Revista dos Tribunais, 2004.

MANCUSO, Rodolfo de Camargo. *Ação civil pública*: em defesa do meio ambiente, do patrimônio cultural e dos consumidores. 11. ed. São Paulo: Revista dos Tribunais, 2009.

MARINS, James. Proteção contratual do CDC a contratos interempresariais, inclusive bancários. *Revista de Direito do Consumidor*, São Paulo, v. 18.

MARQUES, Claudia Lima. *Comentários ao Código de Defesa do Consumidor*. São Paulo: Revista dos Tribunais, 2003.

MARQUES, Claudia Lima. *Contratos no Código de Defesa do Consumidor*. 5. ed. São Paulo: Revista dos Tribunais, 2006.

MARQUES, Claudia Lima. *Manual de direito do consumo*. São Paulo: Revista dos Tribunais, 2007.

MARTINS-COSTA, Judith. *A boa-fé no direito privado*. São Paulo: Revista dos Tribunais, 1999.

MARTINS, Fran. *Contratos e obrigações comerciais*. 15. ed. Rio de Janeiro: Forense, 2002.

MARTINS, Guilherme Magalhães. *Formação dos contratos eletrônicos de consumo via Internet*. Rio de Janeiro: Forense, 2003.

MAZZILI, Hugo Nigro. *A defesa dos interesses difusos em juízo*. 7. ed. São Paulo: Saraiva, 1995.

MEDEIROS NETO, Xisto Tiago de. *Dano moral coletivo*. 3. ed. São Paulo: LTr, 2012.

MELLO, Celso Antônio Bandeira de. *Curso de direito administrativo*. 11. ed. São Paulo: Malheiros, 1998.

MIRAGEM, Bruno. *Curso de direito do consumidor*. 3. ed. São Paulo: Revista dos Tribunais, 2012. MIRANDA, Jorge. *Manual de direito constitucional*. 3. ed. Coimbra: Coimbra Editora, 2000. t. IV.

MONTE, Mario Ferreira. *Da proteção penal do consumidor*: o problema da (des)criminação no incitamento ao consumo. Coimbra: Almedina, 1996.

MOREIRA, Carlos Roberto Barbosa. *Notas sobre a inversão do ônus da prova em benefício do consumidor*: estudos do Direito Processual em memória de Luiz Machado Guimarães. Rio de Janeiro: Forense, 1997.

MOREIRA, Carlos Roberto Barbosa. O Código de Defesa do Consumidor e o contrato de seguro, *Revista Forense*, v. 94, nº 342, p. 29-36, abr./jun. 1998.

MOREIRA, José Carlos Barbosa. *Temas de direito processual*. São Paulo: Saraiva, 1980. (Segunda Série.)

NADER, Paulo. *Introdução ao estudo do direito*. 25. ed. Rio de Janeiro: Forense, 2004.

NERY JUNIOR, Nelson. *Código Civil anotado*. 2. ed. São Paulo: Revista dos Tribunais, 2003.

NERY JUNIOR, Nelson. *Código de Defesa do Consumidor comentado*. 8. ed. Rio de Janeiro: Forense Universitária, 2004.

NERY JUNIOR, Nelson. *Código de Processo Civil e legislação extravagante em vigor*. 3. ed. São Paulo: Revista dos Tribunais, 1997.

NERY JUNIOR, Nelson. *Princípios do Processo Civil na Constituição Federal*. 5. ed. São Paulo: Revista dos Tribunais, 1999.

NUSCLEO, Fábio. *Comentários ao Código do Consumidor*. Rio de Janeiro: Forense, 1992.

PASQUALOTTO, Adalberto. *Os efeitos obrigacionais da publicidade no Código de Defesa do Consumidor*. São Paulo: Revista dos Tribunais, 1997.

PASQUALOTTO, Adalberto. *Conceitos fundamentais do Código de Defesa do Consumidor*. São Paulo: Revista dos Tribunais.

PEREIRA, Caio Mário da Silva. *Instituições de direito civil*. 11. ed. Rio de Janeiro: Forense, 2003. v. III.

PEREIRA, Caio Mário da Silva. *Condomínio e incorporações*. 4. ed. Rio de Janeiro: Forense, 1983.

RÁO, Vicente. *O direito e a vida dos direitos*. São Paulo: Resenha Universitária, 1976.

REALE, Miguel. *Da ação civil pública em questões de direito público*. São Paulo: Saraiva, 1997.

REALE, Miguel. *Lições preliminares de direito*. 22. ed. São Paulo: Saraiva, 1995.

REQUIÃO, Rubens. Abuso de direito e fraude através da personalidade jurídica. *RT*, n. 410.

RIBEIRO, Eduardo. *Estudos e pareceres sobre livre-arbítrio, responsabilidade de produto de risco inerente*. Rio de Janeiro: Renovar, 2009.

RIZZATTO, Luiz Antônio Nunes. *Comentários ao Código de Defesa do Consumidor*. São Paulo: Saraiva, 2000.

RODOVALHO, Thiago. *Abuso de direito e direitos subjetivos*. São Paulo: Revista dos Tribunais, 2012.

RODRIGUES, Silvio. *Direito civil*. 23. ed. São Paulo: Saraiva, 1995.

ROPPO, Enzo. *O contrato*. Coimbra: Almedina, 1988.

RUGGIERO, Roberto. *Instituições de direito civil*. 3. ed. São Paulo: Saraiva, 1971. v. I.

SANSEVERINO, Paulo de Tarso Vieira. *Responsabilidade civil no Código do Consumidor e a defesa do fornecedor*. 2. ed. São Paulo: Saraiva, 2007.

SANTOS, Ernane Fidelis dos. *Manual de direito processual civil*. 3. ed. São Paulo: Saraiva, 1994.

SANTOS, Fernando Gherardini. *Direito do marketing*. São Paulo: Revista dos Tribunais, 2000.

SCHREIBER, Anderson. *A proibição de comportamento contraditório*. Rio de Janeiro: Renovar, 2005.

SILVA, Clóvis do Couto e. *A obrigação como processo*. São Paulo: José Bushatsky, 1976.

SILVA, João Calvão da. *Responsabilidade civil do produtor*. Coimbra: Almedina, 1990.

SILVA, José Afonso da. *Curso de direito constitucional positivo*. 5. ed. São Paulo: RT, 1989.

SILVA, José Afonso da. *Curso de direito constitucional positivo*. 20. ed. São Paulo: Malheiros, 2002.

SILVA, Ovídio Baptista da. *Curso de processo civil*. 6. ed. São Paulo: Revista dos Tribunais, v. I.

SOARES, Fábio Costa. *Acesso do consumidor à justiça*. Rio de Janeiro: Lumen Juris, 2006.

SPONVILLE, André Comte. *Pequeno tratado das grandes virtudes*. São Paulo: Martins Fontes, 1999.

TELLES JUNIOR, Goffredo. *Iniciação na ciência do direito*. São Paulo: Saraiva, 2008.

TEPEDINO, Gustavo. *Temas de direito civil*. Rio de Janeiro: Renovar, 1999.

THEODORO JÚNIOR, Humberto. *Comentários ao novo Código Civil*. 3. ed. Rio de Janeiro: Forense, 2003. t. I, v. 3.

THEODORO JÚNIOR, Humberto. *Direitos do consumidor*. 5. ed. Rio de Janeiro: Forense, 2008.

THEODORO JÚNIOR, Humberto. *O contrato imobiliário e a legislação tutelar do consumo*. Rio de Janeiro: Forense, 2002.

VENOSA, Sílvio de Salvo. *Direito civil*: parte geral. 12. ed. São Paulo: Atlas, 2012.

WALD, Arnoldo. O direito do consumidor e suas repercussões em relação às instituições financeiras. *RT*, v. 666, abr. 1991.

WATANABE, Kazuo. *Código Brasileiro de Defesa do Consumidor comentado pelos autores do anteprojeto*. 8. ed. Rio de Janeiro: Forense Universitária, 2004.

WILHELMSSON, Thomas. Regulação de cláusulas contratuais. *Revista de Direito do Consumidor*, nº 18.

ZAVASCKI, Teori Albino. O Ministério Público e a defesa de direitos individuais homogêneos. *RF* 333/128.

ÍNDICE ALFABÉTICO-REMISSIVO

(Os números referem-se aos itens)

A

Abusividade
  conceito jurídico indeterminado, 15
Abuso do Direito
  fundamentos das cláusulas abusivas, 80
Acidentes de consumo, 2.2
  consumidor por equiparação, 156
  dever de segurança, 145
  direito de regresso, 157
  excludentes de responsabilidade do fornecedor, 152
  fato do produto, 143
  fato do serviço, 151
  inversão do ônus da prova, 154
  nexo causal entre o defeito e o dano, 146
  problemática dos acidentes de consumo, 140
  que é defeito?, 144
  responsáveis, 148
  responsabilidade do comerciante, 150
  responsabilidade dos profissionais liberais, 155
  risco do desenvolvimento, 153
  risco do empreendimento, 141
  risco inerente e dever de informar, 147.3
  solidariedade, 149

Ações coletivas
  aproveitamento da coisa julgada favorável da ação coletiva nas ações individuais, 198
  coisa julgada nas ações coletivas, 197
  competência para as ações coletivas, 196
  condenação genérica, 199
  custas processuais e honorários, 201
  efeitos, 197.1
  erga omnes, 197.2
  inocorrência de litispendência, 200
  legitimação da Defensoria Pública, 195.3
  legitimação das associações, 195.4
  legitimação do Ministério Público, 195.1
  legitimação dos entes políticos e dos órgãos da administração, 195.2
  legitimação, 195
  nos direitos individuais, 197.4
  ultra partes, 197.3
Água
  atividade empresarial, 141
  débito pretérito, 124-a
  demora irrazoável para a regularização do serviço, 123
  interrupção do fornecimento – posição do STJ, 124
  interrupção do serviço sem aviso prévio, 124-b

Arrendamento mercantil (*leasing*)
    características, modalidades e incidência do CDC, 107
    contrato de *leasing* em dólar, 108
    valor residual garantido – VRG, 108

Arrependimento
    prazo de reflexão, 74; 139

B

Bancos
    caderneta de poupança, 105-c
    contrato de financiamento, 105-a
    contratos bancários – incidência do CDC, 104
    de dados positivo, 101.2.1
    empréstimo mediante desconto em folha de pagamento, 105-b
    juros e comissão de permanência, 105-d
    serviços bancários; incidência do CDC, 33; 104

Bancos de dados
    notificação prévia do consumidor, 101.2
    quem responde pela indevida inscrição, 101.2
    uso abusivo, 101.2

Boa-fé
    aplicação da boa-fé no contrato de seguro, 115
    boa-fé, elemento jurídico do seguro, 112
    como instrumento de controle de cláusulas abusivas, 95
    como limite ao exercício do direito, 80
    funções: integrativa, interpretativa e de controle, 16.1; 73; 95
    princípio cardeal das relações de consumo, 16

C

Cadastro de inadimplentes
    inscrição indevida, 101.2
    notificação prévia do consumidor, 101.2

Caderneta de poupança
    incidência do CDC, 105-c

Cartão de crédito
    cláusula mandato – admissibilidade, 106-b
    envio de cartão não solicitado – abusividade, 106-c
    juros de mercado cobrados pelo cartão de crédito, 106-a
    mecanismo de funcionamento – incidência do CDC, 106
    solidariedade entre o banco e a administradora do cartão, 106-d

Chamamento ao processo
    novo tipo de chamamento do segurador, 176

Cheque
    recusa de recebimento não caracteriza prática abusiva, 76

Cláusulas abusivas
    abuso do direito e as cláusulas abusivas, 80
    boa-fé como instrumento de controle de cláusulas abusivas, 95
    cláusula de decaimento, 129; 134
    cláusula de não indenizar, 83; 84; 85
    cláusula geral do inciso IV, do art. 51, 90
    cláusula limitativa de direito, 88
    cláusula limitativa da indenização, 86
    distinção das causas de revisão do contrato, 78
    equidade como instrumento de controle das cláusulas abusivas, 96
    foro de eleição, 169
    fundamento da abusividade, 80
    lista-guia do art. 51 do CDC, 81
    modificação do contrato, 100
    no contrato de incorporação, 129
    no contrato de seguro, 115.2
    nulidade das cláusulas abusivas, 97; 98
    onerosidade excessiva, 93
    práticas e cláusulas abusivas, 41

ÍNDICE ALFABÉTICO-REMISSIVO | 483

    princípio da manutenção do contrato, 99
    proteção do consumidor contra as cláusulas abusivas, 97
    restrição de direitos ou obrigações fundamentais, 92
    sistematização das cláusulas abusivas, 82
    vantagem exagerada e a lesão, 90; 91

Cláusula contratual
    cláusula de decaimento, 134
    cláusula de não indenizar, 84; 85; 86; 88
    cláusula limitativa da indenização, 86
    cláusulas abusivas e causas de revisão do contrato – distinção, 78
    modificação e revisão, 42.1; 52

Cláusula de não indenizar
    campo de aplicação, 84
    cláusula abusiva geral, 83
    cláusula de não indenizar e cláusula limitativa de direito, 88
    limitações legais, 85
    limitativa da indenização, 86

Cláusulas gerais
    caracterização, 15
    e conceitos jurídicos indeterminados, 15

Cláusula mandato
    utilização no cartão de crédito – posição do STJ, 106-b

Cobrança
    cobrança indevida – repetição do indébito, 101.4
    cobrança judicial, 101.3
    vexatória, constrangedora ou sob ameaça, 101.3

Código do Consumidor
    campo de aplicação, 9; 103
    CDC e Código Civil, 11
    Código Civil e o CDC, 52
    Convenções de Varsóvia e de Montreal, 9.2
    criação de um novo direito, 9.1
    dois momentos, 77

    imperativo constitucional do Estado, 8
    incidência nas cadernetas de poupança, 105-c
    incidência no transporte coletivo, 118
    incidência nos contratos bancários, 104
    incidência nos contratos de seguro, 114
    incidência nos contratos eletrônicos, 138
    incidência nos contratos financeiros, 105-a
    incidência nos contratos imobiliários, 126; 127; 128; 129; 130; 131
    lei especial, 23
    lei principiológica, 9.1.1; 12; 103
    natureza de lei especial, 9.1.2
    objetivo do CDC, 10
    princípios do CDC aplicáveis ao seguro, 115
    sobre-estrutura jurídica, 9; 103
    solidariedade passiva no CDC, 149

Coisa julgada
    aproveitamento da coisa julgada favorável da ação coletiva nas ações individuais, 198
    condenação genérica, 199
    efeitos *erga omnes*, 197.2
    efeitos *erga omnes* nos direitos individuais homogêneos, 197.4
    efeitos *ultra partes*, 197.3
    nas ações coletivas – efeitos, 197; 197.1

Comissão de permanência
    admissibilidade, 105-d

Competência
    domicílio do consumidor, 174
    para as ações coletivas, 196

Conceitos jurídicos indeterminados
    e cláusulas gerais, 15

Condomínio
    inexistência de relação de consumo entre condomínio e condôminos, 136

Confiança
    irradiação normativa da boa-fé, 18

Consumidor
  acesso à Justiça, 173
  art. 6º do CDC, 36
  características marcantes do consumidor, 27
  competência pelo domicílio do consumidor, 174
  consumidor típico – publicidade, 65
  controle da publicidade, 40
  corrente finalista (subjetiva) mitigada ou aprofundada, 25.1
  correntes maximalista e finalista, 25
  defesa em juízo – tutela coletiva, 190/201
  defesa em juízo – tutela individual, 173; 174; 175; 176; 177
  direito à educação para o consumo, 38
  direito à informação, 39
  direitos básicos, 35
  garantias processuais, 173
  inversão do ônus da prova, 177; 183
  personalização, 34
  pessoa jurídica como consumidor, 28
  por equiparação, 28.1; 156
  posição do STJ, 26
  práticas e cláusulas abusivas, 41
  proteção da incolumidade física, 37
  proteção do consumidor contra as cláusulas abusivas, 97
  proteção pós-contratual, 101
  só a desigualdade justifica a aplicação de uma lei protetiva, 52
  teoria finalista mitigada ou aprofundada, 28
  tutela específica nas obrigações de fazer e não fazer, 175
Contrato (de adesão)
  art. 46 do CDC, 72
  conceito, 71
  contratação padronizada, 69
  disciplina dos contratos de adesão, 70
  interpretação dos contratos de adesão – art. 47 do CDC, 73
Contrato (de consumo)
  abordagem abstrata × abordagem voltada para a pessoa, 49.6
  abordagem estática × abordagem dinâmica, 49.4
  antagonismo × cooperação, 49.4
  atomismo × coletivismo, 49.5
  conceito, 49.1; 102
  contrato como processo, 54
  contratos bancários, 104
  dirigismo judicial, 51; 52
  duplo regime contratual – cível e consumerista, 53
  equilíbrio na relação contratual, 42; 93
  fase pré-contratual, 54
  intervencionismo do Estado – dirigismo legislativo e administrativo, 50
  modificação do contrato, 100
  modificação e revisão de cláusulas contratuais, 42.1
  modificação e revisão de cláusulas contratuais, 52
  neutralidade de conteúdo × orientação de conteúdo, 49.2
  nova concepção de contrato no CDC, 49
  novo regime do CDC para os contratos de consumo, 59
  princípio da equivalência contratual, 93; 42
  princípio da manutenção do contrato, 99
  posição do STJ, 105
  proteção pós-contratual do consumidor, 101
  que se deve entender por contrato de consumo, 102
  relação de consumo, 49.1
Contratos eletrônicos
  caracterização, 137
  legislação aplicável – incidência do CDC, 138

prazo de reflexão, 74; 134
Contratos imobiliários
    conclusões do 4º Congresso Brasileiro do Consumidor/BRASILCON, 132
    incidência do CDC nas fases pré-contratual e contratual, 128; 129
    incidência do CDC, 125; 127
    incorporação imobiliária, 126
    qualidade da obra, 131
    segurança da obra, 130
Convenção
    cláusula limitativa da indenização e as Convenções de Varsóvia e de Montreal, 86
    de Varsóvia, de Montreal e o Código do Consumidor, 9.2
    princípio da indenização integral, 120
Costumes
    bons costumes como limite para o exercício do direito, 80

D

Dano
    circa rem e *extra rem*, 164
    nexo causal entre o defeito e o dano, 141
Decadência
    art. 26 do CDC, 172
    distinção entre prescrição e decadência – conceito, 167
    sistemática do CDC, 168
    suspensão da decadência, 172.1
Defeito
    distinção de vício, 142.1; 158
    do produto ou do serviço – fato gerador da responsabilidade do fornecedor, 21
    Tipos de defeitos, 144.1
    Defeito de informação e o dever de informar, 147.3
    nexo causal entre defeito e dano, 146
    que é defeito?, 144

Defensoria Pública
    legitimação para as ações coletivas, 195.3
Denunciação da lide
    vedação na ação indenizatória, 176
Desconsideração da pessoa jurídica
    as teorias maior e menor, 187
    desconsideração inversa, 188
    desconsideração na incorporação, 130.1
    desconsideração pela má administração, 186
    efeitos da desconsideração, 189
    o art. 28 do CDC, 185.1
    o § 5º do art. 28 do CDC – divergências, 186.1
    origem do instituto, 185
Desenvolvimento
    risco do desenvolvimento, 153
    tecnológico e científico, 2.2
Direito coletivo
    características do direito coletivo, 190
    direitos coletivos – características, 192
    direitos de primeira, segunda e terceira geração, 190
    direitos e interesses difusos – características, 191
    direitos individuais homogêneos – características, 193
    pedido como fator determinante dos interesses em demanda, 194
Direito do Consumidor
    acesso à Justiça, 44
    art. 6º do CDC, 36
    controle da publicidade, 40
    direito à educação para o consumo, 38
    direito à informação × dever de informar, 39.1
    direito do consumidor ou direito do consumo?, 7
    direito especial para os desiguais, 52
    direito fundamental do consumidor, 8

direitos básicos do consumidor, 35
equilíbrio na relação de consumo, 42
facilitação da defesa, 45
finalidade do direito do consumidor, 6
imperativo constitucional do Estado, 8
inversão do ônus da prova, 46
modificação e revisão de cláusulas contratuais, 42.1
novos direitos, 1
origem do direito do consumidor, 2
outros direitos, 48
práticas e cláusulas abusivas, 41
prestação adequada e eficaz dos serviços públicos, 47
prevenção e reparação de danos, 43
proteção da incolumidade física, 37

Dirigismo (contratual)
dirigismo judicial, 51; 52
intervencionismo do Estado – dirigismo legislativo e administrativo, 50
modificação e revisão de cláusulas contratuais, 52

E

Energia elétrica
débito pretérito, 124-a
defeito no medidor, 124-d
demora irrazoável para regularizar o serviço, 123
interrupção do fornecimento – posição do STJ, 124
interrupção do serviço sem aviso prévio, 123

Equidade
como instrumento de controle das cláusulas abusivas, 96
conceito, 20
Equidade corretiva, 20.2.3
Equidade integrativa, 20.2.2
Equidade valor, 20.2.1
Funções da equidade, 20.2
Limites ao emprego da equidade, 20.3

Excludentes (de responsabilidade)
caso fortuito e a força maior, 147
culpa exclusiva da vítima ou de terceiro, 147
inexistência de defeito, 147

F

Fato
do produto, 143
do serviço, 151
prescrição – fato do produto; fato do serviço, 168
solidariedade passiva na responsabilidade – fato do produto; fato do serviço, 149.1

Fim econômico
como limite para o exercício do direito, 80

Fim social
como limite para o exercício do direito, 80

Fornecedor
conceito, 29
entes despersonalizados, 30

Foro de eleição
não admitido pela jurisprudência nos contratos de consumo, 169

G

Garantia
legal e convencional, 75

H

Harmonia
das relações de consumo, 10
Hipervulnerabilidade, 67
Hipossuficiência
conceito jurídico indeterminado, 15
pressuposto da inversão do ônus da prova *ope judicis*, 175

Hipoteca
    invalidade quando constituída sobre imóvel já prometido à venda e quitado, 133

I

Igualdade
    formal e material no CDC e no Código Civil, 11
Imobiliário
    as conclusões do 4º Congresso Brasileiro do Consumidor/BRASILCON, 131
    cláusula de decaimento, 134
    incidência do CDC nas fases pré-contratual e contratual, 128; 129
    incidência do CDC, 125; 127
    incorporação imobiliária, 126
    qualidade da obra, 131
    segurança da obra, 130
    solidariedade entre o incorporador e o construtor, 130.1
Incorporação
    cláusula de decaimento, 134
    conclusões do 4º Congresso Brasileiro do Consumidor/BRASILCON, 132
    incidência do CDC nas fases pré-contratual e contratual, 128; 129
    incidência do CDC, 125; 126; 127; 128; 130; 131
    obrigação do incorporador, 126.1
    qualidade da obra, 131
    responsabilidade do incorporador, 130
    segurança da obra, 130
    solidariedade entre incorporador e construtor, 130.1
Indenização
    cláusula de não indenizar, 83; 84; 85
    cláusula limitativa da indenização, 86
    limitação da indenização para a pessoa jurídica, 87
    limitada prevista nas Convenções de Varsóvia e Montreal, 92
    limitada prevista no Código Brasileiro de Aeronáutica, 9.2
    princípio da indenização integral no transporte, 120
Informação
    aplicação no seguro, 115.1
    consentimento informado, 39; 39.1
    dever de informar, 17
    direito à informação, 39
    Limites do dever de informar, 39.2 e 147.4
    maior intensidade na oferta, 66
    o art. 46 do CDC, 72
    proteção pós-contratual do consumidor, 101
    publicidade e informação, 57
    risco inerente e o dever de informar, 147
Interesse
    características do interesse coletivo, 190
    interesse coletivo – características, 192
    interesse público e privado, 191
    interesses e direitos difusos – características, 191
    interesses individuais homogêneos – características, 193
    o pedido como fator determinante dos interesses em demanda, 194
Intervencionismo
    dirigismo legislativo e administrativo, 50

J

Juros
    cobrança durante a construção do imóvel, 134.1
    posição do STJ e do STF, 105-d
Justiça
    acesso à Justiça, 173
    direito do consumidor, 44

facilitação da defesa, 45
importância das garantias processuais, 173
inversão do ônus da prova, 46
juros de mercado cobrados pelo cartão de crédito, 106-a

L

Leasing
ver *arrendamento mercantil*
Legitimação
da Defensoria Pública para as ações coletivas, 195.3
das associações, 195.4
do Ministério Público para as ações coletivas, 195.1
dos entes políticos e dos órgãos da administração, 195.2
para as ações coletivas, 195
Lei
funções educativa e transformadora, 12
principiológica (CDC), 9.1.1; 12
ordem pública e interesse social, 9
Lesão
a vantagem exagerada e a lesão, 90; 91
modificação de cláusula contratual, 42.1; 52
Liquidação e execução da sentença nas ações coletivas, 199
Locação
não incidência do CDC, 135

M

Ministério Público
legitimação para as ações coletivas, 195.1
Movimentos pró-consumidor
atuação da Comissão de Direitos Humanos das Nações Unidas, 3.3
mensagem do Presidente Kennedy, 3.1
movimentos consumeristas no Brasil, 5
nos Estados Unidos, 3
primeiras leis consumeristas, 4
Multa
imposição pelo juiz para compelir o réu ao cumprimento da obrigação, 175
Mutualismo
base econômica do seguro, 111

N

Nexo causal
entre o defeito e o dano, 141

O

Obrigação
distinção do ônus, 177.1
obrigação de fazer e não fazer, 175
Oferta
a publicidade desempenha papel equivalente ao da oferta, 59
incidência do CDC na fase pré-contratual do contrato de incorporação, 128
íntegra do contrato, 67.1
no direito tradicional e no CDC, 67
Onerosidade (excessiva)
cláusula abusiva, 93
contratos de *leasing* em dólar, 108
quebra da base do negócio, 42.1; 52
Ônus da prova
custeio da produção da prova, 183
distinção de obrigação, 177.1
efeitos da inversão, 182
inversão em ação coletiva, 204
inversão *ope judicis*, 180
inversão *ope legis*, 184
momento da inversão, 181
ônus da prova – inversão, 46; 177
ônus da prova no CDC, 179
repartição do ônus da prova, 178

P

Pessoa jurídica
    as teorias maior e menor, 187
    como consumidor, 28
    desconsideração da pessoa jurídica – origem do instituto, 185
    desconsideração inversa, 188
    desconsideração na incorporação, 130.1
    desconsideração pela má administração, 186
    efeitos da desconsideração, 189
    entes despersonalizados, 30
    o § 5º do art. 28 do CDC – divergências, 186.1
    o art. 28 do CDC, 185.1
    teoria finalista mitigada ou aprofundada, 28

Práticas abusivas
    cláusulas e práticas abusivas, 41
    na fase de formação do contrato – exigir vantagem manifestamente excessiva, 76
    na fase pré-contratual, 68
    recusa de recebimento de cheque, 76
    venda casada, pacote de viagem, fornecimento de produtos ou serviço não solicitado, orçamento prévio, 68

Prescrição
    o art. 27 do CDC, 169
    a sistemática do CDC, 168
    causas que suspendem ou interrompem, 170
    distinção entre decadência e prescrição – conceito, 167
    prescrição no seguro, 171

Princípios
    boa-fé, 16
    confiança, 18
    da equivalência contratual, 93; 42
    equidade, 20
    lei principiológica (CDC), 9.1.1; 12
    papel dos princípios, 14
    princípios do CDC aplicáveis ao seguro – boa-fé, 115
    princípios e regras, 13
    da reparação integral, 9.4
    da reparação tarifada, 9.4
    segurança, 21
    transparência, 17; 115.1

Produto
    duráveis e não duráveis, 75
    fato do produto, 143; 150
    objeto da relação de consumo, 31; 31.1.
    Produto perigoso e produto defeituoso, 147.1

Profissionais liberais
    responsabilidade, 155

Prova – inversão do ônus
    custeio de produção da prova, 183
    efeitos da inversão, 182
    inversão do ônus da prova na publicidade, 60
    inversão do ônus da prova nos acidentes de consumo, 154; 177
    inversão do ônus, 46; 172
    inversão *ope judicis*, 180
    inversão *ope legis*, 184
    momento da inversão, 181
    ônus da prova no CDC, 179
    ônus e obrigações – distinção, 177.1
    repartição do ônus da prova, 178

Publicidade
    conceito – comunicação de massa, 55
    consumidor típico, 65
    controle da publicidade, direito básico do consumidor, 40
    enganosidade potencial, 64
    erro ou engano, 66.3
    incidência do CDC na fase pré-contratual da incorporação, 128
    liberdade de expressão publicitária, 55.1

princípio da identificação da publicidade, 58
princípio da inversão do ônus da prova, 60
princípio da transparência da fundamentação, 61
princípio da veracidade, 62
princípio da vinculação contratual, 59
publicidade abusiva, 66
publicidade e informação, 57
publicidade enganosa, 62
publicidade e propaganda, 56
tipos de publicidade enganosa – comissiva e omissiva, 63

Q

Quebra da base do negócio
revisão de cláusula contratual, 42.1; 52

R

Regras
de experiência, 15
função estruturante, 14
função interpretativa, 14
papel das regras, 14
princípios e regras, 13
Relação de consumo
campo de aplicação do CDC, 9
contrato de consumo, 49.1
harmonia nas relações de consumo, 10
Relação jurídica de consumo
categoria básica do Direito, 23
consumidor, corrente finalista (subjetiva) mitigada ou aprofundada, 25.1
consumidor, correntes maximalista e finalista, 25
elementos da relação de consumo, 24
elementos, 23
entes despersonalizados, 30
fornecedor, 29

interrupção do fornecimento do serviço público, 32.2
objeto da relação de consumo, 31
pessoa jurídica como consumidor, 28
posição do STJ, 26; 32.3
produtos, 31.1
serviços, 31.2
serviços bancários, financeiros, de crédito e securitários, 33
serviços públicos, 32
serviços públicos essenciais, 32.1
teoria finalista mitigada ou aprofundada, 28
Reparação fluida (*fluid recovery*)
o art. 100 do CDC, 199.1
Repetição do indébito
cobrança indevida – devolução em dobro, 101.4
Responsabilidade
do fornecedor – ver Capítulo XI: responsabilidade nas relações de consumo
excludentes de responsabilidade do fornecedor, 152
profissionais liberais, 155
solidariedade passiva na responsabilidade pelo fato do produto e do serviço, 149.1
Revisão (cláusula contratual)
modificação do contrato, 100
onerosidade excessiva – quebra da base do negócio, 49.2; 52
Revolução
a problemática dos acidentes de consumo, 140
Industrial, 2.1
Risco
coletivo, 2.2
do empreendimento, 141
mutualismo – base econômica do seguro, 111
risco – elemento material do seguro, 110

risco do desenvolvimento, 153
risco e segurança, 21
risco inerente e adquirido, 147
risco inerente e dever de informar, 39.1; 142
risco objetivo e subjetivo, 110.1
Risco permitido e defeito, 147.2

S

Segurança
    a noção de segurança, 145.1
    dever de segurança, 145
    estrutura do sistema de responsabilidade civil do CDC, 21
    o princípio da segurança no transporte coletivo, 119

Seguro
    boa-fé – elemento jurídico do seguro, 112
    chamamento ao processo do segurador, 176
    cláusulas abusivas no seguro, 115.2
    conceito e finalidade, 109.1
    espécies de seguro, 113
    incidência do CDC nos contratos de seguro, 114
    mutualismo – base econômica do seguro, 111
    prescrição no seguro, 171
    princípios do CDC aplicáveis ao seguro – boa-fé, 115.1
    risco – elemento material do seguro, 110
    risco objetivo e subjetivo, 110.1
    seguro de coisas, 113.1
    seguro de pessoas, 113.2
    seguro de responsabilidade civil, 113.4
    seguro de saúde, 113.3
    serviços securitários – incidência no CDC, 33
    transparência, 115.1

Serviços
    fato do serviço, 151
    interrupção do fornecimento do serviço público, 32.2
    objeto da relação de consumo, 31.2
    posição do STJ, 32.3
    prestação adequada e eficaz dos serviços públicos – direito do consumidor, 47
    serviços bancários, financeiros, de crédito e securitários, 33
    serviços públicos essenciais, 32.1
    serviços públicos, 32
    vício do serviço, 166

Serviços públicos
    demora irrazoável para a regularização do serviço, 124-c
    entendimento prevalente do STJ, 121
    incidência do CDC, 121
    interrupção do fornecimento – quando é admissível, 123
    interrupção do fornecimento de luz e água por débito pretérito, 124-a
    interrupção do serviço sem aviso prévio, 123
    o que se entende por serviços públicos?, 121
    posição do STJ sobre a interrupção do fornecimento de serviço público, 124
    princípios da adequação e da continuidade, 122

Solidariedade
    entre o incorporador e o construtor, 130.1
    nos acidentes de consumo, 149
    passiva na responsabilidade pelo fato do produto, 149.1
    passiva na responsabilidade pelo fato do serviço, 149.1
    passiva no CDC, 149
    passiva nos serviços complexos produzidos por cadeia de fornecedores, 149.2

Superendividamento, 67
Superior Tribunal de Justiça
  cláusula mandato – utilização no cartão de crédito, 106-b
  entendimento prevalente sobre a incidência do CDC nos serviços públicos, 121
  posição sobre a interrupção do fornecimento dos serviços públicos, 124
  posição sobre conceito de consumidor, 26
  posição sobre os contratos bancários, 104; 105
  posição sobre os juros, 105-d
  posição sobre os juros cobrados pelo cartão de crédito, 106-a
Supremo Tribunal Federal
  posição sobre a antinomia entre a Convenção de Varsóvia e o CDC, 9.3; 9.4

T

Telefonia
  débito pretérito, 124-a
  demora irrazoável para regularizar o serviço, 124-c
  interrupção do fornecimento – posição do STJ, 124
  interrupção do serviço sem aviso prévio, 123
  serviço público – incidência do CDC, 121
Transparência
  aplicação no seguro, 115.1
  o art. 46 do CDC – concretude do princípio da transparência, 72
Transporte
  características do contrato de transporte, 117
  incidência do CDC no transporte coletivo, 118
  princípio da indenização integral, 120
  princípio da segurança, 119
  puramente gratuito e aparentemente gratuito, 118
  relevância social e econômica do contrato de transporte, 116.1
Tutela
  específica nas obrigações de fazer e não fazer, 175
  tutela coletiva, 190; 201

V

Verossimilhança
  conceito jurídico indeterminado, 15
  pressuposto da inversão do ônus da prova *ope judicis*, 180
Vício
  dano *circa rem* e *extra rem*, 164
  distinção de defeito, 137.1
  mecanismos reparatórios, 163
  os responsáveis, 161
  responsabilidade objetiva, 159
  vício conhecido, 165.1
  vício de qualidade, 162
  vício de qualidade da obra, 131
  vício de quantidade, 162; 165
  vício do produto e do serviço, 160; 166
  vício do produto e vício redibitório – distinção, 160
  vícios do serviço, 166
Vida útil, 408
Vulnerabilidade
  conceito, espécies e hipossuficiência – distinção, 19
  espécies – fática, técnica e jurídica, 19.1
  fundamento do direito do consumidor, 6; 52
  ônus da prova no CDC, 180